世界の賞事典
A Reference Guide to World Award and Prize

2015
～
2024

日外アソシエーツ

●編集担当● 成田 さくら子
装　丁：福島 ひろみ

刊行にあたって

　世界には多種多様な賞があり、その中でも各分野を代表する賞、権威を持つ賞が存在する。これらの賞を日本人が受賞した場合は、メディアで大きく取り上げられるが、賞の歴史やどのような部門が存在するのか、過去にどんな人物が受賞しているかなど、賞全体の情報については言及されないことが多い。

　本書は、世界の主要な賞の概要と歴代受賞者記録をまとめた「世界の賞事典」(2005年1月刊行)、「世界の賞事典 2005-2014」(2015年9月刊)の追補版である。収録対象は自然科学から美術、音楽、映画、文学まで多岐にわたる。前版刊行以降の受賞者情報を収録し、併せてそれぞれの賞の由来、趣旨、主催者、選考委員、選考方法、賞金、連絡先などの概要を掲載した。今版では、前版では収録数の少なかったスポーツの賞やアジアの賞など新たに14賞を追加、それらの受賞情報については第1回から記載している。さらに、巻末の受賞者名索引を利用することで、特定の人物の受賞歴を複数の賞にまたがって検索することができる。

　小社では、分野ごとに歴代の受賞情報を集めた「児童の賞事典」「映画の賞事典」(2009)、「音楽の賞事典」(2010)、「ビジネス・技術・産業の賞事典」「漫画・アニメの賞事典」(2012)、「環境・エネルギーの賞事典」(2013)、「女性の賞事典」(2014)、「小説の賞事典」「演劇・舞踊の賞事典」「ノンフィクション・評論・学芸の賞事典」「詩歌・俳句の賞事典」(2015)、「海外文学賞事典」(2016)、「郷土・地域文化の賞事典」(2017)、「絵画・版画の賞事典」「図書館・出版文化の賞事典」(2018)、「日本の賞事典 2012-2019」「翻訳の賞事典」(2019)、「日本の「国際賞」事典」(2020)、「福祉の賞事典」「食文化の賞事典」(2021)、「現代アート・彫刻・建築の賞事典」(2022)、「持続可能・

自然共生の賞事典」(2024) を刊行している。本書と併せてご利用いただければ幸いである。

　2025 年 1 月

　　　　　　　　　　　　　　　　　　　　　　日外アソシエーツ

目　次

凡　例 …………………………………………………… vi
収録賞一覧 ……………………………………………… viii

世界の賞事典 2015-2024 …………………………………… 1
総　合 …………………………………………………………… 3
自然科学 ……………………………………………………… 29
美　術 ………………………………………………………… 54
音　楽 ………………………………………………………… 63
映画・演劇・TV ……………………………………………… 129
漫画・アニメ ………………………………………………… 245
スポーツ ……………………………………………………… 330
文　学 ………………………………………………………… 349
児童文学 ……………………………………………………… 390

受賞者名索引 …………………………………………………… 399

凡　　例

1．収録範囲
　　世界的に有名な賞、権威のある賞を分野を問わず73賞収録した。

2．賞名見出し
　1）賞名の表記は国内で定着している呼称及び正式名称を採用した。
　2）改称や他の呼称がある場合は参照見出しを立てた。

3．賞の分類と賞名見出しの排列
　1）賞を以下の9つのジャンルに区分した。
　　　　　　総合
　　　　　　自然科学
　　　　　　美術
　　　　　　音楽
　　　　　　映画・演劇・TV
　　　　　　漫画・アニメ
　　　　　　スポーツ
　　　　　　文学
　　　　　　児童文学
　2）各ジャンルごとに賞名の五十音順に排列した。濁音・半濁音は清音とみなし、ヂ→シ、ヅ→スとした。促音・拗音は直音とみなし、長音（音引き）は無視した。

4．記載内容
　1）概　　要
　　賞の概要を示すために、賞の由来・趣旨／主な日本人受賞者／主催者／選考委員／選考方法／選考基準／締切・発表／賞・賞金／連絡先／公式ホームページURLを記載した。

2) 受賞者・受賞作

前版刊行（2015年9月）以降に発表された受賞記録を受賞年ごとにまとめ、部門・席次／受賞者名（受賞時の肩書・国籍などを補記）／受賞作品・理由の順に記載した。ただし、今版で新たに収録した14賞については、初回からの受賞記録を記載した。なお、受賞者名及び受賞作品には可能な限り名前のカナ読みや邦題を付した。

5．受賞者名索引
1) 受賞者名・受賞団体名を五十音順に排列し、記載頁を示した。共同受賞者が複数人いる場合は、先頭の受賞者の記載頁を掲載した。
2) 受賞者の排列は、姓の読みの五十音順、同一姓のもとでは名の読みの五十音順とした。姓名区切りのないものは全体を姓とみなして排列した。アルファベットで始まるものはABC順とし、五十音の後においた。なお、濁音・半濁音は清音とみなし、ヂ→シ、ヅ→スとした。促音・拗音は直音とみなし、長音（音引き）は無視した。

収録賞一覧

総　合

1 ウルフ賞 ……………………………………………………………………… 3
2 国連人権賞 …………………………………………………………………… 7
3 テンプルトン賞 ……………………………………………………………… 7
4 ノーベル賞 …………………………………………………………………… 10
5 ピュリッツァー賞 …………………………………………………………… 14
6 フェリックス・ウフェボアニ賞（ユネスコ平和賞） ……………………… 27

自然科学

7 アーベル賞 …………………………………………………………………… 29
8 イグノーベル賞 ……………………………………………………………… 30
9 クラフォード賞 ……………………………………………………………… 46
10 フィールズ賞 ………………………………………………………………… 48
11 ブレイクスルー賞 …………………………………………………………… 49

美　術

12 アルス・エレクトロニカ賞 ………………………………………………… 54
13 ヴェネチア・ビエンナーレ ………………………………………………… 56
14 高松宮殿下記念世界文化賞 ………………………………………………… 57
15 ターナー賞 …………………………………………………………………… 59
16 ファエンツァ国際陶芸展大賞 ……………………………………………… 60
17 プリツカー賞 ………………………………………………………………… 61
18 ロバート・キャパ賞 ………………………………………………………… 62

音　楽

19 ヴァン・クライバーン国際ピアノコンクール …………………………… 63
20 MTVビデオ・ミュージック・アワード …………………………………… 65
21 エリザベート王妃国際音楽コンクール …………………………………… 75
22 グラミー賞 …………………………………………………………………… 77
23 チャイコフスキー国際コンクール ………………………………………… 120
24 パガニーニ国際ヴァイオリン・コンクール ……………………………… 123
25 ショパン国際ピアノコンクール …………………………………………… 124
26 ロン・ティボー国際音楽コンクール ……………………………………… 126

映画・演劇・TV

- 27　アカデミー賞 … 129
- 28　アジア太平洋映画賞 … 141
- 29　アジアン・アカデミー・クリエイティブ・アワード … 142
- 30　ヴェネチア国際映画祭 … 156
- 31　エミー賞 … 161
- 32　カンヌ国際映画祭 … 171
- 33　ゴールデン・グローブ賞 … 175
- 34　ゴールデン・ラズベリー賞（ラジー賞） … 187
- 35　セザール賞 … 191
- 36　東京国際映画祭 … 193
- 37　トニー賞 … 208
- 38　ニューヨーク映画批評家協会賞 … 218
- 39　ブノワ賞 … 220
- 40　ベルリン国際映画祭 … 225
- 41　モスクワ国際映画祭 … 229
- 42　ローザンヌ国際バレエコンクール … 230
- 43　ローレンス・オリヴィエ賞 … 234

漫画・アニメ

- 44　アイズナー賞（ウィル・アイズナー漫画業界賞） … 245
- 45　アヌシー国際アニメーション映画祭 … 296
- 46　アングレーム国際漫画祭 … 309
- 47　ACBDアジア賞 … 313
- 48　オタワ国際アニメーション映画祭 … 314
- 49　ザグレブ国際アニメーション映画祭 … 322

スポーツ

- 50　NBA最優秀選手賞 … 330
- 51　最優秀選手賞（MLB） … 333
- 52　バロンドール … 342
- 53　FIFA最優秀選手賞/ザ・ベスト・FIFAフットボールアウォーズ … 345

文　学

- 54　英国推理作家協会賞（CWA賞） … 349
- 55　エドガー賞（MWA賞） … 355
- 56　カナダ総督文学賞 … 361

- *57* ゴンクール賞……367
- *58* 世界幻想文学大賞……368
- *59* セルバンテス賞……371
- *60* 全米図書賞……372
- *61* 全米批評家協会賞……374
- *62* ネビュラ賞……377
- *63* ヒューゴー賞……381
- *64* ビューヒナー賞……387
- *65* ブッカー賞……388

児童文学

- *66* ガーディアン賞……390
- *67* カーネギー画家賞……390
- *68* カーネギー作家賞……391
- *69* 国際アンデルセン賞……392
- *70* コルデコット賞……393
- *71* ドイツ児童文学賞……394
- *72* ニューベリー賞……397
- *73* フェニックス賞……398

世界の賞事典
2015-2024

総合

1 ウルフ賞　Wolf Prize

　イスラエルの外交官リカード＝ウルフ（Ricardo Wolf）によって1975年に設立されたウルフ財団が，1978年に創設した賞。国籍，人種，宗教，性，政治的主張に関係なく，人類にとって優れた業績を残した現存する科学者や芸術家を毎年表彰する。農業・化学・数学・医学・物理学・芸術の6部門があり，芸術部門は，建築・音楽・絵画・彫刻の分野から順番に授与。受賞者が後にノーベル賞を受賞することが多く，ノーベル賞の前哨戦とも呼ばれる。
　＊日本人では，1984/85年小平邦彦（数学部門），86年早石修（医学部門），87年伊藤清（数学部門），88年槇文彦（芸術部門），94/95年西塚泰美（医学部門），南部陽一郎（物理学部門），2000年小柴昌俊（物理学部門），01年野依良治（化学部門），02/03年佐藤幹夫（数学部門），11年山中伸弥（医学部門），18年藤田誠（化学部門），22年貝島桃代，塚本由晴（建築部門），23年菅裕明（化学部門）が受賞

【主催者】 ウルフ財団（The Wolf Foundation）
【選考委員】 各部門ごとに，高名な専門家で構成される国際賞委員会が設置される
【選考方法】 委員会が決定
【締切・発表】 授賞式はエルサレムの国会議事堂で行われる
【賞・賞金】 賞状と賞金10万ドル。同一部門で複数の受賞者がいる場合，賞金は均等に分割授与される
【E-mail】 office@wolffund.org.il
【URL】 https://wolffund.org.il/home-page/

2016年
◇農業部門　　　　Trudy Mackay（カナダ：ノースカロライナ州立大学）"複雑な形質の遺伝的構造に関する先駆的な研究と，農業改良に幅広く応用できる量的遺伝学の基本原理の発見"
◇化学部門　　　　キリアコス・コスタ・ニコラウ（K. C. Nicolaou：アメリカ：ライス大学）"化学合成の分野を分子の複雑さの極限まで前進させ，構造と機能を結び付け，化学，生物学，医学の境界における支配を拡大した"
　　　　　　　　　スチュアート・シュライバー（Stuart L. Schreiber：アメリカ：ハーバード大学）"シグナル伝達と遺伝子制御の論理に関する先駆的な化学的洞察によって重要な新しい治療法が生まれ，小分子プローブの発見を通じて化学生物学と医学が進歩した"
◇数学部門　　　　受賞者なし
◇医学部門　　　　ロナルド・カーン（C. Ronald Kahn：アメリカ：ハーバード大学医学部）"インスリンシグナル伝達と疾患におけるその変化を定義する先駆的な研究に対して"
　　　　　　　　　ルイス・カントレー（Lewis Cantley：アメリカ：コーネル医科大学）"ホスホイノシチド3キナーゼの発見と生理学および疾患におけるその役割に対して"
◇物理学部門　　　Y.イムリー（Yoseph Imry：イスラエル：ワイツマン科学研究所）"メソスコピック系およびランダム系の物理学に関する先駆的な研究に対して"
◇芸術部門（建築）　フィリス・ランバート（Phyllis Lambert：カナダ）"画期的・革新的な建物，模

範的な都市再生プロジェクト，そして一流の研究機関の実現に積極的に関与したことに対して"

2017年
　◇農業部門　　　受賞者なし
　◇化学部門　　　ロバート・バーグマン（Robert George Bergman：アメリカ：カリフォルニア大学バークレー校）"可溶性遷移金属錯体による炭化水素のCH結合の活性化の発見に対して"
　◇数学部門　　　リチャード・シェーン（Richard Schoen：アメリカ：カリフォルニア大学），チャールズ・フェファーマン（Charles Fefferman：アメリカ：プリンストン大学）"解析学と幾何学への顕著な貢献に対して"
　◇医学部門　　　ジェームズ・P・アリソン（James P. Allison：アメリカ：テキサス大学MDアンダーソンがんセンター）"免疫チェックポイント阻害薬の発見を通じてがん治療に革命をもたらした"
　◇物理学部門　　ミシェル・マイヨール（Michel Gustave Mayor：スイス：ジュネーブ大学），ディディエ・ケロー（Didier Patrick Queloz：スイス：ジュネーブ大学，ケンブリッジ大学）"太陽型の恒星を周回する太陽系外惑星を初めて発見したことに対して"
　◇芸術部門（絵画・彫刻）　ローリー・アンダーソン（Laurie Anderson），ローレンス・ウェイナー（Lawrence Weiner：アメリカ）"彼らの作品の根底にある急進性と前衛性，そして未来の世代にインスピレーションを与えたことに対して"

2018年
　◇農業部門　　　ジーン・E・ロビンソン（Gene E. Robinson：アメリカ：イリノイ大学）"ミツバチ個体群の生物学におけるゲノム革命を主導したことに対して"
　◇化学部門　　　オマー・ヤギー（Omar Mwannes Yaghi：アメリカ・サウジアラビア）"網状化学の分野における貢献に対して"
　　　　　　　　　藤田 誠（Makoto Fujita：日本：東京大学）"超分子化学の分野における功績に対して"
　◇数学部門　　　アレクサンダー・ベイリンソン（Alexander Beilinson：ロシア：シカゴ大学），ウラジーミル・ドリンフェルト（Vladimir Drinfeld：ウクライナ：シカゴ大学）"代数幾何学，数理物理学，そして複雑な代数構造の理解に役立つ表現理論における画期的な研究に対して"
　◇医学部門　　　受賞者なし
　◇物理学部門　　チャールズ・ベネット（Charles H. Bennett：アメリカ：IBM），ジル・ブラッサール（Gilles Brassard：カナダ：モントリオール大学）"量子暗号と量子テレポーテーションの分野を創設し発展させたことに対して"
　◇芸術部門（音楽）　アダム・フィッシャー（Ádám Fischer：ハンガリー）"インスピレーションを与える指揮者であり，雄弁な人権擁護者として認められている"
　　　　　　　　　ポール・マッカートニー（Paul McCartney：イギリス）"私たちの時代のオルフェウス"

2019年
　◇農業部門　　　デイビッド・ジルバーマン（David Zilberman：アメリカ：カリフォルニア大学バークレー校）"農業経済と政策の基本的な疑問に答えるための経済モデルの開発に対して"
　◇化学部門　　　ステファン・バックワルド（Stephen Buchwald：アメリカ：マサチューセッツ工科大学），ジョン・ハートウィグ（John Frederick Hartwig：アメリカ：カリフォルニア大学バークレー校）"炭素−ヘテロ原子結合を形成する効率的な遷移金属触媒を独自に開発し，医薬品分子の製造方法を変革し，人類の利益に貢献した"
　◇数学部門　　　ジャン＝フランソワ・ル・ギャル（Jean-Francois Le Gall：フランス：パリ第1大学）"確率過程に関する奥深く優雅な研究に対して"
　　　　　　　　　グレゴリー・ローラー（Gregory Lawler：アメリカ：シカゴ大学）"ランダムパ

総合　　　　　　　　　　　　　　　5　　　　　　　　　　　　　　　1 ウルフ賞

　　　　　　　　　　　　　　スとループに関する広範かつ画期的な研究に対して"
　　◇医学部門　　　ジェフリー・フリードマン（Jeffrey M. Friedman：アメリカ：ロックフェラー大学）"体重を調節する新しい内分泌系であるレプチンを特定したことに対して"
　　◇物理学部門　　受賞者なし
　　◇芸術部門（建築）　モシェ・サフディ（Moshe Safdie：イスラエル・カナダ・アメリカ）"建築と形式的な実験に対する社会的関心によって動機づけられたキャリアのために"

2020年
　　◇農業部門　　　キャロライン・ディーン（Caroline Dean：イギリス：ジョン・イネス・センター）"開花時期の制御と春化のエピジェネティックな基盤に関する先駆的な発見に対して"
　　◇化学部門　　　受賞者なし
　　◇数学部門　　　ヤコフ・エリアシュバーグ（Jacob Eliashberg：アメリカ：スタンフォード大学），サイモン・ドナルドソン（Simon Donaldson：アメリカ：インペリアルカレッジ，サイモンズセンター）"微分幾何学と位相幾何学への貢献に対して"
　　◇医学部門　　　ジェニファー・ダウドナ（Jennifer Doudna：アメリカ：カリフォルニア大学バークレー校）"RNA誘導ゲノム編集による細菌免疫の医学革命的メカニズムの解明に対して"
　　　　　　　　　　エマニュエル・シャルパンティエ（Emmanuelle Charpentier：フランス：マックス・プランク病原体科学ユニット）"細菌のCRISPR/Cas9免疫システムを解読し，ゲノム編集に再利用したことに対して"
　　◇物理学部門　　Rafi Bistritzer（イスラエル：アプライドマテリアルズ），パブロ・ハリーヨ＝エレーロ（Pablo Jarillo-Herrero：スペイン：マサチューセッツ工科大学），アラン・H・マクドナルド（Allan Hugh MacDonald：カナダ：テキサス大学オースティン校）"ねじれ二層グラフェンに関する先駆的な理論的および実験的研究に対して"
　　◇芸術部門（絵画）　シンディ・シャーマン（Cindy Sherman：アメリカ）"カメラで作られるアートの概念を再定義した"

2021年
　　◇農業部門　　　受賞者なし
　　◇化学部門　　　レスリー・ライセロヴィッツ（Leslie Leiserowitz），メイヤー・ラハフ（Meir Lahav：イスラエル：ワイツマン科学研究所）"三次元分子構造が有機結晶の構造に及ぼす基本的な相互影響を共同で確立した"
　　◇数学部門　　　受賞者なし
　　◇医学部門　　　ジョーン・A・スタイツ（Joan A. Steitz：アメリカ：イェール大学）"RNAの処理とその機能に関する画期的な発見に対して"
　　　　　　　　　　リン・マクアット（Lynne E. Maquat：アメリカ：ロチェスター大学）"細胞内の変異mRNAを破壊するメカニズム，ナンセンス変異介在mRNA分解（NMD）を発見したことに対して"
　　　　　　　　　　エイドリアン・クレイナー（Adrian R. Krainer：アメリカ：コールド・スプリング・ハーバー研究所）"脊髄性筋萎縮症（SMA）に対する世界初の治療法につながるRNAスプライシングに関する基礎的メカニズムの発見に対して"
　　◇物理学部門　　ジョルジョ・パリージ（Giorgio Parisi：イタリア：ローマ大学）"無秩序系，素粒子物理学，統計物理学における画期的な発見に対して"
　　◇芸術部門（音楽）　スティーヴィー・ワンダー（Stevie Wonder：アメリカ）"音楽と慈善活動への素晴らしい貢献により，何世代にもわたる音楽愛好家の生活を豊かにした"
　　　　　　　　　　オルガ・ノイヴィルト（Olga Neuwirth：オーストリア）"現代の作曲家としての卓越した熟練度，芸術性，コミュニケーション能力に対して"

2022年
　　◇農業部門　　　パメラ・ロナルド（Pamela Ronald：アメリカ：カリフォルニア大学デービス

| 1 ウルフ賞 | 6 | 総合 |

校)"イネの病害抵抗性と環境ストレス耐性に関する先駆的な研究に対して"
　◇化学部門　　　ボニー・バスラー（Bonnie Bassler：アメリカ：プリンストン大学，ハワード・ヒューズ医学研究所）"細菌間の化学的コミュニケーションの役割を解明した研究に対して"

キャロライン・ベルトッツィ（Carolyn R. Bertozzi：アメリカ：スタンフォード大学）"バイオオルソゴナル化学の先駆者であり，グリコカリックスとその健康と病気における役割を理解し，バイオイメージング，ケモプロテオミクス，生体内薬物送達を可能にした"

ベンジャミン・クラヴァット（Benjamin Franklin Cravatt：アメリカ：スクリップス研究所）"化学的プロテオーム戦略である活性ベースのタンパク質プロファイリングを開発し，天然の生物系における酵素機能を特徴付け，脂質産物が細胞間のコミュニケーションを制御するエンドカンナビノイド加水分解酵素を含む，ヒトの生物学と疾患において重要な役割を果たす多数の酵素を記述した"

　◇数学部門　　　ジョージ・ルスティック（George Lusztig：アメリカ：マサチューセッツ工科大学）"表現理論および関連分野への画期的な貢献に対して"

　◇医学部門　　　受賞者なし

　◇物理学部門　　アンヌ・リュイリエ（Anne Geneviève L'Huillier：フランス・スウェーデン：ルンド大学），ポール・コーカム（Paul Corkum：カナダ：オタワ大学），フェレンツ・クラウス（Ferenc Krausz：ハンガリー・オーストリア：マックス・プランク量子光学研究所）"超高速レーザー科学とアト秒物理学への先駆的な貢献に対して"

　◇芸術部門（建築）エリザベス・ディラー（Elizabeth Diller：アメリカ）"公共領域における建築と芸術実践を結びつける卓越した影響力のある仕事に対して"

貝島 桃代（Momoyo Kaijima），塚本 由晴（Yoshiharu Tsukamoto：日本）"著作と実践を通じて，建築における民族学的および居住的特徴の重要性を強調した功績に対して"

2023年
　◇農業部門　　　Martinus Theodore van Genuchten（ブラジル：リオデジャネイロ連邦大学）"水の流れを理解し，土壌中の汚染物質の移動を予測する画期的な研究に対して"

　◇化学部門　　　何 川（He Chuan：中国：シカゴ大学）"可逆的なRNAメチル化と遺伝子発現の調節におけるその役割を発見したことに対して"

菅 裕明（Hiroaki Suga：日本：東京大学）"生理活性ペプチドの発見に革命をもたらしたRNAベースの触媒の開発に対して"

ジェフリー・ケリー（Jeffery W. Kelly：アメリカ：スクリップス研究所）"病的なタンパク質凝集を改善するための臨床戦略の開発に対して"

　◇数学部門　　　イングリッド・ドブシー（Ingrid Daubechies：アメリカ：デューク大学）"ウェーブレット理論と応用調和解析に関する研究に対して"

　◇医学部門　　　ダニエル・J・ドラッカー（Daniel J. Drucker：カナダ：トロント大学）"腸内分泌ホルモンのメカニズムと治療の可能性を解明する先駆的な研究に対して"

　◇物理学部門　　受賞者なし

　◇芸術部門（彫刻）中谷 芙二子（Fujiko Nakaya：日本），リチャード・ロング（Richard Long：イギリス）"芸術制作の可能性を再定義し，視覚芸術のパラメータを変革した"

2024年
　◇農業部門　　　ジョアン・コリー（Joanne Chory：アメリカ：ソーク生物学研究所），エリオット・マーチン・マイエロヴィッツ（Elliot Meyerowitz：アメリカ：カリフォルニア工科大学，ハワード・ヒューズ医学研究所），Venkatesan Sundaresan（アメリカ：カリフォルニア大学デービス校）"作物の改良に関連する植物発生生物学における重要な発見に対して"

　◇化学部門　　　受賞者なし

◇数学部門　　アディ・シャミア（Adi Shamir：イスラエル：ワイツマン科学研究所）"数学的暗号学への根本的な貢献に対して"
　　　　　　　ノガ・アロン（Noga Alon：イスラエル：プリンストン大学）"組合せ論と理論計算機科学への根本的な貢献に対して"
◇医学部門　　ボトンド・ロシュカ（Botond Roska：ハンガリー：分子臨床研究所，バーゼル眼科），ジョゼ＝アラン・サヘル（José-Alain Sahel：フランス：ピッツバーグ大学医学部，ソルボンヌ大学）"光遺伝学を用いて失明者の視力の保護と視力回復を図ったことに対して"
◇物理学部門　マーティン・リース（Martin Rees：イギリス：ケンブリッジ大学）"高エネルギー天体物理学，銀河と構造形成，宇宙論への基礎的貢献に対して"
◇芸術部門（音楽）クルターグ・ジェルジュ（Kurtág György：ハンガリー）"インスピレーションに富み，人間味あふれる世界文化遺産への貢献に対して"

2　国連人権賞　United Nations Human Rights Prize

世界人権宣言採択20周年を記念して1968年（世界人権年）に設立された，国際連合主催の賞。5年ごとに人権の擁護と伸張ならびに基本的自由保護に貢献のあった個人や組織に贈られる。

【主催者】国連人権高等弁務官事務所（OHCHR：Office of the United Nations High Commissioner for Human Rights）
【選考委員】国連総会議長，経済社会理事会議長，人権理事会議長，女性の地位委員会委員長，人権理事会諮問委員会委員長の5名で構成される特別委員会
【選考方法】加盟国，専門機関，諮問資格を有する非政府組織，およびその他の適切な機関が候補者を指名。特別委員会が受賞者を選考する
【選考基準】最高5つの団体あるいは個人に与えられる
【締切・発表】〔第11回〕2023年12月，ニューヨークの国連本部で授賞式開催
【賞・賞金】金属の飾り板
【E-mail】ohchr-InfoDesk@un.org
【URL】https://www.ohchr.org/en/about-us/what-we-do/un-human-rights-prize

第10回（2018年）　レベカ・ギューミ（Rebeca Gyumi：タンザニア）
　　　　　　　　　アスマ・ジャハンギール（Asma Jilani Jahangir：パキスタン）
　　　　　　　　　ジョエニア・ヴァピシャナ（Joênia Wapichana：ブラジル）
　　　　　　　　　フロントライン・ディフェンダーズ（Front Line Defenders：アイルランド）
第11回（2023年）　ビャスナ人権センター（Viasna Human Rights Centre：ベラルーシ）
　　　　　　　　　ジュリエンヌ・リュゼンジュ（Julienne Lusenge：コンゴ民主共和国）
　　　　　　　　　アンマン人権学センター（Amman Center for Human Rights Studies：ヨルダン）
　　　　　　　　　ジュリオ・ペレイラ・サンチェス（Julio Pereyra Sánchez：ウルグアイ）
　　　　　　　　　The Global Coalition

3　テンプルトン賞　Templeton Prize

アメリカの投資家ジョン・テンプルトンによって1972年に創設された。科学を通じて宇宙と人類の目的に関する深い疑問を探求する業績を挙げた個人を表彰するもので，「宗教分野のノーベル賞」とも呼ばれる。候補者は，過去1年間の業績ではなく，累積的な業績に基づいて評価される。これまでに科学者や学者，オピニオンリーダー，宗教指導者などが受賞し，科

学を用いて哲学や神学の問題に新たな視点を提供し、理解を深めることに貢献している。
　＊日本人では、1979年庭野日敬が受賞
【主催者】ジョン・テンプルトン財団（John Templeton Foundation），テンプルトン世界慈善財団（Templeton World Charity Foundation），テンプルトン宗教信託（Templeton Religion Trust）
【選考委員】Susan M. Fitzpatrick, Bruno Guidardoni, Daniel E. Hastings, Baroness Philippa Stroud, Homa Sabet Tavangar
【選考方法】専門家で組織された推薦者グループが候補者を推薦。外部審査団が受賞者を選出する
【選考基準】科学を駆使して宇宙やその中での人類の位置と目的に関する最も深い疑問を探求する科学者，哲学者，宗教指導者，公共知識人などの模範的な個人
【締切・発表】〔2024年〕2024年6月4日に公式サイトで発表
【賞・賞金】メダルと巻物，110万ポンド相当の賞金が授与される
【URL】https://www.templetonprize.org/

1973年	マザー・テレサ（Mother Teresa：インド：カトリックの修道女, 宣教師）
1974年	ブラザー・ロジェ（Brother Roger：スイス：宗教指導者）
1975年	サルヴパッリー・ラーダークリシュナン（Sarvepalli Radhakrishnan：インド：哲学者, 政治家）
1976年	レオ・ジョセフ・スーネンス（Leon Joseph Cardinal Suenens：ベルギー：神学者, カトリック司祭）
1977年	キアラ・ルビック（Chiara Lubich：イタリア：カトリック活動家, 宗教間運動家）
1978年	トーマス・トーランス（Thomas F. Torrance：イギリス：スコットランド教会の神学者, 牧師）
1979年	庭野 日敬（Nikkyo Niwano：日本：宗教指導者, 宗教間運動家）
1980年	ラルフ・ウェンデル・ブルホエ（Ralph Wendell Burhoe：アメリカ：教育者, 神学者）
1981年	シシリー・ソンダース（Cicely Saunders：イギリス：看護師, 医師, ソーシャルワーカー）
1982年	ビリー・グラハム（Billy Graham：アメリカ：エバンジェリスト）
1983年	アレクサンドル・ソルジェニーツィン（Aleksandr Solzhenitsyn：ロシア：小説家, 歴史家）
1984年	マイケル・ブルドー（Michael Bourdeaux：イギリス：歴史家）
1985年	アリスター・ハーディ（Alister Hardy：イギリス：生物学者）
1986年	ジェームズ・I・マッコード（James I. McCord：カナダ：神学者）
1987年	スタンレー・ジャキ（Stanley L. Jaki：ハンガリー・アメリカ：物理学者, 哲学者, 司祭）
1988年	イナムラ・カーン（Inamullah Khan：ミャンマー：宗教間運動家）
1989年	カール・フリードリヒ・フォン・ヴァイツゼッカー（Carl Friedrich von Weizsäcker：ドイツ：物理学者, 哲学者）

1989年	ジョージ・マクラウド（Lord MacLeod：イギリス：スコットランド教会牧師）
1990年	ババ・アムテ（Baba Amte：インド：活動家, 弁護士）
	チャールズ・バーチ（L. Charles Birch：オーストラリア：遺伝学者, 生物学者）
1991年	イマヌエル・ジャコボヴィッツ（Lord Jakobovits：イギリス：ラビ）
1992年	韓 景職（Kyung-Chik Han：韓国：長老派教会の牧師）
1993年	チャールズ・コルソン（Charles W. Colson：アメリカ：エバンジェリスト）
1994年	マイケル・ノヴァク（Michael Novak：アメリカ：哲学者）
1995年	ポール・デイヴィス（Paul Davies：イギリス：理論物理学者, 宇宙学者）
1996年	ビル・ブライト（William R. "Bill" Bright：アメリカ：エバンジェリスト）
1997年	パンデュラン・シャーストリ・アタヴァレー（Pandurang Shastri Athavale：インド：精神的指導者）
1998年	ジークムント・スタンバーグ（Sigmund Sternberg：イギリス：慈善家, 宗教間運動家）
1999年	イアン・バーバー（Ian Graeme Barbour：アメリカ：神学者, 物理学者）
2000年	フリーマン・ダイソン（Freeman J. Dyson：アメリカ：物理学者, 数学者）
2001年	アーサー・ピーコック（Arthur Peacocke：イギリス：生化学者, 英国国教会の司祭）
2002年	ジョン・ポーキングホーン（John Polkinghorne：イギリス：数理物理学者, 英国国教会の司祭）
2003年	ホームズ・ロルストン3世（Holmes Rolston III：アメリカ：哲学者）
2004年	ジョージ・エリス（George F. R. Ellis：南アフリカ：理論宇宙学者）
2005年	チャールズ・タウンズ（Charles H. Townes：アメリカ：物理学者）
2006年	ジョン・D・バロウ（John D. Barrow：イギリス：宇宙学者, 理論物理学者, 数学者）
2007年	チャールズ・テイラー（Charles Taylor：カナダ：哲学者）
2008年	ミハウ・ヘラー（Michael Heller：ポーランド：物理学者, カトリック司祭）
2009年	ベルナール・デスパーニア（Bernard d'Espagnat：フランス：物理学者, 哲学者）
2010年	フランシスコ・J・アヤラ（Francisco J. Ayala：アメリカ：生物学者, 遺伝学者）
2011年	マーティン・リース（Martin J. Rees：イギリス：宇宙学者, 天体物理学者）
2012年	ダライ・ラマ14世（Tenzin Gyatso, the 14th Dalai Lama：チベット：精神的指導者）
2013年	デズモンド・ムピロ・ツツ（Desmond Tutu：南アフリカ：英国国教会名誉大主教, 活動家）
2014年	トマーシュ・ハリーク（Tomáš Halík：チェコ：哲学者, カトリック司祭）
2015年	ジャン・バニエ（Jean Vanier：スイス：哲学者, 神学者）
2016年	ジョナサン・サックス（Rabbi Lord Jonathan Sacks：イギリス：ラビ）
2017年	アルバン・プランティンガ（Alvin Plantinga：アメリカ：哲学者）

2018年	アブドゥッラー2世(King Abdullah Ⅱ of Jordan：ヨルダン：君主)
2019年	マルセロ・グライサー(Marcelo Gleiser：ブラジル：理論物理学者, 宇宙学者)
2020年	フランシス・コリンズ(Francis Collins：アメリカ：遺伝学者, 医師)
2021年	ジェーン・グドール(Jane Goodall：イギリス：動物行動学者, 自然保護活動家)
2022年	フランク・ウィルチェック(Frank Wilczek：アメリカ：理論物理学者, 作家)
2023年	エドナ・アダン・イスマイル(Edna Adan Ismail：ソマリランド：助産師, 病院創設者, 医療擁護者)
2024年	プムラ・ゴボドマディキゼラ(Pumla Gobodo-Madikizela：南アフリカ：心理学者, 研究者)

4 ノーベル賞　The Nobel Prize

ダイナマイトの発明で有名なアルフレッド・ノーベル(Alfred Nobel 1833-96)の遺言に基づき1901年に創設された賞。「前年に人類に対して最大の便益を与える貢献を行った」人物に対して授与される。スウェーデン王立科学アカデミーに寄付されたノーベルの遺産を基金として, 民間のノーベル財団が創設され, 同団体が運営にあたっている。当初は, 物理学, 化学, 生理学・医学, 文学, 平和の5部門だったが, 69年にスウェーデン中央銀行により, 経済学賞が加えられた(正式名称は「アルフレッド・ノーベルを記念した経済科学におけるスウェーデン銀行賞」)。

＊日本人受賞者は, 1949年湯川秀樹(物理学賞), 65年朝永振一郎(物理学賞), 68年川端康成(文学賞), 73年江崎玲於奈(物理学賞), 74年佐藤栄作(平和賞), 81年福井謙一(化学賞), 87年利根川進(生理学・医学賞), 94年大江健三郎(文学賞), 2000年白川英樹(化学賞), 01年野依良治(化学賞), 02年小柴昌俊(物理学賞), 田中耕一(化学賞), 08年南部陽一郎, 小林誠, 益川敏英(物理学賞), 下村脩(化学賞), 10年根岸英一, 鈴木章(化学賞), 12年山中伸弥(生理学・医学賞), 14年赤崎勇, 天野浩, 中村修二(物理学賞), 15年梶田隆章(物理学賞), 16年大隅良典(生理学・医学賞), 18年本庶佑(生理学・医学賞), 19年吉野彰(化学賞), 24年日本原水爆被害者団体協議会(平和賞)の26名1団体

【主催者】ノーベル財団(The Nobel Foundation)
【選考委員】各部門ごとにノーベル賞委員会が設置される。物理学賞, 化学賞は王立科学アカデミー, 生理学・医学賞はカロリンスカ研究所, 文学賞はスウェーデン・アカデミー, 平和賞はノルウェー国会が選考。経済学賞は王立科学アカデミーが管轄する
【選考方法】世界中に推薦依頼状を発送し(自薦は禁止), ノーベル賞委員会が独自の判断で候補者を追加して最終候補リストを作成, 段階的に人数を減らして最終的な受賞者を決定する
【選考基準】各部門最大3人まで。前年1年間の業績に対して授与されるが, 文学賞・平和賞は永年の業績を対象とする
【締切・発表】推薦締切は毎年1月31日必着。10月頃に各部門ごとに各選考団体から受賞者が発表され, ノーベルの命日である12月10日に, 平和賞はオスロのオスロ大学講堂で, 他5部門はストックホルムのコンサートホールで, それぞれ授賞式が開催される。受賞後には晩餐会があり, 受賞者による3分間の講演「ノーベル・スピーチ」が行われる
【賞・賞金】金メダル(23金), 賞金。同一部門で複数の受賞者がいる場合, 賞金は分割授与される。基金の前年利息の67.5％が, 経済学賞を除く5部門の賞金に充当される。経済学賞はスウェーデン中央銀行の献金を基金にしており, 賞金額は他部門と同一。2024年時点の賞

金は1100万スウェーデンクローナ（約1億5600万円）
【URL】https://www.nobelprize.org/

2015年
- ◇物理学賞　A.B.マクドナルド（Arthur B. McDonald：カナダ），梶田 隆章（Takaaki kajita：日本）"ニュートリノに質量があることを示すニュートリノ振動の発見に対して"
- ◇化学賞　T.リンダール（Tomas Lindahl：スウェーデン），P.モドリッチ（Paul Modrich：アメリカ），A.サンジャル（Aziz Sancar：トルコ・アメリカ）"DNA損傷を修復する機構の解明に対して"
- ◇生理学・医学賞　W.C.キャンベル（William C. Campbell：アメリカ），大村 智（Satoshi Omura：日本），屠 呦呦（Tu You-you：中国）"大村とキャンベルは線虫感染症の新たな治療法の発見、屠はマラリアの新たな治療法の発見に対して"
- ◇経済学賞　A.ディートン（Angus Deaton：イギリス・アメリカ）"消費と貧困、福祉の分析への貢献に対して"
- ◇文学賞　S.アレクシエーヴィチ（Svetlana Alexievich：ベラルーシ）"多様な声を集めた、現代の苦難とそれを乗り越える勇気の記念碑というべき著作に対して"
- ◇平和賞　国民対話カルテット（National Dialogue Quartet）"ジャスミン革命後のチュニジアにおける多元主義に基づく民主主義の確立への貢献に対して"

2016年
- ◇物理学賞　F.D.M.ホールデン（F.Duncan M. Haldane），J.M.コステリッツ（J.Michael Kosterlitz），D.J.サウレス（David J. Thouless：アメリカ）"トポロジカル相転移と物質のトポロジカル相についての理論的発見に対して"
- ◇化学賞　B.L.フェリンハ（Bernard L. Feringa：オランダ），J.-P.ソヴァージュ（Jean-Pierre Sauvage：フランス），J.F.ストッダート（J.Fraser, Sir Stoddart：イギリス）"分子マシンの設計と合成に対して"
- ◇生理学・医学賞　大隅 良典（Yoshinori Osumi：日本）"細胞内部のタンパク質を分解し再利用するオートファジーの仕組みを解明したことに対して"
- ◇経済学賞　O.ハート（Oliver Hart：イギリス・アメリカ），B.ホルムストローム（Bengt Holmström：フィンランド）"契約理論に関する功績に対して"
- ◇文学賞　B.ディラン（Bob Dylan：アメリカ）"米国音楽の偉大な伝統の中に新たな詩的表現を創造したことに対して"
- ◇平和賞　J.M.サントス（Juan Manuel Santos：コロンビア）"50年以上にわたるコロンビア内戦の終結に向けた断固たる努力に対して"

2017年
- ◇物理学賞　B.C.バリッシュ（Barry C. Barish），K.S.ソーン（Kip S. Thorne），R.ワイス（Rainer Weiss：アメリカ）"LIGO検出器と重力波検出への決定的に重要な貢献に対して"
- ◇化学賞　J.ドゥボシェ（Jacques Dubochet：スイス），J.フランク（Joachim Frank：アメリカ），R.ヘンダーソン（Richard Henderson：イギリス）"溶液中の生体分子の構造決定を高解像度でできるクライオ電子顕微鏡の開発に対して"
- ◇生理学・医学賞　J.C.ホール（Jeffrey C. Hall），M.ロスバッシュ（Michael Rosbash），M.W.ヤング（Michael W. Young：アメリカ）"概日リズムを制御する分子メカニズムの発見に対して"
- ◇経済学賞　R.H.セイラー（Richard H. Thaler：アメリカ）"行動経済学への貢献に対して"
- ◇文学賞　K.イシグロ（Kazuo Ishiguro：イギリス）"偉大な感性を持った小説によって、世界とつながっているという幻想的な感覚の下に隠された深淵を明らかにしたことに対して"
- ◇平和賞　核兵器廃絶国際キャンペーン（International Campaign to Abolish Nuclear Weapons（ICAN））"核兵器の使用がもたらす破滅的な人道上の結末への注

意喚起と，条約によって核兵器を禁止するための革新的な努力に対して"

2018年
　◇物理学賞　　A.アシュキン(Arthur Ashkin：アメリカ)，G.ムル(Gérard Mourou：フランス)，D.ストリックランド(Donna Strickland：カナダ)"アシュキンは光ピンセットの開発と生体システムへの応用，ムル，ストリックランドは超高出力，超短パルスレーザーを生み出す技術の開発に対して"
　◇化学賞　　F.H.アーノルド(Frances H. Arnold)，G.P.スミス(George P. Smith：アメリカ)，G.P.ウィンター(Sir Gregory P. Winter：イギリス)"アーノルドは指向性進化による酵素の合成，スミス，ウィンターはファージディスプレイによるタンパク質や抗体の開発に対して"
　◇生理学・医学賞　J.P.アリソン(James P. Allison：アメリカ)，本庶 佑(Tasuku Honjo：日本)"T細胞の表面に存在するタンパク質が免疫系の働きを抑える仕組み'免疫チェックポイントシステム'を解明，がん細胞がこの仕組みを利用して抗腫瘍免疫から身を守っていることを発見し，新たながん治療法開発の道を開いたことに対して"
　◇経済学賞　　W.D.ノードハウス(William D. Nordhaus)，P.M.ローマー(Paul M. Romer：アメリカ)"ノードハウスは長期的なマクロ経済の分析に気候変動の要素を組み入れた功績，ローマーは技術革新を長期的マクロ経済分析に統合した功績に対して"
　◇文学賞　　O.トカルチュク(Olga Tokarczuk：ポーランド)"自然と文明，理性と狂気，男性と女性などの対比により生まれる緊張感に物語を持たせ，森羅万象への情熱をもって様々な境界を乗り越えていく生き様を描き出す想像力に対して"
　◇平和賞　　D.ムクウェゲ(Denis Mukwege：コンゴ民主共和国)，N.ムラード(Nadia Murad：イラク)"戦争や武力紛争の武器や戦術として用いられる性暴力を止めるための努力に対して"

2019年
　◇物理学賞　　M.マイヨール(Michel Mayor：スイス)，J.ピーブルス(James Peebles：カナダ・アメリカ)，D.ケロー(Didier Queloz：スイス)"この宇宙の進化と，宇宙における地球の位置づけの理解に対する貢献に対して"
　◇化学賞　　J.B.グッドイナフ(John B. Goodenough：アメリカ)，M.S.ウィッティンガム(M.Stanley Whittingham：イギリス)，吉野 彰(Akira Yoshino：日本)"リチウムイオン電池(LIB)の開発に対して"
　◇生理学・医学賞　W.G.ケーリン Jr.(William G. Kaelin Jr.：アメリカ)，P.J.ラトクリフ(Sir Peter J. Ratcliffe：イギリス)，G.L.セメンザ(Gregg L. Semenza：アメリカ)"細胞が低酸素状態を感知し，応答する仕組みの発見に対して"
　◇経済学賞　　A.バナジー(Abhijit Banerjee：インド・アメリカ)，E.デュフロ(Esther Duflo：フランス・アメリカ)，M.クレーマー(Michael Kremer：アメリカ)"世界の貧困問題の解決に向け，実験に基づく新たな手法を導入した功績に対して"
　◇文学賞　　P.ハントケ(Peter Handke：オーストリア)"巧みな言語表現により人間の経験の周縁と特異性を探究した，大きな影響力を持つ作品群に対して"
　◇平和賞　　アビィ・アハメド・アリ(Abiy Ahmed Ali：エチオピア)"エチオピア・エリトリア国境紛争を断固とした指導力で平和裏に解決するなど，地域の平和と安定のための尽力に対して"

2020年
　◇物理学賞　　R.ゲンツェル(Reinhard Genzel：ドイツ)，A.ゲズ(Andrea Ghez：アメリカ)，R.ペンローズ(Roger Penrose：イギリス)"ゲンツェル，ゲズは天の川銀河の中心にある超大質量で小さい物体の発見，ペンローズはブラックホールの形成が一般相対性理論の強力な裏付けであることの発見に対して"
　◇化学賞　　E.シャルパンティエ(Emmanuelle Charpentier：フランス)，J.A.ダウドナ(Jennifer A. Doudna：アメリカ)"ゲノム編集のための手法の開発に対して"
　◇生理学・医学賞　H.J.オルター(Harvey J. Alter：アメリカ)，M.ホートン(Michael Houghton：

| | | イギリス），C.M.ライス（Charles M. Rice：アメリカ）"C型肝炎ウイルス（HCV）の発見に対して" |

◇経済学賞　P.R.ミルグロム（Paul R. Milgrom），R.B.ウィルソン（Robert B. Wilson：アメリカ）"オークション理論の改善と新しいオークション形式の発明に対して"

◇文学賞　L.グリュック（Louise Glück：アメリカ）"飾り気のない厳粛な美を伴って個人の存在を普遍化する，独特の詩的な声に対して"

◇平和賞　国連世界食糧計画（World Food Programme（WFP））"飢餓との戦いに尽力し，紛争地域の平和のための状況改善へ貢献し，戦争や紛争の武器としての飢餓の利用を防ぐための努力の原動力となったことに対して"

2021年

◇物理学賞　K.ハッセルマン（Klaus Hasselmann：ドイツ），G.パリージ（Giorgio Parisi：イタリア），真鍋 淑郎（Syukuro Manabe：アメリカ）"複雑な物理系を理解するための画期的な貢献に対して"

◇化学賞　B.リスト（Benjamin List：ドイツ），D.マクミラン（David MacMillan：アメリカ）"不斉有機触媒の開発に対して"

◇生理学・医学賞　D.ジュリアス（David Julius），A.パタプティアン（Ardem Patapoutian：アメリカ）"温度と触刺激の受容体の発見に対して"

◇経済学賞　J.D.アングリスト（Joshua D. Angrist：アメリカ・イスラエル），D.カード（David Card：カナダ・アメリカ），G.W.インベンス（Guido W. Imbens：アメリカ・オランダ）"社会問題の因果関係を推定する自然実験を確立したこと，特に方法論による因果関係分析への功績に対して"

◇文学賞　A.グルナ（Abdulrazak Gurnah：イギリス）"植民地主義のもたらした影響と，異なる文化と大陸の狭間に置かれた難民がたどった運命への妥協のない，思いやりのこもった洞察に対して"

◇平和賞　D.A.ムラトフ（Dmitry Andreyevich Muratov：ロシア），M.レッサ（Maria Ressa：フィリピン）"民主主義と恒久平和の前提条件である表現の自由を守るための努力に対して"

2022年

◇物理学賞　A.アスペ（Alain Aspect：フランス），J.クラウザー（John Clauser：アメリカ），A.ツァイリンガー（Anton Zeilinger：オーストリア）"量子もつれの実験でベルの不等式の破れを立証し，量子情報科学を切り開いたに対して"

◇化学賞　C.ベルトッツィ（Carolyn Bertozzi：アメリカ），M.メルダル（Morten Meldal：デンマーク）"クリックケミストリーと生体直交化学の開発に対して"

◇生理学・医学賞　S.ペーボ（Svante Pääbo：スウェーデン）"絶滅した古代人類のゲノムと人類進化に関する発見に対して"

◇経済学賞　B.S.バーナンキ（Ben S. Bernanke），D.ダイヤモンド（Douglas Diamond），P.ディビッグ（Philip Dybvig：アメリカ）"銀行と金融危機に関する研究に対して"

◇文学賞　A.エルノー（Annie Ernaux：フランス）"個人的な記憶の根源，疎外，集団的抑圧を明らかにする勇気と客観的な鋭敏さに対して"

◇平和賞　A.ビャリャツキ（Ales Bialiatski：ベラルーシ），市民自由センター（Center for Civil Liberties），メモリアル（Memorial）"母国の市民社会を代表し，長年にわたり権力を批判し，市民の基本的人権を守る活動を推進してきたに対して"

2023年

◇物理学賞　P.アゴスティーニ（Pierre Agostini：フランス），F.クラウス（Ferenc Krausz：ハンガリー・オーストリア），A.ルイリエ（Anne L'Huillier：フランス）"物質中の電子動力学を研究するためのアト秒パルス光を発生する実験的手法に対して"

◇化学賞　M.バウェンディ（Moungi G. Bawendi），L.ブルース（Louis E. Brus：アメリカ），A.エキモフ（Alexei Ekimov：ロシア）"量子ドットの発見と合成に対して"

- ◇生理学・医学賞　K.カリコー（Katalin Karikó：アメリカ・ハンガリー）, D.ワイスマン（Drew Weissman：アメリカ）"新型コロナに対するmRNAワクチン開発を可能にした塩基修飾法の発見に対して"
- ◇経済学賞　C.ゴールディン（Claudia Goldin：アメリカ）"女性の労働市場における成果について我々の理解を深めたことに対して"
- ◇文学賞　J.フォッセ（Jon Fosse：ノルウェー）"声なき声に声を与えた革新的な戯曲と散文に対して"
- ◇平和賞　N.モハンマディ（Narges Mohammadi：イラン）"イランの女性に対する抑圧と闘い，すべての人々の人権と自由を推進したことに対して"

2024年
- ◇物理学賞　ジョン・ホップフィールド（John J. Hopfield：アメリカ）, ジェフリー・ヒントン（Geoffrey Hinton：イギリス）"人工ニューラルネットワークによる機械学習を可能にする基礎的な発見と発明に対して"
- ◇化学賞　デイヴィッド・ベイカー（David Baker：アメリカ）, デミス・ハサビス（Demis Hassabis：イギリス）, ジョン・M・ジャンパー（John Jumper：アメリカ）"ベイカーは計算によるタンパク質設計，ハサビス，ジャンパーはタンパク質構造予測に対して"
- ◇生理学・医学賞　ヴィクター・アンブロス（Victor Ambros）, ゲイリー・ラヴカン（Gary Ruvkun：アメリカ）"マイクロRNAの発見と転写後遺伝子調節におけるその役割に対して"
- ◇経済学賞　ダロン・アセモグル（Daron Acemoglu：トルコ）, サイモン・ジョンソン（Simon Henry Roberts Johnson）, ジェームズ・A・ロビンソン（James A. Robinson：イギリス）"制度がどのように形成され，繁栄に影響を与えるかに関する研究に対して"
- ◇文学賞　韓 江（Han Kang：韓国）"歴史的トラウマに立ち向かい，人間の命の脆さを露呈する強烈な詩的散文に対して"
- ◇平和賞　日本被団協（Nihon Hidankyo：日本）"核兵器のない世界を実現するための努力と，目撃証言を通じて核兵器が二度と使用されてはならないことを実証したことに対して"

5　ピュリッツアー賞　The Pulitzer Prizes

　毎年，ジャーナリズム・文学・音楽などで功績のあったアメリカ国民（一部部門を除く）に授与されるアメリカの賞。優れたジャーナリストの奨励を目的として，ハンガリー生まれのアメリカ人ジャーナリストで「新聞王」と呼ばれたジョゼフ・ピュリッツァー（Joseph Pulitzer）の遺産をもとに，1917年コロンビア大学内に選定委員会を設置された。「言論のノーベル賞」「ジャーナリズムのアカデミー賞」とも呼ばれる。当初は公共奉仕，報道，社説の3部門だったが，徐々に細分化。現在では報道部門に公益，速報報道，調査報道，解説報道，地方報道，国内報道，国際報道，特集記事，評論，批評，社説，イラスト付きレポートと解説，速報写真，企画写真，音声レポートの計15部門，書籍・演劇・音楽部門にフィクション，演劇，歴史，伝記・評伝，自伝，詩，一般ノンフィクション，音楽の8部門がある。
　＊日本人では，長尾靖（1961年），澤田教一（66年），酒井淑男（68年）が写真部門で受賞
【主催者】コロンビア大学ピュリッツァー賞委員会
【選考委員】ピュリッツアー賞委員会および候補作審査員
【選考方法】選考委員により各部門につき3作品がノミネートされ，委員会が投票で決定する
【選考基準】書籍・演劇・音楽部門では歴史部門を除き対象はアメリカ国民に限られる。歴史部門では題材がアメリカに関するものである限り，国籍不問。報道部門においては，発表がアメリカの新聞に掲載されている限り国籍は不問。審査対象となる作品・記事は，報道部門

は前年内のアメリカの新聞（日刊，週刊，日曜新聞）または新聞ニュースサイトに掲載された記事（調査報道部門及び特集記事部門のみ雑誌・雑誌ニュースサイトに掲載された記事も対象），書籍部門では前年内にアメリカで最初に市販された書籍，演劇部門では前年内にアメリカで公演された戯曲，音楽部門では前年内にアメリカで初演または録音された作品
【締切・発表】〔2025年〕書籍部門は2024年10月15日，演劇・音楽部門は12月31日，報道部門は2025年1月27日締切。5月5日発表，10月にコロンビア大学で晩餐会
【賞・賞金】公共部門は金メダル，他の部門は賞状と賞金1万5000ドルが授与される
【E-mail】pulitzer@pulitzer.org
【URL】http://www.pulitzer.org/

2016年
◇報道部門
- 公益　　　AP通信（Associated Press）"アメリカのスーパーマーケットやレストランへの魚介類の供給に関連した深刻な労働搾取の調査に対して"
- 速報報道　ロサンゼルス・タイムズのスタッフ（Los Angeles Times Staff）"サンバーナーディーノでの銃撃事件とその後のテロ捜査について，地域的および世界的な視点から優れた報道を行った"
- 調査報道　Leonora LaPeter Anton, Anthony Cormier（アメリカ：タンパベイ・タイムズ），Michael Braga（アメリカ：the Sarasota Herald-Tribune）"フロリダ州の精神病院で暴力と怠慢がエスカレートしていることを明らかにした共同報道に対して"
- 解説報道　T. Christian Miller（アメリカ：プロパブリカ），Ken Armstrong（アメリカ：マーシャル・プロジェクト）"法執行機関が強姦の報告を適切に捜査できず，被害者に与えるトラウマ的な影響を理解できなかったという長年の失敗を，驚くべき調査と暴露で明らかにした"
- 地方報道　Michael LaForgia, Cara Fitzpatrick, Lisa Gartner（アメリカ：Tampa Bay Times）"郡立学校を失敗工場に変え，地域社会に悲劇的な結果をもたらした地元教育委員会の責任を暴露したことに対して"
- 国内報道　ワシントンポストのスタッフ（The Washington Post Staff）"警察が殺人目的で発砲する頻度と理由，そして最も犠牲になる可能性が高いのは誰かを明らかにするために全国データベースを作成し，それを使用するという画期的な取り組みに対して"
- 国際報道　アリッサ・J・ルービン（Alissa J. Rubin：アメリカ：ニューヨークタイムズ）"言語に絶する残虐行為に耐えることを強いられたアフガニスタンの女性たちの声を，徹底的に取材し感動的に綴った記事に対して"
- 特集記事　キャサリン・シュルツ（Kathryn Schulz：アメリカ：ザ・ニューヨーカー）"カスケード断層の破壊に関する科学的で洗練された報道に対して"
- 評論　　　Farah Stockman（アメリカ：ボストン・グローブ）"ボストンのバス通学の歴史と，それがボストンの教育に及ぼす影響について，進行中の人種的矛盾を明確に考慮しながら調査した広範囲にわたるコラムに対して"
- 批評　　　エミリー・ヌスバウム（Emily Nussbaum：アメリカ：ザ・ニューヨーカー）"分析の鋭さや文章の率直な権威を決して損なうことなく，愛情を込めて書かれたテレビ評論に対して"
- 社説　　　John Hackworth, Brian Gleason（アメリカ：Sun Newspapers）"刑務官による受刑者への致命的な暴行事件の社説に対して"
- 社説漫画　Jack Ohman（アメリカ：The Sacramento Bee）"大胆な線と繊細な色彩や質感を組み合わせた洗練されたスタイルで，皮肉や悲哀に満ちた視点を伝える漫画に対して"
- 速報写真　Mauricio Lima（ブラジル），セルゲイ・ポノマリョフ（Sergey Ponomarev：ロシア），Tyler Hicks（ブラジル），Daniel Etter（ドイツ：ニューヨークタイムズ）"難民の決意，彼らの旅の危険，そして彼らを受け入れるための受け入れ

国の苦闘を捉えた写真に対して"
　　　　　　　　　ロイターの写真スタッフ (Photography Staff of Reuters) "それぞれが独自の声を持つ移民難民が, 何百マイルも不確かな境界を越えて未知の目的地に向かう様子を追った, 心をつかむ写真に対して"
　● 企画写真　ジェシカ・リナルディ (Jessica Rinaldi：ボストン・グローブ) "信頼していた人々から虐待を受けた後, 自分の足場を見つけようと奮闘する少年の, 生々しくも率直な写真に対して"
◇書籍・演劇・音楽部門
　● フィクション　ヴィエット・タン・グエン (Viet Thanh Nguyen：アメリカ)「シンパサイザー (原題：The Sympathizer)」〈Grove Press〉
　● 戯曲　リン=マニュエル・ミランダ (Lin-Manuel Miranda：アメリカ)「ハミルトン (原題：Hamilton)」
　● 歴史　T.J.スタイルズ (T.J. Stiles：アメリカ)「Custer's Trials：A Life on the Frontier of a New America」〈Alfred A. Knopf〉
　● 伝記・評伝　ウィリアム・フィネガン (William Finnegan：アメリカ)「バーバリアンデイズ－あるサーファーの人生哲学 (原題：Barbarian Days：A Surfing Life)」〈Penguin Press〉
　● 詩　ピーター・バラカン (Peter Balakian：アメリカ)「Ozone Journal」〈University of Chicago Press〉
　● 一般ノンフィクション　ジョビー・ウォリック (Joby Warrick：アメリカ)「ブラック・フラッグス (原題：Black Flags：The Rise of ISIS)」〈Doubleday〉
　● 音楽　ヘンリー・スレッギル (Henry Threadgill：アメリカ)「In for a Penny, In for a Pound」〈Pi Recordings〉

2017年
◇報道部門
　● 公益　ニューヨーク・デーリー・ニューズ (New York Daily News), プロパブリカ (ProPublica) "主に記者サラ・ライリーの活動を通じて, 警察が立ち退き規則を乱用し, 貧困層の少数民族を中心に数百人を追放していた事実を明らかにしたことに対して"
　● 速報報道　East Bay Timesのスタッフ (Staff of East Bay Times：カリフォルニア州オークランド) "倉庫パーティーで36人が死亡した「ゴーストシップ」火災を執拗に報道し, この悲劇の後に市が火災を防げたかもしれない対策を講じなかったことを暴露した報道に対して"
　● 調査報道　Eric Eyre (アメリカ：Charleston Gazette-Mail) "強力な反対にもかかわらず, 過剰摂取による死亡率が国内で最も高い不況のウェストバージニア州の郡に流入するオピオイドの洪水を暴露した勇気ある報道に対して"
　● 解説報道　国際調査報道ジャーナリスト連合 (International Consortium of Investigative Journalists), マクラッチー (McClatchy), マイアミ・ヘラルド (Miami Herald) "パナマ文書について, 6大陸の300人以上の記者の協力を得てオフショア租税回避地の隠れたインフラを暴露した一連の記事に対して"
　● 地方報道　ソルトレーク・トリビューンのスタッフ (The Salt Lake Tribune Staff) "ユタ州で最も影響力のある機関の一つであるブリガム・ヤング大学で性的暴行の被害者に対して行われた倒錯的, 懲罰的, 残酷な扱いを暴露した一連の鮮明な報告書に対して"
　● 国内報道　David A. Fahrenthold (アメリカ：ワシントンポスト) "ドナルド・トランプ氏の慈善活動に対する寛大な主張に疑問を投げかけながら, 政治キャンペーン報道における透明性のあるジャーナリズムのモデルを作り上げてきた粘り強い報道に対して"
　● 国際報道　ニューヨークタイムズのスタッフ (The New York Times Staff) "ウラジミール・プーチン大統領がロシアの権力を海外に誇示しようとした取り組みに関する議題設定報道に対して"
　● 特集記事　C. J. チヴァース (C. J. Chivers：アメリカ：ニューヨークタイムズ) "事実と詳

細を巧みに積み重ねることで，戦後の海兵隊員の暴力への転落が単なる犯罪者の行為でも，典型的なPTSDの事例でもなかったことを示したことに対して"
- 評論　　　ペギー・ヌーナン（Peggy Noonan：アメリカ：ウォール・ストリート・ジャーナル）"国内で最も分裂を招いた政治キャンペーンの1つにおいて，美しく表現されたコラムで読者をアメリカ人の共通の美徳に結び付け，その瞬間に立ち向かったことに対して"
- 批評　　　ヒルトン・アルス（Hilton Als：アメリカ：ザ・ニューヨーカー）"舞台劇を現実世界の文化的背景，特にジェンダー，セクシュアリティ，人種の変化する状況の中に位置づけようと努めた大胆かつ独創的な批評に対して"
- 社説　　　Art Cullen（The Storm Lake Times）"粘り強い報道，素晴らしい専門知識，そして魅力的な文章に支えられた，アイオワ州の強力な企業農業の利益にうまく対抗した社説に対して"
- 社説漫画　Jim Morin（アメリカ：マイアミ・ヘラルド）"完璧な芸術性，痛烈な文章，そして明快なウィットを通して鋭い視点を伝えた社説漫画に対して"
- 速報写真　ダニエル・ベレフラック（Daniel Berehulak：オーストラリア：フリーランスの写真家）"フィリピン政府による麻薬の売人や使用者への攻撃によってもたらされた，人命に対する冷酷な無視を描いたニューヨークタイムズ紙に掲載された写真による力強いストーリーテリングに対して"
- 企画写真　ジェイソン・ワムスガンズ（E. Jason Wambsgans：アメリカ：シカゴトリビューン）"シカゴでの銃撃事件を生き延びた10歳の少年と，少年の人生を立て直そうと奮闘する母親の素晴らしい演技に対して"

◇書籍・演劇・音楽部門
- フィクション　コルソン・ホワイトヘッド（Colson Whitehead：アメリカ）「地下鉄道（原題：The Underground Railroad）」〈Doubleday〉
- 戯曲　　　リン・ノッテージ（Lynn Nottage：アメリカ）「Sweat」
- 歴史　　　ヘザー・アン・トンプソン（Heather Ann Thompson：アメリカ）「Blood in the Water：The Attica Prison Uprising of 1971 and Its Legacy」〈Pantheon〉
- 伝記・評伝　ヒシャーム・マタール（Hisham Matar：リビア）「帰還：父と息子を分かつ国（原題：The Return：Fathers, Sons and the Land in Between）」〈Random House〉
- 詩　　　　Tyehimba Jess（アメリカ）「Olio」〈Wave Books〉
- 一般ノンフィクション　マシュー・デスモンド（Matthew Desmond：アメリカ）「家を失う人々（原題：Evicted：Poverty and Profit in the American City）」〈Crown〉
- 音楽　　　ドゥ ユン（Du Yun：アメリカ）「Angel's Bone」

2018年
◇報道部門
- 公益　　　ジョディ・カンター（Jodi Kantor），ミーガン・トゥーイ（Megan Twohey：アメリカ：ニューヨークタイムズ），ローナン・ファロー（Ronan Farrow：アメリカ：ザ・ニューヨーカー）"ハリウッドで最も影響力のあるプロデューサーの一人に対する告発を含む，権力と富を持つ性的捕食者を暴露し，強制，残虐行為，被害者の沈黙など，長らく隠蔽されてきた告発について責任を取らせ，女性に対する性的虐待について世界的な反省を促した衝撃的で影響力のあるジャーナリズムに対して"
- 速報報道　プレスデモクラットのスタッフ（Staff of The Press Democrat：カリフォルニア州サンタローザ）"サンタローザ市とソノマ郡を襲った歴史的な山火事について，写真，ビデオ，ソーシャルメディアなど，さまざまなツールを巧みに活用して，リアルタイムで，またその後の詳細な報道で読者に明確な情報を提供した，明快かつ粘り強い報道に対して"
- 調査報道　ワシントンポストのスタッフ（Staff of The Washington Post）"アラバマ州の上院議員選挙の行方を変えた，ある候補者による十代の少女への性的嫌がらせ疑惑と，その後それを暴露したジャーナリズムを弱体化させようとする試

- 解説報道 　アリゾナ・リパブリックのスタッフ（Staffs of The Arizona Republic），USA Today Networkのスタッフ（Staffs of USA Today Network）"テキスト，ビデオ，ポッドキャスト，バーチャルリアリティを巧みに組み合わせ，米国とメキシコの国境に壁を建設するというトランプ大統領の公約を実現することの難しさや予期せぬ結果をさまざまな観点から検証した，鮮明でタイムリーな報道に対して"
- 地方報道 　The Cincinnati Enquirerのスタッフ（Staff of The Cincinnati Enquirer）"シンシナティ大都市圏のヘロイン流行の7日間を記録した，興味深く洞察力に富んだ物語とビデオに対して"
- 国内報道 　ニューヨークタイムズのスタッフ（Staffs of The New York Times），ワシントンポストのスタッフ（Staffs of The Washington Post）"2016年大統領選挙へのロシアの干渉と，それがトランプ陣営，次期大統領の政権移行チーム，そして最終的な政権とどのように関係しているかについて国民の理解を劇的に深めた，公共の利益を目的とした徹底した情報源に基づく報道に対して"
- 国際報道 　Clare Baldwin（アメリカ），Andrew R.C. Marshall（イギリス），Manuel Mogato（フィリピン：ロイター）"フィリピンのロドリゴ・ドゥテルテ大統領の麻薬戦争の背後にある残忍な殺害活動を暴露した執拗な報道に対して"
- 特集記事 　Rachel Kaadzi Ghansah（アメリカ：GQのフリー記者）"サウスカロライナ州チャールストンのエマニュエルAME教会内で9人を殺害した殺人犯ディラン・ルーフを題材にしたルポ，考察，分析を組み合わせた作品に対して"
- 評論 　John Archibald（アメリカ：アラバマ・メディア・グループ）"アラバマ州に根ざした腐敗した政治家を精査し，女性の権利を擁護し，偽善を非難するなど，全国的に共感を呼んでいる叙情的で勇気ある論評に対して"
- 批評 　ジェリー・サルツ（Jerry Saltz：アメリカ：ニューヨークマガジン）"個人的，政治的，純粋，俗悪を網羅した，アメリカの視覚芸術に対する賢明かつ大胆な視点を伝えた力強い作品群に対して"
- 社説 　Andie Dominick（アメリカ：デモインレジスター）"アイオワ州のメディケイド管理を民営化することで貧しいアイオワ州民にもたらされる有害な結果を，決まり文句や感傷にとらわれず，はっきりと憤慨した声で検証したことに対して"
- 社説漫画 　ジェイク・ハルパーン（Jake Halpern：アメリカ：フリーのライター），マイケル・スローン（Michael Sloan：アメリカ：フリーの漫画家，ニューヨーク・タイムズ）"現実の難民家族の日々の苦闘と国外追放への恐怖を記録した，感情に訴える力強いシリーズに対して"
- 速報写真 　Ryan Kelly（アメリカ：デイリー・プログレス）"バージニア州シャーロッツビルで行われた人種差別抗議活動中に車が襲いかかる衝撃の瞬間を捉えた写真家の反射神経と集中力を反映した，ぞっとするような写真に対して"
- 企画写真 　ロイターの写真スタッフ（Photography Staff of Reuters）"ミャンマーから逃れるロヒンギャ難民が直面した暴力を世界に知らしめた衝撃的な写真に対して"

◇書籍・演劇・音楽部門
- フィクション　アンドリュー・ショーン・グリア（Andrew Sean Greer：アメリカ）「レス（原題：Less）」〈Lee Boudreaux Books/Little, Brown and Company〉
- 戯曲 　マルティナ・マジョック（Martyna Majok：アメリカ）「Cost of Living」
- 歴史 　ジャック・デイビス（Jack E. Davis：アメリカ）「The Gulf：The Making of an American Sea」〈Liveright/W.W. Norton〉
- 伝記・評伝 　キャロライン・フレイザー（Caroline Fraser：アメリカ）「Prairie Fires：The American Dreams of Laura Ingalls Wilder」〈Metropolitan Books〉
- 詩 　フランク・ビダート（Frank Bidart：アメリカ）「Half-light：Collected Poems 1965-2016」〈Farrar, Straus and Giroux〉
- 一般ノンフィクション　ジェイムス・フォアマン・ジュニア（James Forman Jr.：アメリカ）「Locking Up Our Own：Crime and Punishment in Black America」

	〈Farrar, Straus and Giroux〉
●音楽	ケンドリック・ラマー（Kendrick Lamar：アメリカ）「DAMN.」

2019年
　◇報道部門
●公益	South Florida Sun Sentinel "マージョリー・ストーンマン・ダグラス高校での銃乱射事件の前後における学校と法執行機関の失態を暴露したことに対して"
●速報報道	ピッツバーグ・ポスト・ガゼットのスタッフ（Staff of the Pittsburgh Post-Gazette）"ピッツバーグのツリー・オブ・ライフ・シナゴーグで起きた大量殺人事件後，深い悲しみに陥ったコミュニティの苦悩と回復力を捉えた，臨場感あふれる思いやりのある報道に対して"
●調査報道	Matt Hamilton, Harriet Ryan, Paul Pringle（アメリカ：ロサンゼルス・タイムズ）"四半世紀以上にわたり数百人の若い女性を性的暴行したとして告発された南カリフォルニア大学の婦人科医に関する重要な報道に対して"
●解説報道	David Barstow（アメリカ），Susanne Craig（カナダ），Russ Buettner（アメリカ：ニューヨークタイムズ）"ドナルド・トランプ大統領の財政に関する18か月にわたる徹底的な調査に対して"
●地方報道	アドボケートのスタッフ（Staff of The Advocate：ルイジアナ州バトン・ルージュ）"陪審員の合意なしにルイジアナ州の裁判所が被告人を刑務所に送ることを可能にしたジム・クロウ法時代の法律を含む，州の差別的な有罪判決制度を非難する報道に対して"
●国内報道	ウォールストリートジャーナルのスタッフ（Staff of The Wall Street Journal）"トランプ大統領が選挙運動中に，彼と関係を持っていたと主張する2人の女性に秘密裏に賄賂を渡していたこと，およびその取引を手助けした支持者ネットワークを明らかにし，刑事捜査と弾劾を求める声を引き起こしたことに対して"
●国際報道	Maggie Michael（エジプト），Maad al-Zikry, Nariman El-Mofty（カナダ：AP通信）"食糧援助の盗難，子ども兵士の派遣，囚人の拷問など，イエメン戦争の残虐行為を詳細に報じた1年間にわたる暴露シリーズに対して"
	Wa Lone, Kyaw Soe Oo（ミャンマー：ロイター）"ミャンマーからロヒンギャ族のイスラム教徒を組織的に追放し殺害した軍隊と仏教徒の村人を巧みに暴露した勇敢な報道に対して"
●特集記事	Hannah Dreier（アメリカ：プロパブリカ）"国際犯罪組織MS-13に対する連邦政府の取り締まりの失敗により人生が破壊されたニューヨークのロングアイランドに住むエルサルバドル移民を追った，力強く親密な一連の物語に対して"
●評論	Tony Messenger（アメリカ：セントルイス・ポスト・ディスパッチ）"軽犯罪で起訴された貧しいミズーリ州の田舎の住民に，支払えない罰金を支払わせたり，刑務所に送らせたりする不正行為と不正義を暴露した大胆なコラムに対して"
●批評	カルロス・ロザダ（Carlos Lozada：アメリカ：ワシントンポスト）"政府とアメリカの経験を扱った幅広い書籍を温かい感情と注意深い分析で検証した，鋭いレビュー・エッセイに対して"
●社説	ブレント・ステイプルズ（Brent Staples：アメリカ：ニューヨークタイムズ）"国家の歴史における分極化した瞬間に，米国での人種間の亀裂を描き出した，並外れた道徳的明快さで書かれた社説に対して"
●社説漫画	Darrin Bell（アメリカ：フリーランス）"トランプ政権を取り巻く政治的混乱の中で，嘘や偽善，詐欺を告発し，権利を奪われたコミュニティーに影響を与える問題を取り上げた，美しく大胆な社説漫画に対して"
●速報写真	ロイターの写真スタッフ（Photography Staff of Reuters）"中南米から米国へ向かう移民たちの切迫感，絶望感，悲しみを鮮やかつ衝撃的に描いた映像作品に対して"
●企画写真	ロレンツォ・トゥニョリ（Lorenzo Tugnoli：イタリア：ワシントンポスト）"イエメンの悲惨な飢餓を，美しさと落ち着きが荒廃と絡み合った画像を通して

物語る素晴らしい写真に対して"
◇書籍・演劇・音楽部門
- フィクション　リチャード・パワーズ（Richard Powers：アメリカ）「オーバーストーリー（原題：The Overstory）」〈W.W. Norton〉
- 戯曲　ジャッキー・シブリーズ・ドラリー（Jackie Sibblies Drury：アメリカ）「Fairview」
- 歴史　デイビット・W・ブライト（David W. Blight：アメリカ）「Frederick Douglass：Prophet of Freedom」〈Simon&Schuster〉
- 伝記・評伝　ジェフリー・スチュワート（Jeffrey C. Stewart：アメリカ）「The New Negro：The Life of Alain Locke」〈Oxford University Press〉
- 詩　フォレスト・ギャンダー（Forrest Gander：アメリカ）「Be With」〈New Directions〉
- 一般ノンフィクション　イライザ・グリズウォルド（Eliza Griswold：アメリカ）「Amity and Prosperity：One Family and the Fracturing of America」〈Farrar, Straus and Giroux〉
- 音楽　エレン・リード（Ellen Reid：アメリカ）「prism」

2020年
　◇報道部門
- 公益　アンカレッジ・デイリー・ニュース（プロパブリカの寄稿）（Anchorage Daily News with contributions from ProPublica）"アラスカの村の3分の1に警察の保護がなかったことを明らかにし，何十年にもわたる当局の怠慢を非難し，資金の流入と立法の変更を促した興味深い連載に対して"
- 速報報道　クーリエ・ジャーナルのスタッフ（Staff of The Courier-Journal：ケンタッキー州ルイビル）"ケンタッキー州知事による数百件の土壇場での恩赦を迅速に報道し，そのプロセスがいかに不透明で，人種的格差や法的規範の違反に満ちていたかを示したことに対して"
- 調査報道　Brian M. Rosenthal（アメリカ：ニューヨークタイムズ）"ニューヨーク市のタクシー業界を暴露し，貸し手がいかにして悪質な融資で利益を上げ，弱い立場の運転手の生活を打ち砕いていたかを明らかにした報道に対して"
- 解説報道　ワシントンポストのスタッフ（Staff of The Washington Post）"地球上の極端な気温がもたらす悲惨な影響を科学的に明確に示した画期的な連載に対して"
- 地方報道　ボルチモア・サンのスタッフ（Staff of The Baltimore Sun）"市長と彼女が監督に携わった公立病院システムとの間の利益の多い非公開の金銭関係について，啓発的で影響力のある報道を行ったことに対して"
- 国内報道　ドミニク・ゲイツ（Dominic Gates），Steve Miletich，マイク・ベイカー（Mike Baker），Lewis Kamb（シアトルタイムズ）"2度の致命的な墜落事故を引き起こしたボーイング737MAXの設計上の欠陥を暴露し，政府の監督の失敗を明らかにした画期的な記事に対して"

　　T. Christian Miller（アメリカ），Megan Rose，Robert Faturechi（プロパブリカ）"太平洋で起きた一連の致命的な海軍事故後のアメリカ第7艦隊の調査に対して"
- 国際報道　ニューヨークタイムズのスタッフ（Staff of The New York Times）"ウラジミール・プーチン政権の略奪行為を暴露する，大きなリスクを冒して報道された一連の魅力的な記事に対して"
- 特集記事　Ben Taub（アメリカ：ザ・ニューヨーカー）"グアンタナモ湾収容施設で10年以上にわたり誘拐され，拷問を受け，自由を奪われた男の悲惨な体験を，現地でのレポートと叙情的な文章を融合させ，アメリカのより広範に対テロ戦争への微妙な視点を提示した作品に対して"
- 評論　ニコール・ハンナ＝ジョーンズ（Nikole Hannah-Jones：アメリカ：ニューヨークタイムズ）"アフリカ人の奴隷化をアメリカの歴史の中心に据え，国家の建国と発展についての国民の議論を促すことを目的とした画期的な1619プロジェクトのための，包括的・挑発的かつ個人的なエッセイに対して"

●批評	Christopher Knight（ロサンゼルス・タイムズ）"批評家としての並外れたコミュニティーサービスを示す作品に対して"
●社説	Jeffery Gerritt（the Palestine Herald-Press）"テキサス州の小さな郡刑務所で，裁判前の受刑者がいかにして恐ろしい死を遂げたかを暴露し，これらの不必要な悲劇を隠蔽しようとした地元の保安官と司法当局に勇敢に立ち向かった社説に対して"
●社説漫画	Barry Blitt（アメリカ：ザ・ニューヨーカーの寄稿者）"一見甘美な水彩画スタイルと一見穏やかな風刺画で，ホワイトハウスから発せられるトランプ大統領の個性と政策を批判した作品に対して"
●速報写真	ロイターの写真スタッフ（Photography Staff of Reuters）"香港の市民が市民の自由の侵害に抗議し，中国政府による香港の自治権を守った様子を捉えた多岐にわたる啓発的な写真に対して"
●企画写真	Channi Anand, Mukhtar Khan, Dar Yasin（インド：AP通信）"インドがカシミールの半自治権を剝奪した際の紛争地域の生活を描いた，通信遮断中に撮影された印象的な画像に対して"
●音声レポート	ディス・アメリカン・ライフのスタッフ（Staff of This American Life），Molly O'Toole（アメリカ：ロサンゼルス・タイムズ），Emily Green，（アメリカ：フリーランス，Vice News）"「The Out Crowd」での，トランプ政権の「メキシコに留まる」政策が個人に及ぼす影響を明らかにする，啓示的で親密なジャーナリズムに対して"

◇書籍・演劇・音楽部門

●フィクション	コルソン・ホワイトヘッド（Colson Whitehead：アメリカ）「ニッケル・ボーイズ（原題：The Nickel Boys）」〈Doubleday〉
●戯曲	マイケル・R・ジャクソン（Michael R. Jackson：アメリカ）「A Strange Loop」
●歴史	W.ケイレブ・マクダニエル（W. Caleb McDaniel：アメリカ）「Sweet Taste of Liberty：A True Story of Slavery and Restitution in America」〈Oxford University Press〉
●伝記・評伝	ベンジャミン・モーザー（Benjamin Moser：アメリカ）「Sontag：Her Life and Work」〈Ecco〉
●詩	ジェリコ・ブラウン（Jericho Brown：アメリカ）「The Tradition」〈Copper Canyon Press〉
●一般ノンフィクション	グレッグ・グランディン（Greg Grandin：アメリカ）「The End of the Myth：From the Frontier to the Border Wall in the Mind of America」〈Metropolitan Books〉
	アン・ボイヤー（Anne Boyer：アメリカ）「The Undying：Pain, Vulnerability, Mortality, Medicine, Art, Time, Dreams, Data, Exhaustion, Cancer, and Care」〈Farrar, Straus and Giroux〉
●音楽	アンソニー・デイヴィス（Anthony Davis：アメリカ）「The Central Park Five」

2021年
◇報道部門

●公益	ニューヨークタイムズ（The New York Times）"新型コロナウイルス感染症のパンデミックに関する勇気ある先見の明のある包括的な報道に対して"
●速報報道	スター・トリビューンのスタッフ（Staff of the Star Tribune：ミネソタ州ミネアポリス）"ミネアポリスで警察の手によってジョージ・フロイドが死亡した事件と，その後の反響について，緊急かつ権威ある繊細な報道を行ったことに対して"
●調査報道	Matt Rocheleau, Vernal Coleman, Laura Crimaldi, Evan Allen, Brendan McCarthy（ボストン・グローブ）"危険なトラック運転手に関する情報を州政府が組織的に共有していなかったこと，および彼らを路上から遠ざけることができたかもしれないことを明らかにし，即時の改革を促した報道"
●解説報道	Andrew Chung, Lawrence Hurley, Andrea Januta, Jaimi Dowdell, Jackie

Botts（ロイター）"米国連邦裁判所の判例に関する先駆的なデータ分析を基に,「限定的免責」というあまり知られていない法理と,それがどのようにして過剰な力を行使する警察を訴追から守るのかを徹底的に調査したことに対して"

エド・ヨン（Ed Yong：アメリカ：アトランティック）"COVID-19パンデミックに関する一連の明快かつ決定的な記事に対して"

- 地方報道　Kathleen McGrory, Neil Bedi（タンパベイ・タイムズ）"権力と政治的なつながりを持つ保安官が,住民に嫌がらせをし,成績や児童福祉記録を利用して学童のプロフィールを作成する秘密諜報活動をどのように構築したかを暴露した,機知に富んだ独創的な報道に対して"

- 国内報道　マーシャルプロジェクトのスタッフ（Staffs of The Marshall Project）, AL.comのスタッフ（Staffs of The AL.com）, IndyStarnのスタッフ（Staffs of IndyStar）, Invisible Instituteのスタッフ（Staffs of the Invisible Institute）"警察犬部隊と警察犬が罪のない市民や警察官を含む米国人に与える被害に関する1年にわたる調査に対して"

- 国際報道　Megha Rajagopalan（アメリカ）, アリソン・キリング（Alison Killing：イギリス）, Christo Buschek（オーストリア：BuzzFeed News）"衛星画像と建築の専門知識,そして24人の元囚人へのインタビューを活用し,中国政府がイスラム教徒の大量拘留のために建設した広大な新しいインフラを明らかにした,明快で説得力のある一連の記事に対して"

- 特集記事　Mitchell S. Jackson（アメリカ：ランナーズワールドの寄稿者）"鮮明な文章,徹底した報道,そして個人的な体験を組み合わせて,アメリカにおける制度的人種差別に光を当てた,アマード・アーベリー殺害事件の感動的な記録に対して"

　　Nadja Drost（カナダ：カリフォルニア・サンデー・マガジンの寄稿者）"世界で最も危険な移住ルートの一つであるダリエン峡谷を徒歩で旅する集団を記録した,世界規模の移住に関する勇敢で感動的な記録"

- 評論　マイケル・ポール・ウィリアムズ（Michael Paul Williams：アメリカ：リッチモンド・タイムズ・ディスパッチ）"かつて南部連合の首都であったリッチモンド市が,白人至上主義を象徴する記念碑を撤去するという苦痛に満ちた複雑な過程を描いた,鋭く歴史的に洞察力のあるコラムに対して"

- 批評　ウェスリー・モリス（Wesley Morris：アメリカ：ニューヨークタイムズ）"アメリカにおける人種と文化の交差点に関する,遊び心と深みが交互に現れる独特のスタイルで書かれた,常に適切かつ深い批評に対して"

- 社説　ロバート・グリーン（Robert Greene：アメリカ：ロサンゼルス・タイムズ）"ロサンゼルスの刑事司法制度を明確かつ総合的に検証した,警察,保釈改革,刑務所,精神衛生に関する社説に対して"

- 社説漫画　受賞者なし

- 速報写真　AP通信の写真スタッフ（Photography Staff of Associated Press）"ジョージ・フロイドの死に対する米国の反応を総合的に捉えた,米国の複数の都市で撮影された写真集に対して"

- 企画写真　Emilio Morenatti（スペイン：AP通信）"COVID-19パンデミックで苦闘するスペインの高齢者の生活を視聴者に伝える感動的な写真シリーズに対して"

- 音声レポート　Lisa Hagen（WABE）, Chris Haxel（KCUR）, Graham Smith, Robert Little（ナショナル・パブリック・ラジオ）"アメリカの保守派間の根深い相違と深まる分裂を明らかにした「妥協しない」銃の権利活動家に関する調査シリーズに対して"

◇書籍・演劇・音楽部門

- フィクション　ルイーズ・アードリック（Louise Erdrich：アメリカ）「The Night Watchman」〈Harper〉
- 戯曲　Katori Hall（アメリカ）「The Hot Wing King」
- 歴史　Marcia Chatelain（アメリカ）「Franchise：The Golden Arches in Black America」〈Liveright/Norton〉

- ●伝記・評伝　　Les Payne, Tamara Payne（アメリカ）「The Dead Are Arising：The Life of Malcolm X」〈Liveright/Norton〉
- ●詩　　Natalie Diaz（アメリカ）「Postcolonial Love Poem」〈Graywolf Press〉
- ●一般ノンフィクション　デイビット・ズッキーノ（David Zucchino：アメリカ）「Wilmington's Lie：The Murderous Coup of 1898 and the Rise of White Supremacy」〈Atlantic Monthly Press〉
- ●音楽　　タニア・レオン（Tania León：アメリカ）「Stride」〈Peermusic Classical〉

2022年
◇報道部門
- ●公益　　ワシントンポスト（The Washington Post）"2021年1月6日のワシントン襲撃を説得力のある形で鮮明に描写し、国家史上最も暗い日の一つについて徹底的かつ揺るぎない理解を国民に提供したことに対して"
- ●速報報道　　マイアミ・ヘラルドのスタッフ（Staff of the Miami Herald）"シャンプレーン・タワーズ・サウス・コンドミニアム複合施設の崩壊に関する緊急かつ包括的な報道に対して"
- ●調査報道　　Corey G. Johnson（アメリカ）, Rebecca Woolington, Eli Murray（タンパベイ・タイムズ）"フロリダ州唯一のバッテリーリサイクル工場内の非常に有毒な危険性を暴露し、作業員と近隣住民を適切に保護するための安全対策の実施を余儀なくさせたことに対して"
- ●解説報道　　Quanta Magazineのスタッフ（Staff of Quanta Magazine）, Natalie Wolchover（イギリス）"画期的な天文学および宇宙論の研究を促進するために設計されたジェイムズ・ウェッブ宇宙望遠鏡の建設の複雑さを明らかにした報道に対して"
- ●地方報道　　Madison Hopkins（ベター・ガバメント・アソシエーション）, Cecilia Reyes（シカゴ・トリビューン）"市の建築安全法および火災安全法の施行の失敗の長い歴史を鋭く調査し、法律を無視した家主の重大な違反により数十人の不必要な死者が出たことを明らかにした"
- ●国内報道　　ニューヨークタイムズのスタッフ（Staff of The New York Times）"警察による交通違反の致命的な取り締まりの不穏なパターンを数値化し、何百人もの死を回避できた方法と、警察官が一般的に処罰を免れた方法を示した野心的なプロジェクトに対して"
- ●国際報道　　ニューヨークタイムズのスタッフ（Staff of The New York Times）, Azmat Khan（アメリカ：ニューヨークタイムズ寄稿者）"イラク、シリア、アフガニスタンにおける米軍の軍事行動に関する公式発表に異議を唱え、米国主導の空爆による膨大な民間人の犠牲を明らかにした勇敢で執拗な報道に対して"
- ●特集記事　　ジェニファー・シニア（Jennifer Senior：アメリカ：アトランティック）"9.11から20年の間に、家族が喪失と向き合う姿を臆することなく描き、作者と物語との個人的なつながりと、悲しみの長い広がりを明らかにする繊細な報道に対して"
- ●評論　　Melinda Henneberger（The Kansas City Star）"性的捕食者として告発された退職した警察刑事の被害者とされる人々への正義を求める説得力のあるコラムに対して"
- ●批評　　Salamishah Tillet（アメリカ：ニューヨーク・タイムズ紙寄稿評論家）"芸術と大衆文化における黒人の物語についての博学でスタイリッシュな文章による学術的批評と非学術的批評の議論をうまく橋渡しする作品に対して"
- ●社説　　Lisa Falkenberg, Michael Lindenberger, Joe Holley, Luis Carrasco（ヒューストン・クロニクル）"独自の報道によって有権者抑圧戦術を明らかにし、不正投票が蔓延しているという神話を否定し、賢明な投票改革を主張したキャンペーンに対して"
- ●イラスト付きレポートと解説　　Fahmida Azim（アメリカ）, Anthony Del Col（カナダ）, Josh Adams, Walt Hickey（Insider）"グラフィックルポと漫画という媒体を用いて、中国によ

るウイグル族の抑圧に関する力強くも親密な物語を伝え，より幅広い人々にこの問題の理解を助けたことに対して"

- 速報写真　Marcus Yam（マーレシア：ロサンゼルス・タイムズ）"アフガニスタンからの米国の撤退を捉えた生々しく緊迫した写真で，この国の歴史的変化がもたらした人的損失をとらえたことに対して"

  Win McNamee, Drew Angerer, Spencer Platt, Samuel Corum, Jon Cherry（ゲッティイメージズ）"米国議会議事堂襲撃の包括的かつ一貫した魅力的な写真に対して"

- 企画写真　Adnan Abidi, Sanna Irshad Mattoo, Amit Dave, Danish Siddiqui（インド：ロイター）"インドにおけるCOVID-19の被害を捉えた，親密さと破壊力のバランスを保ちながら，見る者にその場所の感覚を高めた写真に対して"

- 音声レポート　Futuro Mediaのスタッフ（Staffs of Futuro Media：ニューヨーク州ニューヨーク），PRXのスタッフ（Staffs of PRX：マサチューセッツ州ボストン）"30年以上の刑期を終えて社会復帰した男性を取材したポッドキャストシリーズ「Suave」に対して"

◇書籍・演劇・音楽部門

- フィクション　ジョシュア・コーエン（Joshua Cohen：アメリカ）「The Netanyahus：An Account of a Minor and Ultimately Even Negligible Episode in the History of a Very Famous Family」〈New York Review Books〉

- 戯曲　James Ijames（アメリカ）「Fat Ham」

- 歴史　Nicole Eustace（アメリカ）「Covered with Night」〈Liveright/Norton〉

  Ada Ferrer（アメリカ）「Cuba：An American History」〈Scribner〉

- 伝記・評伝　ウィンフレド・レンバート（Winfred Rembert），エリン・I・ケリー（Erin I. Kelly：アメリカ）「Chasing Me to My Grave：An Artist's Memoir of the Jim Crow South」〈Bloomsbury〉

- 詩　ダイアン・スース（Diane Seuss：アメリカ）「frank：sonnets」〈Graywolf Press〉

- 一般ノンフィクション　Andrea Elliott（アメリカ）「Invisible Child：Poverty, Survival&Hope in an American City」〈Random House〉

- 音楽　レイヴン・シャコン（Raven Chacon：アメリカ）「Voiceless Mass」

2023年
◇報道部門

- 公益　Mstyslav Chernov, Evgeniy Maloletka, Vasilisa Stepanenko（ウクライナ），Lori Hinnant（AP通信）"ロシアのウクライナ侵攻で民間人が虐殺されたことを目撃した，包囲されたマリウポリ市からの勇気ある報道"

- 速報報道　ロサンゼルス・タイムズのスタッフ（Los Angeles Times Staff）"人種差別的な発言を含む市当局者間の秘密裏に録音された会話を明らかにし，その後急速に生じた混乱を報道し，地方政治に影響を及ぼしている人種問題をさらに深く掘り下げた記事を執筆したことに対して"

- 調査報道　ウォールストリートジャーナルスタッフ（Staff of The Wall Street Journal）"50の連邦機関の職員間の金銭的利益相反に関する厳しい説明責任報道，規制対象の株式の売買者や，公共の利益を守る責任を負っている個人によるその他の倫理違反の暴露に対して"

- 解説報道　Caitlin Dickerson（アメリカ：アトランティック）"移民の子供たちを親から強制的に引き離し，現政権下でも続く虐待をもたらしたトランプ政権の政策について，詳細に報道し説得力のある説明を行ったことに対して"

- 地方報道　Anna Wolfe（アメリカ：ミシシッピ州リッジランド）"元ミシシッピ州知事が，NFLクォーターバックのブレット・ファーヴを含む家族や友人のために，州の福祉資金数百万ドルをその職権で流用していたことを明らかにし，報道したことに対して"

  John Archibald, Ashley Remkus, Ramsey Archibald, Challen Stephens（AL.com）"ブルックサイド町の警察が収入を水増しするために住民を食い物にし

- 国内報道 　Caroline Kitchener（ワシントンポスト）"新たな規制により中絶が認められなかった後に双子を出産したテキサス州の10代の少女の物語など、ロー対ウェイド事件後の生活の複雑な結果をとらえた断固たる報道に対して"

  （冒頭："ていたことを暴露した一連の報道、警察署長の辞任、4つの新法制定、および州の監査を促した報道に対して"）

- 国際報道 　ニューヨークタイムズのスタッフ（Staff of The New York Times）"ブチャの町でのウクライナ人の死亡と、その殺害に関与したロシア軍部隊に関する8か月に及ぶ調査を含む、ロシアのウクライナ侵攻に関する断固たる報道に対して"

- 特集記事 　Eli Saslow（アメリカ：ワシントンポスト）"鋭く観察された現代アメリカの姿を総合的に描き出した、パンデミック、ホームレス、依存症、不平等に苦しむ人々の心を揺さぶる個々の物語に対して"

- 評論 　Kyle Whitmire（AL.com）"アラバマ州の南軍の伝統がいかにして現在も人種差別と排斥の色合いを帯びているかを、同州の最初の州都、邸宅、記念碑の見学、そして省略されてきた歴史を通して伝える、慎重かつ説得力のあるコラムに対して"

- 批評 　Andrea Long Chu（アメリカ：ニューヨーク・マガジン）"複数の文化的レンズを使用して、社会の最も困難なトピックのいくつかを探求し、著者とその作品を精査する書評に対して"

- 社説 　Amy Driscoll（マイアミ・ヘラルド編集委員会）"フロリダ州の公務員が、数十年にわたって住民に約束してきた、納税者から資金提供を受けた多くのアメニティやサービスを提供できなかったことに関する社説に対して"

- イラスト付きレポートと解説
  　Mona Chalabi（イギリス：ニューヨーク・タイムズ寄稿者）"統計レポートと鋭い分析を組み合わせた印象的なイラストにより、アマゾン創設者ジェフ・ベゾスの莫大な富と経済力を解説したことに対して"

- 速報写真 　AP通信の写真スタッフ（Photography Staff of Associated Press）"他の報道機関が撤退した後のマリウポリの荒廃、民間インフラへの攻撃の犠牲者、そして逃げることができたウクライナ国民の回復力など、ロシアのウクライナ侵攻の最初の数週間の独自かつ緊急の写真に対して"

- 企画写真 　Christina House（ロサンゼルス・タイムズ）"路上のテントで暮らす妊娠中の22歳の女性の生活を捉えた写真に対して"

- 音声レポート 　Gimlet Mediaのスタッフ（Staff of Gimlet Media）, Connie Walker（カナダ）"父親の困難な過去を調査した結果、カナダのインディアン寄宿学校で何百人もの先住民の子供たちが虐待されていたことを明らかにしたことに対して"

◇書籍・演劇・音楽部門

- フィクション 　バーバラ・キングソルヴァー（Barbara Kingsolver：アメリカ）「Demon Copperhead」〈Harper〉
  　エルナン・ディアズ（Hernan Diaz：アメリカ）「トラスト－絆/わが人生/追憶の記/未来－（原題：Trust）」〈Riverhead Books〉
- 戯曲 　サナズ・トゥーシ（Sanaz Toossi：アメリカ）「English」
- 歴史 　ジェファーソン・カウイー（Jefferson Cowie：アメリカ）「Freedom's Dominion：A Saga of White Resistance to Federal Power」〈Basic Books〉
- 伝記・評伝 　ビバリー・ゲージ（Beverly Gage：アメリカ）「G-Man：J. Edgar Hoover and the Making of the American Century」〈Viking〉
- 回想録・自伝 　ファー・スー（Hua Hsu：アメリカ）「Stay True」〈Doubleday〉
- 詩 　カール・フィリップス（Carl Phillips：アメリカ）「Then the War：And Selected Poems, 2007-2020」〈Farrar, Straus and Giroux〉
- 一般ノンフィクション 　ロバート・サミュエルズ（Robert Samuels）, トルーズ・オロルンニパ（Toluse Olorunnipa：アメリカ）「His Name Is George Floyd：One Man's Life and the Struggle for Racial Justice」〈Viking〉
- 音楽 　リアノン・ギデンズ（Rhiannon Giddens）, マイケル・エイブルズ（Michael

Abels：アメリカ）「Omar」

2024年
◇報道部門
- 公益　Joshua Kaplan, Justin Elliott, Brett Murphy, Alex Mierjeski, Kirsten Berg（プロパブリカ）"最高裁判所を取り巻く厚い秘密の壁を突き破り，政治的に影響力のある大富豪の小集団がいかにして裁判官を豪華な贈り物や旅行で誘惑し，最高裁判所に初の行動規範を採択させたかを明らかにした，画期的で野心的な報道に対して"
- 速報報道　ルックアウト・サンタクルーズのスタッフ（Staff of Lookout Santa Cruz：カリフォルニア州）"休日の週末に数千人の住民が避難を余儀なくされ，1,000軒以上の住宅や事業所が破壊された壊滅的な洪水と土砂崩れについて，地域に焦点を当てた詳細かつ機敏な報道を行ったことに対して"
- 調査報道　Hannah Dreier（アメリカ：ニューヨークタイムズ）"アメリカ全土における移民児童労働の驚くべき広がりと，それを永続させる企業と政府の失敗を明らかにする，徹底的な取材による一連の記事に対して"
- 解説報道　Sarah Stillman（アメリカ：ザ・ニューヨーカー）"私たちの司法制度が重罪殺人罪に依存していること，そしてそれが有色人種のコミュニティにしばしば壊滅的な打撃を与えているさまざまな結果を痛烈に告発したことに対して"
- 地方報道　Sarah Conway（City Bureau），Trina Reynolds-Tyler（the Invisible Institute）"シカゴで行方不明になった黒人の少女と女性に関する一連の調査で，組織的な人種差別と警察の怠慢がいかにして危機を引き起こしたかを明らかにしたことに対して"
- 国内報道　ロイターのスタッフ（Staff of Reuters）"イーロン・マスクの自動車および航空宇宙事業に焦点を当てた，驚くべき一連の説明責任に関する記事に対して"

　　ワシントンポストのスタッフ（Staff of The Washington Post）"AR-15半自動小銃に関する厳粛な考察に対して"
- 国際報道　ニューヨークタイムズのスタッフ（Staff of The New York Times）"10月7日のイスラエル南部でのハマスによる致命的な攻撃，イスラエルの情報機関の失敗，そしてイスラエル軍によるガザでの徹底的で致命的な対応に関する，広範囲にわたる啓発的な報道に対して"
- 特集記事　Katie Engelhart（カナダ：ニューヨーク・タイムズ寄稿記者）"進行性の認知症を患う女性家長の家族が直面する法的および感情的な葛藤を公正に描写し，人間の本質的な自己の謎を繊細に探求した作品に対して"
- 評論　ウラジーミル・カラ＝ムルザ（Vladimir Kara-Murza：ロシア：ワシントンポスト寄稿記者）"刑務所の独房で大きな危険を冒して執筆した情熱的なコラムに対して"
- 批評　ジャスティン・チャン（Justin Chang：アメリカ：ロサンゼルス・タイムズ）"現代の映画鑑賞体験を反映した，刺激的でジャンルを超えた映画批評に対して"
- 社説　デイビット・E・ホフマン（David E. Hoffman：アメリカ：ワシントンポスト）"デジタル時代において権威主義体制が反対意見を抑圧するために使用する新しいテクノロジーと戦術，そしてそれらと戦う方法についての，説得力があり綿密に調査された連載に対して"
- イラスト付きレポートと解説

　　Medar de la Cruz（アメリカ：ザ・ニューヨーカーの寄稿者）"ライカーズ島刑務所を舞台に，本への渇望を通して囚人と職員を人間らしく描く大胆な白黒画像を使用した視覚重視の物語に対して"
- 速報写真　ロイターの写真スタッフ（Photography Staff of Reuters）"10月7日のハマスによるイスラエルへの致命的な攻撃と，イスラエルによるガザへの壊滅的な攻撃の最初の数週間を記録した生々しい緊急の写真に対して"
- 企画写真　AP通信の写真スタッフ（Photography Staff of Associated Press）"前例のないほどの大量の移民と，コロンビアからアメリカ国境までの北への困難な旅を記録した感動的な写真に対して"

- 音声レポート　インビジブル・インスティテュートのスタッフ（Staffs of the Invisible Institute）, USG Audioのスタッフ（Staffs of USG Audio）"1990年代のシカゴのヘイトクライムを再検証する力強い連載に対して"

◇書籍・演劇・音楽部門
- フィクション　ジェイン・アン・フィリップス（Jayne Anne Phillips：アメリカ）「Night Watch」〈Knopf〉
- 戯曲　エボニー・ブース（Eboni Booth：アメリカ）「Primary Trust」
- 歴史　ジャクリーン・ジョーンズ（Jacqueline Jones：アメリカ）「No Right to an Honest Living：The Struggles of Boston's Black Workers in the Civil War Era」〈Basic Books〉
- 伝記・評伝　ジョナサン・アイグ（Jonathan Eig：アメリカ）「King：A Life」〈Farrar, Straus and Giroux〉
  　イリョン・ウー（Ilyon Woo：アメリカ）「Master Slave Husband Wife：An Epic Journey from Slavery to Freedom」〈Simon&Schuster〉
- 回想録・自伝　Cristina Rivera Garza（メキシコ）「Liliana's Invincible Summer：A Sister's Search for Justice」〈Hogarth〉
- 詩　Brandon Som（アメリカ）「Tripas：Poems」〈Georgia Review Books〉
- 一般ノンフィクション　ネイサン・スロール（Nathan Thrall：アメリカ）「アーベド・サラーマの人生のある一日（原題：A Day in the Life of Abed Salama：Anatomy of a Jerusalem Tragedy）」〈Metropolitan Books〉
- 音楽　タイショーン・ソーリー（Tyshawn Sorey：アメリカ）「Adagio (For Wadada Leo Smith)」

6　フェリックス・ウフェボアニ賞（ユネスコ平和賞）　The Félix Houphouet-Böigny Peace Prize

1989年ユネスコ総会において設立。国連憲章およびユネスコ憲章に則り、平和の促進・希求・維持の分野において多大なる貢献をした生存する個人、または活動を継続している公的機関および民間団体を称える目的のもとに授与される。賞名はコートジボアールの初代大統領、フェリックス・ウフェボアニ（Félix Houphouet-Böigny）の名にちなむ。受賞者はノーベル平和賞も受賞することが多く、注目される。

＊日本人では、1995年に緒方貞子が受賞

【主催者】国連教育科学文化機関（UNESCO）
【選考委員】Michel Camdessus（フランス）, Santiago Gamboa-Samper（コロンビア）, Denis Mukwege（コンゴ）, Thomas Pesquet（フランス）, Hayat Sindi（サウジアラビア）, Forest Whitaker（アメリカ）
【選考方法】国際審査員による評価と推薦に基づいてユネスコ事務局長によって選出される
【選考基準】それぞれの分野において平和の追求と平和文化の促進に重要な貢献をした個人、機関、その他の団体、または非政府組織
【締切・発表】パリのユネスコ本部で授賞式が行われる
【賞・賞金】賞金15万ドルと金メダル、賞状。受賞者複数の場合、賞金は均等分される
【URL】https://www.unesco.org/en/prizes/felix-houphouet-boigny

2014年	受賞者なし
2015年	受賞者なし
2016年	受賞者なし

2017年	SOS Méditerranée Giuseppina Maria Nicolini（イタリア）
2018年	受賞者なし
2019年	アビィ・アハメド（Abiy Ahmed：エチオピア）
2020年	受賞者なし
2021年	受賞者なし
2022年	アンゲラ・メルケル（Angela Merkel：ドイツ）
2023年	受賞者なし
2024年	アントニオ・コスタ（António Costa：ポルトガル）

自然科学

7 アーベル賞　The Abel Prize

2002年、ノルウェーの数学者ニルス・ヘンリク・アーベル（Niels Henrik Abel）の生誕200年を記念して設立された数学賞。数学者の地位の向上と子どもや若者の数学に対する意識を高めることを目的とし、顕著な業績をあげた数学者に対して与えられる。フィールズ賞とは異なり、年齢制限がない。毎年開催。

【主催者】 ノルウェー科学文学アカデミー（The Norwegian Academy of Science and Letters）
【選考委員】 著名な数学者5名がノルウェー科学文学アカデミーにより任命される。国籍不問。
〔2024/2025〕委員長：Helge Holden（ノルウェー），委員：Martin Hairer（イギリス），Ursula Hamenstädt（ドイツ），Hee Oh（アメリカ），Jonathan Pila（イギリス）
【選考方法】 国際数学者連盟、ヨーロッパ数学会ほか、各国から自由に推薦された人物（自薦は禁止）を選考委員が審査・選定し、ノルウェー科学文学アカデミーに推薦，アカデミーが受賞者を決定する
【選考基準】 現存者に限る
【締切・発表】 例年11月中旬に推薦締切，3月下旬～4月上旬頃に受賞者が発表される
【賞・賞金】 750万ノルウェー・クローネ
【E-mail】 abelprisen@dnva.no
【URL】 https://abelprize.no/

2016年	アンドリュー・ワイルズ（Sir Andrew J. Wiles：イギリス：オックスフォード大学）"半安定楕円曲線のモジュラー性予想を通じてフェルマーの最終定理を驚くべき形で証明し，数論に新しい時代を開いた"
2017年	イヴ・メイエ（Yves Meyer：フランス：高等師範学校）"ウェーブレットの数学的理論の発展における極めて重要な役割に対して"
2018年	ロバート・ラングランズ（Robert P. Langlands：アメリカ：プリンストン高等研究所）"表現論と数論を結びつける先見の明のあるプログラムに対して"
2019年	キャレン・アーレンベック（Karen Keskulla Uhlenbeck：アメリカ：テキサス大学）"幾何偏微分方程式，ゲージ理論，可積分系における先駆的な業績と，解析学，幾何学，数理物理学への根本的な影響に対して"
2020年	ヒレル・ファステンバーグ（Gregory Margulis：イスラエル：エルサレム・ヘブライ大学），グレゴリー・マルグリス（Hillel Furstenberg：アメリカ：イェール大学）"群論，数論，組合せ論における確率論と動力学の方法論の先駆的利用に対して"
2021年	ラースロー・ロヴァース（László Lovász：ハンガリー：アルフレッド・レーニ数学研究所，エトヴェシュ・ロラン大学），アヴィ・ヴィグダーソン（Avi Wigderson：アメリカ：プリンストン高等研究所）"理論計算機科学と離散数学への基礎的な貢献と，これらを現代数学の中心分野に形作る主導的な役割に対して"

2022年	デニス・サリヴァン (Dennis Parnell Sullivan：アメリカ：トーニーブルック大学, ニューヨーク市立大学大学院・大学センター) "最も広い意味での位相幾何学, 特に代数的, 幾何学的, 力学的側面への画期的な貢献に対して"
2023年	ルイス・カッファレッリ (Luis A. Caffarelli：アメリカ：テキサス大学オースティン校) "自由境界問題やモンジュ・アンペール方程式を含む非線形偏微分方程式の正則性理論への多大な貢献に対して"
2024年	ミシェル・タラグラン (Michel Talagrand：フランス：国立科学研究センター) "確率論と関数解析への画期的な貢献と, 数理物理学と統計学への優れた応用に対して"

8 イグノーベル賞　Ig Nobel Prize

　1991年, 科学雑誌の編集長であるマーク・エイブラムズによって創設されたノーベル賞のパロディ賞。賞名は「Nobel」に否定を表す接頭語「ig」をつけ「ignobel＝不名誉な」とかけたもの。「人々を笑わせ, やがて考えさせてくれる研究」を表彰するもので, 珍しいものを賞賛し, 想像力に富んだ人を称え, 科学・医学・テクノロジーに対する人々の興味を刺激することを目的とする。科学研究が対象となることが多いが, 風刺的な意味で授与されることもある。
　＊日本人では, 医学賞 (1992年, 2013年, 15年), 心理学賞 (1995年), 生物多様性賞 (1996年), 経済学賞 (1997年), 生物学賞 (1997年, 2005年, 09年, 17年), 化学賞 (1999年, 2003年, 07年, 11年, 13年, 19年), 平和賞 (2002年, 04年), 栄養学賞 (05年, 23年), 認知科学賞 (08年), 交通計画賞 (10年), 音響賞 (12年), 物理学賞 (14年), 知覚賞 (16年), 医学教育賞 (18年), 音響学賞 (20年), 動力学賞 (21年), 工学賞 (22年), 生理学賞 (24年) など多くの年で受賞

【選考委員】 イグ・ノーベル理事会など
【選考方法】 推薦
【選考基準】「人々を笑わせ, やがて考えさせてくれる研究」を対象とする。また, 故人も対象となる
【締切・発表】 毎年9月にアメリカ・マサチューセッツ州マサチューセッツ工科大学 (MIT) で授賞式が開催される
【賞・賞金】 毎年テーマに基づき10部門が賞に選ばれる。賞金として10兆ジンバブエドルと, 副賞・賞状が贈られる
【URL】 https://improbable.com/

1991年
◇化学賞　　　ジャック・バンヴェニスト (Jacques Benveniste：フランス)
◇医学賞　　　アラン・クリガーマン (Alan Kligerman：アメリカ)
◇教育賞　　　J・ダンフォース・クエール (J. Danforth Quayle：アメリカ)
◇生物学賞　　ロバート・クラーク・グラハム (Robert Klark Graham：アメリカ)
◇経済学賞　　マイケル・ミルケン (Michael Milken：アメリカ)
◇文学賞　　　エーリッヒ・フォン・デニケン (Erich von Daniken：スイス)
◇平和賞　　　エドワード・テラー (Edward Teller：アメリカ)

1992年
◇医学賞　　　神田 不二宏 (F. Kanda), 八木 栄一郎 (E. Yagi), 福田 實 (M. Fukuda), 中嶋 啓介 (K. Nakajima), 太田 忠男 (T. Ohta), 中田 興亜 (O. Nakata：日本：資生堂リサーチセンター)
◇考古学賞　　エクレルール・ド・フランス (Eclaireurs de France：フランス)

◇経済学賞	ロイズ・オブ・ロンドンの投資家（The investors of Lloyds of London）	
◇生物学賞	セシル・ジェイコブソン（Dr. Cecil Jacobson：アメリカ）	
◇化学賞	イベッタ・バッサ（Ivette Bassa）	
◇物理学賞	デイヴィッド・コーリー（David Chorley），ダグ・バウワー（Doug Bower）	
◇平和賞	ダリル・ゲイツ（Daryl Gates：アメリカ）	
◇栄養学賞	スパムの利用者（The utilizers of Spam）	
◇文学賞	ユーリイ・ストルチコフ（Yuri Struchkov：ロシア）	
◇美術賞	ジム・ノールトン（Jim Knowlton）	
	米国国立芸術基金（National Endowment for the Arts）	

1993年
　　◇心理学賞　　　ジョン・マック（John Mack：ハーバード大学メディカル・スクール），デイビッド・ジェイコブス（David Jacobs：テンプル大学）
　　◇消費者工学賞　ロン・ポピール（Ron Popeil：アメリカ）
　　◇経済学賞　　　ポール・ウィリアムス・ジュニア（Paul Williams Jr.：オレゴン州保健局），ケネス・W・ニューウェル（Kenneth W. Newell：リバプール熱帯医学大学院）
　　　　　　　　　　ラビ・バトラ（Ravi Batra：南メソジスト大学）
　　◇平和賞　　　　フィリピン・ペプシコーラ・カンパニー（The Pepsi-Cola Company of the Phillipines）
　　◇映像技術賞　　ジェイ・シッフマン（Jay Schiffman：アメリカ）
　　　　　　　　　　ミシガン州議会（Michigan state legislature）
　　◇化学賞　　　　ジェイムス・キャンベル（James Campbell），ガイネス・キャンベル（Gaines Campbell：アメリカ）
　　◇文学賞　　　　E・トロパル（Eric Topol），R・カリフ（R. Califf），F・ヴァンドワーフ（F. Van de Werf），P.W・アームストロング，他972名（P.W. Armstrong and their 972 co-authors）
　　◇数学賞　　　　ロバート・フェイド（Robert Faid：アメリカ）
　　◇物理学賞　　　ルイ・ケルヴラン（Louis Kervran：フランス）
　　◇医学賞　　　　ジェイムス・F・ノーラン（James F. Nolan），トーマス・J・スティルウェル（Thomas J. Stillwell），ジョン・P・サンズ・ジュニア（John P. Sands Jr.）

1994年
　　◇生物学賞　　　W・ブライアン・スウィーニー（W. Brian Sweeney），ブライアン・クラフト＝ヤコブ（Brian Krafte-Jacobs），ジェフリー・W・ブリットン（Jeffrey W. Britton），ウェイン・ハンセン（Wayne Hansen）
　　◇平和賞　　　　ジョン・ヘーゲリン（John Hagelin of：マハリシ大学）
　　◇医学賞　　　　患者X（Patient X：アメリカ）
　　　　　　　　　　リチャード・C・ダート（Richard C. Dart：ロッキーマウンテン毒物センター），リチャード・A・グスタファソン（Richard A.：アリゾナ大学健康科学センター）
　　◇昆虫学賞　　　ロバート・A・ロペズ（Robert A. Lopez：アメリカ）
　　◇心理学賞　　　リー・クアンユー（Lee Kuan Yew：シンガポール前首相）
　　◇文学賞　　　　L・ロン・ハバード（L. Ron Hubbard：アメリカ）
　　◇化学賞　　　　ボブ・グラスゴー（Bob Glasgow：テキサス州上院議員）
　　◇経済学賞　　　ジャン・パブロ・ダヴィラ（Jan Pablo Davila：チリ）
　　◇数学賞　　　　南部バプテスト連盟アラバマ教会（The Southern Baptist Church of Alabama）

1995年
　　◇栄養学賞　　　ジョン・マルチネス（John Martinez：J. マルティネス＆カンパニー）
　　◇物理学賞　　　D.M・R・ジョージェト（D.M.R. Georget），R・パーカー（R. Parker），A.C・スミス（A.C. Smith：ノリッチ食品研究所）

◇経済学賞	ニック・リーソンと彼のベアリングス銀行の上司(Nick Leeson and his superiors at Barings Bank：イギリス)，ロバート・サイトロン(Robert Citron：アメリカ)	
◇医学賞	マルシア・E・ブーベル(Marcia E. Buebel)，デイヴィッド・S・シャンナホフ＝クァルサ(David S. Shannahoff-Khalsa)，マイケル・R・ボイル(Michael R. Boyle)	
◇文学賞	デイヴィッド・B・ブッシュ(David B. Busch)，ジェイムズ・R・スターリング(James R. Starling：アメリカ)	
◇平和賞	台湾立法院(The Taiwan National Parliament)	
◇心理学賞	渡辺 茂(Shigeru Watanabe)，坂本 淳子(Junko Sakamoto)，脇田 真清(Masumi Wakita：日本：慶應義塾大学)	
◇公衆衛生賞	マーサ・コルド・バッケニヒ(Martha Kold Bakkevig：ノルウェーシンテフユニメッド)，ルス・ニールセン(Ruth Nielsen：デンマーク工科大学)	
◇歯学賞	ロバート・H・ビューモント(Robert H. Beaumont：アメリカ)	
◇化学賞	ビジャン・パクサド(Bijan Pakzad：イタリア)	

1996年
◇生物学賞	アンダース・バーハイム(Anders Barheim)，ホグネ・サンドヴィク(Hogne Sandvik：ベルゲン大学)	
◇医学賞	ジェイムズ・ジョンストン(James Johnston：R・J・レイノルズ)，ジョセフ・タデオ(Joseph Taddeo：U・S・タバコ)，アンドリュー・ティシュ(Andrew Tisch：ロリラード)，ウィリアム・キャンベル(William Campbell：フィリップモリス)，エドワード・A・ホリガン(Edward A. Horrigan：リゲット・グループ)，ドナルド・S・ジョンストン(Donald S. Johnston：アメリカン・タバコ・カンパニー)，トーマス・E・ザンデファー・ジュニア(Thomas E. Sandefur：ブラウン・アンド・ウィリアムソン・タバコ・カンパニー)	
◇物理学賞	ロバート・マシューズ(Robert Matthews：アストン大学)	
◇平和賞	ジャック・シラク(Jacques Chirac：フランス大統領)	
◇公衆衛生賞	エレン・クレイスト(Ellen Kleis：グリーンランド)，ハラルド・モイ(Harald Moi：ノルウェー)	
◇化学賞	ジョージ・ゴーブル(George Goble：パデュー大学)	
◇生物多様性賞	岡村 長之助(Chonosuke Okamura：日本：岡村化石研究所)	
◇文学賞	ソーシャル・テキスト誌の編集者(The editors of the journal Social Text)	
◇経済学賞	ロバート・J・ゲンコ(Robert J. Genco：バッファロー大学)	
◇美術賞	ドン・フェザーストーン(Don Featherstone：アメリカ)	

1997年
◇生物学賞	柳生 隆視(T. Yagyu：日本：チューリッヒ大学病院)，J. Wackermann, T. Kinoshita, T. Hirota, K. Kochi, I. Kondakor, Thomas König, Dietrich Lehmann	
◇生物学賞	マーク・ホステトラー(Mark Hostetler：フロリダ大学)	
◇天文学賞	リチャード・ホーグランド(Richard Hoagland：アメリカ)	
◇情報伝達学賞	サンフォード・ウォレス(Sanford Wallace：サイバープロモーション社長)	
◇物理学賞	ジョン・ボックリス(John Bockris：テキサスA&M大学)	
◇文学賞	ドロン・ウィズタム(Doron Witztum)，エリアフ・リップス(Eliyahu Rips)，ヨアフ・ローゼンバーグ(Yoav Rosenberg：イスラエル)，マイケル・ドロズニン(Michael Drosnin：アメリカ)	
◇医学賞	カール・J・カーネツキー(Carl J. Charnetski)，フランシス・X・ブレナン・ジュニア(Francis X. Brennan Jr.：ワシントン大学)，ジェイムズ・F・ハリソン(James F. Harrison：Muzak Ltd.)	
◇経済学賞	横井 昭裕(Akihiro Yokoi：日本：ウィズカンパニー)，真板 亜紀(Aki Maita：日本：バンダイ)	

◇平和賞	ハロルド・ヒルマン (Harold Hillman：サリー大学)	
◇気象学賞	バーナード・ヴォネガット (Bernard Vonnegut：アルバニー州立大学)	

1998年
- ◇安全工学賞　トロイ・ハーツバイス (Troy Hurtubise：カナダ)
- ◇生物学賞　ピーター・フォング (Peter Fong：ゲティスバーグ大学)
- ◇平和賞　アタル・ビハーリー・ヴァージペーイー (Atal Bihari Vajpayee：インド), ナワーズ・シャリーフ (Nawaz Sharif：パキスタン)
- ◇化学賞　ジャック・バンヴェニスト (Jacques Benveniste：フランス)
- ◇科学教育賞　ドロレス・クリーガー (Dolores Krieger：ニューヨーク大学)
- ◇統計学賞　ジェラルド・ベイン (Jerald Bain：トロント・マウントサイナイ病院), ケリー・シミノスキー (Kerry Siminoski：アルバータ大学)
- ◇物理学賞　ディーパック・チョプラ (Deepak Chopra：チョプラ センター)
- ◇経済学賞　リチャード・シード (Richard Seed：アメリカ)
- ◇医学賞　患者Y (Patient Y), キャロライン・ミル (Caroline Mills), メイリオン・レウェリン (Meirion Llewelyn), デイヴィッド・ケリー (David Kelly), ピーター・ホルト (Peter Holt：ロイヤル グウェント病院)
- ◇文学賞　マラ・シドリ (Mara Sidoli：アメリカ)

1999年
- ◇社会学賞　スティーブ・ペンフォルド (Steve Penfold：ヨーク大学)
- ◇物理学賞　レン・フィッシャー (Len Fisher：イギリス・オーストラリ), ジャン＝マーク・ヴァンデン＝ブロエック (Jean-Marc Vanden-Broeck：イギリス・ベルギー), ジョセフ・ケラー (Joseph Keller：アメリカ)
- ◇文学賞　英国標準協会 (The British Standards Institution：イギリス)
- ◇科学教育賞　カンザス州教育委員会 (The Kansas State Board of Education), コロラド州教育委員会 (the Colorado State Board of Education)
- ◇医学賞　アーヴィッド・ヴェイトル (Arvid Vatle：ノルウェー)
- ◇化学賞　牧野 武 (Takeshi Makino：日本：セイフティー探偵事務所所長)
- ◇生物学賞　ポール・ボスロンド (Paul Bosland：ニューメキシコ州立大学チリペッパー研究所)
- ◇環境保護賞　權 赫豪 (Hyuk-ho Kwon：韓国：コーロン)
- ◇平和賞　シャール・フーリエ (Charl Fourie), ミカエル・ウォン (Michelle Wong：南アフリカ)
- ◇健康管理賞　ジョージ・ブロンスキー (George Blonsky), シャルロッテ・ブロンスキー (Charlotte Blonsky：アメリカ)

2000年
- ◇心理学賞　デイヴィッド・ダニング (David Dunning：コーネル大学), ジャスティン・クルーガー (Justin Kruger：イリノイ大学)
- ◇文学賞　ジャスムヒーン (Jasmuheen：オーストラリア)
- ◇生物学賞　リチャード・ヴァッセルスーグ (Richard Wassersug：ダルハウジー大学)
- ◇物理学賞　アンドレ・ガイム (Sir Andre Konstantin Geim：ナイメーヘン大学), マイケル・ベリー (Michael Victor Berry：ブリストル大学)
- ◇化学賞　ドナテラ・マラッツィーニ (Donatella Marazziti), アレッサンドラ・ロッシ (Alessandra Rossi), ジョヴァーニ・B・カッサーノ (Giovanni B. Cassano：ピサ大学), ハゴップ・S・アキスカル (Hagop S. Akiskal：カリフォルニア大学サンディエゴ校)
- ◇経済学賞　文 鮮明 (Sun Myung Moon：韓国)
- ◇医学賞　ウィリブロルト・ウェイマール・スフルツ (Willibrord Weijmar Schultz), ペク・ファン・アンデル (Pek van Andel), エドゥアルト・モーヤールト

(Eduard Mooyaart)，イダ・サベリス (Ida Sabelis：オランダ)
- ◇計算機科学賞　クリス・ニスワンダー (Chris Niswande：アメリカ)
- ◇平和賞　イギリス海軍 (The British Royal Navy)
- ◇公衆衛生賞　ジョナサン・ウィアット (Jonathan Wyatt)，ゴードン・マクノートン (Gordon McNaughton)，ウィリアム・トゥレット (William Tullett：イギリス)

2001年
- ◇医学賞　ピーター・バルス (Peter Barss：マギル大学)
- ◇物理学賞　デイヴィッド・シュミット (David Schmidt：マサチューセッツ大学)
- ◇生物学賞　バック・ワイマー (Buck Weimer：アメリカ)
- ◇経済学賞　ジュール・スレムロッド (Joel Slemrod：ミシガン大学ビジネススクール)，ウォシーチ・コプクズク (Wojciech Kopczuk：ブリティッシュコロンビア大学)
- ◇文学賞　ジョン・リチャーズ (John Richards：アポストロフィ保護協会)
- ◇心理学賞　ローレンス・W・シェーマン (Lawrence W. Sherman：マイアミ大学)
- ◇天体物理学賞　ジャック・ヴァン・インプ (Jack Van Impe)，レクセラ・ヴァン・インプ (Rexella Van Impe：アメリカ)
- ◇平和賞　ヴィリウマス・マリナウスクス (Viliumas Malinauskus：リトアニア)
- ◇技術賞　ジョン・キーオ (John Keogh：オーストラリア)

　　　　　オーストラリア特許庁 (the Australian Patent Office：オーストラリア)
- ◇公衆衛生賞　チッタランジャン・アンドレイド (Chittaranjan Andrade)，B.S・スルハリ (B.S. Srihari：インド国立精神神経科学研究所)

2002年
- ◇生物学賞　ノーマ・E・ブビアー (Norma Bubier)，チャールズ・G・M・パクストン (Charles G.M. Paxton)，フィル・バウワーズ (Phil Bowers)，D・チャールズ・ディーミング (D. Charles Deeming：イギリス)
- ◇物理学賞　アルント・ライケ (Arnd Leike：ミュンヘン大学)
- ◇境界領域研究賞　カール・クルスツェルニキ (Karl Kruszelnicki：シドニー大学)
- ◇化学賞　セオドア・グレイ (Theodore Gray：アメリカ・スイス)
- ◇数学賞　K.P・スリークマル (K.P.Sreekumar)，G・ニーマラン (G.Nirmalan：ケーララ農業大学)
- ◇文学賞　ヴィッキー・L・シルヴァーズ (Vicki Silvers Gier)，デイヴィッド・S・クライナー (David S. Kreiner：セントラル・ミズーリ州立大学)
- ◇平和賞　佐藤 慶太 (Keita Sato：日本：タカラ株式会社社長)，鈴木 松美 (Matsumi Suzuki：日本：日本音響研究所所長)，小暮 規夫 (Norio Kogure：日本：小暮動物病院常任理事)
- ◇平和賞　エドゥアルド・セグラ (Eduardo Segura：スペイン)
- ◇経済学賞　エンロン (Enron)，ラーナウト＆ハウスピー (Lernaut&Hauspie)，アデルフィア (Adelphia)，国際商業信用銀行 (Bank of Commerce and Credit International)，センダント (Cendant)，CMS Energy，デューク・エネルギー (Duke Energy)，ダイネギー (Dynegy)，ガズプロム (Gazprom)，グローバル・クロッシング (Global Crossing)，HIH Insurance，インフォミックス (Informix)，ケイマート (Kmart)，マクスウェル・コミュニケーションズ (Maxwell Communications)，マケッソン (McKessonHBOC)，メリルリンチ (Merrill Lynch)，メルク (Merck)，ペレグリン・システムズ (Peregrine Systems)，クエスト・コミュニケーションズ (Qwest Communications)，リライアント・リソース (Reliant Resources)，レントウェイ (Rent-Way)，ライト・エイド (Rite Aid)，サンビーム (Sunbeam)，タイコ (Tyco)，ウエイスト・マネージメント (Waste Management)，ワールドコム (WorldCom)，ズィエロ (Xerox)，アーサー・アンダーセン (Arthur Andersen)
- ◇医学賞　クリス・マクマナス (Chris McManus：ユニヴァーシティカレッジロンドン)

2003年
　◇工学賞　　　　　ジョン・スタップ(John Paul Stapp)、エドワード・A・マーフィー・ジュニア
　　　　　　　　　　(Edward A. Murphy Jr.)、ジョージ・ニコルス(George Nichols:アメリカ)
　◇物理学賞　　　　ジャック・ハーヴェイ(Jack Harvey)、ジョン・カルヴェーノ(John
　　　　　　　　　　Culvenor)、ウォーレン・ペインズ(Warren Payne)、スティーヴ・コール
　　　　　　　　　　(Steve Cowley)、マイケル・ローレンス(Michael Lawrance)、デイヴィッ
　　　　　　　　　　ド・スチュアート(David Stuart)、ロビン・ウィリアムズ(Robyn
　　　　　　　　　　Williams:オーストラリア)
　◇医学賞　　　　　エレナー・マグアイア(Eleanor Maguire)、デイヴィッド・ガーディアン
　　　　　　　　　　(David Gadian)、イングリッド・ジョンスルード(Ingrid Johnsrude)、カト
　　　　　　　　　　リーナ・グッド(Catriona Good)、ジョン・アッシュバーナー(John
　　　　　　　　　　Ashburner)、リチャード・フラッコイアク(Richard Frackowiak)、クリスト
　　　　　　　　　　ファー・フリス(Christopher Frith:ユニヴァーシティカレッジロンドン)
　◇心理学賞　　　　ジャン・ヴィットリオ・キャブラーラ(Gian Vittorio Caprara)、クラウディ
　　　　　　　　　　オ・バーバラネリ(Claudio Barbaranelli:ローマ大学)、フィリップ・ジン
　　　　　　　　　　バルドー(Philip Zimbardo:スタンフォード大学)
　◇化学賞　　　　　廣瀬 幸雄(Yukio Hirose:日本:金沢大学)
　◇文学賞　　　　　ジョン・トリンカウス(John Trinkaus:ジックリンビジネススクール)
　◇経済学賞　　　　カール・シュヴェルツラー(Karl Schwärzler)、リヒテンシュタイン公国(the
　　　　　　　　　　nation of Liechtenstein)
　◇境界領域研究賞　ステファノ・ギルランダ(Stefano Ghirlanda)、リセロッテ・ヤンソン(Liselotte
　　　　　　　　　　Jansson)、マグナス・エンクイス(Magnus Enquist:ストックホルム大学)
　◇平和賞　　　　　ラール・ビハーリー(Lal Bihari:インド)
　◇生物学賞　　　　C.W・ムーリカ(C.W. Moeliker:ロッテルダム自然博物館)
2004年
　◇医学賞　　　　　スティーブン・スタック(Steven Stack:ウェイン州立大学)、ジェイムス・グ
　　　　　　　　　　ンドラック(James Gundlach:オーバーン大学)
　◇物理学賞　　　　ラメッシュ・バラスブラマニアン(Ramesh Balasubramaniam:オタワ大学)、
　　　　　　　　　　マイケル・ターベイ(Michael Turvey:コネチカット大学)
　◇公衆衛生賞　　　ジリアン・クラーク(Jillian Clarke:シカゴ高校農学科、ハワード大学)
　◇化学賞　　　　　イギリス・コカ・コーラ・カンパニー(The Coca-Cola Company of Great
　　　　　　　　　　Britain)
　◇工学賞　　　　　ドナルド・J・スミス(Donald J. Smith)、フランク・J・スミス(Frank J.
　　　　　　　　　　Smith:アメリカ)
　◇文学賞　　　　　米国ヌーディスト研究図書館(The American Nudist Research Library)
　◇心理学賞　　　　ダニエル・シモンズ(Daniel Simons:イリノイ大学アーバナ・シャンペーン
　　　　　　　　　　校)、クリストファー・チャブリス(Christopher Chabris:ハーバード大学)
　◇心理学賞　　　　バチカン(The Vatican)
　◇平和賞　　　　　井上 大佑(Daisuke Inoue:日本)
　◇生物学賞　　　　ベン・ウィルソン(Ben Wilson:ブリティッシュコロンビア大学)、ローレン
　　　　　　　　　　ス・ディル(Lawrence Dill:サイモンフレーザー大学)、ロバート・バッティ
　　　　　　　　　　(Robert Batty:スコットランド海洋科学協会)、マグナス・ファルバーグ
　　　　　　　　　　(Magnus Whalberg:オルフス大学)、ハカン・ヴェステルベリ(Hakan
　　　　　　　　　　Westerberg:スウェーデン国立漁業連盟)
2005年
　◇農業史賞　　　　ジェームズ・ワトソン(James Watson:マッセー大学)
　◇物理学賞　　　　ジョン・メインストーン(John Mainstone)、トーマス・パーネル(Thomas
　　　　　　　　　　Parnell:クイーンズランド大学)
　◇医学賞　　　　　グレッグ・A・ミラー(Gregg A. Miller:アメリカ)
　◇文学賞　　　　　ナイジェリアのインターネット起業家たち(The Internet entrepreneurs of

	Nigeria）
◇平和賞	クレア・リンド（Claire Rind），ピーター・シモンズ（Peter Simmons：ニューカッスル大学）
◇経済学賞	ガウリ・ナンダ（Gauri Nanda：マサチューセッツ工科大学）
◇化学賞	エドワード・カスラー（Edward Cussler：ミネソタ大学），ブライアン・ゲッテルフィンガー（Brian Gettelfinger：ミネソタ大学，ウィスコンシン大学）
◇生物学賞	ベンジャミン・スミス（Benjamin Smith：アデレード大学など），クレイグ・ウィリアムズ（Craig Williams：ジェームズクック大学，南オーストラリア大学），マイケル・タイラー（Michael Tyler），ブライアン・ウィリアムズ（Brian Williams：アデレード大学），早坂 洋司（Yoji Hayasaka：オーストラリアワイン研究所）
◇栄養学賞	中松 義郎（Yoshiro Nakamats：日本）
◇流体力学賞	ビクトル・ベンノ・メイア＝ロコウ（Victor Benno Meyer-Rochow：ブレーメン国際大学），ヨゼフ・ガル（Jozsef Gal：エトヴェシュ・ロラーンド大学）

2006年
◇鳥類学賞	アイヴァン・R・シュワブ（Ivan R. Schwab：カリフォルニア大学デービス校），フィリップ・R・A・メイ（Philip R.A. May：カリフォルニア大学ロサンゼルス校）
◇栄養学賞	ワスミア・アル＝フーティー（Wasmia Al-Houty：クウェート大学），ファテン・アル＝ムッサラーム（Faten Al-Mussalam：クウェート環境庁）
◇平和賞	ハワード・ステープルトン（Howard Stapleton：イギリス）
◇音響学賞	D・リン・ハルパーン（D.Lynn Halpern：ハーヴァード・ヴァンガード・メディカル・アソシエイツ，ブランダイス大学，ノースウェスタン大学），ランドルフ・ブレイク（Randolph Blake：ヴァンダービルト大学，ノースウェスタン大学），ジェームズ・ヒレンブラン（James Hillenbrand：ウェスタンミシガン大学，ノースウェスタン大学）
◇数学賞	ニック・スヴェンソン（Nic Svenson），ピアース・バーンズ（Piers Barnes：オーストラリア国立科学技術研究機構）
◇文学賞	ダニエル・オッペンハイマー（Daniel Oppenheimer：プリンストン大学）
◇医学賞	フランシス・M・フェスミア（Francis M. Fesmire：テネシー大学医学部）
	マジェド・オデー（Majed Odeh），ハリー・バッサン（Harry Bassan），アリエ・オリーベン（Arie Oliven：ブナイ・シオン医学センター）
◇物理学賞	バジル・オドリ（Basile Audoly），セバスチャン・ノイキルヒ（Sebastien Neukirch：ピエール・アンド・マリー・キュリー大学）
◇化学賞	アントニオ・ムレット（Antonio Mulet），ホセ・ハヴィエル・ベネディト（José Javier Benedito），ホセ・ボン（José Bon：バレンシア大学），カルメン・ロッセーヨ（Carmen Rosselló：バレアレス諸島大学）
◇生物学賞	バルト・ノルズ（Bart Knols：ヴァーゲニンゲン農業大学，イファカラ・センター内国立医学研究所など），ルード・デ・ヨング（Ruurd de Jong：ヴァーゲニンゲン農業大学，サンタ・マリア・デッリ・アンジェリ）

2007年
◇医学賞	ブライアン・ウィットコーム（Brian Witcombe：イギリス），ダン・メイヤー（Dan Meyer：アメリカ）
◇物理学賞	ラクシミナラヤナン・マハデバン（L. Mahadevan：アメリカ），エンリケ・セルダ・ヴィラブランカ（Enrique Cerda Villablanca：チリ）
◇生物学賞	ヨハンナ・E・M・H・ファン・ブロンズウィック（Johanna E.M.H. van Bronswijk：オランダ）
◇化学賞	山本 麻由（Mayu Yamamoto：日本）
◇言語学賞	ジュアン・マヌエル・トロ（Juan Manuel Toro），ジョゼップ・B・トロバロン（Josep B. Trobalon），ヌリア・セバスチャン＝ガジェス（Núria Sebastián-

◇文学賞	Gallés：スペイン） グレンダ・ブラウン（Glenda Browne：オーストラリア）
◇平和賞	アメリカ空軍ライト研究所（The Air Force Wright Laboratory）
◇栄養学賞	ブライアン・ワンシンク（Brian Wansink：アメリカ）
◇経済学賞	謝 國楨（Kuo Cheng Hsieh：台湾）
◇航空学賞	パトリシア・V・アゴスティーノ（Patricia V. Agostino），サンティアゴ・A・プラノ（Santiago A. Plano），ディエゴ・A・ゴロンベク（Diego A. Golombek：アルゼンチン）

2008年
◇栄養学賞	マッシミリアーノ・ザンピーニ（Massimiliano Zampin：トレント大学），チャールズ・スペンス（Charles Spence：オックスフォード大学）
◇平和賞	非ヒト動物に対する生命工学に関するスイス連邦倫理委員会（The Swiss Federal Ethics Committee on Non-Human Biotechnology），スイス国民（the citizens of Switzerland）
◇考古学賞	アストルフォ・ゴメス・デ・メロ・アラウージョ（Astolfo G. Mello Araujo），ジョゼ・カルロス・マルセリーノ（José Carlos Marcelino：サンパウロ大学）
◇生物学賞	マリー＝クリスティーヌ・カディエルジュ（Marie-Christine Cadiergues），クリステル・ユベール（Christel Joubert），ミシェル・フラン（Michel Franc：国立トゥールーズ獣医大学）
◇医学賞	ダン・アリエリー（Dan Ariely：デューク大学）
◇認知科学賞	中垣 俊之（Toshiyuki Nakagaki：北海道大学），山田 裕康（Hiroyasu Yamada：名古屋大学），小林 亮（Ryo Kobayashi：広島大学），手老 篤史（Atsushi Tero：科学技術振興機構），石黒 章夫（Akio Ishiguro：東北大学），アゴタ・トス（Ágotá Tóth：セゲド大学）
◇経済学賞	ジェフリー・ミラー（Geoffrey Miller），ジョシュア・タイバー（Joshua Tybur），ブレント・ジョーダン（Brent Jordan：ニューメキシコ大学）
◇物理学賞	ドリアン・ライマー（Dorian Raymer：カリフォルニア大学サンディエゴ校スクリプス海洋研究所），ダグラス・スミス（Douglas Smith：カリフォルニア大学サンディエゴ校）
◇化学賞	シャーリー・A・アンピエール（Sharee A. Umpierre：プエルトリコ大学），ジョゼフ・A・ヒル（Joseph A. Hill：ニューイングランド生殖医療センター），デボラ・J・アンダーソン（Deborah J. Anderson：ボストン大学医学部，ハーバード大学医学部） 洪 傳岳（Chuang-Ye Hong：台北医学大学），謝 茶唱（C.C. Shieh），呉 珮芬（P. Wu），姜 必寧（B.N. Chiang：台湾）
◇文学賞	デイヴィッド・シムズ（David Sims：カス・ビジネス・スクール）

2009年
◇獣医学賞	キャサリン・ダグラス（Catherine Douglas），ピーター・ロウリンソン（Peter Rowlinson：ニューカッスル大学）
◇平和賞	ステファン・ボーリガー（Stephan Bolliger），ステフェン・ロス（Steffen Ross），ラース・エステルヘルウェグ（Lars Oesterhelweg），マイケル・ターリー（Michael Thali），ビート・ニュービュール（Beat Kneubuehl：ベルン大学）
◇経済学賞	アイスランドの4つの銀行（カウプシング銀行，ランズバンキ，グリトニル銀行，アイスランド中央銀行）の取締役，幹部，監査役（The directors, executives, and auditors of four Icelandic banks-Kaupthing Bank, Landsbanki, Glitnir Bank, and Central Bank of Iceland）
◇化学賞	ハビエル・モラレス（Javier Morales），ミゲル・アパティガ（Miguel Apátiga），ビクター・M・カスタノ（Victor M. Castaño：メキシコ国立自治大学）
◇医学賞	ドナルド・L・アンガー（Donald L. Unger：アメリカ）
◇物理学賞	キャサリン・K・ウィットカム（Katherine K. Whitcome：シンシナティ大

学)，ダニエル・E・リーバーマン（Daniel E. Lieberman：ハーバード大学），リサ・J・シャピロ（Liza J. Shapiro：テキサス大学）

◇文学賞　　アイルランド警察（Ireland's police service）
◇公衆衛生賞　エレナ・N・ボドナー（Elena N. Bodner），ラファエル・C・リー（Raphael C. Lee），サンドラ・マリヤン（Sandra Marijan：アメリカ）
◇数学賞　　ギデオン・ゴノ（Gideon Gono：ジンバブエ準備銀行総裁）
◇生物学賞　田口 文章（Fumiaki Taguchi），宗 国冨（Song Guofu），張 光磊（Zhang Guanglei：北里大学大学院医療系研究科）

2010年
◇工学賞　　カリーナ・アセヴェド＝ホワイトハウス（Karina Acevedo-Whitehouse），アグネス・ロチャ＝ゴスリン（Agnes Rocha-Gosselin：ロンドン動物学会），ダイアン・ゲンドロン（Diane Gendron：メキシコ国立工科大学）
◇医学賞　　サイモン・リートヴェルト（Simon Rietveld：アムステルダム大学）
◇交通計画賞　中垣 俊之（Toshiyuki Nakagaki），手老 篤史（Atsushi Tero），高木 聖治（Seiji Takagi），三枝 哲（Tetsu Saigusa），伊藤 賢太郎（Kentaro Ito），弓木 賢二（Kenji Yumiki），小林 亮（Ryo Kobayashi：日本），ダン・ペパー（Dan Bebber），マーク・フリッカー（Mark Fricker：イギリス）
◇物理学賞　リアン・パーキン（Lianne Parkin），シェイラ・ウィリアムス（Sheila Williams），パトリシア・プリースト（Patricia Priest：オタゴ大学）
◇平和賞　　リチャード・スティーブンス（Richard Stephens），ジョン・アトキンス（John Atkins），アンドリュー・キングストン（Andrew Kingston：キール大学）
◇公衆衛生賞　マヌエル・バーベイト（Manuel Barbeito），チャールズ・マシューズ（Charles Mathews），ラリー・テイラー（Larry Taylor：メリーランド州フォート・デトリックの労働安全衛生局）
◇経済学賞　ゴールドマン・サックス（Goldman Sachs），AIG，リーマン・ブラザーズ（Lehman Brothers），ベア・スターンズ（Bear Stearns），メリル・リンチ（Merrill Lynch）
◇化学賞　　エリック・アダムス（Eric Adams：マサチューセッツ工科大学），スコット・ソコロフスキー（Scott Socolofsky：テキサスA&M大学），スティーブン・マスタニ（Stephen Masutani：ハワイ大学），ブリティッシュ・ペトロリアム（British Petroleum）
◇経営学賞　アレッサンドロ・プルチーノ（Alessandro Pluchino），アンドレア・ラピサルダ（Andrea Rapisarda），チェーザレ・ガロファロ（Cesare Garofalo：カターニア大学）
◇生物学賞　張 礼標（Libiao Zhang），譚 敏（Min Tan），朱 光建（Guangjian Zhu），葉 建平（Jianping Ye），洪 題宇（Tiyu Hong），周 善義（Shanyi Zhou），張 書義（Shuyi Zhang），ギャラス・ジョーンズ（Gareth Jones：ブリストル大学）

2011年
◇生理学賞　アンナ・ウィルキンソン（Anna Wilkinson：イギリス），ナタリー・セバンズ（Natalie Sebanz：オランダ・ハンガリー・オーストリア），イザベラ・マンドル（Isabella Mandl），ルートヴィヒ・フーバー（Ludwig Huber：オーストリア）
◇化学賞　　今井 真（Makoto Imai），漆畑 直樹（Naoki Urushihata），種村 秀輝（Hideki Tanemura），田島 幸信（Yukinobu Tajima），後藤 秀晃（Hideaki Goto），溝口 浩一郎（Koichiro Mizoguchi），村上 純一（Junichi Murakami：日本）
◇医学賞　　ミリアム・トゥック（Mirjam Tuk：オランダ・イギリス），デブラ・トランペ（Debra Trampe：オランダ），リュック・ワルロップ（Luk Warlop：ベルギー），マシュー・ルイス（Matthew Lewis），ピーター・スナイダー（Peter Snyder），ロバート・フェルドマン（Robert Feldman：アメリカ），ロバート・ペチャック（Robert Pietrzak），デイヴィッド・ダービー（David Darby），ポール・マルフ（Paul Maruff：オーストラリア）

◇心理学賞	カール・ハルバー・テイゲン（Karl Halvor Teigen：オスロ大学）	
◇文学賞	ジョン・ペリー（John Perry：スタンフォード大学）	
◇生物学賞	ダリル・グウィン（Darryl Gwynne：カナダ・オーストラリアなど），デイヴィッド・レンツ（David Rentz：オーストラリア・アメリカ）	
◇物理学賞	フィリップ・ベリン（Philippe Perrin），シリル・ペロー（Cyril Perrot），ドミニク・ドヴィテルヌ（Dominique Deviterne），ブルーノ・ラガル（Bruno Ragaru：フランス），ヘルマン・キグマ（Herman Kingma：オランダ）	
◇数学賞	ドロシー・マーティン（Dorothy Martin），パット・ロバートソン（Pat Robertson），エリザベス・クレア（Elizabeth Clare Prophet：アメリカ），李長林（Lee Jang Rim：韓国），クレドニア・ムウェリンデ（Credonia Mwerinde：ウガンダ），ハロルド・キャンピング（Harold Camping：アメリカ）	
◇平和賞	アルトゥーラス・ズオカス（Arturas Zuokas：リトアニア・ヴィリニュス市長）	
◇公共安全賞	ジョン・センダース（John Senders：トロント大学）	

2012年
◇心理学賞	アニタ・エールラント（Anita Eerland），ロルフ・ズワーン（Rolf Zwaan：オランダ），トゥーリオ・グァダルーペ（Tulio Guadalupe：ペルー・ロシア・オランダ）	
◇平和賞	The SKN Company（ロシア）	
◇音響学賞	栗原 一貴（Kazutaka Kurihara），塚田 浩二（Koji Tsukada：日本）	
◇神経科学賞	クレイグ・ベネット（Craig Bennett），アビゲイル・ベアード（Abigail Baird），マイケル・ミラー（Michael Miller），ジョージ・ウォルフォード（George Wolford：アメリカ）	
◇化学賞	ヨハン・ペッテション（Johan Pettersson：スウェーデン・ルワンダ）	
◇文学賞	アメリカ合衆国政府監査院（Government Accountability Office）	
◇物理学賞	ジョセフ・ケラー（Joseph Keller：アメリカ），レイモンド・ゴールドスタイン（Raymond Goldstein：アメリカ・イギリス），パトリック・ウォーレン（Patrick Warren），ロビン・ボール（Robin Ball：イギリス）	
◇流体力学賞	ルスラン・クレチェトニコフ（Rouslan Krechetnikov：ロシア・アメリカ・カナダ），ハンス・メイヤー（Hans Mayer：アメリカ）	
◇解剖学賞	フランス・ドゥ・ヴァール（Frans de Waal：オランダ・アメリカ），ジェニファー・ポコルニー（Jennifer Pokorny：アメリカ）	
◇医学賞	エマニュエル・ベン=スーサン（Emmanuel Ben-Soussan），ミシェル・アントニエッティ（Michel Antonietti：フランス）	

2013年
◇医学賞	内山 雅照（Masateru Uchiyama），Xiangyuan Jin，Qi Zhang，平井 敏仁（Toshihito Hirai），天野 篤（Atsushi Amano），場集田 寿（Hisashi Bashuda），新見 正則（Masanori Niimi：日本）	
◇心理学賞	ローラン・ベグ（Laurent Bègue：フランス），ブラッド・ブッシュマン（Brad Bushman：アメリカ・イギリスなど），ウルマン・ゼルフーニ（Oulmann Zerhouni），バティスト・スブラ（Baptiste Subra），メディ・ウラバー（Medhi Ourabah：フランス）	
◇生物学賞兼天文学賞	マリー・ダッケ（Marie Dacke：スウェーデン・オーストラリア），エミリー・ベアード（Emily Baird：スウェーデン・オーストラリア・ドイツ），マーカス・バーン（Marcus Byrne：南アフリカ・イギリス），クラーク・ショルツ（Clarke Scholtz：南アフリカ），エリック・ウォレント（Eric Warrant：スウェーデン・オーストラリア・ドイツ）	
◇安全技術賞	ジュスティーノ・ピッツオ（Gustano Pizzo：アメリカ）	
◇物理学賞	アルベルト・ミネッティ（Alberto Minetti：イタリア・イギリスなど），ユーリ・イワネンコ（Yuri Ivanenko：イタリア・ロシア・フランス），ジェルマーナ・カッペリーニ（Germana Cappellini：イタリア），ナディア・ドミニチ	

(Nadia Dominici：イタリア・スイス)，フランチェスコ・ラックァニティ (Francesco Lacquaniti：イタリア)

◇化学賞　今井 真介 (Shinsuke Imai)，柘植 信昭 (Nobuaki Tsuge)，朝武 宗明 (Muneaki Tomotake)，永留 佳明 (Yoshiaki Nagatome)，澤田 博 (H. Sawada)，長田 敏行 (Toshiyuki Nagata)，熊谷 英彦 (Hidehiko Kumagai：日本)

◇考古学賞　ブライアン・クランドール (Brian Crandall：アメリカ)

◇平和賞　アレクサンドル・ルカシェンコ (Alexander Lukashenko：ベラルーシ大統領) ベラルーシ警察 (the Belarus State Police)

◇蓋然性賞　バート・トルカンプ (Bert Tolkamp：イギリス・オランダ)，マリー・ハスケル (Marie Haskell：イギリス)，フリーザ・ラングフォード (Fritha Langford：イギリス・カナダ)，デイヴィッド・ロバーツ (David Roberts)，コリン・モーガン (Colin Morgan：イギリス)

◇公共衛生賞　カシアン・バンガナダ (Kasian Bhanganada)，トゥ・チャヤヴァタナ (Tu Chayavatana)，チュムポーン・ポンヌムクル (Chumporn Pongnumkul)，アヌント・トンムカヤクル (Anunt Tonmukayakul)，ピヤサコル・サコルサタヤドーン (Piyasakol Sakolsatayadorn)，クリット・コマラタル (Krit Komaratal)，ヘンリー・ワイルド (Henry Wilde)

2014年
◇物理学賞　馬渕 清資 (Kiyoshi Mabuchi)，田中 健誠 (Kensei Tanaka)，内島 大地 (Daichi Uchijima)，酒井 利奈 (Rina Sakai：日本)

◇神経科学賞　Jiangang Liu, Jun Li, Lu Feng, Ling Li, Jie Tian, Kang Lee

◇心理学賞　ピーター・K・ジョナサン (Peter K. Jonason)，エイミー・ジョーンズ (Amy Jones)，ミナ・ライオンズ (Minna Lyons)

◇公衆衛生賞　ヤロスラフ・フレグル (Jaroslav Flegr)，ヤン・ハヴリーチェク (Jan Havíček)，イトカ・ハヌショヴァ=リンドヴァ (Jitka Hanušova-Lindova)，デイヴィッド・ハナウアー (David Hanauer)，ナレン・ラマクリシュナン (Naren Ramakrishnan)，リサ・サイフリッド (Lisa Seyfried)

◇生物学賞　ヴラスティミル・ハルト (Vlastimil Hart)，ペトラ・ノヴァコヴァ (Petra Nováková)，エリッヒ・パスカル・マルケンパー (Erich Pascal Malkemper)，サビーネ・ベガル (Sabine Begall)，ヴラディミール・ハンザル (Vladimír Hanzal)，ミロシュ・ジェジェック (Miloš Ježek)，トマシュ・クシュタ (Tomáš Kušta)，ヴェロニカ・ニェムコヴァ (Veronika Němcová)，ヤナ・アダムコヴァ (Jana Adámková)，カテジナ・ベネディクトヴァ (Kateřina Benediktová)，ヤロスラフ・チェルヴェニー (Jaroslav Červený)，ヒネク・ブルダ (Hynek Burda)

◇芸術賞　マリーナ・デ・トマソ (Marina de Tommaso)，ミケーレ・サルダロ (Michele Sardaro)，パオロ・リヴレア (Paolo Livrea：イタリア)

◇経済学賞　イタリア国立統計研究所 (ISTAT)

◇医学賞　イアン・ハンフリーズ (Ian Humphreys)，ソナル・サライヤ (Sonal Saraiya)，ウォルター・ベレンキー (Walter Belenky)，ジェームズ・ドウォーキン (James Dworkin)

◇北極科学賞　エイギル・ライマース (Eigil Reimers)，シンドレ・エフテストル (Sindre Eftestøl)

◇栄養学賞　ラケル・ルビオ (Raquel Rubio)，アンナ・ジョフレ (Anna Jofré)，ベレン・マルティン (Belén Martín)，テレサ・アイメリッチ (Teresa Aymerich)，マルガリータ・ガリッガ (Margarita Garriga：スペイン)

2015年
◇化学賞　カラム・オーモンド (Callum Ormonde)，コリン・ラストン (Colin Raston：オーストラリア)，トム・ユアン (Tom Yuan)，スティーブン・クドラチェック (Stephan Kudlacek)，サミーラン・クンチェ (Sameeran Kunche)，ジョシュア・N・スミス (Joshua N. Smith)，ウィリアム・ブラウン (William A.

自然科学　　　　　　　　　　　　　　41　　　　　　　　　　　　　8 イグノーベル賞

Brown），ケイトリン・プグリエーゼ（Kaitlin Pugliese），ティヴォリ・オルセン（Tivoli Olsen），マリアム・イフティハール（Mariam Iftikhar），グレゴリー・ワイス（Gregory Weiss：アメリカ）

◇物理学賞　　パトリシア・ヤン（Patricia Yang），デイヴィッド・フー（David Hu：アメリカ・台湾），ジョナサン・ファム（Jonathan Pham），ジェローム・チュー（Jerome Choo：アメリカ）

◇文学賞　　　マーク・ディンゲマンズ（Mark Dingemanse：オランダ・アメリカ），フランシスコ・トレイラ（Francisco Torreira：スペイン・オランダなど），ニック・J・エンフィールド（Nick J. Enfield：オーストラリア・オランダ）

◇経営学賞　　ジェンナーロ・ベルニール（Gennaro Bernile：イタリア・シンガポール・アメリカ），ヴィニート・バグワット（Vineet Bhagwat：アメリカ），P.ラガヴェンドラ・ラウ（P. Raghavendra Rau：イギリス・インドなど）

◇経済学賞　　タイ王国首都圏警察（The Bangkok Metropolitan Police）

◇医学賞　　　木俣 肇（Hajime Kimata：日本），ヤロスラヴァ・デュルディアコヴァ（Jaroslava Durdiaková：スロバキア・イギリス・アメリカ），ペーター・ツェレツ（Peter Celec：スロバキア・ドイツ），ナターリア・カモドヨヴァ（Natália Kamodyová），タティアナ・セドラーチコヴァ（Tatiana Sedláčková），ガブリエラ・レピスカ（Gabriela Repiská），バルバラ・スヴィエジェナ（Barbara Sviežená），ガブリエル・ミナーリク（Gabriel Minárik：スロバキア）

◇数学賞　　　エリザベート・オーバーザウハー（Elisabeth Oberzaucher：オーストリア・ドイツ・イギリス），カール・グラマー（Karl Grammer：オーストリア・ドイツ）

◇生物学賞　　ブルーノ・グロッシ（Bruno Grossi），オマル・ララック（Omar Larach），マウリシオ・カナルス（Mauricio Canals），ロドリゴ・A・バスケス（Rodrigo A. Vásquez：チリ），ホセ・イリアルテ＝ディアス（José Iriarte-Díaz：チリ・アメリカ）

◇診断医学賞　ジャラー・カリム（Diallah Karim：カナダ・イギリス），アンソニー・ハーンデン（Anthony Harnden：ニュージーランド・イギリス・アメリカ），ナイジェル・デスーザ（Nigel D'Souza：バーレーン・ベルギーなど），アンドリュー・ホアン（Andrew Huang：中国・イギリス），アブデル・カデル・アロウニ（Abdel Kader Allouni：シリア・イギリス），ヘレン・アッシュダウン（Helen Ashdown），リチャード・J・スティーブンス（Richard J. Stevens），サイモン・クレックラー（Simon Kreckler：イギリス）

◇生理学および昆虫学賞　ジャスティン・シュミット（Justin Schmidt：カナダ・アメリカ）マイケル・L・スミス（Michael L. Smith：パナマ・アメリカなど）

2016年
◇生殖賞　　　アフメド・シャフィク（Ahmed Shafik：エジプト）
◇経済学賞　　マーク・アヴィス（Mark Avis（Mark Avis），サラ・フォーブス（Sarah Forbes），シーラ・ファーガソン（Shelagh Ferguson）
◇物理学賞　　ガボール・ホルヴァート（Gábor Horváth），ミクローシュ・ブラホー（Miklós Blahó），ジェルジ・クリシュカ（György Kriska），ラモーン・ヘゲデュシュ（Ramón Hegedüs），バラーシュ・ゲリクシュ（Balázs Gerics），ローベルト・ファルカシュ（Róbert Farkas），スザンヌ・アケソン（Susanne Åkesson），ペーテル・マリク（Péter Malik），ハンスリューディ・ヴィルデルムート（Hansruedi Wildermuth）
◇化学賞　　　フォルクスワーゲン（Volkswagen：ドイツ）
◇医学賞　　　クリストフ・ヘルムヒェン（Christoph Helmchen），カリーナ・パルツァー（Carina Palzer），トーマス・ミュンテ（Thomas Münte），シルケ・アンダース（Silke Anders），アンドレアス・シュプレンガー（Andreas Sprenger：ドイツ）
◇心理学賞　　エヴリーヌ・デベイ（Evelyne Debey），マールテン・デ・シュライヴァー

　　　　　　　　　　（Maarten De Schryver），ゴードン・ローガン（Gordon Logan），クリス
　　　　　　　　　　ティナ・スホツキ（Kristina Suchotzki），ブルノ・フェルスフエレ（Bruno
　　　　　　　　　　Verschuere）
　◇平和賞　　　　　ゴードン・ペニークック（Gordon Pennycook），ジェームズ・アラン・シェイン
　　　　　　　　　　（James Allan Cheyne），ナサニエル・バー（Nathaniel Barr），デレク・ケー
　　　　　　　　　　ラー（Derek Koehler），ジョナサン・フーゲルサング（Jonathan Fugelsang）
　◇生物学賞　　　　チャールズ・フォスター（Charles Foster：イギリス）
　　　　　　　　　　トーマス・スウェイツ（Thomas Thwaites）
　◇文学賞　　　　　フレドリック・シェーベリ（Fredrik Sjöberg：スウェーデン）
　◇知覚賞　　　　　東山 篤規（Atsuki Higashiyama），足立 浩平（Kohei Adachi：日本）

2017年
　◇物理学賞　　　　マルク＝アントワン・ファルダン（Marc-Antoine Fardin：フランス・シンガ
　　　　　　　　　　ポール・アメリカ）
　◇平和賞　　　　　ミロ・アラン・プハン（Milo Alan Puhan），クリスチャン・ロカッシオ
　　　　　　　　　　（Christian LoCascio），アルフレッド・ツァーン（Alfred Zahn），マルクス・
　　　　　　　　　　ハイツ（Markus Heitz），オットー・ブラエンドリ（Otto Braendli）
　◇経済学賞　　　　マシュー・ロックロフ（Matthew Rockloff），ナンシー・グリアー（Nancy
　　　　　　　　　　Greer：オーストラリア）
　◇解剖学賞　　　　ジェームズ・ヒースコート（James Heathcote：イギリス）
　◇生物学賞　　　　吉澤 和徳（Kazunori Yoshizawa：日本），ロドリゴ・フェレイラ（Rodrigo
　　　　　　　　　　Ferreira：ブラジル），上村 佳孝（Yoshitaka Kamimura：日本），チャール
　　　　　　　　　　ズ・リエンハルド（Charles Lienhard：スイス）
　◇流体力学賞　　　ハン・ジウォン（Jiwon Han：韓国）
　◇栄養学賞　　　　フェルナンダ・イトウ（Fernanda Ito），エンリコ・ベルナルジ（Enrico
　　　　　　　　　　Bernard），ホドリゴ・トーレス（Rodrigo Torres）
　◇医学賞　　　　　ジャン＝ピエール・ロワイエ（Jean-Pierre Royet），デビッド・ムニエ（David
　　　　　　　　　　Meunier），ニコラ・トルケ（Nicolas Torquet），アン＝マリー・モーリー
　　　　　　　　　　（Anne-Marie Mouly），タオ・ジアン（Tao Jiang）
　◇認知科学賞　　　マッテオ・マルティニ（Matteo Martini），イラリア・ブファラーリ（Ilaria
　　　　　　　　　　Bufalari），マリア・アントニエッタ・スタツィ（Maria Antonietta Stazi），
　　　　　　　　　　サルバトーレ・マリア・アグリオティ（Salvatore Maria Agliotti）
　◇産婦人科学賞　　マリサ・ロペス＝テイホン（Marisa López-Teijón），アレクス・ガルシア＝ファ
　　　　　　　　　　ウラ（Álex García-Faura），アルベルト・プラッツ＝ガリーノ（Alberto
　　　　　　　　　　Prats-Galino），ルイス・パジャレス・アニオルテ（Luis Pallarés Aniorte：
　　　　　　　　　　スペイン）

2018年
　◇医学賞　　　　　マルク・ミッチェル（Marc Mitchell），デイヴィッド・ワーティンガー（David
　　　　　　　　　　Wartinger：アメリカ）
　◇人類学賞　　　　トマス・ペーション（Tomas Persson），ガブリエラ＝アリーナ・サウチュク
　　　　　　　　　　（Gabriela-Alina Sauciuc），エレイニー・マドセン（Elainie Madsen）
　◇生物学賞　　　　ポール・ベッヒャー（Paul Becher），セバスチャン・ルブルトン（Sebastien
　　　　　　　　　　Lebreton），エリカ・ヴァリーン（Erika Wallin），エリック・ヘデンストロー
　　　　　　　　　　ム（Erik Hedenstrom），フィリペ・ボレロ＝エチェベリ（Felipe Borrero-
　　　　　　　　　　Echeverry），メアリー・ベングトソン（Marie Bengtsson），フォルカー・ヨ
　　　　　　　　　　ルガー（Volker Jorger），ペーター・ウィツガル（Peter Witzgall）
　◇化学賞　　　　　ポーラ・ロマオ（Paula Romão），アドリニ・アラルカオ（Adília Alarcão），セ
　　　　　　　　　　ザール・ビアナ（César Viana：ポルトガル）
　◇医学教育賞　　　堀内 朗（Akira Horiuchi：日本）
　◇文学賞　　　　　シーア・ブラクラー（Thea Blackler），ラファエル・ゴメス（Rafael Gomez），
　　　　　　　　　　ヴェスナ・ポポヴィッチ（Vesna Popovic），ヘレン・トムソン（M. Helen
　　　　　　　　　　Thompson）

◇栄養学賞	ジェームズ・コール（James Cole）	
◇平和賞	フランシスコ・アロンソ（Francisco Alonso），クリスティーナ・エステバン（Cristina Esteban），アンドレア・セルジュ（Andrea Serge），マリア・ルイサ・ボールスター（Maria-Luisa Ballestar），ジェイム・サンマルタン（Jaime Sanmartín），コンスタンツァ・カラタユ（Constanza Calatayud），ビアトリス・アラマー（Beatriz Alamar）	
◇生殖医学賞	ジョン・バリー（John Barry），ブルース・ブランク（Bruce Blank），ミシェル・ブイロー（Michel Boileau）	
◇経済学賞	リンディー・ヘーニュー・リャン（Lindie Hanyu Liang），ダグラス・ブラウン（Douglas Brown），ヒュエン・リャン（Huiwen Lian），Samuel Hanig, D. Lance Ferris, Lisa Keeping	

2019年
- ◇医学賞　シルヴァーノ・ガルス（Silvano Gallus：イタリア・オランダ）
- ◇医学教育学賞　カレン・プライヤー（Karen Pryor），テレサ・マッケオン（Theresa McKeon：アメリカ）
- ◇生物学賞　コン・リンジュン（Ling-Jun Kong），ヘルベルト・スレパズ（Herbert Crepaz），アニエシュカ・ゴレツカ（Agnieszka Górecka），アレクサンドラ・ウルバネク（Aleksandra Urbanek），ライナー・デュムケ（Rainer Dumke），トマーシュ・パテレク（Tomasz Paterek）
- ◇解剖学賞　ロジェ・ミューセ（Roger Mieusset），ボウーラ・ベングディファ（Bourras Bengoudifa：フランス）
- ◇化学賞　渡部 茂（Shigeru Watanabe），大西 峰子（Mineko Ohnishi），今井 香（Kaori Imai），河野 英司（Eiji Kawano），五十嵐 清治（Seiji Igarashi：日本）
- ◇工学賞　イーマーン・ファラフバフシュ（Iman Farahbakhsh：イラン）
- ◇経済学賞　ハビブ・ゲディク（Habib Gedik：トルコ），ティモシー・A・フォス（Timothy A. Voss），アンドレアス・フォス（Andreas Voss：オランダ・ドイツ）
- ◇平和賞　ガーダ・A・ビン・サイフ（Ghada A. bin Saif），アレクサンドル・パーポユ（Alexandru Papoiu），リリアナ・バナリ（Liliana Banari），フランシス・マグローン（Francis McGlone），ショーン・G・クワトラ（Shawn G. Kwatra），チャン・ヨンファク（Yiong-Huak Chan），ギル・ヨシポヴィッチ（Gil Yosipovitch）
- ◇心理学賞　フリッツ・シュトラック（Fritz Strack：ドイツ）
- ◇物理学賞　パトリシア・ヤン（Patricia Yang），アレクサンダー・リー（Alexander Lee），マイルズ・チャン（Miles Chan），アリン・マーティン（Alynn Martin），アシュリー・エドワーズ（Ashley Edwards），スコット・カーバー（Scott Carver），デビッド・ヒュー（David Hu）

2020年
- ◇音響学賞　ステファン・レバー（Stephan A. Reber），西村 剛（Takeshi Nishimura），ジュディス・ヤニッシュ（Judith Janisch），マーク・ロバートソン（Mark Robertson），テカムセ・フィッチ（Tecumseh Fitch）
- ◇心理学賞　ミランダ・ジャコミン（Miranda Giacomin），ニコラス・ルール（Nicholas Rule）
- ◇平和賞　インドとパキスタンの外交官（The governments of India and Pakistan）
- ◇物理学賞　イヴァン・マクシモフ（Ivan Maksymov），アンドリー・ポトツキー（Andriy Pototsky）
- ◇経済学賞　クリストファー・ワトキンス（Christopher Watkins），Juan David Leongómez, Jeanne Bovet, Agnieszka Żelaźniewicz, Max Korbmacher, Marco Antô nio Corrêa Varella, Ana Maria Fernandez, ダニエル・ワグスタフ（Danielle Wagstaff），Samuela Bolgan
- ◇経営者賞　奚 广安（Xi Guang-An），莫 天祥（Mo Tian-Xiang），杨 康生（Yang Kang-Sheng），杨 广生（Yang Guang-Sheng），凌 显四（Ling Xian Si：中国広西チ

	ワン族自治区の5人のプロの殺し屋）
◇昆虫学賞	リチャード・ベッター（Richard Vetter：アメリカ）
◇医学賞	ニエンケ・ヴュリンク（Nienke Vulink），ダミアン・デニス（Damiaan Denys）
◇医学教育学賞	ジャイール・ボルソナーロ（Jair Bolsonaro：ブラジル大統領），ボリス・ジョンソン（Boris Johnson：イギリス首相），ナレンドラ・モディ（Narendra Modi：インド首相），アンドレス・マヌエル・ロペス・オブラドール（Andrés Manuel López Obrador：メキシコ大統領），アレクサンドル・ルカシェンコ（Alexander Lukashenko：ベラルーシ大統領），ドナルド・トランプ（Donald Trump：アメリカ合衆国大統領），レジェップ・タイイップ・エルドアン（Recep Tayyip Erdogan：トルコ大統領），ウラジーミル・プーチン（Vladimir Putin：ロシア大統領），グルバングル・ベルディムハメドフ（Gurbanguly Berdimuhamedow：トルクメニスタン大統領）
◇材料工学賞	メーティン・エレン（Metin Eren：イギリス），ミシェル・ベバー（Michelle Bebber：アメリカ），ジェームズ・ノリス（James Norris：イギリス），アリッサ・ペローネ（Alyssa Perrone），アシュリー・ルトコスキ（Ashley Rutkoski），マイケル・ウィルソン（Michael Wilson），メアリー・アン・ラガンティ（Mary Ann Raghanti：アメリカ）

2021年

◇生物学賞	スザンヌ・シュッツ（Sussane Schötz），ロバート・エークルンド（Robert Eklund），ヨースト・ファン・デ・ヴァイアー（Joost van de Weijer）
◇生態学賞	レイラ・サタリ（Leira Satari），アルバ・ギリェン（Alba Guillén），アンヘラ・ヴィダル=ヴェルドゥ（Àngela Vidal-Verdú），マヌエル・ポルカー（Manuel Porcar）
◇化学賞	ヨルグ・ヴィッカー（Jörg Wicker），ニコラス・クラウター（Nicolas Krauter），ベッティナ・デルストロフ（Bettina Derstroff），クリストフ・シュテンナー（Christof Stönner），エフストラティオス・ブルツキディス（Efstratios Bourtsoukidis），アヒム・エトバウアー（Achim Edtbauer），ヨッヘン・ヴルフ（Jochen Wulf），トーマス・クリュプフェル（Thomas Klüpfel），シュテファン・クラマー（Stefan Kramer），ジョナサン・ウィリアムズ（Jonathan Williams）
◇経済学賞	パヴロ・ブラヴァツキー（Pavlo Bravatskyy）
◇医学賞	オルカイ・ジェム・ブルート（Olcay Cem Bulut），ダレ・オラドクン（Dare Oladokun），バーカード・リッパート（Burkard Lippert），ラルフ・ホーエンベルガー（Ralph Hohenberger）
◇平和賞	イーサン・ベセリス（Ethan Beseris），スティーブン・ネールウェイ（Steven Naleway），デビッド・キャリアー（David Carrier）
◇物理学賞	アレッサンドロ・コルベッタ（Alessandro Corbetta），ヤスパー・ミーウセン（Jasper Meeusen），チュンミン・リー（Chung-min Lee），ロベルト・ベンツィ（Roberto Benzi），フェデリコ・トスキ（Federico Toschi）
◇動力学賞	村上 久（Hisashi Murakami：日本），クラウディオ・フェリシャーニ（Claudio Feliciani：スイス），西山 雄大（Yuta Nishiyama），西成 活裕（Katsuhiro Nishinari：日本）
◇昆虫学賞	ジョン・マルレナン・ジュニア（John Mulrennan Jr.），ロジャー・グロサウス（Roger Grothaus），チャールズ・ハモンド（Charles Hammond），ジェイ・ラムディン（Jay Lamdin）
◇輸送学賞	ロビン・ラドクリフ（Robin Radcliffe），マーク・ジャゴ（Mark Jago），ピーター・モーケル（Peter Morkel），エステレ・モーケル（Estelle Morkel），ピエール・デ・プレーズ（Pierre du Preez），ピエト・ベイテル（Piet Beytell），ビルジット・コッティング（Birgit Kotting），バッカー・マニュエル（Bakker Manuel），ヤン・ヘンドリク・デ・プレーズ（Jan Hendrik du Preez），ミシェル・ミラー（Michele Miller），ジュリア・フェリッペ（Julia Felippe），スティーブン・ペリー（Stephen Perry），ロビン・グリード

(Robin Gleed:アメリカ)

2022年
- ◇応用循環器学賞　エリスカ・プロハシュコバ(Eliska Prochazkova)、エリオ・シャク＝シー(Elio Sjak-Shie)、フリーデリケ・ベーレンス(Friederike Behrens)、ダニエル・リンド(Daniel Lindh)、マリスカ・クレット(Mariska Kret)
- ◇文学賞　エリック・マルティネス(Eric Martínez)、フランシス・モリカ(Francis Mollica)、エドワード・ギブソン(Edward Gibson)
- ◇生物学賞　ソリマリー・ガルシア＝エルナンデス(Solimary García-Hernández)、グラウコ・マチャド(Glauco Machado)
- ◇医学賞　マルチン・ヤシンスキ(Marcin Jasiński)、マルティナ・マチエイェフスカ(Martyna Maciejewska)、アンナ・ブロジアック(Anna Brodziak)、ミハウ・ゴルカ(Michał Górka)、カミラ・スクヴィラフスカ(Kamila Skwierawska)、ヴィエシュワフ・イェジェイチャク(Wiesław Jędrzejczak)、アニエシュカ・トマシェフスカ(Agnieszka Tomaszewska)、グジェゴシュ・バサク(Grzegorz Basak)、エミリアン・スナルスキ(Emilian Snarski:ポーランド)
- ◇工学賞　松崎 元(Gen Matsuzaki)、大内 一雄(Kazuo Ohuchi)、上原 勝(Masaru Uehara)、上野 義雪(Yoshiyuki Ueno)、井村 五郎(Goro Imura:日本)
- ◇芸術史学賞　ペーター・デ・スメット(Peter de Smet)、ニコラス・ヘルムート(Nicholas Hellmuth)
- ◇物理学賞　フランク・フィッシュ(Frank Fish)、ジミン・ユアン(Zhi-Ming Yuan)、ミンル・チェン(Minglu Chen)、ライビン・ジャ(Laibing Jia)、チュンヤン・ジ(Chunyan Ji)、アティラ・インチェチク(Atilla Incecik)
- ◇平和賞　ジュンフィ・ウ(Junhui Wu)、シャボルチュ・シャーマドー(Szabolcs Számadó)、パット・バークレイ(Pat Barclay)、ビアンカ・ベールスマ(Bianca Beersma)、テレンス・ドーレス・クルーズ(Terence Dores Cruz)、セルジオ・ロ・イアコノ(Sergio Lo Iacono)、アニカ・ニーパー(Annika Nieper)、キム・ピータース(Kim Peters)、ヴォイテク・シュピオカ(Wojtek Przepiorka)、レオ・ティオキン(Leo Tiokhin)、ポール・ヴァン・ランゲ(Paul Van Lange)
- ◇経済学賞　アレッサンドロ・プルキーノ(Alessandro Pluchino)、アレッシオ・エマヌエレ・ビオンド(Alessio Emanuele Biondo)、アンドレア・ラピサーダ(Andrea Rapisarda:イタリア)
- ◇安全工学賞　マグヌス・ゲンス(Magnus Gens:スウェーデン)

2023年
- ◇化学・地質学賞　ヤン・ザラシェヴィチ(Jan Zalasiewicz:ポーランド)
- ◇文学賞　クリス・モーリン(Chris Moulin)、ニコル・ベル(Nicole Bell)、メリタ・トゥルネン(Merita Turunen)、アリナ・バハリン(Arina Baharin)、アキラ・オコンノル(Akira O'Connor)
- ◇機械工学賞　テ・ファイェ・ヤップ(Te Faye Yap)、チェン・リウ(Zhen Liu)、アノープ・ラジャッパン(Anoop Rajappan)、トレヴァー・シモクス(Trevor Shimokusu)、ダニエル・プレストン(Daniel Preston)
- ◇公衆衛生学賞　パク スンミン(Seung-min Park:韓国)
- ◇意思疎通学賞　マリア・ホセ・トレス＝プリオリス(María José Torres-Prioris)、ディアナ・ロペス＝バロソ(Diana López-Barroso)、エステラ・カマラ(Estela Càmara)、ソル・フィッティパルディ(Sol Fittipaldi)、ルカス・セデニョ(Lucas Sedeño)、アグスティン・イバニェス(Agustín Ibáñez)、マルセロ・ベルティエル(Marcelo Berthier)、アドルフォ・ガルシア(Adolfo García)
- ◇医学賞　クリスティネ・ファム(Christine Pham)、ボバク・ヘダヤティ(Bobak Hedayati)、キアナ・ハシェミ(Kiana Hashemi)、エラ・チュカ(Ella Csuka)、ティアナ・ママガニ(Tiana Mamaghani)、マルギット・ユハス

(Margit Juhasz)，ヤミー・ヴィケンハイザー (Jamie Wikenheiser)，ナターシャ・メシンコフスカ (Natasha Mesinkovska)
- ◇栄養学賞　宮下 芳明 (Homei Miyashita)，中村 裕美 (Hiromi Nakamura：日本)
- ◇教育学賞　カティ・タム (Katy Tam)，サイネア・プーン (Cyanea Poon)，ヴィクトリア・フイ (Victoria Hui)，ヴェイナルト・ファン・ティルブルフ (Wijnand van Tilburg)，クリスティー・ウォン (Christy Wong)，ヴィヴィアン・クォン (Vivian Kwong)，ギギ・ユエン (Gigi Yuen)，クリスチャン・チャン (Christian Chan)
- ◇心理学賞　スタンリー・ミルグラム (Stanley Milgram)，レオナルド・ビックマン (Leonard Bickman)，ローレンス・ベルコヴィチ (Lawrence Berkowitz)
- ◇物理学賞　ビエイト・フェルナンデス・カストロ (Bieito Fernández Castro)，マリアン・ペニャ (Marian Peña)，エンリケ・ノゲイラ (Enrique Nogueira)，ミゲル・ヒルコト (Miguel Gilcoto)，エスペランサ・ブロウリョン (Esperanza Broullón)，アントニオ・コメサニャ (Antonio Comesaña)，ダミエン・ボウファルド (Damien Bouffard)，アルベルト・C・ナベイラ・ガラバト (Alberto C. Naveira Garabato)，ベアトリス・モウリニョ＝カルバリド (Beatriz Mouriño-Carballido)

2024年
- ◇平和賞　バラス・スキナー (B.F. Skinner：アメリカ)
- ◇植物学賞　ジェイコブ・ホワイト (Jacob White)，フェリペ・ヤマシタ (Felipe Yamashita)
- ◇解剖学賞　マジョレーン・ウィレムス (Marjolaine Willems)，Quentin Hennocq, Sara Tunon de Lara, Nicolas Kogane, Vincent Fleury, Romy Rayssiguier Juan José Cortés Santander Roberto Requena, Julien Stirnemann, Roman Hossein Khonsari
- ◇薬学賞　リーベン・シェンク (Lieven A Schenk)，ターミン・フェダイ (Tahmine Fadai)，クリスチャン・ビュッヘル (Christian Büchel)
- ◇物理学賞　ジェームズ・リャオ (James C. Liao：アメリカ)
- ◇生理学賞　岡部 亮 (Ryo Okabe)，芳川 豊史 (Toyofumi F. Chen-Yoshikawa)，米山 鷹介 (Yosuke Yoneyama)，Yuhei Yokoyama，田中 里奈 (Satona Tanaka)，吉澤 明彦 (Akihiko Yoshizawa)，小林 栄治 (Eiji Kobayashi)，伊達 洋至 (Hiroshi Date)，武部 貴則 (Takanori Takebe：日本)，ウェンディ・L・トンプソン (Wendy L. Thompson)，Gokul Kannan
- ◇確率賞　フランチェク・バルトシュ (František Bartoš)，エリック－ジャン・ワーゲンメイカーズ (Eric-Jan Wagenmakers)，Alexandra Sarafoglou, Henrik Godmann (and many colleagues)
- ◇化学賞　テス・ヒーアマン (Tess Heeremans)，アントワーヌ・デブレ (Antoine Deblais)，ダニエル・ボン (Daniel Bonn)，サンデル・ウォーターセン (Sander Woutersen)
- ◇人口統計学賞　ソール・ジャスティン・ニューマン (Saul Justin Newman)
- ◇生物学賞　フォーダイス・エリー (Fordyce Ely)，ウィリアム・E・ピーターセン (W.E. Petersen：アメリカ)

9 クラフォード賞　The Crafoord Prize

人工腎臓の発明者であるホルガー・クラフォード (Holger Crafoord) と妻のアンナ＝グレタ・クラフォード (Anna-Greta Crafoord) によって，1980年に設立されたクラフォード財団が1982年に創設した賞。基礎研究を促進することを目的としており，ノーベル賞が扱わない分野を補完している。表彰分野は数学と天文学・地球科学・生物科学（特に生態学）・関節炎で，毎年1～2分野に対して順番に授賞する。2012年から，数学と天文学が同時に授与されている。

＊日本人では，2009年岸本忠三，平野俊夫（関節炎），15年太田朋子（生物学），17年坂口志文（関節炎），18年真鍋淑郎（地球科学）が受賞
【主催者】スウェーデン王立科学アカデミー（The Royal Swedish Academy of Sciences）
【選考方法】スウェーデン王立科学アカデミーが管轄する選考委員会が受賞者を決定する
【締切・発表】1月中旬に受賞者が発表され，4月または5月に授賞式が行われる
【賞・賞金】賞金総額は600万スウェーデンクローナ
【E-mail】info@crafoordprize.se
【URL】https://www.crafoordprize.se/

2016年
  ◇数学・天文学 ヤコフ・エリアシュベルグ（Yakov Eliashberg：アメリカ：スタンフォード大学）"接触位相幾何学とシンプレクティック位相幾何学の開発，剛性と柔軟性の現象に関する画期的な発見"
  ロイ・カー（Roy Kerr：ニュージーランド：カンタベリー大学），ロジャー・ブランドフォード（Roger Blandford：イギリス：スタンフォード大学）"回転するブラックホールとその天体物理学的影響に関する基礎研究"

2017年
  ◇関節炎 フレッド・ラムスデル（Fred Ramsdell：アメリカ：パーカー癌免疫療法研究所），アレクサンダー・ルデンスキー（Alexander Rudensky：アメリカ：メモリアル・スローン・ケタリングがんセンター），坂口 志文（Shimon Sakaguchi：日本：大阪大学）"関節炎やその他の自己免疫疾患における有害な免疫反応に対抗する制御性T細胞に関する発見"

2018年
  ◇地球科学 真鍋 淑郎（Syukuro Manabe：アメリカ：プリンストン大学），スーザン・ソロモン（Susan Solomon：アメリカ：マサチューセッツ工科大学）"地球の気候システムにおける大気微量ガスの役割の理解への基礎的貢献"

2019年
  ◇生物科学 サリー・キスホルム（Sallie W. Chisholm：アメリカ：マサチューセッツ工科大学）"地球上で最も豊富な光合成生物であるプロクロロコッカスの発見と先駆的な研究"

2020年
  ◇数学・天文学 ユージン・ニューマン・パーカー（Eugene Newman Parker：アメリカ：シカゴ大学）"恒星から銀河スケールまでの太陽風と磁場に関する先駆的かつ基礎的な研究"
  エンリコ・ボンビエリ（Enrico Bombieri：イタリア：プリンストン高等研究所）"数学のあらゆる主要分野，特に数論，解析学，代数幾何学における卓越した影響力のある貢献"

2021年
  ◇関節炎 ダニエル・ケストナー（Daniel L. Kastner：アメリカ：国立ヒトゲノム研究所，国立衛生研究所）"自己炎症性疾患の概念を確立"

2022年
  ◇地球科学 アンドリュー・クノール（Andrew H. Knoll：アメリカ：ハーバード大学）"地球上の生命の最初の30億年と，生命と物理的環境との時間の経過による相互作用についての理解に根本的な貢献をした"

2023年
  ◇生物科学 ドルフ・シュルーター（Dolph Schluter：カナダ：ブリティッシュコロンビア大学）"適応放散と生態学的種分化の理解への基礎的貢献"

2024年
◇数学・天文学　　ダグラス・ゴフ (Douglas Gough：イギリス：ケンブリッジ大学), ヨルゲン・クリステンセン＝ダルスゴーア (Jørgen Christensen-Dalsgaard：デンマーク：オーフス大学), コニー・アーツ (Conny Aerts：ベルギー：ルーヴェン大学, ラドボウド大学) "恒星震学の方法の開発と, それを太陽や他の恒星の内部の研究に応用したこと"

10　フィールズ賞　Fields Medal

1924年, カナダのトロントでの第1回国際数学者会議の際, カナダの数学者J.C.フィールズ (John Charles Fields) の会議成功に対する尽力を称えて制定された数学賞。36年, 第1回の賞の贈呈がオスロで行われた。以後, 4年ごとに国際数学者会議において, 顕著な業績をあげた数学者に対して贈られる。ノーベル賞に数学分野がないことから, 「数学のノーベル賞」ともいわれる。受賞が今後の更なる業績の励みとなるように, 受賞者の年齢は40歳までに限定されている。また, 受賞者はロルフ・ネヴァリンナ賞, カール・フリードリヒ・ガウス賞の受賞対象からは外される。
＊日本人では, 小平邦彦 (1954年), 広中平祐 (70年), 森重文 (90年) が受賞
【主催者】国際数学者連盟 (IMU：International Mathematical Union)
【選考委員】国際数学者連盟 (IMU) により選出される, 通常IMU会長が委員長を務める。委員長以外の選考委員は受賞者の決定まで公表されない
【選考基準】40歳以下の数学者で, 2～4人を対象とする。国籍不問
【締切・発表】IMU大会開催年の前年12月までに推薦状を選考委員長に提出, 賞はオープニングセレモニーで授与される
【賞・賞金】賞金とアルキメデスの顔が刻まれたメダル
【E-mail】imu.info@mathunion.org
【URL】https://www.mathunion.org/imu-awards/fields-medal

2018年　　コーチェル・ビルカー (Caucher Birkar：イラン) "ファノ多様体の有界性の証明と極小モデルプログラムへの貢献に対して"
　　　　　アレッシオ・フィガリ (Alessio Figalli：イタリア) "最適輸送理論と偏微分方程式, 計量幾何学, 確率論へのその応用に対する貢献に対して"
　　　　　ピーター・ショルツ (Peter Scholze：ドイツ) "パーフェクトイド空間の導入によるp進体上の算術代数幾何学の変革とガロア表現への応用, および新しいコホモロジー理論の開発に対して"
　　　　　アクシェイ・ヴェンカテシュ (Akshay Venkatesh：オーストラリア) "解析的数論, 同次力学, 位相幾何学, 表現論を統合し, 算術的対象の均等配分などの分野における長年の問題を解決した功績に対して"

2022年　　ユーゴー・デュミニル＝コパン (Hugo Duminil-Copin：フランス) "統計物理学, 特に3次元と4次元における相転移の確率理論における長年の課題を解決するため"
　　　　　許 徐珥 (June Huh：アメリカ) "ホッジ理論のアイデアを組合せ論に持ち込み, 幾何格子に対するDowling-Wilson予想およびマトロイドに対するHeron-Rota-Welshの予想を証明し, ローレンツ多項式理論を展開し, strong Mason予想を証明した"
　　　　　ジェームズ・メイナード (James Maynard：イギリス) "素数の構造とディオファントス近似の理解に大きな進歩をもたらした解析的数論への貢献に対して"
　　　　　マリナ・ヴィヤゾフスカ (Maryna Viazovska：ウクライナ) "E_8格子が8次元で

同一の球を最も密に詰め込むことを証明し、フーリエ解析における関連する極値問題や補間問題へのさらなる貢献を果たした"

11　ブレイクスルー賞　Breakthrough Prize

ロシアの物理学者・インターネット起業家であるユーリ・ミルナーらによって創設された。基礎科学分野を研究する世界の科学者を表彰するもので、「科学界のアカデミー賞」として知られる。2012年に「基礎物理学賞」が始まり、その後13年「生命科学賞」、14年（授賞は15年から）「数学賞」が相次いで創設された。

＊日本人では、2013年山中伸弥、18年森和俊が生命科学賞、22年香取秀俊が基礎物理学賞、望月拓郎が数学賞を受賞

【主催者】ブレイクスルー賞財団（The Breakthrough Prize Foundation）
【選考委員】過去のブレイクスルー賞受賞者で構成された選考委員会
【選考方法】WEBサイトでの一般推薦（自己推薦は禁止）。集まった候補者から、選考委員会が受賞者を選出する
【締切・発表】〔2024年〕2023年9月に発表、24年4月15日にロサンゼルス・ハリウッドで授賞式
【賞・賞金】基礎物理学、生命科学、数学の分野で各300万ドルの賞金が授与される
【E-mail】office@breakthroughprize.org
【URL】https://breakthroughprize.org/

2012年
　◇基礎物理学ブレイクスルー賞
　　　　　　　ニマ・アルカニ＝ハメド（Nima Arkani-Hamed：アメリカ・カナダ）
　　　　　　　アラン・グース（Alan Harvey Guth：アメリカ）
　　　　　　　アレクセイ・キタエフ（Alexei Yurievich Kitaev：ロシア）
　　　　　　　マキシム・コンツェビッチ（Maxim Kontsevich：ロシア）
　　　　　　　アンドレイ・リンデ（Andrei Linde：ロシア）
　　　　　　　フアン・マルダセナ（Juan Maldacena：アルゼンチン・アメリカ・イタリア）
　　　　　　　ネーサン・サイバーグ（Nathan Seiberg：アメリカ）
　　　　　　　アショク・セン（Ashoke Sen：インド）
　　　　　　　エドワード・ウィッテン（Edward Witten：アメリカ）

2013年
　◇基礎物理学ブレイクスルー賞
　　　　　　　アレクサンドル・ポリャコフ（Alexander M. Polyakov：ロシア）
　●特別賞　スティーヴン・ホーキング（Stephen Hawking：イギリス）
　　　　　　　ピーター・イェンニ（Peter Jenni：スイス）、ファビオラ・ジャノッティ（Fabiola Gianotti：イタリア）、マイケル・デラ・ネグラ（Michel Della Negra：フランス）、テイジンダー・ヴィルディー（Tejinder Virdee：イギリス）、グイド・トネッリ（Guido Tonelli：イタリア）、ジョゼフ・インカンデラ（Joseph Incandela：アメリカ）、リン・エバンス（Lyn Evans：スイス）
　◇生命科学ブレイクスルー賞
　　　　　　　コーネリア・バーグマン（Cornelia Bargmann：アメリカ）
　　　　　　　デイヴィッド・ボットシュタイン（David Botstein：アメリカ）
　　　　　　　ルイス・カントレー（Lewis C. Cantley：アメリカ）
　　　　　　　ハンス・クレヴァース（Hans Clevers：オランダ）
　　　　　　　ティティア・デ・ランゲ（Titia de Lange：オランダ）

ナポレオーネ・フェラーラ(Napoleone Ferrara：イタリア・アメリカ)
エリック・ランダー(Eric S. Lander：アメリカ)
チャールズ・ソーヤーズ(Charles L. Sawyers：アメリカ)
バート・フォーゲルシュタイン(Bert Vogelstein：アメリカ)
ロバート・ワインバーグ(Robert Weinberg：アメリカ)
山中 伸弥(Shinya Yamanaka：日本)

2014年
　◇基礎物理学ブレイクスルー賞
　　　　マイケル・グリーン(Michael Boris Green：イギリス)，ジョン・シュワルツ(John Henry Schwarz：アメリカ)
　◇生命科学ブレイクスルー賞
　　　　ジェームズ・P・アリソン(James P. Allison：アメリカ)
　　　　マーロン・デロング(Mahlon DeLong：アメリカ)
　　　　マイケル・ホール(Michael N. Hall：アメリカ・スイス)
　　　　ロバート・ランガー(Robert S. Langer：アメリカ)
　　　　リチャード・P・リフトン(Richard P. Lifton：アメリカ)
　　　　アレクサンダー・バーシャフスキー(Alexander Varshavsky：アメリカ)

2015年
　◇基礎物理学ブレイクスルー賞
　　　　ソール・パールマッター(Saul Perlmutter：アメリカ)，超新星宇宙論計画のメンバー(members of the Supernova Cosmology Project)，ブライアン・P・シュミット(Brian P. Schmidt：アメリカ・オーストラリア)，アダム・リース(Adam Riess：アメリカ)，ハイゼット超新星探索チームのメンバー(members of the High-Z Supernova Team)
　◇生命科学ブレイクスルー賞
　　　　アリム・ルイ・ベナビッド(Alim-Louis Benabid：フランス)
　　　　チャールズ・デビッド・アリス(Charles David Allis：アメリカ)
　　　　ヴィクター・アンブロス(Victor Ambros)，ゲイリー・ラヴカン(Gary Ruvkun：アメリカ)
　　　　ジェニファー・ダウドナ(Jennifer Doudna：アメリカ)，エマニュエル・シャルパンティエ(Emmanuelle Charpentier：フランス)
　◇数学ブレイクスルー賞　サイモン・ドナルドソン(Simon Donaldson：イギリス)
　　　　マキシム・コンツェビッチ(Maxim Kontsevich：ロシア)
　　　　ジェイコブ・ルーリー(Jacob Lurie：アメリカ)
　　　　テレンス・タオ(Terence Tao：オーストラリア・アメリカ)
　　　　リチャード・テイラー(Richard Lawrence Taylor：イギリス)

2016年
　◇基礎物理学ブレイクスルー賞
　　　　王 貽芳(Yifang Wang：中国)，大亜湾原子炉ニュートリノ実験チーム(Kam-Biu Luk and the Daya Bay Team)，鈴木 厚人(Atsuto Suzuki：日本)，カムランドチーム(the KamLAND Team)，西川 公一郎(Koichiro Nishikawa：日本)，K2K／T2Kチーム(the K2K/T2K Team)，アーサー・B・マクドナルド(Arthur B. McDonald：カナダ)，サドベリー・ニュートリノ天文台チーム(the Sudbury Neutrino Observatory Team)，梶田 隆章(Takaaki Kajita)，鈴木 洋一郎(Yoichiro Suzuki：日本)，スーパーカミオカンデチーム(the Super-Kamiokande Team)
　●特別賞　ロナルド・ドリーバー(Ronald Drever：イギリス)，キップ・ソーン(Kip Thorne)，レイナー・ワイス(Rainer Weiss：アメリカ)，論文「ブラックホー

ル連星の衝突による重力波の観測」の著者であり、LIGOの成功に重要な貢献をした研究者たち (Contributors who are authors of the paper Observation of Gravitational Waves from a Binary Black Hole Merger and contributors who also made important contributions to the success of LIGO.)
- ◇生命科学ブレイクスルー賞
  - エドワード・ボイデン (Edward Boyden)、カール・ダイセロス (Karl Deisseroth：アメリカ)
  - ジョン・ハーディー (John Hardy：イギリス・アメリカ)
  - ヘレン・ホッブス (Helen Hobbs：アメリカ)
  - スバンテ・ペーボ (Svante Pääbo：スウェーデン)
- ◇数学ブレイクスルー賞 イアン・アゴル (Ian Agol：アメリカ)

2017年
- ◇基礎物理学ブレイクスルー賞
  - ジョセフ・ポルチンスキー (Joseph Polchinski)、アンドリュー・ストロミンジャー (Andrew Eben Strominger：アメリカ)、カムラン・ヴァッファ (Cumrun Vafa：イラン)
- ◇生命科学ブレイクスルー賞
  - スティーブン・エレッジ (Stephen Elledge：アメリカ)
  - ハリー・F・ノラー (Harry F. Noller：アメリカ)
  - ロエル・ヌッセ (Roel Nusse：オランダ)
  - 大隅 良典 (Yoshinori Ohsumi：日本)
  - フーダ・ゾービ (Huda Zoghbi：レバノン)
- ◇数学ブレイクスルー賞 ジャン・ブルガン (Jean Bourgain：ベルギー)

2018年
- ◇基礎物理学ブレイクスルー賞
  - チャールズ・L・ベネット (Charles L. Bennett：アメリカ)、ゲイリー・ヒンショウ (Gary Hinshaw：アメリカ・カナダ)、ノーマン・ジャロシク (Norman Jarosik)、ライマン・ページ (Lyman Page Jr.)、デイビット・スパーゲル (David N. Spergel：アメリカ)、WMAPチーム (the WMAP Science Team)
  - ●特別賞　ジョスリン・ベル・バーネル (Jocelyn Bell Burnell：イギリス)
- ◇生命科学ブレイクスルー賞
  - ジョアン・コリー (Joanne Chory：アメリカ)
  - ピーター・ウォルター (Peter Walter：ドイツ・アメリカ)
  - 森 和俊 (Kazutoshi Mori：日本)
  - キム・ナスミス (Kim Nasmyth：イギリス)
  - ドン・W・クリーブランド (Don W. Cleveland：アメリカ)
- ◇数学ブレイクスルー賞 クリストファー・ハコン (Christopher Derek Hacon：イギリス・イタリア・アメリカ)、ジェームズ・マッカーナン (James McKernan：イギリス)

2019年
- ◇基礎物理学ブレイクスルー賞
  - チャールズ・L・ケーン (Charles Lewis Kane)、ユージーン・J・メル (Eugene J. Mele：アメリカ)
  - ●特別賞　セルジョ・フェラーラ (Sergio Ferrara：イタリア)、ダニエル・Z・フリードマン (Daniel Z. Freedman：アメリカ)、ピーター・ヴァン・ニーウェンホイゼン (Peter van Nieuwenhuizen：オランダ)
- ◇生命科学ブレイクスルー賞
  - C・フランク・ベネット (C. Frank Bennett：アメリカ)

エイドリアン・クライナー（Adrian R. Krainer：ウルグアイ・アメリカ）
アンジェリカ・アモン（Angelika Amon：オーストリア）
荘 小威（Xiaowei Zhuang：中国・アメリカ）
陳 志堅（Zhijian Chen：アメリカ）
◇数学ブレイクスルー賞　ヴァンサン・ラフォルグ（Vincent Lafforgue：フランス）

2020年
　◇基礎物理学ブレイクスルー賞
　　　　　　　　イベントホライズンテレスコープ（Event Horizon Telescope）
　◇生命科学ブレイクスルー賞
　　　　　　　　ジェフリー・フリードマン（Jeffrey M. Friedman：アメリカ）
　　　　　　　　フランツ＝ウルリッヒ・ハートル（Franz-Ulrich Hartl：ドイツ），アーサー・L・ホーウィック（Arthur L. Horwich：アメリカ）
　　　　　　　　デヴィッド・ジュリアス（David Julius：アメリカ）
　　　　　　　　バージニア・リー（Virginia Man-Yee Lee：中国・アメリカ）
　◇数学ブレイクスルー賞　アレックス・エスキン（Alex Eskin：アメリカ）

2021年
　◇基礎物理学ブレイクスルー賞
　　　　　　　　エリック・アデルバーガー（Eric George Adelberger：アメリカ），イェンス・グンドラッハ（Jens H. Gundlach：ドイツ），フレイン・ヘッケル（Blayne Heckel：アメリカ）
　●特別賞　　　スティーヴン・ワインバーグ（Steven Weinberg：アメリカ）
　◇生命科学ブレイクスルー賞
　　　　　　　　デイヴィッド・ベイカー（David Baker：アメリカ）
　　　　　　　　キャサリン・デュラック（Catherine Dulac：フランス・アメリカ）
　　　　　　　　盧 煜明（Dennis Lo：香港）
　　　　　　　　リチャード・ユール（Richard J. Youle：アメリカ）
　◇数学ブレイクスルー賞　マルティン・ハイラー（Sir Hairer Martin：オーストリア）

2022年
　◇基礎物理学ブレイクスルー賞
　　　　　　　　香取 秀俊（Hidetoshi Katori：日本），ジュン・イェ（Jun Ye：アメリカ）
　◇生命科学ブレイクスルー賞
　　　　　　　　ジェフリー・ケリー（Jeffery W.Kelly：アメリカ）
　　　　　　　　カリコー・カタリン（Katalin Karikó：ハンガリー），ドリュー・ワイスマン（Drew Weissman：アメリカ）
　　　　　　　　シャンカー・バラスブラマニアン（Shankar Balasubramanian：インド・イギリス），デヴィッド・クレナーマン（David Klenerman：イギリス），パスカル・メイヤー（Pascal Mayer：フランス）
　◇数学ブレイクスルー賞　望月 拓郎（Takuro Mochizuki：日本）

2023年
　◇基礎物理学ブレイクスルー賞
　　　　　　　　チャールズ・H・ベネット（Charles H. Bennett：アメリカ），ジル・ブラッサール（Gilles Brassard：カナダ），デイヴィッド・ドイッチュ（David Deutsch：イスラエル・イギリス），ピーター・ショア（Peter W. Shor：アメリカ）
　◇生命科学ブレイクスルー賞
　　　　　　　　クリフォード・P・ブラングウィン（Clifford P. Brangwynne：アメリカ），アンソニー・A・ハイマン（Anthony A. Hyman：イギリス）
　　　　　　　　デミス・ハサビス（Demis Hassabis），ジョン・M・ジャンパー（John M.

　　　　　　　Jumper：イギリス）
　　　　　エマニュエル・ミニョー（Emmanuel Mignot），柳沢 正史（Masashi Yanagisawa：アメリカ）
◇数学ブレイクスルー賞　ダニエル・スピールマン（Daniel Alan Spielman：アメリカ）

2024年
　◇基礎物理学ブレイクスルー賞
　　　　　ジョン・カーディ（John Cardy：イギリス・アメリカ），アレクサンドル・ザモロドチコフ（Alexander Zamolodchikov：ロシア）
　◇生命科学ブレイクスルー賞
　　　　　カール・ジューン（Carl H. June：アメリカ），ミシェル・サドレイン（Michel Sadelain：フランス）
　　　　　サビーン・ハディダ（Sabine Hadida：スペイン・アメリカ），ポール・ネグレスク（Paul Negulescu），フレドリック・バン・グール（Fredrick Van Goor：アメリカ）
　　　　　トーマス・ガッサー（Thomas Gasser：ドイツ），エレン・シドランスキー（Ellen Sidransky：アメリカ），アンドルー・シングルトン（Andrew Singleton：イギリス）
　◇数学ブレイクスルー賞　サイモン・ブレンドル（Simon Brendle：ドイツ・アメリカ）

美術

12 アルス・エレクトロニカ賞　Prix Ars Electronica

毎年オーストリアのリンツで開催されるメディアアート・電子芸術の国際的フェスティバル、アルス・エレクトロニカの一環として、1989年に開始されたコンテスト。グランプリは授与される像にちなみ「ゴールデン・ニカ」と呼ばれる。

＊日本人では、藤幡正樹（1996年）、坂本龍一、岩井俊雄、プロジェクト・タオス（97年）、池田亮司（2001年）、刀根康尚（02年）、吉田アミ、ユタ川崎、サチコ・M.（03年）、エキソニモ（06年）、三輪眞弘（07年）、黒川良一（10年）、赤松音呂（15年）などが受賞

【主催者】アルス・エレクトロニカ・センター（Ars Electronica Center）
【選考委員】国際的な専門家の審査員団
【選考基準】U19部門はオーストリア在住の19歳未満が対象
【締切・発表】3月に応募締切、5月末に受賞作が決定される。授賞式は9月にリンツで開催されるアルス・エレクトロニカ・フェスティバルの期間に行われ、テレビ放映される。また、期間内に受賞者は講義の形で作品を披露する
【賞・賞金】グランプリ受賞者には賞金と金のトロフィー（ゴールデン・ニカ像）が贈られる。メディアアート・パイオニア部門はトロフィーのみ、U19部門は賞金3000ユーロ、その他の部門は賞金1万ユーロ。「インタラクティヴ・アート＋」「デジタル・コミュニティ」「デジタル・ミュージック＆サウンドアート」「AI＆ライフアート」のカテゴリーの賞は2年ごとに交互に授与される
【E-mail】info@prixars.aec.at
【URL】http://www.aec.at/

2016年
◇インタラクティヴ・アート＋
　　　　　　クリストフ・ワクター（Christoph Wachter），マティアス・ユード（Mathias Jud：スイス）「Can you hear me」
◇デジタル・コミュニティ　P2P Foundation
◇コンピューター・アニメーション・フィルム・VFX
　　　　　　ボリス・ラベ（Boris Labbé：フランス）「RHIZOME」
◇メディアアート・パイオニア
　　　　　　ジャッチャ・ライヒャルト（Jasia Reichardt：イギリス）
◇U19　　　Jonas Bodingbauer（オーストリア）「Die Entscheidung」

2017年
◇コンピューター・アニメーション・フィルム・VFX
　　　　　　デヴィッド・オライリー（David OReilly：アイルランド）「Everything」
◇ハイブリッド・アート　Maja Smrekar（スロベニア）「K-9topology」
◇U19　　　Lisa Buttinger（オーストリア）「nonvisual-art」
◇デジタル・ミュージック＆サウンド・アート

　　　　　　　　　Dimitri della Faille（カナダ），Cedrik Fermont（ベルギー）「Not Your World
　　　　　　　　　Music：Noise In South East Asia」
2018年
　◇メディアアート・パイオニア
　　　　　　　　　Leonardo/ISAST
　◇コンピューター・アニメーション
　　　　　　　　　Mathilde Lavenne（フランス）「TROPICS」
　◇インタラクティヴ・アート＋
　　　　　　　　　ラービッツシスターズ（LarbitsSisters：ベルギー）「BitSoil Popup Tax&Hack
　　　　　　　　　Campaign」
　◇デジタル・コミュニティ　エリオット・ヒギンズ（Eliot Higgins：イギリス）「Bellingcat」
　◇U19　　　　　Lorenz Gonsa, Martin Hatler, Samuel Stallybrass, Vincent Thierry（オース
　　　　　　　　　トリア）「Levers&Buttons」
2019年
　◇デジタル・ミュージック＆サウンド・アート
　　　　　　　　　ペーター・クーティン（Peter Kutin：オーストラリア）「TORSO #1」
　◇コンピューター・アニメーション
　　　　　　　　　カリーナ・ベルタン（Kalina Bertin），Fred Casia, Sandra Rodriguez, Nicolas
　　　　　　　　　S. Roy（カナダ）「ManicVR」
　◇U19　　　　　Alex Lazarov（オーストリア）「DSCHUNGEL」
　◇AI＆ライフ・アート　ポール・ヴァヌース（Paul Vanouse：アメリカ）「Labor」
2020年
　◇インタラクティヴ・アート＋
　　　　　　　　　ローレン・リー・マッカーシー（Lauren Lee McCarthy：アメリカ）
　　　　　　　　　「SOMEONE」
　◇コンピューター・アニメーション
　　　　　　　　　ミワ・マトレイェク（Miwa Matreyek：アメリカ）「Infinitely Yours」
　◇デジタル・コミュニティ　エリック・シウ（Eric Siu），ジョエル・クォン（Joel Kwong：香港）
　　　　　　　　　「Be Water by Hong Kongers」
　◇メディアアート・パイオニア
　　　　　　　　　ヴァリー・エクスポート（Valie Export：オーストリア）
　◇U19　　　　　Anna Fachbach, Franziska Gallé, Jona Lingitz, Lisa Rass（オーストリア）
　　　　　　　　　「Samen」
2021年
　◇デジタル・ミュージック＆サウンド・アート
　　　　　　　　　アレクサンダー・シューベルト（Alexander Schubert：ドイツ）「Convergence」
　◇AI＆ライフ・アート　フォレンジック・アーキテクチャー（Forensic Architecture）「Cloud
　　　　　　　　　Studies」
　◇コンピューター・アニメーション
　　　　　　　　　Guangli Liu（中国）　「When the Sea Sends Forth a Forest」
　◇U19　　　　　Felix Senk, Emil Steixner, Max-Jakob Beer（オーストリア）「re-wire」
2022年
　◇インタラクティヴ・アート＋
　　　　　　　　　Jung Hsu（台湾），Natalia Rivera（コロンビア）「Bi0film.net：Resist like
　　　　　　　　　bacteria」
　◇デジタル・コミュニティ　吉藤 オリィ（Ory Yoshifuji：日本）「Avatar Robot Cafe DAWN ver.β」
　◇メディアアート・パイオニア

	ローリー・アンダーソン（Laurie Anderson：アメリカ）
◇コンピューター・アニメーション	
	ラシャード・ニューサム（Rashaad Newsome：アメリカ）「Being」
◇U19	Mary Mayrhofer（オーストリア）「Die schwarze Decke」

2023年
◇ニュー・アニメーション・アート
　　　　　　　　　アヨン・キム（Ayoung Kim：韓国）「Delivery Dancer's Sphere」
◇デジタル・ミュージック＆サウンド・アート
　　　　　　　　　Atractor Estudio（コロンビア）, Semantica Productions 「A Tale of Two Seeds：Sound and Silence in Latin America's Andean Plains」
◇AI＆ライフ・アート　ウィニー・スーン（Winnie Soon：香港・イギリス）「Unerasable Characters Series」
◇U19　　　　　　　Sonja Höglinger（オーストリア）「Verblassende Stimmen」

2024年
◇ニュー・アニメーション・アート
　　　　　　　　　Beatie Wolfe（アメリカ）「Smoke and Mirrors」
◇AI・イン・アート賞　Diane Cescutti（フランス）「Nosukaay」
　　　　　　　　　ポール・トリロ（Paul Trillo：アメリカ）「Washed Out "The Hardest Part"」
◇アルス・エレクトロニカ・デジタル・ヒューマニティ賞
　　　　　　　　　De Toneelmakerij, Paulien Geerlings, Jantine Jongebloed, Eva Knibbe（オランダ）, Noelía Martin-Montalvo（スペイン）, Nina Van Tongeren（オランダ）「Patchwork Girl」
◇U19　　　　　　　Jakob Gruber（オーストリア）「Fluten der Freiheit（英題：Floods of freedom）」

13　ヴェネチア・ビエンナーレ　la Biennale di Venezia

　イタリアの国際美術展覧会。ヴェネチア市の提唱により「ヴェネチア市国際美術展」として1895年第1回開催。1910年以降隔年開催。次第に総合的な文化行事の形へと移行、38年（第21回）からグラン・プリが授与されるようになった。ムッソリーニ政権下、ファシズムの影響を強く受けるようになり、1942年には全体主義国家および中立国のみの参加となった。70年（第35回）からしばらく受賞制度が廃止されたが、86年に復活。各国のコミッショナーがキュレーションを担当する国別の展示と賞制度により、オリンピック的な性格をもちながら、現代美術の展覧会としての役割を果たしている。国際企画展－インターナショナル・アート・エキシビションでは、世界各国の国別展示（2017年には86か国）と企画展示が出品され、国際展示部門（個人）、国別パビリオン部門、生涯功労者部門でそれぞれ金獅子賞、最も有望な若手アーティストに銀獅子賞が授与される。この他、映画（→ヴェネチア映画祭参照）、建築、音楽、ダンス、演劇とそれぞれフェスティヴァルが開催される。
　＊日本人では、棟方志功が国際大賞（1956年）、菅井汲がブライト基金賞（62年）、堂本尚郎がアーサー・レイワ賞（64年）、池田満寿夫が国際大賞（66年）、高松次郎がカルダッツォ賞（68年）、千住博が4つの平和賞（95年）、森万里子が優秀賞（97年）を受賞。また、国際建築展（2004年）で妹島和世と西沢立衛が「金沢21世紀美術館」などの作品で、金獅子賞を受賞
【選考委員】ジュリア・ブライアン＝ウィルソン（アメリカ），アリア・スワスティカ（インドネシア），チカ・オケケ＝アグル（ナイジェリア），エレナ・クリッパ（イタリア），マリア・イネス・ロドリゲス（フランス・コロンビア）
【締切・発表】〔第60回〕開催期間は2024年4月20日〜11月24日、受賞者は4月20日の授賞式で

発表
【賞・賞金】金の獅子像
【E-mail】info@labiennale.org
【URL】https://www.labiennale.org/en

第57回（2017年）
◇金獅子賞
- 国際展示部門　フランツ・エアハルド・ヴァルター（Franz Erhard Walther：ドイツ）
- 生涯功労賞　　キャロリー・シュニーマン（Carolee Schneemann：アメリカ）
- 国別パビリオン部門　ドイツ館（アン・イムホフ）（German pavilion with Anne Imhof）

第58回（2019年）
◇金獅子賞
- 国際展示部門　アーサー・ジャファ（Arthur Jafa：アメリカ）
- 生涯功労賞　　ジミー・ダーハム（Jimmie Durham：アメリカ）
- 国別パビリオン部門　リトアニア館（Lithuanian pavilion）

第59回（2022年）
◇金獅子賞
- 国際展示部門　シモーン・リー（Simone Leigh：アメリカ）
- 生涯功労賞　　カタリーナ・フリッチュ（Katharina Fritsch：ドイツ）
　　　　　　　　セシリア・ビクーニャ（Cecilia Vicuña：チリ）
- 国別パビリオン部門　イギリス館（ソニア・ボイス）（British pavilion with Sonia Boyce）

第60回（2024年）
◇金獅子賞
- 国際展示部門　マタアホ・コレクティブ（Mataaho Collective：ニュージーランド）
- 生涯功労賞　　アンナ・マリア・マイオリーノ（Anna Maria Maiolino：ブラジル）
　　　　　　　　ニル・ヤルテル（Nil Yalter：トルコ）
- 国別パビリオン部門　オーストラリア館（アーチー・ムーア）（Australian pavilion with Archie Moore）

14　高松宮殿下記念世界文化賞　The Praemium Imperiale

　1988（昭和63）年、財団法人日本美術協会創立100年を記念し、同財団の総裁・故高松宮宣仁親王殿下の「世界の文化・芸術の普及向上に広く寄与したい」との遺志を継いで創設された。文化・芸術の振興こそが、人類の平和と繁栄の最も資することを確信し、国境や民族の壁を越えて、芸術の発展・普及・向上に顕著な貢献をした個人あるいは団体を顕彰するとともに、世界の文化・芸術活動の一層の普及・向上に広く寄与し、顕彰者のあとに続く芸術家の育成、奨励に資することを目的とする。絵画、彫刻、建築、音楽、演劇・映像の5部門がある。

　＊日本人では、黒澤明（1992年）、丹下健三（93年）、中村歌右衛門（95年）、安藤忠雄（96年）、横文彦（99年）、三宅一生、谷口吉生（2005年）、草間彌生（06年）、坂田藤十郎（08年）、杉本博司（09年）、伊東豊雄（10年）、小澤征爾（11年）、森下洋子（12年）、内田光子、横尾忠則（15年）、中谷芙二子（18年）、坂東玉三郎（19年）、妹島和世＋西沢立衛/SANAA（22年）、坂茂（24年）が受賞

【主催者】公益財団法人日本美術協会
【選考委員】国際顧問：ランベルト・ディーニ（イタリア）、クリストファー・パッテン（イギリス）、クラウス＝ディーター・レーマン（ドイツ）、ジャン＝ピエール・ラファラン（フラ

ンス），ヒラリー・ロダム・クリントン（アメリカ），名誉顧問：デイヴィッド・ロックフェラー・ジュニア（アメリカ），フランソワ・ピノー（フランス），ウィリアム・ルアーズ（アメリカ）
【選考方法】国際顧問が主宰する受賞者推薦委員会の推薦による。各委員会は地域の代表ではなく，国籍を問わず，国際的観点から，全世界の芸術家あるいは団体を対象に調査し，そのリストを日本美術協会に提出する
【選考基準】それぞれの分野において，顕著な業績を確立した，または，現在著しい活躍をし，将来を通じて最も期待され，その業績を嘱望されている芸術家，あるいは芸術活動をする団体を対象とする。上記の芸術家，あるいは団体で特に次代の新たな創造者を育成・奨励していくことにおいて，顕著な実績をもつもの。年間1名を原則とする
【締切・発表】例年5月初旬までに内定，9月上旬発表，10月下旬授賞式
【賞・賞金】各部門1名。金メダル，顕彰状と賞金1500万円
【URL】https://www.praemiumimperiale.org/

第27回（2015年）
　◇絵画部門　　　横尾 忠則（Tadanori Yokoo：日本）
　◇彫刻部門　　　ヴォルフガング・ライブ（Wolfgang Laib）
　◇建築部門　　　ドミニク・ペロー（Dominique Perrault：フランス）
　◇音楽部門　　　内田 光子（Mitsuko Uchida：日本）
　◇演劇・映像部門　シルヴィ・ギエム（Sylvie Guillem：フランス）

第28回（2016年）
　◇絵画部門　　　シンディ・シャーマン（Cindy Sherman：アメリカ）
　◇彫刻部門　　　アネット・メサジェ（Annette Messager：フランス）
　◇建築部門　　　パウロ・メンデス・ダ・ホッシャ（Paulo Mendes da Rocha：ブラジル）
　◇音楽部門　　　ギドン・クレーメル（Gidon Kremer：ラトビア・ドイツ）
　◇演劇・映像部門　マーティン・スコセッシ（Martin Scorsese：アメリカ）

第29回（2017年）
　◇絵画部門　　　シリン・ネシャット（Shirin Neshat：イラン）
　◇彫刻部門　　　エル・アナツイ（El Anatsui：ガーナ）
　◇建築部門　　　ラファエル・モネオ（Rafael Moneo：スペイン）
　◇音楽部門　　　ユッスー・ンドゥール（Youssou N'Dour：セネガル）
　◇演劇・映像部門　ミハイル・バリシニコフ（Mikhail Baryshnikov：アメリカ）

第30回（2018年）
　◇絵画部門　　　ピエール・アレシンスキー（Pierre Alechinsky：ベルギー）
　◇彫刻部門　　　中谷 芙二子（Fujiko Nakaya：日本）
　◇建築部門　　　クリスチャン・ド・ポルザンパルク（Christian de Portzamparc：フランス）
　◇音楽部門　　　リッカルド・ムーティ（Riccardo Muti：イタリア）
　◇演劇・映像部門　カトリーヌ・ドヌーヴ（Catherine Deneuve：フランス）

第31回（2019年）
　◇絵画部門　　　ウィリアム・ケントリッジ（William Kentridge：南アフリカ）
　◇彫刻部門　　　モナ・ハトゥム（Mona Hatoum：イギリス）
　◇建築部門　　　トッド・ウィリアムズ（Tod Williams），ビリー・ツイン（Billie Tsien：アメリカ）
　◇音楽部門　　　アンネ＝ゾフィー・ムター（Anne-Sophie Mutter：ドイツ）
　◇演劇・映像部門　坂東 玉三郎（Bando Tamasaburo：日本）

第32回（2021年）
　◇絵画部門　　　　セバスチャン・サルガド（Sebastião Salgado：ブラジル）
　◇彫刻部門　　　　ジェームズ・タレル（James Turrell：アメリカ）
　◇建築部門　　　　グレン・マーカット（Glenn Murcutt：オーストラリア）
　◇音楽部門　　　　ヨーヨー・マ（Yo-Yo Ma：アメリカ）
　◇演劇・映像部門　受賞者なし

第33回（2022年）
　◇絵画部門　　　　ジュリオ・パオリーニ（Giulio Paolini：イタリア）
　◇彫刻部門　　　　アイ ウェイウェイ（Ai Weiwei：中国）
　◇建築部門　　　　妹島和世＋西沢立衛／SANAA（Kazuyo Sejima+Ryue Nishizawa/SANAA：日本）
　◇音楽部門　　　　クリスチャン・ツィメルマン（Krystian Zimerman：ポーランド）
　◇演劇・映像部門　ヴィム・ヴェンダース（Wim Wenders：ドイツ）

第34回（2023年）
　◇絵画部門　　　　ヴィヤ・セルミンス（Vija Celmins：アメリカ）
　◇彫刻部門　　　　オラファー・エリアソン（Olafur Eliasson：デンマーク）
　◇建築部門　　　　ディエベド・フランシス・ケレ（Diébédo Francis Kéré：ブルキナファソ・ドイツ）
　◇音楽部門　　　　ウィントン・マルサリス（Wynton Marsalis：アメリカ）
　◇演劇・映像部門　ロバート・ウィルソン（Robert Wilson：アメリカ）

第35回（2024年）
　◇絵画部門　　　　ソフィ・カル（Sophie Calle：フランス）
　◇彫刻部門　　　　ドリス・サルセド（Doris Salcedo：コロンビア）
　◇建築部門　　　　坂 茂（Shigeru Ban：日本）
　◇音楽部門　　　　マリア・ジョアン・ピレシュ（Maria João Pires：ポルトガル）
　◇演劇・映像部門　アン・リー（Ang Lee：台湾）

15 ターナー賞　Turner Prize

イギリスの最も権威ある美術賞。若い才能を表彰し、世間に認知させることを目的とする。若い芸術家のための賞の設立を望んでいたJ.M.W.ターナー（J.M.W.Turner）の名を冠している。1984年Tate's Patrons of New Artにより設立。1987年、選考基準が「最も偉大な」アーティストから「最も重要な」インパクトを与えるアーティストに変更された。1990年度はスポンサーの破産により一時中断を余儀無くされたが、91年再開し、この年から年齢制限が導入されたが2016年以降は撤廃された。

【主催者】Tate's Patrons of New Art
【選考委員】作家もしくは批評家、イギリス国内・国外の学芸員、Tate's Patrons of New Artの代表により構成される（毎年変更）。〔2024年〕審査委員長：Alex Farquharson, 委員：Rosie Cooper, Ekow Eshun, Sam Thorne, Lydia Yee
【選考方法】審査員・一般人が4人の候補者を選出。審査委員により受賞者が決定される。ノミネート作品は、受賞発表までの間テート・ブリテンで展示される
【選考基準】前年に優れた展示あるいはプレゼンテーションを行ったイギリスで活動するアーティストやイギリス出身のアーティスト（個人・団体）を対象とする
【締切・発表】〔2024年〕2024年12月3日に発表・授与式
【賞・賞金】〔2024年〕受賞者に2万5000ポンド、他3人の候補者にそれぞれ1万ポンドが贈ら

	れる 【E-mail】visiting.britain@tate.org.uk 【URL】https://www.tate.org.uk/art/turner-prize

2015年	アッセンブル（Assemble）"アーティスト・コレクティブ（アート・デザイン・彫刻）による町の再生プロジェクト"
2016年	ヘレン・マーティン（Helen Marten：イギリス）「Lunar Nibs」，個展「EUCALYPTUS, LET US」
2017年	ルバイナ・ヒミッド（Lubaina Himid：イギリス）回顧展「Invisible Strategies」，「Navigation Charts」，グループ展「The Place is Here」
2018年	シャーロット・プロジャー（Charlotte Prodger：イギリス）「BRIDGIT」
2019年	ローレンス・アブ・ハムダーン（Lawrence Abu Hamdan），ヘレン・カモック（Helen Cammock），オスカー・ムリーロ（Oscar Murillo），タイ・シャニ（Tai Shani）"最終候補4名によるコレクティヴ"
2020年	新型コロナウイルス感染症の影響で中止
2021年	アレイ・コレクティヴ（Array Collective）"作品を通してフェミニズムやリプロダクティブライツといった社会的問題にアプローチしたことが評価されたことによる受賞"
2022年	ヴェロニカ・ライアン（Veronica Ryan：イギリス）"彫刻という言語を個人的かつ詩的に拡張していることへの評価による受賞"
2023年	ジェシー・ダーリング（Jesse Darling：イギリス）「慣れ親しんでいるが錯乱した世界（A familiar yet delirious world）」
2024年	ジャスリーン・カウル（Jasleen Kaur：イギリス）個展「Alter Altar」

16　ファエンツァ国際陶芸展大賞　Premio Faenza

　1908年にファエンツァ陶芸美術館の館長，ガエターノ・バラルディーニ（Gaetano Ballardini）が憲章に記した「芸術的・技術的観点から国際的な陶芸展を設立しなければならない」という理念のもと開催されている国際的陶芸展覧会。38年の開催当初は国内のみを対象としていたが，68年からは国際展に規模を拡大。89年から隔年開催。2013年から40歳以上/未満に部門が分かれ，23年から35歳以上/未満に変更された。

　＊日本人では，林康夫（1972年），松井利夫（陽和）（82年），深見陶治（85年），西田潤（2003年），川上智子（05年），加藤智也（09年），林茂樹，出和絵理（11年）が受賞

【主催者】ファエンツァ国際陶芸美術館（Museo Internazionale delle Ceramiche in Faenza）
【選考委員】〔第62回〕Claudia Casali, Judith Schwartz, Ranti Tjan, Tomohiro Daicho
【選考方法】WEB登録による自薦。審査員による1次選考，2次選考を経て受賞者が決定する
【選考基準】最大3立方メートルの作品を2点まで出品可能。年齢・国籍・主題の制限はない
【締切・発表】〔第63回〕2024年9月30日～12月17日申込み，2025年5月31日までに発表，6月28日授賞式。2次選考を通過した作品は6月28日～11月30日まで展示される
【賞・賞金】35歳以上部門は賞金2万5000ユーロ相当，35歳未満部門は賞金5000ユーロ相当およびファエンツァでの滞在制作に招待され，秋にMICファエンツァのプロジェクトルームで展示が行われる
【E-mail】concorso@micfaenza.org

【URL】https://www.micfaenza.org/en/

第60回（2018年）　招待制のキュレーション展覧会を開催（コンテストは中止）
第61回（2020年）　新型コロナウイルス感染症による影響で中止
第62回（2023年）
　◇35歳以上　　Malfliet Yves（ベルギー）「Paradiso eclettico di terra」
　◇35歳未満　　Bao Wei（中国）「Courtyard Twilight Series Ⅳ」

プリ・アルス・エレクトロニカ
→ 12 アルス・エレクトロニカ賞を見よ

17　プリツカー賞　The Pritzker Architecture Prize

1979年、アメリカの実業家ジェイ・プリツカー（Jay Pritzker）が設立したハイアット財団により創設された、建築家に贈られる賞。ノーベル賞がモデルとされ、人間と建築環境へ一貫して重要な貢献をしている建築家をたたえることを目的にしている。

＊日本人では、丹下健三（1987年）、安藤忠雄（93年）、槙文彦（95年）、妹島和世、西沢立衛（2010年）、伊東豊雄（13年）、坂茂（14年）、磯崎新（19年）、山本理顕（24年）が受賞

【主催者】ハイアット財団（The Hyatt Foundation）
【選考委員】〔2024年〕委員長：Alejandro Aravena、委員：Barry Bergdoll, Deborah Berke, Stephen Breyer, André Aranha Corrêa do Lago, Anne Lacaton, Hashim Sarkis, Kazuyo Sejima, Manuela Lucà-Dazio（エグゼクティブ・ディレクター）
【選考基準】原則1年につき1名（例外有り）
【締切・発表】〔2024年〕各年の11月1日まで候補者の推薦を受付。年初に審議を行い、春頃に受賞者が発表される。2024年は5月にシカゴで授賞式が開催された。なお受賞に至らなかった推薦者は自動的に翌年に繰り越される
【賞・賞金】ブロンズメダル（ルイス・サリバンによるデザイン）と賞金10万ドル
【E-mail】ManuelaLucaDazio@PritzkerPrize.com
【URL】https://www.pritzkerprize.com/

2016年	アレハンドロ・アラベナ（Alejandro Aravena：チリ）
2017年	RCRアルキテクタス（RCR Arquitectes：スペイン）
2018年	バルクリシュナ・ドーシ（Balkrishna Doshi：インド）
2019年	磯崎 新（Arata Isozaki：日本）
2020年	イヴォンヌ・ファレル（Yvonne Farrell），シェリー・マクナマラ（Shelley McNamara：アイルランド）
2021年	アンヌ・ラカトン（Anne Lacaton），ジャン・フィリップ・ヴァッサル（Jean-Philippe Vassal：フランス）
2022年	ディエベド・フランシス・ケレ（Diébédo Francis Kéré：ブルキナファソ）
2023年	デイヴィッド・チッパーフィールド（Sir David Alan Chipperfield：イギリス）

2024年　　　　　　山本 理顕（Riken Yamamoto：日本）

18　ロバート・キャパ賞　　Robert Capa Gold Medal

　スペイン内戦, 日中戦争, 第2次世界大戦, 中東戦争, インドシナ戦争を取材し, 中東で地雷に触れて命を落とした写真家ロバート・キャパ（Robert Capa）の死の翌年である1955年にアメリカの「ライフ（LIFE）」誌と海外記者クラブ（Overseas Press Club of America）が設立. 報道賞「Overseas Press Club Awards」の1部門として運営されている. 海外において, なみはずれた勇気と進取の気性をもって撮影された写真に対して年に一度与えられる.
　＊日本人では, 1970年に澤田教一が受賞
【主催者】海外記者クラブ（Overseas Press Club of America）
【選考基準】1人の写真家による作品を対象とする. フレーム内の人物や物体を追加, 並べ替え, 反転, 歪曲, 削除するなどして写真の内容を変更することはできない
【締切・発表】〔2025年〕2025年2月1日締切, 4月17日にニューヨーク市ブロードウェイで授賞式
【賞・賞金】賞金1,000ドルと賞状
【E-mail】info@opcofamerica.org
【URL】http://www.opcofamerica.org/

2015年度	Bassam Khabieh（シリア）「Field Hospital Damascus」〈Reuters〉
2016年度	Bryan Denton（アメリカ）, セルゲイ・ポノマリョフ（Sergey Ponomarev：ロシア）「What ISIS Wrought」〈The New York Times〉
2017年度	キャロル・グージー（Carol Guzy：アメリカ）「Scars of Mosul, the Legacy of ISIS」〈Zuma Press〉
2018年度	Carolyn Van Houten（アメリカ）「The road to Asylum：Inside the migrant caravans」〈The Washington Post〉
2019年度	Dieu Nalio Chery（ハイチ）「Haiti：Nation on the Brink」〈The Associated Press〉
2020年度	キアナ・ヘイエリ（Kiana Hayeri：カナダ）「Where Prison Is a Kind of Freedom」〈The New York Times Magazine〉
2021年度	匿名（Anonymous）「Myanmar in Turmoil」〈Getty Images〉
2022年度	マーカス・ヤム（Marcus Yam：マレーシア）「The First 30 Days of the War in Ukraine」〈Los Angeles Times〉
2023年度	Samar Abu Elouf（パレスチナ）「Gaza」〈The New York Times〉

音楽

19 ヴァン・クライバーン国際ピアノコンクール　Van Cliburn International Piano Competition

1958年、第1回チャイコフスキー国際コンクールのピアノ部門で優勝したアメリカの青年ヴァン・クライバーン(1934-2013)を記念して創設され、1962年に第1回が開催された。チャイコフスキー国際コンクールとの同年開催を避けるため、第3回を1年早めて開き、以降4年ごとに行われている。

＊日本人では、1962年に弘中孝（第8位）、66年に野島稔（第2位）、69年に藤沼美智子（第6位）、2009年に辻井伸行（第1位）が受賞

【主催者】ヴァン・クライバーン財団（Van Cliburn Foundation）
【選考委員】〔第17回〕委員長：Paul Lewis（アイルランド／イギリス）、委員：Rico Gulda（オーストリア）、Mari Kodama（日本／アメリカ）、Anne-Marie McDermott（アメリカ）、Gabriela Montero（ベネズエラ／アメリカ）、Jon Nakamatsu（アメリカ）、Lise de la Salle（フランス）、Yevgeny Sudbin（イギリス）、Wu Han（中国 台湾／アメリカ）
【選考方法】予選・準々決勝・準決勝・決勝の4回の選考が行われる
【選考基準】18歳～30歳
【締切・発表】〔第17回〕2024年10月16日申込締切、2025年5月21日～6月7日コンクール、6月7日授賞式
【賞・賞金】第1位～第3位賞金2万ドル、ファイナリスト1万ドル、セミファイナリスト5000ドル。第1位には、銀のトロフィーカップ、3年間の国際ツアー契約、録音契約等。第2位・3位には、アメリカにおける3年間のツアー契約や録音契約。ファイナリストには、アメリカ国内3年間のツアー契約
【URL】https://cliburn.org/2025-competition/

第1回（1962年）
◇第1位　　ラルフ・ヴォタペク（Ralph Votapek：アメリカ）
◇第2位　　ニコライ・ペトロフ（Nikolai Petrov：ソビエト連邦）
◇第3位　　ミハイル・ヴォスクレセンスキー（Mikhail Voskresensky：ソビエト連邦）
◇第4位　　セシル・ウーセ（Cécile Ousset：フランス）
◇第5位　　マリリン・ニーリー（Marilyn Neeley：アメリカ）
◇第6位　　セルジオ・ヴァレラ＝シド（Sergio Varella-Cid：ポルトガル）
◇第7位　　アルトゥール・C.フェニモア（Arthur C.Fennimore：アメリカ）
◇第8位　　弘中 孝（Takashi Hironaka：日本）

第2回（1966年）
◇第1位　　ラドゥ・ルプー（Radu Lupu：ルーマニア）
◇第2位　　バリー・リー・シュナイダー（Barry Lee Snyder：アメリカ）
◇第3位　　ブランカ・ウリベ（Blanca Uribe：コロンビア）
◇第4位　　マリア・ルイザ・ロペス＝ヴィト（Maria Luisa Lopez-Vito：フィリピン）

◇第5位　ルドルフ・ブッフビンダー（Rudolf Buchbinder：オーストリア）
◇第6位　ベネディクト・コーレン（Benedikt Köhlen：西ドイツ）

第3回（1969年）
　◇第1位　クリスティーナ・オルティス（Cristina Ortíz：ブラジル）
　◇第2位　野島 稔（Minoru Nojima：日本）
　◇第3位　マーク・ウェストコット（Mark Westcott：アメリカ）
　◇第4位　ジェラルド・ロビンス（Gerald Robbins：アメリカ）
　◇第5位　ディアーヌ・ウォルシュ（Diane Walsh：アメリカ）
　◇第6位　藤沼 美智子（Michiko Fujinuma：日本）

第4回（1973年）
　◇第1位　ウラディーミル・ヴィアルド（Vladimir Viardo：ソビエト連邦）
　◇第2位　クリスティアン・ツァハリアス（Christian Zacharias：ドイツ）
　◇第3位　マイケル・ホウストン（Michael Houston：ニュージーランド）
　◇第4位　アルベルト・レイス（Alberto Reyes：ウルグアイ）
　◇第5位　エフゲニ・コロレフ（Evgenii Korolev：ソビエト連邦）
　◇第6位　クラシミール・ガテフ（Krassimir Gatev：ブルガリア）

第5回（1977年）
　◇第1位　スティーブン・ド・グルート（Steven De Groote：南アフリカ）
　◇第2位　アレクサンダー・トラジュ（Alexander Toradze：ソビエト連邦）
　◇第3位　ジェフリー・スワン（Jeffrey Swann：アメリカ）
　◇第4位　クリスチャン・ブラックショー（Christian Blackshaw：イギリス）
　　　　　ミシェル・ダルベルト（Michel Dalberto：フランス）
　◇第5位　イアン・ホブソン（Ian Hobson：イギリス）
　　　　　アレクサンダー・ムンドヤンツ（Alexander Mndoyants：ソビエト連邦）

第6回（1981年）
　◇第1位　アンドレ＝ミシェル・シュブ（André-Michel Schub：アメリカ）
　◇第2位　パナイス・リラス（Panayis Lyras：アメリカ）
　　　　　サンチアゴ・ロドリゲス（Santiago Rodriguez：アメリカ）
　◇第3位　ジェフリー・カーン（Jeffrey Kahane：アメリカ）
　◇第4位　クリストファー・オライリー（Christopher O'Riley：アメリカ）
　◇第5位　シュ・ダミン（Zhu Daming：中国）

第7回（1985年）
　◇第1位　ジョゼ・フェグアリ（José Feghali：ブラジル）
　◇第2位　フィリップ・ビアンコニ（Philippe Bianconi：フランス）
　◇第3位　バリー・ダグラス（Barry Douglas：イギリス）
　◇第4位　エンマ・タミツィアン（Emma Takhmizián：ブルガリア）
　◇第5位　カロリ・モクサーリ（Károly Mocsári：ハンガリー）
　◇第6位　ハンス＝クリスチャン・ウィリー（Hans-Christian Wille：西ドイツ）

第8回（1989年）
　◇第1位　アレクセイ・スルタノフ（Alexei Sultanov：ソビエト連邦）
　◇第2位　ジョゼ・カルロス・コカレリ（José Carlos Cocarelli：ブラジル）
　◇第3位　ベネデット・ルポ（Benedetto Lupo：イタリア）
　◇第4位　アレクサンダー・シュタルクマン（Alexander Shtarkman：ソビエト連邦）
　◇第5位　ユン・チアン（Ying Tian：中国）
　◇第6位　エリッソ・ボルクヴァゼ（Elisso Bolkvadze：ソビエト連邦）

第9回（1993年）
　◇第1位　　シモーネ・ペドロニ（Simone Pedroni：イタリア）
　◇第2位　　ヴァレリー・クルショフ（Valery Kuleshov：ロシア）
　◇第3位　　クリストファー・テイラー（Christopher Taylor：アメリカ）
　◇第4位　　ジョアン・シュミット（Johan Schmidt：ベルギー）
　◇第5位　　アルメン・ババハニアン（Armen Babakhanian：アルメニア）
　◇第6位　　ファビオ・ビディーニ（Fabio Bidini：イタリア）

第10回（1997年）
　◇第1位　　ジョン・ナカマツ（Jon Nakamatsu：アメリカ）
　◇第2位　　ヤコフ・カシュマン（Yakov Kasman：ロシア）
　◇第3位　　エヴィラム・レイハルト（Aviram Reichert：イスラエル）

第11回（2001年）
　◇第1位　　スタニスラフ・ユデニチ（Stanislav Ioudenitch：ウズベキスタン）
　　　　　　　オルガ・ケルン（Olga Kern：ロシア）
　◇第2位　　マキシム・フィリポフ（Maxim Philippov：ロシア）
　　　　　　　アントニオ・ポンパ＝バルディ（Antonio Pompa-Baldi：イタリア）

第12回（2005年）
　◇第1位　　アレクサンドル・コブリン（Alexander Kobrin：ロシア）
　◇第2位　　ヤン ジョイス（Yang Joyce：韓国）
　◇第3位　　チェン・サ（Chen Sa：中国）

第13回（2009年）
　◇第1位　　辻井 伸行（Nobuyuki Tsujii：日本）
　　　　　　　チャン ハオチェン（Zhang Haochen：中国）
　◇第2位　　ソン ヨルム（Son Yeol Eum：韓国）

第14回（2013年）
　◇第1位　　ヴァディム・ホロデンコ（Vadym Kholodenko：ウクライナ）
　◇第2位　　ベアトリーチェ・ラナ（Beatrice Rana：イタリア）
　◇第3位　　シーン・チェン（Sean Chen：アメリカ）

第15回（2017年）
　◇第1位　　ソヌ イエゴン（Yekwon Sunwoo：韓国）
　◇第2位　　ケネス・ブロバーグ（Kenneth Broberg：アメリカ）
　◇第3位　　ダニエル・シュー（Daniel Hsu：アメリカ）

第16回（2022年）
　◇第1位　　イム ユンチャン（Yunchan Lim：韓国）
　◇第2位　　アンナ・ゲニューシェネ（Anna Geniushene：ロシア）
　◇第3位　　ドミトロ・チョニ（Dmytro Choni：ウクライナ）

20　MTVビデオ・ミュージック・アワード　MTV Video Music Awards

　アメリカの音楽専門チャンネルMTVが主催する、ミュージック・ビデオの賞。各ビデオ部門のほか、振付、監督、撮影、編集、視覚効果など制作スタッフに対して贈られる部門も設けられている。1984年以来、毎年実施されており、盛大に行われる授賞イベントも注目されている。
【主催者】MTV（Music Television）

【選考基準】前年の7月1日から翌年6月30日までの期間に発表されたすべてのミュージックビデオを対象とする
【締切・発表】〔2024年〕2024年9月11日発表・授賞式
【賞・賞金】ムーンパーソン（トロフィー）
【URL】http://www.mtv.com/

第32回（2015年）

- ◇最優秀ビデオ賞　テイラー・スウィフト feat.ケンドリック・ラマー（Taylor Swift feat. Kendrick Lamar）「Bad Blood」
- ◇最優秀男性アーティスト・ビデオ賞　マーク・ロンソン feat.ブルーノ・マーズ（Mark Ronson feat. Bruno Mars）「Uptown Funk」
- ◇最優秀女性アーティスト・ビデオ賞　テイラー・スウィフト（Taylor Swift）「Blank Space」
- ◇アーティスト・トゥ・ウォッチ　フェティ・ワップ（Fetty Wap）「Trap Queen」
- ◇最優秀ポップ・ビデオ賞　テイラー・スウィフト（Taylor Swift）「Blank Space」
- ◇最優秀ロック・ビデオ賞　フォール・アウト・ボーイ（Fall Out Boy）「Uma Thurman」
- ◇最優秀ヒップポップ・ビデオ賞　ニッキー・ミナージュ（Nicki Minaj）「Anaconda」
- ◇最優秀コラボレーション賞　テイラー・スウィフト feat.ケンドリック・ラマー（Taylor Swift feat. Kendrick Lamar）「Bad Blood」
- ◇最優秀監督賞　ケンドリック・ラマー（Kendrick Lamar），コリン・ティリー（Colin Tilley），The Little Homies「Alright」
- ◇最優秀振付賞　オーケー・ゴー（OK Go），振付稼業air：man（air：man），Mori Harano「I Won't Let You Down」
- ◇最優秀視覚効果賞　スクリレックス＆ディプロ feat.ジャスティン・ビーバー（Skrillex&Diplo feat. Justin Bieber），Brewer, GloriaFX, Tomash Kuzmytskyi, Max Chyzhevskyy「Where Are Ü Now」
- ◇最優秀アートディレクション賞　スヌープ・ドッグ（Snoop Dogg），ジェイソン・フィヤル（Jason Fijal：アートディレクター）「So Many Pros」
- ◇最優秀編集賞　ビヨンセ（Beyoncé），エド・バーク（Ed Burke），ジョナサン・ウィング（Jonathan Wing）「7/11」
- ◇最優秀撮影賞　フライング・ロータス feat.ケンドリック・ラマー（Flying Lotus feat. Kendrick Lamar），ラーキン・サイプル（Larkin Seiple：撮影監督）「Never Catch Me」
- ◇ソーシャルメッセージビデオ賞　ビッグ・ショーン feat.カニエ・ウェスト＆ジョン・レジェンド（Big Sean feat. Kanye West and John Legend）「One Man Can Change the World」
- ◇最優秀サマーソング賞　ファイヴ・セカンズ・オブ・サマー（5 Seconds of Summer）「She's Kinda Hot」
- ◇マイケル・ジャクソン・ビデオ・ヴァンガード賞　カニエ・ウェスト（Kanye West）

第33回（2016年）

- ◇最優秀ビデオ賞　ビヨンセ（Beyoncé）「Formation」
- ◇最優秀男性アーティスト・ビデオ賞

　　　　　　　　　カルヴィン・ハリス feat.リアーナ (Calvin Harris feat. Rihanna)「This Is
　　　　　　　　　What You Came For」
　◇最優秀女性アーティスト・ビデオ賞
　　　　　　　　　ビヨンセ (Beyoncé)「Hold Up」
　◇最優秀新人アーティスト賞
　　　　　　　　　DNCE
　◇最優秀ポップ・ビデオ賞　ビヨンセ (Beyoncé)「Formation」
　◇最優秀ロック・ビデオ賞　トゥエンティ・ワン・パイロッツ (Twenty One Pilots)「Heathens」
　◇最優秀ヒップホップ・ビデオ賞
　　　　　　　　　ドレイク (Drake)「Hotline Bling」
　◇最優秀エレクトロニック・ビデオ賞
　　　　　　　　　カルヴィン・ハリス＆ディサイプルズ (Calvin Harris&Disciples)「How Deep
　　　　　　　　　Is Your Love」
　◇最優秀コラボレーション賞
　　　　　　　　　フィフス・ハーモニー feat.タイ・ダラー・サイン (Fifth Harmony feat. Ty
　　　　　　　　　Dolla $ign)「Work From Home」
　◇最優秀長編ビデオ賞　ビヨンセ (Beyoncé)「Lemonade」
　◇最優秀監督賞　　ビヨンセ (Beyoncé), メリーナ・マツーカス (Melina Matsoukas：監督)
　　　　　　　　　「Formation」
　◇最優秀振付賞　　ビヨンセ (Beyoncé), クリス・グラント (Chris Grant), ジャケル・ナイト
　　　　　　　　　(JaQuel Knight), ダナ・フォグリア (Dana Foglia)「Formation」
　◇最優秀視覚効果賞　コールドプレイ (Coldplay), ヴァニア・ハイマン (Vania Heymann),
　　　　　　　　　GloriaFX「Up&Up」
　◇最優秀アートディレクション賞
　　　　　　　　　デヴィッド・ボウイ (David Bowie), Jan Houllevigue (アートディレクター)
　　　　　　　　　「Blackstar」
　◇最優秀編集賞　　ビヨンセ (Beyoncé), Jeff Selis (編集)「Formation」
　◇最優秀撮影賞　　ビヨンセ (Beyoncé), マリク・サイード (Malik Sayeed：撮影監督)
　　　　　　　　　「Formation」
　◇最優秀サマーソング賞　フィフス・ハーモニー feat.フェティ・ワップ (Fifth Harmony feat.
　　　　　　　　　Fetty Wap)「All in My Head (Flex)」
　◇マイケル・ジャクソン・ビデオ・ヴァンガード賞
　　　　　　　　　リアーナ (Rihanna)
第34回 (2017年)
　◇最優秀ビデオ賞　ケンドリック・ラマー (Kendrick Lamar)「HUMBLE.」
　◇最優秀アーティスト賞　エド・シーラン (Ed Sheeran)
　◇最優秀新人アーティスト賞
　　　　　　　　　カリード (Khalid)
　◇最優秀コラボレーション賞
　　　　　　　　　ゼイン＆テイラー・スウィフト (Zayn and Taylor Swift)「I Don't Wanna
　　　　　　　　　Live Forever (Fifty Shades Darker)」
　◇最優秀ポップ・ビデオ賞　フィフス・ハーモニー feat.グッチ・メイン (Fifth Harmony feat.
　　　　　　　　　Gucci Mane)「Down」
　◇最優秀ヒップホップ・ビデオ賞
　　　　　　　　　ケンドリック・ラマー (Kendrick Lamar)「HUMBLE.」
　◇最優秀ダンス・ビデオ賞　ゼッド＆アレッシア・カーラ (Zedd and Alessia Cara)「Stay」
　◇最優秀ロック・ビデオ賞　トゥエンティ・ワン・パイロッツ (Twenty One Pilots)
　　　　　　　　　「Heavydirtysoul」
　◇最優秀チャレンジ賞　ロジック feat.ダミアン・レマー・ハドソン (Logic feat. Damian Lemar

Hudson)「Black SpiderMan」
ハミルトン・ミックステープ(The Hamilton Mixtape)「Immigrants(We Get the Job Done)」
ビック・ショーン(Big Sean)「Light」
アレッシア・カーラ(Alessia Cara)「Scars to Your Beautiful」
タブー feat.シェイリーン・ウッドリー(Taboo feat. Shailene Woodley)「Stand Up / Stand N Rock #NoDAPL」
ジョン・レジェンド(John Legend)「Surefire」

◇最優秀撮影賞　ケンドリック・ラマー(Kendrick Lamar), スコット・カニンガム(Scott Cunningham：撮影監督)「HUMBLE.」
◇最優秀監督賞　ケンドリック・ラマー(Kendrick Lamar), デイブ・マイヤーズ(Dave Meyers), The Little Homies「HUMBLE.」
◇最優秀アートディレクション賞
　　　ケンドリック・ラマー(Kendrick Lamar), スペンサー・グレイブス(Spencer Graves：撮影監督)「HUMBLE.」
◇最優秀視覚効果賞　ケンドリック・ラマー(Kendrick Lamar), Jonah Hall of Timber(視覚効果)「HUMBLE.」
◇最優秀振付賞　カニエ・ウェスト(Kanye West), テヤナ・テイラー(Teyana Taylor), Guapo, Matthew Pasterisa, Jae Blaze, デレク・ワトキンス(Derek Watkins)「Fade」
◇最優秀編集賞　ヤング・サグ(Young Thug), ライアン・スターク(Ryan Staake), Eric Degliomini「Wyclef Jean」
◇最優秀サマーソング賞　リル・ウージー・ヴァート(Lil Uzi Vert)「XO Tour Llif3」
◇マイケル・ジャクソン・ビデオ・ヴァンガード賞
　　　P！NK

第35回(2018年)
　◇最優秀ビデオ賞　カミラ・カベロ feat.ヤング・サグ(Camila Cabello feat. Young Thug)「Havana」
　◇最優秀楽曲賞　ポスト・マローン feat.21 サヴェージ(Post Malone feat. 21 Savage)「Rockstar」
　◇最優秀アーティスト賞　カミラ・カベロ(Camila Cabello)
　◇最優秀新人アーティスト賞
　　　カーディ・B(Cardi B)
　◇最優秀コラボレーション賞
　　　ジェニファー・ロペス feat.DJキャレド＆カーディ・B(Jennifer Lopez feat. DJ Khaled and Cardi B)「Dinero」
　◇最優秀MTV PUSHアーティスト賞
　　　ヘイリー・キヨコ(Hayley Kiyoko)
　◇最優秀ポップ・ビデオ賞　アリアナ・グランデ(Ariana Grande)「No Tears Left to Cry」
　◇最優秀ヒップホップ・ビデオ賞
　　　ニッキー・ミナージュ(Nicki Minaj)「Chun-Li」
　◇最優秀ラテン・ビデオ賞　J.バルヴィン feat.ウィリー・ウィリアム(J Balvin and Willy William)「Mi Gente」
　◇最優秀ダンス・ビデオ賞　アヴィーチー feat.リタ・オラ(Avicii feat. Rita Ora)「Lonely Together」
　◇最優秀ロック・ビデオ賞　イマジン・ドラゴンズ(Imagine Dragons)「Whatever It Takes」
　◇ビデオ・ウィズ・ア・メッセージ賞
　　　チャイルディッシュ・ガンビーノ(Childish Gambino)「This Is America」
　◇最優秀アートディレクション賞

　　　　　　　　　　ザ・カーターズ（The Carters），Jan Houllevigue，ルーヴル美術館（The
　　　　　　　　　　Louvre）「APES**T」
　◇最優秀振付賞　　チャイルディッシュ・ガンビーノ（Childish Gambino），シェリー・シルバー
　　　　　　　　　　（Sherrie Silver：振付）「This Is America」
　◇最優秀視覚効果賞　ケンドリック・ラマー＆シザ（Kendrick Lamar and SZA），Loris Paillier at
　　　　　　　　　　BUF Paris（視覚効果）「All The Stars」
　◇最優秀編集賞　　N.E.R.D feat.リアーナ（N.E.R.D and Rihanna），テイラー・ウォード（Taylor
　　　　　　　　　　Ward：編集）「Lemon」
　◇最優秀撮影賞　　ザ・カーターズ（The Carters），ブノワ・デビエ（Benoît Debie：撮影監督）
　　　　　　　　　　「APES**T」
　◇最優秀監督賞　　チャイルディッシュ・ガンビーノ（Childish Gambino），ヒロ・ムライ（Hiro
　　　　　　　　　　Murai：監督）「This Is America」
　◇最優秀サマーソング賞　カーディ・B，バッド・バニー＆J.バルヴィン（Cardi B, Bad Bunny and
　　　　　　　　　　J Balvin）「I Like It」
　◇マイケル・ジャクソン・ビデオ・ヴァンガード賞
　　　　　　　　　　ジェニファー・ロペス（Jennifer Lopez）
第36回（2019年）
　◇最優秀ビデオ賞　テイラー・スウィフト（Taylor Swift）「You Need to Calm Down」
　◇最優秀楽曲賞　　リル・ナズ・X feat.ビリー・レイ・サイラス（Lil Nas X feat. Billy Ray
　　　　　　　　　　Cyrus）「Old Town Road（Remix）」
　◇最優秀アーティスト賞　アリアナ・グランデ（Ariana Grande）
　◇最優秀グループ賞　BTS
　◇最優秀新人アーティスト賞
　　　　　　　　　　ビリー・アイリッシュ（Billie Eilish）
　◇最優秀コラボレーション賞
　　　　　　　　　　ショーン・メンデス＆カミラ・カベロ（Shawn Mendes and Camila Cabello）
　　　　　　　　　　「Señorita」
　◇最優秀MTV PUSHアーティスト賞
　　　　　　　　　　ビリー・アイリッシュ（Billie Eilish）
　◇最優秀ポップ・ビデオ賞　ジョナス・ブラザーズ（Jonas Brothers）「Sucker」
　◇最優秀ヒップホップ・ビデオ賞
　　　　　　　　　　カーディ・B（Cardi B）「Money」
　◇最優秀R&B・ビデオ賞　ノーマニ feat.6LACK（Normani feat. 6lack）「Waves」
　◇最優秀K-POP・ビデオ賞
　　　　　　　　　　BTS feat.ホールジー（BTS feat. Halsey）「Boy with Luv」
　◇最優秀ラテン・ビデオ賞　ロザリア＆J.バルヴィン feat.エル・グインチョ（Rosalía and J Balvin
　　　　　　　　　　feat. El Guincho）「Con Altura」
　◇最優秀ダンス・ビデオ賞　ザ・チェインスモーカーズ＆ビービー・レクサ（The Chainsmokers
　　　　　　　　　　and Bebe Rexha）「Call You Mine」
　◇最優秀ロック・ビデオ賞　パニック！アット・ザ・ディスコ（Panic！at the Disco）「High Hopes」
　◇ビデオ・フォー・グッド賞
　　　　　　　　　　テイラー・スウィフト（Taylor Swift）「You Need to Calm Down」
　◇最優秀監督賞　　リル・ナズ・X feat.ビリー・レイ・サイラス（Lil Nas X feat. Billy Ray
　　　　　　　　　　Cyrus），カルマティック（Calmatic：監督）「Old Town Road（Remix）」
　◇最優秀視覚効果賞　テイラー・スウィフト feat.ブレンドン・ユーリー（Taylor Swift feat.
　　　　　　　　　　Brendon Urie of Panic！at the Disco），Loris Paillier, Lucas Salton for
　　　　　　　　　　BUF VFX「ME！」
　◇最優秀編集賞　　ビリー・アイリッシュ（Billie Eilish：編集）「bad guy」
　◇最優秀アートディレクション賞

　　　　　　　アリアナ・グランデ(Ariana Grande), John Richoux(アートディレクター)
　　　　　　　「7 Rings」
　◇最優秀振付賞　ロザリア&J.バルヴィン feat.エル・グインチョ(Rosalía and J Balvin feat. El
　　　　　　　Guincho), チャーム・ラドンナ(Charm La'Donna:振付)「Con Altura」
　◇最優秀撮影賞　ショーン・メンデス&カミラ・カベロ(Shawn Mendes and Camila Cabello),
　　　　　　　スコット・カニンガム(Scott Cunningham:撮影監督)「Señorita」
　◇ベスト・パワー・アンセム
　　　　　　　ミーガン・ザ・スタリオン feat.ニッキー・ミナージュ&タイ・ダラー・サイン
　　　　　　　(Megan Thee Stallion feat. Nicki Minaj and Ty Dolla $ign)「Hot Girl
　　　　　　　Summer」
　◇最優秀サマーソング賞　アリアナ・グランデ&ソーシャル・ハウス(Ariana Grande and Social
　　　　　　　House)「boyfriend」
　◇MTVファッション・トレイルブレイザー賞
　　　　　　　マーク・ジェイコブス(Marc Jacobs)
　◇マイケル・ジャクソン・ビデオ・ヴァンガード・アワード
　　　　　　　ミッシー・エリオット(Missy Elliott)

第37回(2020年)
　◇最優秀ビデオ賞　ザ・ウィークエンド(The Weeknd)「Blinding Lights」
　◇最優秀楽曲賞　レディー・ガガ with アリアナ・グランデ(Lady Gaga with Ariana Grande)
　　　　　　　「Rain on Me」
　◇最優秀アーティスト賞　レディー・ガガ(Lady Gaga)
　◇最優秀グループ賞　BTS
　◇最優秀MTV PUSH新人アーティスト賞
　　　　　　　ドージャ・キャット(Doja Cat)
　◇最優秀コラボレーション賞
　　　　　　　レディー・ガガ with アリアナ・グランデ(Lady Gaga with Ariana Grande)
　　　　　　　「Rain on Me」
　◇最優秀ポップ・ビデオ賞　BTS「On」
　◇最優秀ヒップホップ・ビデオ賞
　　　　　　　ミーガン・ザ・スタリオン(Megan Thee Stallion)「Savage」
　◇最優秀R&B・ビデオ賞　ザ・ウィークエンド(The Weeknd)「Blinding Lights」
　◇最優秀K-POP・ビデオ賞
　　　　　　　BTS「On」
　◇最優秀ラテン・ビデオ賞　マルマ feat. J.バルヴィン(Maluma feat. J Balvin)「Qué Pena」
　◇最優秀ロック・ビデオ賞　コールドプレイ(Coldplay)「Orphans」
　◇最優秀オルタナティブ・ビデオ賞
　　　　　　　マシン・ガン・ケリー(Machine Gun Kelly)「Bloody Valentine」
　◇最優秀自宅制作ミュージック・ビデオ賞
　　　　　　　アリアナ・グランデ&ジャスティン・ビーバー(Ariana Grande and Justin
　　　　　　　Bieber)「Stuck with U」
　◇最優秀自宅隔離パフォーマンス賞
　　　　　　　CNCO「MTV Unplugged at Home」
　◇ビデオ・フォー・グッド賞
　　　　　　　H.E.R.「I Can't Breathe」
　◇最優秀監督賞　テイラー・スウィフト(Taylor Swift:監督)「The Man」
　◇最優秀アートディレクション賞
　　　　　　　マイリー・サイラス(Miley Cyrus), クリスチャン・ストーン(Christian
　　　　　　　Stone:アートディレクター)「Mother's Daughter」

◇最優秀振付賞　BTS, The Lab, ソン ソンドゥク (Son Sung Deuk)「On」
◇最優秀撮影賞　レディー・ガガ with アリアナ・グランデ (Lady Gaga with Ariana Grande)，マイケル・メリマン (Michael Merriman：撮影監督)「Rain on Me」
◇最優秀編集賞　マイリー・サイラス (Miley Cyrus)，アレクサンドル・ムーアズ (Alexandre Moors)，ヌーノ・ヒーコ (Nuno Xico)「Mother's Daughter」
◇最優秀視覚効果賞　デュア・リパ (Dua Lipa)，EIGHTY4, Mathematic「Physical」
◇最優秀サマーソング賞　BLACKPINK「How You Like That」
◇エブリデイ・ヒーローズ：最前線の医療従事者たち
　　　　Dr.エルヴィス・フランソワ＆Dr.ウィリアム・ロビンソン (Dr.Elvis Francois and Dr.William Robinson)「Imagine」
　　　　Dr.ネイト・ウッド (Dr.Nate Wood)「Lean on Me」
　　　　Jefferson University Hospital's Swab Squad「Level Up」
　　　　Jason "Tik Tok Doc" Campbell
　　　　Lori Marie Key「Amazing Grace」
◇トリコン賞　レディー・ガガ (Lady Gaga)

第38回（2021年）
◇最優秀ビデオ賞　リル・ナズ・X (Lil Nas X)「Montero (Call Me by Your Name)」
◇最優秀楽曲賞　オリヴィア・ロドリゴ (Olivia Rodrigo)「drivers license」
◇最優秀アーティスト賞　ジャスティン・ビーバー (Justin Bieber)
◇最優秀新人アーティスト賞
　　　　オリヴィア・ロドリゴ (Olivia Rodrigo)
◇最優秀MTV PUSHパフォーマンス賞
　　　　オリヴィア・ロドリゴ (Olivia Rodrigo)「drivers license」
◇最優秀コラボレーション賞
　　　　ドージャ・キャット feat.シザ (Doja Cat feat. SZA)「Kiss Me More」
◇最優秀ポップ・ビデオ賞　ジャスティン・ビーバー feat.ダニエル・シーザー, Giveon (Justin Bieber feat. Daniel Caesar and Giveon)「Peaches」
◇最優秀ヒップホップ・ビデオ賞
　　　　トラヴィス・スコット feat.ヤング・サグ＆M.I.A. (Travis Scott feat. Young Thug and M.I.A.)「Franchise」
◇最優秀R&B・ビデオ賞　ブルーノ・マーズ (Bruno Mars)，アンダーソン・パーク (Anderson .Paak)，シルク・ソニック (Silk Sonic)「Leave the Door Open」
◇最優秀K-POP・ビデオ賞
　　　　BTS「Butter」
◇最優秀ラテン・ビデオ賞　ビリー・アイリッシュ＆ロザリア (Billie Eilish and Rosalía)「Lo Vas a Olvidar」
◇最優秀ロック・ビデオ賞　ジョン・メイヤー (John Mayer)「Last Train Home」
◇最優秀オルタナティブ・ビデオ賞
　　　　マシン・ガン・ケリー feat.ブラックベアー (Machine Gun Kelly feat. Blackbear)「My Ex's Best Friend」
◇ビデオ・フォー・グッド賞
　　　　ビリー・アイリッシュ (Billie Eilish)「Your Power」
◇最優秀グループ賞　BTS
◇ソング・オブ・サマー　BTS「Butter」
◇最優秀監督賞　リル・ナズ・X (Lil Nas X)，タヌ・ムイノ (Tanu Muino)「Montero (Call Me by Your Name)」
◇最優秀アートディレクション賞
　　　　スウィーティー feat.ドージャ・キャット (Saweetie feat. Doja Cat)，アレッ

　　　　　　　　　　　ク・コンテスタビーレ (Alec Contestabile：アートディレクター)「Best Friend」
　◇最優秀振付賞　　ハリー・スタイルズ (Harry Styles)，ポール・ロバーツ (Paul Roberts：振付)「Treat People with Kindness」
　◇最優秀撮影賞　　ビヨンセ (Beyoncé)，ブルー・アイビー (Blue Ivy Carter)，セイント・ジョン (Saint Jhn)，ウィズキッド (Wizkid)，ブノワ・ソレール (Benoit Soler)，マリク・ハッサン・サイード (Malik H. Sayeed)，Mohammaed Atta Ahmed，サンティアゴ・ゴンザレス (Santiago Gonzalez)，ライアン・ヘルファント (Ryan Helfant)「Brown Skin Girl」
　◇最優秀編集賞　　ブルーノ・マーズ (Bruno Mars)，アンダーソン・パーク (Anderson .Paak)，シルク・ソニック (Silk Sonic)，トロイ・シャルボネ (Troy Charbonnet：編集)「Leave the Door Open」
　◇最優秀視覚効果賞　リル・ナズ・X (Lil Nas X)，Mathematic (視覚効果)「Montero (Call Me by Your Name)」
　◇グローバル・アイコン・アワード
　　　　　　　　　　　フー・ファイターズ (Foo Fighters)
第39回 (2022年)
　◇最優秀ビデオ賞　テイラー・スウィフト (Taylor Swift)「All Too Well (10 Minute Version) (Taylor's Version)」
　◇最優秀楽曲賞　　ビリー・アイリッシュ (Billie Eilish)「Happier Than Ever」
　◇最優秀アーティスト賞　バッド・バニー (Bad Bunny)
　◇最優秀新人アーティスト賞
　　　　　　　　　　　ダヴ・キャメロン (Dove Cameron)
　◇最優秀MTV PUSHパフォーマンス賞
　　　　　　　　　　　SEVENTEEN「Rock With You」
　◇最優秀コラボレーション賞
　　　　　　　　　　　リル・ナズ・X (Lil Nas X)，ジャック・ハーロウ (Jack Harlow)「INDUSTRY BABY」
　◇最優秀ポップ・ビデオ賞　ハリー・スタイルズ (Harry Styles)「As It Was」
　◇最優秀ヒップホップ・ビデオ賞
　　　　　　　　　　　ニッキー・ミナージュ feat.リル・ベイビー (Nicki Minaj feat. Lil Baby)「Do We Have a Problem？」
　◇最優秀R&B・ビデオ賞　ザ・ウィークエンド (The Weeknd)「Out of Time」
　◇最優秀K-POP・ビデオ賞
　　　　　　　　　　　LISA「LALISA」
　◇最優秀ラテン・ビデオ賞　アニッタ (Anitta)「Envolver」
　◇最優秀ロック・ビデオ賞　レッド・ホット・チリ・ペッパーズ (Red Hot Chili Peppers)「Black Summer」
　◇最優秀オルタナティブ・ビデオ賞
　　　　　　　　　　　マネスキン (Måneskin)「I WANNA BE YOUR SLAVE」
　◇ビデオ・フォー・グッド賞
　　　　　　　　　　　リゾ (Lizzo)「About Damn Time」
　◇最優秀グループ賞　BTS
　◇ソング・オブ・サマー　ジャック・ハーロウ (Jack Harlow)「First Class」
　◇最優秀アルバム賞　ハリー・スタイルズ (Harry Styles)「Harry's House」
　◇最優秀メタバース・パフォーマンス賞
　　　　　　　　　　　BLACKPINK "The Virtual | PUBG" (コンサート)
　◇最優秀ロングフォーム・ビデオ賞
　　　　　　　　　　　テイラー・スウィフト (Taylor Swift)「All Too Well (10 Minute Version)

　　　　　　　　　　(Taylor's Version)」
◇最優秀監督賞　　テイラー・スウィフト (Taylor Swift：監督)「All Too Well (10 Minute
　　　　　　　　　　Version) (Taylor's Version)」
◇最優秀アートディレクション賞
　　　　　　　　　　リル・ナズ・X (Lil Nas X), ジャック・ハーロウ (Jack Harlow), アレックス・
　　　　　　　　　　デルガード (Alex Delgado：アートディレクター)「INDUSTRY BABY」
◇最優秀振付賞　　ドージャ・キャット (Doja Cat), Fullout Cortland (振付)「Woman」
◇最優秀撮影賞　　ハリー・スタイルズ (Harry Styles), ニキータ・クズメンコ (Nikita
　　　　　　　　　　Kuzmenko：撮影監督)「As It Was」
◇最優秀編集賞　　ロザリア (Rosalía), ヴァランタン・プティ (Valentin Petit), Jon Echeveste
　　　　　　　　　　「SAOKO」
◇最優秀視覚効果賞　リル・ナズ・X (Lil Nas X), ジャック・ハーロウ (Jack Harlow), Cameo FX
　　　　　　　　　　(視覚効果)「INDUSTRY BABY」
◇ビデオ・ヴァンガード・アワード
　　　　　　　　　　ニッキー・ミナージュ (Nicki Minaj)
◇グローバル・アイコン・アワード
　　　　　　　　　　レッド・ホット・チリ・ペッパーズ (Red Hot Chili Peppers)

第40回 (2023年)
◇年間最優秀ビデオ賞　テイラー・スウィフト (Taylor Swift)「Anti-Hero」
◇年間最優秀楽曲賞　テイラー・スウィフト (Taylor Swift)「Anti-Hero」
◇年間最優秀アーティスト賞
　　　　　　　　　　テイラー・スウィフト (Taylor Swift)
◇最優秀新人アーティスト賞
　　　　　　　　　　アイス・スパイス (Ice Spice)
◇年間最優秀MTV PUSHパフォーマンス賞
　　　　　　　　　　TOMORROW X TOGETHER「Sugar Rush Ride」
◇最優秀コラボレーション賞
　　　　　　　　　　シャキーラ (Shakira), カロルG (Karol G)「TQG」
◇最優秀ポップ・ビデオ賞　テイラー・スウィフト (Taylor Swift)「Anti-Hero」
◇最優秀ヒップホップ・ビデオ賞
　　　　　　　　　　ニッキー・ミナージュ (Nicki Minaj)「Super Freaky Girl」
◇最優秀R&B・ビデオ賞　シザ (SZA)「Shirt」
◇最優秀K-POP・ビデオ賞
　　　　　　　　　　Stray Kids「S-Class」
◇最優秀ラテン・ビデオ賞　アニッタ (Anitta)「Funk Rave」
◇最優秀ロック・ビデオ賞　マネスキン (Måneskin)「THE LONELIEST」
◇最優秀オルタナティブ・ビデオ賞
　　　　　　　　　　ラナ・デル・レイ feat. ジョン・バティステ (Lana Del Rey feat. Jon Batiste)
　　　　　　　　　　「Candy Necklace」
◇最優秀アフロビーツ賞　セレーナ・ゴメス (Selena Gomez), レマ (Rema)「Calm Down」
◇ビデオ・フォー・グッド賞
　　　　　　　　　　ダヴ・キャメロン (Dove Cameron)「Breakfast」
◇年間最優秀グループ賞　BLACKPINK
◇ショー・オブ・サマー　テイラー・スウィフト (Taylor Swift)
◇ソング・オブ・サマー　ジョングク feat.Latto (Jungkook feat. Latto)「Seven」
◇年間最優秀アルバム賞　テイラー・スウィフト (Taylor Swift)「Midnights」
◇最優秀視覚効果賞　テイラー・スウィフト (Taylor Swift), Parliament (視覚効果)「Anti-Hero」

◇最優秀編集賞　オリヴィア・ロドリゴ（Olivia Rodrigo），ソフィア・カーパン（Sofia Kerpan），デビッド・チェセル（David Checel）「vampire」
◇最優秀監督賞　テイラー・スウィフト（Taylor Swift：監督）「Anti-Hero」
◇最優秀アートディレクション賞
　　　　　　　ドージャ・キャット（Doja Cat），スペンサー・グレイブス（Spencer Graves：アートディレクター）「Attention」
◇最優秀振付賞　BLACKPINK，キール・トゥーテン（Kiel Tutin），シエナ・ララゥ（Sienna Lalau），リジョン（Lee Jung），Taryn Cheng「Pink Venom」
◇最優秀撮影賞　テイラー・スウィフト（Taylor Swift），リナ・ヤン（Rina Yang：撮影監督）「Anti-Hero」
◇ビデオ・ヴァンガード賞　シャキーラ（Shakira）
◇グローバル・アイコン・アワード
　　　　　　　ディディ（Diddy）

第41回（2024年）
◇年間最優秀ビデオ賞　テイラー・スウィフト feat.ポスト・マローン（Taylor Swift feat. Post Malone）「Fortnight」
◇年間最優秀楽曲賞　サブリナ・カーペンター（Sabrina Carpenter）「Espresso」
◇年間最優秀アーティスト賞
　　　　　　　テイラー・スウィフト（Taylor Swift）
◇最優秀新人アーティスト賞
　　　　　　　チャペル・ローン（Chappell Roan）
◇年間最優秀MTV PUSHパフォーマンス賞
　　　　　　　LE SSERAFIM「EASY」
◇最優秀コラボレーション賞
　　　　　　　テイラー・スウィフト feat.ポスト・マローン（Taylor Swift feat. Post Malone）「Fortnight」
◇最優秀ポップ・ビデオ賞　テイラー・スウィフト（Taylor Swift）
◇最優秀ヒップホップ・ビデオ賞
　　　　　　　エミネム（Eminem）「Houdini」
◇最優秀R&B・ビデオ賞　シザ（SZA）「Snooze」
◇最優秀K-POP・ビデオ賞
　　　　　　　LISA「ROCKSTAR」
◇最優秀ラテン・ビデオ賞　アニッタ（Anitta）「Mil Veces」
◇最優秀ロック・ビデオ賞　レニー・クラヴィッツ（Lenny Kravitz）「Human」
◇最優秀オルタナティブ・ビデオ賞
　　　　　　　ベンソン・ブーン（Benson Boone）「Beautiful Things」
◇最優秀アフロビーツ賞　タイラ（Tyla）「Water」
◇ビデオ・フォー・グッド賞
　　　　　　　ビリー・アイリッシュ（Billie Eilish）「What Was I Made For？―映画"バービー"より（What Was I Made For？　From The Motion Picture "Barbie"）」
◇最優秀グループ賞　SEVENTEEN
◇ソング・オブ・サマー　テイラー・スウィフト feat.ポスト・マローン（Taylor Swift feat. Post Malone）「Fortnight」
◇VMAs・アイコニック・パフォーマンス
　　　　　　　ケイティ・ペリー（Katy Perry）「Roar」
◇ベスト・トレンド・ビデオ
　　　　　　　ミーガン・ザ・スタリオン feat.千葉雄喜（Megan Thee Stallion feat. Yuki

　　　　　　　　　　　　　　　　　Chiba)「Mamushi」
◇最優秀視覚効果賞　エミネム(Eminem), Synapse Virtual Production(視覚効果), Louise Lee, リッチ・リー(Rich Lee), Metaphysic, Flawless Post「Houdini」
◇最優秀編集賞　テイラー・スウィフト feat.ポスト・マローン(Taylor Swift feat. Post Malone), チャンクラー・ヘインズ(Chancler Haynes：編集)「Fortnight」
◇最優秀監督賞　テイラー・スウィフト feat.ポスト・マローン(Taylor Swift feat. Post Malone)「Fortnight」
◇最優秀アートディレクション賞
　　　　　　　　ミーガン・ザ・スタリオン(Megan Thee Stallion), ブリタニー・ポーター(Brittany Porter：アートディレクター)「BOA」
◇最優秀振付賞　デュア・リパ(Dua Lipa), チャーム・ラドンナ(Charm La'Donna：振付)「Houdini」
◇最優秀撮影賞　アリアナ・グランデ(Ariana Grande), アナトール・トロフィモフ(Anatol Trofimov：撮影監督)「we can't be friends (wait for your love)」
◇ビデオ・ヴァンガード賞　ケイティ・ペリー(Katy Perry)

21　エリザベート王妃国際音楽コンクール　Concours Musical International Reine Elisabeth de Belgique

　1951年、ベルギー青少年音楽院の創設者ルネ・ニコリの提唱により、ベルギー王妃エリザベートの名を冠して創設された。前身はウジェーヌ・イザイの名を冠したイザイ・コンクール。かつては2年ごとにブリュッセル(ベルギー)で開催されていたが、現在は毎年開催。88年に声楽部門を新設。以前は作曲部門も併催されていたが、2012年をもって廃止。これに代わり、17年にチェロ部門が加えられた。審査部門は開催年次により異なり、ピアノ、チェロ、声楽、ヴァイオリンの順に行われている。チャイコフスキー国際コンクール(ロシア)、ショパン国際ピアノコンクール(ポーランド)と並ぶ世界3大音楽コンクールの一つ。

　＊数多くの日本人が入賞。〔ピアノ〕賀集裕子(1956年)、内田光子(68年)、神谷郁代(72年)、花房晴美(75年)、梅根恵(83年)、若林顕、仲道郁代、三木香代(87年)、坂井千春(91年)、松本和将(2003年)、務川慧悟、阪田知樹(21年)、〔ヴァイオリン〕豊田耕児(1959年)、潮田益子(63年)、鈴木秀太郎(63,67年)、藤原浜雄(71年)、石川静(76年)、堀米ゆず子、清水高師、塚原るり子(80年)、川口エリサ、四方恭子(85年)、諏訪内晶子、菅野美絵子、鈴木裕子、杉浦美知(89年)、戸田弥生、安彦千恵(93年)、玉井菜採、高木和弘(97年)、小野明子(2001年)、松山冴花(05年)、成田達輝(12年)、毛利文香(15年)、吉田南(24年)、〔チェロ〕岡本侑也(2017年)、〔作曲〕諸井誠(1953年)、松本日之春(69年)、西村朗、藤掛廣幸(77年)、酒井健治(2011年)

【選考委員】国際的に著名な音楽家らからなる審査団。〔2024年：ヴァイオリン部門〕審査員長：Gilles Ledure、審査員：オーギュスタン・デュメイ、ミリアム・フリード、ロレンツォ・ガット、フィリップ・グラファン、原田幸一郎、姜東錫、ヴィクトル・キシーネ、イ・キュンスン、五嶋みどり、ヴァディム・レーピン、タチアーナ・サムイル、ヴィネタ・サレイカ、ドミトリー・シトコヴェツキー、イザベル・ファン・クーレン

【選考方法】通常、5～6月の1カ月間にわたり1次予選(通過者24人)→2次予選(通過者12人)→本選が行われる。なお、本選の模様は録音され、放送およびCD発売される

【選考基準】ピアノ・ヴァイオリン・チェロ：18歳から30歳まで、声楽：18歳から32歳まで(2022～25年：20年のピアノ部門開催が新型コロナウイルス感染症の影響で翌年に延期されたため、例外的にピアノ・ヴァイオリン・チェロは31歳、声楽は33歳まで上限が引き上げられた)、国籍不問

【締切・発表】〔2025年：ピアノ部門〕2024年11月27日申込締切。25年5月5日〜31日に予選〜ファイナル、6月3日表彰式、27日に入賞者上位6名によるコンサートが開催される

【賞・賞金】〔2025年：ピアノ部門〕第1位2万5000ユーロ、第2位2万ユーロ、第3位1万7000ユーロ、第4位1万2500ユーロ、第5位1万ユーロ、第6位8000ユーロ。上位6名以外の本選出場者には4000ユーロ、本選に進出しなかったセミファイナリスト12名に1000ユーロ

【E-mail】info@queenelisabethcompetition.be

【URL】https://concoursreineelisabeth.be/en/home/

2016年
　◇ピアノ
　　● 第1位　　　　　ルーカス・ヴォンドラチェク（Lukas Vondracek：チェコ）
　　● 第2位　　　　　ヘンリー・クレーマー（Henry Kramer：アメリカ）
　　● 第3位　　　　　アレクサンダー・ベイヤー（Alexander Beyer：アメリカ）
　　● 第4位　　　　　ハン チホ（Chi Ho Han：韓国）
　　● 第5位　　　　　アリョーシャ・ユリニッチ（Aljosa Jurinic：クロアチア）
　　● 第6位　　　　　アルベルト・フェッロ（Alberto Ferro：イタリア）

2017年
　◇チェロ
　　● 第1位　　　　　ヴィクトル・ジュリアン＝ラフェリエール（Victor Julien-Laferrière：フランス）
　　● 第2位　　　　　岡本 侑也（Yuya Okamoto：日本）
　　● 第3位　　　　　サンティアゴ・カニョン＝ヴァレンシア（Santiago Cañón-Valencia：コロンビア）
　　● 第4位　　　　　オーレリアン・パスカル（Aurélien Pascal：フランス）
　　● 第5位　　　　　イヴァン・カリズナ（Ivan Karizna：ベラルーシ）
　　● 第6位　　　　　ブランノン・コー（Brannon Cho：アメリカ）

2018年
　◇声楽
　　● 第1位　　　　　サミュエル・ハッセルホルン（Samuel Hasselhorn：ドイツ）
　　● 第2位　　　　　エヴァ・ザイチーク（Eva Zaïcik：フランス）
　　● 第3位　　　　　李 鰲（Ao Li：中国）
　　● 第4位　　　　　ロシオ・ペレス（Rocío Pérez：スペイン）
　　● 第5位　　　　　エロイーズ・マス（Héloïse Mas：フランス）
　　● 第6位　　　　　マリアンヌ・クルー（Marianne Croux：ベルギー・フランス）

2019年
　◇ヴァイオリン
　　● 第1位　　　　　ステラ・チェン（Stella Chen：アメリカ）
　　● 第2位　　　　　ティモシー・チョイ（Timothy Chooi：カナダ・アメリカ）
　　● 第3位　　　　　スティーヴン・キム（Stephen Kim：アメリカ）
　　● 第4位　　　　　シャノン・リー（Shannon Lee：アメリカ・カナダ）
　　● 第5位　　　　　ユーリア・プシュケル（Júlia Pusker：ハンガリー）
　　● 第6位　　　　　イオアーナ・クリスティナ・ゴイチェア（Ioana Cristina Goicea：ルーマニア・ドイツ）

2020年
　◇ピアノ　　　　　　新型コロナウィルス感染症の影響で翌年に延期

2021年
- ◇ピアノ
  - 第1位　ジョナタン・フルネル（Jonathan Fournel：フランス）
  - 第2位　セルゲイ・レーディキン（Sergei Redkin：ロシア）
  - 第3位　務川 慧悟（Keigo Mukawa：日本）
  - 第4位　阪田 知樹（Tomoki Sakata：日本）
  - 第5位　ヴィタリー・スタリコフ（Vitaly Starikov：ロシア）
  - 第6位　ドミトリー・シン（Dmitry Sin：ロシア）

2022年
- ◇チェロ
  - 第1位　チェ ハヨン（Hayoung Choi：韓国）
  - 第2位　陈 亦柏（Yibai Chen：中国）
  - 第3位　マルセル・ヨハネス・キッツ（Marcel Johannes Kits：エストニア）
  - 第4位　オレクシー・シャドリン（Oleksiy Shadrin：ウクライナ）
  - 第5位　ペタル・ペイチッチ（Petar Pejčić：セルビア）
  - 第6位　ブライアン・チェン（Bryan Cheng：カナダ）

2023年
- ◇声楽
  - 第1位　キム テハン（Taehan Kim：韓国）
  - 第2位　ジャスミン・ホワイト（Jasmin White：アメリカ）
  - 第3位　ユリア・ムズィチェンコ・グリーンハルジュ（Julia Muzychenko-Greenhalgh：ロシア・ドイツ）
  - 第4位　フロリアーヌ・アスレール（Floriane Hasler：フランス）
  - 第5位　チョン インホ（Inho Jeong：韓国）
  - 第6位　ジュリエット・メイ（Juliette Mey：フランス）

2024年
- ◇ヴァイオリン
  - 第1位　ドミトロ・ウドヴィチェンコ（Dmytro Udovychenko：ウクライナ）
  - 第2位　ジョシュア・ブラウン（Joshua Brown：アメリカ）
  - 第3位　エリー・チョイ（Elli Choi：アメリカ）
  - 第4位　ケビン・ジュ（Kevin Zhu：アメリカ）
  - 第5位　ジュリアン・リー（Julian Rhee：アメリカ）
  - 第6位　吉田 南（Minami Yoshida：日本）

22　グラミー賞　Grammy Awards

　レコーディング・アカデミー（正式名称：全米レコーディング芸術科学アカデミー）が主催する音楽賞。レコード会社の経営者らにより音楽業界の振興と支援を目的として創設され、1959年5月に第1回開催（58年度分）。エミール・ベルリナーが発明した蓄音機（グラモフォン）に因み、当初は「グラモフォン・アワード」と呼ばれていたが、略して「グラミー」と呼ばれるようになった。アーティストのみならず、プロデューサー、デザイナー、エンジニアなど幅広い音楽関係者を対象とし、受賞者には蓄音機を模したトロフィーが贈られる。ジャンルはポップス、ロック、ジャズ、ブルース、フォーク、クラシック音楽など多岐に渡る。最優秀アルバム、レコード、楽曲、新人賞等の主要部門をはじめとして90以上の部門賞があり、売り上げ・チャートの順位に関係なく優秀な作品に与えられる。授賞式には世界中の業界関係者

らが集まり，演奏も行われるなど，年に一度の大イベントとして全米をはじめ世界各地で放送・配信される。
　＊日本人では，石岡瑛子（1987年），坂本龍一（89年），喜多郎（2001年），熊田好容（02年），中村浩二，小池正樹（08年），由良政典（10年），松本孝弘，加藤明，上原ひろみ（11年），八木禎治（14年），小澤征爾（16年），ヒロ・ムライ（19年），德永慶子，小池正樹，高山浩也，小坂剛正（20年），Akihiro Nishimura（22年），宅見将典（23年）などが受賞
【主催者】全米レコーディング芸術科学アカデミー（NARAS：National Academy of Recording Arts&Science）
【選考委員】NARAS会員（アカデミーの定める基準を満たした歌手，指揮者，ソングライター，作曲家，エンジニア，プロデューサー，器楽家，編曲者，アートディレクター，ライナーノーツライター，などに会員資格がある）
【選考方法】会員による投票と特別指名により，主要4部門（最優秀アルバム，レコード，楽曲，新人賞）で8つ，その他の部門で5つのノミネート作を決定。投票結果は極秘に集計され，グラミー賞授賞式で発表される
【選考基準】〔第66回・2023年度〕2022年10月1日から2023年9月15日までにリリースされた作品を対象とする
【締切・発表】〔第66回・2023年度〕2024年2月4日発表・授賞式
【賞・賞金】蓄音機を模したトロフィー。賞金はない
【URL】https://www.grammy.com/

第58回（2015年度）

◇最優秀レコード　マーク・ロンソン feat.ブルーノ・マーズ（Mark Ronson feat. Bruno Mars）「Uptown Funk」
◇最優秀アルバム　テイラー・スウィフト（Taylor Swift）「1989」
◇最優秀楽曲　エド・シーラン（Ed Sheeran），エイミー・ワッジ（Amy Wadge）「Thinking Out Loud」
◇最優秀新人　メーガン・トレイナー（Meghan Trainor）
◇最優秀ポップ・ソロ・パフォーマンス
　　エド・シーラン（Ed Sheeran）「Thinking Out Loud」
◇最優秀ポップ・デュオ/グループ・パフォーマンス
　　マーク・ロンソン feat.ブルーノ・マーズ（Mark Ronson feat. Bruno Mars）「Uptown Funk」
◇最優秀トラディショナル・ポップ・ヴォーカル・アルバム
　　トニー・ベネット＆ビル・チャーラップ（Tony Bennett&Bill Charlap）「The Silver Lining：The Songs Of Jerome Kern」
◇最優秀ポップ・ヴォーカル・アルバム
　　テイラー・スウィフト（Taylor Swift）「1989」
◇最優秀ダンス・レコーディング
　　スクリレックス・アンド・ディプロ with ジャスティン・ビーバー（Skrillex And Diplo with Justin Bieber）「Where Are Ü Now」
◇最優秀ダンス/エレクトロニック・アルバム
　　スクリレックス・アンド・ディプロ（Skrillex And Diplo）「Skrillex And Diplo Present Jack Ü」
◇最優秀コンテンポラリー・インストゥルメンタル・アルバム
　　スナーキー・パピー＆メトロポール・オルケスト（Snarky Puppy&Metropole Orkest）「Sylva」
◇最優秀ロック・パフォーマンス

◇最優秀メタル・パフォーマンス
　　　　　　　　ゴースト（Ghost）「Cirice」
◇最優秀ロック楽曲　アラバマ・シェイクス（Alabama Shakes：作詞・作曲）「Don't Wanna Fight」
◇最優秀ロック・アルバム　ミューズ（Muse）「Drones」
◇最優秀オルタナティヴ・ミュージック・アルバム
　　　　　　　　アラバマ・シェイクス（Alabama Shakes）「Sound&Color」
◇最優秀R&Bパフォーマンス
　　　　　　　　ザ・ウィークエンド（The Weeknd）「Earned It（Fifty Shades of Grey）」
◇最優秀トラディショナルR&Bパフォーマンス
　　　　　　　　レイラ・ハサウェイ（Lalah Hathaway）「Little Ghetto Boy」
◇最優秀R&B楽曲　ディアンジェロ&ザ・ヴァンガード（D'Angelo And The Vanguard），ディアンジェロ（D'Angelo），ジーナ・フィゲロア（Gina Figueroa），ケンドラ・フォスター（Kendra Foster）「Really Love」
◇最優秀アーバン・コンテンポラリー・アルバム
　　　　　　　　ザ・ウィークエンド（The Weeknd）「Beauty Behind The Madness」
◇最優秀R&Bアルバム　ディアンジェロ&ザ・ヴァンガード（D'Angelo And The Vanguard）「Black Messiah」
◇最優秀ラップ・パフォーマンス
　　　　　　　　ケンドリック・ラマー（Kendrick Lamar）「Alright」
◇最優秀ラップ/サング・コラボレーション
　　　　　　　　ケンドリック・ラマー feat.ビラル，アンナ・ワイズ&サンダーキャット（Kendrick Lamar feat. Bilal, Anna Wise&Thundercat）「These Walls」
◇最優秀ラップ楽曲　ケンドリック・ラマー（Kendrick Lamar：作詞・作曲），カワン・プラザー（Kawan Prather），マーク・アンソニー・スピアーズ（Mark Anthony Spears），ファレル・ウィリアムス（Pharrell Williams）「Alright」
◇最優秀ラップ・アルバム　ケンドリック・ラマー（Kendrick Lamar）「To Pimp A Butterfly」
◇最優秀カントリー・ソロ・パフォーマンス
　　　　　　　　クリス・ステイプルトン（Chris Stapleton）「Traveller」
◇最優秀カントリー・デュオ/グループ・パフォーマンス
　　　　　　　　リトル・ビッグ・タウン（Little Big Town）「Girl Crush」
◇最優秀カントリー楽曲　リトル・ビッグ・タウン（Little Big Town），ヒラリー・リンジー（Hillary Lindsey），ローリ・マッケンナ（Lori McKenna），リズ・ローズ（Liz Rose）「Girl Crush」
◇最優秀カントリー・アルバム
　　　　　　　　クリス・ステイプルトン（Chris Stapleton）「Traveller」
◇最優秀ニュー・エイジ・アルバム
　　　　　　　　ポール・アヴァーリノス（Paul Avgerinos）「Grace」
◇最優秀インプロヴァイズド・ジャズ・ソロ
　　　　　　　　クリスチャン・マクブライド（Christian McBride）「Cherokee」
◇最優秀ジャズ・ヴォーカル・アルバム
　　　　　　　　セシル・マクロリン・サルヴァント（Cécile McLorin Salvant）「For One To Love」
◇最優秀ジャズ・インストゥルメンタル・アルバム
　　　　　　　　ジョン・スコフィールド（John Scofield）「Past Present」
◇最優秀ラージ・ジャズ・アンサンブル・アルバム
　　　　　　　　マリア・シュナイダー・オーケストラ（Maria Schneider Orchestra）「The Thompson Fields」

◇最優秀ラテン・ジャズ・アルバム
　　　　　イリアーヌ・イリアス（Eliane Elias）「Made In Brazil」
◇最優秀ゴスペル・パフォーマンス／楽曲
　　　　　カーク・フランクリン（Kirk Franklin：作詞・作曲）「Wanna Be Happy？」
◇最優秀コンテンポラリー・クリスチャン・ミュージック・パフォーマンス／楽曲
　　　　　フランチェスカ・バティステリ（Francesca Battistelli）「Holy Spirit」
◇最優秀ゴスペルアルバム　イスラエル＆ニュー・ブリード（Israel&NewBreed）「Covered：Alive In Asia［Live］」
◇最優秀コンテンポラリー・クリスチャン・ミュージックアルバム
　　　　　トビーマック（Tobymac）「This Is Not A Test」
◇最優秀ルーツ・ゴスペル・アルバム
　　　　　ザ・フェアフィールド・フォー（The Fairfield Four）「Still Rockin' My Soul」
◇最優秀ラテン・ポップ・アルバム
　　　　　リッキー・マーティン（Ricky Martin）「A Quien Quiera Escuchar（Deluxe Edition）」
◇最優秀ラテン・ロック、アーバン、オルタナティヴ・アルバム
　　　　　ピットブル（Pitbull）「Dale」
　　　　　ナタリア・ラフォルカデ（Natalia Lafourcade）「Hasta La Raíz」
◇最優秀リージョナル・メキシカン・ミュージック・アルバム（テハーノ含む）
　　　　　ロス・ティグレス・デル・ノルテ（Los Tigres Del Norte）「Realidades-Deluxe Edition」
◇最優秀トロピカル・ラテン・アルバム
　　　　　ルーベン・ブラデス＆ロベルト・デルガード＆オルケスタ（Rubén Blades Con Roberto Delgado&Orquesta）「Son De Panamá」
◇最優秀アメリカン・ルーツ・パフォーマンス
　　　　　メイヴィス・ステイプルズ（Mavis Staples）「See That My Grave Is Kept Clean」
◇最優秀アメリカン・ルーツ楽曲
　　　　　ジェイソン・イズベル（Jason Isbell：作詞・作曲）「24 Frames」
◇最優秀アメリカーナ・アルバム
　　　　　ジェイソン・イズベル（Jason Isbell）「Something More Than Free」
◇最優秀ブルーグラス・アルバム
　　　　　ザ・スティールドライヴァーズ（The Steeldrivers）「The Muscle Shoals Recordings」
◇最優秀ブルース・アルバム
　　　　　バディ・ガイ（Buddy Guy）「Born To Play Guitar」
◇最優秀フォーク・アルバム
　　　　　ベラ・フレック＆アビゲイル・ウォッシュバーン（Béla Fleck&Abigail Washburn）「Béla Fleck&Abigail Washburn」
◇最優秀リージョナル・ルーツ・ミュージック・アルバム
　　　　　ジョン・クリアリー（Jon Cleary）「Go Go Juice」
◇最優秀レゲエ・アルバム　モーガン・ヘリテイジ（Morgan Heritage）「Strictly Roots」
◇最優秀ワールド・ミュージック・アルバム
　　　　　アンジェリーク・キジョー（Angelique Kidjo）「Sings」
◇最優秀子供向けアルバム　ティム・クバート（Tim Kubart）「Home」
◇最優秀朗読アルバム　ジミー・カーター（Jimmy Carter）「A Full Life：Reflections at Ninety」
◇最優秀コメディ・アルバム
　　　　　ルイ・C.K.（Louis C.K.）「Live At Madison Square Garden」

◇最優秀ミュージカル・シアター・アルバム
ダヴィード・ディグス（Daveed Diggs），レネイ・エリース・ゴールズベリイ（Renée Elise Goldsberry），リン＝マニュエル・ミランダ（Lin-Manuel Miranda：主演，作詞，作曲，プロデューサー），アレックス・ラカモア（Alex Lacamoire），ビル・シャーマン〔ほか〕（Bill Sherman）「ハミルトン（Hamilton）」

◇最優秀映像メディア向けコンピレーション・サウンドトラック
ジュリアン・レイモンド（Julian Raymond：プロデューサー）「グレン・キャンベル 音楽の奇跡－アルツハイマーと僕（Glen Campbell：I'll Be Me）」

◇最優秀映像メディア向けスコア・サウンドトラック
アントニオ・サンチェス（Antonio Sanchez：作曲，プロデューサー），アレハンドロ・ゴンサレス・イニャリトゥ（Alejandro González Iñárritu：プロデューサー）「バードマン あるいは（無知がもたらす予期せぬ奇跡）（原題：Birdman）」

◇最優秀映像メディア向け楽曲
コモン＆ジョン・レジェンド（Common&John Legend），ロニー・リン（Lonnie Lynn），チェ・スミス（Che Smith），ジョン・ステファンズ（John Stephens）「グローリー（Glory）」

◇最優秀インストゥルメンタル作曲
アルトゥーロ・オファリル（Arturo O'Farrill：作曲）「The Afro Latin Jazz Suite」〈アルトゥーロ・オファリル＆アフロ・ラテン・ジャズ・オーケストラ feat.ルドレシュ・マハンサッパ〉

◇最優秀編曲，インストゥルメンタルまたはアカペラ
ベン・ブラム＆ペンタトニックス（Ben Bram&Pentatonix：編曲）「Dance Of The Sugar Plum Fairy」〈ペンタトニックス〉

◇最優秀編曲，インストゥルメンタル及びヴォーカル
マリア・シュナイダー（Maria Schneider：編曲）「Sue（Or In A Season Of Crime）」〈デヴィッド・ボウイ〉

◇最優秀レコーディング・パッケージ
サラ・ドッズ（Sarah Dodds），ショーナ・ドッズ（Shauna Dodds），ディック・リーヴス（Dick Reeves）「Still The King：Celebrating The Music Of Bob Wills And His Texas Playboys」〈アスリープ・アット・ザ・ホイール〉

◇最優秀ボックス，特別限定版パッケージ
スーザン・アーチー（Susan Archie），ディーン・ブラックウッド（Dean Blackwood），ジャック・ホワイト（Jack White）「The Rise&Fall Of Paramount Records, Volume Two（1928-32）」

◇最優秀アルバム・ノーツ ジョニ・ミッチェル（Joni Mitchell：ライター）「Love Has Many Faces：A Quartet, A Ballet, Waiting To Be Danced」

◇最優秀ヒストリカル・アルバム
スティーヴ・バーコウィッツ（Steve Berkowitz），ジャン・ハウスト（Jan Haust），ジェフ・ローゼン（Jeff Rosen）「The Basement Tapes Complete：The Bootleg Series Vol. 11」〈ボブ・ディラン＆ザ・バンド〉

◇最優秀録音技術アルバム（クラシック以外）
ショーン・エヴェレット（Shawn Everett），ボブ・ラドウィック（Bob Ludwig）「Sound&Color」〈アラバマ・シェイクス〉

◇最優秀プロデューサー（クラシック以外）
ジェフ・バスカー（Jeff Bhasker）

◇最優秀リミックス・レコーディング
デイヴ・オーデ（Dave Audé：リミキサー）「Uptown Funk（Dave Audé Remix）」〈マーク・ロンソン feat.ブルーノ・マーズ〉

◇最優秀サラウンド・サウンド・アルバム

　　　　　　　　　　ジェイムズ・ガスリー（James Guthrie：エンジニア，プロデューサー），ジョ
　　　　　　　　　　エル・プラント（Joel Plante：エンジニア）「死滅遊戯（Amused To
　　　　　　　　　　Death）」〈ロジャー・ウォーターズ〉
◇最優秀録音技術アルバム（クラシック）
　　　　　　　　　　レスリー・アン・ジョーンズ（Leslie Ann Jones），ジョン・キルグリュー
　　　　　　　　　　（John Kilgore），ノラ・クロル＝ローゼンバウム（Nora Kroll-Rosenbaum），
　　　　　　　　　　ジャスティン・メリル（Justin Merrill），パトリシア・サリヴァン（Patricia
　　　　　　　　　　Sullivan）「Ask Your Mama」〈ジョージ・マナハン＆サンフランシスコ・バ
　　　　　　　　　　レエ管弦楽団〉
◇最優秀プロデューサー（クラシック）
　　　　　　　　　　ジュディス・シャーマン（Judith Sherman）
◇最優秀オーケストラ演奏　アンドリス・ネルソンス（Andris Nelsons：指揮）「スターリンの影の
　　　　　　　　　　下でのショスタコーヴィチ―交響曲第10番（Shostakovich：Under Stalin's
　　　　　　　　　　Shadow-Symphony No. 10）」〈ボストン交響楽団〉
◇最優秀オペラ録音　小澤　征爾（Seiji Ozawa：指揮），イザベル・レナード（Isabel Leonard）「ラ
　　　　　　　　　　ヴェル：歌劇"こどもと魔法"シェヘラザード（Ravel：L'Enfant Et Les
　　　　　　　　　　Sortilèges, Shéhérazade）」〈SKF松本児童合唱団，SKF松本合唱団，サイト
　　　　　　　　　　ウ・キネン・オーケストラ〉
◇最優秀合唱演奏　チャールズ・ブルフィー（Charles Bruffy：指揮）「ラフマニノフ：晩禱
　　　　　　　　　　（Rachmaninoff：All-Night Vigil）」〈カンザス・シティ・コーラル＆フェ
　　　　　　　　　　ニックス・コーラル〉
◇最優秀室内楽/小編成演奏
　　　　　　　　　　ブライス・デスナー（Bryce Dessner：プロデューサー）「Filament」
◇最優秀クラシック器楽独奏
　　　　　　　　　　アウグスティン・ハーデリヒ（Augustin Hadelich），ルドヴィーク・モルロー
　　　　　　　　　　（Ludovic Morlot：指揮）「デュティユー：ヴァイオリン協奏曲 夢の樹
　　　　　　　　　　（Dutilleux：Violin Concerto, L'arbre des Songes）」〈シアトル交響楽団〉
◇最優秀クラシック・ソロヴォーカル・アルバム
　　　　　　　　　　ジョイス・ディドナート（Joyce DiDonato）「Joyce&Tony-Live From
　　　　　　　　　　Wigmore Hall」
◇最優秀クラシック・コンペンディアム
　　　　　　　　　　ジャンカルロ・ゲレーロ（Giancarlo Guerrero：指揮）「Paulus：Three Places
　　　　　　　　　　Of Enlightenment, Veil Of Tears&Grand Concerto」
◇最優秀現代音楽作曲　スティーヴン・ポールズ（Stephen Paulus：作曲）「Paulus：
　　　　　　　　　　Prayers&Remembrances」
◇最優秀ミュージック・ビデオ
　　　　　　　　　　テイラー・スウィフト feat.ケンドリック・ラマー（Taylor Swift feat.
　　　　　　　　　　Kendrick Lamar），ジョセフ・カーン（Joseph Kahn：監督）「Bad Blood」
◇最優秀ミュージック・フィルム
　　　　　　　　　　エイミー・ワインハウス（Amy Winehouse），アシフ・カパディア（Asif
　　　　　　　　　　Kapadia：監督）「AMY エイミー（Amy）」
第59回（2016年度）
　◇最優秀レコード　アデル（Adele）「Hello」
　◇最優秀アルバム　アデル（Adele）「25」
　◇最優秀楽曲　　　アデル（Adele：作詞・作曲），グレッグ・カースティン（Greg Kurstin）「Hello」
　◇最優秀新人　　　チャンス・ザ・ラッパー（Chance The Rapper）
　◇最優秀ポップ・ソロ・パフォーマンス
　　　　　　　　　　アデル（Adele）「Hello」
　◇最優秀ポップ・デュオ/グループ・パフォーマンス
　　　　　　　　　　トゥエンティ・ワン・パイロッツ（Twenty One Pilots）「Stressed Out」

◇最優秀トラディショナル・ポップ・ヴォーカル・アルバム
　　　　　　　　ウィリー・ネルソン（Willie Nelson）「Summertime：Willie Nelson Sings Gershwin」
◇最優秀ポップ・ヴォーカル・アルバム
　　　　　　　　アデル（Adele）「25」
◇最優秀ダンス・レコーディング
　　　　　　　　ザ・チェインスモーカーズ feat.デイヤ（The Chainsmokers feat. Daya）「Don't Let Me Down」
◇最優秀ダンス/エレクトロニック・アルバム
　　　　　　　　フルーム（Flume）「Skin」
◇最優秀コンテンポラリー・インストゥルメンタル・アルバム
　　　　　　　　スナーキー・パピー（Snarky Puppy）「Culcha Vulcha」
◇最優秀ロック・パフォーマンス
　　　　　　　　デヴィッド・ボウイ（David Bowie）「Blackstar」
◇最優秀メタル・パフォーマンス
　　　　　　　　メガデス（Megadeth）「Dystopia」
◇最優秀ロック楽曲　デヴィッド・ボウイ（David Bowie：作詞・作曲）「Blackstar」
◇最優秀ロック・アルバム　ケイジ・ジ・エレファント（Cage The Elephant）「Tell Me I'm Pretty」
◇最優秀オルタナティヴ・ミュージック・アルバム
　　　　　　　　デヴィッド・ボウイ（David Bowie）「Blackstar」
◇最優秀R&Bパフォーマンス
　　　　　　　　ソランジュ（Solange）「Cranes In The Sky」
◇最優秀トラディショナルR&Bパフォーマンス
　　　　　　　　レイラ・ハサウェイ（Lalah Hathaway）「Angel」
◇最優秀R&B楽曲　マックスウェル（Maxwell：作詞・作曲），Musze「Lake By The Ocean」
◇最優秀アーバン・コンテンポラリー・アルバム
　　　　　　　　ビヨンセ（Beyoncé）「Lemonade」
◇最優秀R&Bアルバム　レイラ・ハサウェイ（Lalah Hathaway）「Lalah Hathaway Live」
◇最優秀ラップ・パフォーマンス
　　　　　　　　チャンス・ザ・ラッパー feat.リル・ウェイン&2チェインズ（Chance The Rapper feat. Lil Wayne&2 Chainz）「No Problem」
◇最優秀ラップ/サング・パフォーマンス
　　　　　　　　ドレイク（Drake）「Hotline Bling」
◇最優秀ラップ楽曲　ドレイク（Drake：作詞・作曲），ポール・ジェフリー（Paul Jefferies）「Hotline Bling」
◇最優秀ラップ・アルバム　チャンス・ザ・ラッパー（Chance The Rapper）「Coloring Book」
◇最優秀カントリー・ソロ・パフォーマンス
　　　　　　　　マレン・モリス（Maren Morris）「My Church」
◇最優秀カントリー・デュオ/グループ・パフォーマンス
　　　　　　　　ペンタトニックス feat.ドリー・パートン（Pentatonix feat. Dolly Parton）「Jolene」
◇最優秀カントリー楽曲　ティム・マグロウ（Tim McGraw），ローリ・マッケンナ（Lori McKenna）「Humble And Kind」
◇最優秀カントリー・アルバム
　　　　　　　　スタージル・シンプソン（Sturgill Simpson）「A Sailor's Guide To Earth」
◇最優秀ニュー・エイジ・アルバム
　　　　　　　　ホワイト・サン（White Sun）「White Sun Ⅱ」
◇最優秀インプロヴァイズド・ジャズ・ソロ

ジョン・スコフィールド（John Scofield）「I'm So Lonesome I Could Cry」
◇最優秀ジャズ・ヴォーカル・アルバム
グレゴリー・ポーター（Gregory Porter）「Take Me To The Alley」
◇最優秀ジャズ・インストゥルメンタル・アルバム
ジョン・スコフィールド（John Scofield）「Country For Old Men」
◇最優秀ラージ・ジャズ・アンサンブル・アルバム
テッド・ナッシュ・ビッグバンド（Ted Nash Big Band）「Presidential Suite：Eight Variations On Freedom」
◇最優秀ラテン・ジャズ・アルバム
チューチョ・バルデース（Chucho Valdés）「Tribute To Irakere：Live In Marciac」
◇最優秀ゴスペル・パフォーマンス/楽曲
タメラ・マン（Tamela Mann），カーク・フランクリン（Kirk Franklin：作詞・作曲）「God Provides」
◇最優秀コンテンポラリー・クリスチャン・ミュージック・パフォーマンス/楽曲
ヒラリー・スコット＆ザ・スコット・ファミリー（Hillary Scott&The Scott Family），バーニー・ハームス（Bernie Herms），ヒラリー・スコット（Hillary Scott），エミリー・ウェイスバンド（Emily Weisband）「Thy Will」
◇最優秀ゴスペルアルバム　カーク・フランクリン（Kirk Franklin）「Losing My Religion」
◇最優秀コンテンポラリー・クリスチャン・ミュージックアルバム
ヒラリー・スコット＆ザ・スコット・ファミリー（Hillary Scott&The Scott Family）「Love Remains」
◇最優秀ルーツ・ゴスペル・アルバム
ジョーイ＋ローリー（Joey+Rory）「Hymns」
◇最優秀ラテン・ポップ・アルバム
ジェシー＆ジョイ（Jesse&Joy）「Un Besito Más」
◇最優秀ラテン・ロック，アーバン，オルタナティヴ・アルバム
イレ（iLe）「iLevitable」
◇最優秀リージョナル・メキシカン・ミュージック・アルバム（テハーノ含む）
ビセンテ・フェルナンデス（Vicente Fernández）「Un Azteca En El Azteca, Vol. 1（En Vivo）」
◇最優秀トロピカル・ラテン・アルバム
ホセ・ルーゴ＆グアサバーラ・コンボ（Jose Lugo&Guasábara Combo）「Donde Están？」
◇最優秀アメリカン・ルーツ・パフォーマンス
サラ・ジャローズ（Sarah Jarosz）「House Of Mercy」
◇最優秀アメリカン・ルーツ楽曲
ザ・タイム・ジャンパーズ（The Time Jumpers），ヴィンス・ギル（Vince Gill：作詞・作曲）「Kid Sister」
◇最優秀アメリカーナ・アルバム
ウィリアム・ベル（William Bell）「This Is Where I Live」
◇最優秀ブルーグラス・アルバム
オコナーバンド with マーク・オコナー（O'Connor Band With Mark O'Connor）「Coming Home」
◇最優秀トラディショナル・ブルース・アルバム
ボビー・ラッシュ（Bobby Rush）「Porcupine Meat」
◇最優秀コンテンポラリー・ブルース・アルバム
ファンタスティック・ネグリート（Fantastic Negrito）「The Last Days Of Oakland」

◇最優秀フォーク・アルバム
　　　　　　　サラ・ジャローズ（Sarah Jarosz）「Undercurrent」
◇最優秀リージョナル・ルーツ・ミュージック・アルバム
　　　　　　　カラニ・ペア（Kalani Pe'a）「E Walea」
◇最優秀レゲエ・アルバム　ジギー・マーリー（Ziggy Marley）「Ziggy Marley」
◇最優秀ワールド・ミュージック・アルバム
　　　　　　　ヨーヨー・マ&シルクロード・アンサンブル（Yo-Yo Ma&The Silk Road Ensemble）「Sing Me Home」
◇最優秀子供向けアルバム　Secret Agent 23 Skidoo「Infinity Plus One」
◇最優秀朗読アルバム　キャロル・バーネット（Carol Burnett）「In Such Good Company：Eleven Years Of Laughter, Mayhem, And Fun In The Sandbox」
◇最優秀コメディ・アルバム
　　　　　　　パットン・オズワルト（Patton Oswalt）「パットン・オズワルトの拍手ちょうだい!!（Talking for Clapping）」
◇最優秀ミュージカル・シアター・アルバム
　　　　　　　ダニエル・ブルックス（Danielle Brooks），シンシア・エリヴォ（Cynthia Erivo），ジェニファー・ハドソン（Jennifer Hudson），スティーヴン・ブレイ（Stephen Bray），ヴァン・ディーン〔ほか〕（Van Dean）「カラー・パープル（The Color Purple）」
◇最優秀映像メディア向けコンピレーション・サウンドトラック
　　　　　　　（マイルス・デイヴィス）&Various Artists（（Miles Davis）&Various Artists），スティーヴ・バーコウィッツ（Steve Berkowitz），ドン・チードル（Don Cheadle），ロバート・グラスパー（Robert Glasper）「MILES AHEAD/マイルス・デイヴィス　空白の5年間（Miles Ahead）」
◇最優秀映像メディア向けスコア・サウンドトラック
　　　　　　　ジョン・ウィリアムズ（John Williams：作曲，プロデューサー）「スター・ウォーズ/フォースの覚醒（Star Wars：The Force Awakens）」
◇最優秀映像メディア向け楽曲
　　　　　　　マックス・マーティン（Max Martin），シェルバック（Shellback），ジャスティン・ティンバーレイク（Justin Timberlake）「Can't Stop The Feeling！」
◇最優秀インストゥルメンタル作曲
　　　　　　　テッド・ナッシュ（Ted Nash：作曲）「Spoken At Midnight」〈テッド・ナッシュ・ビッグバンド〉
◇最優秀編曲，インストゥルメンタルまたはアカペラ
　　　　　　　ジェイコブ・コリアー（Jacob Collier：編曲）「You And I」
◇最優秀編曲，インストゥルメンタル及びヴォーカル
　　　　　　　ジェイコブ・コリアー（Jacob Collier：編曲）「Flintstones」
◇最優秀レコーディング・パッケージ
　　　　　　　ジョナサン・バーンブルック（Jonathan Barnbrook：アートディレクター）「Blackstar」〈デヴィッド・ボウイ〉
◇最優秀ボックス，特別限定版パッケージ
　　　　　　　ジェラール・ロ・モナコ（Gérard Lo Monaco：アートディレクター）「Edith Piaf 1915-2015」〈エディット・ピアフ〉
◇最優秀アルバム・ノーツ　ケン・ブルーム（Ken Bloom），リチャード・カーリン（Richard Carlin）「Sissle And Blake Sing Shuffle Along」〈ユービー・ブレイク&ノーブル・シスル〉
◇最優秀ヒストリカル・アルバム
　　　　　　　スティーヴ・バーコウィッツ（Steve Berkowitz），ジェフ・ローゼン（Jeff Rosen）「The Cutting Edge 1965-1966：The Bootleg Series, Vol.12（Collector's Edition）」〈ボブ・ディラン〉

◇最優秀録音技術アルバム（クラシック以外）
　　　　　　　デヴィッド・ボウイ（David Bowie），トム・エルムハースト（Tom Elmhirst），ケヴィン・キレン（Kevin Killen），トニー・ヴィスコンティ（Tony Visconti），ジョー・ラポータ（Joe LaPorta）「Blackstar」〈デヴィッド・ボウイ〉
◇最優秀プロデューサー（クラシック以外）
　　　　　　　グレッグ・カースティン（Greg Kurstin）
◇最優秀リミックス・レコーディング
　　　　　　　アンドレ・アレン・アンホス（André Allen Anjos：リミキサー）「Tearing Me Up（RAC Remix）」〈ボブ・モーゼス〉
◇最優秀サラウンド・サウンド・アルバム
　　　　　　　アレクサンダー・リペイ（Alexander Lipay：エンジニア），ドミトリー・リペイ（Dmitriy Lipay：エンジニア，プロデューサー）「Dutilleux：Sur Le Même Accord, Les Citations, Mystère De L'instant&Timbres, Espace, Mouvement」〈リュドヴィク・モルロー＆シアトル交響楽団〉
◇最優秀録音技術アルバム（クラシック）
　　　　　　　マーク・ドナヒュー（Mark Donahue），フレッド・ヴォグラー（Fred Vogler），デヴィッド・L.ウィリアムズ（David L. Williams）「コリリアーノ：ヴェルサイユの幽霊（Corigliano：The Ghosts Of Versailles）」〈ロサンゼルス・オペラ合唱団，ロサンゼルス・オペラ管弦楽団〉
◇最優秀プロデューサー（クラシック）
　　　　　　　デーヴィッド・フロスト（David Frost）
◇最優秀オーケストラ演奏　アンドリス・ネルソンス（Andris Nelsons：指揮）「スターリンの影の下でのショスタコーヴィチ-交響曲第5,8&9（Shostakovich：Under Stalin's Shadow-Symphonies Nos. 5,8&9）」〈ボストン交響楽団〉
◇最優秀オペラ録音　ジェームズ・コンロン（James Conlon：指揮），ジョシュア・ゲレーロ（Joshua Guerrero），クリストファー・モルトマン〔ほか〕（Christopher Maltman）「コリリアーノ：ヴェルサイユの幽霊（Corigliano：The Ghosts Of Versailles）」〈ロサンゼルス・オペラ合唱団，ロサンゼルス・オペラ管弦楽団〉
◇最優秀合唱演奏　クシシュトフ・ペンデレツキ（Krzysztof Penderecki：指揮）「Penderecki Conducts Penderecki, Volume 1」〈ワルシャワ・フィルハーモニー合唱団，ワルシャワ・フィルハーモニー管弦楽団〉
◇最優秀クラシック室内楽/小編成演奏
　　　　　　　サード・コースト・パーカッション（Third Coast Percussion）「スティーヴ・ライヒ（Steve Reich）」
◇最優秀クラシック器楽独奏
　　　　　　　ズイル・ベイリー（Zuill Bailey），ジャンカルロ・ゲレーロ（Giancarlo Guerrero：指揮）「ドアティ：ヘミングウェイの物語（Daugherty：Tales of Hemingway）」〈ナッシュヴィル交響楽団〉
◇最優秀クラシック・ソロヴォーカル・アルバム
　　　　　　　イアン・ボストリッジ（Ian Bostridge）「Shakespeare Songs」
◇最優秀クラシック・コンペンディアム
　　　　　　　ジャンカルロ・ゲレーロ（Giancarlo Guerrero：指揮）「ドアティ：ヘミングウェイの物語/アメリカン・ゴシック/ワンス・アポン・ア・キャッスル（Daugherty：Tales Of Hemingway, American Gothic, Once Upon A Castle）」
◇最優秀現代音楽作曲　マイケル・ドアティ（Michael Daugherty：作曲）「ドアティ：ヘミングウェイの物語（Daugherty：Tales of Hemingway）」
◇最優秀ミュージック・ビデオ
　　　　　　　ビヨンセ（Beyoncé），メリナ・マツォウカス（Melina Matsoukas：監督）「Formation」

◇最優秀ミュージック・フィルム
　　　　　　　　ザ・ビートルズ（The Beatles），ロン・ハワード（Ron Howard：監督）「The Beatles：Eight Days A Week The Touring Years」

第60回（2017年度）
　◇最優秀レコード　ブルーノ・マーズ（Bruno Mars）「24K Magic」
　◇最優秀アルバム　ブルーノ・マーズ（Bruno Mars）「24K Magic」
　◇最優秀楽曲　ブルーノ・マーズ（Bruno Mars），クリストファー・ブロディー・ブラウン（Christopher Brody Brown），ジェイムス・フォントルロイ（James Fauntleroy），フィリップ・ローレンス（Philip Lawrence），レイ・チャールズ・マッカローⅡ（Ray Charles McCulloughⅡ），ジェレミー・リーヴス（Jeremy Reeves），レイ・ロムルス（Ray Romulus），ジョナサン・イップ（Jonathan Yip）「That's What I Like」
　◇最優秀新人　アレッシア・カーラ（Alessia Cara）
　◇最優秀ポップ・ソロ・パフォーマンス
　　　　　　　　エド・シーラン（Ed Sheeran）「Shape Of You」
　◇最優秀ポップ・デュオ/グループ・パフォーマンス
　　　　　　　　ポルトガル・ザ・マン（Portugal. The Man）「Feel It Still」
　◇最優秀トラディショナル・ポップ・ヴォーカル・アルバム
　　　　　　　　ダエ・ベネット（Dae Bennett：プロデューサー）「Tony Bennett Celebrates 90」
　◇最優秀ポップ・ヴォーカル・アルバム
　　　　　　　　エド・シーラン（Ed Sheeran）「÷（Divide）」
　◇最優秀ダンス・レコーディング
　　　　　　　　LCDサウンドシステム（LCD Soundsystem）「Tonite」
　◇最優秀ダンス/エレクトロニック・アルバム
　　　　　　　　クラフトワーク（Kraftwerk）「3-D The Catalogue」
　◇最優秀コンテンポラリー・インストゥルメンタル・アルバム
　　　　　　　　ジェフ・ローバー・フュージョン（Jeff Lorber Fusion）「Prototype」
　◇最優秀ロック・パフォーマンス
　　　　　　　　レナード・コーエン（Leonard Cohen）「You Want It Darker」
　◇最優秀メタル・パフォーマンス
　　　　　　　　マストドン（Mastodon）「Sultan's Curse」
　◇最優秀ロック楽曲　フー・ファイターズ（Foo Fighters：作詞・作曲）「Run」
　◇最優秀ロック・アルバム　ザ・ウォー・オン・ドラッグス（The War On Drugs）「A Deeper Understanding」
　◇最優秀オルタナティヴ・ミュージック・アルバム
　　　　　　　　ザ・ナショナル（The National）「Sleep Well Beast」
　◇最優秀R&Bパフォーマンス
　　　　　　　　ブルーノ・マーズ（Bruno Mars）「That's What I Like」
　◇最優秀トラディショナルR&Bパフォーマンス
　　　　　　　　チャイルディッシュ・ガンビーノ（Childish Gambino）「Redbone」
　◇最優秀R&B楽曲　ブルーノ・マーズ（Bruno Mars），クリストファー・ブロディー・ブラウン（Christopher Brody Brown），ジェイムス・フォントルロイ（James Fauntleroy），フィリップ・ローレンス（Philip Lawrence），レイ・チャールズ・マッカローⅡ（Ray Charles McCulloughⅡ），ジェレミー・リーヴス（Jeremy Reeves），レイ・ロムルス（Ray Romulus），ジョナサン・イップ（Jonathan Yip）「That's What I Like」
　◇最優秀アーバン・コンテンポラリー・アルバム
　　　　　　　　ザ・ウィークエンド（The Weeknd）「Starboy」

◇最優秀R&Bアルバム　ブルーノ・マーズ（Bruno Mars）「24K Magic」
◇最優秀ラップ・パフォーマンス
　　　　　　　　　ケンドリック・ラマー（Kendrick Lamar）「HUMBLE.」
◇最優秀ラップ/サング・パフォーマンス
　　　　　　　　　ケンドリック・ラマー feat.リアーナ（Kendrick Lamar feat. Rihanna）「LOYALTY.」
◇最優秀ラップ楽曲　ケンドリック・ラマー（Kendrick Lamar），ケンドリック・ダックワーズ（Kendrick Duckworth），アシュトン・ホーガン（Asheton Hogan），マイケル・ウィリアムスⅡ（Michael WilliamsⅡ），アンソニー・ティフィス（Anthony Tiffith）「HUMBLE.」
◇最優秀ラップ・アルバム　ケンドリック・ラマー（Kendrick Lamar）「DAMN.」
◇最優秀カントリー・ソロ・パフォーマンス
　　　　　　　　　クリス・ステイプルトン（Chris Stapleton）
◇最優秀カントリー・デュオ/グループ・パフォーマンス
　　　　　　　　　リトル・ビッグ・タウン（Little Big Town）「Better Man」
◇最優秀カントリー楽曲　クリス・ステイプルトン（Chris Stapleton），マイク・ヘンダーソン（Mike Henderson）「Broken Halos」
◇最優秀カントリー・アルバム
　　　　　　　　　クリス・ステイプルトン（Chris Stapleton）「From A Room：Volume 1」
◇最優秀ニュー・エイジ・アルバム
　　　　　　　　　ピーター・ケーター（Peter Kater）「Dancing On Water」
◇最優秀インプロヴァイズド・ジャズ・ソロ
　　　　　　　　　ジョン・マクラフリン（John McLaughlin）「Miles Beyond」
◇最優秀ジャズ・ヴォーカル・アルバム
　　　　　　　　　セシル・マクロリン・サルヴァント（Cécile McLorin Salvant）「Dreams And Daggers」
◇最優秀ジャズ・インストゥルメンタル・アルバム
　　　　　　　　　ビリー・チャイルズ（Billy Childs）「Rebirth」
◇最優秀ラージ・ジャズ・アンサンブル・アルバム
　　　　　　　　　クリスチャン・マクブライド・ビッグバンド（Christian McBride Big Band）「Bringin' It」
◇最優秀ラテン・ジャズ・アルバム
　　　　　　　　　パブロ・シーグレル・トリオ（Pablo Ziegler Trio）「Jazz Tango」
◇最優秀ゴスペル・パフォーマンス/楽曲
　　　　　　　　　シーシー・ワインンズ（CeCe Winans），ドワン・ヒル（Dwan Hill），アルヴィン・ラヴⅢ（Alvin LoveⅢ）「Never Have to be Alone」
◇最優秀コンテンポラリー・クリスチャン・ミュージック・パフォーマンス/楽曲
　　　　　　　　　ヒルソング・ワーシップ（Hillsong Worship），ベン・フィールディング（Ben Fielding），ブルック・リガートウッド（Brooke Ligertwood）「What a Beautiful Name」
◇最優秀ゴスペルアルバム　シーシー・ワインンズ（CeCe Winans）「Let Them Fall In Love」
◇最優秀コンテンポラリー・クリスチャン・ミュージックアルバム
　　　　　　　　　ザック・ウィリアムズ（Zach Williams）「Chain Breaker」
◇最優秀ルーツ・ゴスペル・アルバム
　　　　　　　　　リーバ・マッキンタイア（Reba McEntire）「Sing It Now：Songs Of Faith&Hope」
◇最優秀ラテン・ポップ・アルバム
　　　　　　　　　シャキーラ（Shakira）「El Dorado」
◇最優秀ラテン・ロック，アーバン，オルタナティヴ・アルバム

レジデンテ (Residente)「Residente」
◇最優秀リージョナル・メキシカン・ミュージック・アルバム (テハーノ含む)
アイダ・クエヴァス (Aida Cuevas)「Arrieros Somos Sesiones Acústicas」
◇最優秀トロピカル・ラテン・アルバム
ルベーン・ブラデス&ロベルト・デルガード&オルケスタ (Rubén Blades Con Roberto Delgado&Orquesta)「Salsa Big Band」
◇最優秀アメリカン・ルーツ・パフォーマンス
アラバマ・シェイクス (Alabama Shakes)「Killer Diller Blues」
◇最優秀アメリカン・ルーツ楽曲
ジェイソン・イズベル&ザ・400ユニット (Jason Isbell and The 400 Unit), ジェイソン・イズベル (Jason Isbell：作詞・作曲)「If We Were Vampires」
◇最優秀アメリカーナ・アルバム
ジェイソン・イズベル&ザ・400ユニット (Jason Isbell and The 400 Unit)「The Nashville Sound」
◇最優秀ブルーグラス・アルバム
ロンダ・ヴィンセント&ザ・レイジ (Rhonda Vincent and The Rage)「All The Rage-In Concert Volume One [Live]」
ザ・インファマス・ストリングダスターズ (The Infamous Stringdusters)「Laws of Gravity」
◇最優秀トラディショナル・ブルース・アルバム
ザ・ローリングストーンズ (The Rolling Stones)「Blue&Lonesome」
◇最優秀コンテンポラリー・ブルース・アルバム
タジ・マハール (Taj Mahal), ケブ・モ (Keb' Mo')「TajMo」
◇最優秀フォーク・アルバム
エイミー・マン (Aimee Mann)「Mental Illness」
◇最優秀リージョナル・ルーツ・ミュージック・アルバム
ロスト・バイユー・ランブラーズ (Lost Bayou Ramblers)「Kalenda」
◇最優秀レゲエ・アルバム ダミアン・"ジュニア・ゴング"・マーリー (Damian "Jr. Gong" Marley)「Stony Hill」
◇最優秀ワールド・ミュージック・アルバム
レディスミス・ブラック・マンバーゾ (Ladysmith Black Mambazo)「Shaka Zulu Revisited：30th Anniversary Celebration」
◇最優秀子供向けアルバム リサ・ローブ (Lisa Loeb)「Feel What U Feel」
◇最優秀朗読アルバム キャリー・フィッシャー (Carrie Fisher)「The Princess Diarist」
◇最優秀コメディ・アルバム
デイヴ・シャペル (Dave Chappelle)「The Age Of Spin&Deep In The Heart Of Texas」
◇最優秀ミュージカル・シアター・アルバム
ローラ・ドレイファス (Laura Dreyfuss), マイク・ファイスト (Mike Faist), ベンジ・パセック (Benj Pasek), ジャスティン・ポール (Justin Paul), ピート・ガンバーグ (Pete Ganbarg), アレックス・ラカモア (Alex Lacamoire), ステーシー・ミンディッチ〔ほか〕(Stacey Mindich)「ディア・エヴァン・ハンセン (Dear Evan Hansen)」
◇最優秀映像メディア向けコンピレーション・サウンドトラック
ジャスティン・ハーウィッツ (Justin Hurwitz), マリウス・デ・ヴリーズ (Marius de Vries)「ラ・ラ・ランド (La La Land)」
◇最優秀映像メディア向けスコア・サウンドトラック
ジャスティン・ハーウィッツ (Justin Hurwitz：作曲, プロデューサー)「ラ・ラ・ランド (La La Land)」

◇最優秀映像メディア向け楽曲
アウリイ・クラヴァーリョ（Auli'i Cravalho），リン＝マニュエル・ミランダ（Lin-Manuel Miranda）「How Far I'll Go」

◇最優秀インストゥルメンタル作曲
アルトゥーロ・オファリル（Arturo O'Farrill：作曲）「Three Revolutions」〈アルトゥーロ・オファリル＆チューチョ・ヴァルデース〉

◇最優秀編曲，インストゥルメンタルまたはアカペラ
ジョン・ウィリアムズ（John Williams：編曲）「Escapades For Alto Saxophone And Orchestra From Catch Me If You Can」

◇最優秀編曲，インストゥルメンタル及びヴォーカル
ランディ・ニューマン（Randy Newman：編曲）「Putin」

◇最優秀レコーディング・パッケージ
サーシャ・バー（Sasha Barr），エド・スティード（Ed Steed），ジョシュ・ティルマン（Josh Tillman）「Pure Comedy (Deluxe Edition)」〈ファーザー・ジョン・ミスティ〉

Carlos Dussán, Juliana Jaramillo, Juan Felipe Martínez, クラウディオ・ロンコリ（Claudio Roncoli）「El Orisha De La Rosa」〈マヒーン・ディアス〉

◇最優秀ボックス，特別限定版パッケージ
ローレンス・アゼラッド（Lawrence Azerrad），ティモシー・デイリー（Timothy Daly），デヴィッド・ペスコヴィッツ（David Pescovitz）「The Voyager Golden Record：40th Anniversary Edition」

◇最優秀アルバム・ノーツ ライネル・ジョージ（Lynell George：ライター）「Live At The Whisky A Go Go：The Complete Recordings」〈オーティス・レディング〉

◇最優秀ヒストリカル・アルバム
ロバート・ラス（Robert Russ：プロデューサー）「Leonard Bernstein - The Composer」〈レナード・バーンスタイン〉

◇最優秀録音技術アルバム（クラシック以外）
セルバン・ゲニア（Serban Ghenea），ジョン・ヘインズ（John Hanes），チャールズ・モニス（Charles Moniz），トム・コイン（Tom Coyne）「24K Magic」〈ブルーノ・マーズ〉

◇最優秀プロデューサー（クラシック以外）
グレッグ・カースティン（Greg Kurstin）

◇最優秀リミックス・レコーディング
デニス・ホワイト（Dennis White：リミキサー）「You Move (Latroit Remix)」〈デペッシュ・モード〉

◇最優秀サラウンド・サウンド・アルバム
ジム・アンダーソン（Jim Anderson：エンジニア，プロデューサー），ダーシー・プロパー（Darcy Proper：エンジニア），ジェーン・アイラ・ブルーム（Jane Ira Bloom：プロデューサー）「Early Americans」

◇最優秀録音技術アルバム（クラシック）
マーク・ドナヒュー（Mark Donahue：エンジニア）「ショスタコーヴィチ：交響曲第5番 "革命" バーバー：弦楽のためのアダージョ（Shostakovich：Symphony No. 5, Barber：Adagio）」〈マンフレッド・ホーネック＆ピッツバーグ交響楽団〉

◇最優秀プロデューサー（クラシック）
デヴィッド・フロスト（David Frost）

◇最優秀オーケストラ演奏 マンフレッド・ホーネック（Manfred Honeck：指揮）「ショスタコーヴィチ：交響曲第5番 "革命" バーバー：弦楽のためのアダージョ（Shostakovich：Symphony No. 5, Barber：Adagio）」〈ピッツバーグ交響楽団〉

◇最優秀オペラ録音　ハンス・グラーフ（Hans Graf：指揮），アンネ・シュヴァーネヴィルムス（Anne Schwanewilms），ローマン・トレーケル（Roman Trekel）「ベルク：歌劇"ヴォツェック"（Berg：Wozzeck）」〈ヒューストン交響楽団，ライス大学シェパード音楽学校合唱団，ヒューストン・グランド・オペラ児童合唱団〉
◇最優秀合唱演奏　ドナルド・ナリー（Donald Nally：指揮）「ブライアーズ：フィフス・センチュリー（Bryars：The Fifth Century）」〈ザ・クロッシング，プリズム・カルテット〉
◇最優秀クラシック室内楽/小編成演奏　パトリシア・コパチンスカヤ（Patricia Kopatchinskaja：指揮），セントポール室内管弦楽団（The Saint Paul Chamber Orchestra）「死と乙女（Death&The Maiden）」
◇最優秀クラシック器楽独奏　ダニール・トリフォノフ（Daniil Trifonov）「超絶！トリフォノフ・プレイズ・リスト（Transcendental）」
◇最優秀クラシック・ソロヴォーカル・アルバム　バーバラ・ハンニガン（Barbara Hannigan）「Crazy Girl Crazy」〈ルートヴィヒ管弦楽団〉
◇最優秀クラシック・コンペンディアム　ジャンカルロ・ゲレーロ（Giancarlo Guerrero：指揮）「ヒグドン：全ては壮大な/ヴィオラ協奏曲/オーボエ協奏曲（Higdon：All Things Majestic, Viola Concerto&Oboe Concerto）」
◇最優秀現代音楽作曲　ジェニファー・ヒグドン（Jennifer Higdon：作曲）「ヴィオラ協奏曲（Viola Concerto）」〈ロベルト・ディアス，ジャンカルロ・ゲレーロ＆ナッシュヴィル交響楽団〉
◇最優秀ミュージック・ビデオ　ケンドリック・ラマー（Kendrick Lamar），デイブ・マイヤーズ（Dave Meyers），The Little Homies「HUMBLE.」
◇最優秀ミュージック・フィルム　アレン・ヒューズ（Allen Hughes：監督）「The Defiant Ones」

第61回（2018年度）
◇最優秀レコード　チャイルディッシュ・ガンビーノ（Childish Gambino）「This Is America」
◇最優秀アルバム　ケイシー・マスグレイヴス（Kacey Musgraves）「Golden Hour」
◇最優秀楽曲　チャイルディッシュ・ガンビーノ（Childish Gambino），ドナルド・グローヴァー（Donald Glover），ルドウィグ・ゴランソン（Ludwig Göransson），ジェフリー・ラマー・ウィリアムズ（Jeffery Lamar Williams）「This Is America」
◇最優秀新人　デュア・リパ（Dua Lipa）
◇最優秀ポップ・ソロ・パフォーマンス　レディー・ガガ（Lady Gaga）「Joanne（Where Do You Think You're Goin'？）」
◇最優秀ポップ・デュオ/グループ・パフォーマンス　レディー・ガガ＆ブラッドリー・クーパー（Lady Gaga&Bradley Cooper）「Shallow」
◇最優秀トラディショナル・ポップ・ヴォーカル・アルバム　ウィリー・ネルソン（Willie Nelson）「My Way」
◇最優秀ポップ・ヴォーカル・アルバム　アリアナ・グランデ（Ariana Grande）「Sweetener」
◇最優秀ダンス・レコーディング　シルク・シティ＆デュア・リパ feat.ディプロ＆マーク・ロンソン（Silk City&Dua Lipa feat. Diplo&Mark Ronson）「Electricity」

◇最優秀ダンス/エレクトロニック・アルバム
　　　　　ジャスティス（Justice）「Woman Worldwide」
◇最優秀コンテンポラリー・インストゥルメンタル・アルバム
　　　　　スティーヴ・ガッド・バンド（Steve Gadd Band）「Steve Gadd Band」
◇最優秀ロック・パフォーマンス
　　　　　クリス・コーネル（Chris Cornell）「When Bad Does Good」
◇最優秀メタル・パフォーマンス
　　　　　ハイ・オン・ファイア（High on Fire）「Electric Messiah」
◇最優秀ロック楽曲　セイント・ヴィンセント（St. Vincent）、ジャック・アントノフ（Jack Antonoff）、アニー・クラーク（Annie Clark）「Masseduction」
◇最優秀ロック・アルバム　グレタ・ヴァン・フリート（Greta Van Fleet）「From The Fires」
◇最優秀オルタナティヴ・ミュージック・アルバム
　　　　　ベック（Beck）「Colors」
◇最優秀R&Bパフォーマンス
　　　　　H.E.R. feat.ダニエル・シーザー（H.E.R. feat. Daniel Caesar）「Best Part」
◇最優秀トラディショナルR&Bパフォーマンス
　　　　　PJモートン feat.イエバ（PJ Morton feat. Yebba）「How Deep Is Your Love」
　　　　　リオン・ブリッジズ（Leon Bridges）「Bet Ain't Worth The Hand」
◇最優秀R&B楽曲　エラ・メイ（Ella Mai）、Roderick Pusharod Bullock、ロレンス・ドプソン（Larrance Dopson）、ジョエル・ジェームズ（Joelle James）、ディジョン・マクファーレン（Dijon McFarlane）「Boo'd Up」
◇最優秀アーバン・コンテンポラリー・アルバム
　　　　　ザ・カーターズ（The Carters）「Everything Is Love」
◇最優秀R&Bアルバム　H.E.R.「H.E.R.」
◇最優秀ラップ・パフォーマンス
　　　　　アンダーソン・パーク（Anderson .Paak）「Bubblin」
　　　　　ケンドリック・ラマー（Kendrick Lamar）、ジェイ・ロック（Jay Rock）、フューチャー（Future）、ジェイムス・ブレイク（James Blake）「King's Dead」
◇最優秀ラップ/サング・パフォーマンス
　　　　　チャイルディッシュ・ガンビーノ（Childish Gambino）「This Is America」
◇最優秀ラップ楽曲　ドレイク（Drake）、ダヴェオン・ジャクソン（Daveon Jackson）、ブロック・コーサン（Brock Korsan）、Ron LaTour、マシュー・サミュエルズ（Matthew Samuels）、ノア・シェビブ（Noah Shebib）「God's Plan」
◇最優秀ラップ・アルバム　カーディ・B（Cardi B）「Invasion Of Privacy」
◇最優秀カントリー・ソロ・パフォーマンス
　　　　　ケイシー・マスグレイヴス（Kacey Musgraves）「Butterflies」
◇最優秀カントリー・デュオ/グループ・パフォーマンス
　　　　　ダン+シェイ（Dan + Shay）「Tequila」
◇最優秀カントリー楽曲　ケイシー・マスグレイヴス（Kacey Musgraves）、ルーク・レアード（Luke Laird）、シェーン・マカナリー（Shane McAnally）「Space Cowboy」
◇最優秀カントリー・アルバム
　　　　　ケイシー・マスグレイヴス（Kacey Musgraves）「Golden Hour」
◇最優秀ニュー・エイジ・アルバム
　　　　　オピウム・ムーン（Opium Moon）「Opium Moon」
◇最優秀インプロヴァイズド・ジャズ・ソロ
　　　　　ジョン・デイバーサ（John Daversa）「Don't Fence Me In」
◇最優秀ジャズ・ヴォーカル・アルバム
　　　　　セシル・マクロリン・サルヴァント（Cécile McLorin Salvant）「The Window」

◇最優秀ジャズ・インストゥルメンタル・アルバム
ウェイン・ショーター・カルテット (The Wayne Shorter Quartet)「Emanon」
◇最優秀ラージ・ジャズ・アンサンブル・アルバム
ジョン・デイバーサ・ビッグバンド feat.DACAアーティスト (John Daversa Big Band feat. DACA Artists)「American Dreamers：Voices Of Hope, Music Of Freedom」
◇最優秀ラテン・ジャズ・アルバム
ダフニス・プリエト・ビッグバンド (Dafnis Prieto Big Band)「Back To The Sunset」
◇最優秀ゴスペル・パフォーマンス/楽曲
トリー・ケリー feat.カーク・フランクリン (Tori Kelly feat. Kirk Franklin：作詞・作曲), ヴィクトリア・ケリー (Victoria Kelly)「Never Alone」
◇最優秀コンテンポラリー・クリスチャン・ミュージック・パフォーマンス/楽曲
ローレン・デイグル (Lauren Daigle), ジェイソン・イングラム (Jason Ingram), ポール・マベリー (Paul Mabury)「You Say」
◇最優秀ゴスペルアルバム　トリー・ケリー (Tori Kelly)「Hiding Place」
◇最優秀コンテンポラリー・クリスチャン・ミュージックアルバム
ローレン・デイグル (Lauren Daigle)「Look Up Child」
◇最優秀ルーツ・ゴスペル・アルバム
ジェイソン・クラブ (Jason Crabb)「Unexpected」
◇最優秀ラテン・ポップ・アルバム
クラウディア・ブラント (Claudia Brant)「Sincera」
◇最優秀ラテン・ロック, アーバン, オルタナティヴ・アルバム
Zoé「Aztlán」
◇最優秀リージョナル・メキシカン・ミュージック・アルバム (テハーノ含む)
ルイス・ミゲル (Luis Miguel)「¡ México Por Siempre !」
◇最優秀トロピカル・ラテン・アルバム
スパニッシュ・ハーレム・オーケストラ (Spanish Harlem Orchestra)「Anniversary」
◇最優秀アメリカン・ルーツ・パフォーマンス
ブランディ・カーライル (Brandi Carlile)「The Joke」
◇最優秀アメリカン・ルーツ楽曲
ブランディ・カーライル (Brandi Carlile), デイヴ・コブ (Dave Cobb), フィル・ハンセロート (Phil Hanseroth), ティム・ハンセロート (Tim Hanseroth)「The Joke」
◇最優秀アメリカーナ・アルバム
ブランディ・カーライル (Brandi Carlile)「By The Way, I Forgive You」
◇最優秀ブルーグラス・アルバム
The Travelin' McCourys「The Travelin' McCourys」
◇最優秀トラディショナル・ブルース・アルバム
バディ・ガイ (Buddy Guy)「The Blues Is Alive And Well」
◇最優秀コンテンポラリー・ブルース・アルバム
ファンタスティック・ネグリート (Fantastic Negrito)「Please Don't Be Dead」
◇最優秀フォーク・アルバム
パンチブラザーズ (Punch Brothers)「All Ashore」
◇最優秀リージョナル・ルーツ・ミュージック・アルバム
カラニ・ペア (Kalani Pe'a)「No 'Ane'i」
◇最優秀レゲエ・アルバム　スティング＆シャギー (Sting&Shaggy)「44/876」

◇最優秀ワールド・ミュージック・アルバム
　　　　　ソウェト・ゴスペル・クワイア（Soweto Gospel Choir）「Freedom」
◇最優秀子供向けアルバム　ルーシー・カランタリ＆ザ・ジャズ・キャッツ（Lucy Kalantari&The Jazz Cats）「All The Sounds」
◇最優秀朗読アルバム　ジミー・カーター（Jimmy Carter）「Faith - A Journey for All」
◇最優秀コメディ・アルバム
　　　　　デイヴ・シャペル（Dave Chappelle）「冷静沈着&汚れた鳥（Equanimity&The Bird Revelation）」
◇最優秀ミュージカル・シアター・アルバム
　　　　　エタイ・ベンソン（Etai Benson），アダム・カンター（Adam Kantor），カトリーナ・レンク（Katrina Lenk），アリエル・スタッヘル（Ari'el Stachel），ディーン・シャレノフ（Dean Sharenow：プロデューサー），デヴィッド・ヤズベック（David Yazbek：プロデューサー，作詞・作曲）「バンズ・ヴィジット　迷子の警察音楽隊（The Band's Visit）」
◇最優秀映像メディア向けコンピレーション・サウンドトラック
　　　　　ヒュー・ジャックマン（&Various Artists）（Hugh Jackman（&Various Artists））,アレックス・ラカモア（Alex Lacamoire），ベンジ・パセック（Benj Pasek），ジャスティン・ポール（Justin Paul），グレッグ・ウェルズ（Greg Wells）「グレイテスト・ショーマン（The Greatest Showman）」
◇最優秀映像メディア向けスコア・サウンドトラック
　　　　　ルドウィグ・ゴランソン（Ludwig Göransson：作曲，プロデューサー）「ブラックパンサー（Black Panther）」
◇最優秀映像メディア向け楽曲
　　　　　レディー・ガガ＆ブラッドリー・クーパー（Lady Gaga&Bradley Cooper），レディー・ガガ（Lady Gaga），マーク・ロンソン（Mark Ronson），アンソニー・ロッソマンド（Anthony Rossomando），アンドリュー・ワイアット（Andrew Wyatt）「Shallow」
◇最優秀インストゥルメンタル作曲
　　　　　テレンス・ブランチャード（Terence Blanchard：作曲）「Blut Und Boden（Blood And Soil）」
◇最優秀編曲，インストゥルメンタルまたはアカペラ
　　　　　ジョン・デイバーサ（John Daversa：編曲）「Stars And Stripes Forever」〈ジョン・デイバーサ・ビッグバンド feat. DACAアーティスト〉
◇最優秀編曲，インストゥルメンタル及びヴォーカル
　　　　　マーク・キブル（Mark Kibble），ランディー・ウォルドマン（Randy Waldman），ジャスティン・ウィルソン（Justin Wilson）「スパイダーマンのテーマ（Spiderman Theme）」〈ランディー・ウォルドマン feat.テイク6&クリス・ポッター〉
◇最優秀レコーディング・パッケージ
　　　　　ウィロ・ペロン（Willo Perron：アートディレクター）「Masseduction」〈セイント・ヴィンセント〉
◇最優秀ボックス，特別限定版パッケージ
　　　　　メーガン・フォーリー（Meghan Foley），アニー・ストール（Annie Stoll），アル・ヤンコビック（Al Yankovic）「Squeeze Box：The Complete Works Of "Weird Al" Yankovic」〈"ウィアード・アル"・ヤンコビック〉
◇最優秀アルバム・ノーツ　デヴィッド・エヴァンス（David Evans：ライター）「Voices Of Mississippi：Artists And Musicians Documented By William Ferris」
◇最優秀ヒストリカル・アルバム
　　　　　ウィリアム・フェリス（William Ferris），エイプリル・レッドベター（April Ledbetter），スティーブン・ランス・レッドベター（Steven Lance Ledbetter）「Voices Of Mississippi：Artists And Musicians Documented

By William Ferris」

◇最優秀録音技術アルバム（クラシック以外）
ジュリアン・バーグ（Julian Burg），セルバン・ゲネア（Serban Ghenea），デヴィッド・"エレベーター"・グリーンバウム〔ほか〕（David "Elevator" Greenbaum）「Colors」〈ベック〉

◇最優秀プロデューサー（クラシック以外）
ファレル・ウィリアムス（Pharrell Williams）

◇最優秀リミックス・レコーディング
アレックス・クロッサン（Alex Crossan：リミキサー）「Walking Away（Mura Masa Remix）」〈ハイム〉

◇最優秀イマーシブ・オーディオ・アルバム
アラン・パーソンズ（Alan Parsons：エンジニア，プロデューサー），デイヴ・ドネリー（Dave Donnelly），P.J.オルソン（PJ Olsson）「Eye In The Sky-35th Anniversary Edition」〈アラン・パーソンズ・プロジェクト〉

◇最優秀録音技術アルバム（クラシック）
ショーン・マーフィー（Shawn Murphy），ニック・スクアイア（Nick Squire），ティム・マーティン（Tim Martyn）「ショスタコーヴィチ：交響曲第4番・第11番（Shostakovich：Symphonies Nos. 4&11）」〈アンドリス・ネルソンス＆ボストン交響楽団〉

◇最優秀プロデューサー（クラシック）
ブラントン・アルシュボー（Blanton Alspaugh）

◇最優秀オーケストラ演奏　アンドリス・ネルソンス（Andris Nelsons：指揮）「ショスタコーヴィチ：交響曲第4番・第11番（Shostakovich：Symphonies Nos. 4&11）」〈ボストン交響楽団〉

◇最優秀オペラ録音　マイケル・クリスティ（Michael Christie：指揮），サーシャ・クック（Sasha Cooke），ジェシカ・E.ジョーンズ（Jessica E. Jones），エドワード・パークス（Edward Parks），ギャレット・ソレンソン（Garrett Sorenson），ウーウェイ（Wei Wu）「ベイツ：スティーブ・ジョブズの革命〈進化〉（Bates：The (R)evolution Of Steve Jobs）」〈サンタ・フェ・オペラ管弦楽団〉

◇最優秀合唱演奏　ドナルド・ナリー（Donald Nally：指揮）「McLoskey：Zealot Canticles」〈ザ・クロッシング〉

◇最優秀室内楽/小編成演奏
ローリー・アンダーソン＆クロノス・クァルテット（Laurie Anderson&Kronos Quartet）「Landfall」

◇最優秀クラシック器楽独奏
ジェイムズ・エーネス（James Ehnes），リュドヴィク・モルロー（Ludovic Morlot：指揮）「カーニス：ヴァイオリン協奏曲（Kernis：Violin Concerto）」〈シアトル交響楽団〉

◇最優秀クラシック・ソロヴォーカル・アルバム
カリム・スレイマン（Karim Sulayman），ジャネット・ソレル（Jeannette Sorrell：指揮）「Songs Of Orpheus-Monteverdi, Caccini, D'India&Landi」

◇最優秀クラシック・コンペンディアム
ジョアン・ファレッタ（JoAnn Falletta：指揮）「フックス：ピアノ協奏曲"スピリチュアリスト"生命の詩/氷河/ラッシュ（Fuchs：Piano Concerto 'Spiritualist', Poems of Life, Glacier, Rush）」

◇最優秀現代音楽作品　アーロン・ジェイ・カーニス（Aaron Jay Kernis：作曲）「カーニス：ヴァイオリン協奏曲（Kernis：Violin Concerto）」〈リュドヴィク・モルロー＆シアトル交響楽団〉

◇最優秀ミュージック・ビデオ
チャイルディッシュ・ガンビーノ（Childish Gambino），ヒロ・ムライ（Hiro Murai：監督）「This Is America」

◇最優秀ミュージック・フィルム
　　　　　　　クインシー・ジョーンズ（Quincy Jones），アラン・ヒックス（Alan Hicks），ラシダ・ジョーンズ（Rashida Jones）「クインシーのすべて（Quincy）」

第62回（2019年度）
　　◇最優秀レコード　ビリー・アイリッシュ（Billie Eilish）「Bad Guy」
　　◇最優秀アルバム　ビリー・アイリッシュ（Billie Eilish）「When We All Fall Asleep, Where Do We Go？」
　　◇最優秀楽曲　　　ビリー・アイリッシュ（Billie Eilish：作詞・作曲），フィニアス・オコネル（Finneas O'Connell）「Bad Guy」
　　◇最優秀新人　　　ビリー・アイリッシュ（Billie Eilish）
　　◇最優秀ポップ・ソロ・パフォーマンス
　　　　　　　リゾ（Lizzo）「Truth Hurts」
　　◇最優秀ポップ・デュオ/グループ・パフォーマンス
　　　　　　　リル・ナズ・X feat.ビリー・レイ・サイラス（Lil Nas X feat. Billy Ray Cyrus）「Old Town Road」
　　◇最優秀トラディショナル・ポップ・ヴォーカル・アルバム
　　　　　　　エルヴィス・コステロ＆ジ・インポスターズ（Elvis Costello&The Imposters）「Look Now」
　　◇最優秀ポップ・ヴォーカル・アルバム
　　　　　　　ビリー・アイリッシュ（Billie Eilish）「When We All Fall Asleep, Where Do We Go？」
　　◇最優秀ダンス・レコーディング
　　　　　　　ケミカル・ブラザーズ（The Chemical Brothers）「Got To Keep On」
　　◇最優秀ダンス/エレクトロニック・アルバム
　　　　　　　ケミカル・ブラザーズ（The Chemical Brothers）「No Geography」
　　◇最優秀コンテンポラリー・インストゥルメンタル・アルバム
　　　　　　　ロドリーゴ・イ・ガブリエーラ（Rodrigo y Gabriela）「Mettavolution」
　　◇最優秀ロック・パフォーマンス
　　　　　　　ゲイリー・クラーク Jr.（Gary Clark Jr.）「This Land」
　　◇最優秀メタル・パフォーマンス
　　　　　　　トゥール（Tool）「7empest」
　　◇最優秀ロック楽曲　ゲイリー・クラーク Jr.（Gary Clark Jr.：作詞・作曲）「This Land」
　　◇最優秀ロック・アルバム　ケイジ・ジ・エレファント（Cage The Elephant）「Social Cues」
　　◇最優秀オルタナティヴ・ミュージック・アルバム
　　　　　　　ヴァンパイア・ウィークエンド（Vampire Weekend）「Father Of The Bride」
　　◇最優秀R&Bパフォーマンス
　　　　　　　アンダーソン・パーク feat.アンドレ・3000（Anderson .Paak feat. André 3000）「Come Home」
　　◇最優秀トラディショナルR&Bパフォーマンス
　　　　　　　リゾ（Lizzo）「Jerome」
　　◇最優秀R&B楽曲　PJモートン feat.ジョジョ（PJ Morton feat. JoJo），PJモートン（PJ Morton：作詞・作曲）「Say So」
　　◇最優秀アーバン・コンテンポラリー・アルバム
　　　　　　　リゾ（Lizzo）「Cuz I Love You（Deluxe）」
　　◇最優秀R&Bアルバム　アンダーソン・パーク（Anderson .Paak）「Ventura」
　　◇最優秀ラップ・パフォーマンス
　　　　　　　ニプシー・ハッスル feat.ロディ・リッチ＆ヒット・ボーイ（Nipsey Hussle feat. Roddy Ricch&Hit-Boy）「Racks In The Middle」

◇最優秀ラップ/サング・パフォーマンス
DJキャレド feat.ニプシー・ハッスル＆ジョン・レジェンド（DJ Khaled feat. Nipsey Hussle&John Legend）「Higher」
◇最優秀ラップ楽曲 21サヴェージ feat. J.コール（21 Savage feat. J. Cole），ジャーメイン・コール（Jermaine Cole），Dacoury Natche, 21サヴェージ（21 Savage），アンソニー・ホワイト（Anthony White）「A Lot」
◇最優秀ラップ・アルバム　タイラー・ザ・クリエイター（Tyler, The Creator）「Igor」
◇最優秀カントリー・ソロ・パフォーマンス
ウィリー・ネルソン（Willie Nelson）「Ride Me Back Home」
◇最優秀カントリー・デュオ/グループ・パフォーマンス
ダン＋シェイ（Dan + Shay）「Speechless」
◇最優秀カントリー楽曲　タニヤ・タッカー（Tanya Tucker），ブランディ・カーライル（Brandi Carlile），フィル・ハンセロート（Phil Hanseroth），ティム・ハンセロート（Tim Hanseroth）「Bring My Flowers Now」
◇最優秀カントリー・アルバム
タニヤ・タッカー（Tanya Tucker）「While I'm Livin'」
◇最優秀ニュー・エイジ・アルバム
ピーター・ケーター（Peter Kater）「Wings」
◇最優秀インプロヴァイズド・ジャズ・ソロ
ランディ・ブレッカー（Randy Brecker）「Sozinho」
◇最優秀ジャズ・ヴォーカル・アルバム
エスペランサ・スポルディング（Esperanza Spalding）「12 Little Spells」
◇最優秀ジャズ・インストゥルメンタル・アルバム
ブラッド・メルドー（Brad Mehldau）「Finding Gabriel」
◇最優秀ラージ・ジャズ・アンサンブル・アルバム
ブライアン・リンチ・ビッグ・バンド（Brian Lynch Big Band）「The Omni-American Book Club」
◇最優秀ラテン・ジャズ・アルバム
チック・コリア＆ザ・スパニッシュ・ハート・バンド（Chick Corea&The Spanish Heart Band）「Antidote」
◇最優秀ゴスペル・パフォーマンス/楽曲
カーク・フランクリン（Kirk Franklin：作詞・作曲）「Love Theory」
◇最優秀コンテンポラリー・クリスチャン・ミュージック・パフォーマンス/楽曲
フォー・キング＆カントリー＆ドリー・パートン（for KING&COUNTRY&Dolly Parton），ジョシュ・カー（Josh Kerr），ジョーダン・レイノルズ（Jordan Reynolds），ジョエル・スモールボーン（Joel Smallbone），ルーク・スモールボーン（Luke Smallbone），テッド・トーンホム（Tedd Tjornhom）「God Only Knows」
◇最優秀ゴスペルアルバム　カーク・フランクリン（Kirk Franklin）「Long Live Love」
◇最優秀コンテンポラリー・クリスチャン・ミュージックアルバム
フォー・キング＆カントリー（for KING&COUNTRY）「Burn The Ships」
◇最優秀ルーツ・ゴスペル・アルバム
グロリア・ゲイナー（Gloria Gaynor）「Testimony」
◇最優秀ラテン・ポップ・アルバム
アレハンドロ・サンス（Alejandro Sanz）「#Eldisco」
◇最優秀ラテン・ロック，アーバン，オルタナティヴ・アルバム
ロザリア（ROSALÍA）「El Mal Querer」
◇最優秀リージョナル・メキシカン・ミュージック・アルバム（テハーノ含む）

マリアチ・ロス・カンペロス(Mariachi Los Camperos)「De Ayer Para Siempre」

◇最優秀トロピカル・ラテン・アルバム
アイメー・ヌビオラ(Aymée Nuviola)「A Journey Through Cuban Music」
マーク・アンソニー(Marc Anthony)「Opus」

◇最優秀アメリカン・ルーツ・パフォーマンス
サラ・バレリス(Sara Bareilles)「Saint Honesty」

◇最優秀アメリカン・ルーツ楽曲
アイム・ウィズ・ハー(I'm With Her), サラ・ジャローズ(Sarah Jarosz), イーファ・オドノヴァン(Aoife O'Donovan), サラ・ワトキンス(Sara Watkins)「Call My Name」

◇最優秀アメリカーナ・アルバム
ケブ・モ(Keb' Mo')「Oklahoma」

◇最優秀ブルーグラス・アルバム
マイケル・クリーブランド(Michael Cleveland)「Tall Fiddler」

◇最優秀トラディショナル・ブルース・アルバム
デルバート・マクリントン&セルフ・メイド・メン+デイナ(Delbert McClinton&Self-Made Men + Dana)「Tall, Dark&Handsome」

◇最優秀コンテンポラリー・ブルース・アルバム
ゲイリー・クラーク Jr.(Gary Clark Jr.)「This Land」

◇最優秀フォーク・アルバム
パティ・グリフィン(Patty Griffin)「Patty Griffin」

◇最優秀リージョナル・ルーツ・ミュージック・アルバム
ランキー・タンキー(Ranky Tanky)「Good Time」

◇最優秀レゲエ・アルバム Koffee「Rapture」

◇最優秀ワールド・ミュージック・アルバム
アンジェリーク・キジョー(Angelique Kidjo)「Celia」

◇最優秀子供向け音楽アルバム
ジョン・サムソン(Jon Samson)「Ageless Songs for the Child Archetype」

◇最優秀朗読アルバム ミシェル・オバマ(Michelle Obama)「マイ・ストーリー(Becoming)」

◇最優秀コメディ・アルバム
デイヴ・シャペル(Dave Chappelle)「Sticks&Stones」

◇最優秀ミュージカル・シアター・アルバム
リーヴ・カーニー(Reeve Carney), アンドレ・ド・シールズ(André De Shields), アンバー・グレイ(Amber Gray), マーラ・アイザックス(Mara Isaacs), David Lai, トッド・シッカフーズ(Todd Sickafoose), アナイス・ミッチェル〔ほか〕(Anaïs Mitchell:作詞・作曲, プロデューサー)「ハデスタウン(Hadestown)」

◇最優秀映像メディア向けコンピレーション・サウンドトラック
レディー・ガガ&ブラッドリー・クーパー(Lady Gaga&Bradley Cooper)「アリー/スター誕生(A Star Is Born)」

◇最優秀映像メディア向けスコア・サウンドトラック
ヒドゥル・グドナドッティル(Hildur Guðnadóttir:作曲), サム・スレイター(Sam Slater:プロデューサー)「チェルノブイリ(Chernobyl)」

◇最優秀映像メディア向け楽曲
レディー・ガガ&ブラッドリー・クーパー(Lady Gaga&Bradley Cooper), ナタリー・ヘンビー(Natalie Hemby), レディー・ガガ(Lady Gaga), ヒラリー・リンジー(Hillary Lindsey), アーロン・ライティエール(Aaron Raitiere)「I'll Never Love Again (Film Version)」

◇最優秀インストゥルメンタル作曲
　　　　　　　ジョン・ウィリアムズ（John Williams：作曲）「Star Wars：Galaxy's Edge Symphonic Suite」
◇最優秀編曲，インストゥルメンタルまたはアカペラ
　　　　　　　ジェイコブ・コリアー（Jacob Collier：編曲）「Moon River」
◇最優秀編曲，インストゥルメンタル及びヴォーカル
　　　　　　　ジェイコブ・コリアー（Jacob Collier：編曲）「All Night Long」〈ジェイコブ・コリアー feat.ジュールス・バックリー，テイク6＆メトロポール・オルケスト〉
◇最優秀レコーディング・パッケージ
　　　　　　　バリー・アメン（Barry Ament），ジェフ・アメン（Jeff Ament），ジョー・スピックス（Joe Spix）「Chris Cornell」〈クリス・コーネル〉
◇最優秀ボックス，特別限定版パッケージ
　　　　　　　小池 正樹（Masaki Koike：アートディレクター）「Woodstock：Back To The Garden-The Definitive 50th Anniversary Archive」
◇最優秀アルバム・ノーツ　スティーヴ・グリーンバーグ（Steve Greenberg：ライター）「Stax '68：A Memphis Story」
◇最優秀ヒストリカル・アルバム
　　　　　　　ジェフ・プレイス（Jeff Place），ロバート・サンテッリ（Robert Santelli）「Pete Seeger：The Smithsonian Folkways Collection」〈ピート・シーガー〉
◇最優秀録音技術アルバム（クラシック以外）
　　　　　　　ロブ・キネルスキー（Rob Kinelski），フィニアス・オコネル（Finneas O'Connell），ジョン・グリーナム（John Greenham）「When We All Fall Asleep, Where Do We Go？」〈ビリー・アイリッシュ〉
◇最優秀プロデューサー（クラシック以外）
　　　　　　　フィニアス（Finneas）「When We All Fall Asleep, Where Do We Go？」〈ビリー・アイリッシュ〉
◇最優秀リミックス・レコーディング
　　　　　　　トレイシー・ヤング（Tracy Young：リミキサー）「I Rise（Tracy Young's Pride Intro Radio Remix）」〈マドンナ〉
◇最優秀イマーシブ・オーディオ・アルバム
　　　　　　　モーテン・リンドバーグ（Morten Lindberg：エンジニア，プロデューサー）「LUX」〈アニータ・ブレヴィーク，トロンハイム・ゾリステン＆ニーダロス大聖堂少女合唱団〉
◇最優秀録音技術アルバム（クラシック）
　　　　　　　レスリー・アン・ジョーンズ（Leslie Ann Jones），ジョン・キリグリュー（John Kilgore），ジュディス・シャーマン（Judith Sherman），デイヴィッド・ハリントン（David Harrington），ロバート・C.ラドウィック（Robert C. Ludwig）「Riley：Sun Rings」〈クロノス・カルテット〉
◇最優秀プロデューサー（クラシック）
　　　　　　　ブラントン・アルシュポー（Blanton Alspaugh）
◇最優秀オーケストラ演奏　グスターボ・ドゥダメル（Gustavo Dudamel：指揮）「ノーマン：サスティン（Norman：Sustain）」〈ロサンゼルス・フィルハーモニック〉
◇最優秀オペラ録音　ギル・ローズ（Gil Rose：指揮），ジョン・ブランシー（John Brancy），アンドリュー・クレイグ・ブラウン（Andrew Craig Brown），Gabriel Preisser, クリスタ・リヴァー（Krista River），エドウィン・ヴェガ（Edwin Vega）「ピッカー：歌劇"ファンタスティックなきつね氏"（Picker：Fantastic Mr. Fox）」〈ボストン・モダン・オーケストラ・プロジェクト＆ボストン児童合唱団〉
◇最優秀合唱演奏　ロバート・シンプソン（Robert Simpson：指揮）「Duruflé：Complete Choral Works」〈ケン・コーワン，ヒューストン室内合唱団〉

◇最優秀室内楽/小編成演奏
　　　　　　　　アタッカ四重奏団（Attacca Quartet）「ショウ：オレンジ（Shaw：Orange）」
◇最優秀クラシック器楽独奏
　　　　　　　　ニコラ・ベネデッティ（Nicola Benedetti），クリスティアン・マチェラル（Cristian Macelaru：指揮）「マルサリス：ヴァイオリン協奏曲/フィドル・ダンス組曲（Marsalis：Violin Concerto, Fiddle Dance Suite）」〈フィラデルフィア管弦楽団〉
◇最優秀クラシック・ソロヴォーカル・アルバム
　　　　　　　　ジョイス・ディドナート（Joyce DiDonato）「Songplay」
◇最優秀クラシック・コンペンディアム
　　　　　　　　ナディア・シュパチェンコ（Nadia Shpachenko）「The Poetry Of Places」
◇最優秀現代音楽作曲　ジェニファー・ヒグドン（Jennifer Higdon：作曲）「ヒグドン：ハープ協奏曲（Higdon：Harp Concerto）」〈ヨランダ・コンドナシス，ウォード・ステア＆ロチェスター・フィルハーモニー管弦楽団〉
◇最優秀ミュージック・ビデオ
　　　　　　　　リル・ナズ X＆ビリー・レイ・サイラス（Lil Nas X＆Billy Ray Cyrus），カルマティック（Calmatic：監督）「Old Town Road（Official Movie）」
◇最優秀ミュージック・フィルム
　　　　　　　　ビヨンセ（Beyoncé：監督），エド・バーク（Ed Burke）「Homecoming」

第63回（2020年度）
◇最優秀レコード　ビリー・アイリッシュ（Billie Eilish）「Everything I Wanted」
◇最優秀アルバム　テイラー・スウィフト（Taylor Swift）「Folklore」
◇最優秀楽曲　　　H.E.R.，デルンスト・エミールⅡ（Dernst EmileⅡ），ティアラ・トーマス（Tiara Thomas）「I Can't Breathe」
◇最優秀新人　　　ミーガン・ザ・スタリオン（Megan Thee Stallion）
◇最優秀ポップ・ソロ・パフォーマンス
　　　　　　　　ハリー・スタイルズ（Harry Styles）「Watermelon Sugar」
◇最優秀ポップ・デュオ/グループ・パフォーマンス
　　　　　　　　レディー・ガガ with アリアナ・グランデ（Lady Gaga with Ariana Grande）「Rain On Me」
◇最優秀トラディショナル・ポップ・ヴォーカル・アルバム
　　　　　　　　ジェームス・テイラー（James Taylor）「American Standard」
◇最優秀ポップ・ヴォーカル・アルバム
　　　　　　　　デュア・リパ（Dua Lipa）「Future Nostalgia」
◇最優秀ダンス・レコーディング
　　　　　　　　ケイトラナダ feat.カリ・ウチス（Kaytranada feat. Kali Uchis）「10%」
◇最優秀ダンス/エレクトロニック・アルバム
　　　　　　　　ケイトラナダ（Kaytranada）「Bubba」
◇最優秀コンテンポラリー・インストゥルメンタル・アルバム
　　　　　　　　スナーキー・パピー（Snarky Puppy）「Live At The Royal Albert Hall」
◇最優秀ロック・パフォーマンス
　　　　　　　　フィオナ・アップル（Fiona Apple）「Shameika」
◇最優秀メタル・パフォーマンス
　　　　　　　　ボディ・カウント（Body Count）「Bum-Rush」
◇最優秀ロック楽曲　ブリタニー・ハワード（Brittany Howard：作詞・作曲）「Stay High」
◇最優秀ロック・アルバム　ザ・ストロークス（The Strokes）「The New Abnormal」
◇最優秀オルタナティヴ・ミュージック・アルバム
　　　　　　　　フィオナ・アップル（Fiona Apple）「Fetch The Bolt Cutters」

◇最優秀R&Bパフォーマンス
　　　　　　　　ビヨンセ（Beyoncé）「Black Parade」
◇最優秀トラディショナルR&Bパフォーマンス
　　　　　　　　レデシー（Ledisi）「Anything For You」
◇最優秀R&B楽曲　ロバート・グラスパー feat. H.E.R.＆ミシェル・ンデゲオチェロ（Robert Glasper feat. H.E.R.&Meshell Ndegeocello），ロバート・グラスパー（Robert Glasper），ミシェル・ンデゲオチェロ（Meshell Ndegeocello），ガブリエラ・ウィルソン（Gabriella Wilson）「Better Than I Imagined」
◇最優秀プログレッシブR&Bアルバム
　　　　　　　　サンダーキャット（Thundercat）「It Is What It Is」
◇最優秀R&Bアルバム　ジョン・レジェンド（John Legend）「Bigger Love」
◇最優秀ラップ・パフォーマンス
　　　　　　　　ミーガン・ザ・スタリオン feat.ビヨンセ（Megan Thee Stallion feat. Beyoncé）「Savage」
◇最優秀メロディック・ラップ・パフォーマンス
　　　　　　　　アンダーソン・パーク（Anderson .Paak）「Lockdown」
◇最優秀ラップ楽曲　ミーガン・ザ・スタリオン feat.ビヨンセ（Megan Thee Stallion feat. Beyoncé），ビヨンセ（Beyoncé），ショーン・カーター（Shawn Carter），ブリタニー・ハザード（Brittany Hazzard），デリック・ミラノ（Derrick Milano），テリウス・ナッシュ（Terius Nash），ミーガン・ピート（Megan Pete），ボビー・セッション Jr.（Bobby Session Jr.），Jordan Kyle Lanier Thorpe，アンソニー・ホワイト（Anthony White）「Savage」
◇最優秀ラップ・アルバム　ナズ（Nas）「King's Disease」
◇最優秀カントリー・ソロ・パフォーマンス
　　　　　　　　ヴィンス・ギル（Vince Gill）「When My Amy Prays」
◇最優秀カントリー・デュオ/グループ・パフォーマンス
　　　　　　　　ダン+シェイ＆ジャスティン・ビーバー（Dan + Shay&Justin Bieber）「10,000 Hours」
◇最優秀カントリー楽曲　ザ・ハイウィメン（The Highwomen），ブランディ・カーライル（Brandi Carlile），ナタリー・ヘンビー（Natalie Hemby），ローリ・マッケンナ（Lori McKenna）「Crowded Table」
◇最優秀カントリー・アルバム
　　　　　　　　ミランダ・ランバート（Miranda Lambert）「Wildcard」
◇最優秀ニュー・エイジ・アルバム
　　　　　　　　ジム・キモ・ウェスト（Jim "Kimo" West）「More Guitar Stories」
◇最優秀インプロヴァイズド・ジャズ・ソロ
　　　　　　　　チック・コリア（Chick Corea）「All Blues」
◇最優秀ジャズ・ヴォーカル・アルバム
　　　　　　　　カート・エリング feat.ダニーロ・ペレス（Kurt Elling feat. Danilo Pérez）「Secrets Are The Best Stories」
◇最優秀ジャズ・インストゥルメンタル・アルバム
　　　　　　　　チック・コリア（Chick Corea），クリスチャン・マクブライド（Christian McBride），ブライアン・ブレイド（Brian Blade）「Trilogy 2」
◇最優秀ラージ・ジャズ・アンサンブル・アルバム
　　　　　　　　マリア・シュナイダー・オーケストラ（Maria Schneider Orchestra）「Data Lords」
◇最優秀ラテン・ジャズ・アルバム
　　　　　　　　アルトゥーロ・オファリル＆アフロ・ラテン・ジャズ・オーケストラ（Arturo O'Farrill&The Afro Latin Jazz Orchestra）「Four Questions」
◇最優秀ゴスペル・パフォーマンス/楽曲

ジョナサン・マクレイノルズ&マリ・ミュージック(Jonathan McReynolds&Mali Music), ダリル・L.ハウエル(Darryl L. Howell), ジョナサン・カレブ・マクレイノルズ(Jonathan Caleb McReynolds), Kortney Jamaal Pollard, Terrell Demetrius Wilson「Movin' On」

◇最優秀コンテンポラリー・クリスチャン・ミュージック・パフォーマンス/楽曲
ザック・ウィリアムス&ドリー・パートン(Zach Williams&Dolly Parton), Casey Beathard, ジョナサン・スミス(Jonathan Smith), ザック・ウィリアムス(Zach Williams)「There Was Jesus」

◇最優秀ゴスペルアルバム PJモートン(PJ Morton)「Gospel According To PJ」

◇最優秀コンテンポラリー・クリスチャン・ミュージックアルバム
カニエ・ウェスト(Kanye West)「Jesus Is King」

◇最優秀ルーツ・ゴスペル・アルバム
フィスク・ジュビリー・シンガーズ(Fisk Jubilee Singers)「Celebrating Fisk ! (The 150th Anniversary Album)」

◇最優秀ラテン・ポップ/アーバン・アルバム
バッド・バニー(Bad Bunny)「YHLQMDLG」

◇最優秀ラテン・ロック/オルタナティヴ・アルバム
フィト・パエス(Fito Paez)「La Conquista Del Espacio」

◇最優秀リージョナル・メキシカン・ミュージック・アルバム(テハーノ含む)
ナタリア・ラフォルカデ(Natalia Lafourcade)「Un Canto Por México, Vol. 1」

◇最優秀トロピカル・ラテン・アルバム
グルーポ・ニチェ(Grupo Niche)「40」

◇最優秀アメリカン・ルーツ・パフォーマンス
ジョン・プライン(John Prine)「I Remember Everything」

◇最優秀アメリカン・ルーツ楽曲
ジョン・プライン(John Prine), パット・マクラフリン(Pat McLaughlin)「I Remember Everything」

◇最優秀アメリカーナ・アルバム
サラ・ジャローズ(Sarah Jarosz)「World On The Ground」

◇最優秀ブルーグラス・アルバム
ビリー・ストリングス(Billy Strings)「Home」

◇最優秀トラディショナル・ブルース・アルバム
ボビー・ラッシュ(Bobby Rush)「Rawer Than Raw」

◇最優秀コンテンポラリー・ブルース・アルバム
ファンタスティック・ネグリート(Fantastic Negrito)「Have You Lost Your Mind Yet ?」

◇最優秀フォーク・アルバム
ギリアン・ウェルチ&デヴィッド・ローリングス(Gillian Welch&David Rawlings)「All The Good Times」

◇最優秀リージョナル・ルーツ・ミュージック・アルバム
ニューオーリンズ・ナイトクローラーズ(New Orleans Nightcrawlers)「Atmosphere」

◇最優秀レゲエ・アルバム トゥーツ・アンド・ザ・メイタルズ(Toots&The Maytals)「Got To Be Tough」

◇最優秀グローバル・ミュージック・アルバム
バーナ・ボーイ(Burna Boy)「Twice As Tall」

◇最優秀子供向け音楽アルバム
ジョアニー・リーズ(Joanie Leeds)「All the Ladies」

◇最優秀朗読アルバム　レイチェル・マドー（Rachel Maddow）「Blowout：Corrupted Democracy, Rogue State Russia, And The Richest, Most Destructive Industry On Earth」
◇最優秀コメディ・アルバム
　　　　ティファニー・ハディッシュ（Tiffany Haddish）「Black Mitzvah」
◇最優秀ミュージカル・シアター・アルバム
　　　　キャスリン・ギャラガー（Kathryn Gallagher），セリア・ローズ・グッディング（Celia Rose Gooding），ローレン・パッテン（Lauren Patten），エリザベス・スタンリー（Elizabeth Stanley），ニール・アヴロン（Neal Avron：プロデューサー，エンジニア），ピート・ガンバーグ（Pete Ganbarg），トム・キット〔ほか〕（Tom Kitt）「ジャグド・リトル・ピル（Jagged Little Pill）」
◇最優秀映像メディア向けコンピレーション・サウンドトラック
　　　　タイカ・ワイティティ（Taika Waititi：プロデューサー）「ジョジョ・ラビット（Jojo Rabbit）」
◇最優秀映像メディア向けスコア・サウンドトラック
　　　　ヒドゥル・グドナドッティル（Hildur Guðnadóttir：作曲，プロデューサー），サム・スレイター（Sam Slater：プロデューサー）「ジョーカー（Joker）」
◇最優秀映像メディア向け楽曲
　　　　ビリー・アイリッシュ（Billie Eilish：作詞・作曲），フィニアス・ベアード・オコネル（Finneas Baird O'Connell）「ノー・タイム・トゥ・ダイ "007/ノー・タイム・トゥ・ダイ" より（No Time To Die〔From No Time To Die〕）」
◇最優秀インストゥルメンタル作曲
　　　　マリア・シュナイダー（Maria Schneider：作曲）「Sputnik」
◇最優秀編曲，インストゥルメンタルまたはアカペラ
　　　　ジョン・ビーズリー（John Beasley：編曲）「Donna Lee」
◇最優秀編曲，インストゥルメンタル及びヴォーカル
　　　　ジェイコブ・コリアー（Jacob Collier：編曲）「He Won't Hold You」〈ジェイコブ・コリアー feat.ラプソディー〉
◇最優秀レコーディング・パッケージ
　　　　ダグ・カニンガム（Doug Cunningham），ジェイソン・ノト（Jason Noto）「Vols. 11&12」〈デザート・セッションズ〉
◇最優秀ボックス，特別限定版パッケージ
　　　　ローレンス・アゼラッド（Lawrence Azerrad），ジェフ・トゥイーディー（Jeff Tweedy）「Ode To Joy」〈ウィルコ〉
◇最優秀アルバム・ノーツ　ボブ・メール（Bob Mehr：ライター）「Dead Man's Pop」〈リプレイスメンツ〉
◇最優秀ヒストリカル・アルバム
　　　　Lee Lodyga，シェリル・パヴェルスキー（Cheryl Pawelski）「It's Such A Good Feeling：The Best Of Mister Rogers」〈ミスター・ロジャース〉
◇最優秀録音技術アルバム（クラシック以外）
　　　　ドリュー・ブラウン（Drew Brown），ジュリアン・バーグ（Julian Burg），アンドリュー・コールマン（Andrew Coleman），ポール・エプワース（Paul Epworth），ショーン・エヴェレット〔ほか〕（Shawn Everett）「Hyperspace」〈ベック〉
◇最優秀プロデューサー（クラシック以外）
　　　　アンドリュー・ワット（Andrew Watt）
◇最優秀リミックス・レコーディング
　　　　イマンベク・ゼイケノフ（Imanbek Zeikenov：リミキサー）「Roses（Imanbek Remix）」〈セイント・ジョン〉

◇最優秀イマーシブ・オーディオ・アルバム　レスリー・アン・ジョーンズ（Leslie Ann Jones），マイケル・ロマノウスキー（Michael Romanowski），Dan Merceruio（プロデューサー）「Soundtrack Of The American Soldier」〈ジム・R.キーン＆アメリカ陸軍野戦部隊バンド〉

◇最優秀録音技術アルバム（クラシック）　デイヴィッド・フロスト（David Frost），チャーリー・ポスト（Charlie Post），サイラス・ブラウン（Silas Brown）「ショスタコーヴィチ：交響曲第13番"バビ・ヤール"（Shostakovich：Symphony No. 13, "Babi Yar"）」〈リッカルド・ムーティ＆シカゴ交響楽団〉

◇最優秀プロデューサー（クラシック）　デイヴィッド・フロスト（David Frost）

◇最優秀オーケストラ演奏　グスターボ・ドゥダメル（Gustavo Dudamel：指揮）「アイヴズ：交響曲全集（Ives：Complete Symphonies）」〈ロサンゼルス・フィルハーモニック〉

◇最優秀オペラ録音　デイヴィッド・ロバートソン（David Robertson：指揮），フレデリック・バレンティン（Frederick Ballentine），エンジェル・ブルー（Angel Blue），デニス・グレイヴズ（Denyce Graves），ラトーニア・ムーア（Latonia Moore），エリック・オーウェンズ（Eric Owens）「ガーシュウィン：ポーギーとベス（Gershwin：Porgy And Bess）」〈メトロポリタン歌劇場合唱団，メトロポリタン歌劇場管弦楽団〉

◇最優秀合唱演奏　ジェイムズ・K.バス（James K. Bass），Adam Luebke，ジョアン・ファレッタ（JoAnn Falletta：指揮）「ダニエルプール：オラトリオ"イェシュアの受難曲"（Danielpour：The Passion Of Yeshua）」〈バッファロー・フィルハーモニー合唱団＆UCLAチェンバー・シンガーズ，バッファロー・フィルハーモニー管弦楽団〉

◇最優秀室内楽/小編成演奏　パシフィカ弦楽四重奏団（Pacifica Quartet）「Contemporary Voices」

◇最優秀クラシック器楽独奏　リチャード・オニール（Richard O'Neill），デイヴィッド・アラン・ミラー（David Alan Miller：指揮）「テオファニディス：ヴィオラと室内オーケストラのための協奏曲（Theofanidis：Concerto for Viola And Chamber Orchestra）」〈オールバニ交響楽団〉

◇最優秀クラシック・ソロヴォーカル・アルバム　サラ・ブレイリー（Sarah Brailey），ダション・バートン（Dashon Burton）「スマイス：交響曲"ザ・プリズン"（Smyth：The Prison）」〈イクスピアリメンシャル管弦楽団〉

◇最優秀クラシック・コンペンディアム　マイケル・ティルソン・トーマス（Michael Tilson Thomas：指揮）「ティルソン・トーマス：アンネ・フランクの日記から/リルケの瞑想（Thomas, M. T.：From The Diary Of Anne Frank&Meditations On Rilke）」

◇最優秀現代音楽作曲　クリストファー・ラウズ（Christopher Rouse：作曲）「ラウズ：交響曲第5番（Rouse：Symphony No. 5）」〈ジャンカルロ・ゲレーロ＆ナッシュヴィル交響楽団〉

◇最優秀ミュージック・ビデオ　ビヨンセ（Beyoncé），ブルー・アイビー（Blue Ivy），ウィズキッド（WizKid），ビヨンセ・ノウルズ・カーター（Beyoncé Knowles-Carter），ジェン・ヌキル（Jenn Nkiru）「Brown Skin Girl」

◇最優秀ミュージック・フィルム　リンダ・ロンシュタット（Linda Ronstadt），ロブ・エプスタイン（Rob Epstein），ジェフリー・フリードマン（Jeffrey Friedman）「リンダ・ロンシュタット サウンド・オブ・マイ・ヴォイス（Linda Ronstadt：The Sound Of My Voice）」

第64回（2021年度）

- ◇最優秀レコード　シルク・ソニック（Silk Sonic）「Leave The Door Open」
- ◇最優秀アルバム　ジョン・バティステ（Jon Batiste）「We Are」
- ◇最優秀楽曲　シルク・ソニック（Silk Sonic），ブランドン・アンダーソン（Brandon Anderson），クリストファー・ブロディ・ブラウン（Christopher Brody Brown），ダーンスト・エミールⅡ（Dernst EmileⅡ），ブルーノ・マーズ（Bruno Mars）「Leave The Door Open」
- ◇最優秀新人　オリヴィア・ロドリゴ（Olivia Rodrigo）
- ◇最優秀ポップ・ソロ・パフォーマンス
　　オリヴィア・ロドリゴ（Olivia Rodrigo）「drivers license」
- ◇最優秀ポップ・デュオ/グループ・パフォーマンス
　　ドージャ・キャット feat.シザ（Doja Cat feat. SZA）「Kiss Me More」
- ◇最優秀トラディショナル・ポップ・ヴォーカル・アルバム
　　トニー・ベネット＆レディー・ガガ（Tony Bennett&Lady Gaga）「Love For Sale」
- ◇最優秀ポップ・ヴォーカル・アルバム
　　オリヴィア・ロドリゴ（Olivia Rodrigo）「Sour」
- ◇最優秀ダンス/エレクトロニック・レコーディング
　　ルーファス・デュ・ソル（Rüfüs Du Sol）「Alive」
- ◇最優秀ダンス/エレクトロニック・ミュージック・アルバム
　　ブラック・コーヒー（Black Coffee）「Subconsciously」
- ◇最優秀コンテンポラリー・インストゥルメンタル・アルバム
　　テイラー・アイグスティ（Taylor Eigsti）「Tree Falls」
- ◇最優秀ロック・パフォーマンス
　　フー・ファイターズ（Foo Fighters）「Making A Fire」
- ◇最優秀メタル・パフォーマンス
　　ドリーム・シアター（Dream Theater）「The Alien」
- ◇最優秀ロック楽曲　フー・ファイターズ（Foo Fighters），デイヴ・グロール（Dave Grohl），テイラー・ホーキンス（Taylor Hawkins），ラミ・ジャフィー（Rami Jaffee），ネイト・メンデル（Nate Mendel），クリス・シフレット（Chris Shiflett），パット・スメア（Pat Smear）「Waiting On A War」
- ◇最優秀ロック・アルバム　フー・ファイターズ（Foo Fighters）「Medicine At Midnight」
- ◇最優秀オルタナティヴ・ミュージック・アルバム
　　セイント・ヴィンセント（St. Vincent）「Daddy's Home」
- ◇最優秀R&Bパフォーマンス
　　ジャズミン・サリヴァン（Jazmine Sullivan）「Pick Up Your Feelings」
　　シルク・ソニック（Silk Sonic）「Leave The Door Open」
- ◇最優秀トラディショナルR&Bパフォーマンス
　　H.E.R.「Fight For You」
- ◇最優秀R&B楽曲　シルク・ソニック（Silk Sonic），ブランドン・アンダーソン（Brandon Anderson），クリストファー・ブロディ・ブラウン（Christopher Brody Brown），ダーンスト・エミールⅡ（Dernst EmileⅡ），ブルーノ・マーズ（Bruno Mars）「Leave The Door Open」
- ◇最優秀プログレッシブR&Bアルバム
　　ラッキー・デイ（Lucky Daye）「Table For Two」
- ◇最優秀R&Bアルバム　ジャズミン・サリヴァン（Jazmine Sullivan）「Heaux Tales」
- ◇最優秀ラップ・パフォーマンス
　　ベイビー・キーム feat.ケンドリック・ラマー（Baby Keem feat. Kendrick

◇最優秀メロディック・ラップ・パフォーマンス
　　　　　　　カニエ・ウェスト feat.ザ・ウィークエンド＆リル・ベイビー（Kanye West feat. The Weeknd&Lil Baby）「Hurricane」
◇最優秀ラップ楽曲　カニエ・ウェスト feat.ジェイ・Z（Kanye West feat. Jay-Z），ドウェイン・アバナシー Jr.（Dwayne Abernathy Jr.），ウォーリン・キャンベル（Warryn Campbell），ショーン・カーター（Shawn Carter），ラウル・クビナ（Raul Cubina），マイケル・ディーン（Michael Dean），チャールズ・M.ンジャパ（Charles M. Njapa），ショーン・ソリマル（Sean Solymar），カニエ・ウェスト（Kanye West），マーク・ウィリアムズ（Mark Williams）「Jail」
◇最優秀ラップ・アルバム　タイラー・ザ・クリエイター（Tyler, The Creator）「Call Me If You Get Lost」
◇最優秀カントリー・ソロ・パフォーマンス
　　　　　　　クリス・ステイプルトン（Chris Stapleton）「You Should Probably Leave」
◇最優秀カントリー・デュオ/グループ・パフォーマンス
　　　　　　　ブラザーズ・オズボーン（Brothers Osborne）「Younger Me」
◇最優秀カントリー楽曲　クリス・ステイプルトン（Chris Stapleton），デイヴ・コブ（Dave Cobb），J.T.キュア（J.T. Cure），デレク・ミクソン（Derek Mixon）「Cold」
◇最優秀カントリー・アルバム
　　　　　　　クリス・ステイプルトン（Chris Stapleton）「Starting Over」
◇最優秀ニュー・エイジ・アルバム
　　　　　　　スチュワート・コープランド（Stewart Copeland），リッキー・ケジ（Ricky Kej）「Divine Tides」
◇最優秀インプロヴァイズド・ジャズ・ソロ
　　　　　　　チック・コリア（Chick Corea）「Humpty Dumpty（Set 2）」
◇最優秀ジャズ・ヴォーカル・アルバム
　　　　　　　エスペランサ・スポルディング（Esperanza Spalding）「Songwrights Apothecary Lab」
◇最優秀ジャズ・インストゥルメンタル・アルバム
　　　　　　　ロン・カーター（Ron Carter），ジャック・ディジョネット（Jack DeJohnette），ゴンサロ・ルバルカバ（Gonzalo Rubalcaba）「Skyline」
◇最優秀ラージ・ジャズ・アンサンブル・アルバム
　　　　　　　クリスチャン・マクブライド・ビッグバンド（Christian McBride Big Band）「For Jimmy, Wes And Oliver」
◇最優秀ラテン・ジャズ・アルバム
　　　　　　　イリアーヌ・イリアス with チック・コリア＆チューチョ・バルデース（Eliane Elias With Chick Corea and Chucho Valdés）「Mirror Mirror」
◇最優秀ゴスペル・パフォーマンス/楽曲
　　　　　　　シーシー・ワイナンズ（CeCe Winans）「Never Lost」
◇最優秀コンテンポラリー・クリスチャン・ミュージック・パフォーマンス/楽曲
　　　　　　　シーシー・ワイナンズ（CeCe Winans），ドワン・ヒル（Dwan Hill），カイル・リー（Kyle Lee），ミッチ・ウォン（Mitch Wong）「Believe For It」
◇最優秀ゴスペルアルバム　シーシー・ワイナンズ（CeCe Winans）「Believe For It」
◇最優秀コンテンポラリー・クリスチャン・ミュージックアルバム
　　　　　　　エレヴェーション・ワーシップ＆マーベリック・シティー・ミュージック（Elevation Worship&Maverick City Music）「Old Church Basement」
◇最優秀ルーツ・ゴスペル・アルバム
　　　　　　　キャリー・アンダーウッド（Carrie Underwood）「My Savior」
◇最優秀ラテン・ポップ・アルバム

アレックス・キューバ(Alex Cuba)「Mendó」
◇最優秀ラテン・アーバン・ミュージック・アルバム
バッド・バニー(Bad Bunny)「El Último Tour Del Mundo」
◇最優秀ラテン・ロック/オルタナティヴ・アルバム
フアネス(Juanes)「Origen」
◇最優秀リージョナル・メキシカン・ミュージック・アルバム(テハーノ含む)
ビセンテ・フェルナンデス(Vicente Fernández)「A Mis 80's」
◇最優秀トロピカル・ラテン・アルバム
ルベーン・ブラデス&ロベルト・デルガード&オルケスタ(Rubén Blades y Roberto Delgado&Orquesta)「Salswing！」
◇最優秀アメリカン・ルーツ・パフォーマンス
ジョン・バティステ(Jon Batiste)「Cry」
◇最優秀アメリカン・ルーツ楽曲
ジョン・バティステ(Jon Batiste)、スティーブ・マキューアン(Steve McEwan)「Cry」
◇最優秀アメリカーナ・アルバム
ロス・ロボス(Los Lobos)「Native Sons」
◇最優秀ブルーグラス・アルバム
ベラ・フレック(Béla Fleck)「My Bluegrass Heart」
◇最優秀トラディショナル・ブルース・アルバム
セドリック・バーンサイド(Cedric Burnside)「I Be Trying」
◇最優秀コンテンポラリー・ブルース・アルバム
クリストーン・"キングフィッシュ"・イングラム(Christone "Kingfish" Ingram)「662」
◇最優秀フォーク・アルバム
リアノン・ギデンズ with フランチェスコ・トゥリッシ(Rhiannon Giddens With Francesco Turrisi)「They're Calling Me Home」
◇最優秀リージョナル・ルーツ・ミュージック・アルバム
カラニ・ペア(Kalani Pe'a)「Kau Ka Pe'a」
◇最優秀レゲエ・アルバム　Soja「Beauty In The Silence」
◇最優秀グローバル・ミュージック・パフォーマンス
アルージ・アフタブ(Arooj Aftab)「Mohabbat」
◇最優秀グローバル・ミュージック・アルバム
アンジェリーク・キジョー(Angelique Kidjo)「Mother Nature」
◇最優秀子供向け音楽アルバム
Falu「A Colorful World」
◇最優秀朗読アルバム　ドン・チードル(Don Cheadle)「Carry On：Reflections For a New Generation From John Lewis」
◇最優秀コメディ・アルバム
ルイ・C.K.(Louis C.K.)「Sincerely Louis CK」
◇最優秀ミュージカル・シアター・アルバム
エミリー・ベアー(Emily Bear：プロデューサー、作詞・作曲)、アビゲイル・バーロウ(Abigail Barlow：作詞・作曲)「The Unofficial Bridgerton Musical」〈バーロウ&ベアー〉
◇最優秀映像メディア向けコンピレーション・サウンドトラック
アンドラ・デイ(Andra Day)「ザ・ユナイテッド・ステイツ vs. ビリー・ホリデイ(The United States vs. Billie Holiday)」
◇最優秀映像メディア向けスコア・サウンドトラック

　　　　　　　　　　ジョン・バティステ（Jon Batiste：作曲），トレント・レズナー（Trent Reznor），
　　　　　　　　　　アッティカス・ロス（Atticus Ross）「ソウルフル・ワールド（Soul）」
　　　　　　　　　　カルロス・ラファエル・リヴェラ（Carlos Rafael Rivera：作曲）「クイーン
　　　　　　　　　　ズ・ギャンビット（The Queen's Gambit）」
◇最優秀映像メディア向け楽曲
　　　　　　　　　　ボー・バーナム（Bo Burnham：作詞・作曲）「All Eyes On Me—"ボー・バー
　　　　　　　　　　ナムの明けても暮れても巣ごもり"より（All Eyes On Me［From Inside］）」
◇最優秀インストゥルメンタル作曲
　　　　　　　　　　ライル・メイズ（Lyle Mays：作曲）「Eberhard」
◇最優秀編曲，インストゥルメンタルまたはアカペラ
　　　　　　　　　　チャーリー・ローゼン（Charlie Rosen），ジェイク・シルバーマン（Jake
　　　　　　　　　　Silverman）「メタナイトの逆襲—"星のカービィ スーパーデラックス"より
　　　　　　　　　　（Meta Knight's Revenge［From "Kirby Superstar"］）」〈エイトビット・
　　　　　　　　　　ビッグバンド feat.ボタン・マッシャー〉
◇最優秀編曲，インストゥルメンタル及びヴォーカル
　　　　　　　　　　ヴィンス・メンドーザ（Vince Mendoza：編曲）「To The Edge Of Longing
　　　　　　　　　　（Edit Version）」〈ヴィンス・メンドーザ＆チェコ・ナショナル交響楽団
　　　　　　　　　　＆ジュリア・ブロック〉
◇最優秀レコーディング・パッケージ
　　　　　　　　　　李 政瀚（Li Jheng Han），于 薇（Yu, Wei）「Pakelang（原題：八歌浪）」〈第2代
　　　　　　　　　　馬蘭吟唱隊＆董事長跨界大樂團〉
◇最優秀ボックス，特別限定版パッケージ
　　　　　　　　　　ダレン・エヴァンス（Darren Evans），ダニー・ハリスン（Dhani Harrison），オ
　　　　　　　　　　リヴィア・ハリスン（Olivia Harrison）「All Things Must Pass：50th
　　　　　　　　　　Anniversary Edition」〈ジョージ・ハリスン〉
◇最優秀アルバム・ノーツ　リッキー・リッカルディ（Ricky Riccardi：ライター）「The Complete
　　　　　　　　　　Louis Armstrong Columbia And RCA Victor Studio Sessions 1946-1966」
　　　　　　　　　　〈ルイ・アームストロング〉
◇最優秀ヒストリカル・アルバム
　　　　　　　　　　パトリック・ミリガン（Patrick Milligan），ジョニ・ミッチェル（Joni
　　　　　　　　　　Mitchell）「Joni Mitchell Archives, Vol. 1：The Early Years（1963-1967）」
　　　　　　　　　　〈ジョニ・ミッチェル〉
◇最優秀録音技術アルバム（クラシック以外）
　　　　　　　　　　ダエ・ベネット（Dae Bennett），ジョシュ・コールマン（Josh Coleman），ビ
　　　　　　　　　　リー・クメラ（Billy Cumella），グレッグ・カルビ（Greg Calbi），スティー
　　　　　　　　　　ブ・ファローン（Steve Fallone）「Love For Sale」〈トニー・ベネット＆レ
　　　　　　　　　　ディー・ガガ〉
◇最優秀プロデューサー（クラシック以外）
　　　　　　　　　　ジャック・アントノフ（Jack Antonoff）
◇最優秀リミックス・レコーディング
　　　　　　　　　　マイク・シノダ（Mike Shinoda：リミキサー）「Passenger（Mike Shinoda
　　　　　　　　　　Remix）」〈デフトーンズ〉
◇最優秀イマーシブ・オーディオ・アルバム
　　　　　　　　　　ジョージ・マッセンバーグ（George Massenburg），エリック・シリング（Eric
　　　　　　　　　　Schilling），マイケル・ロマノウスキー（Michael Romanowski），アン・ミン
　　　　　　　　　　シエリ（Ann Mincieli：プロデューサー）「Alicia」〈アリシア・キーズ〉
◇最優秀録音技術アルバム（クラシック）
　　　　　　　　　　レスリー・アン・ジョーンズ（Leslie Ann Jones），マイケル・ロマノウスキー
　　　　　　　　　　（Michael Romanowski）「Chanticleer Sings Christmas」〈シャンティクリ
　　　　　　　　　　ア〉
◇最優秀プロデューサー（クラシック）

　　　　　　　　　　　ジュディス・シャーマン（Judith Sherman）
　◇最優秀オーケストラ演奏　ヤニック・ネゼ＝セガン（Yannick Nézet-Séguin：指揮）「プライス：交響曲第1番＆第3番（Price：Symphonies Nos. 1&3）」〈フィラデルフィア管弦楽団〉
　◇最優秀オペラ録音　カレン・カメンセック（Karen Kamensek：指揮）、ジャネイ・ブリッジス（J'Nai Bridges）、アンソニー・ロス・コスタンツォ（Anthony Roth Costanzo）、ザッカリー・ジェームズ（Zachary James）、ディーセラ・ラルスドッティル（Dísella Lárusdóttir）「グラス：アクナーテン（Glass：Akhnaten）」〈メトロポリタン歌劇場管弦楽団、メトロポリタン歌劇場合唱団〉
　◇最優秀合唱演奏　グスターボ・ドゥダメル（Gustavo Dudamel：指揮）、グラント・ガーション（Grant Gershon）、ロバート・イスタッド（Robert Istad）、Fernando Malvar-Ruiz、Luke McEndarfer「マーラー：交響曲第8番"千人の交響曲"（Mahler：Symphony No. 8, "Symphony Of A Thousand"）」〈ロサンゼルス・フィルハーモニック、ロサンゼルス児童合唱団、ロサンゼルス・マスター・コラール、ナショナル・チルドレンズ・コーラス、パシフィック・コラール〉
　◇最優秀室内楽/小編成演奏
　　　　　　　　　　　ヨーヨー・マ（Yo-Yo Ma）、エマニュエル・アックス（Emanuel Ax）「ホープ・アミッド・ティアーズ～ベートーヴェン：チェロ・ソナタ全曲（Beethoven：Cello Sonatas - Hope Amid Tears）」
　◇最優秀クラシック器楽独奏
　　　　　　　　　　　ジェニファー・コー（Jennifer Koh）「Alone Together」
　◇最優秀クラシック・ソロヴォーカル・アルバム
　　　　　　　　　　　サンゲータ・カウル（Sangeeta Kaur）、ヒラ・プリットマン（Hila Plitmann）、ダナエ・ザンテ・ヴラッセ（Danaë Xanthe Vlasse：ピアノ）「Mythologies」
　◇最優秀クラシック・コンペンディアム
　　　　　　　　　　　エイミー・アンダーソン（Amy Andersson：指揮、プロデューサー）「Women Warriors - The Voices Of Change」
　◇最優秀現代音楽作曲　キャロライン・ショウ（Caroline Shaw：作曲）「Shaw：Narrow Sea」〈ドーン・アップショウ、ギルバート・カリッシュ＆ソー・パーカッション〉
　◇最優秀ミュージック・ビデオ
　　　　　　　　　　　ジョン・バティステ（Jon Batiste）、アラン・ファーガソン（Alan Ferguson：監督）「Freedom」
　◇最優秀ミュージック・フィルム
　　　　　　　　　　　アミール・"クエストラヴ"・トンプソン（Ahmir "Questlove" Thompson：監督）「サマー・オブ・ソウル（Summer Of Soul）」
第65回（2022年度）
　◇最優秀レコード　リゾ（Lizzo）「About Damn Time」
　◇最優秀アルバム　ハリー・スタイルズ（Harry Styles）「Harry's House」
　◇最優秀楽曲　ボニー・レイット（Bonnie Raitt：作詞・作曲）「Just Like That」
　◇最優秀新人　サマラ・ジョイ（Samara Joy）
　◇最優秀ポップ・ソロ・パフォーマンス
　　　　　　　　　　　アデル（Adele）「Easy On Me」
　◇最優秀ポップ・デュオ/グループ・パフォーマンス
　　　　　　　　　　　サム・スミス（Sam Smith）、キム・ペトラス（Kim Petras）「Unholy」
　◇最優秀トラディショナル・ポップ・ヴォーカル・アルバム
　　　　　　　　　　　マイケル・ブーブレ（Michael Bublé）「Higher」
　◇最優秀ポップ・ヴォーカル・アルバム
　　　　　　　　　　　ハリー・スタイルズ（Harry Styles）「Harry's House」

◇最優秀ダンス/エレクトロニック・レコーディング
　　　　　ビヨンセ(Beyoncé)「BREAK MY SOUL」
◇最優秀ダンス/エレクトロニック・ミュージック・アルバム
　　　　　ビヨンセ(Beyoncé)「RENAISSANCE」
◇最優秀コンテンポラリー・インストゥルメンタル・アルバム
　　　　　スナーキー・パピー(Snarky Puppy)「Empire Central」
◇最優秀ロック・パフォーマンス
　　　　　ブランディ・カーライル(Brandi Carlile)「Broken Horses」
◇最優秀メタル・パフォーマンス
　　　　　オジー・オズボーン feat.トニー・アイオミ(Ozzy Osbourne feat. Tony Iommi)「Degradation Rules」
◇最優秀ロック楽曲 ブランディ・カーライル(Brandi Carlile), フィル・ハンセロート(Phil Hanseroth), ティム・ハンセロート(Tim Hanseroth)「Broken Horses」
◇最優秀ロック・アルバム オジー・オズボーン(Ozzy Osbourne)「Patient Number 9」
◇最優秀オルタナティヴ・ミュージック・パフォーマンス
　　　　　ウェット・レッグ(Wet Leg)「Chaise Longue」
◇最優秀オルタナティヴ・ミュージック・アルバム
　　　　　ウェット・レッグ(Wet Leg)「Wet Leg」
◇最優秀R&Bパフォーマンス
　　　　　マニー・ロング(Muni Long)「Hrs&Hrs」
◇最優秀トラディショナルR&Bパフォーマンス
　　　　　ビヨンセ(Beyoncé)「PLASTIC OFF THE SOFA」
◇最優秀R&B楽曲 ビヨンセ(Beyoncé), デニシア・"ブルー・ジューン"・アンドリュース(Denisia "Blu June" Andrews), マリー・クリスティーン・ブロッカート(Mary Christine Brockert), ブリタニー・"チ"・コニー(Brittany "Chi" Coney), テリアス・"The-Dream" Gesteelde-Diamant, モルテン・リストープ(Morten Ristorp), ナイル・ロジャース(Nile Rodgers), ラファエル・サディーク(Raphael Saadiq)「CUFF IT」
◇最優秀プログレッシブR&Bアルバム
　　　　　スティーヴ・レイシー(Steve Lacy)「Gemini Rights」
◇最優秀R&Bアルバム ロバート・グラスパー(Robert Glasper)「Black Radio Ⅲ」
◇最優秀ラップ・パフォーマンス
　　　　　ケンドリック・ラマー(Kendrick Lamar)「The Heart Part 5」
◇最優秀メロディック・ラップ・パフォーマンス
　　　　　フューチャー feat.ドレイク&テムズ(Future feat. Drake&Tems)「WAIT FOR U」
◇最優秀ラップ楽曲 ケンドリック・ラマー(Kendrick Lamar), ジェイク・コシッチ(Jake Kosich), ジョニー・コシッチ(Johnny Kosich), マット・シェーファー(Matt Schaeffer)「The Heart Part 5」
◇最優秀ラップ・アルバム ケンドリック・ラマー(Kendrick Lamar)「Mr. Morale&The Big Steppers」
◇最優秀カントリー・ソロ・パフォーマンス
　　　　　ウィリー・ネルソン(Willie Nelson)「Live Forever」
◇最優秀カントリー・デュオ/グループ・パフォーマンス
　　　　　カーリー・ピアース(Carly Pearce), アシュリー・マクブライド(Ashley McBryde)「Never Wanted To Be That Girl」
◇最優秀カントリー楽曲 コーディ・ジョンソン(Cody Johnson), マット・ロジャース(Matt Rogers), ベン・ステニス(Ben Stennis)「'Til You Can't」
◇最優秀カントリー・アルバム

ウィリー・ネルソン（Willie Nelson）「A Beautiful Time」
◇最優秀ニューエイジ，アンビエント，チャント・アルバム
ホワイト・サン（White Sun）「Mystic Mirror」
◇最優秀インプロヴァイズド・ジャズ・ソロ
ウェイン・ショーター（Wayne Shorter），レオ・ジェノヴェーゼ（Leo Genovese）「Endangered Species」
◇最優秀ジャズ・ヴォーカル・アルバム
サマラ・ジョイ（Samara Joy）「Linger Awhile」
◇最優秀ジャズ・インストゥルメンタル・アルバム
テリ・リン・キャリントン（Terri Lyne Carrington），クリス・デイヴィス（Kris Davis），リンダ・メイ・ハン・オー（Linda May Han Oh），ニコラス・ペイトン（Nicholas Payton），マシュー・スティーヴンス（Matthew Stevens）「New Standards Vol. 1」
◇最優秀ラージ・ジャズ・アンサンブル・アルバム
スティーヴン・フェイク（Steven Feifke），ビジョン・ワトソン（Bijon Watson），ジェネレーション・ギャップ・ジャズ・オーケストラ（Generation Gap Jazz Orchestra）「Generation Gap Jazz Orchestra」
◇最優秀ラテン・ジャズ・アルバム
アルトゥーロ・オファリル＆アフロ・ラテン・ジャズ・オーケストラ feat. The Conga Patria Son Jarocho Collective（Arturo O'Farrill&The Afro Latin Jazz Orchestra feat. The Conga Patria Son Jarocho Collective）「Fandango At The Wall In New York」
◇最優秀ゴスペル・パフォーマンス/楽曲
マーヴェリック・シティ・ミュージック＆カーク・フランクリン（Maverick City Music&Kirk Franklin），カーク・フランクリン（Kirk Franklin），ジョナサン・ジェイ（Jonathan Jay），チャンドラー・ムーア（Chandler Moore），ジェイコブ・プール（Jacob Poole）「Kingdom」
◇最優秀コンテンポラリー・クリスチャン・ミュージック・パフォーマンス/楽曲
マーヴェリック・シティ・ミュージック＆カーク・フランクリン（Maverick City Music&Kirk Franklin），カーク・フランクリン（Kirk Franklin），Nicole Hannel，ジョナサン・ジェイ（Jonathan Jay），ブランドン・レイク（Brandon Lake），Hannah Shackelford「Fear Is Not My Future」
◇最優秀ゴスペルアルバム マーヴェリック・シティ・ミュージック＆カーク・フランクリン（Maverick City Music&Kirk Franklin）「Kingdom Book One Deluxe」
◇最優秀コンテンポラリー・クリスチャン・ミュージックアルバム
マーヴェリック・シティ・ミュージック（Maverick City Music）「Breathe」
◇最優秀ルーツ・ゴスペル・アルバム
テネシー州立大学マーチングバンド（Tennessee State University Marching Band）「The Urban Hymnal」
◇最優秀ラテン・ポップ・アルバム
ルーベン・ブラデス（Rubén Blades），ボカ・リヴレ（Boca Livre）「Pasieros」
◇最優秀ラテン・アーバン・ミュージック・アルバム
バッド・バニー（Bad Bunny）「Un Verano Sin Ti」
◇最優秀ラテン・ロック/オルタナティヴ・アルバム
ロザリア（Rosalía）「MOTOMAMI」
◇最優秀リージョナル・メキシカン・ミュージック・アルバム（テハーノ含む）
ナタリア・ラフォルカデ（Natalia Lafourcade）「Un Canto por México - El Musical」
◇最優秀トロピカル・ラテン・アルバム
マーク・アンソニー（Marc Anthony）「Pa'lla Voy」

◇最優秀アメリカン・ルーツ・パフォーマンス
アーロン・ネヴィル with ダーティー・ダズン・ブラス・バンド（Aaron Neville With The Dirty Dozen Brass Band），Take Me to the River All-Stars「Stompin' Ground」
◇最優秀アメリカーナ・パフォーマンス
ボニー・レイット（Bonnie Raitt）「Made Up Mind」
◇最優秀アメリカン・ルーツ楽曲
ボニー・レイット（Bonnie Raitt：作詞・作曲）「Just Like That」
◇最優秀アメリカーナ・アルバム
ブランディ・カーライル（Brandi Carlile）「In These Silent Days」
◇最優秀ブルーグラス・アルバム
モリー・タトル＆ゴールデン・ハイウェイ（Molly Tuttle&Golden Highway）「Crooked Tree」
◇最優秀トラディショナル・ブルース・アルバム
タジ・マハール（Taj Mahal），ライ・クーダー（Ry Cooder）「Get On Board」
◇最優秀コンテンポラリー・ブルース・アルバム
エドガー・ウィンター（Edgar Winter）「Brother Johnny」
◇最優秀フォーク・アルバム
マディソン・カニンガム（Madison Cunningham）「Revealer」
◇最優秀リージョナル・ルーツ・ミュージック・アルバム
ランキー・タンキー（Ranky Tanky）「Live At The 2022 New Orleans Jazz&Heritage Festival」
◇最優秀レゲエ・アルバム カバカ・ピラミッド（Kabaka Pyramid）「The Kalling」
◇最優秀グローバル・ミュージック・パフォーマンス
ウーター・ケラーマン（Wouter Kellerman），ザケス・バントウィニ（Zakes Bantwini），ノムセボ・ジコデ（Nomcebo Zikode）「Bayethe」
◇最優秀グローバル・ミュージック・アルバム
マサ・タクミ（Masa Takumi）「Sakura」
◇最優秀子供向け音楽アルバム
アルファベット・ロッカーズ（Alphabet Rockers）「The Movement」
◇最優秀オーディオブック，ナレーション，ストリーテリング・レコーディング
ヴィオラ・デイヴィス（Viola Davis）「Finding Me」
◇最優秀スポークン・ワード・ポエトリー・アルバム
J.アイヴィ（J. Ivy）「The Poet Who Sat By The Door」
◇最優秀コメディ・アルバム
デイヴ・シャペル（Dave Chappelle）「The Closer」
◇最優秀ミュージカル・シアター・アルバム
サラ・バレリス（Sara Bareilles），ブライアン・ダーシー・ジェームズ（Brian d'Arcy James），パティーナ・ミラー（Patina Miller），フィリッパ・スー（Phillipa Soo），ロブ・バーマン（Rob Berman），Sean Patrick Flahaven，スティーヴン・ソンドハイム（Stephen Sondheim：作詞・作曲）「イントゥ・ザ・ウッズ（Into The Woods〔2022 Broadway Cast Recording〕）」
◇最優秀映像メディア向けコンピレーション・サウンドトラック
マイク・エリゾンド（Mike Elizondo），トム・マクドゥーガル（Tom MacDougall），リン＝マニュエル・ミランダ（Lin-Manuel Miranda）「ミラベルと魔法だらけの家（Encanto）」
◇最優秀映像メディア向けスコア・サウンドトラック（映画とテレビを含む）
ジャーメイン・フランコ（Germaine Franco：作曲，プロデューサー）「ミラベルと魔法だらけの家（Encanto）」

◇最優秀ビデオゲーム・インタラクティブメディア向けスコア・サウンドトラック
　　　　　ステファニー・エコノム（Stephanie Economou：作曲，プロデューサー）「アサシン クリード ヴァルハラ：ラグナロクの始まり（Assassin's Creed Valhalla：Dawn Of Ragnarok）」
◇最優秀映像メディア向け楽曲
　　　　　リン＝マニュエル・ミランダ（Lin-Manuel Miranda：作詞・作曲）「秘密のブルーノ—"ミラベルと魔法だらけの家"より（We Don't Talk About Bruno［From Encanto］）」
◇最優秀インストゥルメンタル作品
　　　　　ジェフリー・キーザー（Geoffrey Keezer：作曲）「Refuge」
◇最優秀編曲, インストゥルメンタルまたはアカペラ
　　　　　ジョン・ビーズリー（John Beasley：編曲）「Scrapple From The Apple」〈マグヌス・リングレン，ジョン・ビーズリー＆SWRビッグ・バンド feat.マーティン・アウアー〉
◇最優秀編曲, インストゥルメンタル及びヴォーカル
　　　　　ヴィンス・メンドーザ（Vince Mendoza：編曲）「Songbird（Orchestral Version）」〈クリスティン・マクヴィー〉
◇最優秀レコーディング・パッケージ
　　　　　蕭 君恬（Chun-Tien Hsiao），蕭 青陽（Qing-Yang Xiao）「Beginningless Beginning」〈Tamsui-Kavalan Chinese Orchestra〉
◇最優秀ボックス, 特別限定版パッケージ
　　　　　Lisa Glines, Doran Tyson, デイヴ・ヴァン・パットン（Dave Van Patten）「In and Out Of The Garden：Madison Square Garden '81 '82 '83」〈グレイトフル・デッド〉
◇最優秀アルバム・ノーツ ボブ・メール（Bob Mehr：ライター）「Yankee Hotel Foxtrot（20th Anniversary Super Deluxe Edition）」〈ウィルコ〉
◇最優秀ヒストリカル・アルバム
　　　　　シェリル・パヴェルスキー（Cheryl Pawelski），ジェフ・トゥイーディー（Jeff Tweedy）「Yankee Hotel Foxtrot（20th Anniversary Super Deluxe Edition）」〈ウィルコ〉
◇最優秀ソングライター（クラシック以外）
　　　　　トバイアス・ジェッソ Jr.（Tobias Jesso Jr.）
◇最優秀録音技術アルバム（クラシック以外）
　　　　　ジェレミー・ハッチャー（Jeremy Hatcher），オリ・ジェイコブス（Oli Jacobs），ニック・ローベル（Nick Lobel），マーク・"スパイク"・ステント（Mark "Spike" Stent），サミー・ウィット（Sammy Witte），ランディ・メリル（Randy Merrill）「Harry's House」〈ハリー・スタイルズ〉
◇最優秀プロデューサー（クラシック以外）
　　　　　ジャック・アントノフ（Jack Antonoff）
◇最優秀リミックス・レコーディング
　　　　　パープル・ディスコ・マシーン（Purple Disco Machine：リミキサー）「About Damn Time（Purple Disco Machine Remix）」〈リゾ〉
◇最優秀イマーシブ・オーディオ・アルバム
　　　　　エリック・シリング（Eric Schilling：エンジニア），スチュワート・コープランド（Stewart Copeland），リッキー・ケジ（Ricky Kej），Herbert Waltl「Divine Tides」〈スチュワート・コープランド＆リッキー・ケジ〉
◇最優秀録音技術アルバム（クラシック）
　　　　　ショーン・マーフィー（Shawn Murphy），チャーリー・ポスト（Charlie Post），ゲイリー・ライドストローム（Gary Rydstrom），マイケル・ロマノウスキー（Michael Romanowski）「Bates：Philharmonia Fantastique - The Making Of The Orchestra」〈エドウィン・アウトウォーター＆シカゴ交響楽団〉

◇最優秀プロデューサー（クラシック）
　　　　　　　　　ジュディス・シャーマン（Judith Sherman）
◇最優秀オーケストラ演奏　マイケル・レッパー（Michael Repper：指揮）「プライス/コールマン/モンゴメリー：アフリカ系アメリカ人女性作曲家の管弦楽作品集（Works by Florence Price, Jessie Montgomery, Valerie Coleman）」〈ニューヨーク・ユース・シンフォニー〉
◇最優秀オペラ録音　ヤニック・ネゼ＝セガン（Yannick Nézet-Séguin：指揮），エンジェル・ブルー（Angel Blue），ウィル・リヴァーマン（Will Liverman），ラトーニア・ムーア（Latonia Moore），ウォルター・ラッセルⅢ（Walter RussellⅢ），テレンス・ブランチャード（Terence Blanchard：作曲）「ブランチャード：ファイアー・シャット・アップ・イン・マイ・ボーンズ（Blanchard：Fire Shut Up in My Bones）」〈メトロポリタン歌劇場管弦楽団, メトロポリタン歌劇場合唱団〉
◇最優秀合唱演奏　ドナルド・ナリー（Donald Nally：指揮）「Born」〈ザ・クロッシング〉
◇最優秀室内楽/小編成演奏
　　　　　　　　　アタッカ四重奏団（Attacca Quartet）「ショウ：エヴァーグリーン（Shaw：Evergreen）」
◇最優秀クラシック器楽独奏
　　　　　　　　　タイム・フォー・スリー（Time for Three），ジャン シャン（Xian Zhang：指揮）「未来への手紙（Letters For The Future）」〈フィラデルフィア管弦楽団〉
◇最優秀クラシック・ソロヴォーカル・アルバム
　　　　　　　　　ルネ・フレミング（Renée Fleming），ヤニック・ネゼ＝セガン（Yannick Nézet-Séguin：ピアノ）「Voice Of Nature - The Anthropocene」
◇最優秀クラシック・コンペンディアム
　　　　　　　　　スター・パロディ（Starr Parodi），キット・ウェイクリー（Kitt Wakeley）「An Adoption Story」
◇最優秀現代音楽作品　ケヴィン・プッツ（Kevin Puts：作曲）「プッツ：コンタクト（Puts：Contact）」〈張弦, タイム・フォー・スリー＆フィラデルフィア管弦楽団〉
◇最優秀ミュージック・ビデオ
　　　　　　　　　テイラー・スウィフト（Taylor Swift：監督）「All Too Well：The Short Film」
◇最優秀ミュージック・フィルム
　　　　　　　　　フランク・マーシャル（Frank Marshall），ライアン・サファーン（Ryan Suffern）「ジャズ・フェス：ニューオーリンズ・ストーリー（Jazz Fest：A New Orleans Story）」

第66回（2023年度）
◇最優秀レコード　マイリー・サイラス（Miley Cyrus）「Flowers」
◇最優秀アルバム　テイラー・スウィフト（Taylor Swift）「Midnights」
◇最優秀楽曲　　　ビリー・アイリッシュ（Billie Eilish：作詞・作曲），フィニアス・オコネル（Finneas O'Connell）「What Was I Made For？―映画"バービー"より（What Was I Made For？［From The Motion Picture "Barbie"］）」
◇最優秀新人　　　ヴィクトリア・モネ（Victoria Monét）
◇最優秀プロデューサー（クラシック以外）
　　　　　　　　　ジャック・アントノフ（Jack Antonoff）
◇最優秀ソングライター（クラシック以外）
　　　　　　　　　セロン・トーマス（Theron Thomas）
◇最優秀ポップ・ソロ・パフォーマンス
　　　　　　　　　マイリー・サイラス（Miley Cyrus）「Flowers」
◇最優秀ポップ・デュオ/グループ・パフォーマンス
　　　　　　　　　シザ feat.フィービー・ブリジャーズ（SZA feat. Phoebe Bridgers）「Ghost In The Machine」

◇最優秀ポップ・ヴォーカル・アルバム
テイラー・スウィフト（Taylor Swift）「Midnights」
◇最優秀ダンス/エレクトロニック・レコーディング
スクリレックス（Skrillex），フレッド・アゲイン（Fred again..），フロウダン（Flowdan）「Rumble」
◇最優秀ポップ・ダンス・レコーディング
カイリー・ミノーグ（Kylie Minogue）「Padam Padam」
◇最優秀ダンス/エレクトロニック・ミュージック・アルバム
フレッド・アゲイン（Fred again..）「Actual Life 3（January 1-September 9 2022）」
◇最優秀ロック・パフォーマンス
ボーイジーニアス（boygenius）「Not Strong Enough」
◇最優秀メタル・パフォーマンス
メタリカ（Metallica）「72 Seasons」
◇最優秀ロック楽曲 ボーイジーニアス（boygenius），ジュリアン・ベイカー（Julien Baker），フィービー・ブリジャーズ（Phoebe Bridgers），ルーシー・ダカス（Lucy Dacus）「Not Strong Enough」
◇最優秀ロック・アルバム パラモア（Paramore）「This Is Why」
◇最優秀オルタナティヴ・ミュージック・パフォーマンス
パラモア（Paramore）「This Is Why」
◇最優秀オルタナティヴ・ミュージック・アルバム
ボーイジーニアス（boygenius）「The Record」
◇最優秀R&Bパフォーマンス
ココ・ジョーンズ（Coco Jones）「ICU」
◇最優秀トラディショナルR&Bパフォーマンス
PJモートン feat.スーザン・キャロル（PJ Morton feat. Susan Carol）「Good Morning」
◇最優秀R&B楽曲 シザ（SZA），ケニー・B.エドモンズ（Kenny B. Edmonds），ブレア・ファーガソン（Blair Ferguson），クリス・リディック＝タインズ（Khris Riddick-Tynes），ソラーナ・ロウ（Solána Rowe），レオン・トーマス（Leon Thomas）「Snooze」
◇最優秀プログレッシブR&Bアルバム
シザ（SZA）「SOS」
◇最優秀R&Bアルバム ヴィクトリア・モネ（Victoria Monét）「JAGUAR Ⅱ」
◇最優秀ラップ・パフォーマンス
キラー・マイク feat.アンドレ3000，フューチャー＆エリン・アレン・ケイン（Killer Mike feat. André 3000, Future and Eryn Allen Kane）「SCIENTISTS&ENGINEERS」
◇最優秀メロディック・ラップ・パフォーマンス
リル・ダーク feat. J.コール（Lil Durk feat. J. Cole）「All My Life」
◇最優秀ラップ楽曲 キラー・マイク feat.アンドレ3000，フューチャー＆エリン・アレン・ケイン（Killer Mike feat. André 3000, Future and Eryn Allen Kane），アンドレ・ベンジャミン（Andre Benjamin），Paul Beauregard，ジェイムス・ブレイク（James Blake），ダミアン・ロメル・ファーマーⅢ（Damian Romel FarmerⅢ），ブライアン・ジョーンズ（Bryan Jones），Eryn Allen Kane，マイケル・レンダー（Michael Render），ティム・ムーア（Tim Moore），ディオン・ウィルソン（Dion Wilson）「SCIENTISTS&ENGINEERS」
◇最優秀ラップ・アルバム キラー・マイク（Killer Mike）「MICHAEL」
◇最優秀スポークン・ワード・ポエトリー・アルバム
J.アイヴィ（J. Ivy）「The Light Inside」

◇最優秀ジャズ・パフォーマンス
　　　　　サマラ・ジョイ（Samara Joy）「Tight」
◇最優秀ジャズ・ヴォーカル・アルバム
　　　　　ニコール・ズライティス（Nicole Zuraitis）「How Love Begins」
◇最優秀ジャズ・インストゥルメンタル・アルバム
　　　　　ビリー・チャイルズ（Billy Childs）「The Winds Of Change」
◇最優秀ラージ・ジャズ・アンサンブル・アルバム
　　　　　カウント・ベイシー・オーケストラ Directed by スコッティ・バーンハート（The Count Basie Orchestra Directed by Scotty Barnhart）「Basie Swings The Blues」
◇最優秀ラテン・ジャズ・アルバム
　　　　　ミゲル・ゼノン（Miguel Zenón），ルイス・ペルドモ（Luis Perdomo）「El Arte Del Bolero Vol. 2」
◇最優秀オルタナティブ・ジャズ・アルバム
　　　　　ミシェル・ンデゲオチェロ（Meshell Ndegeocello）「The Omnichord Real Book」
◇最優秀トラディショナル・ポップ・ヴォーカル・アルバム
　　　　　レイヴェイ（Laufey）「Bewitched」
◇最優秀コンテンポラリー・インストゥルメンタル・アルバム
　　　　　ベラ・フレック，ザキール・フセイン，エドガー・メイヤー feat.ラケーシュ・チョウラシア（Béla Fleck, Zakir Hussain, Edgar Meyer, feat. Rakesh Chaurasia）「As We Speak」
◇最優秀ミュージカル・シアター・アルバム
　　　　　クリスチャン・ボール（Christian Borle），ジェイ・ハリソン・ジー（J. Harrison Ghee），エイドリアナ・ヒックス（Adrianna Hicks），ナターシャ・イヴェット・ウィリアムズ（NaTasha Yvette Williams），メアリー＝ミッチェル・キャンベル（Mary-Mitchell Campbell），ブライアン・カーター（Bryan Carter），Scott M. Riesett，チャーリー・ローゼン（Charlie Rosen），スコット・ウィットマン（Scott Wittman：作詞），マーク・シャイマン（Marc Shaiman：プロデューサー，作詞・作曲）「お熱いのがお好き（Some Like It Hot）」
◇最優秀カントリー・ソロ・パフォーマンス
　　　　　クリス・ステイプルトン（Chris Stapleton）「White Horse」
◇最優秀カントリー・デュオ／グループ・パフォーマンス
　　　　　ザック・ブライアン feat.ケイシー・マスグレイヴス（Zach Bryan feat. Kacey Musgraves）「I Remember Everything」
◇最優秀カントリー楽曲　クリス・ステイプルトン（Chris Stapleton），ダン・ウィルソン（Dan Wilson）「White Horse」
◇最優秀カントリー・アルバム
　　　　　レイニー・ウィルソン（Lainey Wilson）「Bell Bottom Country」
◇最優秀アメリカン・ルーツ・パフォーマンス
　　　　　アリソン・ラッセル（Allison Russell）「Eve Was Black」
◇最優秀アメリカーナ・パフォーマンス
　　　　　ブランディ・クラーク feat.ブランディ・カーライル（Brandy Clark feat. Brandi Carlile）「Dear Insecurity」
◇最優秀アメリカン・ルーツ楽曲
　　　　　ジェイソン・イズベル＆ザ・400ユニット（Jason Isbell and The 400 Unit），ジェイソン・イズベル（Jason Isbell：作詞・作曲）「Cast Iron Skillet」
◇最優秀アメリカーナ・アルバム
　　　　　ジェイソン・イズベル＆ザ・400ユニット（Jason Isbell and The 400 Unit）

　　　　　　　　　「Weathervanes」
◇最優秀ブルーグラス・アルバム
　　　　　　モリー・タトル＆ゴールデン・ハイウェイ（Molly Tuttle&Golden Highway）
　　　　　　「City Of Gold」
◇最優秀トラディショナル・ブルース・アルバム
　　　　　　ボビー・ラッシュ（Bobby Rush）「All My Love For You」
◇最優秀コンテンポラリー・ブルース・アルバム
　　　　　　ラーキン・ポー（Larkin Poe）「Blood Harmony」
◇最優秀フォーク・アルバム
　　　　　　ジョニ・ミッチェル（Joni Mitchell）「Joni Mitchell At Newport〔Live〕」
◇最優秀リージョナル・ルーツ・ミュージック・アルバム
　　　　　　ロスト・バイユー・ランブラーズ（Lost Bayou Ramblers），ルイジアナ・フィルハーモニー管弦楽団（Louisiana Philharmonic Orchestra）「Live：Orpheum Theater Nola」
　　　　　　バックウィート・ザディコ Jr.&The Legendary Ils Sont Partis Band（Buckwheat Zydeco Jr.&The Legendary Ils Sont Partis Band）「New Beginnings...」
◇最優秀ゴスペル・パフォーマンス/楽曲
　　　　　　カーク・フランクリン（Kirk Franklin：作詞・作曲）「All Things」
◇最優秀コンテンポラリー・クリスチャン・ミュージック・パフォーマンス/楽曲
　　　　　　レクレー＆ターシャ・コブス・レナード（Lecrae&Tasha Cobbs Leonard），Alexandria Dollar, Jordan Dollar, Antonio Gardener〔ほか〕「Your Power」
◇最優秀ゴスペルアルバム　タイ・トリペット（Tye Tribbett）「All Things New：Live In Orlando」
◇最優秀コンテンポラリー・クリスチャン・ミュージックアルバム
　　　　　　レクレー（Lecrae）「Church Clothes 4」
◇最優秀ルーツ・ゴスペル・アルバム
　　　　　　ブラインド・ボーイズ・オブ・アラバマ（Blind Boys of Alabama）「Echoes Of The South」
◇最優秀ラテン・ポップ・アルバム
　　　　　　ギャビー・モレノ（Gaby Moreno）「X Mí（Vol. 1）」
◇最優秀ラテン・アーバン・ミュージック・アルバム
　　　　　　カロルG（Karol G）「MAÑANA SERÁ BONITO」
◇最優秀ラテン・ロック/オルタナティヴ・アルバム
　　　　　　ナタリア・ラフォルカデ（Natalia Lafourcade）「De Todas Las Flores」
　　　　　　フアネス（Juanes）「Vida Cotidiana」
◇最優秀メキシカン・ミュージック・アルバム（テハーノ含む）
　　　　　　ペソ・プルマ（Peso Pluma）「GÉNESIS」
◇最優秀トロピカル・ラテン・アルバム
　　　　　　ルベーン・ブラデス&ロベルト・デルガード&オルケスタ（Rubén Blades Con Roberto Delgado&Orquesta）「Siembra：45 Aniversario（En Vivo en el Coliseo de Puerto Rico, 14 de Mayo 2022）」
◇最優秀グローバル・ミュージック・パフォーマンス
　　　　　　ベラ・フレック, エドガー・メイヤー&ザキール・フセイン feat.ラケーシュ・チョウラシア（Béla Fleck, Edgar Meyer&Zakir Hussain feat. Rakesh Chaurasia）「Pashto」
◇最優秀アフリカン・ミュージック・パフォーマンス
　　　　　　タイラ（Tyla）「Water」
◇最優秀グローバル・ミュージック・アルバム
　　　　　　シャクティ（Shakti）「This Moment」

◇最優秀レゲエ・アルバム　ジュリアン・マーリー＆アンテウス（Julian Marley&Antaeus）「Colors Of Royal」
◇最優秀ニューエイジ，アンビエント，チャント・アルバム
　　　　　　　　　Carla Patullo feat. Tonality and The Scorchio Quartet「So She Howls」
◇最優秀子供向け音楽アルバム
　　　　　　　　　123アンドレス（123 Andrés）「We Grow Together Preschool Songs」
◇最優秀コメディ・アルバム
　　　　　　　　　デイヴ・シャペル（Dave Chappelle）「What's In A Name？」
◇最優秀オーディオブック，ナレーション，ストーリーテリング・レコーディング
　　　　　　　　　ミシェル・オバマ（Michelle Obama）「心に、光を。不確実な時代を生き抜く（The Light We Carry：Overcoming in Uncertain Times）」
◇最優秀映像メディア向けコンピレーション・サウンドトラック
　　　　　　　　　ブランドン・デイヴィス（Brandon Davis），マーク・ロンソン（Mark Ronson），ケヴィン・ウィーヴァー（Kevin Weaver）「バービー・ザ・アルバム（Barbie The Album）」
◇最優秀映像メディア向けスコア・サウンドトラック（映画とテレビを含む）
　　　　　　　　　ルドウィグ・ゴランソン（Ludwig Göransson：作曲，プロデューサー）「オッペンハイマー（Oppenheimer）」
◇最優秀ビデオゲーム・インタラクティブメディア向けスコア・サウンドトラック
　　　　　　　　　スティーブン・バートン（Stephen Barton），ゴーディ・ハーブ（Gordy Haab），スティーヴ・シュナー（Steve Schnur），ニック・ラヴィヤーズ（Nick Laviers），アラン・マイヤーソン（Alan Meyerson）「スター・ウォーズ ジェダイ：サバイバー（Star Wars Jedi：Survivor）」
◇最優秀映像メディア向け楽曲
　　　　　　　　　ビリー・アイリッシュ（Billie Eilish：作詞・作曲），フィニアス・オコネル（Finneas O'Connell）「What Was I Made For？―"バービー・ザ・アルバム"より（What Was I Made For？〔From "Barbie The Album"〕）」
◇最優秀ミュージック・ビデオ
　　　　　　　　　ザ・ビートルズ（The Beatles），エム・クーパー（Em Cooper：監督）「I'm Only Sleeping」
◇最優秀ミュージック・フィルム
　　　　　　　　　デヴィッド・ボウイ（David Bowie），ブレット・モーゲン（Brett Morgen：監督）「デヴィッド・ボウイ ムーンエイジ・デイドリーム（Moonage Daydream）」
◇最優秀レコーディング・パッケージ
　　　　　　　　　アニー・コリンジ（Annie Collinge），ロッティングディーン・バザール（Rottingdean Bazaar）「Stumpwork」〈ドライ・クリーニング〉
◇最優秀ボックス，特別限定版パッケージ
　　　　　　　　　ジェリ・ハイデン（Jeri Heiden），ジョン・ハイデン（John Heiden）「For the Birds：The Birdsong Project」
◇最優秀アルバム・ノーツ　ロバート・ゴードン（Robert Gordon），ディーニー・パーカー（Deanie Parker）「Written In Their Soul：The Stax Songwriter Demos」
◇最優秀ヒストリカル・アルバム
　　　　　　　　　ロバート・ゴードン（Robert Gordon），ディーニー・パーカー（Deanie Parker），シェリル・パヴェルスキー（Cheryl Pawelski），ミシェル・スミス（Michele Smith），メイソン・ウィリアムズ（Mason Williams）「Written In Their Soul：The Stax Songwriter Demos」
◇最優秀録音技術アルバム（クラシック以外）
　　　　　　　　　ヴィクトリア・モネ（Victoria Monét），ローレン・デリア（Lauren D'Elia），ジョン・カーシー（John Kercy），カイル・マン（Kyle Mann），Patrizio

"Teezio" Pigliapoco, ニール・H.ポーグ（Neal H Pogue）, トッド・ロビンソン（Todd Robinson）, コリン・レオナルド（Colin Leonard）「JAGUAR Ⅱ」

◇最優秀録音技術アルバム（クラシック）
　　デイヴィッド・フロスト（David Frost）, チャーリー・ポスト（Charlie Post）, サイラス・ブラウン（Silas Brown）「Contemporary American Composers」〈リッカルド・ムーティ&シカゴ交響楽団〉

◇最優秀プロデューサー（クラシック）
　　エレーヌ・マルトーネ（Elaine Martone）

◇最優秀リミックス・レコーディング
　　ウェット・レッグ（Wet Leg：リミキサー）「Wagging Tongue（Wet Leg Remix）」〈デペッシュ・モード〉

◇最優秀イマーシブ・オーディオ・アルバム
　　アリシア・キーズ（Alicia Keys）, アン・ミンシエリ（Ann Mincieli）, ジョージ・マッセンバーグ（George Massenburg）, エリック・シリング（Eric Schilling）, マイケル・ロマノウスキー（Michael Romanowski）「The Diary Of Alicia Keys」

◇最優秀インストゥルメンタル作曲
　　ジョン・ウィリアムズ（John Williams：作曲）「Helena's Theme」

◇最優秀編曲, インストゥルメンタルまたはアカペラ
　　ジョン・カーター・キャッシュ（John Carter Cash）, トミー・エマニュエル（Tommy Emmanuel）, Markus Illko, ジャネット・ロビン（Janet Robin）, Roberto Luis Rodriguez「Folsom Prison Blues」〈The String Revolution feat.トミー・エマニュエル〉

◇最優秀編曲, インストゥルメンタル及びヴォーカル
　　エリン・ベントレイジ（Erin Bentlage）, ジェイコブ・コリアー（Jacob Collier）, サラ・ガザレク（Sara Gazarek）, ジョナイエ・ケンドリック（Johnaye Kendrick）, アマンダ・テイラー（Amanda Taylor）「In The Wee Small Hours Of The Morning」〈セージ feat.ジェイコブ・コリアー〉

◇最優秀オーケストラ演奏　グスターボ・ドゥダメル（Gustavo Dudamel：指揮）「アデス：バレエ音楽 "ダンテ"（Adès：Dante）」〈ロサンゼルス・フィルハーモニック〉

◇最優秀オペラ録音　テレンス・ブランチャード（Terence Blanchard：作曲）, ヤニック・ネゼ=セガン（Yannick Nézet-Séguin：指揮）, ライアン・スピード・グリーン（Ryan Speedo Green）, ラトーニア・ムーア（Latonia Moore）, エリック・オーウェンズ（Eric Owens）「ブランチャード：チャンピオン（Blanchard：Champion）」〈メトロポリタン歌劇場管弦楽団, メトロポリタン歌劇場合唱団〉

◇最優秀合唱演奏　ニルス・シュヴェケンディーク（Nils Schweckendiek：指揮）「サーリアホ：偵察/再認（Saariaho：Reconnaissance）」〈ウーシンタ・アンサンブル, ヘルシンキ室内合唱団〉

◇最優秀室内楽/小編成演奏
　　ルームフル・オブ・ティース（Roomful Of Teeth）「Rough Magic」

◇最優秀クラシック器楽独奏
　　王 羽佳（Yuja Wang）, テディ・エイブラムス（Teddy Abrams：指揮）「The American Project」〈ルイヴィル管弦楽団〉

◇最優秀クラシック・ソロヴォーカル・アルバム
　　ジュリア・ブロック（Julia Bullock）, クリスチャン・ライフ（Christian Reif：指揮）「Walking In The Dark」〈フィルハーモニア管弦楽団〉

◇最優秀クラシック・コンペンディアム
　　アレックス・ブラウン（Alex Brown）, ハーレム四重奏団（Harlem Quartet）, イマニ・ウィンズ（Imani Winds）, エドワード・ペレス（Edward Perez）, ニール・スミス（Neal Smith）, A.B.スペルマン（A.B. Spellman）「Passion

For Bach And Coltrane」
◇最優秀現代音楽作曲　ジェシー・モンゴメリー（Jessie Montgomery：作曲）「モンゴメリー：ラウンズ（Montgomery：Rounds）」〈アワダジン・プラット＆ア・ファー・クライ〉

23　チャイコフスキー国際コンクール　International Tchaikovsky Competition

1958年に初めて開催され，以降4年毎にモスクワとサンクトペテルブルグで行われている総合音楽コンクール。コンクール組織委員会の初代委員長はショスタコーヴィッチ。当初はピアノとバイオリンの2部門であったが，62年（第2回）よりチェロ部門，66年（第3回）声楽部門，90年（第9回）弦楽器製作部門，2019年（第16回）には木管楽器部門と金管楽器部門が創設された。4年に一度開催していたが，第13回は会場の改修工事遅延やサッカー・ワールドカップとの同時期開催回避，運営資金集めの難航などのため1年遅れて実施された。エリザベート王妃国際音楽コンクール（ベルギー），ショパン国際ピアノコンクール（ポーランド）と並ぶ世界3大音楽コンクールの一つ。22年4月，ロシアによるウクライナ侵攻を受け，国際音楽コンクール世界連盟から除名された。

＊日本人の入賞者は以下の通り。〔ピアノ〕松浦豊明（1961年），小山実稚恵（82年），上原彩子（2002年），藤田真央（19年），〔ヴァイオリン〕久保陽子（1962年），潮田益子，佐藤陽子（66年），藤川真弓（70年），清水高師（78年），加藤知子（82年），諏訪内晶子（90年），横山奈加子（94年），川久保賜紀（2002年），神尾真由子（07年），〔チェロ〕安田謙一郎（1966年），岩崎洸（70年），菅野博文（74年），藤原真理（78年），秋津智（86年），〔声楽〕水野貴子，小濱妙美（90年），佐藤美枝子（98年）

【主催者】Federal State Budgetary Institution of Culture "ROSCONCERT"
【選考委員】〔第17回・2023年〕ピアノ部門：Denis Matsuevほか。ヴァイオリン部門：Viktor Tretiyakovほか。チェロ部門：Suren Bagratuniほか。声楽部門：Hibla Gerzmavaほか。木管楽器部門：Alexey Bogoradほか。金管楽器部門：Timur Martynovほか
【選考方法】部門ごとの審査団による選考。2002年から事前にビデオ審査が課されるようになった。予選（1次，2次），本選の順に行われ，課題曲はチャイコフスキーの作品を中心に，古典派から現代曲まで幅広く選曲される
【選考基準】器楽は16〜32歳，声楽は19〜32歳を対象とする
【締切・発表】〔第17回・2023年〕2023年4月16日申込締切，6月19日〜7月1日開催
【賞・賞金】第1位賞金3万ドルと金メダル，2位2万ドルと銀メダル，3位1万ドルと銅メダル，4位5000ドルと賞状，5位4000ドルと賞状，6位3000ドルと賞状，7位2500ドルと賞状，8位2000ドルと賞状（7位・8位は木管/金管楽器のみ）。各部門の第1位受賞者から選出されたグランプリ1名に賞金10万ドル
【E-mail】info@tchaikovskycompetition.com
【URL】https://tchaikovskycompetition.com/

第16回（2019年）
　◇ピアノ
　　●第1位，グランプリ　アレクサンドル・カントロフ（Alexandre Kantorow：フランス）
　　●第2位　　　　　ドミトリー・シシキン（Dmitry Shishkin：ロシア）
　　　　　　　　　　藤田 真央（Mao Fujita：日本）
　　●第3位　　　　　アレクセイ・メルニコフ（Alexey Melnikov：ロシア）

	ケネス・ブロバーグ（Kenneth Broberg：アメリカ）
	コンスタンチン・エメリャノフ（Konstantin Yemelyanov：ロシア）
●第4位, 特別賞	安 天旭（Tianxu An：中国）
●第5・6位	受賞者なし

◇ヴァイオリン
- 第1位　セルゲイ・ドガージン（Sergey Dogadin：ロシア）
- 第2位　マルク・ブシュコフ（Marc Bouchkov：ベルギー）
- 第3位　キム ドンユン（Donghyun Kim：韓国）
- 第4位　アイレン・プリッチン（Aylen Pritchin：ロシア）
　　　　金川 真弓（Mayumi Kanagawa：アメリカ）
- 第5位　受賞者なし
- 第6位　ミラン・アル＝アシャブ（Milan Al-Ashhab：チェコ）

◇チェロ
- 第1位　ズラトミール・ファン（Fung Zlatomir：アメリカ）
- 第2位　サンティアゴ・カニョン＝ヴァレンシア（Canyon-Valencia Santiago：コロンビア）
- 第3位　アナスタシア・コベキナ（Kobekina Anastasia：ロシア）
- 第4位　ムン テグク（Taeguk Mun：韓国）
- 第5位　陈 亦柏（Yibai Chen：中国）
- 第6位　エリーナ・ルムカイネン（Elina Rummukainen：フィンランド）

◇声楽（男声）
- 第1位　アレクサンドロス・スタヴラカキス（Alexandros Stavrakakis：ギリシャ）
- 第2位　キム ギフン（Gihoon Kim：韓国）
- 第3位　ミグラン・アガジャニャン（Migran Agadjanyan：ロシア）
- 第4位　アンクバヤール・エンクボルド（Ankhbayar Enkhbold：モンゴル）
- ディミトリー・ホロストフスキー記念特別賞
　　　　Vladislav Kupriyanov（ロシア）

◇声楽（女声）
- 第1位　マリア・バラコヴァ（Maria Barakova：ロシア）
- 第2位　アイグリ・ヒスマトゥーリナ（Aigul Khismatullina：ロシア）
- 第3位　マリア・モトルィギナ（Maria Motolygina：ロシア）
- 第4位　アンゲリーナ・アフメドヴァ（Angelina Akhmedova：ウズベキスタン）
　　　　Oksana Mayorova（ロシア）

◇木管楽器
- 第1位　マトヴェイ・デョーミン（Matvey Demin：ロシア：フルート）
- 第2位　ジョイディ・ブランコ（Joidy Blanco：ベネズエラ：フルート）
- 第3位　アレッサンドロ・ベヴェラリ（Alessandro Beverari：イタリア：クラリネット）
- 第4位　ローラ・デスクール（Lola Descours：フランス：ファゴット）
- 第5位　ニキータ・ワガノフ（Nikita Vaganov：ロシア：クラリネット）
- 第6位　ユリ・ヴァレンティン（Juri Vallentin：ドイツ：オーボエ）
- 第7位　リヴィア・デュレバ（Livia Duleba：ハンガリー：フルート）
- 第8位　ソフィア・ヴィランド（Sofia Viland：ロシア：フルート）

◇金管楽器
- 第1位　曾 韵（Yun Zheng：中国：ホルン）
　　　　アレクセイ・ロビコフ（Aleksey Lobikov：ロシア：トロンボーン）
- 第2位　フョードル・シャゴフ（Fedor Shagov：ロシア：チューバ）
- 第3位　フェリックス・デルヴォー（Félix Dervaux：フランス：ホルン）

- 第4位　エンリケ・サントス・コスタ（Costa Henrique Santos：ポルトガル：チューバ）
- 第5位　アンセル・ノリス（Ansel Norris：アメリカ：トランペット）
- 第6位　ペーター・ステイナー（Peter Steiner：イタリア：トロンボーン）
- 第7位　ユー ヘリ（Hae-Ree Yoo：韓国：ホルン）
- 第8位　ジャスラン・アブディカリコフ（Abdykalykov Zhasulan：カザフスタン：トランペット）

第17回（2023年）
◇ピアノ
- 第1位　セルゲイ・ダヴィチェンコ（Sergei Davydchenko：ロシア）
- 第2位　エンジェル・スタニスラフ・ワン（Angel Stanislav Wang：アメリカ）
　　　　ヴァレンティン・マリーニン（Valentin Malinin：ロシア）
　　　　ジョージ・ハリオノ（George Harliono：イギリス）
- 第3位　スタニスラフ・コルチャギン（Stanislav Korchagin：ロシア）
　　　　イリヤ・パポヤン（Ilya Papoyan：ロシア）
- 第4位　イェ スア（Suah Ye：韓国）
　　　　Xuanyi Mao（中国）
- 第5・6位　受賞者なし

◇ヴァイオリン
- 第1位　キム ゲヒ（Gyehee Kim：韓国）
- 第2位　ラヴィル・イスリャモフ（Ravil Islyamov：ロシア）
- 第3位　ダニール・コーガン（Daniil Kogan：ロシア）
　　　　羅 超文（Chaowen Luo：中国）
　　　　Elena Tarosyan（ロシア）
- 第4位　Yiying Jiang（中国）
- 第5・6位　受賞者なし

◇チェロ
- 第1位　イ ヨンウン（Youngeun Lee：韓国）
- 第2位　マリア・ザイツェワ（Maria Zaitseva：ロシア）
- 第3位　パク サンヒョク（Sanghyeok Park：韓国）
- 第4位　Ivan Sendetckii（ロシア）
- 第5位　イ ドンヨル（Dongyeol Lee：韓国）
- 第6位　Vasily Stepanov（ロシア）

◇声楽（女声）
- 第1位, グランプリ　ジナイダ・ツァレンコ（Zinaida Tsarenko：ロシア）
- 第2位　オルガ・マスロヴァ（Olga Maslova：ロシア）
- 第3位　Albina Tonkikh（ベラルーシ）
- 第4位　Polina Shabunina（ロシア）

◇声楽（男声）
- 第1位　ソン ジフン（Jihoon Son：韓国）
- 第2位　Maksim Lisiin（ロシア）
　　　　チョン インホ（Inho Jeong：韓国）
- 第3位　Zhenxiang Hong（中国）
- 第4位　Igor Morozov（ロシア）
　　　　Gleb Peryazev（ロシア）

◇木管楽器
- 第1位　ソフィア・ヴィランド（Sofia Viland：ロシア：フルート）

- 第2位 　　アンナ・コマロワ（Anna Komarova：ロシア：フルート）
　　　　　　Fedor Osver（ロシア：オーボエ）
- 第3位 　　レフ・ジュラフスキー（Lev Zhuravskiy：ロシア：クラリネット）
　　　　　　キム イェソン（Ye Sung Kim：韓国：フルート）
　　　　　　Augusto Velio Palumbo（イタリア：ファゴット）
- 第4位 　　受賞者なし
- 第5位 　　Yuening Ning（中国：オーボエ）
- 第6位 　　Zonglin Xie（中国：クラリネット）
- 第7・8位　受賞者なし

◇金管楽器
- 第1位 　　Semyon Salomatnikov（ロシア：トランペット）
- 第2位 　　Zhicheng Jin（中国：ホルン）
- 第3位 　　受賞者なし
- 第4位 　　Charles Reydellet（フランス：ホルン）
- 第5位 　　Vilnur Samigullin（ロシア：チューバ）
- 第6位 　　受賞者なし
- 第7位 　　Stepan Bachevich（ロシア：トランペット）
　　　　　　Aleksey Ivanov（ロシア：トランペット）
- 第8位 　　Zhasulan Abdykalykov（カザフスタン：トランペット）
　　　　　　Vsevolod Trukhachev（ロシア：ホルン）

24　パガニーニ国際ヴァイオリン・コンクール　Concorso Internazionale di Violino "Premio Paganini"

1954年，イタリアの名ヴァイオリニスト，ニコロ・パガニーニ（Nicolò Paganini）の名を冠して創始された。イタリアのジェノヴァで毎年開催されていたが，2002年から隔年となった。厳しい審査で知られており，1位受賞者が選出されないことも多々ある。部門はヴァイオリンのみ。特別賞として，最年少本選出場者に与えられるエンリコ・コスタ記念賞，パガニーニの奇想曲最優秀演奏者に与えられるレナート・デ・バルビエリ記念賞，第1位に与えられるマリオ・ルミネッリ記念賞などがある。2010年の開催以降，「コンクールそのものの価値を高めるための重要な取り組みを展開中」という理由を掲げて延期していたが，2015年に5年ぶりに開催。以後，21年まで3年ごと，23年以降は2年ごとに開催されている。

＊日本人の受賞者は以下の通り。広瀬悦子（1962年），石井志都子（63年），久保陽子，徳江尚子，宗倫匡（64年），久保陽子（65年），篠崎功子，奥村喜音子（66年），藤原浜雄，柳田昌子（68年），綿谷恵子（70年），佐藤陽子（72年），高橋筆子（76年），中島幸子，毛利友美（77年），清水高師（78年），長沼由里子，千住真理子（79年），石井光子（80年），永田邦子（81年），沼田園子，鈴木裕子（82年），渡辺玲子（83,84年），川口エリサ（84年），渡辺玲子，上田明子（86年），諏訪内晶子（88年），二村英仁（88,89,92,93,94年），川上知子（89年），牧田由美（91年），神谷美千子（92年），江口有香（93年），米元響子，上里英子，永田真希（97年），山崎貴子，糸井真紀（98年），庄司紗矢香，小野明子（99年），日下紗知子，阿藤果林（2000年），宇根京子（02年），正戸里佳（06年），毛利文香（15年）

【主催者】ジェノヴァ市（Comune di Genova)
【選考委員】〔第58回・2025年〕審査長：Uto Ughi，審査員：Pavel Berman, Ana Chumachenco, Pamela Frank, Mihaela Martin, Enzo Restagno, Sayaka Shoji
【選考方法】1次予選，2次予選，準本選，本選

【選考基準】15歳以上31歳未満を対象とする
【締切・発表】〔第58回・2025年〕2025年2月11日申込締切, 10月14日〜26日開催
【賞・賞金】賞金1位 3万ユーロ, 2位 2万ユーロ, 3位 1万ユーロ
【E-mail】staff@premiopaganini.it
【URL】https://www.premiopaganini.it/

第55回（2018年）
　◇第1位　　　　ケヴィン・チュー（Kevin Zhu：アメリカ）
　◇第2位　　　　フョードル・ルディン（Fedor Rudin：フランス）
　◇第3位　　　　スティーヴン・キム（Stephen Kim：アメリカ）
　◇第4位　　　　蔣 益良（Yiliang Jiang：中国）
　◇第5位　　　　オレクサンドル・プシュカレンコ（Oleksandr Pushkarenko：ウクライナ）
　◇第6位　　　　ルーク・スー（Luke Hsu：アメリカ）
　◇エンリコ・コスタ記念賞, レナート・デ・バルビエリ記念賞, ステファノ・フィオリッラ記念賞
　　　　　　　　ケヴィン・チュー（Kevin Zhu：アメリカ）
　◇マリオ・ルミネッリ記念賞
　　　　　　　　フョードル・ルディン（Fedor Rudin：フランス）
　◇ムジカ・コン・レ・アリ賞
　　　　　　　　福田 廉之介（Rennosuke Fukuda：日本）

第56回（2021年）
　◇第1位　　　　ジュゼッペ・ギボーニ（Giuseppe Gibboni：イタリア）
　◇第2位　　　　チョン ヌーリエ（Nurie Chung：韓国）
　◇第3位　　　　アヴァ・バハリ（Ava Bahari：スウェーデン）
　　　　　　　　ララ・ボッシュコウ（Lara Boschkor：ドイツ）
　◇エンリコ・コスタ記念賞, パガニーニ友の会賞
　　　　　　　　チョン ヌーリエ（Nurie Chung：韓国）
　◇レナート・デ・バルビエリ記念賞, マリオ・ルミネッリ記念賞, ステファノ・フィオリッラ記念賞
　　　　　　　　ジュゼッペ・ギボーニ（Giuseppe Gibboni：イタリア）

第57回（2023年）
　◇第1位　　　　シモン・チュー（Simon Zhu：ドイツ）
　◇第2位　　　　Jingzhi Zhang（中国）
　◇第3位　　　　翁 卿羲（Qingzhu Weng：中国）
　◇第4位　　　　ハウィジッヒ・エルダース（Hawijch Elders：オランダ）
　◇第5位　　　　竹内 鴻史郎（Koshiro Takeuchi：日本）
　◇第6位　　　　Haram Kim（韓国）
　◇エンリコ・コスタ記念賞, パガニーニ友の会賞
　　　　　　　　竹内 鴻史郎（Koshiro Takeuchi：日本）
　◇マリオ・ルミネッリ記念賞
　　　　　　　　Jingzhi Zhang（中国）
　◇パッラヴィチーノ財団賞　シモン・チュー（Simon Zhu：ドイツ）

25　ショパン国際ピアノコンクール　Międzynarodowy Konkurs Pianistyczny im. Fryderyka Chopina

　フレデリック・ショパン（Frederick Chopin）を記念して1927年に創設されたピアノ・コン

クール。第二次世界大戦により一時中断したが，55年以降，ポーランドのワルシャワで5年に1回開催されている。課題曲は全てショパンの作品で，1〜6位が選出されるほか，特別賞としてマズルカ賞，コンツェルト賞，ポロネーズ賞，ソナタ賞がある。エリザベート王妃国際音楽コンクール（ベルギー），チャイコフスキー国際コンクール（ロシア）と並ぶ世界3大音楽コンクールの一つ。第18回の開催は2020年を予定していたが，新型コロナウイルス感染症の影響で翌21年に延期された。

＊日本人では，田中希代子（1955年），中村紘子（65年），内田光子（70年），海老彰子（80年），小山実雅恵（85年），横山幸雄，高橋多佳子（90年），宮谷理香（95年），佐藤美香（2000年），山本貴志，関本昌平（05年），反田恭平，小林愛実（21年）が受賞

【主催者】フレデリック・ショパン研究所（Narodowy Instytut Fryderyka Chopina）
【選考委員】国際的に有名な音楽家からなる審査団。〔第19回・2025年〕委員長：Garrick Ohlsson，委員：John Allison, Yulianna Avdeeva, Michel Beroff, Akiko Ebi, Sa Chen, Dang Thai Son, Nelson Goerner, Momo Kodama, Krzysztof Jabłoński, Kevin Kenner, Robert McDonald, Piotr Paleczny, Ewa Pobłocka, Katarzyna Popowa-Zydroń, John Rink, Wojciech Świtała
【選考方法】10月17日のショパンの命日の時期にあわせて3週間にわたって開催。予備審査，1次予選，2次予選，3次予選（準本選）を経て本選となる。予選では独奏曲，本選ではオーケストラと共演するピアノ協奏曲が課題となる。2025年開催の第19回では，本選で協奏曲に加えて独奏曲も課されることになった
【選考基準】〔第19回・2025年〕1995年から2009年生まれで，プロレベルの演奏が可能なピアニスト
【締切・発表】〔第19回・2025年〕2025年1月12日申込締切，10月2日〜23日開催
【賞・賞金】1位から3位には金・銀・銅のメダルを授与。〔第19回・2025年〕1位6万ユーロ，2位4万ユーロ，3位3万5000ユーロ，4位3万ユーロ，5位2万5000ユーロ，6位2万ユーロ。本選出場者には8000ユーロ。また，順位発表後，入賞者によるコンサートが行われる
【E-mail】nifc@nifc.pl
【URL】https://konkursy.nifc.pl/en/

第17回（2015年）
　◇第1位　　　　趙 成珍（Seong-Jin Cho：韓国）
　◇第2位　　　　シャルル・リシャール＝アムラン（Charles Richard-Hamelin：カナダ）
　◇第3位　　　　ケイト・リウ（Kate Liu：アメリカ）
　◇第4位　　　　エリック・ルー（Eric Lu：アメリカ）
　◇第5位　　　　トニー・イーケ・ヤン（Tony Yike Yang：カナダ）
　◇第6位　　　　ドミトリー・シシキン（Dmitry Shishkin：ロシア）
　◇マズルカ賞　　ケイト・リウ（Kate Liu：アメリカ）
　◇コンチェルト賞　受賞者なし
　◇ポロネーズ賞　趙 成珍（Seong-Jin Cho：韓国）
　◇ソナタ賞　　　シャルル・リシャール＝アムラン（Charles Richard-Hamelin：カナダ）
第18回（2021年）
　◇第1位　　　　ブルース・シャオユー・リウ（Bruce Xiaoyu Liu：カナダ）
　◇第2位　　　　アレクサンダー・ガジェヴ（Alexander Gadjiev：イタリア・スロベニア）
　　　　　　　　反田 恭平（Kyohei Sorita：日本）
　◇第3位　　　　マルティン・ガルシア・ガルシア（Martín García García：スペイン）
　◇第4位　　　　小林 愛実（Aimi Kobayashi：日本）

◇第5位	ヤクブ・クシュリク（Jakub Kuszlik：ポーランド）
	レオノーラ・アルメリーニ（Leonora Armellini：イタリア）
◇第6位	JJ ジュン・リ・ブイ（JJ Jun Li Bui：カナダ）
◇マズルカ賞	ヤクブ・クシュリク（Jakub Kuszlik：ポーランド）
◇コンチェルト賞	マルティン・ガルシア・ガルシア（Martín García García：スペイン）
◇ポロネーズ賞	受賞者なし
◇ソナタ賞	アレクサンダー・ガジェヴ（Alexander Gadjiev：イタリア・スロベニア）

26　ロン・ティボー国際音楽コンクール　Concours International Marguerite-Long-Jacques-Thibaud

1943年第1回開催。若い演奏家の発表の場を設けるために、ピアニストのマルグリット・ロン（Marguerite Long）と、ヴァイオリニストのジャック・ティボー（Jacques Thibaud）により創設された。彼らに因んでピアノとヴァイオリンの2部門があり、フランス・パリで開催される。第2回より国内にとどまらず、国際的に応募を募るようになった。当初は3年毎、49年からは2年毎に両部門を同時開催していたが、83年以降はピアノ、ヴァイオリン、ガラコンサート公演という3年サイクルになった。2011年、声楽部門を新設。2007年に亡くなった名オペラ歌手レジーヌ・クレスパンの名前をコンクール名に加え、「ロン・ティボー・クレスパン国際音楽コンクール」となるが、その後声楽部門は開催されておらず、22年には名称も元に戻っている。

*日本人の受賞者は以下の通り。〔ヴァイオリン〕豊田耕児（57年）、石井志都子（59年）、前橋汀子（67年）、藤村佑子、宗倫匡（67年）、佐藤陽子、徳江尚子（69年）、清水高師（75年）、沢和樹、畑麻子（77年）、豊田弓乃（79年）、長沼由里子、豊田弓乃（81年）、景山誠治、白石礼子（84年）、菅野美絵子（87年）、小林美恵、西沢和江、相曽賢一朗（90年）、樫本大進、新垣裕子（96年）、山田晃子、米元響子（2002年）、南紫音、矢野玲子（05年）、長尾春花（08年）、成田達輝（10年）、青木尚佳（14年）、弓新（18年）、竹内鴻史郎、橘和美優（23年）、〔ピアノ〕田中希代子（53年）、松浦豊明（59年）、弘中孝（69年）、田近完（73年）、植田克己、岡本愛子（77年）、高橋裕希子（79年）、清水和音、伊藤恵（81年）、藤原由紀乃、田部京子、上田晴子（86年）、横山幸雄、坂井千春（89年）、野原みどり、青柳晋（92年）、梯剛之、大崎結真、佐藤美香（98年）、木村綾子、岡本麻子（2001年）、田村響（07年）、佐野隆哉、斉藤一也（09年）深見まどか、實川風（15年）、三浦謙司、務川慧悟（19年）、亀井聖矢、重森光太郎（22年）

【主催者】ロン・ティボー財団（Fondation Long-Thibaud）
【選考委員】〔2023年ヴァイオリン部門〕Sarah Nemtanu, Silvia Marcovici, Akiko Suwanai, Jean-Jacques Kantorow, Marc Laforet, Sergey Khachatryan, Boris Kuschnir, Jean-Claude Casadesus
【選考方法】ビデオ審査、予選、準決戦、本選（オーケストラとのコンチェルトによるリサイタル）が行われる
【選考基準】〔2025年ピアノ部門〕16～33歳を対象とする
【締切・発表】〔2025年ピアノ部門〕2024年11月1日申込締切、2025年3月25日～30日予選～本選
【賞・賞金】〔2025年〕第1位3万5000ユーロ、第2位2万ユーロ、第3位1万2000ユーロ、第4位8000ユーロ、第5位6000ユーロ
【E-mail】contact@long-thibaud.org
【URL】https://www.long-thibaud.org/en/

第43回（2015年）
  ◇ピアノ
　　● 第1位　　　　受賞者なし
　　● 第2位　　　　ジュリアン・トレヴェリアン（Julian Trevelyan：イギリス）
　　● 第3位　　　　實川 風（Kaoru Jitsukawa：日本）
　　● 第4位　　　　パク ジョヒョン（Joo Hyeon Park：韓国）
　　● 第5位　　　　深見 まどか（Madoka Fukami：日本）
　　● 第6位　　　　ダリア・キセリョヴァ（Daria Kiseleva：ロシア）
　　● モナコ・アルベール2世大公賞
　　　　　　　　　　ジュリアン・トレヴェリアン（Julian Trevelyan：イギリス）
　　● サセム（SACEM）賞, 友の会賞
　　　　　　　　　　實川 風（Kaoru Jitsukawa：日本）
　　● ラヴェル財団賞 深見 まどか（Madoka Fukami：日本）

第44回（2018年）
  ◇ヴァイオリン
　　● 第1位　　　　ディアナ・ティシチェンコ（Diana Tishchenko：ウクライナ）
　　● 第2位　　　　金川 真弓（Mayumi Kanagawa：アメリカ）
　　● 第3位　　　　ドミトリー・スミルノフ（Dmitry Smirnov：ロシア）
　　● 第4位　　　　ルイーザ・ステイプルズ（Louisa Staples：イギリス）
　　● 第5位　　　　弓 新（Arata Yumi：日本）
　　● 第6位　　　　ダニエル・コーガン（Daniel Kogan：ロシア・カナダ）
　　● アニマ音楽財団賞, DakApp賞, ワーナー・クラシック賞
　　　　　　　　　　ディアナ・ティシチェンコ（Diana Tishchenko：ウクライナ）
　　● モナコ大公最優秀コンツェルト賞
　　　　　　　　　　金川 真弓（Mayumi Kanagawa：アメリカ）
　　● サセム（SACEM）特別賞, エティエンヌ・ヴァテロ賞
　　　　　　　　　　ドミトリー・スミルノフ（Dmitry Smirnov：ロシア）

第45回（2019年）
  ◇ピアノ
　　● 第1位　　　　三浦 謙司（Kenji Miura：日本）
　　● 第2位　　　　務川 慧悟（Keigo Mukawa：日本）
　　● 第3位　　　　ゾーラ・サルグシャン（Zhora Sargsyan：アルメニア）
　　● 第4位　　　　ジャン＝バティスト・ドゥルセ（Jean-Baptiste Doulcet：フランス）
　　● 第5位　　　　アレクサンドラ・スティフキナ（Alexandra Stychkina：ロシア）
　　● 第6位　　　　クレマン・ルフェーヴル（Clément Lefebvre：フランス）
　　● モナコ大公最優秀コンツェルト解釈賞, ハリソン・パロット賞, ワーナー・クラシック賞
　　　　　　　　　　三浦 謙司（Kenji Miura：日本）
　　● 聴衆賞　　　　ジャン＝バティスト・ドゥルセ（Jean-Baptiste Doulcet：フランス）

第46回（2022年）
  ◇ピアノ
　　● 第1位　　　　亀井 聖矢（Masaya Kamei：日本）
　　　　　　　　　　イ ヒョク（Hyuk Lee：韓国）
　　● 第2位　　　　受賞者なし
　　● 第3位　　　　マイケル・デヴィッドマン（Michael Davidman：アメリカ）
　　● 第4位　　　　重森 光太郎（Kotaro Shigemori：日本）

- 第5位　　　　ノ ヒソン（Heeseong Noh：韓国）
- 第6位　　　　グオ イーミン（Yiming Guo：中国）
- 聴衆賞，評論家賞 亀井 聖矢（Masaya Kamei：日本）
- オーケストラ・ミュージシャン賞
　　　　　　マイケル・デヴィッドマン（Michael Davidman：アメリカ）
- モナコ大公アルベール2世財団賞
　　　　　　ノ ヒソン（Heeseong Noh：韓国）

第47回（2023年）
　◇ヴァイオリン
- 第1位　　　　ボフダン・ルッツ（Bohdan Luts：ウクライナ）
- 第2位　　　　Dayoon Yoo（韓国）
- 第3位　　　　竹内 鴻史郎（Koshiro Takeuchi：日本）
- 第4位　　　　ヴィクラム・フランチェスコ・セドナ（Vikram Francesco Sedona：イタリア）
- 第5位　　　　橘和 美優（Miyu Kitsuwa：日本）
- 聴衆賞，評論家賞 ボフダン・ルッツ（Bohdan Luts：ウクライナ）

映画・演劇・TV

27 アカデミー賞　Academy Awards

1927年に創設されたアメリカの映画芸術科学アカデミー協会（Academy of Motion Picture Arts and Sciences）が毎年1回映画人に対して授与する世界最大の映画賞。29年，27/28年の公開作品を対象に第1回授賞式が開催された。受賞者にはトロフィー「オスカー像」が贈られることから，「オスカー（The Oscars）」とも呼ばれる。この像の正式名称は「アカデミー・アワード・オブ・メリット」だが，39年に愛称「オスカー」が公式採用された。主要5部門と呼ばれる作品賞，監督賞，主演男優賞，主演女優賞，脚本賞（または脚色賞）のほか，助演男優賞，助演女優賞，撮影賞，美術賞，音響賞，編集賞，作曲賞，歌曲賞，衣装デザイン賞，メイクアップ＆ヘアスタイリング賞，視覚効果賞，国際長編映画賞，長編ドキュメンタリー賞，短編ドキュメンタリー賞，短編実写映画賞，長編アニメ映画賞，短編アニメ映画賞の部門があり，同協会に所属する会員約1万人の投票により決定する。

＊日本人では，黒澤明監督作「羅生門」が名誉賞（外国語映画賞）（1951年），「デルス・ウザーラ」が外国語映画賞（75年），また黒澤自身が名誉賞（89年），衣笠貞之助監督作「地獄門」が名誉賞（外国語映画賞）（54年），和田三造が「地獄門」で衣装賞（54年），稲垣浩監督作「宮本武蔵」が（55年）名誉賞（外国語映画賞），ナンシー梅木が「サヨナラ」で助演女優賞（57年），ワダエミが「乱」で衣装賞（85年），坂本龍一が「ラストエンペラー」で作曲賞（87年），石岡瑛子が「ドラキュラ」で衣装賞（92年），伊比恵子監督作「ザ・パーソナルズ」が短編ドキュメンタリー賞（97年），宮崎駿監督作「千と千尋の神隠し」が長編アニメ賞（2002年），宮崎駿自身が名誉賞（14年），宮城島卓夫がゴードン・E.ソーヤー賞（04年），滝田洋二郎監督作「おくりびと」が外国語映画賞（08年），加藤久仁生監督作「つみきのいえ」が短編アニメーション映画賞，辻一弘がメイクアップ＆ヘアスタイリング賞（17年，19年），濱口竜介監督作「ドライブ・マイ・カー」が国際長編映画賞（21年），宮崎駿・鈴木敏夫監督作「君たちはどう生きるか」が長編アニメ賞（23年），山崎貴監督作「ゴジラ－1.0」が視覚効果賞を受賞

【主催者】映画芸術科学アカデミー協会（Academy of Motion Picture Arts and Sciences）

【選考委員】アカデミー協会会員全員が投票権を持つ（投票権を放棄している会員もいる）。会員は監督・俳優・女優他著名な映画人など，アメリカ映画に携わる人々からなる。会員になるには，映画芸術・科学への貢献が認められて同会員に推薦されるか，あるいはアカデミー賞にノミネートされることが必要とされる

【選考方法】個々の会員がその専門分野に投票し，各部門最高5候補までのノミネーションを決定。ただし，作品賞部門に関しては，会員全員の投票により10作品がノミネートされる。国際長編映画賞，ドキュメンタリーといった部門に関しては，アカデミーの会員が小委員会を作り，事前選考が行われる。最終選考では全部門が会員全員の投票により決定

【選考基準】前年の1月1日から12月31日にアメリカのロサンゼルス，ニューヨーク，シカゴなど6つの大都市圏のいずれかにある商業劇場で連続1週間・毎日3回以上有料で上映された35ミリか70ミリのフィルムまたは指定のデジタルフォーマットの作品で，長さが40分以上

のものが対象となる。劇場公開以外の方法（TV放映、ネット配信、DVD等）で初公開された作品は対象外。授賞は原則各部門1作品・1名とする
【締切・発表】例年1月下旬にノミネート発表、2月下旬から3月初旬に授賞式。授賞式の模様は全米をはじめ世界中にTV中継され、アメリカ映画界最大のイベントとなっている
【賞・賞金】オスカー像
【URL】https://www.oscars.org/

第88回（2015年）
◇作品賞　　　　マイケル・シュガー（Michael Sugar）、スティーヴ・ゴリン（Steve Golin）、ニコール・ロックリン（Nicole Rocklin）、ブライ・パゴン・ファウスト（Blye Pagon Faust）「スポットライト 世紀のスクープ（Spotlight）」
◇監督賞　　　　アレハンドロ・ゴンサレス・イニャリトゥ（Alejandro González Iñárritu）「レヴェナント：蘇えりし者（The Revenant）」
◇主演男優賞　　レオナルド・ディカプリオ（Leonardo DiCaprio）「レヴェナント：蘇えりし者（The Revenant）」
◇主演女優賞　　ブリー・ラーソン（Brie Larson）「ルーム（Room）」
◇助演男優賞　　マーク・ライランス（Mark Rylance）「ブリッジ・オブ・スパイ（Bridge of Spies）」
◇助演女優賞　　アリシア・ヴィキャンデル（Alicia Vikander）「リリーのすべて（The Danish Girl）」
◇脚本賞　　　　ジョシュ・シンガー（Josh Singer）、トム・マッカーシー（Tom McCarthy）「スポットライト 世紀のスクープ（Spotlight）」
◇脚色賞　　　　チャールズ・ランドルフ（Charles Randolph）、アダム・マッケイ（Adam McKay）「マネー・ショート 華麗なる大逆転（The Big Short）」
◇撮影賞　　　　エマニュエル・ルベツキ（Emmanuel Lubezki）「レヴェナント：蘇えりし者（The Revenant）」
◇美術賞　　　　コリン・ギブソン（Colin Gibson：プロダクション・デザイン）、リサ・トンプソン（Lisa Thompson：セット・デコレーション）「マッドマックス 怒りのデス・ロード（Mad Max：Fury Road）」
◇音響編集賞　　マーク・マンジーニ（Mark Mangini）、デヴィッド・ホワイト（David White）「マッドマックス 怒りのデス・ロード（Mad Max：Fury Road）」
◇録音賞　　　　クリス・ジェンキンス（Chris Jenkins）、グレッグ・ルドロフ（Gregg Rudloff）、ベン・オスモ（Ben Osmo）「マッドマックス 怒りのデス・ロード（Mad Max：Fury Road）」
◇編集賞　　　　マーガレット・シクセル（Margaret Sixel）「マッドマックス 怒りのデス・ロード（Mad Max：Fury Road）」
◇作曲賞　　　　エンニオ・モリコーネ（Ennio Morricone）「ヘイトフル・エイト（The Hateful Eight）」
◇歌曲賞　　　　ジミー・ネイプス（Jimmy Napes）、サム・スミス（Sam Smith）「Writing's on the Wall―"007 スペクター（Spectre）"より」
◇衣装デザイン賞　ジェニー・ビーヴァン（Jenny Beavan）「マッドマックス 怒りのデス・ロード（Mad Max：Fury Road）」
◇メイクアップ＆ヘアスタイリング賞
　　　　　　　　レスリー・バンダーワルト（Lesley Vanderwal）、エルカ・ワルデガ（Elka Wardega）、ダミアン・マーティン（Damian Martin）「マッドマックス 怒りのデス・ロード（Mad Max：Fury Road）」
◇視覚効果賞　　アンドリュー・ホワイトハースト（Andrew Whitehurst）、ポール・ノリス（Paul Norris）、マーク・アーディントン（Mark Ardington）、サラ・ベネット（Sara Bennett）「エクス・マキナ（Ex Machina）」
◇外国語映画賞　「サウルの息子（原題：Saul fia、英題：Son of Saul）」〈ハンガリー〉

◇長編ドキュメンタリー映画賞　アシフ・カパディア (Asif Kapadia), ジェームズ・ゲイ＝リース (James Gay-Rees)「AMY エイミー (Amy)」
◇短編ドキュメンタリー映画賞　シャルミーン・オベイド＝チノイ (Sharmeen Obaid-Chinoy)「A Girl in the River：The Price of Forgiveness」
◇短編実写映画賞　ベンジャミン・クリアリー (Benjamin Cleary), セレナ・アーミテージ (Serena Armitage)「僕はうまく話せない (Stutterer)」
◇長編アニメーション映画賞　ピート・ドクター (Pete Docter), ジョナス・リヴェラ (Jonas Rivera)「インサイド・ヘッド (Inside Out)」
◇短編アニメーション映画賞　ガブリエル・オソリオ (Gabriel Osorio), パト・エスカラ (Pato Escala)「ベア・ストーリー (原題：Historia de un oso, 英題：Bear Story)」
◇名誉賞　スパイク・リー (Spike Lee)
　　　　　ジーナ・ローランズ (Gena Rowlands)
◇ジーン・ハーショルト友愛賞　デビー・レイノルズ (Debbie Reynolds)

第89回 (2016年)
　◇作品賞　アデル・ロマンスキー (Adele Romanski), デデ・ガードナー (Dede Gardner), ジェレミー・クライナー (Jeremy Kleiner)「ムーンライト (Moonlight)」
　◇監督賞　デイミアン・チャゼル (Damien Chazelle)「ラ・ラ・ランド (La La Land)」
　◇主演男優賞　ケイシー・アフレック (Casey Affleck)「マンチェスター・バイ・ザ・シー (Manchester by the Sea)」
　◇主演女優賞　エマ・ストーン (Emma Stone)「ラ・ラ・ランド (La La Land)」
　◇助演男優賞　マハーシャラ・アリ (Mahershala Ali)「ムーンライト (Moonlight)」
　◇助演女優賞　ヴィオラ・デイヴィス (Viola Davis)「フェンス (Fences)」
　◇脚本賞　ケネス・ロナーガン (Kenneth Lonergan)「マンチェスター・バイ・ザ・シー (Manchester by the Sea)」
　◇脚色賞　バリー・ジェンキンズ (Barry Jenkins：脚本), タレル・アルヴィン・マクレイニー (Tarell Alvin McCraney：原案)「ムーンライト (Moonlight)」
　◇撮影賞　リヌス・サンドグレン (Linus Sandgren)「ラ・ラ・ランド (La La Land)」
　◇美術賞　デヴィッド・ワスコ (David Wasco：プロダクション・デザイン), サンディ・レイノルズ・ワスコ (Sandy Reynolds-Wasco：セット・デコレーション)「ラ・ラ・ランド (La La Land)」
　◇音響編集賞　シルヴァン・ベルマール (Sylvain Bellemare)「メッセージ (Arrival)」
　◇録音賞　ケヴィン・オコネル (Kevin O'Connell), アンディ・ライト (Andy Wright), ロバート・マッケンジー (Robert Mackenzie), ピーター・グレイス (Peter Grace)「ハクソー・リッジ (Hacksaw Ridge)」
　◇編集賞　ジョン・ギルバート (John Gilbert)「ハクソー・リッジ (Hacksaw Ridge)」
　◇作曲賞　ジャスティン・ハーウィッツ (Justin Hurwitz)「ラ・ラ・ランド (La La Land)」
　◇歌曲賞　ジャスティン・ハーウィッツ (Justin Hurwitz：作曲), ベンジ・パセック (Benj Pasek), ジャスティン・ポール (Justin Paul)「City of Stars—"ラ・ラ・ランド (La La Land)"より」
　◇衣装デザイン賞　コリーン・アトウッド (Colleen Atwood)「ファンタスティック・ビーストと魔法使いの旅 (Fantastic Beasts and Where to Find Them)」
　◇メイクアップ＆ヘアスタイリング賞　アレッサンドロ・ベルトラッツィ (Alessandro Bertolazzi), ジョルジオ・グレ

- ◇視覚効果賞　ロバート・レガート (Robert Legato), アダム・ヴァルデス (Adam Valdez), アンドリュー・R.ジョーンズ (Andrew R. Jones), ダン・レモン (Dan Lemmon)「ジャングル・ブック (The Jungle Book)」
  ゴリーニ (Giorgio Gregorini), クリストファー・ネルソン (Christopher Nelson)「スーサイド・スクワッド (Suicide Squad)」
- ◇外国語映画賞　「セールスマン (原題：Forushande, 英題：The Salesman)」(イラン)
- ◇長編ドキュメンタリー映画賞
  エズラ・エデルマン (Ezra Edelman), キャロライン・ウォーターロー (Caroline Waterlow)「O.J.：Made in America」
- ◇短編ドキュメンタリー映画賞
  オーランド・ヴォン・アインシーデル (Orlando von Einsiedel), ジョアンナ・ナタセガラ (Joanna Natasegara)「ホワイト・ヘルメット－シリアの民間防衛隊－ (The White Helmets)」
- ◇短編実写映画賞　デアーク・クリストフ (Kristof Deák), ウドヴァルディ・アンナ (Anna Udvardy)「合唱 (原題：Mindenki, 英題：Sing)」
- ◇長編アニメーション映画賞
  バイロン・ハワード (Byron Howard), リッチ・ムーア (Rich Moore), クラーク・スペンサー (Clark Spencer)「ズートピア (Zootopia)」
- ◇短編アニメーション映画賞
  アラン・バリラーロ (Alan Barillaro), マーク・ソンドハイマー (Marc Sondheimer)「ひな鳥の冒険 (Piper)」
- ◇名誉賞　ジャッキー・チェン (Jackie Chan)
  アン・V.コーツ (Anne V. Coates)
  リン・スタルマスター (Lynn Stalmaster)
  フレデリック・ワイズマン (Frederick Wiseman)

第90回 (2017年)
- ◇作品賞　ギレルモ・デル・トロ (Guillermo del Toro), J.マイルズ・デイル (J. Miles Dale)「シェイプ・オブ・ウォーター (The Shape of Water)」
- ◇監督賞　ギレルモ・デル・トロ (Guillermo del Toro)「シェイプ・オブ・ウォーター (The Shape of Water)」
- ◇主演男優賞　ゲイリー・オールドマン (Gary Oldman)「ウィンストン・チャーチル/ヒトラーから世界を救った男 (Darkest Hour)」
- ◇主演女優賞　フランシス・マクドーマンド (Frances McDormand)「スリー・ビルボード (Three Billboards outside Ebbing, Missouri)」
- ◇助演男優賞　サム・ロックウェル (Sam Rockwell)「スリー・ビルボード (Three Billboards outside Ebbing, Missouri)」
- ◇助演女優賞　アリソン・ジャネイ (Allison Janney)「アイ、トーニャ 史上最大のスキャンダル (I, Tonya)」
- ◇脚本賞　ジョーダン・ピール (Jordan Peele)「ゲット・アウト (Get Out)」
- ◇脚色賞　ジェームズ・アイヴォリー (James Ivory)「君の名前で僕を呼んで (Call Me by Your Name)」
- ◇撮影賞　ロジャー・A.ディーキンス (Roger A. Deakins)「ブレードランナー 2049 (Blade Runner 2049)」
- ◇美術賞　ポール・D.オースタベリー (Paul Denham Austerberry：プロダクション・デザイン), シェーン・ヴィア (Shane Vieau), ジェフリー・A.メルヴィン (Jeffrey A. Melvin)「シェイプ・オブ・ウォーター (The Shape of Water)」
- ◇音響編集賞　リチャード・キング (Richard King), アレックス・ギブソン (Alex Gibson)「ダンケルク (Dunkirk)」
- ◇録音賞　グレッグ・ランデイカー (Gregg Landaker), ゲイリー・A.リッツオ (Gary A. Rizzo), マーク・ウェインガーテン (Mark Weingarten)「ダンケルク

	(Dunkirk)」
◇編集賞	リー・スミス (Lee Smith)「ダンケルク (Dunkirk)」
◇作曲賞	アレクサンドル・デスプラ (Alexandre Desplat)「シェイプ・オブ・ウォーター (The Shape of Water)」
◇歌曲賞	クリステン・アンダーソン＝ロペス (Kristen Anderson-Lopez), ロバート・ロペス (Robert Lopez)「Remember Me—"リメンバー・ミー (Coco)"より」
◇衣装デザイン賞	マーク・ブリッジス (Mark Bridges)「ファントム・スレッド (Phantom Thread)」
◇メイクアップ＆ヘアスタイリング賞	
	辻 一弘 (Kazuhiro Tsuji), デヴィッド・マリノフスキ (David Malinowski), ルーシー・シビック (Lucy Sibbick)「ウィンストン・チャーチル/ヒトラーから世界を救った男 (Darkest Hour)」
◇視覚効果賞	ジョン・ネルソン (John Nelson), ゲルト・ネフツァー (Gerd Nefzer), ポール・ランバート (Paul Lambert), リチャード・R.フーバー (Richard R. Hoover)「ブレードランナー 2049 (Blade Runner 2049)」
◇外国語映画賞	「ナチュラルウーマン (原題：Una mujer fantástica, 英題：A Fantastic Woman)」〈チリ〉
◇長編ドキュメンタリー映画賞	
	ブライアン・フォーゲル (Bryan Fogel), ダン・コーガン (Dan Cogan)「イカロス (Icarus)」
◇短編ドキュメンタリー映画賞	
	フランク・シティフェル (Frank Stiefel)「Heaven Is a Traffic Jam on the 405」
◇短編実写映画賞	クリス・オーバートン (Chris Overton), レイチェル・シェントン (Rachel Shenton)「サイレント・チャイルド (The Silent Child)」
◇長編アニメーション映画賞	
	リー・アンクリッチ (Lee Unkrich), ダーラ・K.アンダーソン (Darla K. Anderson)「リメンバー・ミー (Coco)」
◇短編アニメーション映画賞	
	グレン・キーン (Glen Keane), コービー・ブライアント (Kobe Bryant)「親愛なるバスケットボール (Dear Basketball)」
◇名誉賞	チャールズ・バーネット (Charles Burnett)
	オーウェン・ロイズマン (Owen Roizman)
	ドナルド・サザーランド (Donald Sutherland)
	アニエス・ヴァルダ (Agnès Varda)
◇ゴードン・E.ソーヤー賞	
	ジョナサン・アーランド (Jonathan Erland)
◇特別業績賞	アレハンドロ・ゴンサレス・イニャリトゥ (Alejandro González Iñárritu)「CARNE y ARENA」〈VRインスタレーション作品〉

第91回 (2018年)
◇作品賞	ジム・バーク (Jim Burke), チャールズ・B.ウェスラー (Charles B. Wessler), ブライアン・カリー (Brian Currie), ピーター・ファレリー (Peter Farrelly), ニック・ヴァレロンガ (Nick Vallelonga)「グリーンブック (Green Book)」
◇監督賞	アルフォンソ・キュアロン (Alfonso Cuarón)「ROMA/ローマ (Roma)」
◇主演男優賞	ラミ・マレック (Rami Malek)「ボヘミアン・ラプソディ (Bohemian Rhapsody)」
◇主演女優賞	オリヴィア・コールマン (Olivia Colman)「女王陛下のお気に入り (The Favourite)」
◇助演男優賞	マハーシャラ・アリ (Mahershala Ali)「グリーンブック (Green Book)」
◇助演女優賞	レジーナ・キング (Regina King)「ビール・ストリートの恋人たち (If Beale Street Could Talk)」

27 アカデミー賞

- ◇脚本賞　　　ニック・ヴァレロンガ（Nick Vallelonga），ブライアン・カリー（Brian Currie），ピーター・ファレリー（Peter Farrelly）「グリーンブック（Green Book）」
- ◇脚色賞　　　チャーリー・ワクテル（Charlie Wachtel），デヴィッド・ラビノウィッツ（David Rabinowitz），ケヴィン・ウィルモット（Kevin Willmott），スパイク・リー（Spike Lee）「ブラック・クランズマン（BlacKkKlansman）」
- ◇撮影賞　　　アルフォンソ・キュアロン（Alfonso Cuarón）「ROMA/ローマ（Roma）」
- ◇美術賞　　　ハンナ・ビークラー（Hannah Beachler：プロダクション・デザイン），ジェイ・ハート（Jay Hart：セット・デコレーション）「ブラックパンサー（Black Panther）」
- ◇音響編集賞　ジョン・ワーハースト（John Warhurst），ニーナ・ハートストーン（Nina Hartstone）「ボヘミアン・ラプソディ（Bohemian Rhapsody）」
- ◇録音賞　　　ポール・マッセイ（Paul Massey），ティム・キャバジン（Tim Cavagin），ジョン・キャサリ（John Casali）「ボヘミアン・ラプソディ（Bohemian Rhapsody）」
- ◇編集賞　　　ジョン・オットマン（John Ottman）「ボヘミアン・ラプソディ（Bohemian Rhapsody）」
- ◇作曲賞　　　ルートヴィッヒ・ヨーランソン（Ludwig Goransson）「ブラックパンサー（Black Panther）」
- ◇歌曲賞　　　レディー・ガガ（Lady Gaga），マーク・ロンソン（Mark Ronson），アンソニー・ロッソマンド（Anthony Rossomando），アンドリュー・ワイアット（Andrew Wyatt）「Shallow—"アリー/スター誕生（A Star Is Born）"より」
- ◇衣装デザイン賞　ルース・カーター（Ruth Carter）「ブラックパンサー（Black Panther）」
- ◇メイクアップ＆ヘアスタイリング賞
　　　　グレッグ・キャノム（Greg Cannom），ケイト・ビスコー（Kate Biscoe），パトリシア・デハニー（Patricia Dehaney）「バイス（Vice）」
- ◇視覚効果賞　ポール・ランバート（Paul Lambert），イアン・ハンター（Ian Hunter），トリスタン・マイルズ（Tristan Myles），J.D.シュワルム（J.D. Schwalm）「ファースト・マン（First Man）」
- ◇外国語映画賞　「ROMA/ローマ（Roma）」〈メキシコ〉
- ◇長編ドキュメンタリー映画賞
　　　　エリザベス・チャイ・ヴァサルヘリィ（Elizabeth Chai Vasarhelyi），ジミー・チン（Jimmy Chin），エヴァン・ヘイズ（Evan Hayes），シャノン・ディル（Shannon Dill）「フリーソロ（Free Solo）」
- ◇短編ドキュメンタリー映画賞
　　　　ライカ・ゼタブチ（Rayka Zehtabchi），メリッサ・バートン（Melissa Berton）「ピリオド－羽ばたく女性たち－（Period. End of Sentence.）」
- ◇短編実写映画賞　ガイ・ナティーヴ（Guy Nattiv），ジェイミー・レイ・ニューマン（Jaime Ray Newman）「SKIN 短編（Skin）」
- ◇長編アニメーション映画賞
　　　　ボブ・ペルシケッティ（Bob Persichetti），ピーター・ラムジー（Peter Ramsey），ロドニー・ロスマン（Rodney Rothman），フィル・ロード（Phil Lord），クリストファー・ミラー（Christopher Miller）「スパイダーマン：スパイダーバース（Spider-Man：Into the Spider-Verse）」
- ◇短編アニメーション映画賞
　　　　ドミー・シー（Domee Shi），ベッキー・ニーマン＝コブ（Becky Neiman-Cobb）「Bao（原題：Bao）」
- ◇名誉賞　　　マーヴィン・レヴィー（Marvin Levy）
　　　　　　　ラロ・シフリン（Lalo Schifrin）
　　　　　　　シシリー・タイソン（Cicely Tyson）
- ◇アービング・G.タルバーグ賞
　　　　キャスリーン・ケネディ（Kathleen Kennedy）

フランク・マーシャル（Frank Marshall）

第92回（2019年）
- ◇作品賞　　　　クァク シネ（Kwak Sin Ae），ポン ジュノ（Bong Joon Ho）「パラサイト 半地下の家族（英題：Parasite）」
- ◇監督賞　　　　ポン ジュノ（Bong Joon Ho）「パラサイト 半地下の家族（英題：Parasite）」
- ◇主演男優賞　　ホアキン・フェニックス（Joaquin Phoenix）「ジョーカー（Joker）」
- ◇主演女優賞　　レネー・ゼルウィガー（Renée Zellweger）「ジュディ 虹の彼方に（Judy）」
- ◇助演男優賞　　ブラッド・ピット（Brad Pitt）「ワンス・アポン・ア・タイム・イン・ハリウッド（Once Upon a Time...in Hollywood）」
- ◇助演女優賞　　ローラ・ダーン（Laura Dern）「マリッジ・ストーリー（Marriage Story）」
- ◇脚本賞　　　　ポン ジュノ（Bong Joon Ho），ハン チンウォン（Han Jin Won）「パラサイト 半地下の家族（英題：Parasite）」
- ◇脚色賞　　　　タイカ・ワイティティ（Taika Waititi）「ジョジョ・ラビット（Jojo Rabbit）」
- ◇撮影賞　　　　ロジャー・ディーキンス（Roger Deakins）「1917 命をかけた伝令（1917）」
- ◇美術賞　　　　バーバラ・リング（Barbara Ling：プロダクション・デザイン），ナンシー・ハイ（Nancy Haigh：セット・デコレーション）「ワンス・アポン・ア・タイム・イン・ハリウッド（Once Upon a Time...in Hollywood）」
- ◇音響編集賞　　ドナルド・シルヴェスター（Donald Sylvester）「フォードvsフェラーリ（Ford v Ferrari）」
- ◇録音賞　　　　マーク・テイラー（Mark Taylor），スチュアート・ウィルソン（Stuart Wilson）「1917 命をかけた伝令（1917）」
- ◇編集賞　　　　マイケル・マカスカー（Michael McCusker），アンドリュー・バックランド（Andrew Buckland）「フォードvsフェラーリ（Ford v Ferrari）」
- ◇作曲賞　　　　ヒドゥル・グドナドッティル（Hildur Guðnadóttir）「ジョーカー（Joker）」
- ◇歌曲賞　　　　エルトン・ジョン（Elton John：作曲），バーニー・トーピン（Bernie Taupin：作詞）「（I'm Gonna）Love Me Again—"ロケットマン（Rocketman）"より」
- ◇衣装デザイン賞　ジャクリーン・デュラン（Jacqueline Durran）「ストーリー・オブ・マイライフ／わたしの若草物語（Little Women）」
- ◇メイクアップ＆ヘアスタイリング賞
　　　　　　　　カズ・ヒロ（Kazu Hiro），アン・モーガン（Anne Morgan），ヴィヴィアン・ベイカー（Vivian Baker）「スキャンダル（Bombshell）」
- ◇視覚効果賞　　ギョーム・ロシェロン（Guillaume Rocheron），グレッグ・バトラー（Greg Butler），ドミニク・タオイー（Dominic Tuohy）「1917 命をかけた伝令（1917）」
- ◇国際長編映画賞　「パラサイト 半地下の家族（英題：Parasite）」（韓国）
- ◇長編ドキュメンタリー映画賞
　　　　　　　　スティーヴン・ボグナー（Steven Bognar），ジュリア・ライカート（Julia Reichert），ジェフ・ライカート（Jeff Reichert）「アメリカン・ファクトリー（American Factory）」
- ◇短編ドキュメンタリー映画賞
　　　　　　　　キャロル・ダイシンガー（Carol Dysinger），エレナ・アンドレイチェーヴァ（Elena Andreicheva）「スケボーが私を変える アフガニスタン 少女たちの挑戦（Learning to Skateboard in a Warzone〈If You're a Girl〉）」
- ◇短編実写映画賞　マーシャル・カリー（Marshall Curry）「向かいの窓（The Neighbors' Window）」
- ◇長編アニメーション映画賞
　　　　　　　　ジョシュ・クーリー（Josh Cooley），マーク・ニールセン（Mark Nielsen），ジョナス・リヴェラ（Jonas Rivera）「トイ・ストーリー4（Toy Story 4）」
- ◇短編アニメーション映画賞
　　　　　　　　マシュー・A.チェリー（Matthew A. Cherry），カレン・ルパート・トリヴァー

(Karen Rupert Toliver)「ヘアー・ラブ (Hair Love)」
◇ジーン・ハーショルト友愛賞
　　　　　　　　ジーナ・デイヴィス (Geena Davis)
◇名誉賞　　　　デヴィッド・リンチ (David Lynch)
　　　　　　　　ウェス・ステューディ (Wes Studi)
　　　　　　　　リナ・ウェルトミューラー (Lina Wertmüller)

第93回 (2020年)
◇作品賞　　　　フランシス・マクドーマンド (Frances McDormand), ピーター・スピアーズ (Peter Spears), モリー・アッシャー (Mollye Asher), ダン・ジャンヴィー (Dan Janvey), クロエ・ジャオ (Chloé Zhao)「ノマドランド (Nomadland)」
◇監督賞　　　　クロエ・ジャオ (Chloé Zhao)「ノマドランド (Nomadland)」
◇主演男優賞　　アンソニー・ホプキンス (Anthony Hopkins)「ファーザー (The Father)」
◇主演女優賞　　フランシス・マクドーマンド (Frances McDormand)「ノマドランド (Nomadland)」
◇助演男優賞　　ダニエル・カルーヤ (Daniel Kaluuya)「ユダ＆ブラック・メシア 裏切りの代償 (Judas and the Black Messiah)」
◇助演女優賞　　尹 汝貞 (Yuh-Jung Youn)「ミナリ (Minari)」
◇脚本賞　　　　エメラルド・フェネル (Emerald Fennell)「プロミシング・ヤング・ウーマン (Promising Young Woman)」
◇脚色賞　　　　クリストファー・ハンプトン (Christopher Hampton), フロリアン・ゼレール (Florian Zeller)「ファーザー (The Father)」
◇撮影賞　　　　エリック・メッサーシュミット (Erik Messerschmidt)「Mank/マンク (Mank)」
◇美術賞　　　　ドナルド・グラハム・バート (Donald Graham Burt：プロダクション・デザイン), ジャン・パスカル (Jan Pascale：セット・デコレーション)「Mank/マンク (Mank)」
◇音響賞　　　　ニコラス・ベッカー (Nicolas Becker), ジェイミー・バクシュト (Jaime Baksht), ミシェル・クートレンク (Michellee Couttolenc), カルロス・コルテス (Carlos Cortés), フィリップ・ブラド (Phillip Bladh)「サウンド・オブ・メタル ～聞こえるということ～ (Sound of Metal)」
◇編集賞　　　　ミッケル・E.G.ニルソン (Mikkel E. G. Nielsen)「サウンド・オブ・メタル ～聞こえるということ～ (Sound of Metal)」
◇作曲賞　　　　トレント・レズナー (Trent Reznor), アッティカス・ロス (Atticus Ross), ジョン・バティステ (Jon Batiste)「ソウルフル・ワールド (Soul)」
◇歌曲賞　　　　H.E.R.(作詞・作曲), ダーンスト・エミールⅡ (Dernst EmileⅡ：作曲), ティアラ・トーマス (Tiara Thomas：作詞)「Fight For You—"ユダ＆ブラック・メシア 裏切りの代償 (Judas and the Black Messiah)"より」
◇衣装デザイン賞　アン・ロス (Ann Roth)「マ・レイニーのブラックボトム (Ma Rainey's Black Bottom)」
◇メイクアップ＆ヘアスタイリング賞
　　　　　　　　セルジオ・ロペス＝リベラ (Sergio Lopez-Rivera), ミア・ニール (Mia Neal), ジャミカ・ウィルソン (Jamika Wilson)「マ・レイニーのブラックボトム (Ma Rainey's Black Bottom)」
◇視覚効果賞　　アンドリュー・ジャクソン (Andrew Jackson), デヴィッド・リー (David Lee), アンドリュー・ロックリー (Andrew Lockley), スコット・フィッシャー (Scott Fisher)「TENET テネット (Tenet)」
◇国際長編映画賞　「アナザーラウンド (原題：Druk, 英題：Another Round)」(デンマーク)
◇長編ドキュメンタリー映画賞
　　　　　　　　ピッパ・エアリック (Pippa Ehrlich), ジェームズ・リード (James Reed), クレイグ・フォスター (Craig Foster)「オクトパスの神秘：海の賢者は語る

（My Octopus Teacher）」
- ◇短編ドキュメンタリー映画賞
  アンソニー・ジアッキーノ（Anthony Giacchino），Alice Doyard「Colette」
- ◇短編実写映画賞　トレイヴォン・フリー（Travon Free），マーティン・デズモンド・ロー（Martin Desmond Roe）「隔たる世界の2人（Two Distant Strangers）」
- ◇長編アニメーション映画賞
  ピート・ドクター（Pete Docter），ダナ・マーレイ（Dana Murray）「ソウルフル・ワールド（Soul）」
- ◇短編アニメーション映画賞
  ウィル・マコーマック（Will McCormack），マイケル・ゴヴィア（Michael Govier）「愛してるって言っておくね（If Anything Happens I Love You）」
- ◇ジーン・ハーショルト友愛賞
  モーションピクチャー＆テレビジョン基金（Motion Picture&Television Fund）
  タイラー・ペリー（Tyler Perry）

第94回（2021年）
- ◇作品賞　フィリップ・ルスレ（Philippe Rousselet），ファブリス・ジャンフェルミ（Fabrice Gianfermi），パトリック・ワックスバーガー（Patrick Wachsberger）「コーダ あいのうた（CODA）」
- ◇監督賞　ジェーン・カンピオン（Jane Campion）「パワー・オブ・ザ・ドッグ（The Power of the Dog）」
- ◇主演男優賞　ウィル・スミス（Will Smith）「ドリームプラン（King Richard）」
- ◇主演女優賞　ジェシカ・チャステイン（Jessica Chastain）「タミー・フェイの瞳（The Eyes of Tammy Faye）」
- ◇助演男優賞　トロイ・コッツァー（Troy Kotsur）「コーダ あいのうた（CODA）」
- ◇助演女優賞　アリアナ・デボーズ（Ariana DeBose）「ウエスト・サイド・ストーリー（West Side Story）」
- ◇脚本賞　ケネス・ブラナー（Kenneth Branagh）「ベルファスト（Belfast）」
- ◇脚色賞　シアン・ヘダー（Siân Heder）「コーダ あいのうた（CODA）」
- ◇撮影賞　グレイグ・フレイザー（Greig Fraser）「DUNE/デューン 砂の惑星（Dune）」
- ◇美術賞　パトリス・ヴァーメット（Patrice Vermette：プロダクション・デザイン），シポシュ・ジュジャンナ（Zsuzsanna Sipos：セット・デコレーション）「DUNE/デューン 砂の惑星（Dune）」
- ◇音響賞　マック・ルース（Mac Ruth），マーク・マンジーニ（Mark Mangini），テオ・グリーン（Theo Green），ダグ・ヘムフィル（Doug Hemphill），ロン・バートレット（Ron Bartlett）「DUNE/デューン 砂の惑星（Dune）」
- ◇編集賞　ジョー・ウォーカー（Joe Walker）「DUNE/デューン 砂の惑星（Dune）」
- ◇作曲賞　ハンス・ジマー（Hans Zimmer）「DUNE/デューン 砂の惑星（Dune）」
- ◇歌曲賞　ビリー・アイリッシュ（Billie Eilish），フィニアス・オコネル（Finneas O'Connell）「No Time TO Die―"007/ノー・タイム・トゥ・ダイ（No Time to Die）"より」
- ◇衣装デザイン賞　ジェニー・ビーヴァン（Jenny Beavan）「クルエラ（Cruella）」
- ◇メイクアップ＆ヘアスタイリング賞
  リンダ・ダウズ（Linda Dowds），ステファニー・イングラム（Stephanie Ingram），ジャスティン・ラリー（Justin Raleigh）「タミー・フェイの瞳（The Eyes of Tammy Faye）」
- ◇視覚効果賞　ポール・ランバート（Paul Lambert），トリスタン・マイルズ（Tristan Myles），ブライアン・コナー（Brian Connor），ゲルト・ネフツァー（Gerd Nefzer）「DUNE/デューン 砂の惑星（Dune）」
- ◇国際長編映画賞　「ドライブ・マイ・カー（英題：Drive My Car）」（日本）

◇長編ドキュメンタリー映画賞
　　　　　　　アミール・"クエストラヴ"・トンプソン（Ahmir "Questlove" Thompson），ジョセフ・パテル（Joseph Patel），ロバート・フィヴォレント（Robert Fyvolent），デヴィッド・ダイナースタイン（David Dinerstein）「サマー・オブ・ソウル〈あるいは、革命がテレビ放映されなかった時〉（Summer of Soul〈…Or, When the Revolution Could Not Be Televised〉）」
◇短編ドキュメンタリー映画賞
　　　　　　　ベン・プラウドフット（Ben Proudfoot）「バスケの女王（The Queen of Basketball）」
◇短編実写映画賞　アニール・カリア（Aneil Karia），リズ・アーメッド（Riz Ahmed）「The Long Goodbye」
◇長編アニメーション映画賞
　　　　　　　ジャレド・ブッシュ（Jared Bush），バイロン・ハワード（Byron Howard），イヴェット・メリノ（Yvett Merino），クラーク・スペンサー（Clark Spencer）「ミラベルと魔法だらけの家（Encanto）」
◇短編アニメーション映画賞
　　　　　　　アルベルト・ミエルゴ（Alberto Mielgo），レオ・サンチェス（Leo Sanchez）「The Windshield Wiper」
◇ジーン・ハーショルト友愛賞
　　　　　　　ダニー・グローバー（Danny Glover）
◇名誉賞　　　サミュエル・L.ジャクソン（Samuel L. Jackson）
　　　　　　　エレイン・メイ（Elaine May）
　　　　　　　リヴ・ウルマン（Liv Ullmann）

第95回（2022年）
◇作品賞　　　ダニエル・クワン（Daniel Kwan），ダニエル・シャイナート（Daniel Scheinert），ジョナサン・ワン（Jonathan Wang）「エブリシング・エブリウェア・オール・アット・ワンス（Everything Everywhere All at Once）」
◇監督賞　　　ダニエル・クワン（Daniel Kwan），ダニエル・シャイナート（Daniel Scheinert）「エブリシング・エブリウェア・オール・アット・ワンス（Everything Everywhere All at Once）」
◇主演男優賞　ブレンダン・フレイザー（Brendan Fraser）「ザ・ホエール（The Whale）」
◇主演女優賞　ミシェル・ヨー（Michelle Yeoh）「エブリシング・エブリウェア・オール・アット・ワンス（Everything Everywhere All at Once）」
◇助演男優賞　キー・ホイ・クァン（Ke Huy Quan）「エブリシング・エブリウェア・オール・アット・ワンス（Everything Everywhere All at Once）」
◇助演女優賞　ジェイミー・リー・カーティス（Jamie Lee Curtis）「エブリシング・エブリウェア・オール・アット・ワンス（Everything Everywhere All at Once）」
◇脚本賞　　　ダニエル・クワン（Daniel Kwan），ダニエル・シャイナート（Daniel Scheinert）「エブリシング・エブリウェア・オール・アット・ワンス（Everything Everywhere All at Once）」
◇脚色賞　　　サラ・ポーリー（Sarah Polley）「ウーマン・トーキング 私たちの選択（Women Talking）」
◇撮影賞　　　ジェームズ・フレンド（James Friend）「西部戦線異状なし（原題：Im Westen nichts Neues，英題：All Quiet on the Western Front）」
◇美術賞　　　クリスティアン・M.ゴルトベック（Christian M. Goldbeck：プロダクション・デザイン），アーネスティン・ヒッパー（Ernestine Hipper：セット・デコレーション）「西部戦線異状なし（原題：Im Westen nichts Neues，英題：All Quiet on the Western Front）」
◇音響賞　　　マーク・ウェインガーテン（Mark Weingarten），ジェームズ・H.マザー（James H. Mather），アル・ネルソン（Al Nelson），クリス・バードン

映画・演劇・TV　　　　　　　　　　139　　　　　　　　　27 アカデミー賞

　　　　　　　　　（Chris Burdon），マーク・テイラー（Mark Taylor）「トップガン マーヴェリック（Top Gun：Maverick）」
　◇編集賞　　　ポール・ロジャーズ（Paul Rogers）「エブリシング・エブリウェア・オール・アット・ワンス（Everything Everywhere All at Once）」
　◇作曲賞　　　フォルカー・バーテルマン（Volker Bertelmann）「西部戦線異状なし（原題：Im Westen nichts Neues，英題：All Quiet on the Western Front）」
　◇歌曲賞　　　M.M.キーラヴァーニ（M.M. Keeravaani：作曲），チャンドラボース（Chandrabose：作詞）「Naatu Naatu—"RRR"より」
　◇衣装デザイン賞　ルース・カーター（Ruth Carter）「ブラックパンサー/ワカンダ・フォーエバー（Black Panther：Wakanda Forever）」
　◇メイクアップ＆ヘアスタイリング賞
　　　　　　　　　アドリアン・モロー（Adrien Morot），ジュディー・チン（Judy Chin），アン・マリー・ブラッドリー（Annemarie Bradley）「ザ・ホエール（The Whale）」
　◇視覚効果賞　ジョー・レッテリ（Joe Letteri），リチャード・バネハム（Richard Baneham），エリック・セインドン（Eric Saindon），ダニエル・バレット（Daniel Barrett）「アバター：ウェイ・オブ・ウォーター（Avatar：The Way of Water）」
　◇国際長編映画賞　「西部戦線異状なし（原題：Im Westen nichts Neues，英題：All Quiet on the Western Front）」（ドイツ）
　◇長編ドキュメンタリー映画賞
　　　　　　　　　ダニエル・ロアー（Daniel Roher），オデッサ・レイ（Odessa Rae），ダイアン・ベッカー（Diane Becker），メラニー・ミラー（Melanie Miller），シェーン・ボリス（Shane Boris）「ナワリヌイ（Navalny）」
　◇短編ドキュメンタリー映画賞
　　　　　　　　　カルティキ・ゴンサルヴェス（Kartiki Gonsalves），グニート・モンガ（Guneet Monga）「エレファント・ウィスパラー：聖なる象との絆（The Elephant Whisperers）」
　◇短編実写映画賞　トム・バークリー（Tom Berkeley），ロス・ホワイト（Ross White）「アイリッシュ・グッドバイ（An Irish Goodbye）」
　◇長編アニメーション映画賞
　　　　　　　　　ギレルモ・デル・トロ（Guillermo del Toro），マーク・グスタフソン（Mark Gustafson），ゲイリー・アンガー（Gary Ungar），アレックス・バークレー（Alex Bulkley）「ギレルモ・デル・トロのピノッキオ（Guillermo del Toro's Pinocchio）」
　◇短編アニメーション映画賞
　　　　　　　　　チャーリー・マッケジー（Charlie Mackesy），マシュー・フロイド（Matthew Freud）「ぼく モグラ キツネ 馬（The Boy, the Mole, the Fox and the Horse）」
　◇ジーン・ハーショルト友愛賞
　　　　　　　　　マイケル・J.フォックス（Michael J. Fox）
　◇名誉賞　　　ユーザン・パルシー（Euzhan Palcy）
　　　　　　　　　ダイアン・ウォーレン（Diane Warren）
　　　　　　　　　ピーター・ウィアー（Peter Weir）
　◇ゴードン・E.ソーヤー賞
　　　　　　　　　イアン・ニール（Iain Neil）

第96回（2023年）
　◇作品賞　　　エマ・トーマス（Emma Thomas），チャールズ・ローヴェン（Charles Roven），クリストファー・ノーラン（Christopher Nolan）「オッペンハイマー（Oppenheimer）」
　◇監督賞　　　クリストファー・ノーラン（Christopher Nolan）「オッペンハイマー

27 アカデミー賞

- ◇主演男優賞　キリアン・マーフィー（Cillian Murphy）「オッペンハイマー（Oppenheimer）」
- ◇主演女優賞　エマ・ストーン（Emma Stone）「哀れなるものたち（Poor Things）」
- ◇助演男優賞　ロバート・ダウニー Jr.（Robert Downey Jr.）「オッペンハイマー（Oppenheimer）」
- ◇助演女優賞　ダヴァイン・ジョイ・ランドルフ（Da'Vine Joy Randolph）「ホールドオーバーズ 置いてけぼりのホリディ（The Holdovers）」
- ◇脚本賞　ジュスティーヌ・トリエ（Justine Triet），アルチュール・アラリ（Arthur Harari）「落下の解剖学（原題：Anatomie d'une chute，英題：Anatomy of a Fall）」
- ◇脚色賞　コード・ジェファーソン（Cord Jefferson）「アメリカン・フィクション（American Fiction）」
- ◇撮影賞　ホイテ・ヴァン・ホイテマ（Hoyte van Hoytema）「オッペンハイマー（Oppenheimer）」
- ◇美術賞　ジェームズ・プライス（James Price），ショーナ・ヒース（Shona Heath），ズィッサ・ミハレク（Zsuzsa Mihalek：セット・デコレーション）「哀れなるものたち（Poor Things）」
- ◇音響賞　ターン・ウィラーズ（Tarn Willers），ジョニー・バーン（Johnnie Burn）「関心領域（The Zone of Interest）」
- ◇編集賞　ジェニファー・レイム（Jennifer Lame）「オッペンハイマー（Oppenheimer）」
- ◇作曲賞　ルドウィグ・ゴランソン（Ludwig Göransson）「オッペンハイマー（Oppenheimer）」
- ◇歌曲賞　ビリー・アイリッシュ（Billie Eilish），フィニアス・オコネル（Finneas O'Connell）「What Was I Made For？―"バービー（Barbie）"より」
- ◇衣装デザイン賞　ホリー・ワディントン（Holly Waddington）「哀れなるものたち（Poor Things）」
- ◇メイクアップ&ヘアスタイリング賞
  　ナディア・ステイシー（Nadia Stacey），マーク・クーリエ（Mark Coulier），ジョシュ・ウェストン（Josh Weston）「哀れなるものたち（Poor Things）」
- ◇視覚効果賞　山崎 貴（Takashi Yamazaki），渋谷 紀世子（Kiyoko Shibuya），高橋 正紀（Masaki Takahashi），野島 達司（Tatsuji Nojima）「ゴジラ-1.0（英題：Godzilla Minus One）」
- ◇国際長編映画賞　「関心領域（The Zone of Interest）」（イギリス）
- ◇長編ドキュメンタリー映画賞
  　ミスティスラフ・チェルノフ（Mstyslav Chernov），ミッチェル・マイズナー（Michelle Mizner），ラニー・アロンソン=ラス（Raney Aronson-Rath）「マリウポリの20日間（20 Days in Mariupol）」
- ◇短編ドキュメンタリー映画賞
  　ベン・プラウドフット（Ben Proudfoot），クリス・バワーズ（Kris Bowers）「ラスト・リペア・ショップ（The Last Repair Shop）」
- ◇短編実写映画賞　ウェス・アンダーソン（Wes Anderson），スティーヴン・レイルズ（Steven Rales）「ヘンリー・シュガーのワンダフルな物語（The Wonderful Story of Henry Sugar）」
- ◇長編アニメーション映画賞
  　宮崎 駿（Hayao Miyazaki），鈴木 敏夫（Toshio Suzuki）「君たちはどう生きるか（英題：The Boy and the Heron）」
- ◇短編アニメーション映画賞
  　デイブ・マリンズ（Dave Mullins），ブラッド・ブッカー（Brad Booker）「WAR IS OVER！Inspired by the Music of John&Yoko」
- ◇ジーン・ハーショルト友愛賞

◇名誉賞　　　ミシェル・サター（Michelle Satter）
　　　　　　　アンジェラ・バセット（Angela Bassett）
　　　　　　　メル・ブルックス（Mel Brooks）
　　　　　　　キャロル・リトルトン（Carol Littleton）

28　アジア太平洋映画賞　Asia Pacific Screen Awards

2007年創設。アジア太平洋映画アカデミーが、ユネスコや国際映画製作者連盟（FIAPF）の協力のもと、アジア・オセアニアの78カ国・地域の映画やその関係者を表彰する賞。例年11月にオーストラリアで授賞式が開催される。

＊日本の作品では、「秒速5センチメートル」（2007年）、「ももへの手紙」（12年）、「かぐや姫の物語」（14年）、「百日紅〜Miss HOKUSAI〜」（15年）、「天気の子」（19年）がアニメーション映画賞、「万引き家族」（18年）、「ドライブ・マイ・カー」（21年）が長編映画賞を受賞

【主催者】アジア太平洋映画アカデミー（Asia Pacific Screen Academy）、ユネスコ（UNESCO）、国際映画製作者連盟（FIAPF：International Federation of Film Producers Associations）

【選考委員】〔第17回〕Pen-ek Ratanaruang（タイ）、Chris Pang（オーストラリア）、Kerry Warkia（ニュージーランド・パプアニューギニア）、Park Kiyong（韓国）、Yuliya Kim（フランス・カザフスタン）

【選考基準】アジア太平洋の国・地域の映画作品

【締切・発表】〔第17回〕2024年11月30日、オーストラリア・ゴールドコーストのザ・ランガムで開催されるアジア太平洋映画賞授賞式で発表

【E-mail】info@asiapacificscreenacademy.com

【URL】https://www.asiapacificscreenawards.com/

第1回（2007年）
　◇長編映画賞　　「シークレット・サンシャイン（英題：Secret Sunshine）」（韓国）
　◇アニメーション映画賞　「秒速5センチメートル（英題：5Centimeters per Second）」（日本）

第2回（2008年）
　◇長編映画賞　　「トゥルパン（Tulpan）」（カザフスタン）
　◇アニメーション映画賞　「戦場でワルツを（Waltz with Bashir）」（イスラエル・フランス・ドイツ）

第3回（2009年）
　◇長編映画賞　　「サムソンとデリラ（Samson&Delilah）」（オーストラリア）
　◇アニメーション映画賞　「メアリー＆マックス（Mary and Max）」（オーストラリア）

第4回（2010年）
　◇長編映画賞　　「唐山大地震（英題：Aftershock）」（中国）
　◇アニメーション映画賞　「刺痛我（英題：Piercing Ⅰ）」（中国）

第5回（2011年）
　◇長編映画賞　　「別離（英題：A Separation）」（イラン）
　◇アニメーション映画賞　「庭を出ためんどり（英題：Leafie, A Hen Into The Wild）」（韓国）

第6回（2012年）
　◇長編映画賞　　「Tepenin Ardi（英題：Beyond the Hill）」（トルコ）
　◇アニメーション映画賞　「ももへの手紙（英題：A Letter to Momo）」（日本）

第7回（2013年）
　◇長編映画賞　　　「オマールの壁（英題：Omar）」（パレスチナ）
　◇アニメーション映画賞　「クー！キン・ザ・ザ（英題：Ku！Kin-dza-dza）」（ロシア）

第8回（2014年）
　◇長編映画賞　　　「裁かれるは善人のみ（原題：Левиафан, 英題：Leviathan）」（ロシア）
　◇アニメーション映画賞　「かぐや姫の物語（英題：he Tale of Princess Kaguya）」（日本）

第9回（2015年）
　◇長編映画賞　　　「光りの墓（英題：Cemetery of Splendour）」（タイ）
　◇アニメーション映画賞　「百日紅〜Miss HOKUSAI〜（英題：Miss Hokusai）」（日本）

第10回（2016年）
　◇長編映画賞　　　「カランダールの雪（英題：Cold of Kalandar）」（トルコ）
　◇アニメーション映画賞　「ソウル・ステーション/パンデミック（英題：Yeon Sang-ho for Seoul Station）」（韓国）

第11回（2017年）
　◇長編映画賞　　　「スウィート・カントリー（Sweet Country）」（オーストラリア）
　◇アニメーション映画賞　「ウィンドウ・ホーセズ（Window Horses：The Poetic Persian Epiphany of Rosie Ming）」（カナダ）

第12回（2018年）
　◇長編映画賞　　　「万引き家族（英題：Shoplifters）」（日本）
　◇アニメーション映画賞　「Rezo」（ロシア）

第13回（2019年）
　◇長編映画賞　　　「パラサイト（英題：Parasite）」（韓国）
　◇アニメーション映画賞　「天気の子（英題：Weathering with You）」（日本）

第14回（2021年）
　◇長編映画賞　　　「ドライブ・マイ・カー（英題：Drive My Car）」（日本）
　◇アニメーション映画賞　「The Nose or the Conspiracy of Mavericks」（ロシア）

第15回（2022年）
　◇長編映画賞　　　「Before, Now&Then（原題：Nana）」（インドネシア）
　◇アニメーション映画賞　「Aurora's Sunrise」（アルメニア・ドイツ・リトアニア）

第16回（2023年）
　◇長編映画賞　　　「PERFECT DAYS（英題：Perfect Days）」（日本・ドイツ）
　◇アニメーション映画賞　「The Siren」（フランス・ドイツなど）

第17回（2024年）
　◇長編映画賞　　　「All We Imagine as Light」（フランス・インドなど）
　◇アニメーション映画賞　「The Missing」（フィリピン）

29　アジアン・アカデミー・クリエイティブ・アワード
　　　　Asian Academy Creative Awards

　2018年に創設されたアジア太平洋地域におけるクリエイティブ賞。毎年12月にシンガポールで開催され、17の国・地域から集まった優れた作品が表彰される。表彰やスキルシェアプログラム、ワークショップ等を通じて、アジアのコンテンツの優秀性を国際的に示すことを目指している。

＊日本人では，2018年「ミス・シャーロック」，「CNNの東北への旅」，19年NHK「浮世の画家」，20年「泣きたい私は猫をかぶる」，斎藤工「フードロア Life in a Box」，関西テレビ「Three Trees」，NHK「絆 究極のパートナーシップ」，21年「アーヤと魔女」，NHK「ワイルド東京」，22年「しまじろうのわお！私たちの海」，「バブル」，「エコソリューションズ」，藤村由紀子，「浅草キッド」，NHK「Iriomote-The Fabric Of Life」，23年「ONI〜神々山のおなり」，NHK「最前線の女性政治家：日本の政治家の15％」・「自然の隠された奇跡」・「Art is Our Voice〜戦禍のウクライナ国立バレエ2022〜」，水野格「ブラッシュアップライフ」，金澤智樹「サンクチュアリ」，24年「屋根裏のラジャー」，NHK「アイラブみー」・「映像記録 関東大震災〜帝都壊滅の三日間〜」・「ミラドール 絶景を聴く」・「デフ・ヴォイス 法廷の手話通訳士」，関西テレビ「全盲の娘に描く絵」，Netflixシリーズ「幽☆遊☆白書」，鈴木亮平「シティーハンター」などが受賞

【主催者】Asian Academy Creative Awards（AACA）
【選考委員】AACAが任命した審査員団
【選考基準】〔2024年〕2023年8月1日〜2024年7月31日の間に，いずれかのメディアおよびプラットフォームで放送・配信された作品．応募者は，受賞対象地域の少なくとも1つに居住している必要がある
【締切・発表】〔2024年〕応募期間は2024年2月15日〜8月1日，受賞者は9月26日午後12時（シンガポール時間）にライブ配信で発表され，授賞式は12月3〜4日にシンガポールで開催
【賞・賞金】最優秀アニメーション，主演男優賞，主演女優賞，最優秀コメディ番組，最優秀ニュース/時事番組，最優秀ドラマシリーズなど，約40部門
【E-mail】hello@asianacademycreativeawards.com
【URL】https://www.asianacademycreativeawards.com/

2018年
◇最優秀2Dアニメ番組・シリーズ
　　　　　　　Cartoon Network（インド）「ランプート（英題：Lamput）」
◇最優秀3Dアニメ番組・シリーズ
　　　　　　　Cartoon Network（オーストラリア）「Bill and Tony」
◇主演男優賞　ユー ハーウェイ（Yu Hewei：中国）「Drug Hunter」〈Jetsen Huashi Wangju Culture Media Co., Ltd〉
◇助演男優賞　マイケル・コー（Michael Kho：インドネシア）「Kenapa Harus Bule？」〈Viu Indonesia〉
◇主演女優賞　アディニア・ウィラスティ（Adinia Wirasti：インドネシア）「Critical Eleven」〈HOOQ〉
◇助演女優賞　Candy Yang（台湾）「Roseki」〈Hakka TV〉
◇最優秀広告　National Geographic Partners（香港）「KIA-A Curious Quest」
◇最優秀アダプテーション　CJ ENM, Studio Dragon（韓国）「ライフ・オン・マーズ（英題：Life on Mars）」
◇最優秀ブランド番組・シリーズ
　　　　　　　IQIYI（中国）「熱血街舞団（英題：Hot Blood Dance Crew）」
◇最優秀子供向けアニメ番組・シリーズ
　　　　　　　Cartoon Network（TURNER）（オーストラリア）「Bill and Tony」
◇最優秀児童娯楽・ドラマ賞
　　　　　　　Hi-5（オーストラリア）「Hi-5 Season 17-Vehicles」
◇最優秀子供番組（特別番組）
　　　　　　　One Animation（シンガポール）「Oddbods- The Festive Menace」

- ◇最優秀撮影賞　Yunus Pasolang（インドネシア）「マルリナの明日（英題：Marlina the Murderer in Four Acts）」〈HOOQ〉
- ◇最優秀コメディパフォーマンス
　　　Jeremy Chan（シンガポール）　「My Agent is a Hero」〈Mediacorp for Toggle〉
- ◇最優秀コメディ番組　Discovery Communications India for TLC India（インド）「Queens of Comedy」
- ◇最優秀時事番組・シリーズ
　　　NGC Network for National Geographic（インド）　「The Last Drop」
- ◇最優秀監督賞（フィクション）
　　　アヌラーグ・カシャプ（Anurag Kashyap：インド）「聖なるゲーム（英題：Sacred Games Season 1.）」〈Phantom Films for Netflix〉
- ◇最優秀監督賞（ノンフィクション）
　　　Douglas Lan（シンガポール）　「National Service-The Beginning」〈Mediacorp, Channel News Asia〉
- ◇最優秀ドキュメンタリー番組（単発・特別）
　　　CNN（韓国）　「Secret State inside North Korea」
- ◇最優秀ドキュメンタリーシリーズ
　　　HBO Asia and Star India（シンガポール）「The Talwars：Behind Closed Doors」
- ◇最優秀ドラマシリーズ　Hulu Japan, HBO Asia（日本）「ミス・シャーロック/Miss Sherlock（英題：Miss Sherlock）」
- ◇最優秀編集賞　アーティ・バジャジ（Aarti Bajaj：インド）「聖なるゲーム（英題：Sacred Games）」〈Phantom Films for Netflix〉
- ◇最優秀エンターテインメント
　　　ONE Championship for OKTO Sports（シンガポール）　「ONE：UNSTOPPABLE DREAMS」
- ◇最優秀エンターテインメントプレゼンター
　　　Endemol Shine India, Viacom 18 Media PVT. LTD（インド）「Salman Khan-Bigg Boss Season 11」
- ◇最優秀ゲーム・クイズ番組
　　　Mediacorp, Channel 5（シンガポール）　「We Are Singaporeans-Global Edition」
- ◇最優秀総合エンターテインメント番組
　　　Refinery Media for STARworld（シンガポール）　「Asia's Next Top Model Cycle 5」
- ◇最優秀イマーシブ　Opaque Space（オーストラリア）「Earthlight：Lunar Hub」
- ◇最優秀インフォテインメント番組
　　　HK Television Entertainment for Viu TV（香港）　「Backup Memory」
- ◇最優秀ライフスタイルプレゼンター
　　　レイチェル・ハンター（Rachel Hunter：ニュージーランド）「Rachel Hunter's Tour of Beauty」〈Imagination Television〉
- ◇最優秀ライフスタイル番組
　　　CNN（タイ）　「Business Traveller-Thailand」
- ◇最優秀音楽・ダンス番組　VIACOM International Media Networks（シンガポール）「YO！MTV Raps Special」
- ◇最優秀自然史・野生動物番組
　　　CNN（タイ）　「Business Traveller-Thailand」
- ◇最優秀ニュース・時事問題プレゼンター
　　　クリスティ・ルー・スタウト（Kristie Lu Stout（CNN）：香港）

◇最優秀ニュース番組　CNN（香港）「News Stream」
◇最優秀ノンスクリプトエンターテインメント
　　　　　　　Greymatter Entertainment for Amazon Prime Video（インド）「The Remix.」
◇最優秀オリジナル番組（ストリーマー/OTT）
　　　　　　　Can Xing Media for Youku Alibaba（中国）「Street Dance of China」
◇最優秀オリジナル脚本賞　Mediacorp Suria（シンガポール）「M. Raihan Halim-SR115」
◇最優秀幼児番組　August Media（フィリピン）「Tilda Appleseed」
◇最優秀プロモーション・予告編
　　　　　　　HK Television Entertainment Company Limited for ViuTV（香港）「Rainbow Pocket」
◇最優秀短編コンテンツ　Black Poet Production on behalf of MEASAT Broadcast Network Systems Sdn Bhd（ASTRO）（マレーシア）「May I Love You」
◇最優秀ドラマ・テレビ映画
　　　　　　　ABS-CBN（フィリピン）「マアラアラ・モ・カヤ（原題：Maalaala Mo Kaya）」
◇最優秀ニュース記事・レポート
　　　　　　　CNN（韓国）「Punggye-ri Nuclear Site Destruction」
◇最優秀音響　Cinesurya for Hooq（インドネシア）「マルリナの明日（英題：Marlina The Murderer in Four Acts）」
◇最優秀テレノベラ・ソープオペラ
　　　　　　　One Life Studios for Sony Entertainment（インド）「ポロス（英題：PORUS）」
◇最優秀テーマソング　Astro（マレーシア）「Symphony of Love」
◇ベストビデオゲーム　Taiwan Public Television Service Foundation for PTS（台湾）「Kidz」
◇最優秀視覚効果賞　Method Studios（オーストラリア）「戦利品　ゲーム・オブ・スローンズ（英題：Game of Thrones：Spoils of War）」

2019年
◇主演男優賞　　オカ・アンタラ（Oka Antara：インドネシア）「Brata」〈HOOQ and Telkomsel〉
◇助演男優賞　　ジェイミー・アディツァ（Jamie Aditya：インドネシア）「Grisse」〈HBO Pacific Partners V.O.F〉
◇主演女優賞　　シェファリ・シャー（Shefali Shah：インド）「デリー凶悪事件（英題：Delhi Crime）」〈Golden Karavan Productions/Ivanhoe Pictures〉
◇助演女優賞　　Pyae Pyae（ミャンマー）「鬼母（英題：The Only Mom）」〈Brave Empire Entertainment〉
◇最優秀アダプテーション　CJ ENM, Studio Dragon, Netflix（韓国）「サバイバー：60日間の大統領（英題：Designated Survivor：60 Days）」
◇最優秀アニメ番組・シリーズ（2D・3D）
　　　　　　　Vaibhav Studios（インド）「ランプート（英題：Lamput ：Collection V2）」
◇最優秀ブランド番組・シリーズ
　　　　　　　National Geographic Partners（香港・中国）「Record Rides」
◇最優秀子供向けアニメ番組・シリーズ
　　　　　　　Greenstone TV（ニュージーランド）「The Cul De Sac Season 3」
◇最優秀撮影賞　Mark Wareham（オーストラリア）「Mystery Road」〈Bunya Productions for ABC Australia, in association with all3media International〉
◇最優秀コメディパフォーマンス
　　　　　　　Jihan Musa（マレーシア）「Keluarga Baha Don」〈Viu〉
◇最優秀コメディ番組　Viu（マレーシア）「Keluarga Baha Don」

◇最優秀時事番組・シリーズ
　　　　　DuGood Productions, Channel NewsAsia, Mediacorp（シンガポール）
　　　　　「Undercover Asia S6 Ep 1：Smuggling For Survival」
◇最優秀監督賞（ノンフィクション）
　　　　　Jatuporn Athasopa（シンガポール）　「Extreme China」〈Infocus Asia Pte Ltd for NGC Network Asia, LLC〉
◇最優秀監督賞（フィクション）
　　　　　Richie Mehta（インド）　「Delhi Crime」〈Golden Karavan Productions/Ivanhoe Pictures〉
◇最優秀ドキュメンタリー番組（単発・特別）
　　　　　Shark Island Productions（オーストラリア）　「The Final Quarter」
◇最優秀ドキュメンタリーシリーズ
　　　　　Infocus Asia Pte Ltd for NGC Network Asia（中国）　「Extreme China」
◇最優秀ドラマシリーズ　Golden Karavan Productions, Ivanhoe Pictures（インド）「デリー凶悪事件（英題：Delhi Crime）」
◇最優秀編集賞　Chun Hong Lee（台湾）「ザ・ワールド・ビトウィーン・アス（英題：The World Between Us）」〈PTS Taiwan in association with HBO Asia&Catchplay〉
◇最優秀長編映画賞　Excel Entertainment&Tiger Baby（インド）「ガリーボーイ（英題：Gully Boy）」
◇最優秀ゲーム・クイズ番組
　　　　　MEASAT Broadcast Network Systems, Astro AEC（マレーシア）「CNY Countdown Gala 2019」
◇最優秀イマーシブ　Taiwan Public Television Service Foundation（台湾）「The Small Big Micro Vision」
◇最優秀インフォテインメント番組
　　　　　Channel NewsAsia, Mediacorp（シンガポール）　「Why It Matters S2-Bad Pho-mance」
◇最優秀ライフスタイル番組
　　　　　CNN（日本）　「Destination Tohoku」
◇最優秀ライフスタイルプレゼンター
　　　　　Yung Raja（シンガポール）　「Yo！MTV Raps-Asia」〈Viacom International Media Networks（MTV Asia）〉
◇最優秀音楽・ダンス番組　CJ ENM（韓国）「300：WAR OF UNITED VOICES」
◇最優秀ニュース・時事問題プレゼンター
　　　　　Cathy Yang（フィリピン）　「Cathy Yang, Market Edge」〈ANC/Sarimanok News Network〉
◇最優秀ニュース番組　TVNZ（ニュージーランド）「Christchurch Terrorist Mosque Attacks」
◇最優秀ノンスクリプトエンターテインメント
　　　　　Hunan TV（中国）　「World's Got Talent」
◇最優秀オリジナル番組（ストリーマー/OTT）
　　　　　Golden Karavan Productions, Ivanhoe Pictures, Netflix Original（インド）「デリー凶悪事件（英題：Delhi Crime）」
◇最優秀オリジナル脚本賞　Shih Yuan Lu（台湾）「ザ・ワールド・ビトウィーン・アス（英題：The World Between Us）」〈PTS Taiwan in association with HBO Asia&Catchplay〉
◇最優秀幼児番組　Northern Pictures&Beach House Pictures（オーストラリア）「Hiccup&Sneeze S2」
◇最優秀プロモーション・予告編
　　　　　Vietnam Satellite Digital Television Company（ベトナム）「Trailer Without You-EPL Season 2019/20」

◇最優秀短編コンテンツ　Moonji Production（ミャンマー）「Still/Life」
◇最優秀ドラマ・テレビ映画
　　　　　　　　　NHK（日本）　「浮世の画家（英題：An Artist of the Floating World）」
◇最優秀ニュース記事・レポート
　　　　　　　　　ジョン・サドワース（John Sudworth：中国）「Xinjiang Detention Centers」
　　　　　　　　　〈BBC World News〉
◇最優秀音響　　　HOOQ（フィリピン）「Ulan」
◇最優秀スポーツ番組　Workpoint Group（タイ）「10 Fight 10」
◇最優秀テレノベラ・ソープオペラ
　　　　　　　　　Huanyu Entertainment（中国）　「瓔珞〜紫禁城に燃ゆる逆襲の王妃〜（英題：Story of Yanxi Palace）」
◇最優秀テーマソング　Misi Ke&Koffkoff, August Pictures（シンガポール）「Beijing to Moscow‒'D∨engdài'」
◇最優秀視覚効果賞　Method Studios（オーストラリア）「プーと大人になった僕（英題：Christopher Robin）」

2020年
　◇最優秀アニメ番組・シリーズ（2D・3D）
　　　　　　　　　Studio Colorido, Netflix（日本）「泣きたい私は猫をかぶる（英題：A Whisker Away）」
　◇最優秀ブランド番組・シリーズ
　　　　　　　　　Ensemble Worldwide（A division of IPG Mediabrands）（マレーシア）
　　　　　　　　　「PETRONAS Land of Light Bulbs」
　◇最優秀子供向けアニメ番組・シリーズ
　　　　　　　　　Cartoon Network, WarnerMedia APAC（インド）「ランプート（英題：Lamput-The Chase）」
　◇最優秀コメディ番組　HJ Film, Leeyang Film, Little Big Pictures, Megabox Plus M（韓国）「SP国家情報局：Mr.ZOO（英題：Mr. Zoo）」
　◇最優秀時事番組・シリーズ
　　　　　　　　　Discovery Channel India（インド）　「Man Woman and ＃ MeToo」
　◇最優秀監督賞（ノンフィクション）
　　　　　　　　　Sujata Kulshreshtha, Abhimanyu Tewari（インド）「INDIA 2050」〈Wide Angle Films/Discovery Channel India〉
　◇最優秀ドキュメンタリー番組（単発・特別）
　　　　　　　　　GoodThing Productions&Passion Pictures（オーストラリア）「The Australian Dream」
　◇最優秀ドキュメンタリーシリーズ
　　　　　　　　　In Films, ABC（オーストラリア）「Revelation」
　◇最優秀長編映画賞　Astro Shaw&HBO Asia（マレーシア）「The Garden of Evening Mists」
　◇最優秀イマーシブ　Chuan Pictures（シンガポール）「HIGH」
　◇最優秀ニュース・時事問題プレゼンター
　　　　　　　　　Danny Yeo（シンガポール）　「A Medical Journey」〈August Pictures/Mediacorp/Channel U〉
　◇最優秀ニュース番組　Formosa Television（台湾）「Evening News（2020 Presidential Election）」
　◇最優秀幼児番組　Ludo Studio and ABC Kids（オーストラリア）「ブルーイ（英題：Bluey）」
　◇最優秀プロモーション・予告編
　　　　　　　　　August Pictures, meWatch, Mediacorp（シンガポール）「The Driver」
　◇最優秀短編コンテンツ　関西テレビ（Kansai Television：日本）「Three Trees」
　◇最優秀ドラマ・テレビ映画

　　　　　　　　　　　Studio76 Original Productions, myVideo（台湾）「76 Horror Bookstore-Tin Can of Fear」
◇最優秀ニュース記事・レポート
　　　　　　　　　　　MBC（韓国）「News Desk：Human Rights Abandoned at Sea」
◇最優秀音響　　　　ジョージ・チェン（Chen George：台湾）「Lo Annie/Lin Jimmy Yong-Jiu Grocery Store」〈Sanlih E- Television/Fox Networks Group Asia Pacific〉
◇最優秀スポーツ番組　NHK（日本）「絆 究極のパートナーシップ」〈英題：KIZUNA：Ultimate Partnerships〉
◇最優秀視覚効果賞　Method Studios, Columbia Pictures（オーストラリア）「ジュマンジ/ネクスト・レベル（英題：Jumanji：The Next Level）」
◇主演男優賞　　　　アルジョ・アタイデ（Arjo Atayde：フィリピン）「Bagman」〈ABS-CBN/iWant〉
◇助演男優賞　　　　ミラー・カーン（Miller Khan：マレーシア）「ブリッジ（英題：The Bridge Season2）」〈Viu&Double Vision〉
◇主演女優賞　　　　Yeo Yann Yann（シンガポール）「Invisible Stories：LIAN」〈HBO/WarnerMedia〉
◇助演女優賞　　　　Lina Ng（シンガポール）「Last Madame」〈Ochre Pictures/Mediacorp/meWatch〉
◇最優秀アダプテーション　Viu&Cinema Collectiva（インドネシア）「プリティ・リトル・ライアーズ（英題：Pretty Little Liars）」
◇最優秀撮影賞　　　Elliot Sng「Kristy Campbell/Lau Hon Meng The Islands That Made Us」〈IFA Media , CNA, Mediacorp〉（シンガポール）
◇最優秀コメディパフォーマンス
　　　　　　　　　　　Hirzi Zulkiflie（シンガポール）「Comedy Central Stand Up, Asia！」〈Comedy Central/ViacomCBS〉
◇最優秀監督賞（フィクション）
　　　　　　　　　　　斎藤 工（Takumi Saitoh：日本）「フードロア Life in a Box（英題：Food Lore：Life In A Box）」〈HBO , WarnerMedia〉
◇最優秀ドラマシリーズ　CJ ENM, Studio Dragon&CultureDepot, Netflix（韓国）「愛の不時着（英題：Crash Landing on You）」
◇最優秀編集賞　　　Dipin Verma, Carolyn Aquino Eguaras（シンガポール）「Ed Stafford：First Man Out Season 2」〈Beach House Pictures Bilibili/Discovery Channel〉
◇最優秀ゲーム・クイズ番組
　　　　　　　　　　　Zense Entertainment, Can't Stop Media（タイ）「Couple or Not Thailand」
◇最優秀インフォテインメント番組
　　　　　　　　　　　National Geographic India（インド）「Lockdown：India Fights Coronavirus」
◇最優秀ライフスタイル番組
　　　　　　　　　　　Freestate Productions, CNA, Mediacorp（シンガポール）「Remarkable Living SR 2」
◇最優秀ライフスタイルプレゼンター
　　　　　　　　　　　Thai Broadcasting Company, Workpoint Channel（タイ）「Phanya Nirunkul-Wit Makes Miracle」
◇最優秀音楽・ダンス番組　MX Player（インド）「Times of Music」
◇最優秀ノンスクリプトエンターテインメント
　　　　　　　　　　　Discovery Communications India（インド）「Man vs wild with Bear Grylls and Prime Minister Modi」
◇最優秀オリジナル脚本賞　ヨン サンホ（Yeon Sang Ho：韓国）「The Cursed」〈Studio Dragon/Lezhin Studio/CJ ENM〉
◇最優秀テレノベラ・ソープオペラ
　　　　　　　　　　　Jetsen Huashi Wangju（Changzhou）Cultural Media, Youku（中国）「鶴唳華

亭 〜Royal Nirvana〜（英題：Royal Nirvana）」
◇最優秀オリジナル番組（ストリーマー/OTT）
　　　　MX Player（インド）「Times of Music」
◇最優秀テーマソング Canal+ Myanmar Production Limited（ミャンマー）「"Enemies of You" for Lake Pyar by Daniel Saw」

2021年
　◇最優秀アダプテーション　Refinery Media（シンガポール）「The Apprentice：ONE Championship Edition」
　◇最優秀アニメ番組・シリーズ（2D・3D）
　　　　NHK, スタジオジブリ（Studio Ghibli：日本）「アーヤと魔女（英題：Earwig and the Witch）」
　◇最優秀ブランド番組・シリーズ
　　　　MX Player（インド）「Cruising Legends：Dawn Patrol」
　◇最優秀子供向けアニメ番組・シリーズ
　　　　Libertine Pictures, Slim Film ＋ TV（ニュージーランド）「MYSTIC」
　◇最優秀時事番組・シリーズ
　　　　MBC（韓国）「PD Note Our Twisted Heroes」
　◇最優秀監督賞（ノンフィクション）
　　　　Robbie Bridgman, Steve Chao（タイ）「Traffickers：Inside The Golden Triangle」〈HBO/WarnerMedia/IFA Media〉
　◇最優秀ドキュメンタリー番組（単発・特別）
　　　　Mint Pictures, SBS（オーストラリア）「Birdsville Or Bust」
　◇最優秀ドキュメンタリーシリーズ
　　　　Northern Pictures, NSBS, NBlue Ant International（オーストラリア）「See What You Made Me Do」
　◇最優秀編集賞　Muhammad Razin Bin Mohd Ramzi（シンガポール）「Wild City：River World」〈Beach House Pictures/Mediacorp〉
　◇最優秀インフォテインメント番組
　　　　CNA, Mediacorp（シンガポール）「Climate Change：A Wicked Problem, Power」
　◇最優秀自然史・野生生物番組
　　　　OSF, NHK（日本）「ワイルド東京（英題：Wild Tokyo）」
　◇最優秀ニュース・時事問題プレゼンター
　　　　Steven Chia「Talking Point」〈Channel 5, CNA, Mediacorp〉（シンガポール）
　◇最優秀ニュース番組　GMA Network（フィリピン）「24 Hours：Special Coverage of Typhoon Vamco (Ulysses) in Luzon」
　◇最優秀幼児番組　ベネッセ（Benesse Corporation）, テレビせとうち（TV Setouchi：日本）「しまじろうのわお！私たちの海（英題：Shimajiro：A World of WOW！Our Oceans）」
　◇最優秀プロモーション・予告編
　　　　Phoenix Satellite Television（香港SAR）「Save Our Planet, Save Our Children's Future」
　◇最優秀短編コンテンツ　Robot Playground Media, Finding Pictures（シンガポール）「Spectrum-The Visit」
　◇最優秀ドラマ・テレビ映画
　　　　Studio76 Original Productions, Taiwan Mobile myVideo, Even Creative Studio（台湾）「Kill for Love」
　◇最優秀ニュース記事・レポート
　　　　BBC World News（インド）「India's Covid-19 Crisis」

◇最優秀音響　　　　Balaji Productions, Sikhya Entertainment, Netflix（インド）「おかしな子（英題：Pagglait）」
◇最優秀視覚効果賞　Method Studios, Columbia Pictures（オーストラリア）「ピーターラビット2/バーナバスの誘惑（英題：Peter Rabbit 2：The Runaway）」
◇主演男優賞　　　　イ ジェフン（Lee Je-hoon：韓国）「ムーブ・トゥ・ヘブン：私は遺品整理士です（英題：Move to Heaven）」〈Page One Films/No 3 Pictures/Netflix〉
◇助演男優賞　　　　イ ドヒョン（Lee Do-hyun：韓国）「Sweet Home−俺と世界の絶望−（英題：Sweet Home）」〈Studio Dragon/Studio N/Netflix〉
◇主演女優賞　　　　コーンコナー・セーン・シャルマー（Konkona Sen Sharma：インド）「Ajeeb Daastaans：Geeli Pucchi」〈Dharmatic/Netflix〉
◇助演女優賞　　　　アムリター・スバーシュ（Amruta Subhash：インド）「ボンベイ・ベイガム − 私たちのサバイバル−（英題：Bombay Begums）」〈Endermol Shine India/Endeavor Content/Chernin Entertainment/Netflix〉
◇最優秀撮影賞　　　Chad Ingraham（香港SAR）「Expedition：Asia」〈Ryan Pyle Productions/Discovery Channe〉
◇最優秀コメディパフォーマンス
　　　　　　　　　　Susan Lankester（マレーシア）「Keluarga Baha Don S 2」〈Anomalous Films/Viu〉
◇最優秀コメディ番組　New Classics Media, iQIYI（中国）「贅婿〜ムコ殿は天才策士〜（英題：My Heroic Husband）」
◇最優秀監督賞（フィクション）
　　　　　　　　　　イ ウンボク（Lee Eung-bok：韓国）「Sweet Home−俺と世界の絶望−（英題：Sweet Home）」〈Studio Dragon/Studio N/Netflix〉
◇最優秀ドラマシリーズ　Page One Film and No3 Pictures, Netflix（韓国）「ムーブ・トゥ・ヘブン：私は遺品整理士です（英題：Move to Heaven）」
◇最優秀ゲーム・クイズ番組
　　　　　　　　　　Hunan TV（中国）　「The Tmall Double 11 Opening Ceremony」
◇最優秀ライフスタイル番組
　　　　　　　　　　CNN International（日本）　「エコソリューションズ（英題：Eco Solutions）」
◇最優秀ライフスタイルプレゼンター
　　　　　　　　　　バイス・ガンダ（Vice Ganda：フィリピン）「Everybody, Sing！」〈ABS CBN〉
◇最優秀音楽・ダンス番組　Astro（マレーシア）「Gegar Vaganza 7」
◇最優秀ノンスクリプトエンターテインメント
　　　　　　　　　　Refinery Media（シンガポール）　「The Apprentice：ONE Championship Edition」
◇最優秀オリジナル番組（ストリーマー/OTT）
　　　　　　　　　　Amazon Prime Video（インド）　「Mirzapur S2」
◇最優秀オリジナル脚本賞　ウメシュ・ビシュト（Umesh Bist：インド）「おかしな子（英題：Pagglait）」〈Balaji Productions and Sikhya Entertainment/Netflix〉
◇最優秀テーマソング　Shu Chiu（台湾）「White Drongo（for The Child of Light）」〈Hakka TV/Borderline Assemblage〉
◇最優秀声優　　　　馮 小剛（Feng Xiaogang：中国）「Dunhuang：Edge of the World」〈Tencent Video, CICC, IFA Media〉

2022年
　◇最優秀アダプテーション　Creative Stew, Discovery, Astro（マレーシア）「Star Vs Food Malaysia」
　◇最優秀アニメ番組・シリーズ（2D・3D）
　　　　　　　　　　Story Inc, WIT Studio, Netflix（日本）　「バブル（英題：Bubble）」
　◇最優秀ブランド番組・シリーズ

映画・演劇・TV　　　　　　　　　　　151　　　　　　　　　　　29 **AACA賞**

　　　　　　　　　　　The Walt Disney Company SEA, National Geographic（シンガポール）
　　　　　　　　　　　「Changi Airport：Battling The Pandemic」
◇最優秀子供向けアニメ番組・シリーズ
　　　　　　　　　　　Hakka TV（台湾）　「Hello, My Name Is Dong-Ping」
◇最優秀時事番組・シリーズ
　　　　　　　　　　　National Geographic India（インド）　「Ganga River From The Skies」
◇最優秀監督賞（ノンフィクション）
　　　　　　　　　　　Ziqing, Eve（シンガポール）　「Inside Maximum Security-Road To Freedom」
　　　　　　　　　　　〈CNA, Mediacorp〉
◇最優秀ドキュメンタリー番組（単発・特別）
　　　　　　　　　　　オッシャー・ギュンスバーグ（Osher Günsberg：オーストラリア）「A Matter
　　　　　　　　　　　Of Life And Death」〈Lune Media/SBS Australia〉
◇最優秀ドキュメンタリーシリーズ
　　　　　　　　　　　Vice Media Asia Pacific（シンガポール）　「Open Secrets-The Untouchable
　　　　　　　　　　　Chaebols Of South Korea」
◇最優秀編集賞　　　メラニー・フー・キャンベル（Melanie Foo Campbel：シンガポール）
　　　　　　　　　　　「Supermodelme：Revolution S6」〈Refinery Media〉
◇最優秀ファクト・プレゼンター
　　　　　　　　　　　Esha Paul（インド）　「Inside The Opioid Crisis Gripping This Himalayan
　　　　　　　　　　　State」〈Vice Media Asia Pacific, Vice World News〉
◇最優秀インフォテインメント番組
　　　　　　　　　　　Discovery Communications India（インド）　「My Daughter Joined A Cult」
◇最優秀ライフスタイル番組
　　　　　　　　　　　Discovery Communications India（インド）　「Say Yes To The Dress India」
◇最優秀自然史・野生生物番組
　　　　　　　　　　　NHK, Doclights Gmbh, NDR（日本）　「Iriomote-The Fabric Of Life」
◇最優秀ニュース番組　BBC World News（シンガポール）「Newsday」
◇最優秀ニュース・時事問題プレゼンター
　　　　　　　　　　　Lin Xueling（シンガポール）　「In Conversation, Australian Foreign Minister
　　　　　　　　　　　Penny Wong」〈CNA, Mediacorp〉
◇最優秀オリジナル番組（ストリーマー/OTT）
　　　　　　　　　　　Studio Dragon, MerryCow, Studio N（韓国）　「ユミの細胞たち（英題：
　　　　　　　　　　　Yumi's Cells S1&S2）」
◇最優秀幼児番組　　Ludo Production, BBC, ABC Kids（オーストラリア）「Bluey-Rain, Fairytale」
◇最優秀プロモーション・予告編
　　　　　　　　　　　The Walt Disney Company SEA（インドネシア）　「Disney+ Hotstar
　　　　　　　　　　　Indonesia：Together As One」
◇最優秀短編コンテンツ　The Walt Disney Company SEA（マレーシア）「Disney+ Hotstar
　　　　　　　　　　　Malaysia：Stories That Bring Us Together」
◇最優秀ニュース記事・レポート
　　　　　　　　　　　7PM Company, The Project, Network 10（オーストラリア）「Unfinished
　　　　　　　　　　　Symphony」
◇最優秀音響　　　　Weiyu Films, Mediacorp, Suite Sound（シンガポール）「This Land Is Mine」
◇最優秀声優　　　　藤村 由紀子（Yukiko Fujimura：日本）「Namaraka」〈Bilingual Voice Japan〉
◇主演男優賞　　　　チョン ヘイン（Jung Hae：韓国）「D.P.―脱走兵追跡官―（英題：In-D.P.）」
　　　　　　　　　　　〈Climax Studio/Netflix〉
◇助演男優賞　　　　ウー カンレン（Wu Kang-Ren：台湾）「Light The Night」〈Bossdom/Netflix〉
◇主演女優賞　　　　Jodi Chrissie Sta. Maria（フィリピン）「The Broken Marriage Vow」〈ABS-
　　　　　　　　　　　CBN〉

◇助演女優賞　Liou Yiin-Shang（台湾）「Still Me」〈Tzu Chi Culture And Communication Foundation〉
◇最優秀撮影賞　シュレヤ・デヴ・デュベ（Shreya Dube：インド）「Thar」〈Anil Kapoor Film Company/Netflix〉
◇最優秀コメディパフォーマンス
　　　マーク・リー（Mark Lee：シンガポール）「It's All Your Fault！」〈Wawa Pictures/Ministry Of Communications&Information〉
◇最優秀コメディ番組　Greenstone TV, TVNZ, NZ On Air（ニュージーランド）「Kid Sister」
◇最優秀監督賞（フィクション）
　　　バジル・ジョゼフ（Basil Joseph：インド）「ライトニング・ムラリ（英題：Minnal Murali）」〈Weekend Blockbusters/Netflix〉
◇最優秀ドラマシリーズ　Studio Dragon, Hwa&Dam Pictures, CJ ENM（韓国）「二十五、二十一（英題：Twenty Five Twenty One）」
◇最優秀エンターテインメント・ホスト
　　　Johnson Lee（香港SAR）「Family Feud」〈Television Broadcasts Limited（TVB）〉
◇最優秀長編映画賞　Nikkatsu&Django Film, Netflix（日本）「浅草キッド（英題：Asakusa Kid）」
◇最優秀ゲーム・クイズ番組
　　　CJ ENM（韓国）「My Boyfriend Is Better」
◇最優秀音楽・ダンス番組　Blink TV Production, SBS Australia, Tourism&Events Queensland（オーストラリア）「Eurovision-Australia Decides-Gold Coast 2022」
◇最優秀ノンスクリプトエンターテインメント
　　　Blink TV Production, SBS Australia, Tourism&Events Queensland（オーストラリア）「Eurovision-Australia Decides-Gold Coast 2022」
◇最優秀脚本賞　ノ ヒギョン（Noh Hee-Kyung：韓国）「私たちのブルース（英題：Our Blues）」〈Studio Dragon, GTIST, CJ ENM〉
◇最優秀ドラマ・テレビ映画
　　　Zee Zindagi, Zee5, Zee Entertainment（インド）「Qatil Haseenaon Ke Naam（Ode to Femme Fatales）」
◇最優秀テーマソング・タイトルテーマ
　　　GMMTV（タイ）「Who Am I By Bright, Win, Dew, Nani For F4 Thailand：Boys Over Flowers」
◇最優秀視覚効果賞　Method Studios, MWarner Bros.（オーストラリア）「エルヴィス（英題：Elvis）」

2023年
　◇最優秀アニメ番組・シリーズ（2D・3D）
　　　Megalis, Tonko House, Netflix（日本）「ONI～神々山のおなり（英題：ONI：Thunder God's Tale）」
　◇最優秀ブランド番組・シリーズ
　　　Viddsee（シンガポール）「What's Your Fix？：Finding Juliana」
　◇最優秀子供向けアニメ番組・シリーズ
　　　Beach House Pictures, Netflix（シンガポール）「Mr. Midnight：Beware The Monsters」
　◇最優秀時事番組・シリーズ
　　　NHK（日本）「最前線の女性政治家：日本の政治家の15％（英題：Women on the Front Line：15％ of Japan's Politicians）」
　◇最優秀監督賞（ノンフィクション）
　　　Chin-Yuan Ke（台湾）「Sea Spray」〈Taiwan Public Television Service Foundation〉

◇最優秀ドキュメンタリー番組（単発・特別）
　　　　　　　　Walking Fish Productions, GoodThing Productions, SBS Australia（オーストラリア）「The Cleaning Company」
◇最優秀ドキュメンタリーシリーズ
　　　　　　　　NHK（日本）「自然の隠された奇跡（英題：Nature's Hidden Miracles：The Secret Life of Plants）」
◇最優秀編集賞　Johan Bahar（マレーシア）「Nenek Bongkok Tiga」〈Viu&Independent Pictures〉
◇最優秀ファクト・プレゼンター
　　　　　　　　リコ・ヒゾン（Rico Hizon：フィリピン）「The Final Word with Rico Hizon」〈CNN Philippines, Nine Media Corporation〉
◇最優秀インフォテインメント番組
　　　　　　　　NGC Network India（インド）「Snakes SOS Goa's Wildest」
◇最優秀ライフスタイル番組
　　　　　　　　Threesixzero Productions, Mediacorp（シンガポール）「Forbidding No More S2」
◇最優秀プロモーション・予告編
　　　　　　　　日テレアックスオン（Nippon TV/AX-ON），マセキ芸能社（Maseki Geinosha：日本）「ブラッシュアップライフ（英題：Rebooting）」
◇最優秀短編コンテンツ　beIN Sports Asia（シンガポール）「Wayang Kulit-World Cup Iconic Moments：Zidane」
◇最優秀ニュース記事・レポート
　　　　　　　　CNN（ミャンマー）「Militia is fighting back against Myanmar military government with makeshift weapons」
◇最優秀音響　　Kunal Sharma（インド）「Jubilee」〈Andolan Films, Amazon Prime Video〉
◇最優秀声優　　MrBrown（Kin Mun Lee）（シンガポール）「Downstairs S3」〈Robot Playground Media, Mediacorp〉
◇主演男優賞　　ヴィジャイ・ヴァルマ（Vijay Varma：インド）「Dahaad」〈Amazon Prime Video〉
◇助演男優賞　　トゥク・リフヌ・ウィカナ（Teuku Rifnu Wikana：インドネシア）「96 Jam」〈Vidio&Sky Films〉
◇主演女優賞　　ラージシュリー・デシュパンデ（Rajshri Deshpande：インド）「Trial By Fire」〈Netflix, Endemol Shine, House of Talkies〉
◇助演女優賞　　イム ジヨン（Lim Ji-yeon：韓国）「ザ・グローリー ～輝かしき復讐～（英題：The Glory）」〈Netflix, Hwa&Dam Pictures〉
◇コメディ部門男優・女優賞
　　　　　　　　Azira Shafinaz（マレーシア）「Ijab Kabut」〈Viu&Jazzy Pictures〉
◇最優秀アダプテーション　CNA, Mediacorp（シンガポール）「Old Enough #1 (OTRD)」
◇最優秀撮影賞　Pratik Shah（インド）「Jubilee」〈Andolan Films, Amazon Prime Video〉
◇最優秀コメディ番組　Television Broadcasts Limited（TVB）（香港）「SAR Unchained Medley」
◇最優秀監督賞（フィクション）
　　　　　　　　水野 格（Itaru Mizuno：日本）「ブラッシュアップライフ（英題：Rebooting）」〈Nippon TV, AX-ON, Maseki Geinosha〉
◇最優秀ドラマシリーズ　Netflix, Hwa&Dam Pictures（韓国）「ザ・グローリー ～輝かしき復讐～（英題：The Glory）」
◇最優秀エンターテインメント・ホスト
　　　　　　　　Manila Luzon（フィリピン）「Dragden With Manila Luzon」〈Cornerstone Entertainment&Project 8 Amazon Prime Video〉
◇最優秀長編映画賞　Netflix, Songsound Production（タイ）「ハンガー：飽くなき食への道（英題：

Hunger)」
- ◇最優秀ゲーム・クイズ番組
  Mango TV（中国）「Infinity and Beyond 2023」
- ◇最優秀音楽・ダンス番組 NHK（日本）「Art is Our Voice〜戦禍のウクライナ国立バレエ2022〜（英題：Art is Our Voice）」
- ◇最優秀ノンスクリプトエンターテインメント
  Netflix, MBC（韓国）「フィジカル100（英題：Physical：100）」
- ◇最優秀オリジナル番組（ストリーマー/OTT）
  Ochre Pictures, Mediacorp, MEWATCH（シンガポール）「Last Madame：Sisters of the Night」
- ◇最優秀脚本賞　金沢 知樹（Tomoki Kanazawa：日本）「サンクチュアリ（英題：Sanctuary）」〈Netflix, Slow Tide〉
- ◇最優秀ドラマ・テレビ映画
  Amazon Prime Video（インド）「Modern Love Chennai（Memory is but a bird）」
- ◇最優秀テーマソング・タイトルテーマ
  Viu Thailand&VelCurve SoundStudio（タイ）「Love You Again by Suntreeya Na Wiangkan, Boyd Kosiyabong for Finding The Rainbow」
- ◇最優秀視覚効果賞　MPC, Maddock Films（インド）「Bhediya」

2024年
- ◇最優秀アダプテーション（ノンスクリプト）
  South Pacific Pictures, All3 Media International（ニュージーランド）「The Traitors New Zealand Series 1」
- ◇最優秀アニメーション　Netflix, Studio Ponoc（日本）「屋根裏のラジャー（英題：The Imaginary）」
- ◇最優秀子供向け番組　NHK（日本）「アイラブみー（英題：I Love 'Mee'：That Felt Kinda Weird？）」
- ◇最優秀プロモーション・予告編
  Viacom18 Media, Jio Cinema, White Turtle Studios, Trailerpark（インド）「Murder in Mahim」
- ◇最優秀短編（ノン・スクリプト）
  関西テレビ（Kansai TV：日本）「全盲の娘に描く絵（英題：A Picture Book of Hope：My Daughter's Battle with Cancer）」
- ◇最優秀ブランド番組・シリーズ
  The Viral Fever, Contagious Online Media Network（インド）「Dreams vs Everyone Season 1」
- ◇最優秀ドキュメンタリー番組（単発・特別）
  Mint Pictures, SBS Australia（オーストラリア）「Hitler's Jewish Soldier？」
- ◇最優秀歴史ドキュメンタリー
  NHK, NHK Enterprises（日本）「映像記録 関東大震災〜帝都壊滅の三日間〜（前後編）（英題：The Great Kanto Earthquake-Three Days of Ruin in Tokyo）」
- ◇最優秀ドキュメンタリーシリーズ
  CNA, Mediacorp（シンガポール）「Walk the Line」
- ◇最優秀時事番組・シリーズ
  TaiwanPlus, Cablewrap Creative（台湾）「Broken News」
- ◇最優秀ニュース記事・レポート
  CNN Worldwide（タイ）「Billion Dollar Scam」
- ◇最優秀ファクト・プレゼンター

　　　　　　　　　　Wei Du（シンガポール）「Walk the Line」〈CNA, Mediacorp〉
◇最優秀撮影賞（ノンフィクション）
　　　　　　　　　　Shiming Cui（中国）「The National Parks Of China」〈BILIBILI〉
◇最優秀監督賞（ノンフィクション）
　　　　　　　　　　Selvamani Selvaraj（インド）「The Hunt for Veerappan」〈Netflix, Awedacious Originals〉
◇最優秀インフォテインメント番組
　　　　　　　　　　CNN Worldwide（タイ）「Mission Tiger」
◇最優秀ライフスタイル番組
　　　　　　　　　　Hakka TV（台湾）「Hakka Cuisine-Winds of September」
◇最優秀編集賞　　　Dalton Lai（中国）「Project Homestead」〈Warner Bros Discovery, Midea Group, Unreasonable Studios〉
◇最優秀音響　　　　Warner Bros. Discovery, Vaibhav Studios, The Tuning Folk（シンガポール）「Lamput Season 4（英題：Boss On The Moon）」
◇最優秀ストリーマー作品賞（ノンフィクション）
　　　　　　　　　　Prime Video（インド）「Love Storiyan」
◇レガシー賞　　　　フジテレビ（Fuji TV Network, Inc：日本）
◇最優秀ゲーム・クイズ番組
　　　　　　　　　　CNA, Mediacorp（シンガポール）「Resilience Quest」
◇最優秀ノンスクリプトエンターテインメント
　　　　　　　　　　All3Media International, Studio Ramsay, Endemol Shine（オーストラリア）「Gordon Ramsay's Future Food Stars」
◇最優秀音楽・ダンス番組　NHK（日本）「ミラドール 絶景を聴く（英題：MIRADOR-Soundscape Through Japan）」
◇最優秀短編（スクリプト）
　　　　　　　　　　McKegg Entertainment（ニュージーランド）「薬（英題：Medicine）」
◇最優秀視覚効果賞　Scanline VFX, Netflix, Robot, The Seven（日本）「幽☆遊☆白書（英題：Yu Yu Hakusho）」
◇最優秀総合エンターテインメント番組
　　　　　　　　　　Hunan TV, Mango TV（中国）「2023-2024 Hunan TV&Mango TV New Year's Eve Gala」
◇最優秀エンターテインメント・ホスト
　　　　　　　　　　Mayanne Mak（香港）「Mayanne Blah Blah Blah」〈Television Broadcasts Limited〉
◇最優秀撮影賞（フィクション）
　　　　　　　　　　Liu Yizeng（中国）「To The Wonder」〈iQIYI〉
◇最優秀脚本賞　　　ジョン・コリー（John Collee：オーストラリア）「Boy Swallows Universe」〈Netflix, Brouhaha Entertainment〉
◇最優秀アダプテーション（スクリプト）
　　　　　　　　　　Juvenile Co（JUVE9）, Channel 3 Thailand（タイ）「The Betrayal」
◇最優秀コメディ番組　Tavake&XYZ Films, Fifth Season, Warner Bros. Discovery（ニュージーランド）「Madam」
◇最優秀ストリーマー作品賞（フィクション）
　　　　　　　　　　CJ ENM, Studio Dragon, TVING, Paramount Global Content Distribution（韓国）「A Bloody Lucky Day」
◇最優秀テーマソング・タイトルテーマ
　　　　　　　　　　Hael Husaini（マレーシア）「Diam」〈My Famous Ex Boyfriend〉
◇最優秀ドラマ・テレビ映画
　　　　　　　　　　NHK, KADOKAWA（日本）「デフ・ヴォイス 法廷の手話通訳士（英題：

Deaf Voice：A Sign-Language Interpreter in Court)」
◇最優秀長編映画賞　Netflix, Horipro, Office Shirous（日本）「シティーハンター（英題：City Hunter)」
◇助演女優賞　ヨム ヘラン（Yeom Hye-ran：韓国）「Mask Girl」〈Netflix, House of Impression, Bon Factory〉
◇助演男優賞　サイモン・ベイカー（Simon Baker：オーストラリア）「Boy Swallows Universe」〈Netflix, Brouhaha Entertainment〉
◇最優秀監督賞（フィクション）
　　　　　　　Jang Young-woo, Kim Hee-won（韓国）「Queen of Tears」〈CJ ENM, Studio Dragon, Netflix〉
◇コメディ部門男優・女優賞
　　　　　　　鈴木 亮平（Ryohei Suzuki：日本）「シティーハンター（英題：City Hunter)」〈Netflix, Horipro, Office Shirous〉
◇最優秀ドラマシリーズ　GMM Studios International, Netflix（タイ）「ドクター・クライマックス（英題：Doctor Climax)」
◇主演男優賞　鈴木 亮平（Ryohei Suzuki：日本）「シティーハンター（英題：City Hunter)」〈Netflix, Horipro, Office Shirous〉
◇主演女優賞　Susan Lankester（マレーシア）「Raintown」〈Current Pictures/BWC Pictures〉

30　ヴェネチア国際映画祭　Mostra Internazionale d'Arte Cinematografica

　カンヌ国際映画祭、ベルリン国際映画祭と並ぶ3大映画祭の一つ。世界で最も古い歴史をもつ映画祭で、ヴェネチア・ビエンナーレの一部門として1932年に第1回開催。第二次世界大戦による中断や低迷を経て、69年コンペティション部門が廃止。その後11年間にわたり映画賞の授賞は行われず、映画祭の開催自体も一時混乱に陥った。この間、71年ジョン・フォード、72年にはチャールズ・チャップリンに栄誉金獅子賞が贈られている。その後、80年にコンペティション部門が復活。「金獅子賞」「銀獅子賞」が再び選出されるようになり、翌81年には不明確だった開催回数も第38回と定められた。以降、国際的に権威ある映画祭として毎年8月末から9月初めに開催されている。メイン・コンペでは金獅子賞（最優秀作品賞）、銀獅子賞（監督賞、審査員大賞）、審査員特別賞、ボルピ杯（男優賞、女優賞）、脚本賞、マルチェロ・マストロヤンニ賞（新人俳優賞）が選出される。この他、斬新性と先鋭性のある作品を集めたオリゾンティ部門、修復された古典作品を上映するヴェニス・クラシック部門、フィルム・マーケットなどが開催される。

　＊日本人の受賞は以下の通り。稲垣浩「無法松の一生」金獅子賞（1958年）、小林正樹「人間の條件」サンジョルジュ賞（60年）・「上意討ち 拝領妻始末」国際映画批評家連盟賞（67年）、溝口健二「西鶴一代女」国際賞（52年）・「雨月物語」銀獅子賞（53年）・「山椒太夫」銀獅子賞（54年）、黒澤明「羅生門」金獅子賞（51年）・「七人の侍」銀獅子賞（55年）、市川崑「ビルマの竪琴」サンジョルジュ賞（56年）、三船敏郎「用心棒」主演男優賞（61年）・「赤ひげ」主演男優賞（65年）、熊井啓「千利休 本覺坊遺文」銀獅子賞（89年）、北野武「HANA-BI」金獅子賞（97年）・「座頭市」監督賞（2003年）、竹中直人「無能の人」国際映画批評家連盟賞（1991年）、宮崎駿「ハウルの動く城」オゼッラ賞（2004年）・特別功労賞（05年）、染谷将太、二階堂ふみ「ヒミズ」マルチェロ・マストロヤンニ賞（11年）、長谷井宏紀「ブランカとギター弾き」ランテルナ・マジカ賞（15年）、黒沢清「スパイの妻」銀獅子賞（20年）、是枝裕和がロベール・ブレッソン賞、鈴木清順「殺しの烙印」クラシック部

門最優秀復元映画賞（22年）、濱口竜介「悪は存在しない」銀獅子賞・国際映画批評家連盟賞、塚本晋也「ほかげ」オリゾンティ部門最優秀アジア映画賞、相米慎二「お引越し」クラシック部門最優秀復元映画賞（23年）

【主催者】La Biennale di Venezia
【選考委員】コンペ部門では、各国から任命された審査員団が長編映画の選考にあたる。〔第81回・2024年〕委員長：Isabelle Huppert、委員：James Gray, Andrew Haigh, Agnieszka Holland, Kleber Mendonça Filho, Abderrahmane Sissako, Giuseppe Tornatore, Julia von Heinz, Zhang Ziyi
【選考基準】〔第82回・2025年〕2024年9月7日以降に完成した映画。インターネット上で商業的な配信が行われた作品や、一般公開、報道機関または他の国際映画祭等で上映されたとのあるものは対象外
【締切・発表】〔第82回・2025年〕2025年6月13日応募締切、8月27日〜9月6日開催
【賞・賞金】金の獅子像、銀の獅子像
【E-mail】cinema@labiennale.org
【URL】https://www.labiennale.org

第72回（2015年）
　◇金獅子賞　　　　　ロレンソ・ビガス（Lorenzo Vigas）「彼方から（原題：Desde allá, 英題：From Afar）」
　◇審査員大賞　　　　チャーリー・カウフマン（Charlie Kaufman）、デューク・ジョンソン（Duke Johnson）「アノマリサ（Anomalisa）」
　◇銀獅子賞　　　　　パブロ・トラペロ（Pablo Trapero）「エル・クラン（原題：El Clan, 英題：The Clan）」
　◇最優秀男優賞　　　ファブリス・ルキーニ（Fabrice Luchini）「アムール、愛の法廷（原題：L'hermine, 英題：Courted）」
　◇最優秀女優賞　　　ヴァレリア・ゴリノ（Valeria Golino）「あなたたちのために（Per amor vostro）」
　◇脚本賞　　　　　　クリスチャン・ヴァンサン（Christian Vincent）「アムール、愛の法廷（原題：L'hermine, 英題：Courted）」
　◇審査員特別賞　　　エミン・アルペル（Emin Alper）「錯乱（原題：Abluka, 英題：Frenzy）」
　◇マルチェロ・マストロヤンニ賞
　　　　　　　　　　　エイブラハム・アッター（Abraham Attah）「ビースト・オブ・ノー・ネーション（Beasts of No Nation）」
　◇栄誉金獅子賞　　　ベルトラン・タヴェルニエ（Bertrand Tavernier）

第73回（2016年）
　◇金獅子賞　　　　　ラヴ・ディアス（Lav Diaz）「立ち去った女（原題：Ang babaeng humayo, 英題：The Woman Who Left）」
　◇銀獅子賞（審査員大賞）トム・フォード（Tom Ford）「ノクターナル・アニマルズ（Nocturnal Animals）」
　◇銀獅子賞（最優秀監督賞）
　　　　　　　　　　　アンドレイ・コンチャロフスキー（Andrei Konchalovsky）「パラダイス（原題：Рай, 英題：Paradise）」
　　　　　　　　　　　アマト・エスカランテ（Amat Escalante）「触手（原題：La región salvaje, 英題：The Untamed）」
　◇最優秀男優賞　　　オスカル・マルティネス（Oscar Martínez）「笑う故郷（原題：El ciudadano ilustre, 英題：The Distinguished Citizen）」
　◇最優秀女優賞　　　エマ・ストーン（Emma Stone）「ラ・ラ・ランド（La La Land）」
　◇脚本賞　　　　　　ノア・オッペンハイム（Noah Oppenheim）「ジャッキー／ファーストレディ 最

　　　　　　　　　　　　後の使命 (Jackie)」
　◇審査員特別賞　　　アナ・リリー・アミールポアー (Ana Lily Amirpour)「マッドタウン (The Bad Batch)」
　◇マルチェロ・マストロヤンニ賞
　　　　　　　　　　　　パウラ・ベーア (Paula Beer)「婚約者の友人 (Frantz)」
　◇栄誉金獅子賞　　　ジャン＝ポール・ベルモンド (Jean-Paul Belmondo)
　　　　　　　　　　　　イエジー・スコリモフスキ (Jerzy Skolimowski)

第74回（2017年）
　◇金獅子賞　　　　　ギレルモ・デル・トロ (Guillermo del Toro)「シェイプ・オブ・ウォーター (The Shape of Water)」
　◇銀獅子賞（審査員大賞）サミュエル・マオズ (Samuel Maoz)「運命は踊る（英題：Foxtrot)」
　◇銀獅子賞（最優秀監督賞）
　　　　　　　　　　　　グザヴィエ・ルグラン (Xavier Legrand)「ジュリアン（原題：Jusqu'à la garde, 英題：Custody)」
　◇最優秀男優賞　　　カメル・エル・バシャ (Kamel El Basha)「判決、ふたつの希望（英題：The Insult, 仏題：L'insulte)」
　◇最優秀女優賞　　　シャーロット・ランプリング (Charlotte Rampling)「ともしび (Hannah)」
　◇脚本賞　　　　　　マーティン・マクドナー (Martin McDonagh)「スリー・ビルボード (Three Billboards Outside Ebbing, Missouri)」
　◇審査員特別賞　　　ワーウィック・ソーントン (Warwick Thornton)「スウィート・カントリー (Sweet Country)」
　◇マルチェロ・マストロヤンニ賞
　　　　　　　　　　　　チャーリー・プラマー (Charlie Plummer)「荒野にて (Lean on Pete)」
　◇栄誉金獅子賞　　　ジェーン・フォンダ (Jane Fonda)
　　　　　　　　　　　　ロバート・レッドフォード (Robert Redford)

第75回（2018年）
　◇金獅子賞　　　　　アルフォンソ・キュアロン (Alfonso Cuarón)「ROMA/ローマ (Roma)」
　◇銀獅子賞（審査員大賞）ヨルゴス・ランティモス (Yorgos Lanthimos)「女王陛下のお気に入り (The Favourite)」
　◇銀獅子賞（最優秀監督賞）
　　　　　　　　　　　　ジャック・オーディアール (Jacques Audiard)「ゴールデン・リバー (The Sisters Brothers)」
　◇最優秀男優賞　　　ウィレム・デフォー (Willem Dafoe)「永遠の門 ゴッホの見た未来 (At Eternity's Gate)」
　◇最優秀女優賞　　　オリヴィア・コールマン (Olivia Colman)「女王陛下のお気に入り (The Favourite)」
　◇脚本賞　　　　　　ジョエル・コーエン (Joel Coen)，イーサン・コーエン (Ethan Coen)「バスターのバラード (The Ballad of Buster Scruggs)」
　◇審査員特別賞　　　ジェニファー・ケント (Jennifer Kent)「ナイチンゲール (The Nightingale)」
　◇マルチェロ・マストロヤンニ賞
　　　　　　　　　　　　バイカリ・ガナンバル (Baykali Ganambarr)「ナイチンゲール (The Nightingale)」
　◇栄誉金獅子賞　　　ヴァネッサ・レッドグレーヴ (Vanessa Redgrave)
　　　　　　　　　　　　デヴィッド・クローネンバーグ (David Cronenberg)

第76回（2019年）
　◇金獅子賞　　　　　トッド・フィリップス (Todd Phillips)「ジョーカー (Joker)」
　◇銀獅子賞（審査員大賞）ロマン・ポランスキー (Roman Polanski)「オフィサー・アンド・スパイ（原題：J'accuse, 英題：An Officer and a Spy)」

- ◇銀獅子賞（最優秀監督賞）
  - ロイ・アンダーソン（Roy Andersson）「ホモ・サピエンスの涙（原題：Om det oändliga, 英題：About Endlessness）」
- ◇最優秀男優賞　ルカ・マリネッリ（Luca Marinelli）「マーティン・エデン（Martin Eden）」
- ◇最優秀女優賞　アリアンヌ・アスカリッド（Ariane Ascaride）「Gloria Mundi」
- ◇脚本賞　楊 凡（Yonfan）「チェリー・レイン7番地（原題：繼園臺七號, 英題：No.7 Cherry Lane）」
- ◇審査員特別賞　フランコ・マレスコ（Franco Maresco）「La mafia non è più quella di una volta（英題：The Mafia Is No Longer What It Used to Be）」
- ◇マルチェロ・マストロヤンニ賞
  - トビー・ウォレス（Toby Wallace）「ベイビーティース（Babyteeth）」
- ◇栄誉金獅子賞　ペドロ・アルモドバル（Pedro Almodóvar）
  - ジュリー・アンドリュース（Julie Andrews）

第77回（2020年）
- ◇金獅子賞　クロエ・ジャオ（Chloé Zhao）「ノマドランド（Nomadland）」
- ◇銀獅子賞（審査員大賞）ミシェル・フランコ（Michel Franco）「ニューオーダー（原題：Nuevo orden, 英題：New Order）」
- ◇銀獅子賞（最優秀監督賞）
  - 黒沢 清（Kiyoshi Kurosawa）「スパイの妻〈劇場版〉（英題：Wife of a Spy）」
- ◇最優秀男優賞　ピエルフランチェスコ・ファヴィーノ（Pierfrancesco Favino）「我らの父よ（Padrenostro）」
- ◇最優秀女優賞　ヴァネッサ・カービー（Vanessa Kirby）「私というパズル（Pieces of a Woman）」
- ◇脚本賞　チャイタニヤ・タームハネー（Chaitanya Tamhane）「夢追い人（The Disciple）」
- ◇審査員特別賞　アンドレイ・コンチャロフスキー（Andrei Konchalovsky）「親愛なる同志たちへ（原題：Дорогие товарищи！, 英題：Dear Comrades！）」
- ◇マルチェロ・マストロヤンニ賞
  - ルーホッラー・ザマニ（Rouhollah Zamani）「Khorshid（英題：Sun Children）」
- ◇栄誉金獅子賞　ティルダ・スウィントン（Tilda Swinton）
  - アン・ホイ（Ann Hui）

第78回（2021年）
- ◇金獅子賞　オードレイ・ディヴァン（Audrey Diwan）「あのこと（原題：L'Événement, 英題：Happening）」
- ◇銀獅子賞（審査員大賞）パオロ・ソレンティーノ（Paolo Sorrentino）「Hand of God－神の手が触れた日－（原題：È stata la mano di Dio, 英題：The Hand of God）」
- ◇銀獅子賞（最優秀監督賞）
  - ジェーン・カンピオン（Jane Campion）「パワー・オブ・ザ・ドッグ（The Power of the Dog）」
- ◇最優秀男優賞　ジョン・アルシラ（John Arcilla）「On the Job：The Missing 8」
- ◇最優秀女優賞　ペネロペ・クルス（Penélope Cruz）「パラレル・マザーズ（原題：Madres paralelas, 英題：Parallel Mothers）」
- ◇脚本賞　マギー・ギレンホール（Maggie Gyllenhaal）「ロスト・ドーター（The Lost Daughter）」
- ◇審査員特別賞　ミケランジェロ・フランマルティーノ（Michelangelo Frammartino）「洞窟（Il buco）」
- ◇マルチェロ・マストロヤンニ賞

　　　　　　　　　　フィリッポ・スコッティ（Filippo Scotti）「Hand of God－神の手が触れた日－（原題：È stata la mano di Dio, 英題：The Hand of God）」
　◇栄誉金獅子賞　　ロベルト・ベニーニ（Roberto Benigni）
　　　　　　　　　　ジェイミー・リー・カーティス（Jamie Lee Curtis）

第79回（2022年）
　◇金獅子賞　　　　ローラ・ポイトラス（Laura Poitras）「美と殺戮のすべて（All the Beauty and the Bloodshed）」
　◇銀獅子賞（審査員大賞）　アリス・ディオップ（Alice Diop）「サントメール ある被告（Saint Omer）」
　◇銀獅子賞（最優秀監督賞）
　　　　　　　　　　ルカ・グァダニーノ（Luca Guadagnino）「ボーンズ アンド オール（Bones and All）」
　◇最優秀男優賞　　コリン・ファレル（Colin Farrell）「イニシェリン島の精霊（The Banshees of Inisherin）」
　◇最優秀女優賞　　ケイト・ブランシェット（Cate Blanchett）「TAR/ター（Tár）」
　◇脚本賞　　　　　マーティン・マクドナー（Martin McDonagh）「イニシェリン島の精霊（The Banshees of Inisherin）」
　◇審査員特別賞　　ジャファル・パナヒ（Jafar Panahi）「熊は、いない（原題：Khers Nist, 英題：No Bears）」
　◇マルチェロ・マストロヤンニ賞
　　　　　　　　　　テイラー・ラッセル（Taylor Russell）「ボーンズ アンド オール（Bones and All）」
　◇栄誉金獅子賞　　カトリーヌ・ドヌーヴ（Catherine Deneuve）
　　　　　　　　　　ポール・シュレイダー（Paul Schrader）

第80回（2023年）
　◇金獅子賞　　　　ヨルゴス・ランティモス（Yorgos Lanthimos）「哀れなるものたち（Poor Things）」
　◇銀獅子賞（審査員大賞）　濱口 竜介（Ryusuke Hamaguchi）「悪は存在しない（英題：Evil Does Not Exist）」
　◇銀獅子賞（最優秀監督賞）
　　　　　　　　　　マッテオ・ガローネ（Matteo Garrone）「僕はキャプテン（Io capitano）」
　◇最優秀男優賞　　ピーター・サースガード（Peter Sarsgaard）「Memory」
　◇最優秀女優賞　　ケイリー・スピーニー（Cailee Spaeny）「プリシラ（Priscilla）」
　◇脚本賞　　　　　ギジェルモ・カルデロン（Guillermo Calderón），パブロ・ラライン（Pablo Larraín）「伯爵（El Conde）」
　◇審査員特別賞　　アグニェシュカ・ホランド（Agnieszka Holland）「人間の境界（原題：Zielona granica, 英題：Green Border）」
　◇マルチェロ・マストロヤンニ賞
　　　　　　　　　　セイドゥ・サール（Seydou Sarr）「僕はキャプテン（Io capitano）」
　◇栄誉金獅子賞　　リリアーナ・カヴァーニ（Liliana Cavani）
　　　　　　　　　　トニー・レオン（Tony Leung Chiu Wai）

第81回（2024年）
　◇金獅子賞　　　　ペドロ・アルモドバル（Pedro Almodóvar）「ザ・ルーム・ネクスト・ドア（英題：The Room Next Door, 原題：La habitación de al lado）」
　◇銀獅子賞（審査員大賞）　マウラ・デルペロ（Maura Delpero）「Vermiglio」
　◇銀獅子賞（最優秀監督賞）
　　　　　　　　　　ブラディ・コーベット（Brady Corbet）「ブルータリスト（The Brutalist）」
　◇最優秀男優賞　　ヴァンサン・ランドン（Vincent Lindon）「The Quiet Son（原題：Jouer avec

映画・演劇・TV　　　　　　　　　　**161**　　　　　　　　　　*31* エミー賞

　　　　　　　　　　le feu)」
◇最優秀女優賞　　　ニコール・キッドマン(Nicole Kidman)「ベイビーガール(Babygirl)」
◇脚本賞　　　　　　ムリロ・ハウザー(Murilo Hauser)、ヘイトール・ロレガ(Heitor Lorega)「I'm
　　　　　　　　　　Still Here(原題：Ainda Estou Aqui)」
◇審査員特別賞　　　デア・クルムベガスヴィリ(Dea Kulumbegashvili)「四月(April)」
◇マルチェロ・マストロヤンニ賞
　　　　　　　　　　ポール・キルシェ(Paul Kircher)「And Their Children After Them(原題：
　　　　　　　　　　Leurs enfants après eux)」
◇栄誉金獅子賞　　　シガニー・ウィーバー(Sigourney Weaver)
　　　　　　　　　　ピーター・ウィアー(Peter Weir)

31　エミー賞　Emmy Award

　アカデミー賞を主催する映画芸術科学アカデミー協会を手本として、1946年にアメリカで設立されたテレビ芸術科学アカデミー(ATAS、通称：テレビ・アカデミー)が創設した賞。49年第1回開催。配信を含め、ドラマやバラエティーなどアメリカで優れた業績を残した番組や俳優、監督をはじめ、制作・技術など関連する様々な業績に対して与えられる。プライムタイム・エミー賞(夜間番組)、デイタイム・エミー賞(昼間番組)、スポーツ・エミー賞、ニュース・ドキュメンタリー・エミー賞、技術・工学エミー賞、国際エミー賞(アメリカ以外のテレビ番組を対象に授賞)などいくつかの種類があり、現在はテレビ芸術科学アカデミー(ATAS)がプライムタイム・エミー賞とロサンゼルスの地域エミー賞を主催。国際エミー賞は国際テレビ芸術科学アカデミー(IATAS)、それ以外の部門は全米テレビ芸術科学アカデミー(NATAS)が主催している。放送業界において最も権威と歴史のある賞とされる。本項の受賞者情報では、最も注目されるプライムタイム・エミー賞のうち主要なものを掲げる。
　＊日本人では、2024年に「SHOGUN 将軍」が作品賞、同作で真田広之がドラマ部門主演男優賞、澤井杏奈が主演女優賞を受賞
【主催者】テレビ芸術科学アカデミー(ATAS：Academy of Television Arts&Sciences)、全米テレビ芸術科学アカデミー(NATAS：National Academy of Television Arts&Sciences)、国際テレビ芸術科学アカデミー(IATAS：International Academy of Television Arts&Sciences)
【選考方法】アカデミーに所属する会員の投票により決定
【締切・発表】〔2024年〕スポーツ・エミー賞(第45回)は2024年5月21日、デイタイム・エミー賞(第51回)は6月7日、プライムタイム・エミー賞(第76回)は9月15日、技術・工学エミー賞(第75回)は10月9日、国際エミー賞(第52回)は11月25日に授賞式
【賞・賞金】エミー像
【URL】https://www.emmys.com/

第67回(2015年)
　◇コメディ・シリーズ
　●作品賞　　　　　アーマンド・イアヌッチ(Armando Iannucci)、クリストファー・ゴドシック
　　　　　　　　　　〔ほか〕(Christopher Godsick)「Veep/ヴィープ(Veep)」
　●主演男優賞　　　ジェフリー・タンバー(Jeffrey Tambor)「トランスペアレント(Transparent)」
　●主演女優賞　　　ジュリア・ルイス＝ドレイファス(Julia Louis-Dreyfus)「Veep/ヴィープ
　　　　　　　　　　(Veep)」
　●助演男優賞　　　トニー・ヘイル(Tony Hale)「Veep/ヴィープ(Veep)」
　●助演女優賞　　　アリソン・ジャネイ(Allison Janney)「Mom」

- 監督賞　　　ジル・ソロウェイ（Jill Soloway）「トランスペアレント：自由の森（Transparent：Best New Girl）」
- 脚本賞　　　サイモン・ブラックウェル（Simon Blackwell），アーマンド・イアヌッチ（Armando Iannucci），Tony Roche「Veep/ヴィープ：選挙の夜（Veep：Election Night）」

◇ドラマ・シリーズ
- 作品賞　　　デヴィッド・ベニオフ（David Benioff），D.B.ワイス〔ほか〕（D.B. Weiss）「ゲーム・オブ・スローンズ（Game of Thrones）」
- 主演男優賞　ジョン・ハム（Jon Hamm）「MAD MEN マッドメン（Mad Men）」
- 主演女優賞　ヴィオラ・デイヴィス（Viola Davis）「殺人を無罪にする方法（How to Get Away With Murder）」
- 助演男優賞　ピーター・ディンクレイジ（Peter Dinklage）「ゲーム・オブ・スローンズ（Game of Thrones）」
- 助演女優賞　ウゾ・アドゥーバ（Uzo Aduba）「オレンジ・イズ・ニュー・ブラック（Orange Is The New Black）」
- 監督賞　　　デヴィッド・ナッター（David Nutter）「ゲーム・オブ・スローンズ：慈母の慈悲（Game of Thrones：Mother's Mercy）」
- 脚本賞　　　デヴィッド・ベニオフ（David Benioff），D.B.ワイス（D.B. Weiss）「ゲーム・オブ・スローンズ：慈母の慈悲（Game of Thrones：Mother's Mercy）」

◇リミテッド・シリーズ, テレビ映画
- 作品賞（リミテッド・シリーズ）　ゲイリー・ゴーツマン（Gary Goetzman），トム・ハンクス〔ほか〕（Tom Hanks）「オリーヴ・キタリッジ（Olive Kitteridge）」
- 作品賞（テレビ映画）　リチャード・D.ザナック（Richard D. Zanuck），リリ・フィニー・ザナック〔ほか〕（Lili Fini Zanuck）「BESSIE/ブルースの女王（Bessie）」
- 主演男優賞　リチャード・ジェンキンス（Richard Jenkins）「オリーヴ・キタリッジ（Olive Kitteridge）」
- 主演女優賞　フランシス・マクドーマンド（Frances McDormand）「オリーヴ・キタリッジ（Olive Kitteridge）」
- 助演男優賞　ビル・マーレイ（Bill Murray）「オリーヴ・キタリッジ（Olive Kitteridge）」
- 助演女優賞　レジーナ・キング（Regina King）「アメリカン・クライム（American Crime）」
- 監督賞　　　リサ・チョロデンコ（Lisa Cholodenko）「オリーヴ・キタリッジ（Olive Kitteridge）」
- 脚本賞　　　ジェーン・アンダーソン（Jane Anderson）「オリーヴ・キタリッジ（Olive Kitteridge）」

第68回（2016年）
◇コメディ・シリーズ
- 作品賞　　　デヴィッド・マンデル（David Mandel），フランク・リッチ〔ほか〕（Frank Rich）「Veep/ヴィープ（Veep）」
- 主演男優賞　ジェフリー・タンバー（Jeffrey Tambor）「トランスペアレント（Transparent）」
- 主演女優賞　ジュリア・ルイス＝ドレイファス（Julia Louis-Dreyfus）「Veep/ヴィープ（Veep）」
- 助演男優賞　ルーイ・アンダーソン（Louie Anderson）「Baskets」
- 助演女優賞　ケイト・マッキノン（Kate McKinnon）「サタデー・ナイト・ライブ（Saturday Night Live）」
- 監督賞　　　ジル・ソロウェイ（Jill Soloway）「トランスペアレント：真心（Transparent：Man on the Land）」
- 脚本賞　　　アジズ・アンサリ（Aziz Ansari），アラン・ヤン（Alan Yang）「マスター・オブ・ゼロ：ペアレンツ（Master of None：Parents）」

- ◇ドラマ・シリーズ
  - ●作品賞　　　　デヴィッド・ベニオフ (David Benioff), D.B.ワイス〔ほか〕(D.B. Weiss)「ゲーム・オブ・スローンズ (Game of Thrones)」
  - ●主演男優賞　　ラミ・マレック (Rami Malek)「MR. ROBOT/ミスター・ロボット (Mr. Robot)」
  - ●主演女優賞　　タチアナ・マズラニー (Tatiana Maslanyas)「オーファン・ブラック 暴走遺伝子 (Orphan Black)」
  - ●助演男優賞　　ベン・メンデルソーン (Ben Mendelsohn)「ブラッドライン (Bloodline)」
  - ●助演女優賞　　マギー・スミス (Dame Maggie Smith)「ダウントン・アビー (Downton Abbey)」
  - ●監督賞　　　　ミゲル・サポチニク (Miguel Sapochnik)「ゲーム・オブ・スローンズ：落とし子の戦い (Game of Thrones：Battle of the Bastards)」
  - ●脚本賞　　　　デヴィッド・ベニオフ (David Benioff), D.B.ワイス (D.B. Weiss)「ゲーム・オブ・スローンズ：落とし子の戦い (Game of Thrones：Battle of the Bastards)」
- ◇リミテッド・シリーズ, テレビ映画
  - ●作品賞 (リミテッド・シリーズ)
    　　　　　　　ライアン・マーフィー (Ryan Murphy), ニーナ・ジェイコブソン〔ほか〕(Nina Jacobson)「アメリカン・クライム・ストーリー/O・J・シンプソン事件 (The People v. O.J. Simpson：American Crime Story)」
  - ●作品賞 (テレビ映画)　マーク・ゲイティス (Mark Gatiss), スティーヴン・モファット〔ほか〕(Steven Moffat)「SHERLOCK/シャーロック 忌まわしき花嫁 (Sherlock：The Abominable Bride〈Masterpiece〉)」
  - ●主演男優賞　　コートニー・B.ヴァンス (Courtney B. Vance)「アメリカン・クライム・ストーリー/O・J・シンプソン事件 (The People v. O.J. Simpson：American Crime Story)」
  - ●主演女優賞　　サラ・ポールソン (Sarah Paulson)「アメリカン・クライム・ストーリー/O・J・シンプソン事件 (The People v. O.J. Simpson：American Crime Story)」
  - ●助演男優賞　　スターリング・K.ブラウン (Sterling K. Brown)「アメリカン・クライム・ストーリー/O・J・シンプソン事件 (The People v. O.J. Simpson：American Crime Story)」
  - ●助演女優賞　　レジーナ・キング (Regina King)「アメリカン・クライム (American Crime)」
  - ●監督賞　　　　スサンネ・ビア (Susanne Bier)「ナイト・マネジャー (The Night Manager)」
  - ●脚本賞　　　　D.V.デヴィンセンティス (D.V. DeVincentis)「アメリカン・クライム・ストーリー/O・J・シンプソン事件：女性検察官の苦悩 (The People v. O.J. Simpson：American Crime Story：Marcia, Marcia, Marcia)」

第69回 (2017年)
- ◇コメディ・シリーズ
  - ●作品賞　　　　デヴィッド・マンデル (David Mandel), フランク・リッチ〔ほか〕(Frank Rich)「Veep/ヴィープ (Veep)」
  - ●主演男優賞　　ドナルド・グローヴァー (Donald Glover)「アトランタ (Atlanta)」
  - ●主演女優賞　　ジュリア・ルイス＝ドレイファス (Julia Louis-Dreyfus)「Veep/ヴィープ (Veep)」
  - ●助演男優賞　　アレック・ボールドウィン (Alec Baldwin)「サタデー・ナイト・ライブ (Saturday Night Live)」
  - ●助演女優賞　　ケイト・マッキノン (Kate McKinnon)「サタデー・ナイト・ライブ (Saturday Night Live)」
  - ●監督賞　　　　ドナルド・グローヴァー (Donald Glover)「アトランタ：人種転換 (Atlanta：B.A.N.)」
  - ●脚本賞　　　　アジズ・アンサリ (Aziz Ansari), リナ・ウェイス (Lena Waithe)「マスター・

オブ・ゼロ：サンクスギビング (Master of None : Thanksgiving)」

◇ドラマ・シリーズ
- 作品賞　　　　　ブルース・ミラー (Bruce Miller), ウォーレン・リトルフィールド〔ほか〕(Warren Littlefield)「ハンドメイズ・テイル/侍女の物語 (The Handmaid's Tale)」
- 主演男優賞　　　スターリング・K.ブラウン (Sterling K. Brown)「THIS IS US 36歳、これから (This Is Us)」
- 主演女優賞　　　エリザベス・モス (Elisabeth Moss)「ハンドメイズ・テイル/侍女の物語 (The Handmaid's Tale)」
- 助演男優賞　　　ジョン・リスゴー (John Lithgow)「ザ・クラウン (The Crown)」
- 助演女優賞　　　アン・ダウド (Ann Dowd)「ハンドメイズ・テイル/侍女の物語 (The Handmaid's Tale)」
- 監督賞　　　　　リード・モラーノ (Reed Morano)「ハンドメイズ・テイル/侍女の物語：オブフレッド (The Handmaid's Tale : Offred)」〈Pilot〉
- 脚本賞　　　　　ブルース・ミラー (Bruce Miller)「ハンドメイズ・テイル/侍女の物語：オブフレッド (The Handmaid's Tale : Offred)」

◇リミテッド・シリーズ, テレビ映画
- 作品賞 (リミテッド・シリーズ)　デイビッド・E.ケリー (David E. Kelley), ジャン＝マルク・ヴァレ〔ほか〕(Jean-Marc Vallée)「ビッグ・リトル・ライズ (Big Little Lies)」
- 作品賞 (テレビ映画)　チャーリー・ブルッカー (Charlie Brooker), アナベル・ジョーンズ (Annabel Jones)「ブラック・ミラー：サン・ジュニペロ (Black Mirror : San Junipero)」
- 主演男優賞　　　リズ・アーメッド (Riz Ahmed)「ザ・ナイト・オブ (The Night Of)」
- 主演女優賞　　　ニコール・キッドマン (Nicole Kidman)「ビッグ・リトル・ライズ (Big Little Lies)」
- 助演男優賞　　　アレクサンダー・スカルスガルド (Alexander Skarsgård)「ビッグ・リトル・ライズ (Big Little Lies)」
- 助演女優賞　　　ローラ・ダーン (Laura Dern)「ビッグ・リトル・ライズ (Big Little Lies)」
- 監督賞　　　　　ジャン＝マルク・ヴァレ (Jean-Marc Vallée)「ビッグ・リトル・ライズ (Big Little Lies)」
- 脚本賞　　　　　チャーリー・ブルッカー (Charlie Brooker)「ブラック・ミラー：サン・ジュニペロ (Black Mirror : San Junipero)」

第70回 (2018年)
◇コメディ・シリーズ
- 作品賞　　　　　エイミー・シャーマン＝パラディーノ (Amy Sherman-Palladino), ダニエル・パラディーノ (Daniel Palladino)「マーベラス・ミセス・メイゼル (The Marvelous Mrs. Maisel)」
- 主演男優賞　　　ビル・ヘイダー (Bill Hader)「バリー (Barry)」
- 主演女優賞　　　レイチェル・ブロズナハン (Rachel Brosnahan)「マーベラス・ミセス・メイゼル (The Marvelous Mrs. Maisel)」
- 助演男優賞　　　ヘンリー・ウィンクラー (Henry Winkler)「バリー (Barry)」
- 助演女優賞　　　アレックス・ボースタイン (Alex Borstein)「マーベラス・ミセス・メイゼル (The Marvelous Mrs. Maisel)」
- 監督賞　　　　　エイミー・シャーマン＝パラディーノ (Amy Sherman-Palladino)「マーベラス・ミセス・メイゼル：パイロット (The Marvelous Mrs. Maisel : Pilot)」
- 脚本賞　　　　　エイミー・シャーマン＝パラディーノ (Amy Sherman-Palladino)「マーベラス・ミセス・メイゼル：パイロット (The Marvelous Mrs. Maisel : Pilot)」

◇ドラマ・シリーズ
- 作品賞　　　　　デヴィッド・ベニオフ (David Benioff), D.B.ワイス〔ほか〕(D.B. Weiss)

- 主演男優賞　マシュー・リス (Matthew Rhys)「ジ・アメリカンズ (The Americans)」
- 主演女優賞　クレア・フォイ (Claire Foy)「ザ・クラウン (The Crown)」
- 助演男優賞　ピーター・ディンクレイジ (Peter Dinklage)「ゲーム・オブ・スローンズ (Game of Thrones)」
- 助演女優賞　タンディ・ニュートン (Thandiwe Newton)「ウエストワールド (Westworld)」
- 監督賞　スティーヴン・ダルドリー (Stephen Daldry)「ザ・クラウン：父として (The Crown：Paterfamilias)」
- 脚本賞　ジョエル・フィールズ (Joel Fields), ジョー・ワイズバーグ (Joe Weisberg)「ジ・アメリカンズ：その先の未来 (The Americans：START)」

◇リミテッド・シリーズ, テレビ映画
- 作品賞 (リミテッド・シリーズ)　ライアン・マーフィー (Ryan Murphy), ニーナ・ジェイコブソン (Nina Jacobson)「アメリカン・クライム・ストーリー/ヴェルサーチ暗殺 (The Assassination of Gianni Versace：American Crime Story)」
- 作品賞 (テレビ映画)　アナベル・ジョーンズ (Annabel Jones), チャーリー・ブルッカー (Charlie Brooker)「宇宙船カリスター号：ブラック・ミラー (USS Callister〈Black Mirror〉)」
- 主演男優賞　ダレン・クリス (Darren Criss)「アメリカン・クライム・ストーリー/ヴェルサーチ暗殺 (The Assassination of Gianni Versace：American Crime Story)」
- 主演女優賞　レジーナ・キング (Regina King)「運命の7秒 (Seven Seconds)」
- 助演男優賞　ジェフ・ダニエルズ (Jeff Daniels)「ゴッドレス－神の消えた町－ (Godless)」
- 助演女優賞　メリット・ウェヴァー (Merritt Wever)「ゴッドレス－神の消えた町－ (Godless)」
- 監督賞　ライアン・マーフィー (Ryan Murphy)「アメリカン・クライム・ストーリー/ヴェルサーチ暗殺：“流行り”の殺人鬼 (The Assassination of Gianni Versace：American Crime Story：The Man Who Would Be Vogue)」
- 脚本賞　ウィリアム・ブリッジス (William Bridges), チャーリー・ブルッカー (Charlie Brooker)「ブラック・ミラー：宇宙船カリスター号 (Black Mirror：USS Callister)」

第71回 (2019年)

◇コメディ・シリーズ
- 作品賞　フィービー・ウォーラー＝ブリッジ (Phoebe Waller-Bridge), ハリー・ブラッドビア〔ほか〕(Harry Bradbeer)「Fleagag フリーバッグ (Fleabag)」
- 主演男優賞　ビル・ヘイダー (Bill Hader)「バリー (Barry)」
- 主演女優賞　フィービー・ウォーラー＝ブリッジ (Phoebe Waller-Bridge)「Fleabag フリーバッグ (Fleabag)」
- 助演男優賞　トニー・シャルーブ (Tony Shalhoub)「マーベラス・ミセス・メイゼル (The Marvelous Mrs. Maisel)」
- 助演女優賞　アレックス・ボースタイン (Alex Borstein)「マーベラス・ミセス・メイゼル (The Marvelous Mrs. Maisel)」
- 監督賞　ハリー・ブラッドビア (Harry Bradbeer)「Fleabag フリーバッグ：エピソード1 (Fleabag：Episode 1)」
- 脚本賞　フィービー・ウォーラー＝ブリッジ (Phoebe Waller-Bridge)「Fleabag フリーバッグ：エピソード1 (Fleabag：Episode 1)」

◇ドラマ・シリーズ
- 作品賞　デヴィッド・ベニオフ (David Benioff), D.B.ワイス〔ほか〕(D.B. Weiss)「ゲーム・オブ・スローンズ (Game of Thrones)」
- 主演男優賞　ビリー・ポーター (Billy Porter)「POSE」

- 主演女優賞　ジョディ・カマー（Jodie Comer）「キリング・イヴ/Killing Eve（Killing Eve）」
- 助演男優賞　ピーター・ディンクレイジ（Peter Dinklage）「ゲーム・オブ・スローンズ（Game of Thrones）」
- 助演女優賞　ジュリア・ガーナー（Julia Garner）「オザークへようこそ（Ozark）」
- 監督賞　　　ジェイソン・ベイトマン（Jason Bateman）「オザークへようこそ：正当な補償（Ozark：Reparations）」
- 脚本賞　　　ジェシー・アームストロング（Jesse Armstrong）「メディア王 〜華麗なる一族〜：家族（Succession：Nobody Is Ever Missing）」

◇リミテッド・シリーズ, テレビ映画
- 作品賞（リミテッド・シリーズ）
　　クレイグ・メイジン（Craig Mazin），キャロリン・ストラウス〔ほか〕（Carolyn Strauss）「チェルノブイリ（Chernobyl）」
- 作品賞（テレビ映画）　アナベル・ジョーンズ（Annabel Jones），チャーリー・ブルッカー（Charlie Brooker）「ブラック・ミラー：バンダースナッチ（Bandersnatch〈Black Mirror〉）」
- 主演男優賞　ジャレル・ジェローム（Jharrel Jerome）「ボクらを見る目（When They See Us）」
- 主演女優賞　ミシェル・ウィリアムズ（Michelle Williams）「フォッシー＆ヴァードン 〜ブロードウェイに輝く生涯〜（Fosse/Verdon）」
- 助演男優賞　ベン・ウィショー（Ben Whishaw）「英国スキャンダル 〜セックスと陰謀のソープ事件（A Very English Scandal）」
- 助演女優賞　パトリシア・アークエット（Patricia Arquette）「見せかけの日々（The Act）」
- 監督賞　　　ヨハン・レンク（Johan Renck）「チェルノブイリ（Chernobyl）」
- 脚本賞　　　クレイグ・メイジン（Craig Mazin）「チェルノブイリ（Chernobyl）」

第72回（2020年）
◇コメディ・シリーズ
- 作品賞　　　ユージン・レヴィ（Eugene Levy），ダニエル・レヴィ〔ほか〕（Daniel Levy）「シッツ・クリーク（Schitt's Creek）」
- 主演男優賞　ユージン・レヴィ（Eugene Levy）「シッツ・クリーク（Schitt's Creek）」
- 主演女優賞　キャサリン・オハラ（Catherine O'Hara）「シッツ・クリーク（Schitt's Creek）」
- 助演男優賞　ダニエル・レヴィ（Daniel Levy）「シッツ・クリーク（Schitt's Creek）」
- 助演女優賞　アニー・マーフィ（Annie Murphy）「シッツ・クリーク（Schitt's Creek）」
- 監督賞　　　アンドリュー・シヴィディーノ（Andrew Cividino），ダニエル・レヴィ（Daniel Levy）「シッツ・クリーク：ハッピー・エンディング（Schitt's Creek：Happy Ending）」
- 脚本賞　　　ダニエル・レヴィ（Daniel Levy）「シッツ・クリーク：ハッピー・エンディング（Schitt's Creek：Happy Ending）」

◇ドラマ・シリーズ
- 作品賞　　　ジェシー・アームストロング（Jesse Armstrong），アダム・マッケイ〔ほか〕（Adam McKay）「メディア王 〜華麗なる一族〜（Succession）」
- 主演男優賞　ジェレミー・ストロング（Jeremy Strong）「メディア王 〜華麗なる一族〜（Succession）」
- 主演女優賞　ゼンデイヤ（Zendaya）「ユーフォリア/EUPHORIA（Euphoria）」
- 助演男優賞　ビリー・クラダップ（Billy Crudup）「ザ・モーニングショー（The Morning Show）」
- 助演女優賞　ジュリア・ガーナー（Julia Garner）「オザークへようこそ（Ozark）」
- 監督賞　　　アンドリー・パレーク（Andrij Parekh）「メディア王 〜華麗なる一族〜：狩り（Succession：Hunting）」
- 脚本賞　　　ジェシー・アームストロング（Jesse Armstrong）「メディア王 〜華麗なる一族

～：血の生け贄 (Succession：This Is Not For Tears)」
◇リミテッド・シリーズ, テレビ映画
- 作品賞 (リミテッド・シリーズ)　デイモン・リンデロフ (Damon Lindelof), トム・スペジアリー〔ほか〕(Tom Spezialy)「ウォッチメン (Watchmen)」
- 作品賞 (テレビ映画)　レオニード・レビディフ (Leonid Lebedev), キャロライン・ヤーツコー (Caroline Jaczko)「バッド・エデュケーション (Bad Education)」
- 主演男優賞　マーク・ラファロ (Mark Ruffalo)「ある家族の肖像／アイ・ノウ・ディス・マッチ・イズ・トゥルー (I Know This Much Is True)」
- 主演女優賞　レジーナ・キング (Regina King)「ウォッチメン (Watchmen)」
- 助演男優賞　ヤーヤ・アブドゥル＝マティーンⅡ (Yahya Abdul-MateenⅡ)「ウォッチメン (Watchmen)」
- 助演女優賞　ウゾ・アドゥーバ (Uzo Aduba)「ミセス・アメリカ ～時代に挑んだ女たち～ (Mrs. America)」
- 監督賞　マリア・シュレーダー (Maria Schrader)「アンオーソドックス (Unorthodox)」
- 脚本賞　デイモン・リンデロフ (Damon Lindelof), コード・ジェファーソン (Cord Jefferson)「ウォッチメン：この尋常ならざる存在 (Watchmen：This Extraordinary Being)」

第73回 (2021年)
◇コメディ・シリーズ
- 作品賞　ビル・ローレンス (Bill Lawrence), ジェイソン・サダイキス〔ほか〕(Jason Sudeikis)「テッド・ラッソ：破天荒コーチがゆく (Ted Lasso)」
- 主演男優賞　ジェイソン・サダイキス (Jason Sudeikis)「テッド・ラッソ：破天荒コーチがゆく (Ted Lasso)」
- 主演女優賞　ジーン・スマート (Jean Smart)「Hacks」
- 助演男優賞　ブレット・ゴールドスタイン (Brett Goldstein)「テッド・ラッソ：破天荒コーチがゆく (Ted Lasso)」
- 助演女優賞　ハンナ・ワディンガム (Hannah Waddingham)「テッド・ラッソ：破天荒コーチがゆく (Ted Lasso)」
- 監督賞　ルチア・アニエッロ (Lucia Aniello)「Hacks：There Is No Line (Pilot)」
- 脚本賞　ルチア・アニエッロ (Lucia Aniello), ポール・W.ダウンズ (Paul W. Downs), ジェン・スタツキー (Jen Statsky)「Hacks：There Is No Line (Pilot)」

◇ドラマ・シリーズ
- 作品賞　ピーター・モーガン (Peter Morgan), スザンヌ・マッキー〔ほか〕(Suzanne Mackie)「ザ・クラウン (The Crown)」
- 主演男優賞　ジョシュ・オコナー (Josh O'Connor)「ザ・クラウン (The Crown)」
- 主演女優賞　オリヴィア・コールマン (Olivia Colman)「ザ・クラウン (The Crown)」
- 助演男優賞　トビアス・メンジーズ (Tobias Menzies)「ザ・クラウン (The Crown)」
- 助演女優賞　ジリアン・アンダーソン (Gillian Anderson)「ザ・クラウン (The Crown)」
- 監督賞　ジェシカ・ホッブス (Jessica Hobbs)「ザ・クラウン：戦い (The Crown：War)」
- 脚本賞　ピーター・モーガン (Peter Morgan)「ザ・クラウン：戦い (The Crown：War)」

◇リミテッド／アンソロジー・シリーズ, テレビ映画
- 作品賞 (リミテッド／アンソロジー・シリーズ)　ウィリアム・ホーバーグ (William Horberg), アラン・スコット〔ほか〕(Allan Scott)「クイーンズ・ギャンビット (The Queen's Gambit)」
- 作品賞 (テレビ映画)　ドリー・パートン (Dolly Parton), マリア・S.シュラッター〔ほか〕(Maria S. Schlatter)「ドリー・パートンのクリスマス・オン・ザ・スクエア (Dolly Parton's Christmas on the Square)」

- 主演男優賞　ユアン・マクレガー（Ewan McGregor）「HALSTON/ホルストン（Halston）」
- 主演女優賞　ケイト・ウィンスレット（Kate Winslet）「メア・オブ・イーストタウン/ある殺人事件の真実（Mare of Easttown）」
- 助演男優賞　エヴァン・ピーターズ（Evan Peters）「メア・オブ・イーストタウン/ある殺人事件の真実（Mare of Easttown）」
- 助演女優賞　ジュリアンヌ・ニコルソン（Julianne Nicholson）「メア・オブ・イーストタウン/ある殺人事件の真実（Mare of Easttown）」
- 監督賞　スコット・フランク（Scott Frank）「クイーンズ・ギャンビット（The Queen's Gambit）」
- 脚本賞　ミカエラ・コール（Michaela Coel）「I MAY DESTROY YOU/アイ・メイ・デストロイ・ユー（I May Destroy You）」

第74回（2022年）

◇コメディ・シリーズ
- 作品賞　ビル・ローレンス（Bill Lawrence），ジェイソン・サダイキス〔ほか〕（Jason Sudeikis）「テッド・ラッソ：破天荒コーチがゆく（Ted Lasso）」
- 主演男優賞　ジェイソン・サダイキス（Jason Sudeikis）「テッド・ラッソ：破天荒コーチがゆく（Ted Lasso）」
- 主演女優賞　ジーン・スマート（Jean Smart）「Hacks」
- 助演男優賞　ブレット・ゴールドスタイン（Brett Goldstein）「テッド・ラッソ：破天荒コーチがゆく（Ted Lasso）」
- 助演女優賞　シェリル・リー・ラルフ（Sheryl Lee Ralph）「アボット エレメンタリー（Abbott Elementary）」
- 監督賞　MJ デラニー（MJ Delaney）「テッド・ラッソ：破天荒コーチがゆく：お葬式（Ted Lasso：No Weddings and A Funeral）」
- 脚本賞　キンタ・ブランソン（Quinta Brunson）「アボット エレメンタリー：熱い教師たち（Abbott Elementary：Pilot）」

◇ドラマ・シリーズ
- 作品賞　ジェシー・アームストロング（Jesse Armstrong），アダム・マッケイ〔ほか〕（Adam McKay）「メディア王 ～華麗なる一族～（Succession）」
- 主演男優賞　李 政宰（Lee Jung-jae）「イカゲーム（英題：Squid Game）」
- 主演女優賞　ゼンデイヤ（Zendaya）「ユーフォリア/EUPHORIA（Euphoria）」
- 助演男優賞　マシュー・マクファディン（Matthew Macfadyen）「メディア王 ～華麗なる一族～（Succession）」
- 助演女優賞　ジュリア・ガーナー（Julia Garner）「オザークへようこそ（Ozark）」
- 監督賞　ファン ドンヒョク（Hwang Dong-hyuk）「イカゲーム：だるまさんがころんだ日（英題：Squid Game：Red Light, Green Light）」
- 脚本賞　ジェシー・アームストロング（Jesse Armstrong）「メディア王 ～華麗なる一族～：鐘は語る（Succession：All the Bells Say）」

◇リミテッド/アンソロジー・シリーズ，テレビ映画
- 作品賞（リミテッド/アンソロジー・シリーズ）　マイク・ホワイト（Mike White），デヴィッド・バーナド（David Bernad）「ホワイト・ロータス/諸事情だらけのリゾートホテル（The White Lotus）」
- 作品賞（テレビ映画）　アレクサンダー・ヤング（Alexander Young），トム・パイツマン（Tom Peitzman）「チップとデールの大作戦 レスキュー・レンジャーズ（Chip'n Dale：Rescue Rangers）」
- 主演男優賞　マイケル・キートン（Michael Keaton）「DOPESICK アメリカを蝕むオピオイド危機（Dopesick）」
- 主演女優賞　アマンダ・セイフライド（Amanda Seyfried）「ドロップアウト ～シリコンバレーを騙した女（The Dropout）」
- 助演男優賞　マーレイ・バートレット（Murray Bartlett）「ホワイト・ロータス/諸事情だら

- 助演女優賞　ジェニファー・クーリッジ(Jennifer Coolidge)「ホワイト・ロータス/諸事情だらけのリゾートホテル(The White Lotus)」
- 監督賞　マイク・ホワイト(Mike White)「ホワイト・ロータス/諸事情だらけのリゾートホテル(The White Lotus)」
- 脚本賞　マイク・ホワイト(Mike White)「ホワイト・ロータス/諸事情だらけのリゾートホテル(The White Lotus)」

第75回(2023年)
◇コメディ・シリーズ
- 作品賞　ジョアンナ・カロ(Joanna Calo)，ジョシュ・シニア〔ほか〕(Josh Senior)「一流シェフのファミリーレストラン(The Bear)」
- 主演男優賞　ジェレミー・アレン・ホワイト(Jeremy Allen White)「一流シェフのファミリーレストラン(The Bear)」
- 主演女優賞　キンタ・ブランソン(Quinta Brunson)「アボット エレメンタリー(Abbott Elementary)」
- 助演男優賞　エボン・モス=バクラック(Ebon Moss-Bachrach)「一流シェフのファミリーレストラン(The Bear)」
- 助演女優賞　アヨ・エデビリ(Ayo Edebiri)「一流シェフのファミリーレストラン(The Bear)」
- 監督賞　クリストファー・ストーラー(Christopher Storer)「一流シェフのファミリーレストラン：レビュー(The Bear：Review)」
- 脚本賞　クリストファー・ストーラー(Christopher Storer)「一流シェフのファミリーレストラン：システム(The Bear：System)」

◇ドラマ・シリーズ
- 作品賞　ジェシー・アームストロング(Jesse Armstrong)，アダム・マッケイ〔ほか〕(Adam McKay)「メディア王 〜華麗なる一族〜(Succession)」
- 主演男優賞　キーラン・カルキン(Kieran Culkin)「メディア王 〜華麗なる一族〜(Succession)」
- 主演女優賞　セーラ・スヌーク(Sarah Snook)「メディア王 〜華麗なる一族〜(Succession)」
- 助演男優賞　マシュー・マクファディン(Matthew Macfadyen)「メディア王 〜華麗なる一族〜(Succession)」
- 助演女優賞　ジェニファー・クーリッジ(Jennifer Coolidge)「ホワイト・ロータス/諸事情だらけのリゾートホテル(The White Lotus)」
- 監督賞　マーク・マイロッド(Mark Mylod)「メディア王 〜華麗なる一族〜：コナーの結婚式(Succession：Connor's Wedding)」
- 脚本賞　ジェシー・アームストロング(Jesse Armstrong)「メディア王 〜華麗なる一族〜：コナーの結婚式(Succession：Connor's Wedding)」

◇リミテッド/アンソロジー・シリーズ，テレビ映画
- 作品賞(リミテッド/アンソロジー・シリーズ)　イ ソンジン(Lee Sung Jin)，スティーヴン・ユァン〔ほか〕(Steven Yeun)「BEEF/ビーフ 〜逆上〜(Beef)」
- 作品賞(テレビ映画)　ヘンリー・R.ムニョスⅢ(Henry R. Munoz Ⅲ)，ニール・シャー〔ほか〕(Neil Shah)「こいつで、今夜もイート・イット 〜アル・ヤンコビック物語〜(Weird：The Al Yankovic Story)」
- 主演男優賞　スティーヴン・ユァン(Steven Yeun)「BEEF/ビーフ 〜逆上〜(Beef)」
- 主演女優賞　アリ・ウォン(Ali Wong)「BEEF/ビーフ 〜逆上〜(Beef)」
- 助演男優賞　ポール・ウォルター・ハウザー(Paul Walter Hauser)「ブラック・バード(Black Bird)」
- 助演女優賞　ニーシー・ナッシュ=ベッツ(Niecy Nash-Betts)「ダーマー モンスター：ジェ

- 監督賞　　　イ ソンジン（Lee Sung Jin）「BEEF/ビーフ 〜逆上〜：光の形（Beef：Figures of Light）」
- 脚本賞　　　イ ソンジン（Lee Sung Jin）「BEEF/ビーフ 〜逆上〜：鳥は歌わず、痛みにうめく（Beef：The Birds Don't Sing, They Screech in Pain）」

第76回（2024年）
◇コメディ・シリーズ
- 作品賞　　　ジェン・スタツキー（Jen Statsky），ポール・W.ダウンズ〔ほか〕（Paul W. Downs）「Hacks」
- 主演男優賞　ジェレミー・アレン・ホワイト（Jeremy Allen White）「一流シェフのファミリーレストラン（The Bear）」
- 主演女優賞　ジーン・スマート（Jean Smart）「Hacks」
- 助演男優賞　エボン・モス＝バクラック（Ebon Moss-Bachrach）「一流シェフのファミリーレストラン（The Bear）」
- 助演女優賞　ライザ・コロン＝ザヤス（Liza Colón-Zayas）「一流シェフのファミリーレストラン（The Bear）」
- 監督賞　　　クリストファー・ストーラー（Christopher Storer）「一流シェフのファミリーレストラン：フィッシズ（The Bear：Fishes）」
- 脚本賞　　　ルチア・アニエッロ（Lucia Aniello），ポール・W.ダウンズ（Paul W. Downs），ジェン・スタツキー（Jen Statsky）「Hacks：Bulletproof」

◇ドラマ・シリーズ
- 作品賞　　　ジャスティン・マークス（Justin Marks），ミカエラ・クラヴェル〔ほか〕（Michaela Clavell）「SHOGUN 将軍（Shōgun）」
- 主演男優賞　真田 広之（Hiroyuki Sanada）「SHOGUN 将軍（Shōgun）」
- 主演女優賞　アンナ・サワイ（Anna Sawai）「SHOGUN 将軍（Shōgun）」
- 助演男優賞　ビリー・クラダップ（Billy Crudup）「ザ・モーニングショー（The Morning Show）」
- 助演女優賞　エリザベス・デビッキ（Elizabeth Debicki）「ザ・クラウン（The Crown）」
- 監督賞　　　フレデリック・E.O.トーイ（Frederick E.O. Toye）「SHOGUN 将軍：紅天（Shōgun：Crimson Sky）」
- 脚本賞　　　ウィル・スミス（Will Smith）「窓際のスパイ：厄介な交渉（Slow Horses：Negotiating with Tigers）」

◇リミテッド/アンソロジー・シリーズ, テレビ映画
- 作品賞（リミテッド/アンソロジー・シリーズ）
　　　　　　　リチャード・ガッド（Richard Gadd），ヴィム・デ・グリーフ〔ほか〕（Wim De Greef）「私のトナカイちゃん（Baby Reindeer）」
- 作品賞（テレビ映画）　アレックス・ブラウン（Alex Brown），エリカ・ハンプソン（Erika Hampson）「クイズ・レディー（Quiz Lady）」
- 主演男優賞　リチャード・ガッド（Richard Gadd）「私のトナカイちゃん（Baby Reindeer）」
- 主演女優賞　ジョディ・フォスター（Jodie Foster）「トゥルー・ディテクティブ ナイト・カントリー（True Detective：Night Country）」
- 助演男優賞　ラモーン・モリス（Lamorne Morris）「FARGO/ファーゴ（Fargo）」
- 助演女優賞　ジェシカ・ガニング（Jessica Gunning）「私のトナカイちゃん（Baby Reindeer）」
- 監督賞　　　スティーヴン・ザイリアン（Steven Zaillian）「リプリー（Ripley）」
- 脚本賞　　　リチャード・ガッド（Richard Gadd）「私のトナカイちゃん（Baby Reindeer）」

32 カンヌ国際映画祭　Festival International du film de Cannes

フランスのカンヌで毎年5月に開催される国際映画祭。ベルリン国際映画祭、ヴェネチア国際映画祭と並ぶ世界3大映画祭の一つ。1939年、政治の介入が顕著になったヴェネチア国際映画祭に対抗して第1回を開催する予定だったが、第二次世界大戦のため延期。46年、フランス文化省、外務省、国立映画センター（Centre national de la cinématographie）の後援のもと開催された。公式部門のコンペティションでは最優秀作品賞「パルムドール（Palme d'Or）」、グランプリ、監督賞、男優賞、女優賞、脚本賞等のほか、短編映画パルムドール、カメラドール（新人監督賞）などが選出される。最優秀作品賞は当初「グランプリ」と呼ばれていたが、55年「パルムドール」と名称を変更、「グランプリ」は別個に設定された。また、独立部門として批評家週間（62年新設）、監督週間（69年新設）などが開催される。59年より世界最大規の見本市「マルシェ・デュ・フィルム」を併設。世界的に注目される映画イベントで、新作のプロモーションの場としても機能している。

＊日本人の受賞は以下の通り。杉山公平「源氏物語」が撮影賞（1952年）、衣笠貞之助「地獄門」がグランプリ（54年）、「白鷺」が特別表彰（59年）、今村貞雄「白い山脈」がドキュメンタリー賞（57年）、市川崑「鍵」が審査員特別賞（60年）、「おとうと」が高等技術委員会賞（61年）、「東京オリンピック」がカトリック映画事務局賞（65年）、小林正樹「切腹」（63年）・「怪談」（65年）が国際審査員賞、勅使河原宏「砂の女」が国際審査員賞（64年）、大島渚「愛の亡霊」が監督賞（78年）、黒澤明「影武者」がパルムドール（80年）、今村昌平「楢山節考」（83年）・「うなぎ」がパルムドール（97年）、石岡瑛子（美術）「MISHIMA」が芸術貢献賞（85年）、「黒い雨」が高等技術委員会賞（89年）、三国連太郎「親鸞 白い道」が審査員賞（87年）、小栗康平「死の刺」がグランプリ・批評家連盟賞（90年）、河瀬直美「萌の朱雀」がカメラドール（97年）、諏訪敦彦「M/OTHER」が国際批評家連盟賞（99年）、青山真治「ユリイカ」が批評家連盟賞（2000年）、柳楽優弥「誰も知らない」が男優賞（04年）、河瀬直美「殯の森」がグランプリ（07年）、黒沢清「トウキョウソナタ」がある視点部門審査員賞（08年）、是枝裕和「そして父になる」が審査員賞（13年）、黒沢清「岸辺の旅」がある視点部門監督賞（15年）、深田晃司「淵に立つ」がある視点部門審査員賞、（16年）、是枝裕和「万引き家族」パルム・ドール（18年）、濱口竜介、大江崇允「ドライブ・マイ・カー」が脚本賞（21年）、役所広司「PERFECT DAYS」が男優賞、坂元裕二「怪物」が脚本賞（23年）

【主催者】Association Françoise du Festival International du Film
【選考委員】審査委員会は著名な映画人や文化人から選出される（国籍不問）。〔第77回・2024年〕コンペティション部門：Greta Gerwig（委員長）、Ebru Ceylan、Lily Gladstone、Eva Green、Nadine Labaki、Juan Antonio Bayona、Pierfrancisco Favino、Hirokazu Kore-eda、Omar Sy、短編部門：Lubna Azabal（委員長）、Marie-Castille Mention-Schaar、Paolo Moretti、Claudine Nougaret、Vladimir Perišić、カメラドール部門：Baloji（委員長）、Emmanuelle Béart（委員長）、Gilles Porte、Pascal Buron、Zoé Wittock、Nathalie Chifflet
【選考方法】運営委員会が応募作品の中からコンペ参加作品を選定、招待する。審査員の投票により各賞決定
【選考基準】映画祭開催1年前以内に製作され、母国以外の場所や他の国際映画祭・イベント、インターネット上で上映されていない、またはDVDがリリースされていない映画が対象。短編は15分以下
【締切・発表】〔2025年〕2025年5月13日〜24日開催
【URL】https://www.festival-cannes.com/

第69回（2016年）

◇コンペティション部門
- パルムドール　ケン・ローチ（Ken Loach）「わたしは、ダニエル・ブレイク（I, Daniel Blake）」
- グランプリ　グザヴィエ・ドラン（Xavier Dolan）「たかが世界の終わり（原題：Juste la fin du monde、英題：It's Only the End of the World）」
- 監督賞　クリスティアン・ムンジウ（Cristian Mungiu）「エリザのために（原題：Bacalaureat、英題：Graduation）」
　　　オリヴィエ・アサイヤス（Olivier Assayas）「パーソナル・ショッパー（Personal Shopper）」
- 脚本賞　アスガー・ファルハディ（Asghar Farhadi）「セールスマン（原題：Forushande、英題：The Salesman）」
- 審査員賞　アンドレア・アーノルド（Andrea Arnold）「アメリカン・ハニー（American Honey）」
- 男優賞　シャハブ・ホセイニ（Shahab Hosseini）「セールスマン（原題：Forushande、英題：The Salesman）」
- 女優賞　ジャクリン・ホセ（Jaclyn Jose）「ローサは密告された（MA' ROSA）」

◇短編部門
- 短編映画パルムドール　フアンホ・ヒメネス（Juanjo Gimenez）「Timecode」
- 審査員特別賞　ジョアン・パウロ・ミランダ・マリア（João Paulo Miranda Maria）「A moça que dançou com o diabo（英題：The Girl Who Danced with the Devil）」

◇カメラドール　ウーダ・ベニャミナ（Houda Benyamina）「ディヴァイン（Divines）」

第70回（2017年）

◇コンペティション部門
- パルムドール　リューベン・オストルンド（Ruben Östlund）「ザ・スクエア 思いやりの聖域（The Square）」
- 第70回記念賞　ニコール・キッドマン（Nicole Kidman）
- グランプリ　ロバン・カンピヨ（Robin Campillo）「BPM ビート・パー・ミニット（原題：120 battements par minute、英題：BPM - Beats Per Minute）」
- 監督賞　ソフィア・コッポラ（Sofia Coppola）「The Beguiled/ビガイルド 欲望のめざめ（The Beguiled）」
- 男優賞　ホアキン・フェニックス（Joaquin Phoenix）「ビューティフル・デイ（You Were Never Really Here）」
- 女優賞　ダイアン・クルーガー（Diane Kruger）「女は二度決断する（原題：Aus dem Nichts、英題：In the Fade）」
- 審査員賞　アンドレイ・ズビャギンツェフ（Andrey Zvyagintsev）「ラブレス（原題：Нелюбовь、英題：Loveless）」
- 脚本賞　ヨルゴス・ランティモス（Yorgos Lanthimos）、エフティミス・フィリップ（Efthimis Filippou）「聖なる鹿殺し キリング・オブ・ア・セイクリッド・ディア（The Killing of a Sacred Deer）」
　　　リン・ラムジー（Lynne Ramsay）「ビューティフル・デイ（You Were Never Really Here）」

◇短編部門
- 短編映画パルムドール　邱 陽（Qiu Yang）「小城二月（英題：A Gentle Night）」
- 審査員特別賞　テッポ・アイラクシネン（Teppo Airaksisen）「Katto（英題：The Ceiling）」

◇カメラドール　レオノール・セライユ（Léonor Serraille）「若い女（Jeune Femme, Montparnasse Bienvenüe）」

第71回（2018年）

◇コンペティション部門

- パルム・ドール　　是枝 裕和（Kore-eda Hirokazu）「万引き家族（英題：Shoplifters）」
- グランプリ　　　　スパイク・リー（Spike Lee）「ブラック・クランズマン（BlacKkKlansman）」
- 審査員賞　　　　　ナディーン・ラバキー（Nadine Labaki）「存在のない子供たち（Capharnaüm）」
- 男優賞　　　　　　マルチェロ・フォンテ（Marcello Fonte）「ドッグマン（Dogman）」
- 女優賞　　　　　　サマル・エスリャーモヴァ（Samal Yeslyamova）「アイカ（Ayka）」
- 監督賞　　　　　　パヴェウ・パヴリコフスキ（Pawel Pawlikowski）「COLD WAR あの歌、2つの心（原題：Zimna wojna、英題：Cold War）」
- 脚本賞　　　　　　アリーチェ・ロルヴァケル（Alice Rohrwacher）「幸福なラザロ（原題：Lazzaro felice、英題：Happy as Lazzaro）」
　　　　　　　　　　ジャファル・パナヒ（Jafar Panahi）「ある女優の不在（原題：Se rokh、英題：3 Faces）」
- 特別パルム・ドール　ジャン＝リュック・ゴダール（Jean-Luc Godard）「イメージの本（原題：Le Livre d'image、英題：The Image Book）」

◇短編部門
- 短編映画パルム・ドール　チャールズ・ウィリアムズ（Charles Williams）「All These Creatures」
- 審査員特別賞　魏 書鈞（Wei Shujun）「延辺少年（英題：On the Border）」

◇カメラ・ドール　　ルーカス・ドン（Lukas Dhont）「Girl/ガール（Girl）」

第72回（2019年）
◇コンペティション部門
- パルム・ドール　　ポン ジュノ（Bong Joon-Ho）「パラサイト 半地下の家族（英題：Parasite）」
- グランプリ　　　　マティ・ディオプ（Mati Diop）「アトランティックス（原題：Atlantique、英題：Atlantics）」
- 監督賞　　　　　　ジャン＝ピエール・ダルデンヌ（Jean-Pierre Dardenne）、リュック・ダルデンヌ（Luc Dardenne）「その手に触れるまで（原題：Le Jeune Ahmed、英題：Young Ahmed）」
- 審査員賞　　　　　ラジ・リ（Ladj Ly）「レ・ミゼラブル（Les Misérables）」
　　　　　　　　　　クレーベル・メンドンサ・フィーリョ（Kleber Mendonça Filho）、ジュリアーノ・ドルネリス（Juliano Dornelles）「バクラウ 地図から消された村（Bacurau）」
- 男優賞　　　　　　アントニオ・バンデラス（Antonio Banderas）「ペイン・アンド・グローリー（原題：Dolor y gloria、英題：Pain and Glory）」
- 女優賞　　　　　　エミリー・ビーチャム（Emily Beecham）「リトル・ジョー（Little Joe）」
- 脚本賞　　　　　　セリーヌ・シアマ（Céline Sciamma）「燃ゆる女の肖像（原題：Portrait de la jeune fille en feu、英題：Portrait of a Lady on Fire）」
- 特別賞　　　　　　エリア・スレイマン（Elia Suleiman）「天国にちがいない（It Must Be Heaven）」

◇短編部門
- 短編映画パルム・ドール　ヴァシリス・ケカトス（Vasilis Kekatos）「The Distance Between Us and the Sky」
- 審査員特別賞　Agustina San Martín「Monstruo Dios（英題：Monster God）」

◇カメラ・ドール　　セザール・ディアス（César Díaz）「Nuestras madres（英題：Our Mothers）」

第73回（2020年）
新型コロナウイルス感染症の影響で通常開催中止

第74回（2021年）
◇コンペティション部門
- パルム・ドール　　ジュリア・デュクルノー（Julia Ducournau）「TITANE/チタン（Titane）」
- グランプリ　　　　アスガー・ファルハディ（Asghar Farhadi）「英雄の証明（原題：Ghahreman、英題：A Hero）」
　　　　　　　　　　ユホ・クオスマネン（Juho Kuosmanen）「コンパートメントNo.6（原題：

　　　　　　　　　　　　Hytti N° 6，英題：Compartment N° 6）」
　　●監督賞　　　　　　レオス・カラックス（Leos Carax）「アネット（Annette）」
　　●脚本賞　　　　　　濱口 竜介（Ryusuke Hamaguchi），大江 崇允（Takamasa Oe）「ドライブ・マ
　　　　　　　　　　　　イ・カー（英題：Drive My Car）」
　　●審査員賞　　　　　アピチャッポン・ウィーラセタクン（Apichatpong Weerasethakul）
　　　　　　　　　　　　「MEMORIA メモリア（Memoria）」
　　　　　　　　　　　　ナダヴ・ラピド（Nadav Lapid）「アヘドの膝（原題：Ha'berech，英題：Ahed's
　　　　　　　　　　　　Knee）」
　　●男優賞　　　　　　ケイレブ・ランドリー・ジョーンズ（Caleb Landry Jones）「ニトラム／
　　　　　　　　　　　　NITRAM（Nitram）」
　　●女優賞　　　　　　レナーテ・レインスヴェ（Renate Reinsve）「わたしは最悪。（原題：Verdens
　　　　　　　　　　　　verste menneske，英題：The Worst Person in the World）」
　◇短編部門
　　●短編映画パルムドール　唐 藝（Tang Yi）「天下烏鴉（英題：All the Crows in the World）」
　　●特別賞　　　　　　ジャスミン・テヌッチ（Jasmin Tenucci）「Céu de Agosto（英題：August
　　　　　　　　　　　　Sky）」
　◇カメラドール　　　　アントネータ・アラマット・クシヤノビッチ（Antoneta Alamat Kusijanović）
　　　　　　　　　　　　「ムリナ（Murina）」
第75回（2022年）
　◇コンペティション部門
　　●パルムドール　　　リューベン・オストルンド（Ruben Östlund）「逆転のトライアングル
　　　　　　　　　　　　（Triangle of Sadness）」
　　●グランプリ　　　　ルーカス・ドン（Lukas Dhont）「CLOSE/クロース（Close）」
　　　　　　　　　　　　クレール・ドニ（Claire Denis）「Stars at Noon」
　　●監督賞　　　　　　パク チャヌク（Park Chan-wook）「別れる決心（英題：Decision to Leave）」
　　●脚本賞　　　　　　タリク・サレー（Tarik Saleh）「Walad min al Janna（英題：Boy from
　　　　　　　　　　　　Heaven）」
　　●審査員賞　　　　　イエジー・スコリモフスキ（Jerzy Skolimowski）「EO イーオー（原題：IO，英
　　　　　　　　　　　　題：EO）」
　　　　　　　　　　　　シャルロッテ・ファンデルメールシュ（Charlotte Vandermeersch），フェリッ
　　　　　　　　　　　　クス・ヴァン・ヒュルーニンゲン（Felix van Groeningen）「帰れない山（原
　　　　　　　　　　　　題：Le otto montagne，英題：The Eight Mountains）」
　　●第75回記念賞　　　ジャン＝ピエール・ダルデンヌ（Jean-Pierre Dardenne）
　　　　　　　　　　　　リュック・ダルデンヌ（Luc Dardenne）「トリとロキタ（原題：Tori et Lokita，
　　　　　　　　　　　　英題：Tori and Lokita）」
　　●男優賞　　　　　　ソン ガンホ（SONG Kang-ho）「ベイビー・ブローカー（英題：Broker）」
　　●女優賞　　　　　　ザール・アミール＝エブラヒミ（Zar Amir Ebrahimi）「聖地には蜘蛛が巣を張
　　　　　　　　　　　　る（Holy Spider）」
　◇短編部門
　　●短編映画パルムドール　チェン ジエンイン（Jianying Chen）「水はつぶやく（英題：The Water
　　　　　　　　　　　　Murmurs）」
　　●特別賞　　　　　　アビナッシュ・ビクラム・シャー（Abinash Bikram Shah）「Lori（英題：
　　　　　　　　　　　　Melancholy of my Mother's Lullabies）」
　◇カメラドール　　　　ライリー・キーオ（Riley Keough），ジーナ・ギャメル（Gina Gammell）「War
　　　　　　　　　　　　Pony」
　　●特別賞　　　　　　早川 千絵（Hayakawa Chie）「PLAN 75」
第76回（2023年）
　◇コンペティション部門
　　●パルムドール　　　ジュスティーヌ・トリエ（Justine Triet）「落下の解剖学（原題：Anatomie

		d'une chute, 英題：Anatomy of a Fall）」
●	グランプリ	ジョナサン・グレイザー（Jonathan Glazer）「関心領域（The Zone of Interest）」
●	監督賞	トラン・アン・ユン（Tran Anh Hùng）「ポトフ 美食家と料理人（原題：La Passion de Dodin Bouffant, 旧題：The Pot-au-Feu, 英題：The Taste of Things）」
●	審査員賞	アキ・カウリスマキ（Aki Kaurismäki）「枯れ葉（原題：Kuolleet lehdet, 英題：Fallen Leaves）」
●	脚本賞	坂元 裕二（Sakamoto Yuji）「怪物（英題：Monster）」
●	男優賞	役所 広司（Koji Yakusho）「PERFECT DAYS（英題：Perfect Days）」
●	女優賞	メルヴェ・ディズダル（Merve Dizdar）「二つの季節しかない村（原題：Kuru Otlar Ustune, 英題：About Dry Grasses）」

◇短編部門
  ● 短編映画パルムドール フローラ・アンナ・ブダ（Flóra Anna Buda）「27」
  ● 特別賞 グヌール・マルティンスドッティア・シュルーター（Gunnur Martinsdóttir Schlüter）「Fár（英題：Intrusion）」
◇カメラドール ファム・ティエン・アン（Thien An Pham）「Bên trong vo ken vang（英題：Inside the Yellow Cocoon Shell）」

第77回（2024年）
◇コンペティション部門
  ● パルムドール ショーン・ベイカー（Sean Baker）「ANORA アノーラ（Anora）」
  ● グランプリ パヤル・カパディア（Payal Kapadia）「All We Imagine as Light」
  ● 審査員賞 ジャック・オーディアール（Jacques Audiard）「エミリア・ペレス（Emilia Pérez）」
  ● 監督賞 ミゲル・ゴメス（Miguel Gomes）「Grand Tour」
  ● 特別賞 モハマド・ラスロフ（Mohammad Rasoulof）「聖なるイチジクの種（原題：Dāne-ye anjīr-e ma'ābed, 英題：The Seed of the Sacred Fig）」
  ● 男優賞 ジェシー・プレモンス（Jesse Plemons）「憐れみの3章（Kinds of Kindness）」
  ● 女優賞 アドリアーナ・パス（Adriana Paz），ゾーイ・サルダナ（Zoe Saldaña），カルラ・ソフィア・ガスコン（Karla Sofía Gascón），セレーナ・ゴメス（Selena Gomez）「エミリア・ペレス（Emilia Pérez）」
  ● 脚本賞 コラリー・ファルジャ（Coralie Fargeat）「サブスタンス（The Substance）」
◇短編部門
  ● 短編映画パルムドール Nebojša Slijepčević「Čovjek koji nije mogao šutjeti（英題：The Man Who Could Not Remain Silent）」
  ● 特別賞 ダニエル・ソアレス（Daniel Soares）「バッド・フォー・ア・モーメント（Bad for a Moment）」
◇カメラドール ハーフダン・ウルマン・トンデル（Halfdan Ullmann Tøndel）「Armand」
  ● 特別賞 チャン ウェイリャン（Wei Liang Chiang），イン ヨウチャオ（You Qiao Yin）「白衣蒼狗（英題：Mongrel）」
◇名誉パルムドール ジョージ・ルーカス（George Lucas）
  メリル・ストリープ（Meryl Streep）
  スタジオジブリ（Studio Ghibli）

---

33 ゴールデン・グローブ賞　Golden Globe Awards

優れた映画・テレビドラマを対象に贈られるアメリカの賞。1943年，ハリウッド外国人特派員協会（Hollywood Foreign Correspondents Association）により創設され，翌年以降毎年

33 ゴールデン・グローブ賞

1月に授賞式が開催されている。55年度より後身のハリウッド外国人記者協会（HFPA：Hollywood Foreign Press Association）が主催。当初は映画を対象としていたが，同年度からテレビドラマにも授与されるようになった。映画分野はドラマ部門とミュージカル・コメディ部門に分かれ，それぞれ主演男優・主演女優・助演男優・助演女優・監督・脚本・作曲・外国語映画賞などがある。テレビ分野ではドラマ，ミュージカル・コメディ，リミテッド/アンソロジーシリーズ・テレビ映画部門に分かれ，主演男優・主演女優・助演男優・助演女優などの賞が設定されている。ほか，顕著な功績を残した人物に与えられるセシル・B.デミル賞がある。映画分野はアカデミー賞の前哨戦とも呼ばれ，受賞作・受賞者が重なることも多い。2021年，ハリウッド外国人記者協会（HFPA）の会員に黒人が1人もいない偏った人種構成等が批判を浴びる。23年，ゴールデン・グローブ賞に関する全ての権利と資産を長年授賞式のテレビ放送を手掛けてきた制作会社ディック・クラーク・プロダクション（DCP）と親会社のエルドリッジ・インダストリーズに売却し，協会は解散。後継として，ゴールデン・グローブ財団が設立された。

＊日本人の受賞は以下の通り。「二十四の瞳」（1954年）が外国語映画賞，島田陽子が「将軍」（80年）でドラマ部門女優賞，坂本龍一が「ラスト・エンペラー」（87年），「シェルタリング・スカイ」（90年）で作曲賞，喜多郎が「Heaven and Earth」（93年）で作曲賞，「ドライブ・マイ・カー」（2021年）が非英語映画賞，「君たちはどう生きるか」（23年）がアニメーション作品賞，「SHOGUN 将軍（Shōgun）」（24年）がテレビ・シリーズ作品賞（ドラマ），同作で真田広之が主演男優賞，アンナ・サワイが主演女優賞，浅野忠信が助演男優賞を受賞

【主催者】ゴールデン・グローブ財団（Golden Globe Foundation），ディック・クラーク・プロダクション（Dick Clark Productions）
【選考方法】ゴールデングローブ会員と国際投票権を持つ世界各国の映画評論家・記者による投票
【締切・発表】例年12月にノミネート発表，授賞式は1月にビバリー・ヒルトン・ホテルで開催され，その模様はテレビ中継・ネット配信される
【賞・賞金】地球儀を象った金色のトロフィー
【URL】https://goldenglobes.com/

第73回（2015年度）
◇映画
- 作品賞（ドラマ）「レヴェナント：蘇えりし者（The Revenant）」
- 主演男優賞（ドラマ）　レオナルド・ディカプリオ（Leonardo DiCaprio）「レヴェナント：蘇えりし者（The Revenant）」
- 主演女優賞（ドラマ）　ブリー・ラーソン（Brie Larson）「ルーム（Room）」
- 作品賞（ミュージカル・コメディ）
　　　　　「オデッセイ（The Martian）」
- 主演男優賞（ミュージカル・コメディ）
　　　　　マット・デイモン（Matt Damon）「オデッセイ（The Martian）」
- 主演女優賞（ミュージカル・コメディ）
　　　　　ジェニファー・ローレンス（Jennifer Lawrence）「ジョイ（Joy）」
- 助演男優賞　シルヴェスター・スタローン（Sylvester Stallone）「クリード チャンプを継ぐ男（Creed）」
- 助演女優賞　ケイト・ウィンスレット（Kate Winslet）「スティーブ・ジョブズ（Steve Jobs）」
- 監督賞　アレハンドロ・ゴンサレス・イニャリトゥ（Alejandro González Iñárritu）「レヴェナント：蘇えりし者（The Revenant）」
- 脚本賞　アーロン・ソーキン（Aaron Sorkin）「スティーブ・ジョブズ（Steve Jobs）」

- 作曲賞　エンニオ・モリコーネ (Ennio Morricone)「ヘイトフル・エイト (The Hateful Eight)」
- 主題歌賞　サム・スミス (Sam Smith：作曲)，ジェームス・ネイピア (James Napier：作詞)「Writing's On The Wall――"007 スペクター (Spectre)" より」
- 外国語映画賞　「サウルの息子 (原題：Saul fia, 英題：Son of Saul)」(ハンガリー)
- アニメーション作品賞　「インサイド・ヘッド (Inside Out)」

◇セシル・B.デミル賞　デンゼル・ワシントン (Denzel Washington)

◇テレビ
- テレビ・シリーズ作品賞 (ドラマ)
  「MR. ROBOT/ミスター・ロボット (Mr. Robot)」
- 主演男優賞 (ドラマ)　ジョン・ハム (Jon Hamm)「MAD MEN マッドメン (Mad Men)」
- 主演女優賞 (ドラマ)　タラジ・ヘンソン (Taraji Henson)「Empire 成功の代償 (Empire)」
- テレビ・シリーズ作品賞 (ミュージカル・コメディ)
  「モーツァルト・イン・ザ・ジャングル (Mozart in the Jungle)」
- 主演男優賞 (ミュージカル・コメディ)
  ガエル・ガルシア・ベルナル (Gael García Bernal)「モーツァルト・イン・ザ・ジャングル (Mozart in the Jungle)」
- 主演女優賞 (ミュージカル・コメディ)
  レイチェル・ブルーム (Rachel Bloom)「クレイジー・エックス・ガールフレンド (Crazy Ex-Girlfriend)」
- リミテッド/アンソロジーシリーズ・テレビ映画作品賞
  「ウルフ・ホール (Wolf Hall)」
- 主演男優賞 (リミテッド/アンソロジーシリーズ・テレビ映画)
  オスカー・アイザック (Oscar Isaac)「HERO 野望の代償 (Show Me a Hero)」
- 主演女優賞 (リミテッド/アンソロジーシリーズ・テレビ映画)
  レディー・ガガ (Lady Gaga)「アメリカン・ホラー・ストーリー：ホテル (American Horror Story：Hotel)」
- 助演男優賞　クリスチャン・スレーター (Christian Slater)「MR. ROBOT/ミスター・ロボット (Mr. Robot)」
- 助演女優賞　モーラ・ティアニー (Maura Tierney)「アフェア 情事の行方 (The Affair)」

第74回 (2016年度)
◇映画
- 作品賞 (ドラマ)「ムーンライト (Moonlight)」
- 主演男優賞 (ドラマ)　ケイシー・アフレック (Casey Affleck)「マンチェスター・バイ・ザ・シー (Manchester by the Sea)」
- 主演女優賞 (ドラマ)　イザベル・ユペール (Isabelle Huppert)「エル ELLE (Elle)」
- 作品賞 (ミュージカル・コメディ)
  「ラ・ラ・ランド (La La Land)」
- 主演男優賞 (ミュージカル・コメディ)
  ライアン・ゴズリング (Ryan Gosling)「ラ・ラ・ランド (La La Land)」
- 主演女優賞 (ミュージカル・コメディ)
  エマ・ストーン (Emma Stone)「ラ・ラ・ランド (La La Land)」
- 助演男優賞　アーロン・テイラー=ジョンソン (Aaron Taylor-Johnson)「ノクターナル・アニマルズ (Nocturnal Animals)」
- 助演女優賞　ヴィオラ・デイヴィス (Viola Davis)「フェンス (Fences)」
- 監督賞　デイミアン・チャゼル (Damien Chazelle)「ラ・ラ・ランド (La La Land)」
- 脚本賞　デイミアン・チャゼル (Damien Chazelle)「ラ・ラ・ランド (La La Land)」
- 作曲賞　ジャスティン・ハーウィッツ (Justin Hurwitz)「ラ・ラ・ランド (La La

- 主題歌賞　ジャスティン・ハーウィッツ（Justin Hurwitz：作曲），ベンジ・パセック（Benj Pasek），ジャスティン・ポール（Justin Paul）「City of Stars─"ラ・ラ・ランド（La La Land）"より」
- 外国語映画賞　「エル ELLE（Elle）」（フランス）
- アニメーション作品賞　「ズートピア（Zootopia）」

◇セシル・B.デミル賞　メリル・ストリープ（Meryl Streep）
◇テレビ
- テレビ・シリーズ作品賞（ドラマ）
  「ザ・クラウン（The Crown）」
- 主演男優賞（ドラマ）　ビリー・ボブ・ソーントン（Billy Bob Thornton）「弁護士ビリー・マクブライド（Goliath）」
- 主演女優賞（ドラマ）　クレア・フォイ（Claire Foy）「ザ・クラウン（The Crown）」
- テレビ・シリーズ作品賞（ミュージカル・コメディ）
  「アトランタ（Atlanta）」
- 主演男優賞（ミュージカル・コメディ）
  ドナルド・グローヴァー（Donald Glover）「アトランタ（Atlanta）」
- 主演女優賞（ミュージカル・コメディ）
  トレイシー・ロス（Tracee Ross）「ブラッキッシュ（Black-ish）」
- リミテッド/アンソロジーシリーズ・テレビ映画作品賞
  「アメリカン・クライム・ストーリー/O・J・シンプソン事件（The People v. O.J. Simpson：American Crime Story）」
- 主演男優賞（リミテッド/アンソロジーシリーズ・テレビ映画）
  トム・ヒドルストン（Tom Hiddleston）「ナイト・マネジャー（The Night Manager）」
- 主演女優賞（リミテッド/アンソロジーシリーズ・テレビ映画）
  サラ・ポールソン（Sarah Paulson）「アメリカン・クライム・ストーリー/O・J・シンプソン事件（The People v. O.J. Simpson：American Crime Story）」
- 助演男優賞　ヒュー・ローリー（Hugh Laurie）「ナイト・マネジャー（The Night Manager）」
- 助演女優賞　オリヴィア・コールマン（Olivia Colman）「ナイト・マネジャー（The Night Manager）」

第75回（2017年度）
◇映画
- 作品賞（ドラマ）「スリー・ビルボード（Three Billboards Outside Ebbing, Missouri）」
- 主演男優賞（ドラマ）　ゲイリー・オールドマン（Gary Oldman）「ウィンストン・チャーチル/ヒトラーから世界を救った男（Darkest Hour）」
- 主演女優賞（ドラマ）　フランシス・マクドーマンド（Frances McDormand）「スリー・ビルボード（Three Billboards outside Ebbing, Missouri）」
- 作品賞（ミュージカル・コメディ）
  「レディ・バード（Lady Bird）」
- 主演男優賞（ミュージカル・コメディ）
  ジェームズ・フランコ（James Franco）「ディザスター・アーティスト（The Disaster Artist）」
- 主演女優賞（ミュージカル・コメディ）
  シアーシャ・ローナン（Saoirse Ronan）「レディ・バード（Lady Bird）」
- 助演男優賞　サム・ロックウェル（Sam Rockwell）「スリー・ビルボード（Three Billboards outside Ebbing, Missouri）」
- 助演女優賞　アリソン・ジャネイ（Allison Janney）「アイ，トーニャ 史上最大のスキャンダ

- 監督賞　ギレルモ・デル・トロ（Guillermo del Toro）「シェイプ・オブ・ウォーター（The Shape of Water）」
- 脚本賞　マーティン・マクドナー（Martin McDonagh）「スリー・ビルボード（Three Billboards Outside Ebbing, Missouri）」
- 作曲賞　アレクサンドル・デスプラ（Alexandre Desplat）「シェイプ・オブ・ウォーター（The Shape of Water）」
- 主題歌賞　ジャスティン・ポール（Justin Paul），ベンジ・パセック（Benj Pasek）「This Is Me—"グレイテスト・ショーマン（The Greatest Showman）"より」
- 外国語映画賞　「女は二度決断する（原題：Aus dem Nichts, 英題：In The Fade）」（ドイツ）
- アニメーション作品賞　「リメンバー・ミー（Coco）」

◇セシル・B.デミル賞　オプラ・ウィンフリー（Oprah Winfrey）
◇テレビ
- テレビ・シリーズ作品賞（ドラマ）「ハンドメイズ・テイル/侍女の物語（The Handmaid's Tale）」
- 主演男優賞（ドラマ）スターリング・ブラウン（Sterling Brown）「THIS IS US/ディス・イズ・アス（This Is Us）」
- 主演女優賞（ドラマ）エリザベス・モス（Elisabeth Moss）「ハンドメイズ・テイル/侍女の物語（The Handmaid's Tale）」
- テレビ・シリーズ作品賞（ミュージカル・コメディ）「マーベラス・ミセス・メイゼル（The Marvelous Mrs. Maisel）」
- 主演男優賞（ミュージカル・コメディ）アジズ・アンサリ（Aziz Ansari）「マスター・オブ・ゼロ（Master of None）」
- 主演女優賞（ミュージカル・コメディ）レイチェル・ブロズナハン（Rachel Brosnahan）「マーベラス・ミセス・メイゼル（The Marvelous Mrs. Maisel）」
- リミテッド/アンソロジーシリーズ・テレビ映画作品賞「ビッグ・リトル・ライズ（Big Little Lies）」
- 主演男優賞（リミテッド/アンソロジーシリーズ・テレビ映画）ユアン・マクレガー（Ewan McGregor）「FARGO/ファーゴ（Fargo）」
- 主演女優賞（リミテッド/アンソロジーシリーズ・テレビ映画）ニコール・キッドマン（Nicole Kidman）「ビッグ・リトル・ライズ（Big Little Lies）」
- 助演男優賞　アレクサンダー・スカルスガルド（Alexander Skarsgård）「ビッグ・リトル・ライズ（Big Little Lies）」
- 助演女優賞　ローラ・ダーン（Laura Dern）「ビッグ・リトル・ライズ（Big Little Lies）」

第76回（2018年度）
◇映画
- 作品賞（ドラマ）「ボヘミアン・ラプソディ（Bohemian Rhapsody）」
- 主演男優賞（ドラマ）ラミ・マレック（Rami Malek）「ボヘミアン・ラプソディ（Bohemian Rhapsody）」
- 主演女優賞（ドラマ）グレン・クローズ（Glenn Close）「天才作家の妻－40年目の真実－（The Wife）」
- 作品賞（ミュージカル・コメディ）「グリーンブック（Green Book）」
- 主演男優賞（ミュージカル・コメディ）クリスチャン・ベール（Christian Bale）「バイス（Vice）」
- 主演女優賞（ミュージカル・コメディ）

- オリヴィア・コールマン（Olivia Colman）「女王陛下のお気に入り（The Favourite）」
- 助演男優賞　マハーシャラ・アリ（Mahershala Ali）「グリーンブック（Green Book）」
- 助演女優賞　レジーナ・キング（Regina King）「ビール・ストリートの恋人たち（If Beale Street Could Talk）」
- 監督賞　アルフォンソ・キュアロン（Alfonso Cuarón）「ROMA/ローマ（Roma）」
- 脚本賞　ニック・ヴァレロンガ（Nick Vallelonga），ブライアン・カリー（Brian Currie），ピーター・ファレリー（Peter Farrelly）「グリーンブック（Green Book）」
- 作曲賞　ジャスティン・ハーウィッツ（Justin Hurwitz）「ファースト・マン（First Man）」
- 主題歌賞　「Shallow―"アリー/スター誕生（A Star Is Born）"より」
- 外国語映画賞　「ROMA/ローマ（Roma）」（メキシコ）
- アニメーション作品賞　「スパイダーマン：スパイダーバース（Spider-Man：Into the Spider-Verse）」

◇セシル・B.デミル賞　ジェフ・ブリッジス（Jeff Bridges）

◇テレビ
- テレビ・シリーズ作品賞（ドラマ）
「ジ・アメリカンズ（The Americans）」
- 主演男優賞（ドラマ）　リチャード・マッデン（Richard Madden）「ボディガード－守るべきもの－（Bodyguard）」
- 主演女優賞（ドラマ）　サンドラ・オー（Sandra Oh）「キリング・イヴ/Killing Eve（Killing Eve）」
- テレビ・シリーズ作品賞（ミュージカル・コメディ）
「コミンスキー・メソッド（The Kominsky Method）」
- 主演男優賞（ミュージカル・コメディ）
マイケル・ダグラス（Michael Douglas）「コミンスキー・メソッド（The Kominsky Method）」
- 主演女優賞（ミュージカル・コメディ）
レイチェル・ブロズナハン（Rachel Brosnahan）「マーベラス・ミセス・メイゼル（The Marvelous Mrs. Maisel）」
- リミテッド/アンソロジーシリーズ・テレビ映画作品賞
「アメリカン・クライム・ストーリー/ヴェルサーチ暗殺（The Assassination of Gianni Versace：American Crime Story）」
- 主演男優賞（リミテッド/アンソロジーシリーズ・テレビ映画）
ダレン・クリス（Darren Criss）「アメリカン・クライム・ストーリー/ヴェルサーチ暗殺（The Assassination of Gianni Versace：American Crime Story）」
- 主演女優賞（リミテッド/アンソロジーシリーズ・テレビ映画）
パトリシア・アークエット（Patricia Arquette）「エスケープ・アット・ダンネモラ～脱獄～（Escape at Dannemora）」
- 助演男優賞　ベン・ウィショー（Ben Whishaw）「英国スキャンダル ～セックスと陰謀のソープ事件（A Very English Scandal）」
- 助演女優賞　パトリシア・クラークソン（Patricia Clarkson）「KIZU－傷－（Sharp Objects）」

第77回（2019年度）
　◇映画
- 作品賞（ドラマ）「1917 命をかけた伝令（1917）」
- 主演男優賞（ドラマ）　ホアキン・フェニックス（Joaquin Phoenix）「ジョーカー（Joker）」
- 主演女優賞（ドラマ）　レネー・ゼルウィガー（Renée Zellweger）「ジュディ 虹の彼方に（Judy）」

- 作品賞（ミュージカル・コメディ）
  「ワンス・アポン・ア・タイム・イン・ハリウッド（Once Upon a Time...in Hollywood）」
- 主演男優賞（ミュージカル・コメディ）
  タロン・エガートン（Taron Egerton）「ロケットマン（Rocketman）」
- 主演女優賞（ミュージカル・コメディ）
  オークワフィナ（Awkwafina）「フェアウェル（The Farewell）」
- 助演男優賞　ブラッド・ピット（Brad Pitt）「ワンス・アポン・ア・タイム・イン・ハリウッド（Once Upon a Time...in Hollywood）」
- 助演女優賞　ローラ・ダーン（Laura Dern）「マリッジ・ストーリー（Marriage Story）」
- 監督賞　サム・メンデス（Sam Mendes）「1917 命をかけた伝令（1917）」
- 脚本賞　クエンティン・タランティーノ（Quentin Tarantino）「ワンス・アポン・ア・タイム・イン・ハリウッド（Once Upon a Time...in Hollywood）」
- 作曲賞　ヒドゥル・グドナドッティル（Hildur Guðnadóttir）「ジョーカー（Joker）」
- 主題歌賞　エルトン・ジョン（Elton John），バーニー・トーピン（Bernie Taupin）「I'm Gonna Love Me Again—"ロケットマン（Rocketman）"より」
- 外国語映画賞　「パラサイト 半地下の家族（英題：Parasite）」（韓国）
- アニメーション作品賞　「ミッシング・リンク 英国紳士と秘密の相棒（Missing Link）」

◇セシル・B.デミル賞　トム・ハンクス（Tom Hanks）
◇テレビ
- テレビ・シリーズ作品賞（ドラマ）
  「メディア王 〜華麗なる一族〜（Succession）」
- 主演男優賞（ドラマ）ブライアン・コックス（Brian Cox）「メディア王 〜華麗なる一族〜（Succession）」
- 主演女優賞（ドラマ）オリヴィア・コールマン（Olivia Colman）「ザ・クラウン（The Crown）」
- テレビ・シリーズ作品賞（ミュージカル・コメディ）
  「Fleabag フリーバッグ（Fleabag）」
- 主演男優賞（ミュージカル・コメディ）
  ラミー・ユセフ（Ramy Youssef）「ラミー：自分探しの旅（Ramy）」
- 主演女優賞（ミュージカル・コメディ）
  フィービー・ウォーラー＝ブリッジ（Phoebe Waller-Bridge）「Fleabag フリーバッグ（Fleabag）」
- リミテッド/アンソロジーシリーズ・テレビ映画作品賞
  「チェルノブイリ（Chernobyl）」
- 主演男優賞（リミテッド/アンソロジーシリーズ・テレビ映画）
  ラッセル・クロウ（Russell Crowe）「ザ・ラウデスト・ボイス－アメリカを分断した男－（The Loudest Voice）」
- 主演女優賞（リミテッド/アンソロジーシリーズ・テレビ映画）
  ミシェル・ウィリアムズ（Michelle Williams）「フォッシー＆ヴァードン 〜ブロードウェイに輝く生涯〜（Fosse/Verdon）」
- 助演男優賞　ステラン・スカルスガルド（Stellan Skarsgård）「チェルノブイリ（Chernobyl）」
- 助演女優賞　パトリシア・アークエット（Patricia Arquette）「見せかけの日々（The Act）」

第78回（2020年度）
　◇映画
- 作品賞（ドラマ）「ノマドランド（Nomadland）」
- 主演男優賞（ドラマ）チャドウィック・ボーズマン（Chadwick Boseman）「マ・レイニーのブラックボトム（Ma Rainey's Black Bottom）」
- 主演女優賞（ドラマ）アンドラ・デイ（Andra Day）「ザ・ユナイテッド・ステイツ vs. ビ

- 作品賞(ミュージカル・コメディ)
  「続・ボラット 栄光ナル国家だったカザフスタンのためのアメリカ貢ぎ物計画 (Borat Subsequent Moviefilm)」
- 主演男優賞(ミュージカル・コメディ)
  サシャ・バロン・コーエン(Sacha Baron Cohen)「続・ボラット 栄光ナル国家だったカザフスタンのためのアメリカ貢ぎ物計画(Borat Subsequent Moviefilm)」
- 主演女優賞(ミュージカル・コメディ)
  ロザムンド・パイク(Rosamund Pike)「パーフェクト・ケア(I Care a Lot)」
- 助演男優賞 ダニエル・カルーヤ(Daniel Kaluuya)「ユダ&ブラック・メシア 裏切りの代償(Judas and the Black Messiah)」
- 助演女優賞 ジョディ・フォスター(Jodie Foster)「モーリタニアン 黒塗りの記録(The Mauritanian)」
- 監督賞 クロエ・ジャオ(Chloé Zhao)「ノマドランド(Nomadland)」
- 脚本賞 アーロン・ソーキン(Aaron Sorkin)「シカゴ7裁判(The Trial of the Chicago 7)」
- 作曲賞 トレント・レズナー(Trent Reznor),アッティカス・ロス(Atticus Ross),ジョン・バティステ(Jon Batiste)「ソウルフル・ワールド(Soul)」
- 主題歌賞 「Io Sì (Seen) – "これからの人生(原題:La vita davanti a sé, 英題:The Life Ahead)"より」
- 外国語映画賞 「ミナリ(Minari)」(アメリカ)
- アニメーション作品賞 「ソウルフル・ワールド(Soul)」

◇セシル・B.デミル賞 ジェーン・フォンダ(Jane Fonda)
◇テレビ
- テレビ・シリーズ作品賞(ドラマ)
  「ザ・クラウン(The Crown)」
- 主演男優賞(ドラマ) ジョシュ・オコナー(Josh O'Connor)「ザ・クラウン(The Crown)」
- 主演女優賞(ドラマ) エマ・コリン(Emma Corrin)「ザ・クラウン(The Crown)」
- テレビ・シリーズ作品賞(ミュージカル・コメディ)
  「シッツ・クリーク(Schitt's Creek)」
- 主演男優賞(ミュージカル・コメディ)
  ジェイソン・サダイキス(Jason Sudeikis)「テッド・ラッソ:破天荒コーチがゆく(Ted Lasso)」
- 主演女優賞(ミュージカル・コメディ)
  キャサリン・オハラ(Catherine O'Hara)「シッツ・クリーク(Schitt's Creek)」
- リミテッド/アンソロジーシリーズ・テレビ映画作品賞
  「クイーンズ・ギャンビット(The Queen's Gambit)」
- 主演男優賞(リミテッド/アンソロジーシリーズ・テレビ映画)
  マーク・ラファロ(Mark Ruffalo)「ある家族の肖像/アイ・ノウ・ディス・マッチ・イズ・トゥルー(I Know This Much Is True)」
- 主演女優賞(リミテッド/アンソロジーシリーズ・テレビ映画)
  アニャ・テイラー=ジョイ(Anya Taylor-Joy)「クイーンズ・ギャンビット(The Queen's Gambit)」
- 助演男優賞 ジョン・ボイエガ(John Boyega)「スモール・アックス(Small Axe)」
- 助演女優賞 ジリアン・アンダーソン(Gillian Anderson)「ザ・クラウン(The Crown)」

第79回(2021年度)
◇映画
- 作品賞(ドラマ)「パワー・オブ・ザ・ドッグ(The Power of the Dog)」

映画・演劇・TV　　　　　　　　　　33 ゴールデン・グローブ賞

- 主演男優賞（ドラマ）ウィル・スミス（Will Smith）「ドリームプラン（King Richard）」
- 主演女優賞（ドラマ）ニコール・キッドマン（Nicole Kidman）「愛すべき夫妻の秘密（Being the Ricardos）」
- 作品賞（ミュージカル・コメディ）
「ウエスト・サイド・ストーリー（West Side Story）」
- 主演男優賞（ミュージカル・コメディ）
アンドリュー・ガーフィールド（Andrew Garfield）「tick, tick... BOOM！：チック、チック...ブーン！（tick, tick...BOOM！）」
- 主演女優賞（ミュージカル・コメディ）
レイチェル・ゼグラー（Rachel Zegler）「ウエスト・サイド・ストーリー（West Side Story）」
- 助演男優賞　コディ・スミット＝マクフィー（Kodi Smit-McPhee）「パワー・オブ・ザ・ドッグ（The Power of the Dog）」
- 助演女優賞　アリアナ・デボーズ（Ariana DeBose）「ウエスト・サイド・ストーリー（West Side Story）」
- 監督賞　ジェーン・カンピオン（Jane Campion）「パワー・オブ・ザ・ドッグ（The Power of the Dog）」
- 脚本賞　ケネス・ブラナー（Kenneth Branagh）「ベルファスト（Belfast）」
- 作曲賞　ハンス・ジマー（Hans Zimmer）「DUNE/デューン 砂の惑星（Dune）」
- 主題歌賞　ビリー・アイリッシュ（Billie Eilish），フィニアス・オコネル（Finneas O'Connell）「No Time To Die—"007/ノー・タイム・トゥ・ダイ（No Time To Die）"より」
- 非英語映画賞　「ドライブ・マイ・カー（英題：Drive My Car）」（日本）
- アニメーション作品賞　「ミラベルと魔法だらけの家（Encanto）」
◇テレビ
- テレビ・シリーズ作品賞（ドラマ）
「メディア王 〜華麗なる一族〜（Succession）」
- 主演男優賞（ドラマ）ジェレミー・ストロング（Jeremy Strong）「メディア王〜華麗なる一族〜（Succession）」
- 主演女優賞（ドラマ）ミカエラ・ジェ・ロドリゲス（Michaela Jae Rodriguez）「POSE」
- テレビ・シリーズ作品賞（ミュージカル・コメディ）
「Hacks」
- 主演男優賞（ミュージカル・コメディ）
ジェイソン・サダイキス（Jason Sudeikis）「テッド・ラッソ：破天荒コーチがゆく（Ted Lasso）」
- 主演女優賞（ミュージカル・コメディ）
ジーン・スマート（Jean Smart）「Hacks」
- リミテッド/アンソロジーシリーズ・テレビ映画作品賞
「地下鉄道 〜自由への旅路〜（The Underground Railroad）」
- 主演男優賞（リミテッド/アンソロジーシリーズ・テレビ映画）
マイケル・キートン（Michael Keaton）「DOPESICK アメリカを蝕むオピオイド危機（Dopesick）」
- 主演女優賞（リミテッド/アンソロジーシリーズ・テレビ映画）
ケイト・ウィンスレット（Kate Winslet）「メア・オブ・イーストタウン/ある殺人事件の真実（Mare of Easttown）」
- 助演男優賞　呉 永洙（Oh Young-soo）「イカゲーム（英題：Squid Game）」
- 助演女優賞　セーラ・スヌーク（Sarah Snook）「メディア王 〜華麗なる一族〜（Succession）」

第80回 (2022年度)

◇映画
- 作品賞 (ドラマ) 「フェイブルマンズ (The Fabelmans)」
- 主演男優賞 (ドラマ) オースティン・バトラー (Austin Butler) 「エルヴィス (Elvis)」
- 主演女優賞 (ドラマ) ケイト・ブランシェット (Cate Blanchett) 「TAR/ター (Tár)」
- 作品賞 (ミュージカル・コメディ) 「イニシェリン島の精霊 (The Banshees of Inisherin)」
- 主演男優賞 (ミュージカル・コメディ) コリン・ファレル (Colin Farrell) 「イニシェリン島の精霊 (The Banshees of Inisherin)」
- 主演女優賞 (ミュージカル・コメディ) ミシェル・ヨー (Michelle Yeoh) 「エブリシング・エブリウェア・オール・アット・ワンス (Everything Everywhere All at Once)」
- 助演男優賞 キー・ホイ・クァン (Ke Huy Quan) 「エブリシング・エブリウェア・オール・アット・ワンス (Everything Everywhere All at Once)」
- 助演女優賞 アンジェラ・バセット (Angela Bassett) 「ブラックパンサー/ワカンダ・フォーエバー (Black Panther：Wakanda Forever)」
- 監督賞 スティーヴン・スピルバーグ (Steven Spielberg) 「フェイブルマンズ (The Fabelmans)」
- 脚本賞 マーティン・マクドナー (Martin McDonagh) 「イニシェリン島の精霊 (The Banshees of Inisherin)」
- 作曲賞 ジャスティン・ハーウィッツ (Justin Hurwitz) 「バビロン (Babylon)」
- 主題歌賞 「Naatu Naatu—"RRR"より」
- 非英語映画賞 「アルゼンチン1985 〜歴史を変えた裁判〜 (Argentina, 1985)」(アルゼンチン)
- アニメーション作品賞 「ギレルモ・デル・トロのピノッキオ (Guillermo del Toro's Pinocchio)」

◇セシル・B.デミル賞 エディ・マーフィ (Eddie Murphy)

◇テレビ
- テレビ・シリーズ作品賞 (ドラマ) 「ハウス・オブ・ザ・ドラゴン (House of the Dragon)」
- 主演男優賞 (ドラマ) ケヴィン・コスナー (Kevin Costner) 「イエローストーン (Yellowstone)」
- 主演女優賞 (ドラマ) ゼンデイヤ (Zendaya) 「ユーフォリア/EUPHORIA (Euphoria)」
- テレビ・シリーズ作品賞 (ミュージカル・コメディ) 「アボット エレメンタリー (Abbott Elementary)」
- 主演男優賞 (ミュージカル・コメディ) ジェレミー・アレン・ホワイト (Jeremy Allen White) 「一流シェフのファミリーレストラン (The Bear)」
- 主演女優賞 (ミュージカル・コメディ) キンタ・ブランソン (Quinta Brunson) 「アボット エレメンタリー (Abbott Elementary)」
- 助演男優賞 (ミュージカル・コメディ・ドラマ) タイラー・ウィリアムズ (Tyler Williams) 「アボット エレメンタリー (Abbott Elementary)」
- 助演女優賞 (ミュージカル・コメディ・ドラマ) ジュリア・ガーナー (Julia Garner) 「オザークへようこそ (Ozark)」
- リミテッド/アンソロジーシリーズ・テレビ映画作品賞 「ホワイト・ロータス/諸事情だらけのリゾートホテル (The White Lotus)」
- 主演男優賞 (リミテッド/アンソロジーシリーズ・テレビ映画)

エヴァン・ピーターズ（Evan Peters）「ダーマー モンスター：ジェフリー・ダーマーの物語（Dahmer - Monster：The Jeffrey Dahmer Story）」
- 主演女優賞（リミテッド/アンソロジーシリーズ・テレビ映画）
アマンダ・セイフライド（Amanda Seyfried）「ドロップアウト 〜シリコンバレーを騙した女（The Dropout）」
- 助演男優賞（リミテッド/アンソロジーシリーズ・テレビ映画）
ポール・ハウザー（Paul Hauser）「ブラック・バード（Black Bird）」
- 助演女優賞（リミテッド/アンソロジーシリーズ・テレビ映画）
ジェニファー・クーリッジ（Jennifer Coolidge）「ホワイト・ロータス/諸事情だらけのリゾートホテル（The White Lotus）」

第81回（2023年度）
◇映画
- 作品賞（ドラマ）「オッペンハイマー（Oppenheimer）」
- 主演男優賞（ドラマ）キリアン・マーフィー（Cillian Murphy）「オッペンハイマー（Oppenheimer）」
- 主演女優賞（ドラマ）リリー・グラッドストーン（Lily Gladstone）「キラーズ・オブ・ザ・フラワームーン（Killers of the Flower Moon）」
- 作品賞（ミュージカル・コメディ）
「哀れなるものたち（Poor Things）」
- 主演男優賞（ミュージカル・コメディ）
ポール・ジアマッティ（Paul Giamatti）「ホールドオーバーズ 置いてけぼりのホリデイ（The Holdovers）」
- 主演女優賞（ミュージカル・コメディ）
エマ・ストーン（Emma Stone）「哀れなるものたち（Poor Things）」
- 助演男優賞　ロバート・ダウニー Jr.（Robert Downey Jr.）「オッペンハイマー（Oppenheimer）」
- 助演女優賞　ダヴィン・ジョイ・ランドルフ（Da'Vine Joy Randolph）「ホールドオーバーズ 置いてけぼりのホリデイ（The Holdovers）」
- 監督賞　クリストファー・ノーラン（Christopher Nolan）「オッペンハイマー（Oppenheimer）」
- 脚本賞　ジュスティーヌ・トリエ（Justine Triet），アルチュール・アラリ（Arthur Harari）「落下の解剖学（原題：Anatomie d'une chute，英題：Anatomy of a Fall）」
- 作曲賞　ルドウィグ・ゴランソン（Ludwig Göransson）「オッペンハイマー（Oppenheimer）」
- 主題歌賞　「What Was I Made For？―"バービー（Barbie）"より」
- 非英語映画賞　「落下の解剖学（原題：Anatomie d'une chute，英題：Anatomy of a Fall）」
- アニメーション作品賞　「君たちはどう生きるか（英題：The Boy and the Heron）」
◇興行成績賞　「バービー（Barbie）」
◇テレビ
- テレビ・シリーズ作品賞（ドラマ）
「メディア王 〜華麗なる一族〜（Succession）」
- 主演男優賞（ドラマ）キーラン・カルキン（Kieran Culkin）「メディア王 〜華麗なる一族〜（Succession）」
- 主演女優賞（ドラマ）セーラ・スヌーク（Sarah Snook）「メディア王 〜華麗なる一族〜（Succession）」
- テレビ・シリーズ作品賞（ミュージカル・コメディ）
「一流シェフのファミリーレストラン（The Bear）」
- 主演男優賞（ミュージカル・コメディ）

　　　　　　　ジェレミー・アレン・ホワイト（Jeremy Allen White）「一流シェフのファミリーレストラン（The Bear）」
　・主演女優賞（ミュージカル・コメディ）
　　　　　　　アヨ・エデビリ（Ayo Edebiri）「一流シェフのファミリーレストラン（The Bear）」
　・リミテッド/アンソロジーシリーズ・テレビ映画作品賞
　　　　　　　「BEEF/ビーフ 〜逆上〜（Beef）」
　・主演男優賞（リミテッド/アンソロジーシリーズ・テレビ映画）
　　　　　　　スティーヴン・ユァン（Steven Yeun）「BEEF/ビーフ 〜逆上〜（Beef）」
　・主演女優賞（リミテッド/アンソロジーシリーズ・テレビ映画）
　　　　　　　アリ・ウォン（Ali Wong）「BEEF/ビーフ 〜逆上〜（Beef）」
　・助演男優賞　マシュー・マクファディン（Matthew Macfadyen）「メディア王 〜華麗なる一族〜（Succession）」
　・助演女優賞　エリザベス・デビッキ（Elizabeth Debicki）「ザ・クラウン（The Crown）」
　・スタンダップコメディ賞 リッキー・ジャーヴェイス（Ricky Gervais）「リッキー・ジャーヴェイスのこれじゃ世も末（Ricky Gervais：Armageddon）」

第82回（2024年度）
◇映画
　・作品賞（ドラマ）「ブルータリスト（The Brutalist）」
　・主演男優賞（ドラマ）エイドリアン・ブロディ（Adrien Brody）「ブルータリスト（The Brutalist）」
　・主演女優賞（ドラマ）フェルナンダ・トーレス（Fernanda Torres）「Ainda Estou Aqui（英題：I'm Still Here）」
　・作品賞（ミュージカル・コメディ）
　　　　　　　「エミリア・ペレス（Emilia Pérez）」
　・主演男優賞（ミュージカル・コメディ）
　　　　　　　セバスチャン・スタン（Sebastian Stan）「A Different Man」
　・主演女優賞（ミュージカル・コメディ）
　　　　　　　デミ・ムーア（Demi Moore）「サブスタンス（The Substance）」
　・助演男優賞　キーラン・カルキン（Kieran Culkin）「リアル・ペイン〜心の旅〜（A Real Pain）」
　・助演女優賞　ゾーイ・サルダナ（Zoe Saldaña）「エミリア・ペレス（Emilia Pérez）」
　・監督賞　　　ブラディ・コーベット（Brady Corbet）「ブルータリスト（The Brutalist）」
　・脚本賞　　　ピーター・ストローハン（Peter Straughan）「教皇選挙（Conclave）」
　・作曲賞　　　トレント・レズナー（Trent Reznor），アッティカス・ロス（Atticus Ross）「チャレンジャーズ（Challengers）」
　・主題歌賞　　「El Mal―"エミリア・ペレス（Emilia Pérez）"より」
　・非英語映画賞「エミリア・ペレス（Emilia Pérez）」（フランス）
　・アニメーション作品賞　「Flow（原題：Flow）」
◇興行成績賞　「ウィキッド ふたりの魔女（Wicked）」
◇セシル・B.デミル賞　ヴィオラ・デイヴィス（Viola Davis）
◇テレビ
　・テレビ・シリーズ作品賞（ドラマ）
　　　　　　　「SHOGUN 将軍（Shogun）」
　・主演男優賞（ドラマ）真田 広之（Hiroyuki Sanada）「SHOGUN 将軍（Shogun）」
　・主演女優賞（ドラマ）アンナ・サワイ（Anna Sawai）「SHOGUN 将軍（Shogun）」
　・テレビ・シリーズ作品賞（ミュージカル・コメディ）
　　　　　　　「Hacks」

- 主演男優賞（ミュージカル・コメディ）
  ジェレミー・アレン・ホワイト（Jeremy Allen White）「一流シェフのファミリーレストラン（The Bear）」
- 主演女優賞（ミュージカル・コメディ）
  ジーン・スマート（Jean Smart）「Hacks」
- リミテッド/アンソロジーシリーズ・テレビ映画作品賞
  「私のトナカイちゃん（Baby Reindeer）」
- 主演男優賞（リミテッド/アンソロジーシリーズ・テレビ映画）
  コリン・ファレル（Colin Farrell）「THE PENGUIN－ザ・ペンギン－（The Penguin）」
- 主演女優賞（リミテッド/アンソロジーシリーズ・テレビ映画）
  ジョディ・フォスター（Jodie Foster）「トゥルー・ディテクティブ ナイト・カントリー（True Detective：Night Country）」
- 助演男優賞　浅野 忠信（Tadanobu Asano）「SHOGUN 将軍（Shogun）」
- 助演女優賞　ジェシカ・ガニング（Jessica Gunning）「私のトナカイちゃん（Baby Reindeer）」
- スタンダップコメディ賞 アリ・ウォン（Ali Wong）「アリ・ウォンのシングルレディ（Ali Wong：Single Lady）」

34　ゴールデン・ラズベリー賞（ラジー賞）　The Golden Raspberry (RAZZIE) Awards

　最低の映画を選出することを目的としてジョン・ウィルソン（John Wilson）らによって設立されたアメリカの映画賞。1980年の最低映画を称え、81年3月に第1回目を開催。アカデミー賞のパロディー版として知られ、毎年同賞授賞式の前夜に発表される。分野は最低作品、男優、女優、監督、脚本、新人、リメイク・盗作・続編賞などがある。授賞式もアカデミー賞同様テレビ中継されるが、受賞者が式に来場することは極めて稀である。

【主催者】ゴールデン・ラズベリー賞財団（The Golden Raspberry Award Foundation）
【選考委員】世界各国の評論家やジャーナリストら財団会員
【選考方法】財団会員の投票により、候補作、受賞作を決定
【選考基準】予算額、俳優歴などに関わらず選出される
【締切・発表】発表はアカデミー賞授賞式の前日
【賞・賞金】8mmフィルム缶の上に金色のラズベリーを象ったトロフィー
【E-mail】info@razzies.com
【URL】https://www.razzies.com/index.html

第36回（2015年）
◇最低作品賞　　　　「ファンタスティック・フォー（Fantastic Four）」
◇最低主演男優賞　　ジェイミー・ドーナン（Jamie Dornan）「フィフティ・シェイズ・オブ・グレイ（Fifty Shades of Grey）」
◇最低主演女優賞　　ダコタ・ジョンソン（Dakota Johnson）「フィフティ・シェイズ・オブ・グレイ（Fifty Shades of Grey）」
◇最低助演男優賞　　エディ・レッドメイン（Eddie Redmayne）「ジュピター（Jupiter Ascending）」
◇最低助演女優賞　　ケイリー・クオコ＝スウィーティング（Kaley Cuoco-Sweeting）「アルビン4 それいけ！シマリス大作戦（Alvin&The Chipmunks：Road Chip）」「ベストマン－シャイな花婿と壮大なる悪夢の2週間－（The Wedding Ringer）」
◇最低スクリーンコンボ賞　ジェイミー・ドーナン（Jamie Dornan），ダコタ・ジョンソン（Dakota

　　　　　　　　　　　　　　Johnson）「フィフティ・シェイズ・オブ・グレイ（Fifty Shades of Grey）」
　◇最低リメイク・盗作・続編賞
　　　　　　　　　　　　　「ファンタスティック・フォー（Fantastic Four）」
　◇最低監督賞　　　ジョシュ・トランク（Josh Trank）「ファンタスティック・フォー（Fantastic Four）」
　◇最低脚本賞　　　ケリー・マーセル（Kelly Marcel）「フィフティ・シェイズ・オブ・グレイ（Fifty Shades of Grey）」
　◇ラジー名誉挽回賞　シルヴェスター・スタローン（Sylvester Stallone）「クリード チャンプを継ぐ男（Creed）」

第37回（2016年）
　◇最低作品賞　　　「ヒラリーのアメリカ、民主党の秘密の歴史（Hillary's America：The Secret History of the Democratic Party）」
　◇最低主演男優賞　ディネシュ・ドゥスーザ（Dinesh D'Souza）「ヒラリーのアメリカ、民主党の秘密の歴史（Hillary's America：The Secret History of the Democratic Party）」
　◇最低主演女優賞　ベッキー・ターナー（Becky Turner）「ヒラリーのアメリカ、民主党の秘密の歴史（Hillary's America：The Secret History of the Democratic Party）」
　◇最低助演男優賞　ジェシー・アイゼンバーグ（Jesse Eisenberg）「バットマン vs スーパーマン ジャスティスの誕生（Batman v Superman：Dawn of Justice）」
　◇最低助演女優賞　クリステン・ウィグ（Kristen Wiig）「ズーランダー NO.2（Zoolander 2）」
　◇最低スクリーンコンボ賞　ベン・アフレック（Ben Affleck），ヘンリー・カヴィル（Henry Cavill）「バットマン vs スーパーマン ジャスティスの誕生（Batman v Superman：Dawn of Justice）」
　◇最低リメイク・盗作・続編賞
　　　　　　　　　　　　　「バットマン vs スーパーマン ジャスティスの誕生（Batman v Superman：Dawn of Justice）」
　◇最低監督賞　　　ディネシュ・ドゥスーザ（Dinesh D'Souza），ブルース・スクーリー（Bruce Schooley）「ヒラリーのアメリカ、民主党の秘密の歴史（Hillary's America：The Secret History of the Democratic Party）」
　◇最低脚本賞　　　「バットマン vs スーパーマン ジャスティスの誕生（Batman v Superman：Dawn of Justice）」
　◇ラジー名誉挽回賞　メル・ギブソン（Mel Gibson）「ハクソー・リッジ（Hacksaw Ridge）」"エクスペンダブルズ3 ワールドミッション（The Expendables 3）」の最低助演男優賞候補から「ハクソー・リッジ」の監督に"

第38回（2017年）
　◇最低作品賞　　　「絵文字の国のジーン（The Emoji Movie）」
　◇最低主演男優賞　トム・クルーズ（Tom Cruise）「ザ・マミー/呪われた砂漠の王女（The Mummy）」
　◇最低主演女優賞　タイラー・ペリー（Tyler Perry）「タイラー・ペリーのまた出たぞ〜！マデアのハロウィン2（Boo 2！A Madea Halloween）」
　◇最低助演男優賞　メル・ギブソン（Mel Gibson）「パパVS新しいパパ2（Daddy's Home 2）」
　◇最低助演女優賞　キム・ベイシンガー（Kim Basinger）「フィフティ・シェイズ・ダーカー（Fifty Shades Darker）」
　◇最低スクリーンコンボ賞　二つの不快な絵文字の組み合わせ（Any Two Obnoxious Emojis）「絵文字の国のジーン（The Emoji Movie）」
　◇最低リメイク・盗作・続編賞
　　　　　　　　　　　　　「フィフティ・シェイズ・ダーカー（Fifty Shades Darker）」
　◇最低監督賞　　　アンソニー（トニー）・レオンディス（Anthony（Tony）Leonidis）「絵文字の国のジーン（The Emoji Movie）」

◇最低脚本賞 「絵文字の国のジーン(The Emoji Movie)」
◇ひどすぎて逆に大好きになったで賞
　　　　　　　「ベイウォッチ(Baywatch)」

第39回(2018年)
◇最低作品賞 「俺たちホームズ&ワトソン(Holmes&Watson)」
◇最低主演男優賞 ドナルド・トランプ(Donald Trump)「華氏119(Fahrenheit 11/9)」「Death of a Nation」
◇最低主演女優賞 メリッサ・マッカーシー(Melissa McCarthy)「パペット大騒査線 追憶の紫影〈パープル・シャドー〉(The Happytime Murders)」「ライフ・オブ・ザ・パーティー(Life of the Party)」
◇最低助演男優賞 ジョン・C.ライリー(John C. Reilly)「俺たちホームズ&ワトソン(Holmes&Watson)」
◇最低助演女優賞 ケリーアン・コンウェイ(Kellyanne Conway)「華氏119(Fahrenheit 11/9)」
◇最低スクリーンコンボ賞 ドナルド・トランプと彼の尽きない卑小さ(Donald Trump & "His Self Perpetuating Pettiness")「華氏119(Fahrenheit 11/9)」「Death of a Nation」
◇最低リメイク・盗作・続編賞
　　　　　　　「俺たちホームズ&ワトソン(Holmes&Watson)」
◇最低監督賞 イータン・コーエン(Etan Cohen)「俺たちホームズ&ワトソン(Holmes&Watson)」
◇最低脚本賞 ナイオール・レナード(Niall Leonard)「フィフティ・シェイズ・フリード(Fifty Shades Freed)」
◇ラジー名誉挽回賞 メリッサ・マッカーシー(Melissa McCarthy)「ある女流作家の罪と罰(Can You Ever Forgive Me?)」

第40回(2019年)
◇最低作品賞 「キャッツ(Cats)」
◇最低主演男優賞 ジョン・トラボルタ(John Travolta)「ファナティック ハリウッドの狂愛者(The Fanatic)」「ワイルド・レース(Trading Paint)」
◇最低主演女優賞 ヒラリー・ダフ(Hilary Duff)「ハリウッド1969 シャロン・テートの亡霊(The Haunting of Sharon Tate)」
◇最低助演男優賞 ジェームズ・コーデン(James Corden)「キャッツ(Cats)」
◇最低助演女優賞 レベル・ウィルソン(Rebel Wilson)「キャッツ(Cats)」
◇最低スクリーンコンボ賞 半猫半人のすべての毛玉の組み合わせ(Any Two Half-Feline/Half-Human Hairballs)「キャッツ(Cats)」
◇最低リメイク・盗作・続編賞
　　　　　　　「ランボー ラスト・ブラッド(Rambo: Last Blood)」
◇最低監督賞 トム・フーパー(Tom Hooper)「キャッツ(Cats)」
◇最低脚本賞 リー・ホール(Lee Hall), トム・フーパー(Tom Hooper)「キャッツ(Cats)」
◇人命・公共財産軽視賞 「ランボー ラスト・ブラッド(Rambo: Last Blood)」
◇ラジー名誉挽回賞 エディ・マーフィ(Eddie Murphy)「ルディ・レイ・ムーア(Dolemite Is My Name)」

第41回(2020年)
◇最低作品賞 「Absolute Proof」
◇最低主演男優賞 マイク・リンデル(Mike Lindell)「Absolute Proof」
◇最低主演女優賞 ケイト・ハドソン(Kate Hudson)「ライフ・ウィズ・ミュージック(Music)」
◇最低助演男優賞 ルディ・ジュリアーニ(Rudy Giuliani)「続・ボラット 栄光ナル国家だったカザフスタンのためのアメリカ貢ぎ物計画(Borat Subsequent Moviefilm)」
◇最低助演女優賞 マディ・ジーグラー(Maddie Ziegler)「ライフ・ウィズ・ミュージック

　　　　　　　　　　　　　（Music）」
　◇最低スクリーンコンボ賞　ルディ・ジュリアーニと彼のズボンのチャック（Rudy Giuliani&His Pants Zipper）「続・ボラット 栄光ナル国家だったカザフスタンのためのアメリカ貢ぎ物計画（Borat Subsequent Moviefilm）」
　◇最低リメイク・盗作・続編賞
　　　　　　　　　　　　「ドクター・ドリトル（Dolittle）」
　◇最低監督賞　　　　　シーア（Sia）「ライフ・ウィズ・ミュージック（Music）」
　◇最低脚本賞　　　　　トマシュ・クリマラ（Tomasz Klimala），バルバラ・ビャオヴァス（Barbara Bialowas），トマシュ・マンデス（Tomasz Mandes），ブランカ・リピンスカ（Blanka Lipińska：原作）「愛は、365の日々で（原題：365 Dni，英題：365 Days）」
　◇ガバナーズ特別賞　2020年（2020）"史上最悪の暦年"

第42回（2021年）
　◇最低作品賞　　　　　「ダイアナ：ザ・ミュージカル（Diana：The Musical）」〈Netflix版〉
　◇最低主演男優賞　　　レブロン・ジェームズ（LeBron James）「スペース・プレイヤーズ（Space Jam：A New Legacy）」
　◇最低主演女優賞　　　ジーナ・デ・ヴァール（Jeanna de Waal）「ダイアナ：ザ・ミュージカル（Diana：The Musical）」
　◇最低助演男優賞　　　ジャレッド・レト（Jared Leto）「ハウス・オブ・グッチ（House of Gucci）」
　◇最低助演女優賞　　　ジュディ・ケイ（Judy Kaye）「ダイアナ：ザ・ミュージカル（Diana：The Musical）」
　◇最低スクリーンコンボ賞　レブロン・ジェームズとワーナーのカートゥーンキャラクター（またはワーナー・メディア作品）（LeBron James&Any Warner Cartoon Character（or WarnerMedia Product））「スペース・プレイヤーズ（Space Jam：A New Legacy）」
　◇最低リメイク・盗作・続編賞
　　　　　　　　　　　　「スペース・プレイヤーズ（Space Jam：A New Legacy）」
　◇最低監督賞　　　　　クリストファー・アシュレイ（Christopher Ashley）「ダイアナ：ザ・ミュージカル（Diana：The Musical）」
　◇最低脚本賞　　　　　ジョー・ディピエトロ（Joe DiPietro：脚本・作詞・作曲），デヴィッド・ブライアン（David Bryan：作詞・作曲）「ダイアナ：ザ・ミュージカル（Diana：The Musical）」
　◇ラジー名誉挽回賞　ウィル・スミス（Will Smith）「ドリームプラン（King Richard）」

第43回（2022年）
　◇最低作品賞　　　　　「ブロンド（Blonde）」〈監督：アンドリュー・ドミニク〉
　◇最低主演男優賞　　　ジャレッド・レト（Jared Leto）「モービウス（Morbius）」
　◇最低主演女優賞　　　ラジー賞（The RAZZIES）"第43回最低主演女優賞ノミネーションの失態"
　◇最低助演男優賞　　　トム・ハンクス（Tom Hanks）「エルヴィス（Elvis）」
　◇最低助演女優賞　　　アドリア・アルホナ（Adria Arjona）「モービウス（Morbius）」
　◇最低スクリーンコンボ賞　トム・ハンクスと彼のラテックスまみれの顔（＆おかしなアクセント）（Tom Hanks&His Latex-Laden Face（and That Ludicrous Accent））「エルヴィス（Elvis）」
　◇最低リメイク・盗作・続編賞
　　　　　　　　　　　　「ピノキオ（Pinocchio）」〈ディズニー〉
　◇最低監督賞　　　　　コルソン・ベイカー（Colson Baker），モッド・サン（Mod Sun）「グッド・モウニング／人生最悪のハイな1日（Good Mourning）」
　◇最低脚本賞　　　　　アンドリュー・ドミニク（Andrew Dominik）「ブロンド（Blonde）」
　◇ラジー名誉挽回賞　コリン・ファレル（Colin Farrell）"2004年最低主演男優賞ノミネートから2022年アカデミー賞主演男優賞の有力候補に"

第44回（2023年）
- ◇最低作品賞　　「プー あくまのくまさん（Winnie-the-Pooh：Blood and Honey）」
- ◇最低主演男優賞　ジョン・ヴォイト（Jon Voight）「Mercy／マーシー（Mercy）」
- ◇最低主演女優賞　ミーガン・フォックス（Megan Fox）「バトル・オブ・ザ・キラーズ（Johnny&Clyde）」
- ◇最低助演男優賞　シルヴェスター・スタローン（Sylvester Stallone）「エクスペンダブルズ ニューブラッド（Expend4bles）」
- ◇最低助演女優賞　ミーガン・フォックス（Megan Fox）「エクスペンダブルズ ニューブラッド（Expend4bles）」
- ◇最低スクリーン・カップル賞
  血に飢えた切り裂き魔 殺人鬼としてのプー＆ピグレッド（Pooh&Piglet as Blood-Thirsty Slasher/Killers（！））「プー あくまのくまさん（Winnie-the-Pooh：Blood and Honey）」
- ◇最低前日譚・リメイク・盗作・続編賞
  「プー あくまのくまさん（Winnie-the-Pooh：Blood and Honey）」
- ◇最低監督賞　　リース・フレイク＝ウォーターフィールド（Rhys Frake-Waterfield）「プー あくまのくまさん（Winnie-the-Pooh：Blood and Honey）」
- ◇最低脚本賞　　リース・フレイク＝ウォーターフィールド（Rhys Frake-Waterfield）「プー あくまのくまさん（Winnie-the-Pooh：Blood and Honey）」
- ◇ラジー名誉挽回賞　フラン・ドレシャー（Fran Drescher：1998年ノミネート、現SAG-AFTRA会長）"俳優組合を導き、長期化した2023年のストライキを成功裡に終わらせた"

35 セザール賞　César du Cinéma Français

1975年、映画プロデューサーのジョルジュ・クラヴァンヌの提唱によりフランス映画芸術技術アカデミー（通称：セザール・アカデミー）が設立され、76年に第1回授賞式を開催。フランス版アカデミー賞とも言われ、フランス国内で最も権威ある映画賞となる。受賞者に贈られるトロフィーはクラヴァンヌの友人だった著名な彫刻家・セザールの作品で、賞の名称は彼に因んでいる。授賞式は毎年2月後半から3月前半にかけて開催され、式の様子がテレビ中継される。
＊日本人では、黒澤明「影武者」（1981年）、是枝裕和「万引き家族」（2019年）が最優秀外国映画賞を受賞
【主催者】フランス映画芸術技術アカデミー（Académie des Arts et Techniques du Cinéma）
【選考方法】フランス映画芸術技術アカデミー会員による投票（投票権者は約4700人）
【選考基準】前年1月1日から12月31日までに映画館で公開された作品と、映画に参加したアーティストや技術者を対象とする
【締切・発表】〔第50回・2024年度〕2025年1月29日にノミネート作発表、2月28日に授賞式
【賞・賞金】トロフィー
【E-mail】info@academie-cinema.org
【URL】https://www.academie-cinema.org/

第41回（2015年度）
- ◇作品賞　　　　「Fatima」〈監督：フィリップ・フォコン〉
- ◇監督賞　　　　アルノー・デプレシャン（Arnaud Desplechin）「あの頃エッフェル塔の下で（Trois souvenirs de ma jeunesse）」
- ◇主演男優賞　　ヴァンサン・ランドン（Vincent Lindon）「ティエリー・トグルドーの憂鬱（La

◇主演女優賞　　カトリーヌ・フロ（Catherine Frot）「偉大なるマルグリット（Marguerite）」
第42回（2016年度）
　　◇作品賞　　　　「エル ELLE（Elle）」〈監督：ポール・ヴァーホーヴェン〉
　　◇監督賞　　　　グザヴィエ・ドラン（Xavier Dolan）「たかが世界の終わり（Juste la fin du monde）」
　　◇主演男優賞　　ギャスパー・ウリエル（Gaspard Ulliel）「たかが世界の終わり（Juste la fin du monde）」
　　◇主演女優賞　　イザベル・ユペール（Isabelle Huppert）「エル ELLE（Elle）」
第43回（2017年度）
　　◇作品賞　　　　「BPM ビート・パー・ミニット（120 battements par minute）」〈監督：ロバン・カンピヨ〉
　　◇監督賞　　　　アルベール・デュポンテル（Albert Dupontel）「天国でまた会おう（Au Revoir là-haut）」
　　◇主演男優賞　　スワン・アルロー（Swann Arlaud）「ブラッディ・ミルク（Petit paysan）」
　　◇主演女優賞　　ジャンヌ・バリバール（Jeanne Balibar）「バルバラ ～セーヌの黒いバラ～（Barbara）」
第44回（2018年度）
　　◇作品賞　　　　「ジュリアン（Jusqu'à la garde）」〈監督：グザヴィエ・ルグラン〉
　　◇監督賞　　　　ジャック・オーディアール（Jacques Audiard）「ゴールデン・リバー（原題：The Sisters Brothers、仏題：Les Frères Sisters）」
　　◇主演男優賞　　アレックス・ルッツ（Alex Lutz）「ギイ（Guy）」
　　◇主演女優賞　　レア・ドリュッケール（Léa Drucker）「ジュリアン（Jusqu'à la garde）」
第45回（2019年度）
　　◇作品賞　　　　「レ・ミゼラブル（Les Misérables）」〈監督：ラジ・リ〉
　　◇監督賞　　　　ロマン・ポランスキー（Roman Polanski）「オフィサー・アンド・スパイ（J'Accuse）」
　　◇主演男優賞　　ロシュディ・ゼム（Roschdy Zem）「ダブル・サスペクツ（Roubaix, une lumière）」
　　◇主演女優賞　　アナイス・ドゥムースティエ（Anaïs Demoustier）「アリスと市長（Alice et le maire）」
第46回（2020年度）
　　◇作品賞　　　　「Adieu les cons」〈監督：アルベール・デュポンテル〉
　　◇監督賞　　　　アルベール・デュポンテル（Albert Dupontel）「Adieu les cons」
　　◇主演男優賞　　サミ・ブアジラ（Sami Bouajila）「Un fils」
　　◇主演女優賞　　ロール・カラミー（Laure Calamy）「セヴェンヌ山脈のアントワネット（Antoinette dans les Cévennes）」
第47回（2021年度）
　　◇作品賞　　　　「幻滅（Illusions perdues）」〈監督：グザヴィエ・ジャノリ〉
　　◇監督賞　　　　レオス・カラックス（Leos Carax）「アネット（Annette）」
　　◇主演男優賞　　ブノワ・マジメル（Benoît Magimel）「愛する人に伝える言葉（De son vivant）」
　　◇主演女優賞　　ヴァレリー・ルメルシェ（Valérie Lemercier）「ヴォイス・オブ・ラブ（Aline）」
第48回（2022年度）
　　◇作品賞　　　　「12日の殺人（La Nuit du 12）」〈監督：ドミニク・モル〉
　　◇監督賞　　　　ドミニク・モル（Dominik Moll）「12日の殺人（La Nuit du 12）」
　　◇主演男優賞　　ブノワ・マジメル（Benoît Magimel）「Pacifiction - tourment sur les îles」

◇主演女優賞	ヴィルジニー・エフィラ（Virginie Efira）「パリの記憶（Revoir Paris）」

第49回（2023年度）
◇作品賞　　　「落下の解剖学（Anatomie d'une chute）」〈監督：ジュスティーヌ・トリエ〉
◇監督賞　　　ジュスティーヌ・トリエ（Justine Triet）「落下の解剖学（Anatomie d'une chute）」
◇主演男優賞　アリエ・ワルトアルテ（Arieh Worthalter）「Le Procès Goldman」
◇主演女優賞　ザンドラ・ヒュラー（Sandra Hüller）「落下の解剖学（Anatomie d'une chute）」

36　東京国際映画祭

　第37回を迎える東京国際映画祭（以下TIFF）は日本で唯一の国際映画製作者連盟公認の国際映画祭。1985（昭和60）年、日本ではじめて大規模な映画の祭典として誕生したTIFFは、日本およびアジアの映画産業、文化振興に大きな足跡を残し、アジア最大級の国際映画祭へと成長した。いまや最も熱気溢れるアジア映画の最大の拠点である東京に世界中から優れた映画が集まり、国内外の映画人、映画ファンが新たな才能とその感動に出会い、交流する場を提供する。

　＊日本の作品では、相米慎二「台風クラブ」（1985年）、根岸吉太郎「雪に願うこと」（2005年）、吉田大八「敵」（24年）がグランプリを受賞

【主催者】公益財団法人ユニジャパン（東京国際映画祭実行委員会）
【選考委員】〔第37回〕コンペティション部門国際審査委員長：トニー・レオン（俳優）、審査委員：エニェディ・イルディコー（映画監督）、橋本愛（俳優）、キアラ・マストロヤンニ（俳優）、ジョニー・トー（映画監督・プロデューサー）、アジアの未来審査委員：ニア・ディナタ（監督・プロデューサー・脚本家）、山下宏洋（イメージフォーラム・フェスティバルディレクター）、横浜聡子（映画監督）
【選考方法】公募
【選考基準】〔第37回〕(1) 2024年1月1日以降に完成した作品であること。(2) ジャパン・プレミアであること。ワールド・プレミア，インターナショナル・プレミア作品は優先される。(3) 上映時間が60分以上の長編であること。(4) 原則として、公式上映時にデジタル上映素材（英語字幕入り）を提供可能な作品であること
【締切・発表】〔第37回〕2024年10月28日〜11月6日に都内の各劇場・施設で開催
【賞・賞金】東京グランプリ/東京都知事賞：賞金300万円、審査委員特別賞：賞金50万円、最優秀監督賞・最優秀女優賞・最優秀男優賞・最優秀芸術貢献賞：賞金30万円
【E-mail】tiff-press@tiff-jp.net
【URL】https://2024.tiff-jp.net/ja/

第1回（1985年）
　◇ヤングシネマ
　　・ヤングシネマ'85大賞　相米 慎二（Shinji Somai：日本）「台風クラブ」
　　・最優秀監督賞　ペーテル・ゴタール（Peter Gotha：ハンガリー）「止った時間」
　　・小津安二郎記念賞　アリ・オズゲントルク（Ali Özgentürk：トルコ）「At」
　　・審査員特別功労賞　フランソワ・ブーヴィエ（François Bouvier）、ジャン・ボードリー（Jean Beaudry：カナダ）「ジャックと11月」
　　　　　　　　　　　　ヘクトール・バベンコ（Héctor Babenco：ブラジル）「蜘蛛女のキス」

第2回（1987年）
　◇インターナショナル・コンペティション

- 東京グランプリ　呉 天明（Wu Tianming：中国）「古井戸」
- 審査員特別賞　ビル・フォーサイス（Bill Forsyth：カナダ）「シルビーの帰郷」
- 最優秀監督賞　ラナ・ゴゴベリーゼ（Lana Gogoberidze：ソビエト連邦）「転回」
- 最優秀男優賞　チャン イーモウ（Zhang Yimou：中国）「古井戸」
- 最優秀女優賞　レイチェル・ウォード（Rachel Claire Ward：オーストラリア）「普通の女」
- 最優秀芸術貢献賞　ジョン・ブアマン（John Boorman：イギリス）「希望と栄光の日々」
- 最優秀脚本賞　ビル・フォーサイス（Bill Forsyth：カナダ）「シルビーの帰郷」
- 特別功労賞　ジョン・ヒューストン（John Huston：アメリカ）「ザ・デッド/死者」

◇ヤングシネマ
- さくらゴールド賞　ハリー・フック（Harry Hook：イギリス）「キッチン・トト」
- さくらシルバー賞　スティーブ・ゴーマー（Steve Gomer：アメリカ）「ホテル・ロレイン」

◇国際映画批評家連盟賞　李 昌鎬（Lee Jang-ho：韓国）「旅人は休まない」

第3回（1989年）

◇インターナショナル・コンペティション
- 東京グランプリ　ライコ・グルリチ（Rajko Grlić：ユーゴスラビア）「ホワイト・ローズ」
- 審査員特別賞　ピョートル・トドロフスキー（Pyotr Toderovsky：ソビエト連邦）「令嬢ターニカ」
- 最優秀監督賞　ライコ・グルリチ（Rajko Grlić：ユーゴスラビア）「ホワイト・ローズ」
- 最優秀男優賞　マーロン・ブランド（Marlon Brando：アメリカ）「白く渇いた季節」
- 最優秀女優賞　エレナ・ヤコブレワ（Yelena Yakovleva：ソビエト連邦）「令嬢ターニカ」
- 最優秀芸術貢献賞　ベルトラン・タヴェルニエ（Bertrand Tavernier：フランス）「人生・それだけ」
- 最優秀脚本賞　マーティン・サンダーソン（Martyn Sanderson：ニュージーランド）「フライング・フォックス・自由への旅」

◇ヤングシネマ
- さくらゴールド賞　イドリッサ・ウエドラオゴ（Idrissa Ouedraogo：ブルキナファソ）「ヤーバ」
- さくらシルバー賞　長崎 俊一（Shunichi Nagasaki：日本）「誘惑者」

◇国際映画批評家連盟賞　長崎 俊一（Shunichi Nagasaki：日本）「誘惑者」
　　　　　　　　　　　サイード・アクタル・ミルザ（Saeed Akhtar Mirza：インド）「ボンベイのサリム」

第4回（1991年）

◇インターナショナル・コンペティション
- 東京グランプリ　ジョン・セイルズ（John Sayles：アメリカ）「希望の街」
- 審査員特別賞　エドワード・ヤン（Edward Yang：台湾）「牯嶺街（グーリンジェ）少年殺人事件」
  　　　　　　　黄 健中（Jian-zhong Huang：中国）「過ぎにし年、迎えし年」
- 最優秀監督賞　アラン・パーカー（Sir Alan William Parker：アイルランド）「ザ・コミットメンツ」
- 最優秀男優賞　オタール・メグヴィネトゥツェシ（Otar Megvinetukhutsesi：ソビエト連邦）「汝、去るべし」
- 最優秀女優賞　シャオ リーロン（Zhao Lirong：中国）「過ぎにし年、迎えし年」
- 最優秀芸術貢献賞　斎藤 岩男（Iwao Saito）、安藤 庄平（Shohe Andou：日本）「四万十川」
- 最優秀脚本賞　ティム・メトカーフ（Tim Metcalfe：アメリカ）「アイアン・メイズ」

◇ヤングシネマ・コンペティション
- ゴールド賞　ジャン=ピエール・ジュネ（Jean-Pierre Jeunet）、マルク・カロ（Marc Caro：フランス）「デリカテッセン」
- シルバー賞　葉 鴻偉（Yeh Hung Wei：台湾）「ファイブ・ガールズ・アンド・ア・ロープ」

- ブロンズ賞　　　ジョスリン・ムーアハウス（Jocelyn Moorhouse：オーストラリア）「プルーフ・証拠」
　　　　　　　　　ヴォルフガング・ムルンベルガー（Wolfgang Murnberger：オーストリア）「天国か地獄か」
　　　　　　　　　ミゲル・ペレイラ（Miguel Pereira：スペイン）「最後の収穫」
◇国際映画批評家連盟賞　エドワード・ヤン（Edward Yang：台湾）「牯嶺街（グーリンジェ）少年殺人事件」
◇特別功労賞　　　サタジット・レイ（Satyajit Ray：インド）

第5回（1992年）
　◇インターナショナル・コンペティション
- 東京グランプリ　チョン ジョン（Chung Ji-young：韓国）「ホワイト・バッジ」
- 審査員特別賞　柳町 光男（Mitsuo Yanagimachi：日本）「愛について、東京」
- 最優秀監督賞　チョン ジョン（Chung Ji-young：韓国）「ホワイト・バッジ」
- 最優秀男優賞　マックス・フォン・シドー（Max von Sydow：イギリス）「ザ・サイレント・タッチ」
- 最優秀女優賞　ルミ・カバソス（Lumi Cavazos：メキシコ）「ひきさかれた愛（劇場公開時の題：赤い薔薇ソースの伝説）」
- 最優秀芸術貢献賞　エマニュエル・ルベツキ（Emmanuel Lubezki：メキシコ）「ひきさかれた愛」
- 最優秀脚本賞　ヘルムート・ディートル（Helmut Dietl）, Ulrich Limmer（ドイツ）「シュトンク ヒットラーの贋作者たち」

　◇ヤングシネマ・コンペティション
- ゴールド賞　　　フリオ・メデム（Julio Medem：スペイン）「バカス」
- シルバー賞　　　スタン・ライ（Stan Lai：台湾）「暗恋桃花源」
- ブロンズ賞　　　ティム・ロビンス（Tim Robbins：アメリカ）「ボブ・ロバーツ」

第6回（1993年）
　◇インターナショナル・コンペティション
- 東京グランプリ　田 壮壮（Tian Zhuangzhuang：中国）「青い凧」
- 審査員特別賞　スティーヴン・ザイリアン（Steven Zaillian：アメリカ）「ボビー・フィッシャーを探して」
- 最優秀監督賞　テイラー・ハックフォード（Taylor Hackford：アメリカ）「ブラッド・イン・ブラッド・アウト」
- 最優秀男優賞　本木 雅弘（Masahiro Motoki：日本）「ラストソング」
- 最優秀女優賞　呂 麗萍（Lü Liping：中国）「青い凧」
　　　　　　　　　ロリータ・ダヴィッドヴィッチ（Lolita Davidovich：ドイツ）「ヤンガー・アンド・ヤンガー」
- 最優秀芸術貢献賞　マノエル・デ・オリヴェイラ（Manoel de Oliveira：ポルトガル）「アブラハム渓谷」
　　　　　　　　　ヴィンセント・ウォード（Vincent Ward：イギリス）「心の地図」
- 最優秀脚本賞　ピョートル・トドロフスキー（Pyotr Toderovsky：ロシア）「アンコール・ワンスモア・アンコール」

　◇ヤングシネマ・コンペティション
- ゴールド賞　　　寧 瀛（Ning Ying：中国）「北京好日」
- シルバー賞　　　受賞者なし
- ブロンズ賞　　　ゴルディアン・マウグ（Gordian Maugg：ドイツ）「オリンピック・サマー」
　　　　　　　　　アルト・パラガミアン（Arto Paragamian：カナダ）「どうして、なぜ？」
　　　　　　　　　蔡 明亮（Ming-liang Tsai：台湾）「青春神話」

第7回（1994年）
　◇インターナショナル・コンペティション

- グランプリ　　　　厳　浩（Hiroshi Gen：日本）「息子の告発」
- 審査員特別賞　　　市川　崑（Kon Ichikawa：日本）「四十七人の刺客」
- 最優秀監督賞　　　厳　浩（Hiroshi Gen：日本）「息子の告発」
- 最優秀女優賞　　　デブラ・ウィンガー（Debra Winger：アメリカ）「欲望」
- 最優秀男優賞　　　牛　振華（Niu Zhenhua：中国）「秋風に酔う」

◇ヤングシネマ・コンペティション
- ゴールド賞　　　　ガリン・ヌグロホ（Garin Nugroho：インドネシア）「天使への手紙」
- シルバー賞　　　　ハル・ハートリー（Hal Hartley：アメリカ）「愛・アマチュア」
- ブロンズ賞　　　　ボアズ・イェーキン（Boaz Yakin：アメリカ）「フレッシュ」

第8回（1995年）
◇インターナショナル・コンペティション
- グランプリ　　　　受賞者なし
- 審査員特別賞　　　ヤン・ヤクブ・コルスキ（Jan Jakub Kolski：ポーランド）「幻想ラプソディ」
- 最優秀監督賞　　　ホセ・ノボア（Jose Novoa：ウルグアイ）「少年ハイロ 迷走の果て」
- 最優秀女優賞　　　富田　靖子（Yasuko Tomita：日本）「南京の基督」
- 最優秀男優賞　　　受賞者なし
- 最優秀芸術貢献賞　トニー・オウ（Tony Au：香港）「南京の基督」
- 最優秀助演女優賞　エレン・ムース（Ellen Muth：アメリカ）「黙秘」
  　　　　　　　　　グレディス・イバラ（Gledys Ibarra：ベネズエラ）「少年ハイロ 迷走の果て」

◇ヤングシネマ・コンペティション
- ゴールド賞　　　　ジャファル・パナヒ（Jafar Panahi：イラン）「白い風船」
  　　　　　　　　　ブライアン・シンガー（Bryan Singer：アメリカ）「ユージュアル・サスペクツ」
- ブロンズ賞　　　　スティーブ・ワン（Steve Wang：アメリカ）「息子の嫁」

第9回（1996年）
◇インターナショナル・コンペティション
- グランプリ　　　　ヤン・スヴィエラーク（Jan Svěrák：チェコ）「プラハ小さな愛の詩」
- 審査員特別賞　　　クシシュトフ・ザヌーシ（Krzysztof Pius Zanussi：ポーランド）「育ちゆく日々」
  　　　　　　　　　ビセンテ・アランダ（Vicente Aranda Ezquerra：スペイン）「リベルタリアス−自由への道」
- 最優秀監督賞　　　呉　天明（Wu Tianming：中国）「変臉（へんめん）」
- 最優秀脚本賞　　　ズディニェク・スヴィエラーク（Zdeněk Svěrák：チェコ）「プラハ小さな愛の詩」
- 最優秀女優賞　　　ヒルデグン・リーセ（Hildegun Riise：ノルウェー），マリエ・タイセン（Marie Theisen：ノルウェー）「淋しい日曜日」
- 最優秀男優賞　　　朱　旭（Zhu Xu：中国）「変臉（へんめん）」
- 最優秀芸術貢献賞　モフセン・マフマルバフ（Mohsen Makhmalbaf：イラン）「愛を織る娘ギャベ」
  　　　　　　　　　貞永　方久（Masahisa Satanaka：日本）「良寛」

◇ヤングシネマ・コンペティション
- ゴールド賞　　　　アミール・カラクーロフ（Amir Kremnyov：カザフスタン）「ラスト・ホリデイ」
- シルバー賞　　　　林　正盛（Masamori Hayashi：日本）「浮草人生」
- ブロンズ賞　　　　ジョン・シュルツ（John Schultz：アメリカ）「バンドワゴン」

第10回（1997年）
◇インターナショナル・コンペティション
- グランプリ　　　　アデミル・ケノビッチ（Ademir Kenovic：ボスニア）「パーフェクト サークル」
  　　　　　　　　　カロリーヌ・リンク（Caroline Link：ドイツ）「ビヨンド・サイレンス」

- ●審査員特別賞　マーク・ハーマン（Mark Herman：イギリス）「ブラス！」
- ●最優秀監督賞　アデミル・ケノビッチ（Ademir Kenovic：ボスニア）「パーフェクト サークル」
- ●最優秀脚本賞　ベス・ゼルリン（Beth Serlin：アメリカ），カロリーヌ・リンク（Caroline Link：ドイツ）「ビヨンド・サイレンス」
- ●特別功労賞　マノエル・デ・オリヴェイラ（Manoel de Oliveira：ポルトガル）「世界の始まりへの旅」
- ●最優秀女優賞　劉 若英（Rene Liu：台湾）
  会 静（Sizuka Ai：日本）「青春のつぶやき」
- ●最優秀男優賞　役所 広司（Koji Yakusho：日本）「CURE キュア」
- ●最優秀芸術貢献賞　リオネル・クズン（Lionel Cousin）「女たちの反乱」
- ◇ヤングシネマ・コンペティション
  - ●ゴールド賞　パルヴィズ・シャバァズィ（Parviz Shahbazi：イラン）「南から来た少年」
  - ●シルバー賞　ポール・シュレットアウネ（Pål Sletaune：ノルウェー）「ジャンク・メール」
  - ●ブロンズ賞　ティム・ブレイク・ネルソン（Tim Blake Nelson：アメリカ）「神の目」
- ◇アジア映画賞　チャン ソヌ（Jang Sun-woo：韓国）「バッド・ムービー」

第11回（1998年）
- ◇コンペティション部門
  - ●グランプリ　アレハンドロ・アメナーバル（Alejandro Amenábar：スペイン）「オープン・ユア・アイズ」
  - ●審査員特別賞　ガリン・ヌグロホ（Garin Nugroho：インドネシア）「枕の上の葉」
  - ●最優秀監督賞　ガイ・リッチー（Guy Ritchie：イギリス）「ロック・ストック＆トゥー・スモーキング・バレルズ」
  - ●最優秀男優賞　ブラッド・レンフロ（Brad Renfro：アメリカ）「ゴールデンボーイ」
  - ●最優秀女優賞　宮本 真希（Maki Miyamoto：日本）「おもちゃ」
  - ●最優秀芸術貢献賞　フランソワ・ジラール（François Girard：カナダ）「レッド・バイオリン」
    クリス・エア（Chris Eyre：アメリカ）「スモーク・シグナルズ」
  - ●ゴールド賞　イ グァンモ（Lee Kwang-mo：韓国）「故郷の春」
  - ●シルバー賞　ヌリ・ビルゲ・ジェイラン（Nuri Bilge Ceylan：トルコ）「カサバ－町」
- ◇アジア映画賞　アボルファズル・ジャリリ（Abolfazl Jalili：イラン）「ダンス・オブ・ダスト」
- ◇特別功労賞　黒沢 明（Akira Kurosawa：日本）

第12回（1999年）
- ◇コンペティション部門
  - ●グランプリ　チャン ツォーチ（Chang Tso-chi：台湾）「ダークネス＆ライト」
  - ●審査員特別賞　パク ジョンウォン（Park Jung-Won：韓国）「虹鱒」
  - ●最優秀監督賞　マーサ・ファインズ（Martha Fiennes：イギリス）「オネーギン」
  - ●最優秀女優賞　マリア・ガリアナ（María Galiana：スペイン）「アローン～ひとり」
  - ●最優秀男優賞　カルロス・アルバレス＝ノボア（Carlos Alvarez-Novoa：スペイン）「アローン～ひとり」
  - ●最優秀芸術貢献賞　バフティヤル・フドイナザーロフ（Bakhtyar Khudojnazarov：タジキスタン）「ルナ・パパ」
  - ●東京ゴールド賞　チャン ツォーチ（Chang Tso-chi：台湾）「ダークネス＆ライト」
- ◇アジア映画賞　チャン ツォーチ（Chang Tso-chi：台湾）「ダークネス＆ライト」
- ◇審査員特別賞　三池 崇史（Takashi Miike：日本）「DEAD OR ALIVE 犯罪者」

第13回（2000年）
- ◇コンペティション部門
  - ●グランプリ　アレハンドロ・ゴンサレス・イニャリトゥ（Alejandro González Iñárritu：メキシコ）「アモーレス・ペロス」

- 審査員特別賞　ホン サンス（Hong Sang-soo：韓国）「オー！スジョン」
- 最優秀監督賞　アレハンドロ・ゴンサレス・イニャリトゥ（Alejandro González Iñárritu：メキシコ）「アモーレス・ペロス」
- 最優秀脚本賞　スチュアート・ブルムバーグ（Stuart Blumberg：アメリカ）「僕たちのアナ・バナナ」
- 最優秀主演女優賞　ジェニファー・ジェイソン・リー（Jennifer Jason Leigh：アメリカ）「キング・イス・アライヴ」
- 最優秀主演男優賞　ムーサ・マースクリ（Moussa Maaskri：フランス）「モンディアリート」
- 最優秀芸術貢献賞　ババク・パヤミ（Babak Payami：カナダ）「ワン・モア・デイ」
　　　　　　　　　　庵野 秀明（Hideaki Anno：日本）「式日」
- アジア映画賞　セリック・アプリモフ（Serik Aprimov：カザフスタン）「3人兄弟」

第14回（2001年）
◇コンペティション部門
- 東京グランプリ　ジェルジ・ジュヴァニ（Gjergj Xhuvani：アルバニア）「スローガン」
- 審査員特別賞　レザ・ミル・キャリミ（Reza Mir-Karimi：イラン）「月の光の下に」
- 最優秀監督賞　レザ・ミル・キャリミ（Reza Mir-Karimi：イラン）「月の光の下に」
　　　　　　　　ジェルジ・ジュヴァニ（Gjergj Xhuvani：アルバニア）「スローガン」
- 最優秀脚本賞　横田 与志（Yoshi Yokota：日本）「化粧師－KEWAISHI」
- 最優秀主演女優賞　ルイザ・ジュヴァニ（Luiza Xhuvani：アルバニア）「スローガン」
- 最優秀主演男優賞　アンドリュー・ハワード（Andrew Howard：イギリス）「殺し屋の掟」
- 最優秀芸術貢献賞　許 秦豪（Hur Jin-ho：韓国）「春の日は過ぎゆく」
◇アジア映画賞　風間 志織（Shiori Kazama：日本）「火星のカノン」
　　　　　　　　アソカ・ハンダガマ（Asoka Handagama：スリランカ）「マイ・ムーン」

第15回（2002年）
◇コンペティション部門
- 東京グランプリ・東京都知事賞
　　　　　　　　ニル・ベルグマン（Nir Bergman：イスラエル）「ブロークン・ウィング」
- 審査員特別賞　中江 裕司（Yushi Nakae：日本）「ホテル・ハイビスカス」
- 優秀監督賞　カルロ・ローラ（Carlo Rola：ドイツ）「バーグラーズ 最後の賭け」
- 優秀脚本賞　ジェイソン・ゼノポルス（Jason Xenopoulos）「希望の大地」
- 優秀女優賞　ドナテッラ・フィノッキアーロ（Donatella Finocchiaro：イタリア）「アンジェラ」
- 優秀男優賞　グラハム・グリーン（Graham Greene：カナダ）「荒野の絆」
- 優秀芸術貢献賞　シャオ ダン（Dan Shao：中国：撮影）「恋人（英題：Sky Lovers）」
◇アジア映画賞　アソカ・ハンダガマ（Asoka Handagama：スリランカ）「この翼で飛べたら」

第16回（2003年）
◇コンペティション部門
- 東京グランプリ　フォ ジェンチー（Huo Jianqi：中国）「暖～ヌアン」
- 審査員特別賞　バフティヤル・フドイナザーロフ（Bakhtyar Khudojnazarov：ロシア）「スーツ」
- 優秀監督賞　クリス・ヴァレンティーン（Christoph Valentien），ティル・シャウダー（Till Schauder：アメリカ）「サンタ スモークス」
- 優秀女優賞　クリスティ・ジーン・フルスランダー（Khristy Jean Hulslander）「サンタ スモークス」
　　　　　　　　寺島 しのぶ（Shinobu Terashima：日本）「ヴァイブレータ」
- 優秀男優賞　香川 照之（Teruyuki Kagawa：日本）「暖～ヌアン」
- 優秀芸術貢献賞　バフティヤル・フドイナザーロフ（Bakhtyar Khudojnazarov：ロシア）

「スーツ」
- ◇アジア映画賞　　ポン ジュノ (Bong Joon-Ho：韓国)「メモリー オブ マーダー/殺人の追想」

第17回(2004年)
- ◇コンペティション部門
  - ●東京グランプリ　フアン・パブロ・レベージャ(Juan Pablo Rebella), パブロ・ストール(Pablo Stoll：ウルグアイ)「ウィスキー」
  - ●審査員特別賞　ルー チューアン(Lu Chuan：中国)「ココシリ：マウンテン・パトロール」
  - ●最優秀監督賞　イム チャンサン(Im Chan-sang：韓国)「大統領の理髪師」
  - ●最優秀主演男優賞　オルジャス・ヌスパエフ(Oldzhas Nusupbayev)「スキゾ」
  - ●最優秀主演女優賞　ミレージャ・パスクアル(Mirella Pascual：ウルグアイ)「ウィスキー」
  - ●最優秀芸術貢献賞　森崎 東(Azuma Morisaki：日本)「ニワトリはハダシだ」
- ◇アジア映画賞　　ミン ビョンクク(Byeong-guk Min：韓国)「可能なる変化たち(公開時の題：不機嫌な男たち)」
- ◇日本映画・ある視点部門
  - ●作品賞　　瀧本 智行(Tomoyuki Takimoto：日本)「樹の海」
  - ●特別賞　　津田 寛治(Kanji Tsuda：日本)"「樹の海」の演技に対して"
- ◇黒沢明賞　　スティーブン・スピルバーグ(Steven Spielberg：アメリカ)
  　　　　　　　山田 洋次(Yoji Yamada：日本)

第18回(2005年)
- ◇コンペティション部門
  - ●東京 サクラ グランプリ
    　　　　根岸 吉太郎(Kichitarou Negishi：日本)「雪に願うこと」
  - ●審査員特別賞　ハンス・カノーサ(Hans Canosa：アメリカ)「女たちとの会話」
  - ●最優秀監督賞　根岸 吉太郎(Kichitarou Negishi：日本)「雪に願うこと」
  - ●最優秀芸術貢献賞　ヤン ヤーチョウ(Yang Yazhou：中国)「ドジョウも魚である」
  - ●最優秀主演女優賞　ヘレナ・ボナム＝カーター(Helena Bonham Carter：イギリス)「女たちとの会話」
    　　　　　　　　　　ジン ヤーチン(Yaqin Jin：中国)「私たち」
  - ●最優秀主演男優賞　佐藤 浩市(Koichi Sato：日本)「雪に願うこと」
  - ●観客賞　　根岸 吉太郎(Kichitarou Negishi：日本)「雪に願うこと」
- ◇アジアの風部門
  - ●最優秀アジア映画賞　ヤスミン・アフマド(Yasmin Ahmad：マレーシア)「細い目」
  - ●スペシャル メンション　エリック・クー(Eric Khoo：シンガポール)「一緒にいて」
- ◇日本映画・ある視点部門
  - ●作品賞　　柳町 光男(Mitsuo Yanagimati：日本)「カミュなんて知らない」
  - ●特別賞　　真島 理一郎(Riichiro Mashima)、小林 正樹(Masaki Kobayashi：日本)「スキージャンプ・ペア～Road to Torino 2006～」
- ◇黒沢明賞　　侯 孝賢(Hou Hsiao-hsien：台湾)

第19回(2006年)
- ◇コンペティション部門
  - ●東京 サクラ グランプリ
    　　　　ミシェル・ハザナヴィシウス(Michel Hazanavicius：フランス)「OSS 117 カイロ、スパイの巣窟」
  - ●審査員特別賞　ルー ユエ(Lü Yue：中国)「十三の桐」
  - ●最優秀監督賞　ジョナサン・デイトン(Jonathan Dayton)、ヴァレリー・ファリス(Valerie Faris：アメリカ)「リトル・ミス・サンシャイン」
  - ●最優秀主演女優賞　アビゲイル・ブレスリン(Abigail Breslin：アメリカ)「リトル・ミス・サ

ンシャイン」
- 最優秀主演男優賞　ロイ・デュピュイ（Roy Dupuis：カナダ）「ロケット」
- 最優秀芸術貢献賞　パトリック・タム（Patrick Tam：香港）「父子」
- 観客賞　　　　　　ジョナサン・デイトン（Jonathan Dayton：アメリカ），ヴァレリー・ファリス（Valerie Faris：アメリカ）「リトル・ミス・サンシャイン」

◇アジアの風部門
- 最優秀アジア映画賞　パトリック・タム（Patrick Tam：香港）「父子」

◇日本映画・ある視点部門
- 作品賞　　リンダ・ハッテンドーフ（Linda Hattendorf：アメリカ）「ミリキタニの猫」
- 特別賞　　高良 健吾（Kengo Koura：日本）「M」

◇黒沢明賞　　ミロス・フォアマン（Miloš Forman：アメリカ）
　　　　　　　市川 崑（Kon Ichikawa：日本）

第20回（2007年）
◇コンペティション部門
- 東京 サクラ グランプリ
　　　　　　エラン・コリリン（Eran Kolirin：イスラエル）「迷子の警察音楽隊」
- 審査員特別賞　リー チーシアン（Jixian Li）「思い出の西幹道（仮題）」
- 最優秀監督賞　ピーター・ハウイット（Peter Howitt：イギリス）「デンジャラス・パーキング」
- 最優秀主演女優賞　シェファリ・シャー（Shefali Shah：インド）「ガンジー、わが父」
- 最優秀主演男優賞　ダミアン・ウル（Damian Ul：ポーランド）「トリック」
- 最優秀芸術貢献賞　サルバトーレ・マイラ（Salvatore Maira：イタリア）「ワルツ」
- 観客賞　　アルミン・フォルカース（Armin Voelckers：ドイツ）「リーロイ！」

◇アジアの風部門
- 最優秀アジア映画賞　イェン・イェン・ウー（Woo Yen Yen），コリン・ゴー（Colin Goh：シンガポール）「シンガポール・ドリーム」
- スペシャル メンション　ディーパク・クマーラン・メーナン（Deepak Kumaran Menon：マレーシア）「ダンシング・ベル」

◇日本映画・ある視点部門
- 作品賞　　若松 孝二（Koushi Wakamatsu：日本）「実録・連合赤軍 あさま山荘への道程」
- 特別賞　　森岡 利行（Toshiyuki Morioka：日本）「子猫の涙」

◇黒沢明賞　　デヴィッド・パットナム（David Puttnam：イギリス）

第21回（2008年）
◇コンペティション部門
- 東京 サクラ グランプリ
　　　　　　セルゲイ・ドヴォルツェヴォイ（Sergey Dvortsevoy：カザフスタン）「トルパン」
- 審査員特別賞　イェジー・スコリモフスキ（Jerzy Skolimowski：ポーランド）「アンナと過ごした4日間」
- 最優秀監督賞　セルゲイ・ドヴォルツェヴォイ（Sergey Dvortsevoy：カザフスタン）「トルパン」
- 最優秀主演女優賞　フェリシテ・ウワシー（Félicité Wouassi：カメルーン）「がんばればいいこともある」
- 最優秀主演男優賞　ヴァンサン・カッセル（Vincent Cassel：フランス）「パブリック・エネミー・ナンバー1（Part1&2）」
- 最優秀芸術貢献賞　フランソワ・デュペイロン（François Dupeyron：フランス）「がんばればいいこともある」
- 観客賞　　前田 哲（Tetsu Maeda：日本）「ブタがいた教室」

◇TOYOTA Earth Grand Prix

- グランプリ　　　　ホセ・アントニオ・キロス（José Antonio Quirós：スペイン）「フェデリコ親父とサクラの木」
- 審査員賞　　　　前田 哲（Tetsu Maeda：日本）「ブタがいた教室」
- 特別賞　　　　　ジェームス・ハニーボーン（James Honeyborne：イギリス）「ミーアキャット」

◇アジアの風部門
- 最優秀アジア映画賞　フセイン・カラベイ（Hüseyin Karabey：トルコ）「私のマーロンとブランド」
- スペシャル メンション　チアン ウェン（Jiang Wen：中国）「陽もまた昇る」
　　　　　　　　　　　　ヤスミン・アフマド（Yasmin Ahmad：マレーシア）「ムアラフ－改心」
　　　　　　　　　　　　アン・ホイ（Ann Hui：香港）「生きていく日々」

◇日本映画・ある視点部門
- 作品賞　　　　　市川 準（Jun Ichikawa：日本）「buy a suit」
- 特別賞　　　　　岸部 一徳（Ittoku Kishibe：日本）「大阪ハムレット」

◇黒沢明賞　　　　ニキータ・ミハルコフ（Nikita Sergeyevich Mikhalkov：ロシア）
　　　　　　　　　チェン カイコー（Chen Kaige：中国）

第22回（2009年）

◇コンペティション部門
- 東京 サクラ グランプリ
　　　　　　　　　カメン・カレフ（Kamen Kalev：ブルガリア）「イースタン・プレイ」
- 審査員特別賞　　セバスチャン・コルデロ（Sebastián Cordero Espinosa：エクアドル）「激情」
- 最優秀監督賞　　カメン・カレフ（Kamen Kalev：ブルガリア）「イースタン・プレイ」
- 最優秀主演女優賞　ジュリー・ガイエ（Julie Gayet：フランス）「エイト・タイムズ・アップ」
- 最優秀主演男優賞　フリスト・フリストフ（Christo Christov：ブルガリア）「イースタン・プレイ」
- 最優秀芸術貢献賞　受賞者なし
- 観客賞　　　　　ジェイコブ・ティアニー（Jacob Daniel Tierney：カナダ）「少年トロツキー」

◇TOYOTA Earth Grand Prix
- グランプリ　　　　ニコラ・ヴァニエ（Nicolas Vanier：フランス）「WOLF 狼」

◇アジアの風部門
- 最優秀アジア映画賞　ウニー・ルコント（Ounie Lecomte：フランス）「旅人」
- 特別功労賞　　　ヤスミン・アフマド（Yasmin Ahmad：マレーシア）
- スペシャル メンション　マフスン・クルムズギュル（Mahsun Kırmızıgül：トルコ）「私は太陽を見た」

◇日本映画・ある視点部門
- 作品賞　　　　　松江 哲明（Tetsuaki Matsue：日本）「ライブテープ」

第23回（2010年）

◇コンペティション部門
- 東京 サクラ グランプリ
　　　　　　　　　ニル・ベルグマン（Nir Bergman：イスラエル）「僕の心の奥の文法」
- 審査員特別賞　　新藤 兼人（Kaneto Shindo：日本）「一枚のハガキ」
- 最優秀監督賞　　ジル・パケ＝ブレネール（Gilles Paquet-Brenner：フランス）「サラの鍵」
- 最優秀主演女優賞　ファン ビンビン（Fan Bingbing：中国）「ブッダ・マウンテン」
- 最優秀主演男優賞　ワン チエンユエン（Wang Qian-Yuan：中国）「鋼のピアノ」
- 最優秀芸術貢献賞　リー ユー（Li Yu：中国）「ブッダ・マウンテン」
- 観客賞　　　　　ジル・パケ＝ブレネール（Gilles Paquet-Brenner：フランス）「サラの鍵」

◇TOYOTA Earth Grand Prix
- グランプリ　　　　ケヴィン・マクマホン（Kevin McMahon：アメリカ）「水の惑星 ウォーターラ

　　　　　　　　　　　イフ」
　　●審査員特別賞　ヨゼフ・フィルスマイアー（Joseph Vilsmaier：ドイツ）「断崖のふたり」
　◇アジアの風部門
　　●最優秀アジア映画賞　シン スウォン（Shin Su-won：韓国）「虹」
　　●アジア映画賞スペシャル・メンション
　　　　　　　　　　　ウー ミンジン（Woo Ming Jin：マレーシア）「タイガー・ファクトリー」
　◇日本映画・ある視点部門
　　●作品賞　　　　　深田 晃司（Koji Fukada：日本）「歓待」
　◇フレンドシップ・アワード
　　　　　　　　　　　キム ドンホ（Kim Dong-ho：韓国）

第24回（2011年）
　◇コンペティション部門
　　●東京 サクラ グランプリ
　　　　　　　　　　　エリック・トレダノ（Eric Toledano），オリヴィエ・ナカシュ（Olivier
　　　　　　　　　　　　Nakache：フランス）「最強のふたり」
　　●審査員特別賞　沖田 修一（Shuichi Okita：日本）「キツツキと雨」
　　●最優秀監督賞　リューベン・オストルンド（Ruben Östlund：スウェーデン）「プレイ」
　　●最優秀主演女優賞　グレン・クローズ（Glenn Close：アメリカ）「アルバート・ノッブス」
　　●最優秀主演男優賞　フランソワ・クリュゼ（François Cluzet：フランス），オマール・シー
　　　　　　　　　　　　（Omar Sy：フランス）「最強のふたり」
　　●最優秀芸術貢献賞　ドゥ ジャーイー（Du Jiayi：中国）「転山」
　　　　　　　　　　　トニー・ケイ（Tony Kaye：イギリス）「デタッチメント」
　　●観客賞　　　　　シルヴァン・エスティバル（Sylvain Estibal：フランス）「ガザを飛ぶブタ」
　◇TOYOTA Earth Grand Prix
　　●グランプリ　　　カミーラ・アンディニ（Kamila Andini：インドネシア）「鏡は嘘をつかない」
　　●審査員特別賞　ヴェルナー・ヘルツォーク（Werner Herzog：ドイツ）「ハッピー・ピープル
　　　　　　　　　　　　タイガで暮らす一年」
　◇アジアの風部門
　　●最優秀アジア映画賞　ジェフリー・ジェトゥリアン（Jeffrey Jeturian：フィリピン）「クリスマ
　　　　　　　　　　　　ス・イブ」
　　●アジア映画賞スペシャル・メンション
　　　　　　　　　　　カミーラ・アンディニ（Kamila Andini：インドネシア）「鏡は嘘をつかない」
　　　　　　　　　　　エリック・クー（Eric Khoo：シンガポール）「TATSUMI」
　　　　　　　　　　　シャンカール（Shankar：インド）「ラジニカーントのロボット（仮）」
　◇日本映画・ある視点部門
　　●作品賞　　　　　小林 啓一（Keichi Kobayashi：日本）「ももいろそらを」

第25回（2012年）
　◇コンペティション部門
　　●東京 サクラ グランプリ
　　　　　　　　　　　ロレーヌ・レヴィ（Lorraine Lévy：フランス）「もうひとりの息子」
　　●審査員特別賞　カン イグァン（Kang Yi-Kwan：韓国）「未熟な犯罪者」
　　●最優秀監督賞　ロレーヌ・レヴィ（Lorraine Lévy：フランス）「もうひとりの息子」
　　●最優秀主演女優賞　ネスリハン・アタギュル（Neslihan Atagül：トルコ）「天と地の間のどこか」
　　●最優秀主演男優賞　ソ ヨンジュ（Seo Young-joo：韓国）「未熟な犯罪者」
　　●最優秀芸術貢献賞　パンカジ・クマール（Pankaj Kumar：インド）「テセウスの船」
　　●観客賞　　　　　松江 哲明（Tetsuaki Matsue：日本）「フラッシュバックメモリーズ 3D」
　◇TOYOTA Earth Grand Prix

- グランプリ　　　　ヴァレリー・ベルトー（Valérie Berteau：ベルギー），フィリップ・ウィチュス（Philippe Witjes：ベルギー）「聖者からの食事」
- 審査員特別賞　　キャンディダ・ブラディ（Candida Brady）「ゴミ地球の代償」

◇アジアの風部門
- 最優秀アジア映画賞　レイス・チェリッキ（Reis Celik：トルコ）「沈黙の夜」
- アジア映画賞スペシャル・メンション
  - ジュン・ロブレス・ラナ（Jun・R・Lana：フィリピン）「ブワカウ」
  - アソカ・ハンダガマ（Asoka Handagama：スリランカ）「兵士、その後」
  - チャン ヤン（Zhang Yang：中国）「老人ホームを飛びだして」

◇日本映画・ある視点部門
- 作品賞　　　　　土屋 豊（Yutaka Tsutchiya：日本）「GFP BUNNY－タリウム少女のプログラム－」

◇TIFF特別感謝賞　レイモンド・チョウ（Raymond Chow：中国）

第26回（2013年）

◇コンペティション部門
- 東京 サクラ グランプリ
  - ルーカス・ムーディソン（Lukas Moodysson：スウェーデン）「ウィ・アー・ザ・ベスト！」
- 審査員特別賞　　ベーナム・ベーザディ（Behnam Behzadi：イラン）「ルールを曲げろ」
- 最優秀監督賞　　ベネディクト・エルリングソン（Benedikt Erlingsson：アイスランド）「馬々と人間たち」
- 最優秀主演女優賞　ユージン・ドミンゴ（Eugene Domingo：フィリピン）「ある理髪師の物語」
- 最優秀主演男優賞　ワン ジンチュン（Wang Jingchun：中国）「オルドス警察日記」
- 最優秀芸術貢献賞　アーロン・フェルナンデス（Aaron Fernandez：メキシコ）「エンプティ・アワーズ」
- 観客賞　　　　　イ ジュヒョン（Lee Ju-Hyeoung：韓国）「レッド・ファミリー」

◇アジアの未来
- 作品賞　　　　　ヤン フイロン（Huilong Yang：中国）「今日から明日へ」
- スペシャル・メンション　蔦 哲一朗（Tetsuichiro Tsuta：日本）「祖谷物語－おくのひと－」

◇日本映画スプラッシュ
- 作品賞　　　　　坂本 あゆみ（Ayumi Sakamoto：日本）「FORMA」

第27回（2014年）

◇コンペティション部門
- 東京グランプリ　ジョシュア・サフディ（Josh Safdie），ベニー・サフディ（Benny Safdie：アメリカ）「神様なんかくそくらえ」
- 審査員特別賞　　クリスティナ・グロゼヴァ（Kristina Grozeva），ペタル・ヴァルチャノフ（Petar Valchanov：ブルガリア）「レッスン/授業の代償」
- 最優秀監督賞　　ジョシュア・サフディ（Josh Safdie），ベニー・サフディ（Benny Safdie：アメリカ）「神様なんかくそくらえ」
- 最優秀主演女優賞　宮沢 りえ（Rie Miyazawa：日本）「紙の月」
- 最優秀主演男優賞　ロベルト・ヴィエンツキェヴィチ（Robert Więckiewicz：ポーランド）「マイティ・エンジェル」
- 最優秀芸術貢献賞　アレクサンドル・コット（Alexander Kott：ロシア）「草原の実験」
- 観客賞　　　　　吉田 大八（Daihachi Yoshida：日本）「紙の月」
- WOWOW賞　　　アレクサンドル・コット（Alexander Kott：ロシア）「草原の実験」

◇アジアの未来
- 作品賞　　　　　アミールフセイン・アシュガリ（Amirhossein Asgari：イラン）「ゼロ地帯の子どもたち」

◇国際交流基金アジアセンター特別賞
- 作品賞　　　ソト・クォーリーカー（Kulikar Sotho：カンボジア）「遺されたフィルム」
◇日本映画スプラッシュ
- 作品賞　　　武 正晴（Masaharu Take：日本）「百円の恋」
- スペシャルメンション　沖田 修一（Shuichi Okita：日本）「滝を見にいく」
- SAMURAI（サムライ）賞
　　　　　　　北野 武（Takeshi Kitano：日本）
　　　　　　　ティム・バートン（Tim Burton：アメリカ）

第28回（2015年）
◇コンペティション部門
- 東京グランプリ　ホベルト・ベリネール（Roberto Berliner：ブラジル）「ニーゼ」
- 審査員特別賞　ケイロン（Kheiron：フランス）「スリー・オブ・アス」
- 最優秀監督賞　ムスタファ・カラ（Mustafa Kara：トルコ）「カランダールの雪」
- 最優秀主演女優賞　グロリア・ピレス（Glória Pires：ブラジル）「ニーゼ」
- 最優秀主演男優賞　ローラン・モラー（Roland Møller：デンマーク），ルイス・ホフマン（Louis Hofmann：ドイツ）「地雷と少年兵」
- 最優秀芸術貢献賞　オルモ・オメルズ（Olmo Omerzu：スロベニア）「家族の映画」
- 観客賞　　　エドアルド・ファルコーネ（Edoardo Falcone：イタリア）「神様の思し召し」
- WOWOW賞　ムスタファ・カラ（Mustafa Kara：トルコ）「カランダールの雪」
◇アジアの未来
- 作品賞　　　ピムパカー・トーウィラ（Pimpaka Towira：タイ）「孤島の葬列」
- 国際交流基金アジアセンター特別賞
　　　　　　　デグナー（Degena Yun：モンゴル）「告別」
◇日本映画スプラッシュ
- 作品賞　　　小路 紘史（Hiroshi Shoji：日本）「ケンとカズ」
◇SAMURAI（サムライ）賞
　　　　　　　山田 洋次（Yoji Yamada：日本）
　　　　　　　ジョン・ウー（John Woo：香港）
◇ARIGATŌ（ありがとう）賞
　　　　　　　樹木 希林（Kirin Kiki：日本）
　　　　　　　日野 晃博（Akihiro Hino：日本）
　　　　　　　広瀬 すず（Suzu Hirose：日本）
　　　　　　　細田 守（Mamoru Hosoda：日本）
　　　　　　　リリー・フランキー（Lily Franky：日本）

第29回（2016年）
◇コンペティション部門
- 東京グランプリ/東京知事賞
　　　　　　　クリス・クラウス（Chris Kraus：アメリカ）「ブルーム・オヴ・イエスタディ」
- 審査員特別賞　アマンダ・ケンネル（Amanda Kernell：スウェーデン）「サーミ・ブラッド」
- 最優秀監督賞　ハナ・ユシッチ（Hana Jusic：クロアチア）「私に構わないで」
- 最優秀主演女優賞　レーネ＝セシリア・スパルロク（Lene Cecilia Sparrok：ノルウェー）「サーミ・ブラッド」
- 最優秀主演男優賞　パオロ・バレステロス（Paolo Ballesteros：フィリピン）「ダイ・ビューティフル」
- 最優秀芸術貢献賞　メイ・フォン（Feng Mei）「ミスター・ノー・プロブレム」
- 観客賞　　　ジュン・ロブレス・ラナ（Jun・R・Lana：フィリピン）「ダイ・ビューティフル」
- WOWOW賞　クリス・クラウス（Chris Kraus：アメリカ）「ブルーム・オヴ・イエスタディ」

- ◇アジアの未来
  - ●作品賞　　ミカイル・レッド (Mikhail Red：フィリピン)「バードショット」
  - ●国際交流基金アジアセンター特別賞
    　　　　　アランクリター・シュリーワースタウ (Alankrita Shrivastava：インド)「ブルカの中の口紅」
- ◇日本映画スプラッシュ
  - ●作品賞　　渡辺 紘文 (Hirobumi Watanabe：日本)「プールサイドマン」
- ◇SAMURAI (サムライ) 賞
  　　　　　マーティン・スコセッシ (Martin Charles Scorsese：アメリカ)
  　　　　　黒沢 清 (Kiyoshi Kurosawa：日本)
- ◇ARIGATŌ (ありがとう) 賞
  　　　　　新海 誠 (Shinkai Makoto：日本)
  　　　　　高畑 充希 (Mitsuki Takahata：日本)
  　　　　　妻夫木 聡 (Satoshi Tsumabuki：日本)

第30回 (2017年)
- ◇コンペティション部門
  - ●東京グランプリ/東京都知事賞
    　　　　　セミフ・カプランオール (Semih Kaplanoğlu：トルコ)「グレイン」
  - ●審査員特別賞　シルヴィア・ルーツィ (Silvia Luzi)、ルカ・ベッリーノ (Luca Bellino)「ナポリ、輝きの陰で」
  - ●最優秀監督賞　エドモンド・ヨウ (Edmund Yeo：マレーシア)「アケラット−ロヒンギャの祈り」
  - ●最優秀主演女優賞　アデリーヌ・デルミー (Adeline D'Hermy：フランス)「マリリンヌ」
  - ●最優秀主演男優賞　ドアン イーホン (Duan Yihong：中国)「迫り来る嵐」
  - ●最優秀芸術貢献賞　ドン ユエ (Yue Dong：中国)「迫り来る嵐」
- ◇最優秀脚本賞 Presented by WOWOW
  　　　　　テーム・ニッキ (Teemu Nikki：フィンランド)「ペット安楽死請負人」
  - ●観客賞　　大九 明子 (Akiko Oku：日本)「勝手にふるえてろ」
- ◇アジアの未来
  - ●作品賞　　藤元 明緒 (Akio Fujimoto：日本)「僕の帰る場所」
  - ●国際交流基金アジアセンター特別賞
    　　　　　藤元 明緒 (Akio Fujimoto：日本)「僕の帰る場所」
  - ●スペシャルメンション　チョウ ズーヤン (Zhou Ziyang：中国)「老いた野獣」
- ◇日本映画スプラッシュ
  - ●作品賞　　戸田 ひかる (Hikaru Toda：日本)「Of Love and Law」
- ◇SAMURAI (サムライ) 賞
  　　　　　坂本 龍一 (Ryuichi Sakamoto：日本)
- ◇東京ジェムストーン賞　松岡 茉優 (Mayu Matsuoka：日本)
  　　　　　石橋 静河 (Shizuka Ishibashi：日本)
  　　　　　アデリーヌ・デルミー (Adeline D'Hermy：フランス)
  　　　　　ダフネ・ロー (Daphne Low：マレーシア)

第31回 (2018年)
- ◇コンペティション部門
  - ●東京グランプリ/東京都知事賞
    　　　　　ミカエル・アース (Mikhael Hers：フランス)「アマンダ」
  - ●審査員特別賞　マイケル・ノアー (Michael Noer：デンマーク)「氷の季節」
  - ●最優秀監督賞　エドアルド・デ・アンジェリス (Edoardo De Angelis：イタリア)「堕ちた希望」

- ●最優秀主演女優賞　ピーナ・トゥルコ（Pina Turco：イタリア）「堕ちた希望」
- ●最優秀主演男優賞　イェスパー・クリステンセン（Jesper Christensen：デンマーク）「氷の季節」
- ●最優秀芸術貢献賞　レイフ・ファインズ（Ralph Fiennes：イギリス）「ホワイト・クロウ」
- ◇最優秀脚本賞 Presented by WOWOW
　　　　　　　　　ミカエル・アース（Mikhael Hers），モード・アメリーヌ（Maud Ameline：フランス）「アマンダ」
- ●観客賞　　　　阪本 順治（Junji Sakamoto：日本）「半世界」
- ◇アジアの未来
  - ●作品賞　　　　リナ・ワン（Lina Wang：中国）「はじめての別れ」
  - ●国際交流基金アジアセンター特別賞
　　　　　　　　　ホアン・ホアン（Huang Huang：中国）「武術の孤児」
- ◇日本映画スプラッシュ
  - ●作品賞　　　　野尻 克己（Katsumi Nojiri：日本）「鈴木家の嘘」
  - ●監督賞　　　　武 正晴（Masaharu Take：日本）「銃」
　　　　　　　　　田中 征爾（Seji Tanaka：日本）「メランコリック」
- ◇東京ジェムストーン賞　木竜 麻生（Mai Kiryu：日本）
　　　　　　　　　リエン・ビン・ファット（Lien Binh Phat：ベトナム）
　　　　　　　　　カレル・トレンブレイ（Karelle Tremblay：カナダ）
　　　　　　　　　村上 虹郎（Nijiro Murakami：日本）

第32回（2019年）
- ◇コンペティション部門
  - ●東京グランプリ/東京知事賞
　　　　　　　　　フラレ・ピーダセン（Frelle Petersen：デンマーク）「わたしの叔父さん」
  - ●審査員特別賞　バレンチン・バシャノビチ（Valentyn Vasyanovych：ウクライナ）「アトランティス」
  - ●最優秀監督賞　サイード・ルスタイ（Saeed Roustayi：イラン）「ジャスト 6.5」
  - ●最優秀主演女優賞　ナディア・テレスツィエンキーピッツ（Nadia Tereszkiewicz：フランス）「動物だけが知っている」
  - ●最優秀主演男優賞　ナビド・モハマドザデー（Navid Mohammadzadeh：イラン）「ジャスト 6.5」
  - ●最優秀芸術貢献賞　ワン ルイ（Rui Wang：中国）「チャクトゥとサルラ（劇場公開時の題：大地と白い雲）」
- ◇最優秀脚本賞 Presented by WOWOW
　　　　　　　　　足立 紳（Shin Adachi：日本）「喜劇 愛妻物語」
  - ●観客賞　　　　ドミニク・モル（Dominik Moll：フランス）「動物だけが知っている」
- ◇アジアの未来
  - ●作品賞　　　　ヨウ・シン（You Xing：中国）「夏の夜の騎士」
  - ●国際交流基金アジアセンター特別賞
　　　　　　　　　レザ・ジャマリ（Reza Jamali：イラン）「死神の来ない村」
- ◇日本映画スプラッシュ
  - ●作品賞　　　　森 達也（Tatsuya Mori：日本）「i-新聞記者ドキュメント-」
  - ●監督賞　　　　渡辺 紘文（Hirobumi Watanabe：日本）「叫び声」
- ◇東京ジェムストーン賞　吉名 莉瑠（Riru Yoshina：日本）
　　　　　　　　　伊藤 沙莉（Sairi Ito：日本）
　　　　　　　　　佐久間 由衣（Yui Sakuma：日本）
　　　　　　　　　ヨセフィン・フリーダ（Josefine Frida Pettersen：ノルウェー）
- ◇特別功労賞　　仲代 達矢（Tatsuya Nakadai：日本）
　　　　　　　　　大林 宣彦（Nobuhiko Obayashi：日本）

第33回（2020年）
- ◇コンペティション部門 新型コロナウイルス感染症の流行に伴いコンペティション部門は中止
- ◇TOKYOプレミア2020
  - ●観客賞/東京都知事賞 大九 明子（Akiko Oku：日本）「私をくいとめて」

第34回（2021年）
- ◇コンペティション部門
  - ●東京グランプリ/東京知事賞
    カルトリナ・クラスニチ（Kaltrina Krasniqi：コソボ）「ヴェラは海の夢を見る」
  - ●審査員特別賞 テオドラ・アナ・ミハイ（Teodora Ana Mihai：ルーマニア）「市民」
  - ●最優秀監督賞 ダルジャン・オミルバエフ（Darezhan Omirbayev：カザフスタン）「ある詩人」
  - ●最優秀主演女優賞 フリア・チャベス（Julia Chavez）「もうひとりのトム」
  - ●最優秀主演男優賞 アミル・アガエイ（Amir Aghaee：イラン）, ファティヒ・アル（Fatih Al）, バルシュ・ユルドゥズ（Baris Yildiz）, オヌル・ブルドゥ（Onur Buldu：トルコ）「四つの壁」
  - ●最優秀芸術貢献賞 ヒラル・バイダロフ（Hilal Baydarov：アゼルバイジャン）「クレーン・ランタン」
  - ●観客賞 松居 大悟（Daigo Matsui：日本）「ちょっと思い出しただけ」
- ◇スペシャルメンション 松居 大悟（Daigo Matsui：日本）「ちょっと思い出しただけ」
- ◇アジアの未来
  - ●作品賞 ホセイン・テヘラニ（Hossein Tehrani：イラン）「世界、北半球」
- ◇Amazon Prime Video テイクワン賞
    金 允洙（Yunsoo Kim：韓国）「日曜日、凪」
  - ●審査委員特別賞 珊瑚 みどり（Midori Sangoumi：日本）「橋の下で」

第35回（2022年）
- ◇コンペティション部門
  - ●東京グランプリ/東京知事賞
    ロドリゴ・ソロゴイェン（Rodrigo Sorogoyen del Amo：スペイン）「ザ・ビースト」
  - ●審査員特別賞 ホウマン・セイエディ（Houman Seyedi：イラン）「第三次世界大戦」
  - ●最優秀監督賞 ロドリゴ・ソロゴイェン（Rodrigo Sorogoyen del Amo：スペイン）「ザ・ビースト」
  - ●最優秀主演女優賞 アリン・クーペンヘイム（Aline Kppenheim：スペイン）「1976」
  - ●最優秀主演男優賞 ドゥニ・メノーシェ（Denis Ménochet：フランス）「ザ・ビースト」
  - ●最優秀芸術貢献賞 サンジーワ・プシュパクマーラ（Sanjeewa Pushpakumara：スリランカ）「孔雀の嘆き」
  - ●観客賞 今泉 力哉（Rikiya Imaizumi：日本）「窓辺にて」
- ◇アジアの未来
  - ●作品賞 モハンマドレザ・ワタンデュースト（Mohammadreza Vatandoust：イラン）「蝶の命は一日限り」
  - ●Amazon Prime Video テイクワン賞
    受賞者なし
- ◇特別功労賞 野上 照代（Teruyo Nogami：日本）
- ◇黒澤明賞 アレハンドロ・ゴンサレス・イニャリトゥ（Alejandro González Iñárritu：メキシコ）
    深田 晃司（Koji Fukada：日本）

第36回（2023年）
- ◇コンペティション部門

- 東京グランプリ/東京知事賞
  - ペマ・ツェテン（Pema Tseden：チベット）「雪豹」
- 審査員特別賞　ザール・アミール（Zar Amir：イラン・フランス），ガイ・ナッティヴ（Guy Nattiv：イスラエル）「タタミ」
- 最優秀監督賞　岸 善幸（Yoshiyuki Kishi：日本）「正欲」
- 最優秀主演女優賞　ザル・アミール（Zar Amir：イラン・フランス）「タタミ」
- 最優秀主演男優賞　ヤスナ・ミルターマスブ（Yasna Mirtahmasb：イラン）「ロクサナ」
- 最優秀芸術貢献賞　ガオ・ポン（Gao Peng：中国）「ロングショット」
- 観客賞　岸 善幸（Yoshiyuki Kishi：日本）「正欲」

◇アジアの未来
- 作品賞　メヘディ・アスガリ・アズガディ（Mahdi Asghari Azghadi：イラン）「マリア」

◇Amazon Prime Video テイクワン賞
  ヤン リーピン（Yang Liping：中国）「Gone With The Wind」
- 審査委員特別賞　安村 栄美（Emi Yasumura：日本）「ビー・プリペアード」

◇エシカル・フィルム賞　エスティバリス・ウレソラ・ソラグレン（Estibaliz Urresola Solaguren：スペイン）「20000種のハチ（仮題））」

◇特別功労賞　チャン イーモウ（Zhang Yimou：中国）
◇黒澤明賞　グー シャオガン（Gu Xiaogang：中国）
  モーリー・スリヤ（Mouly Surya：インドネシア）

第37回（2024年）
◇コンペティション部門
- 東京グランプリ/東京知事賞
  吉田 大八（Daihachi Yoshida：日本）「敵」
- 審査員特別賞　イバン・D・ガオナ（Ivan D. Gaona：コロンビア）「アディオス・アミーゴ」
- 最優秀監督賞　吉田 大八（Daihachi Yoshida：日本）「敵」
- 最優秀主演女優賞　アナマリア・ヴァルトロメイ（Anamaria Vartolomei：フランス・ルーマニア）「トラフィック」
- 最優秀主演男優賞　長塚 京三（Kyouzou Nagatsuka：日本）「敵」
- 最優秀芸術貢献賞　ドン ズージェン（Dong Zijian：中国）「わが友アンドレ」
- 観客賞　ヤン リーナー（Yang Lina：中国）「小さな私」

◇アジアの未来
- 作品賞　エミネ・ユルドゥルム（Emine Yıldırım：トルコ）「昼のアポロン 夜のアテネ」

◇エシカル・フィルム賞　マティ・ディオップ（Mati Diop：フランス）「ダホメ」
◇特別功労賞　タル・ベーラ（Tarr Béla：ハンガリー）
◇黒澤明賞　三宅 唱（Sho Miyake：日本）
  フー ティエンユー（Fu Tian-yu：台湾）

37　トニー賞　Tony Awards

　女優アントワネット・ペリー（Antoinette Perry）の功績を称え，1947年に創設されたアメリカの演劇賞。ニューヨークのブロードウェイで上演された演劇・ミュージカルを対象に，毎年授与される。演劇部門・ミュージカル部門（作品賞，男優賞，女優賞，演出賞，脚本賞など）のほか，地方劇場賞，個人の業績を讃える特別賞，他の部門に当てはまらない分野の個人・団体に与えられるトニー名誉賞などがある。映画のアカデミー賞と並ぶ一大イベントで，授賞式は全米に中継・配信される。正式名称はアントワネット・ペリー賞（Antoinette Perry Awards）。

＊日本人では, 2013年に川名康浩が「キンキーブーツ」(ミュージカル部門作品賞)を受賞
【主催者】トニー賞プロダクション (Tony Award Production) －ブロードウェイ・リーグ (The Broadway League, Inc.) とアメリカン・シアター・ウイング (The American Theatre Wing) による提携企業
【選考委員】トニー賞運営委員会は24名からなり (リーグから10名, ウイングから10名, 劇作家組合, 俳優組合, United Scenic Artists, 演出・振付協会からそれぞれ1名), この委員会が全分野の選考対象作とノミネート選出委員 (15～62名) を選出するほか, 名誉賞を決定する。受賞者の決定は投票による。1947年の設立当初, 投票権はアメリカン・シアター・ウイング, 娯楽産業俳優組合の委員会のメンバーに限定されていたが, 54年に他の演劇関係者にも拡大され, 今日では800人以上に与えられている
【締切・発表】例年5月にノミネート発表, 6月にラジオ・シティ・ミュージックホールで授賞式
【賞・賞金】受賞者の名, 部門名, 作品名が刻されたメダル (ハーマン・ロスによるデザイン)
【E-mail】league@broadway.org (The Broadway League)
【URL】https://www.tonyawards.com/

第70回 (2016年)
◇ミュージカル部門
- 作品賞　　　　「ハミルトン (Hamilton)」
- リバイバル作品賞　「カラーパープル (The Color Purple)」
- 主演男優賞　　レスリー・オドム Jr. (Leslie Odom Jr.)「ハミルトン (Hamilton)」
- 主演女優賞　　シンシア・エリヴォ (Cynthia Erivo)「カラーパープル (The Color Purple)」
- 助演男優賞　　ダヴィード・ディグス (Daveed Diggs)「ハミルトン (Hamilton)」
- 助演女優賞　　レネー・エリス・ゴールズベリー (Renée Elise Goldsberry)「ハミルトン (Hamilton)」
- 演出賞　　　　トーマス・カイル (Thomas Kail)「ハミルトン (Hamilton)」
- 脚本賞　　　　リン＝マニュエル・ミランダ (Lin-Manuel Miranda)「ハミルトン (Hamilton)」
- 装置デザイン賞　デヴィッド・ロックウェル (David Rockwell)「シー・ラヴズ・ミー (She Loves Me)」
- 衣装デザイン賞　ポール・タゼウェル (Paul Tazewell)「ハミルトン (Hamilton)」
- 照明デザイン賞　ハウエル・ビンクリー (Howell Binkley)「ハミルトン (Hamilton)」

◇演劇部門
- 作品賞　　　　「ザ・ヒューマンズ (The Humans)」〈作：スティーヴン・カラム〉
- リバイバル作品賞　「橋からの眺め (A View from the Bridge)」〈作：アーサ・ミラー〉
- 主演男優賞　　フランク・ランジェラ (Frank Langella)「ザ・ファーザー (The Father)」
- 主演女優賞　　ジェシカ・ラング (Jessica Lange)「夜への長い旅路 (Long Day's Journey Into Night)」
- 助演男優賞　　リード・バーニー (Reed Birney)「ザ・ヒューマンズ (The Humans)」
- 助演女優賞　　ジェイン・ハウディシェル (Jayne Houdyshell)「ザ・ヒューマンズ (The Humans)」
- 演出賞　　　　イヴォ・ヴァン・ホーヴェ (Ivo Van Hove)「橋からの眺め (A View from the Bridge)」
- 装置デザイン賞　デヴィッド・ジン (David Zinn)「ザ・ヒューマンズ (The Humans)」
- 衣装デザイン賞　クリント・ラモス (Clint Ramos)「イクリプスト (Eclipsed)」
- 照明デザイン賞　ナターシャ・カッツ (Natasha Katz)「夜への長い旅路 (Long Day's Journey Into Night)」

◇楽曲賞　　　　リン＝マニュエル・ミランダ (Lin-Manuel Miranda：作詞・作曲)「ハミルト

ン（Hamilton）」
- ◇編曲賞　　　　アレックス・ラカモア（Alex Lacamoire）「ハミルトン（Hamilton）」
- ◇振付賞　　　　アンディ・ブランケンビューラー（Andy Blankenbuehler）「ハミルトン（Hamilton）」
- ◇地方劇場賞　　ペーパー・ミル・プレイハウス（Paper Mill Playhouse）
- ◇イザベル・スティーヴンソン賞
　　　　　　　　　ブライアン・ストークス・ミッチェル（Brian Stokes Mitchell）
- ◇特別賞　　　　全米芸術基金（National Endowment for the Arts）
　　　　　　　　　マイルス・ウィルキン（Miles Wilkin）
- ◇特別功労賞　　シェルドン・ハーニック（Sheldon Harnick）
　　　　　　　　　マーシャル・W.メイソン（Marshall W. Mason）
- ◇トニー名誉賞　セス・ジェルブラム（Seth Gelblum）
　　　　　　　　　ジョーン・ラダー（Joan Lader）
　　　　　　　　　サリー・アン・パーソンズ（Sally Ann Parsons）

第71回（2017年）

- ◇ミュージカル部門
  - 作品賞　　　　　「ディア・エヴァン・ハンセン（Dear Evan Hansen）」
  - リバイバル作品賞　「ハロー・ドリー！（Hello, Dolly！）」
  - 主演男優賞　　　ベン・プラット（Ben Platt）「ディア・エヴァン・ハンセン（Dear Evan Hansen）」
  - 主演女優賞　　　ベット・ミドラー（Bette Midler）「ハロー・ドリー！（Hello, Dolly！）」
  - 助演男優賞　　　ギャヴィン・クリール（Gavin Creel）「ハロー・ドリー！（Hello, Dolly！）」
  - 助演女優賞　　　レイチェル・ベイ・ジョーンズ（Rachel Bay Jones）「ディア・エヴァン・ハンセン（Dear Evan Hansen）」
  - 演出賞　　　　　クリストファー・アシュレイ（Christopher Ashley）「カム・フロム・アウェイ（Come From Away）」
  - 脚本賞　　　　　スティーヴン・レヴェンソン（Steven Levenson）「ディア・エヴァン・ハンセン（Dear Evan Hansen）」
  - 装置デザイン賞　ミミ・リエン（Mimi Lien）「ナターシャ・ピエール・アンド・ザ・グレート・コメット・オブ・1812（Natasha, Pierre&The Great Comet of 1812）」
  - 衣装デザイン賞　サント・ロカスト（Santo Loquasto）「ハロー・ドリー！（Hello, Dolly！）」
  - 照明デザイン賞　ブラッドリー・キング（Bradley King）「ナターシャ・ピエール・アンド・ザ・グレート・コメット・オブ・1812（Natasha, Pierre&The Great Comet of 1812）」
- ◇演劇部門
  - 作品賞　　　　　「オスロ（Oslo）」〈作：J.T.ロジャース〉
  - リバイバル作品賞　「ジトニー（Jitney）」〈作：オーガスト・ウィルソン〉
  - 主演男優賞　　　ケヴィン・クライン（Kevin Kline）「プレゼント・ラフター（Present Laughter）」
  - 主演女優賞　　　ローリー・メトカーフ（Laurie Metcalf）「人形の家 パート2（A Doll's House, Part 2）」
  - 助演男優賞　　　マイケル・アロノフ（Michael Aronov）「オスロ（Oslo）」
  - 助演女優賞　　　シンシア・ニクソン（Cynthia Nixon）「子狐たち（The Little Foxes）」
  - 演出賞　　　　　レベッカ・タイシュマン（Rebecca Taichman）「インディセント（Indecent）」
  - 装置デザイン賞　ナイジェル・フック（Nigel Hook）「九条丸家の殺人事件（The Play That Goes Wrong）」
  - 衣装デザイン賞　ジェーン・グリーンウッド（Jane Greenwood）「子狐たち（The Little Foxes）」
  - 照明デザイン賞　クリストファー・エイカーリンド（Christopher Akerlind）「インディセント（Indecent）」

- ◇楽曲賞　　　　　ベンジ・パセック (Benj Pasek)、ジャスティン・ポール (Justin Paul)「ディア・エヴァン・ハンセン (Dear Evan Hansen)」
- ◇編曲賞　　　　　アレックス・ラカモア (Alex Lacamoire)「ディア・エヴァン・ハンセン (Dear Evan Hansen)」
- ◇振付賞　　　　　アンディ・ブランケンビューラー (Andy Blankenbuehler)「バンドスタンド (Bandstand)」
- ◇地方劇場賞　　　ダラス・シアター・センター (Dallas Theater Center)
- ◇イザベル・スティーヴンソン賞
    　　　　　　　　バイヨーク・リー (Baayork Lee)
- ◇特別賞　　　　　ギャレス・フライ (Gareth Fry)、ピート・マルキン (Pete Malkin) "「The Encounter」の音響デザイン"
- ◇特別功労賞　　　ジェームズ・アール・ジョーンズ (James Earl Jones)
- ◇トニー名誉賞　　ニーナ・ラナン (Nina Lannan)
    　　　　　　　　アラン・ワッサー (Alan Wasser)

第72回（2018年）

◇ミュージカル部門

- ● 作品賞　　　　　「バンズ・ヴィジット 迷子の警察音楽隊 (The Band's Visit)」
- ● リバイバル作品賞「アイランド (Once On This Island)」
- ● 主演男優賞　　　トニー・シャループ (Tony Shalhoub)「バンズ・ヴィジット 迷子の警察音楽隊 (The Band's Visit)」
- ● 主演女優賞　　　カトリーナ・レンク (Katrina Lenk)「バンズ・ヴィジット 迷子の警察音楽隊 (The Band's Visit)」
- ● 助演男優賞　　　アリエル・スタッチェル (Ari'el Stachel)「バンズ・ヴィジット 迷子の警察音楽隊 (The Band's Visit)」
- ● 助演女優賞　　　リンゼイ・メンデス (Lindsay Mendez)「回転木馬 (Carousel)」
- ● 演出賞　　　　　デヴィッド・クローマー (David Cromer)「バンズ・ヴィジット 迷子の警察音楽隊 (The Band's Visit)」
- ● 脚本賞　　　　　イタマール・モーゼス (Itamar Moses)「バンズ・ヴィジット 迷子の警察音楽隊 (The Band's Visit)」
- ● 装置デザイン賞　デヴィッド・ジン (David Zinn)「スポンジ・ボブ (SpongeBob SquarePants：The Musical)」
- ● 衣装デザイン賞　キャサリン・ズーバー (Catherine Zuber)「マイ・フェア・レディ (My Fair Lady)」
- ● 照明デザイン賞　タイラー・マイコロウ (Tyler Micoleau)「バンズ・ヴィジット 迷子の警察音楽隊 (The Band's Visit)」
- ● 音響デザイン賞　カイ・ハラダ (Kai Harada)「バンズ・ヴィジット 迷子の警察音楽隊 (The Band's Visit)」

◇演劇部門

- ● 作品賞　　　　　「ハリー・ポッターと呪いの子 (Harry Potter and the Cursed Child, Parts One and Two)」〈作：ジャック・ソーン〉
- ● リバイバル作品賞「エンジェルス・イン・アメリカ (Angels in America)」
- ● 主演男優賞　　　アンドリュー・ガーフィールド (Andrew Garfield)「エンジェルス・イン・アメリカ (Angels in America)」
- ● 主演女優賞　　　グレンダ・ジャクソン (Glenda Jackson)「幸せの背くらべ (Three Tall Women)」
- ● 助演男優賞　　　ネイサン・レイン (Nathan Lane)「エンジェルス・イン・アメリカ (Angels in America)」
- ● 助演女優賞　　　ローリー・メトカーフ (Laurie Metcalf)「幸せの背くらべ (Three Tall Women)」
- ● 演出賞　　　　　ジョン・ティファニー (John Tiffany)「ハリー・ポッターと呪いの子 (Harry

- ●装置デザイン賞　クリスティン・ジョーンズ（Christine Jones）「ハリー・ポッターと呪いの子（Harry Potter and the Cursed Child, Parts One and Two）」
- ●衣装デザイン賞　カトリーナ・リンゼイ（Katrina Lindsay）「ハリー・ポッターと呪いの子（Harry Potter and the Cursed Child, Parts One and Two）」
- ●照明デザイン賞　ニール・オースティン（Neil Austin）「ハリー・ポッターと呪いの子（Harry Potter and the Cursed Child, Parts One and Two）」
- ●音響デザイン賞　ギャレス・フライ（Gareth Fry）「ハリー・ポッターと呪いの子（Harry Potter and the Cursed Child, Parts One and Two）」
- ◇楽曲賞　デヴィッド・ヤズベック（David Yazbek：作詞・作曲）「バンズ・ヴィジット 迷子の警察音楽隊（The Band's Visit）」
  - ●編曲賞　ジャムシード・シャリフィ（Jamshied Sharifi）「バンズ・ヴィジット 迷子の警察音楽隊（The Band's Visit）」
  - ●振付賞　ジャスティン・ペック（Justin Peck）「回転木馬（Carousel）」
- ◇地方劇場賞　ラ・ママ実験劇場（La MaMa E. T. C）
- ◇イザベル・スティーヴンソン賞
  - ニック・スキャンダリオス（Nick Scandalios）
- ◇特別賞　ジョン・レグイザモ（John Leguizamo）
  - ブルース・スプリングスティーン（Bruce Springsteen）
- ◇特別功労賞　チタ・リヴェラ（Chita Rivera）
  - アンドリュー・ロイド・ウェバー（Andrew Lloyd Webber）
- ◇トニー名誉賞　サラ・クルールウィッチ（Sara Krulwich）
  - ベッシー・ネルソン（Bessie Nelson）
  - アーネスト・ウィンザー・クリーナーズ（Ernest Winzer Cleaners）

第73回（2019年）

- ◇ミュージカル部門
  - ●作品賞　「ハデスタウン（Hadestown）」
  - ●リバイバル作品賞　「オクラホマ！（Oklahoma！）」〈作：ロジャース＆ハマースタイン〉
  - ●主演男優賞　サンティノ・フォンタナ（Santino Fontana）「トッツィー（Tootsie）」
  - ●主演女優賞　ステファニー・J.ブロック（Stephanie J. Block）「ザ・シェール・ショー（The Cher Show）」
  - ●助演男優賞　アンドレ・デ・シールズ（André De Shields）「ハデスタウン（Hadestown）」
  - ●助演女優賞　アリ・ストローカー（Ali Stroker）「オクラホマ！（Oklahoma！）」
  - ●演出賞　レイチェル・チャフキン（Rachel Chavkin）「ハデスタウン（Hadestown）」
  - ●脚本賞　ロバート・ホーン（Robert Horn）「トッツィー（Tootsie）」
  - ●装置デザイン賞　レイチェル・ホーク（Rachel Hauck）「ハデスタウン（Hadestown）」
  - ●衣装デザイン賞　ボブ・マッキー（Bob Mackie）「ザ・シェール・ショー（The Cher Show）」
  - ●照明デザイン賞　ブラッドリー・キング（Bradley King）「ハデスタウン（Hadestown）」
  - ●音響デザイン賞　ネヴィン・スタインバーグ（Nevin Steinberg），ジェシカ・パズ（Jessica Paz）「ハデスタウン（Hadestown）」
- ◇演劇部門
  - ●作品賞　「ザ・フェリーマン（The Ferryman）」〈作：ジェズ・バターワース〉
  - ●リバイバル作品賞　「真夜中のパーティー（The Boys in the Band）」〈作：マート・クロウリー〉
  - ●主演男優賞　ブライアン・クランストン（Bryan Cranston）「ネットワーク（Network）」
  - ●主演女優賞　エレイン・メイ（Elaine May）「ザ・ウェイヴァリー・ギャラリー（The Waverly Gallery）」
  - ●助演男優賞　バーティ・カーヴェル（Bertie Carvel）「インク（Ink）」
  - ●助演女優賞　セリア・キーナン＝ボルジャー（Celia Keenan-Bolger）「アラバマ物語（To

　　　　　　　　　　　　　　Kill a Mockingbird)」
● 演出賞　　　　　サム・メンデス (Sam Mendes)「ザ・フェリーマン (The Ferryman)」
● 装置デザイン賞　ロブ・ハウエル (Rob Howell)「ザ・フェリーマン (The Ferryman)」
● 衣装デザイン賞　ロブ・ハウエル (Rob Howell)「ザ・フェリーマン (The Ferryman)」
● 照明デザイン賞　ニール・オースティン (Neil Austin)「インク (Ink)」
● 音響デザイン賞　フィッツ・パットン (Fitz Patton)「クワイヤ・ボーイ (Choir Boy)」
◇楽曲賞　　　　　アナイス・ミッチェル (Anaïs Mitchell：作詞・作曲)「ハデスタウン
　　　　　　　　　　(Hadestown)」
◇編曲賞　　　　　マイケル・チャオニー (Michael Chorney), トッド・シッカフース (Todd
　　　　　　　　　　Sickafoose)「ハデスタウン (Hadestown)」
◇振付賞　　　　　セルジオ・トルヒーヨ (Sergio Trujillo)「エイント・トゥー・プラウド (Ain't
　　　　　　　　　　Too Proud - The Life and Times of the Temptations)」
◇地方劇場賞　　　シアターワークス・シリコンバレー (TheatreWorks Silicon Valley)
◇イザベル・スティーヴンソン賞
　　　　　　　　　ジュディス・ライト (Judith Light)
◇特別賞　　　　　マリン・メイジー (Marin Mazzie)
　　　　　　　　　ソニー・ティルダース (Sonny Tilders), クリーチャー・テクノロジー・カンパ
　　　　　　　　　　ニー (Creature Technology Company)"ブロードウェイミュージカル「キン
　　　　　　　　　　グコング (King Kong)」のコングのキャラクター・パペットの制作"
　　　　　　　　　ジェイソン・マイケル・ウェッブ (Jason Michael Webb)"「クワイヤ・ボーイ
　　　　　　　　　　(Choir Boy)」の卓越したボーカル・アレンジ"
◇特別功労賞　　　ローズマリー・ハリス (Rosemary Harris)
　　　　　　　　　テレンス・マクナリー (Terrence McNally)
　　　　　　　　　ハロルド・ホイーラー (Harold Wheeler)
◇トニー名誉賞　　ブロードウェイ・インスピレーショナル・ヴォイシズ (Broadway
　　　　　　　　　　Inspirational Voices), マイケル・マッケルロイ (Michael McElroy)
　　　　　　　　　ピーター・エンティン (Peter Entin)
　　　　　　　　　ニューヨーク市消防局第54消火班, 第4はしご車班, 第9大隊 (FDNY Engine
　　　　　　　　　　54, Ladder 4, Battalion 9)
　　　　　　　　　ジョゼフ・ブレイクリー・フォーブス (Joseph Blakely Forbes)

第74回 (2021年)
◇ミュージカル部門
● 作品賞　　　　　「ムーラン・ルージュ！ザ・ミュージカル (Moulin Rouge！The Musical)」
● 主演男優賞　　　アーロン・トヴェイト (Aaron Tveit)「ムーラン・ルージュ！ザ・ミュージカ
　　　　　　　　　　ル (Moulin Rouge！The Musical)」
● 主演女優賞　　　エイドリアン・ウォーレン (Adrienne Warren)「ティナ：ザ・ティナ・ター
　　　　　　　　　　ナー・ミュージカル (Tina - The Tina Turner Musical)」
● 助演男優賞　　　ダニー・バースタイン (Danny Burstein)「ムーラン・ルージュ！ザ・ミュー
　　　　　　　　　　ジカル (Moulin Rouge！The Musical)」
● 助演女優賞　　　ローレン・パッテン (Lauren Patten)「ジャグド・リトル・ピル (Jagged
　　　　　　　　　　Little Pill)」
● 演出賞　　　　　アレックス・ティンバーズ (Alex Timbers)「ムーラン・ルージュ！ザ・
　　　　　　　　　　ミュージカル (Moulin Rouge！The Musical)」
● 脚本賞　　　　　ディアブロ・コーディ (Diablo Cody)「ジャグド・リトル・ピル (Jagged
　　　　　　　　　　Little Pill)」
● 装置デザイン賞　デレク・マクレーン (Derek McLane)「ムーラン・ルージュ！ザ・ミュージ
　　　　　　　　　　カル (Moulin Rouge！The Musical)」
● 衣装デザイン賞　キャサリン・ズーバー (Catherine Zuber)「ムーラン・ルージュ！ザ・ミュー
　　　　　　　　　　ジカル (Moulin Rouge！The Musical)」

- 照明デザイン賞　ジャスティン・タウンゼント（Justin Townsend）「ムーラン・ルージュ！ザ・ミュージカル（Moulin Rouge！The Musical）」
- 音響デザイン賞　ピーター・ヒレンスキー（Peter Hylenski）「ムーラン・ルージュ！ザ・ミュージカル（Moulin Rouge！The Musical）」

◇演劇部門
- 作品賞　　　「インヘリタンス（The Inheritance）」〈作：マシュー・ロペス〉
- リバイバル作品賞　「ソルジャーズ・プレイ（A Soldier's Play）」〈作：チャールズ・フラー〉
- 主演男優賞　アンドリュー・バーナップ（Andrew Burnap）「インヘリタンス（The Inheritance）」
- 主演女優賞　メアリー＝ルイーズ・パーカー（Mary-Louise Parker）「サウンド・インサイド（The Sound Inside）」
- 助演男優賞　デヴィッド・アラン・グリア（David Alan Grier）「ソルジャーズ・プレイ（A Soldier's Play）」
- 助演女優賞　ロイス・スミス（Lois Smith）「インヘリタンス（The Inheritance）」
- 演出賞　　　スティーヴン・ダルドリー（Stephen Daldry）「インヘリタンス（The Inheritance）」
- 装置デザイン賞　ロブ・ハウエル（Rob Howell）「クリスマス・キャロル（A Christmas Carol）」
- 衣装デザイン賞　ロブ・ハウエル（Rob Howell）「クリスマス・キャロル（A Christmas Carol）」
- 照明デザイン賞　ヒュー・ヴァンストン（Hugh Vanstone）「クリスマス・キャロル（A Christmas Carol）」
- 音響デザイン賞　サイモン・ベーカー（Simon Baker）「クリスマス・キャロル（A Christmas Carol）」

◇楽曲賞　　　クリストファー・ナイチンゲール（Christopher Nightingale：作曲）「クリスマス・キャロル（A Christmas Carol）」
◇編曲賞　　　ジャスティン・リーバイン（Justin Levine），ケイティ・クレセック（Katie Kresek），チャーリー・ローゼン（Charlie Rosen），マット・スタイン（Matt Stine）「ムーラン・ルージュ！ザ・ミュージカル（Moulin Rouge！The Musical）」
◇振付賞　　　ソニア・タイエ（Sonya Tayeh）「ムーラン・ルージュ！ザ・ミュージカル（Moulin Rouge！The Musical）」
◇イザベル・スティーヴンソン賞
　　　　　　　ジュリー・ハルストン（Julie Halston）
◇特別賞　　　ブロードウェイ支持連合（The Broadway Advocacy Coalition）
◇特別功労賞　グラシエラ・ダニエル（Graciela Daniele）
◇トニー名誉賞　フレッド・ギャロ（Fred Gallo）
　　　　　　　Irene Gandy
　　　　　　　Beverly Jenkins
　　　　　　　New Federal Theatre, Woodie King Jr.（創設者）

第75回（2022年）
◇ミュージカル部門
- 作品賞　　　「ア・ストレンジ・ループ（A Strange Loop）」
- リバイバル作品賞　「カンパニー（Company）」
- 主演男優賞　マイルズ・フロスト（Myles Frost）「MJ（原題：MJ）」
- 主演女優賞　ジョアキーナ・カラカンゴ（Joaquina Kalukango）「パラダイス・スクエア（Paradise Square）」
- 助演男優賞　マット・ドイル（Matt Doyle）「カンパニー（Company）」
- 助演女優賞　パティ・ルポーン（Patti LuPone）「カンパニー（Company）」
- 演出賞　　　マリアンヌ・エリオット（Marianne Elliott）「カンパニー（Company）」
- 脚本賞　　　マイケル・R.ジャクソン（Michael R. Jackson）「ア・ストレンジ・ループ（A

映画・演劇・TV　　　　　　　　　　215　　　　　　　　　　37 トニー賞

　　　　　　　　　　Strange Loop）」
　　●装置デザイン賞　バニー・クリスティ（Bunny Christie）「カンパニー（Company）」
　　●衣装デザイン賞　ガブリエラ・スレイド（Gabriella Slade）「SIX（SIX：The Musical）」
　　●照明デザイン賞　ナターシャ・カッツ（Natasha Katz）「MJ」
　　●音響デザイン賞　ギャレス・オーウェン（Gareth Owen）「MJ」
◇演劇部門
　　●作品賞　　　　　「リーマン・トリロジー（The Lehman Trilogy）」〈作：ステファノ・マッシー二，翻案：ベン・パワー〉
　　●リバイバル作品賞　「テイク・ミー・アウト（Take Me Out）」
　　●主演男優賞　　　サイモン・ラッセル・ビール（Simon Russell Beale）「リーマン・トリロジー（The Lehman Trilogy）」
　　●主演女優賞　　　ディードル・オコンネル（Deirdre O'Connell）「デイナ・H（Dana H.）」
　　●助演男優賞　　　ジェシー・タイラー・ファーガソン（Jesse Tyler Ferguson）「テイク・ミー・アウト（Take Me Out）」
　　●助演女優賞　　　フィリシア・ラシャド（Phylicia Rashad）「スケルトン・クルー（Skeleton Crew）」
　　●演出賞　　　　　サム・メンデス（Sam Mendes）「リーマン・トリロジー（The Lehman Trilogy）」
　　●装置デザイン賞　エス・デヴリン（Es Devlin）「リーマン・トリロジー（The Lehman Trilogy）」
　　●衣装デザイン賞　モンタナ・リーヴァイ・ブランコ（Montana Levi Blanco）「危機一髪（The Skin of Our Teeth）」
　　●照明デザイン賞　ジョン・クラーク（Jon Clark）「リーマン・トリロジー（The Lehman Trilogy）」
　　●音響デザイン賞　ミケル・フィクセル（Mikhail Fiksel）「デイナ・H（Dana H.）」
◇楽曲賞　　　　　　トビー・マーロウ（Toby Marlow），ルーシー・モス（Lucy Moss）「SIX（SIX：The Musical）」
◇編曲賞　　　　　　サイモン・ヘイル（Simon Hale）「北国の少女（Girl from the North Country）」
◇振付賞　　　　　　クリストファー・ウィールドン（Christopher Wheeldon）「MJ」
◇地方劇場賞　　　　コート劇場（シカゴ）（Court Theatre）
◇イザベル・スティーヴンソン賞
　　　　　　　　　　ロバート・E.ワンケル（Robert E. Wankel）
◇特別賞　　　　　　ジェームズ・C.ニコラ（James C. Nicola）
◇特別功労賞　　　　アンジェラ・ランズベリー（Angela Lansbury）
◇トニー名誉賞　　　Asian American Performers Action Coalition（AAPAC）
　　　　　　　　　　Broadway For All
　　　　　　　　　　Feinstein's/54 Below
　　　　　　　　　　エミリー・グリッシュマン（Emily Grishman）
　　　　　　　　　　United Scenic Artists, Local USA 829, IATSE

第76回（2023年）
◇ミュージカル部門
　　●作品賞　　　　　「キンバリー・アキンボ（Kimberly Akimbo）」
　　●リバイバル作品賞　「パレード（Parade）」
　　●主演男優賞　　　ジェイ・ハリソン・ジー（J. Harrison Ghee）「お熱いのがお好き（Some Like It Hot）」
　　●主演女優賞　　　ヴィクトリア・クラーク（Victoria Clark）「キンバリー・アキンボ（Kimberly Akimbo）」
　　●助演男優賞　　　アレックス・ニューウェル（Alex Newell）「シャックト（Shucked）」
　　●助演女優賞　　　ボニー・ミリガン（Bonnie Milligan）「キンバリー・アキンボ（Kimberly Akimbo）」

- 演出賞　　　　マイケル・アーデン（Michael Arden）「パレード（Parade）」
- 脚本賞　　　　デヴィッド・リンゼイ＝アベアー（David Lindsay-Abaire）「キンバリー・アキンボ（Kimberly Akimbo）」
- 装置デザイン賞　ベオウルフ・ボリット（Beowulf Boritt）「ニューヨーク・ニューヨーク（New York, New York）」
- 衣装デザイン賞　グレッグ・バーンズ（Gregg Barnes）「お熱いのがお好き（Some Like It Hot）」
- 照明デザイン賞　ナターシャ・カッツ（Natasha Katz）「スウィーニー・トッド フリート街の悪魔の理髪師（Sweeney Todd：The Demon Barber of Fleet Street）」
- 音響デザイン賞　ネヴィン・スタインバーグ（Nevin Steinberg）「スウィーニー・トッド フリート街の悪魔の理髪師（Sweeney Todd：The Demon Barber of Fleet Street）」

◇演劇部門
- 作品賞　　　　「レオポルトシュタット（Leopoldstadt）」〈作：トム・ストッパード〉
- リバイバル作品賞　「トップドッグ/アンダードッグ（Topdog/ Underdog）」〈作：スーザン＝ロリ・パークス〉
- 主演男優賞　　ショーン・ヘイズ（Sean Hayes）「グッドナイト、オスカー（Good Night, Oscar）」
- 主演女優賞　　ジョディ・カマー（Jodie Comer）「プライマ・フェイシィ（Prima Facie）」
- 助演男優賞　　ブランドン・ウラノヴィッツ（Brandon Uranowitz）「レオポルトシュタット（Leopoldstadt）」
- 助演女優賞　　ミリアム・シルヴァーマン（Miriam Silverman）「ザ・サイン・イン・シドニー・ブルースティーンズ・ウィンドウ（The Sign in Sidney Brustein's Window）」
- 演出賞　　　　パトリック・マーバー（Patrick Marber）「レオポルトシュタット（Leopoldstadt）」
- 装置デザイン賞　ティム・ハトリー（Tim Hatley），アンジェイ・ゴールディング（Andrzej Goulding）「ライフ・オブ・パイ（Life of Pi）」
- 衣装デザイン賞　ブリジット・ライフェンシュテュール（Brigitte Reiffenstuel）「レオポルトシュタット（Leopoldstadt）」
- 照明デザイン賞　ティム・ラトキン（Tim Lutkin）「ライフ・オブ・パイ（Life of Pi）」
- 音響デザイン賞　キャロリン・ダウニング（Carolyn Downing）「ライフ・オブ・パイ（Life of Pi）」

◇楽曲賞　　　　デヴィッド・リンゼイ＝アベアー（David Lindsay-Abaire：作詞），ジャニーン・テソリ（Jeanine Tesori：作曲）「キンバリー・アキンボ（Kimberly Akimbo）」
◇編曲賞　　　　チャーリー・ローゼン（Charlie Rosen），ブライアン・カーター（Bryan Carter）「お熱いのがお好き（Some Like It Hot）」
◇振付賞　　　　ケイシー・ニコロウ（Casey Nicholaw）「お熱いのがお好き（Some Like It Hot）」
◇地方劇場賞　　パサディナ・プレイハウス（Pasadena Playhouse）
◇イザベル・スティーヴンソン賞
　　　　　　　　ジェリー・ミッチェル（Jerry Mitchell）
◇特別功労賞　　ジョエル・グレイ（Joel Grey）
　　　　　　　　ジョン・カンダー（John Kander）
◇トニー名誉賞　ヴィクトリア・ベイリー（Victoria Bailey）
　　　　　　　　リサ・ドーン・ケイヴ（Lisa Dawn Cave）
　　　　　　　　ロバート・フリード（Robert Fried）

第77回（2024年）
　◇ミュージカル部門
- 作品賞　　　　「アウトサイダー（The Outsiders）」

- リバイバル作品賞　「メリリー・ウィー・ロール・アロング（Merrily We Roll Along）」
- 主演男優賞　　　ジョナサン・グロフ（Jonathan Groff）「メリリー・ウィー・ロール・アロング（Merrily We Roll Along）」
- 主演女優賞　　　マリア・ジョイ・ムーン（Maleah Joi Moon）「ヘルズ・キッチン（Hell's Kitchen）」
- 助演男優賞　　　ダニエル・ラドクリフ（Daniel Radcliffe）「メリリー・ウィー・ロール・アロング（Merrily We Roll Along）」
- 助演女優賞　　　キーシャ・ルイス（Kecia Lewis）「ヘルズ・キッチン（Hell's Kitchen）」
- 演出賞　　　　　ダンヤ・テイモア（Danya Taymor）「アウトサイダー（The Outsiders）」
- 脚本賞　　　　　シェイナ・タウブ（Shaina Taub）「サフス（Suffs）」
- 装置デザイン賞　トム・スカット（Tom Scutt）「キャバレー（Cabaret at the Kit Kat Club）」
- 衣装デザイン賞　リンダ・チョー（Linda Cho）「グレート・ギャツビー（The Great Gatsby）」
- 照明デザイン賞　ブライアン・マックデヴィット（Brian MacDevitt），ハナ・S.キム（Hana S. Kim）「アウトサイダー（The Outsiders）」
- 音響デザイン賞　コディ・スペンサー（Cody Spencer）「アウトサイダー（The Outsiders）」

◇演劇部門
- 作品賞　　　　　「ステレオフォニック（Stereophonic）」〈作：デヴィッド・アジミー〉
- リバイバル作品賞　「アプロプリエイト（Appropriate）」〈作：ブランデン・ジェイコブス＝ジェンキンス〉
- 主演男優賞　　　ジェレミー・ストロング（Jeremy Strong）「民衆の敵（An Enemy of the People）」
- 主演女優賞　　　サラ・ポールソン（Sarah Paulson）「アプロプリエイト（Appropriate）」
- 助演男優賞　　　ウィル・ブリル（Will Brill）「ステレオフォニック（Stereophonic）」
- 助演女優賞　　　カラ・ヤング（Kara Young）「パーリー・ヴィクトリアス：ア・ノン・コンフェデレート・ロンプ・スルー・ザ・コットン・パッチ（Purlie Victorious: A Non-Confederate Romp Through the Cotton Patch）」
- 演出賞　　　　　ダニエル・オーキン（Daniel Aukin）「ステレオフォニック（Stereophonic）」
- 装置デザイン賞　デヴィッド・ジン（David Zinn）「ステレオフォニック（Stereophonic）」
- 衣装デザイン賞　ディディ・アイーテ（Dede Ayite）「ジャジャズ・アフリカン・ヘアー・ブレイディング（Jaja's African Hair Braiding）」
- 照明デザイン賞　ジェーン・コックス（Jane Cox）「アプロプリエイト（Appropriate）」
- 音響デザイン賞　ライアン・ルメリー（Ryan Rumery）「ステレオフォニック（Stereophonic）」

◇楽曲賞　　　　　シェイナ・タウブ（Shaina Taub：作詞・作曲）「サフス（Suffs）」
◇編曲賞　　　　　ジョナサン・チューニック（Jonathan Tunick）「メリリー・ウィー・ロール・アロング（Merrily We Roll Along）」
◇振付賞　　　　　ジャスティン・ペック（Justin Peck）「イリノイズ（Illinoise）」
◇地方劇場賞　　　ウィルマ・シアター（The Wilma Theater）
◇イザベル・スティーヴンソン賞
　　　　　　　　　ビリー・ポーター（Billy Porter）
◇特別賞　　　　　エイブ・ジェイコブ（Abe Jacob）
　　　　　　　　　アレックス・エデルマン（Alex Edelman）
　　　　　　　　　ニキヤ・マティス（Nikiya Mathis）
◇特別功労賞　　　ジャック・オブライエン（Jack O'Brien）
　　　　　　　　　ジョージ・C.ウルフ（George C. Wolfe）
◇トニー名誉賞　　コリーン・ジェニングス＝ローゲンサック（Colleen Jennings-Roggensack）
　　　　　　　　　劇作家組合財団（Dramatists Guild Foundation）
　　　　　　　　　ジュディス・O.ルービン（Judith O. Rubin）
　　　　　　　　　フリードマン・ヘルス・センター（The Samuel J. Friedman Health Center

for the Performing Arts)
ウェンダル・K.ハリントン(Wendall K. Harrington)

38　ニューヨーク映画批評家協会賞　New York Film Critics Circle Awards

各種批評家協会の中で最も古い歴史を持つニューヨーク映画批評家協会が授ける映画賞で1935年より開始。アカデミー賞にも大きな影響を及ぼす賞の一つ。批評家が選ぶことから、娯楽性よりも芸術性や社会性に優れた作品が選ばれる傾向がある。開始当初は作品賞,監督賞,主演男優賞,主演女優賞の4部門だったが,2001年以降,助演男優賞,助演女優賞,脚本賞,撮影賞,外国語映画賞,ノンフィクション映画(ドキュメンタリー)賞,アニメーション映画賞,作品賞等が創設された。また,映画界への貢献が認められる個人あるいは団体に授与される特別賞もある。

＊日本の作品では,黒澤明監督作「乱」(1985年)が作品賞と撮影賞,宮崎駿監督作「千と千尋の神隠し」(2002年),「ハウルの動く城」(05年),「風立ちぬ」(13年),「君たちはどう生きるか」(23年)がアニメーション賞,濱口竜介監督作「ドライブ・マイ・カー」(21年)が作品賞,監督賞,主演男優賞および脚本賞を受賞

【主催者】ニューヨーク映画批評家協会(New York Film Critics Circle)
【選考方法】協会員の投票によって決定
【締切・発表】例年12月頃発表。授賞式時期は年によって変動する
【賞・賞金】楯
【URL】https://www.nyfcc.com/

第81回(2015年)
　◇作品賞　　　　「キャロル(Carol)」
　◇監督賞　　　　トッド・ヘインズ(Todd Haynes：アメリカ)「キャロル(Carol)」
　◇主演女優賞　　シアーシャ・ローナン(Saoirse Ronan：アイルランド)「ブルックリン(Brooklyn)」
　◇主演男優賞　　マイケル・キートン(Michael Keaton：アメリカ)「スポットライト 世紀のスクープ(Spotlight)」

第82回(2016年)
　◇作品賞　　　　「ラ・ラ・ランド(La La Land)」
　◇監督賞　　　　バリー・ジェンキンス(Barry Jenkins：アメリカ)「ムーンライト(Moonlight)」
　◇主演女優賞　　イザベル・ユペール(Isabelle Huppert：フランス)「エル Elle(Elle&The Things to Come)」
　◇主演男優賞　　ケイシー・アフレック(Casey Affleck：アメリカ)「マンチェスター・バイ・ザ・シー(Manchester by the Sea)」

第83回(2017年)
　◇作品賞　　　　「レディ・バード(Lady Bird)」
　◇監督賞　　　　ショーン・ベイカー(Sean Baker：アメリカ)「フロリダ・プロジェクト 真夏の魔法(The Florida Project)」
　◇主演女優賞　　シアーシャ・ローナン(Saoirse Ronan：アイルランド)「レディ・バード(Lady Bird)」
　◇主演男優賞　　ティモシー・シャラメ(Timothee Chalamet：アメリカ・フランス)「君の名前で僕を呼んで(Call Me by Your Name)」

第84回（2018年）
　◇作品賞　　　「ROMA/ローマ（Roma）」
　◇監督賞　　　アルフォンソ・キュアロン（Alfonso Cuarón：メキシコ）「ROMA/ローマ（Roma）」
　◇主演女優賞　レジーナ・ホール（Regina Hall：アメリカ）「サポート・ザ・ガールズ（Support the Girls）」
　◇主演男優賞　イーサン・ホーク（Ethan Hawke：アメリカ）「魂のゆくえ（First Reformed）」

第85回（2019年）
　◇作品賞　　　「アイリッシュマン（The Irishman）」
　◇監督賞　　　ジョシュ・アンド・ベニー・サフディ（Josh and Benny Safdie：アメリカ）「アンカット・ダイヤモンド（Uncut Gems）」
　◇主演男優賞　アントニオ・バンデラス（Antonio Banderas：スペイン）「ペイン・アンド・グローリー（原題：Dolor y gloria、英題：Pain and Glory）」

第86回（2020年）
　◇作品賞　　　「ファースト・カウ（First Cow）」
　◇監督賞　　　クロエ・ジャオ（Chloé Zhao：中国）「ノマドランド（Nomadland）」
　◇主演女優賞　シドニー・フラニガン（Sidney Flanigan：アメリカ）「17歳の瞳に映る世界（Never Rarely Sometimes Always）」
　◇主演男優賞　デルロイ・リンドー（Delroy Lindo：イギリス）「ザ・ファイブ・ブラッズ（Da 5 Bloods）」

第87回（2021年）
　◇作品賞　　　「ドライブ・マイ・カー（英題：Drive My Car）」
　◇監督賞　　　ジェーン・カンピオン（Jane Campion：ニュージーランド）「パワー・オブ・ザ・ドッグ（The Power of the Dog）」
　◇主演女優賞　レディー・ガガ（Lady Gaga：アメリカ）「ハウス・オブ・グッチ（House of Gucci）」
　◇主演男優賞　ベネディクト・カンバーバッチ（Benedict Cumberbatch：イギリス）「パワー・オブ・ザ・ドッグ（The Power of the Dog）」

第88回（2022年）
　◇作品賞　　　「TAR/ター（TÁR）」
　◇監督賞　　　S.S.ラージャマウリ（S.S.Rajamouli：インド）「RRR（原題：RRR）」
　◇主演女優賞　ケイト・ブランシェット（Cate Blanchett：オーストラリア・アメリカ）「TAR/ター（TÁR）」
　◇主演男優賞　コリン・ファレル（Colin Farrell：アイルランド）「アフター・ヤン（After Yang）」、「イニシェリン島の精霊（The Banshees of Inisherin）」

第89回（2023年）
　◇作品賞　　　「キラーズ・オブ・ザ・フラワームーン（Killers of the Flower Moon）」
　◇監督賞　　　クリストファー・ノーラン（Christopher Nolan：イギリス・アメリカ）「オッペンハイマー（Oppenheimer）」
　◇主演女優賞　リリー・グラッドストーン（Lily Gladstone：アメリカ）「キラーズ・オブ・ザ・フラワームーン（Killers of the Flower Moon）」
　◇主演男優賞　フランツ・ロゴフスキ（Franz Rogowski：ドイツ）「パッセージ（Passages）」

第90回（2024年）
　◇作品賞　　　「ブルータリスト（The Brutalist）」
　◇監督賞　　　ラメル・ロス（RaMell Ross：アメリカ）「Nickel Boys」
　◇主演女優賞　マリアンヌ・ジャン＝バプティスト（Marianne Jean-Baptiste：イギリス）「Hard Truths」

◇主演男優賞　エイドリアン・ブロディ（Adrien Brody：アメリカ）「ブルータリスト（The Brutalist）」

39　ブノワ賞　Prix Benois de la Danse

モスクワの国際ダンス連盟により1992年に創設された，世界的に権威のあるロシアのバレエ賞。毎年，前年に最も活躍したダンサーや振り付け師などのバレエ関係者を表彰するもので，「バレエ界のアカデミー賞」とも称される。賞の名前はロシアの美術家・舞台デザイナーであるアレクサンドル・ベノワにちなんでいる。

＊日本人では，2014年木田真理子，16年オニール八菜が女性ダンサー賞を受賞

【主催者】ロシア・国際ダンス連合（International Dance Union）
【選考委員】〔2024年〕Svetlana Zakharova, Patrik de Bana, Nacho Duato, Yukari Saito (Fedorov), Tamás Solymosi, Andrei Uvarov, Qu Zijiao
【選考基準】前年度に世界中で上演されたバレエ作品
【締切・発表】例年，国際ダンスデーの4月29日に候補者が発表され，5月にモスクワのボリショイ劇場で受賞者の発表とガラ公演が行われる
【URL】https://benois.theatre.ru/english/

第1回（1992年）
　◇振付師賞　　　ジョン・ノイマイヤー（John Neumeier：アメリカ）
　◇女性ダンサー賞　ナデジダ・グラチョーワ（Nadezhda Gracheva：ロシア）
　◇男性ダンサー賞　J・ボッカ（Julio Bocca：アルゼンチ）
　　　　　　　　　アレクサンダー・コルピン（Alexander Kølpin：デンマーク）

第2回（1993年）
　◇振付師賞　　　イジー・キリアーン（Jiri Kylian：チェコ）
　◇女性ダンサー賞　イザベル・ゲラン（Isabelle Guerin：フランス）
　◇男性ダンサー賞　A・ウヴァーロフ（Andrei Uvarov：ロシア）

第3回（1994年）
　◇振付師賞　　　ローラン・プティ（Roland Petit：フランス）
　◇女性ダンサー賞　シルヴィ・ギエム（Sylvie Guilleme：フランス）
　◇男性ダンサー賞　セルゲイ・フィーリン（Sergey Filin：ロシア）

第4回（1995年）
　◇振付師賞　　　アンジュラン・プレルジョカージュ（Angelin Preljocaj：フランス）
　◇女性ダンサー賞　ドミニク・カルフーニ（Dominique Khalfoun：フランス）
　　　　　　　　　ガリーナ・ステパネンコ（Galina Stepanenko：ロシア）
　◇男性ダンサー賞　ニコラ・ル・リッシュ（Nicolas Le Riche：フランス）

第5回（1996年）
　◇振付師賞　　　ヴァレンティン・エリザリエフ（Valentin Elizariev：ベラルーシ）
　◇女性ダンサー賞　ディアナ・ヴィシニョーワ（Diana Vishneva：ロシア）
　◇男性ダンサー賞　ウラジミール・デレヴィヤンコ（Vladimir Derevianko：ロシア）
　　　　　　　　　イレク・ムハメドフ（Irek Mukhamedov：イギリス）
　◇作曲家賞　　　George Kouroupos（ギリシャ）

第6回（1997年）
　◇振付師賞　　　受賞者なし

◇女性ダンサー賞　　　ウリヤーナ・ロパートキナ（Ulyana Lopatkina：ロシア）
　◇男性ダンサー賞　　　ファルフ・ルジマートフ（Farukh Ruzimatov：ロシア）
　　　　　　　　　　　　グレゴール・ザイフェルト（Gregor Seyffert：ドイツ）
第7回（1998年）
　◇振付師賞　　　　　　D・ボンバナ（Davide Bombana：イタリア）
　　　　　　　　　　　　カロリン・カールソン（Carolyn Carlson：フランス）
　◇女性ダンサー賞　　　ユリア・マハリナ（Julia Makhalina：ロシア）
　　　　　　　　　　　　マリー＝クロード・ピエトラガラ（Marie Claude Pietragalla：フランス）
　◇男性ダンサー賞　　　マニュエル・ルグリ（Manuel Legris：フランス）
　　　　　　　　　　　　ヴラジーミル・マラーホフ（Vladimir Malakhov：ウクライナ）
　◇デザイナー賞　　　　オリビエ・ドゥブレ（Olivier Debre：フランス）
第8回（1999年）
　◇振付師賞　　　　　　イジー・キリアーン（Jiri Kylian：チェコ）
　◇女性ダンサー賞　　　姜　秀珍（Sue Jin Kang：韓国）
　　　　　　　　　　　　エリザベット・プラテル（Elisabeth Platel：フランス）
　◇男性ダンサー賞　　　ニコライ・ツィスカリーゼ（Nikolay Tsiskaridze：ロシア）
第9回（2000年）
　◇生涯功績賞　　　　　アリシア・アロンソ（Alicia Alonso：キューバ）
　◇振付師賞　　　　　　ナチョ・ドゥアト（Nacho Duato：スペイン）
　◇女性ダンサー賞　　　アレッサンドラ・フェリ（Alessandra Ferri：イタリア）
　　　　　　　　　　　　ジュリー・ケント（Julie Kent：アメリカ）
　◇男性ダンサー賞　　　ジャン・ギヨーム・バール（Jean-Guillaume Bart：フランス）
　　　　　　　　　　　　アンヘル・コレーラ（Angel Corella：スペイン）
　◇セットデザイナー賞　Jaffar el Halabi（イラク）
　　　　　　　　　　　　Bred Fields
第10回（2002年）
　◇生涯功績賞　　　　　ユルゲン・ローゼ（Jurgen Rose：ドイツ）
　　　　　　　　　　　　ルディ・ファン・ダンツィヒ（Rudy van Dantzig：オランダ）
　　　　　　　　　　　　ウィリアム・フォーサイス（William Forsythe：アメリカ）
　◇振付師賞　　　　　　受賞者なし
　◇女性ダンサー賞　　　オーレリー・デュポン（Aurelie Dupont：フランス）
　　　　　　　　　　　　アナスタシア・ヴォロチコワ（Anastasiya Volochkova：ロシア）
　◇男性ダンサー賞　　　イリ・ブベニチェク（Jiri Bubenicek：チェコ）
　　　　　　　　　　　　Jeffrey Gerodias（アメリカ）
第11回（2003年）
　◇生涯功績賞　　　　　モーリス・ベジャール（Maurice Bejart：フランス）
　　　　　　　　　　　　ミハイル・バリシニコフ（Mikhail Baryshnikov：アメリカ）
　　　　　　　　　　　　マリナ・セミョーノワ（Marina Semenova：ロシア）
　◇振付師賞　　　　　　デヴィッド・ドーソン（David Dawson：イギリス）
　　　　　　　　　　　　エドゥアール・ロック（Edouard Lock：カナダ）
　◇女性ダンサー賞　　　ルシア・ラカッラ（Lucia Lacarra：スペイン）
　◇男性ダンサー賞　　　ルカシュ・スラヴィツキー（Lukas Slavicky：チェコ）
第12回（2004年）
　◇振付師賞　　　　　　ポール・ライトフット（Paul Lightfoot：イギリス），ソル・レオン（Sol Leon：
　　　　　　　　　　　　スペイン）

◇女性ダンサー賞　アリーナ・コジョカル（Alina Cojocaru：ルーマニア）
◇男性ダンサー賞　ローラン・イレール（Laurent Hilaire：フランス）
　　　　　　　　ロイド・リギンズ（Lloyd Riggins：アメリカ）

第13回（2005年）
　◇生涯功績賞　　ハンス・ファン・マネン（Hans van Manen：オランダ）
　　　　　　　　トリシャ・ブラウン（Trisha Brown：アメリカ）
　◇振付師賞　　　アレクセイ・ラトマンスキー（Alexei Ratmansky：ロシア）
　◇女性ダンサー賞　マリ＝アニエス・ジロ（Marie Agnes Gillot：フランス）
　　　　　　　　スヴェトラーナ・ザハーロワ（Svetlana Zakharova：ウクライナ）
　◇男性ダンサー賞　マチュー・ガニオ（Mathieu Ganio：フランス）

第14回（2006年）
　◇振付師賞　　　ボリス・エイフマン（Boris Eifman：ロシア）
　◇女性ダンサー賞　エカテリーナ・コンダウロワ（Ekaterina Kondaurova：ロシア）
　　　　　　　　キム ジュウォン（Kim Joo-Won：韓国）
　◇男性ダンサー賞　王 迪（Di Wang：中国）
　　　　　　　　レオニード・サラファーノフ（Leonid Sarafanov：ロシア）

第15回（2007年）
　◇生涯功績賞　　ローラン・イレール（Laurent Hilaire：フランス）
　◇振付師賞　　　マルティン・シュレップファー（Martin Schlaepfer：スイス）
　◇女性ダンサー賞　アニエス・ルテステュ（Agnès Letestu：フランス）
　　　　　　　　スヴェトラーナ・ルンキナ（Svetlana Lunkina：カナダ）
　◇男性ダンサー賞　エルヴェ・モロー（Hervé Moreau：フランス）
　◇デザイナー賞　　カルロス・ガラルドー（Carlos Gallardo：アルゼンチン）

第16回（2008年）
　◇生涯功績賞　　フェルナンド・アロンソ（Fernando Alonso：キューバ）
　◇振付師賞　　　ジャン＝クリストフ・マイヨー（Jean-Christophe Maillot：フランス）
　◇女性ダンサー賞　シルヴィア・アッツォーニ（Silvia Azzoni：イタリア）
　　　　　　　　タマラ・ロホ（Tamara Rojo：スペイン）
　◇男性ダンサー賞　カルロス・アコスタ（Carlos Acosta：イギリス）
　　　　　　　　マルセロ・ゴメス（Marcelo Gomes：ブラジル）

第17回（2009年）
　◇振付師賞　　　ウェイン・マクレガー（Wayne McGregor：イギリス）
　　　　　　　　ジョゼ・マルティネス（Jose Carlos Martinez Garcia：スペイン）
　◇女性ダンサー賞　カースティ・マーティン（Kirsty Martin：オーストラリア）
　　　　　　　　ナタリヤ・オシポワ（Natalia Osipova：ロシア）
　◇男性ダンサー賞　イワン・ワシリーエフ（Ivan Vasiliev：ロシア）
　　　　　　　　ホアキン・デ・ルス（Joaquin de Luz：スペイン）

第18回（2010年）
　◇生涯功績賞　　ピーター・ファーマー（Peter Farmer：イギリス）
　　　　　　　　オハッド・ナハリン（Ohad Naharin：イスラエル）
　◇振付師賞　　　受賞者なし
　◇女性ダンサー賞　エレーヌ・ブーシェ（Hélène Bouchet：フランス）
　◇男性ダンサー賞　チアゴ・ボルディン（Thiago Bordin：ドイツ）
　　　　　　　　デイヴィッド・ホールバーグ（David Hallberg：アメリカ）

第19回（2011年）
　◇生涯功績賞　　　トゥール・ヴァン・シャイク（Toer van Schayk：オランダ）
　◇振付師賞　　　　シディ・ラルビ・シェルカウイ（Sidi Larbi Cherkaoui：ベルギー），ダミアン・
　　　　　　　　　　ジャレ（Damien Jalet：フランス）
　　　　　　　　　　ヨルマ・エロ（Jorma Elo：フィンランド）
　◇女性ダンサー賞　ベルニス・コピエテルス（Bernice Coppieters：ベルギー）
　　　　　　　　　　朱妍（Zhu Yan：中国）
　◇男性ダンサー賞　フェルナンド・ロメロ（Fernando Romero：セルビア）
　　　　　　　　　　ロランド・サラビア（Rolando Sarabia：アメリカ）
　　　　　　　　　　セミョーン・チュージン（Semyon Chudin：ロシア）

第20回（2012年）
　◇振付師賞　　　　ラー・ルボヴィッチ（Lar Lubovitch：アメリカ）
　◇女性ダンサー賞　アリーナ・コジョカル（Alina Cojocaru：ルーマニア）
　◇男性ダンサー賞　マチアス・エイマン（Mathias Heymann：フランス）
　　　　　　　　　　カーステン・ユング（Carsten Jung：ドイツ）
　◇作曲家賞　　　　ミシェル・ルグラン（Michel Legrand：フランス）

第21回（2013年）
　◇生涯功績賞　　　ジョン・ノイマイヤー（John Neumeier：アメリカ）
　◇振付師賞　　　　ハンス・ファン・マネン（Hans van Manen：オランダ）
　　　　　　　　　　クリストファー・ウィールドン（Christopher Wheeldon：イギリス）
　◇女性ダンサー賞　オリガ・スミルノワ（Olga Smirnova：ロシア）
　◇男性ダンサー賞　アルバン・レンドルフ（Alban Lendorf：デンマーク）
　　　　　　　　　　ワディム・ムンタギロフ（Vadim Muntagirov：ロシア）

第22回（2014年）
　◇生涯功績賞　　　ブリジット・ルフェーヴル（Brigitte Lefevre：フランス）
　◇振付師賞　　　　アレクセイ・ラトマンスキー（Alexei Ratmansky：ロシア）
　◇女性ダンサー賞　木田 真理子（Mariko Kida：日本）
　　　　　　　　　　ポリーナ・セミオノワ（Polina Semionova：ロシア）
　◇男性ダンサー賞　ヘルマン・コルネオ（Herman Cornejo：アルゼンチン）

第23回（2015年）
　◇生涯功績賞　　　シルヴィ・ギエム（Sylvie Guilleme：フランス）
　◇振付師賞　　　　クリストファー・ウィールドン（Christopher Wheeldon：イギリス）
　◇女性ダンサー賞　スヴェトラーナ・ザハーロワ（Svetlana Zakharova：ウクライナ）
　◇男性ダンサー賞　エドワード・ワトソン（Edward Watson：イギリス）
　◇作曲家賞　　　　ジョビー・タルボット（Joby Talbot：イギリス）
　◇デザイナー賞　　ジョン・マクファーレン（John Macfarlane：イギリス）
　◇ロシア・イタリア賞 ブノワ・マシーヌ
　　　　　　　　　　アナ・ラグーナ（Ana Laguna：スウェーデン）

第24回（2016年）
　◇生涯功績賞　　　ジョン・ノイマイヤー（John Neumeier：アメリカ）
　　　　　　　　　　トワイラ・サープ（Twyla Tharp：アメリカ）
　◇振付師賞　　　　ヨハン・インゲル（Inger Johan：スウェーデン）
　　　　　　　　　　ユーリ・ポッソホフ（Yuri Possokhov：ロシア）
　◇女性ダンサー賞　アリシア・アマトリアイン（Alicia Amatriain：スペイン）
　　　　　　　　　　オニール 八菜（Hanna O'Neill：日本）

◇男性ダンサー賞　　キミン キム（Kim Kimin：韓国）
　　　◇デザイナー賞　　　Ren Dongsheng（中国）
　　　◇ロシア・イタリア賞 ブノワ・マシーヌ
　　　　　　　　　　　　エカテリーナ・クリサノワ（Ekaterina Krysanova：ロシア）
第25回（2017年）
　　　◇生涯功績賞　　　　マルシア・ハイデ（Marcia Haydee：ブラジル）
　　　◇振付師賞　　　　　クリスタル・パイト（Crystal Pite：カナダ）
　　　◇女性ダンサー賞　　リュドミラ・パリエロ（Ludmila Pagliero：アルゼンチン）
　　　　　　　　　　　　マリア・リチェット（Maria Riccetto：ウルグアイ）
　　　◇男性ダンサー賞　　ユーゴ・マルシャン（Hugo Marchand：フランス）
　　　　　　　　　　　　デニス・ロドキン（Denis Rodkin：ロシア）
第26回（2018年）
　　　◇生涯功績賞　　　　ナタリア・マカロワ（Natalia Makarova：ロシア）
　　　◇振付師賞　　　　　デボラ・コルカー（Deborah Colker：ブラジル）
　　　　　　　　　　　　ユーリ・ポッソホフ（Yuri Possokhov：ロシア）
　　　◇女性ダンサー賞　　パク セウン（Sae Eun Park：韓国）
　　　◇男性ダンサー賞　　ウラディスラフ・ラントラートフ（Vladislav Lantratov：ロシア）
　　　　　　　　　　　　アイザック・エルナンデス（Isaac Hernandez：メキシコ）
　　　◇作曲家賞　　　　　イリヤ・デムツキー（Ilya Demutsky：ロシア）
　　　◇デザイナー賞　　　キリル・セレブレニコフ（Kirill Serebrennikov：ロシア）
第27回（2019年）
　　　◇生涯功績賞　　　　イジー・キリアーン（Jiri Kylian：チェコ）
　　　◇振付賞　　　　　　フレデリック・ベンケ・リドマン（Fredrik Benke Rydman：スウェーデン）
　　　　　　　　　　　　クリスチャン・スプーク（Christian Spuck：ドイツ）
　　　◇女性ダンサー賞　　アシュリー・ブーダ（Ashley Bouder：アメリカ）
　　　　　　　　　　　　エリサ・カリージョ・カブレラ（Elisa Carrillo Cabrera：メキシコ）
　　　◇男性ダンサー賞　　ワディム・ムンタギロフ（Vadim Muntagirov：ロシア）
　　　◇デザイナー賞　　　ジョン・マクファーレン（John Macfarlane：イギリス）
　　　◇ロシア・イタリア賞 ブノワ・マシーヌ
　　　　　　　　　　　　アンナ・ラウデール（Anna Laudere：ラトビア）
第28回（2021年）
　　　◇振付師賞　　　　　ユーリ・ポッソホフ（Yuri Possokhov：ロシア）
　　　◇女性ダンサー賞　　アマンディーヌ・アルビッソン（Amandine Albisson：フランス）
　　　　　　　　　　　　エカテリーナ・クリサノワ（Ekaterina Krysanova：ロシア）
　　　◇男性ダンサー賞　　ヘスス・カルモナ（Jesus Carmona：スペイン）
　　　◇作曲家賞　　　　　トーマス・アデス（Thomas Ades：イギリス）
　　　◇デザイナー賞　　　タシタ・ディーン（Tacita Dean：イギリス）
第29・30回（2022年）　30周年の記念コンサートを開催
第31回（2023年）
　　　◇生涯功績賞　　　　ミハイル・ラブロフスキー（Mikhail Lavrovsky：ロシア）
　　　◇振付師賞　　　　　ヴィアチェスラフ・サモドゥーロフ（Viatcheslav Samodurov：ロシア）
　　　◇女性ダンサー賞　　Qiu Yunting（中国）
　　　　　　　　　　　　カン ミソン（Misun Kang：韓国）
　　　◇男性ダンサー賞　　ユーゴ・マルシャン（Hugo Marchand：フランス）

第32回（2024年）
　◇振付師賞　　　　マルコ・ゲッケ（Marco Goecke：ドイツ）
　◇女性ダンサー賞　Yulia Mikheeva（ロシア）
　◇男性ダンサー賞　Gergő Ármin Balázsi（ハンガリー）
　　　　　　　　　　アルテミイ・ベリャコフ（Artemy Belyakov：ロシア）

40　ベルリン国際映画祭　Internationalen Filmfestspiele Berlin

1951年からドイツの首都ベルリンで開催されている国際映画祭。毎年2月中旬開催。3大映画祭の一つ。56年、国際映画祭として公認された。2020年には男優賞・女優賞が廃止され、性的区別のない主演俳優賞・助演俳優賞が、20年にはアルフレッド・バウアー賞が廃止され、審査員賞がそれぞれ新設された。

　＊日本人の受賞は以下の通り。五所平之助「煙突の見える場所」ドイツ上院陪審賞（53年）、今井正「純愛物語」監督賞（58年）・「武士道残酷物語」金熊賞（63年）、家城巳代治「裸の太陽」青少年向き映画賞（59年）、黒澤明「生きる」ドイツ上院陪審員賞（53年）・「隠し砦の三悪人」監督賞（59年）、羽仁進「彼女と彼」カトリック映画事務局賞（64年）、左幸子「彼女と彼」「にっぽん昆虫記」女優賞（64年）、田中絹代「サンダカン八番娼館」女優賞（75年）、柳川武夫「彫る」短編金熊賞（76年）、鈴木清順名誉賞（81年）、小川紳介「ニッポン国古屋敷村」国際評論家連盟賞（82年）、小林正樹「東京裁判」国際評論家連盟賞（85年）、篠田正浩「鑓の権三」銀熊賞（86年）、原一男「ゆきゆきて、神軍」カリガリ賞、熊井啓「海と毒薬」銀熊賞（87年）・「日本の黒い夏−冤罪」ベルリナーレ・カメラ賞（2001年）、崔洋一「月はどっちに出ている」NETPAC賞（1994年）、岩井俊二「Undo」NETPAC賞（94年）・「PicNic」新聞記者賞（96年）、利重剛「エレファント・ソング」NETPAC賞（95年）、東陽一「絵の中のぼくの村」銀熊賞（96年）、小栗康平「眠る男」アートシアター連盟賞（97年）、大林宣彦「SADA」評論家連盟賞（98年）、市川崑・ベルリナーレ・カメラ賞、緒方明「独立少年合唱団」アルフレート・バウアー賞（2000年）、小沼勝「NAGISA」児童映画部門グランプリ、宮崎駿「千と千尋の神隠し」金熊賞（01年）、熊坂出「パーク アンド ラブ ホテル」審査員新人賞（08年）、寺島しのぶ「キャタピラー」女優賞、山田洋次・ベルリナーレ・カメラ賞（10年）、黒木華「小さいおうち」女優賞（14年）、濱口竜介「偶然と想像」銀熊賞（21年）

【選考委員】〔国際審査員2024年〕審査委員長：ルピタ・ニョンゴ（ケニア・メキシコ）、委員：ブラディ・コーベット（アメリカ）、アン・ホイ（香港・中国）、クリスティアン・ペツォールト（ドイツ）、アルベルト・セラ（スペイン）、ジャスミン・トリンカ（イタリア）、オクサーナ・ザブジュコ（ウクライナ）

【締切・発表】〔2025年〕長編部門は2024年9月30日、短編部門は10月13日応募締切。映画祭は2025年2月13日〜23日開催

【賞・賞金】金熊賞、名誉金熊賞、銀熊賞（審査員賞、監督賞、最優秀主演俳優賞、最優秀助演俳優賞、最優秀脚本賞、芸術貢献賞）等の部門がある。金熊賞受賞者には金の熊像（Renee Sintenisデザイン）、銀熊賞受賞者には銀の熊像が授与される

【URL】http://www.berlinale.de/

第66回（2016年）
　◇金熊賞　　　　　ジャンフランコ・ロージ（Gianfranco Rosi：イタリア）「海は燃えている〜イタリア最南端の小さな島〜（原題：Fuocoammare）」
　◇名誉金熊賞　　　ミヒャエル・バルハウス（Michael Ballhaus：ドイツ）

- ◇銀熊賞
  - 監督賞　　　　ミア・ハンセン＝ラヴ（Mia Hansen-Løve：フランス）「未来よ こんにちは（原題：Things to Come）」
  - 男優賞　　　　マジッド・マストゥラ（Majid Majidi：イラン）「エディ（原題：Hedi）」
  - 女優賞　　　　トリーヌ・ディルホム（Trine Dyrholm：デンマーク）「ザ・コミューン（原題：Kollektivet）」
  - 脚本賞　　　　トマシュ・ヴァシレフスキ（Tomasz Wasilewski：ポーランド）「ユナイテッド・ステイツ・オブ・ラブ（原題：United States of Love）」
  - 芸術貢献賞（映画撮影）　リー ピンビン（Mark Lee Ping-Bing：台湾）「長江 愛の詩（原題：Chang Jiang Tu）」
- ◇アルフレッド・バウアー賞
  　　　　　　　　ラヴ・ディアス（Lav Diaz：フィリピン）「痛ましき謎への子守唄（原題：Hele sa Hiwagang Hapis）」

第67回（2017年）
- ◇金熊賞　　　　イルディゴ・エンエディ（Ildikó Enyedi：ハンガリー）「心と体と（原題：Testről és lélekről）」
- ◇名誉金熊賞　　ミレーナ・カノネロ（Milena Canonero：イタリア）
- ◇銀熊賞
  - 監督賞　　　　アキ・カウリスマキ（Aki Kaurismäki：フィンランド）「希望のかなた（原題：Toivon tuolla puolen）」
  - 男優賞　　　　ゲオルク・フリードリヒ（Georg Friedrich：ドイツ）「ブライト・ナイツ（原題：Helle Nächte）」
  - 女優賞　　　　キム ミニ（Kim Min-hee：韓国）「夜の浜辺でひとり（英題：On the Beach at Night Alone）」
  - 脚本賞　　　　セバスティアン・レリオ（Sebastián Lelio），ゴンサロ・マサ（Gonzalo Maza：チリ）「ナチュラルウーマン（原題：Una mujer fantástica）」
  - 芸術貢献賞（編集）　ダナ・ブネスク（Dana Bunescu：ルーマニア）「Ana, My Love（原題：Ana, mon amour）」
- ◇アルフレッド・バウアー賞
  　　　　　　　　アニエスカ・ホランド（Agnieszka Holland：ポーランド）「ポコット 動物たちの復讐（原題：Pokot）」

第68回（2018年）
- ◇金熊賞　　　　アディナ・ピンティリエ（Adina Pintilie：ルーマニア）「タッチ・ミー・ノット ～ローラと秘密のカウンセリング～（原題：Touch Me Not）」
- ◇名誉金熊賞　　ウィレム・デフォー（Willem Dafoe：アメリカ）
- ◇銀熊賞
  - 監督賞　　　　ウェス・アンダーソン（Wes Anderson：アメリカ）「犬ヶ島（原題：Isle of Dogs）」
  - 男優賞　　　　アントニー・バジョン（Anthony Bajon：フランス）「The Prayer（原題：La Prière）」
  - 女優賞　　　　アナ・ブルン（Ana Brun：パラグアイ）「相続人（原題：Las herederas）」
  - 脚本賞　　　　アロンソ・ルイスパラシオス（Alonso Ruizpalacios），マヌエル・アルカラ（Manuel Alcalá：メキシコ）「ミュージアム（原題：Museo）」
  - 芸術貢献賞（衣装・プロダクションデザイン）
  　　　　　　　　エレナ・オコプナヤ（Elena Okopnaya：ロシア）「ドヴラートフ レニングラードの作家たち（原題：Dovlatov）」
- ◇アルフレッド・バウアー賞
  　　　　　　　　マルセロ・マルティネッシ（Marcelo Martinessi：パラグアイ）「相続人（原題：Las herederas）」

第69回（2019年）
- ◇金熊賞　　　　ナダヴ・ラピド（Nadav Lapid：イスラエル）「シノニムズ（原題：Synonyms）」
- ◇名誉金熊賞　　シャーロット・ランプリング（Charlotte Rampling：イギリス）
- ◇銀熊賞
  - 監督賞　　アンゲラ・シャーネレク（Angela Schanelec：ドイツ）「I Was at Home, But（原題：Ich war zuhause, aber）」
  - 男優賞　　ワン ジンチュン（Wang Jingchun：中国）「在りし日の歌（原題：地久天長）」
  - 女優賞　　ヨン メイ（Mei Yong：中国）「在りし日の歌（原題：地久天長）」
  - 脚本賞　　クラウディオ・ジョヴァンネージ（Claudio Giovannesi），ロベルト・サヴィアーノ（Roberto Saviano），マウリツィオ・ブラウッチ（Maurizio Braucci：イタリア）「ピラニア（原題：Piranhas）」
  - 芸術貢献賞（映画撮影）ラスムス・ヴィデベック（Rasmus Videbæk：デンマーク）「Out Stealing Horses（原題：Ut og stjæ le hester）」
- ◇アルフレッド・バウアー賞
  - ノラ・フィングシャイト（Nora Fingscheidt：ドイツ）「システム・クラッシャー 家に帰りたい（原題：Systemsprenger）」

第70回（2020年）
- ◇金熊賞　　　　モハマド・ラスロフ（Mohammad Rasoulof：イラン）「悪は存在せず（英題：There Is No Evil）」
- ◇名誉金熊賞　　ヘレン・ミレン（Dame Helen Mirren：イギリス）
- ◇銀熊賞
  - 監督賞　　ホン サンス（Hong Sang-soo：韓国）「逃げた女（英題：The Woman Who Ran）」
  - 男優賞　　エリオ・ジェルマーノ（Elio Germano：イタリア）「私は隠れてしまいたかった（原題：Volevo nascondermi）」
  - 女優賞　　パウラ・ベーア（Paula Beer：ドイツ）「水を抱く女（原題：Undine）」
  - 脚本賞　　ダミアーノ・ディノチェンツォ（Damiano D'Innocenzo），ファビオ・ディノチェンツォ（Fabio D'Innocenzo：イタリア）「悪の寓話（原題：Bad Tales）」
  - 芸術貢献賞（映画撮影）ユルゲン・ユルゲス（Jürgen Jürges：ドイツ）「DAU. ナターシャ（原題：DAU. Natasha）」
- ◇アルフレッド・バウアー賞
  - ブノワ・デレピーヌ（Benoît Delépine），ギュスタヴ・ケルヴェン（Gustave Kervern：フランス）「デリート・ヒストリー スマホの履歴を消去せよ（原題：Effacer l'historique）」

第71回（2021年）
- ◇金熊賞　　　　ラドゥ・ジューデ（Radu Jude：ルーマニア）「アンラッキー・セックスまたはイカれたポルノ（原題：Babardeală cu bucluc sau porno balamuc）」
- ◇名誉金熊賞　　受賞者なし
- ◇銀熊賞
  - 監督賞　　デネス・ナギー（Dénes Nagy：ハンガリー）「Natural Light（原題：Természetes fény）」
  - 主演俳優賞　マレン・エッゲルト（Maren Eggert：ドイツ）「アイム・ユア・マン（原題：Ich bin dein Mensch）」
  - 助演俳優賞　リラ・キズキンガー（Lilla Kizlinger：ハンガリー）「Forest-I See You Everywhere（原題：Rengeteg-mindenhol látlak）」
  - 脚本賞　　ホン サンス（Hong Sang-soo：韓国）「イントロダクション（英題：Introduction）」
  - 芸術貢献賞（編集）Yibrán Asuad（メキシコ）「コップ・ムービー（原題：Una película de

◇審査員賞　　　マリア・スペス（Maria Speth：ドイツ）「バックマン先生のクラス（原題：Herr Bachmann und seine Klasse）」

第72回（2022年）
◇金熊賞　　　　カルラ・シモン（Carla Simón：スペイン）「アルカラス（原題：Alcarràs）」
◇名誉金熊賞　　イザベル・ユペール（Isabelle Huppert：フランス）
◇銀熊賞
　●監督賞　　　クレール・ドニ（Claire Denis：フランス）「愛と激しさをもって（原題：Avec amour et acharnement）」
　●主演俳優賞　メルテム・カプタン（Meltem Kaptan：ドイツ）「クルナス母さんVS.アメリカ大統領（原題：Rabiye Kurnaz gegen George W. Bush）」
　●助演俳優賞　ローラ・バスキ（Laura Basuki：インドネシア）「Before, Now&Then（原題：Nana）」
　●脚本賞　　　アンドレアス・ドレセン（Andreas Dresen：ドイツ）「クルナス母さんVS.アメリカ大統領（原題：Rabiye Kurnaz gegen George W. Bush）」
　●芸術貢献賞　リティ・パン（Rithy Panh：カンボジア），Sarit Mang「すべては大丈夫（原題：Everything Will Be Ok）」
◇審査員賞　　　ナタリア・ロペス（Natalia López：メキシコ）「宝石のローブ（原題：Robe of Gems）」

第73回（2023年）
◇金熊賞　　　　ニコラ・フィリベール（Nicolas Philibert：フランス）「アダマン号に乗って（原題：Sur l'Adamant）」
◇名誉金熊賞　　スティーヴン・スピルバーグ（Steven Spielberg：アメリカ）
◇銀熊賞
　●監督賞　　　フィリップ・ガレル（Philippe Garrel：フランス）「ある人形使い一家の肖像（原題：Le grand chariot）」
　●主演俳優賞　ソフィア・オテロ（Sofía Otero：スペイン）「ミツバチと私（原題：20.000 especies de abejas）」
　●助演俳優賞　テア・エレ（Thea Ehre：オーストリア）「Till the End of the Night（原題：Thea Ehre）」
　●脚本賞　　　アンゲラ・シャーネレク（Angela Schanelec：ドイツ）「ミュージック（原題：Music）」
　●芸術貢献賞（映画撮影）エレーヌ・ルヴァール（Hélène Louvart：フランス）「Disco Boy」
◇審査員賞　　　ジョアン・カニージョ（João Canijo：ポルトガル）「バッド・リビング（原題：Bad Living）」

第74回（2024年）
◇金熊賞　　　　マティ・ディオプ（Mati Diop：フランス・セネガル）「ダホメ（原題：Dahomey）」
◇名誉金熊賞　　マーティン・スコセッシ（Martin Scorsese：アメリカ）
◇銀熊賞
　●監督賞　　　ネルソン・カルロス・デ・ロス・サントス・アリアス（Nelson Carlo de Los Santos Arias：ドミニカ）「ペペ（原題：Pepe）」
　●主演俳優賞　セバスチャン・スタン（Sebastian Stan：アメリカ）「A Different Man」
　●助演俳優賞　エミリー・ワトソン（Emily Watson：イギリス）「Small Things like These」
　●脚本賞　　　マティアス・グラスナー（Matthias Glasner：ドイツ）「Dying（原題：Sterben）」
　●芸術貢献賞（映画撮影）マルティン・ゲシュラハト（Martin Gschlacht：ドイツ）「The Devil's Bath（原題：Des Teufels Bad）」
◇審査員賞　　　ブリュノ・デュモン（Bruno Dumont：フランス）「The Empire（原題：L'

Empire)」

41 モスクワ国際映画祭　Moskow International Film Festival

世界の映画製作者の更なる理解・親交を深めることを目的とし、ロシアのモスクワで開催される映画祭。国際映画製作者連盟(FIAPF)公認の長編映画祭。かつては隔年開催であったが、1999年から毎年開催。59年から67年の間はグランプリと金賞は別個のものであったが、69年から1本化された。金・銀のセント・ジョージ像の授与は89年から。ロシア文化省後援。

＊日本人の受賞は以下の通り。島耕二「いつか来た道」審査委員賞(1959年)、新藤兼人「裸の島」金賞(61年)・「裸の19才」グランプリ(71年)、「生きたい」グランプリ(99年)・「ふくろう」特別功労賞(2003年)、浦山桐郎「非行少女」金賞(1963年)、羽仁進「手をつなぐ子ら」審査員特別賞(65年)、黒澤明「赤ひげ」ソ連映画人同盟賞(65年)・「デルス・ウザーラ」グランプリ(75年)、山本薩夫「白い巨塔」銀賞(67年)、今井正「橋のない川・第1部」ソ連映画人同盟賞(69年)、小栗康平「泥の河」銀賞(81年)、加藤嘉「ふるさと」最優秀男優賞(83年)、宮沢りえ「華の愛～遊園驚夢～」最優秀女優賞(2001年)、市川実日子「blue」最優秀女優賞(02年)、大竹しのぶ「ふくろう」最優秀女優賞(03年)、タカハタ秀太「ホテルビーナス」「ある視点」部門最優秀賞(04年)、北野武・特別賞(08年)、大森立嗣「さよなら渓谷」審査員特別賞(13年)、熊切和嘉「私の男」金賞、浅野忠信「私の男」最優秀俳優賞(14年)、中川龍太郎「四月の永い夢」国際映画批評家連盟賞、ロシア映画批評連盟特別表彰(17年)、瀬戸かほ「この日々が凪いだら」最優秀女優賞(23年)

【主催者】モスクワ国際映画祭実行委員会
【選考委員】メイン・コンペティション：Fridrik Thor Fridriksson(アイスランド)、Radoš Bajić(セルビア)、Igor Voloshin(ロシア)、Hüseyin Karabey(トルコ)、Elena Lyadova(ロシア)、Gulnara Sarsenova(カザフスタン)
【選考基準】前年の5月1日以降に制作された作品を対象とする
【締切・発表】〔第47回〕応募期間は2024年11月11日～2025年2月28日。映画祭は4月17日～24日にモスクワで開催
【賞・賞金】グランプリには賞金2万ドルと金のセント・ジョージ像が授与される
【E-mail】info@moscowfilmfestival.ru
【URL】http://www.moscowfilmfestival.ru/

第38回(2016年)
　◇ゴールデン・セント・ジョージ賞
　　　　レザ・ミル・キャリミ(Reza Mirkarimi：イラン)「Daughter」
第39回(2017年)
　◇ゴールデン・セント・ジョージ賞
　　　　チャオ リャン(Liang Qiao：中国)「Yuan Shang」
第40回(2018年)
　◇ゴールデン・セント・ジョージ賞
　　　　Eduard Novikov(ロシア)「The Lord Eagle」
第41回(2019年)
　◇ゴールデン・セント・ジョージ賞
　　　　ファルハット・シャリポフ(Farkhat Sharipov：カザフスタン)「The Secret of a Leader」

第42回（2020年）
　◇ゴールデン・セント・ジョージ賞
　　　　　　Andreï Zaïtsev（ロシア）　「A Siege Diary」

第43回（2021年）
　◇ゴールデン・セント・ジョージ賞
　　　　　　Andrei Huțuleac（ルーマニア）　「Dogpoopgirl」

第44回（2022年）
　◇ゴールデン・セント・ジョージ賞
　　　　　　Behrouz Shoeibi（イラン）　「No Prior Appointment」

第45回（2023年）
　◇ゴールデン・セント・ジョージ賞
　　　　　　Francisco Joaquín Paparella（アルゼンチン）　「Tres Hermanos」

第46回（2024年）
　◇ゴールデン・セント・ジョージ賞
　　　　　　ミゲル・サルガド（Miguel Salgado：メキシコ・カタール）「シェイム（原題：Shame）」

42　ローザンヌ国際バレエコンクール　Prix De Lausanne

　毎年1月下旬～2月初旬頃にスイスのローザンヌ・ボーリュ劇場で開催される世界的バレエ・コンクール。若い才能を発掘し、援助することを目的とする。1973年、P.ブラウンシュバイク（Philippe Braunschweig）の尽力により設立された。スカラシップ、プロ研修賞、決勝のコンテンポラリー・バリエーション最優秀者に与えられるコンテンポラリー・ダンス賞、決選戦あるいは準決勝進出者で、スイス国籍者またはスイスに在住し2年間以上バレエ教育を受けている者が受賞対象となるベスト・スイス賞、観客の投票によって決められる観客賞等が選出される。

　＊日本人の受賞（2000年代以降）は以下の通り。加治谷百合子、木田真理子、坂地亜美、清水健太、大貫真幹（2000年）、平野亮一、倉永美紗、平田桃子（01年）、竹田仁美（02年）、贅田萌、井澤諒、松井学郎（04年）、森志乃（06年）、河野舞衣、シャール＝ルイ吉山（07年）、高田茜（08年）、水谷実喜、根本里菜、高田樹（09年）、佐々木万璃子（10年）、加藤静流、堀沢悠子（11年）、菅井円加（12年）、山本雅也（13年）、二山治雄、前田紗江、加藤三希央（14年）、伊藤充、金原里奈（15年）、中村淳之介（16年）、中尾太亮、山元耕陽（17年）、佐々木須弥奈、脇塚優、住山美桜（19年）、淵山隼平（21年）、田中月乃（22年）、宮崎圭介（23年）、小林愛里、利田太一（24年）

　【主催者】舞踊振興財団（Fondation en faveur de l'art chorégraphique）
　【選考委員】〔2024年〕委員長：Darcey Bussell（イギリス）、委員：Federico Bonelli（イタリア）、Edson Barbosa（ブラジル）、Sarah-Jane Brodbeck（スイス）、Tracy Inman（アメリカ）、Sue Jin Kang（韓国）、Rainer Krenstetter（オーストリア）、Aki Saito（日本）、Yohan Stegli（フランス）
　【選考方法】2006年大会から審査方式が変更され、映像による事前審査通過者がローザンヌでの本選に参加できる。選考はクラシック/コンテンポラリーの2バリエーションとレッスンの全5日間の審査から候補者を選出。決選出場者は、舞台上でクラシック・バリエーションとコンテンポラリー・バリエーションをそれぞれ選択肢の中から選び公開発表。採点後、受賞者が決定

【選考基準】過去及び現在において、バレエ団とプロ契約を結び、ダンサーあるいは振付家としてプロ活動に従事する者、および過去の受賞者の参加は認められない。年齢は15歳から18歳まで。芸術性、身体能力、個性、音楽に対する想像力、感受性、技術などが審査される。

【締切・発表】〔2024年〕ビデオ審査締切は2023年9月30日。ボーリュ劇場での本選は2024年1月28日より始まり、2月3日に入賞者発表。なお2月4日に決戦出場者全員が参加する特別公演「ライジング・スターズ」が催される。

【賞・賞金】スカラシップ受賞者は対象となるバレエ学校の中から、希望する学校へ1年間授業料免除で留学できる特典と、留学期間中の生活援助金として2万スイスフランが授与される。プロ研修賞では、対象となるバレエ団の中から、希望するバレエ団の活動に研修生として1年間参加する特典と、研修期間中の生活援助金として2万スイスフランを授与。コンテンポラリー賞では、講習会に無料で参加できる特典（旅費・宿泊費込み）。ベスト・スイス賞では、賞金が授与される。すべての決戦出場者には一律に賞状とメダルが授与され、提携スクールでの夏季講習会に受講料免除で参加できる権利が与えられる（旅費・宿泊費は自己負担）。また非入賞者には、奨励金が贈られる。

【E-mail】registration@prixdelausanne.org
【URL】https://www.prixdelausanne.org/

第44回（2016年）
◇第1位・スカラシップ賞 于 航（Yu Hang：中国）
◇第2位・プロ研修賞 マディソン・ヤング（Madison Young：アメリカ）
◇第3位・プロ研修賞 ヴィンチェンツォ・ディ・プリモ（Vincenzo Di Primo：イタリア）
◇第4位・スカラシップ賞 リロイ・モクハートレ（Leroy Mokgatle：南アフリカ）
◇第5位・プロ研修賞 ローラ・フェルナンデス（Laura Fernandez：スイス）
◇第6位・スカラシップ賞 中村 淳之介（Junnosuke Nakamura：日本）
◇第7位・スカラシップ賞 白 鼎愷（Dingkai Bai：中国）
◇コンテンポラリー賞 ローラ・フェルナンデス（Laura Fernandez：スイス）
　　　　　　　　　　ヴィンチェンツォ・ディ・プリモ（Vincenzo Di Primo：イタリア）
◇ベスト・スイス賞 ローラ・フェルナンデス（Laura Fernandez：スイス）
◇観客賞　　　　　リロイ・モクハートレ（Leroy Mokgatle：南アフリカ）
◇エスポワール賞　キム ダンビ（Danbi Kim：韓国）

第45回（2017年）
◇第1位・プロ研修賞 ミケーレ・エスポジト（Michele Esposito：イタリア）
◇第2位・プロ研修賞 マリナ・フェルナンデス・ダ・コスタ・ドゥアルデ（Marina Fernandes da Costa Duarte：ブラジル）
◇第3位・スカラシップ賞 中尾 太亮（Taisuke Nakao：日本）
◇第4位・スカラシップ賞 山元 耕陽（Koyo Yamamoto：日本）
◇第5位・スカラシップ賞 ローレン・ハンター（Lauren Hunter：アメリカ）
◇第6位・プロ研修賞 スタニスラフ・ヴェグジン（Stanislaw Wegrzyn：ポーランド）
◇第7位・プロ研修賞 ディアナ・ジョルジア・イオネスク（Diana Georgia Ionescu：ルーマニア）
◇第8位・スカラシップ賞 イム ソヌ（Sunu Lim：韓国）
◇コンテンポラリー賞 ミケーレ・エスポジト（Michele Esposito：イタリア）
◇観客賞　　　　　マリナ・フェルナンデス・ダ・コスタ・ドゥアルデ（Marina Fernandes da Costa Duarte：ブラジル）
◇ヌレエフ財団賞　デニルソン・アルメイダ（Denilson Almeida：ブラジル）
◇ベストスイス賞　ミケーレ・エスポジト（Michele Esposito：イタリア）

第46回（2018年）
- ◇第1位・プロ研修賞 シェール・ワグマン（Shale Wagman：カナダ）
- ◇第2位・スカラシップ賞 パク ハンナ（Hanna Park：韓国）
- ◇第3位・スカラシップ賞 郭 文槿（Wenjin Guo：中国）
- ◇第4位・スカラシップ賞 イ ジュンス（Junsu Lee：韓国）
- ◇第5位・スカラシップ賞 趙 欣悦（Xinyue Zhao：中国）
- ◇第6位・プロ研修賞 ミゲル・アンヘル・ダビド・アランダ・マイダナ（Miguel Angel David Aranda Maidana：パラグアイ）
- ◇第7位・プロ研修賞 キャロリン・ガウヴォン（Carolyne Galvao：ブラジル）
- ◇第8位・スカラシップ賞 アヴィヴァ・ゲルファー・ムンドゥル（Aviva Gelfer-Mündl：アメリカ）
- ◇コンテンポラリー賞 イ ジュンス（Junsu Lee：韓国）
- ◇観客賞 キャロリン・ガウヴォン（Galvao Carolyne：ブラジル）
- ◇ヌレエフ財団賞 シェール・ワグマン（Shale Wagman：カナダ）
- ◇ベスト・スイス賞 ルーカス・バレマン（Lukas Bareman：ベルギー）

第47回（2019年）
- ◇第1位・スカラシップ賞 マッケンジー・ブラウン（Mackenzie Brown：アメリカ）
- ◇第2位・プロ研修賞 ガブリエル・フィゲレド（Gabriel Figueredo：ブラジル）
- ◇第3位・プロ研修賞 佐々木 須弥奈（Sumina Sasaki：日本）
- ◇第4位・プロ研修賞 脇塚 優（Yu Wakizuka：日本）
- ◇第5位・プロ研修賞 呉 率綸（Shuailun Wu：中国）
- ◇第6位・スカラシップ賞 ジョアン・ヴィトール・ダ・シウヴァ（João Vitor Da Silva：ブラジル）
- ◇第7位・プロ研修賞 アレクサンドル・ジョアキン（Alexandre Joaquim：ポルトガル）
- ◇第8位・プロ研修賞 住山 美桜（Mio Sumiyama：日本）
- ◇コンテンポラリー・ダンス賞 マッケンジー・ブラウン（Mackenzie Brown：アメリカ）
- ◇ベスト・ヤング・タレント賞 ジュリア・シュガート（Julia Shugart：アメリカ）
- ◇ベスト・スイス賞 佐々木 須弥奈（Sumina Sasaki：日本）
- ◇観客賞 マッケンジー・ブラウン（Mackenzie Brown：アメリカ）
- ◇Web観客賞 チェ ジヒュン（Jihyun Choi：韓国）

第48回（2020年）
- ◇第1位・プロ研修賞 マルコ・マシャーリ（Marco Masciari：イタリア）
- ◇第2位・スカラシップ賞 アヴァ・アーバックル（Ava Arbuckle：アメリカ）
- ◇第3位・プロ研修賞 ジュアン・ヴィトール・サンタナ（Joan Vitor Santana：ブラジル）
- ◇第4位・スカラシップ賞 張 琳（Lin Zhang：中国）
- ◇第5位・スカラシップ賞 カン チェヨン（Chaeyeon Kang：韓国）
- ◇第6位・プロ研修賞 マテイ・ホレレウ（Matei Holeleu：ルーマニア）
- ◇第7位・スカラシップ賞 ヴィトール・アウグスト・ヴァズ（Victor Augusto Vaz：ブラジル）
- ◇第8位・プロ研修賞 王 語嫣（Yuyan Wang：中国）
- ◇ベスト・ヤング・タレント賞 アヴァ・アーバックル（Ava Arbuckle：アメリカ）
- ◇コンテンポラリー賞 マルコ・マシャーリ（Marco Masciari：イタリア）
- ◇ベスト・スイス賞 マテイ・ホレレウ（Matei Holeleu：ルーマニア）
- ◇Web観客賞 王 語嫣（Yuyan Wang：中国）
- ◇観客賞 カタリナ・ピレス（Catarina Pires：ポルトガル）

第49回（2021年）
　◇第1位・プロ研修賞　アントニオ・カサリーニョ（António Casalinho：ポルトガル）
　◇第2位・プロ研修賞　ルカ・アブデル・ヌール（Luca Abdel-Nour：エジプト）
　◇第3位・スカラシップ賞　アンドレイ・ジェズス・マシアーノ（Andrey Jesus Maciano：ブラジル）
　◇第4位・プロ研修賞　ヨン ソジョン（Seojeong Yun：韓国）
　◇第5位・プロ研修賞　淵山 隼平（Shunhei Fuchiyama：日本）
　◇第6位・プロ研修賞　アシュリー・クパル（Ashley Coupal：カナダ）
　◇ベスト・ヤング・タレント賞
　　　　　　　　　アンドレイ・ジェズス・マシアーノ（Andrey Jesus Maciano：ブラジル）
　◇コンテンポラリー・ダンス賞
　　　　　　　　　アントニオ・カサリーニョ（António Casalinho：ポルトガル）
　　　　　　　　　ルイ・カサール・クルス（Rui Cesar Cruz：ブラジル）
　◇ベスト・スイス賞　ルカ・アブデル・ヌール（Luca Abdel-Nour：エジプト）
　◇ウェブ観客賞　　ルカ・アブデル・ヌール（Luca Abdel-Nour：エジプト）
　◇ヌレエフ財団賞　アンドレイ・ジェズス・マシアーノ（Andrey Jesus Maciano：ブラジル）
　◇ヤング・クリエーション・アワード
　　　　　　　　　サミュエル・ウィンクラー（Samuel Winkler）「Suppress」〈演技者：ガブリエル・バルボサ〉
　　　　　　　　　マヤ・スモールウッド（Maya Smallwood）「Unravel」〈演技者：ユアン・ハートマン〉

第50回（2022年）
　◇第1位・プロ研修賞　ダリアン・セルマン（Darrion Sellman：アメリカ）
　◇第2位・プロ研修賞　田中 月乃（Tsukino Tanaka：日本）
　◇第3位・スカラシップ賞　ルチアナ・サジオロ（Luciana Sagioro：ブラジル）
　◇第4位・スカラシップ賞　ミンヤン・シー（Mingyang Xie：中国）
　◇第5位・プロ研修賞　ドリアン・プラス（Dorian Plasse：フランス）
　◇第6位・プロ研修賞　マヤ・ションブルン（Maya Schonbrun：アメリカ）
　◇第7位・プロ研修賞　エイミー・ロンフェルト（Amy Ronnfeldt：オーストラリア）
　◇ベスト・ヤング・タレント賞
　　　　　　　　　ミゲル・オリヴェイラ（Miguel Oliveira：ブラジル）
　◇コンテンポラリー賞　ドリアン・プラス（Dorian Plasse：フランス）
　◇ベスト・スイス賞　田中 月乃（Tsukino Tanaka：日本）
　◇WEB観客賞　　　ルチアナ・サジオーロ（Luciana Sagioro：ブラジル）
　◇観客賞　　　　　ヤズミン・カヤバイ（Yasemin Kayabay：トルコ）
　◇ヤング・クリエーション・アワード
　　　　　　　　　ミラ・ルック（Milla Loock：ドイツ）「Cognition」〈模範演技：アニータ・フェレイラ〉
　　　　　　　　　ルカ・ブランカ（Luca Branca：モナコ公国）「Les Ombres du temps」〈模範演技：中島耀〉

第51回（2023年）
　◇第1位・スカラシップ賞　ミヤン・デ・ベニート（Millán De Benito：スペイン）
　　　　　　　　　ファブリツィオ・ウヨラ・コルネホ（Fabrizzio Ulloa Cornejo：メキシコ）
　◇第3位・プロ研修賞　パク サンウォン（Sangwon Park：韓国）
　◇第4位・プロ研修賞　ジュリー・ジョイナー（Julie Joyner：アメリカ）
　◇第5位・スカラシップ賞　キム ソヒョン（Kim Seehyun：韓国）
　◇第6位・スカラシップ賞　アレクシア・マリア・ラザレスク（Alecsia Maria Lazarescu：ルーマニア）

◇第7位・プロ研修賞 アナ・ルイサ・ネグラン（Ana Luisa Negrão：ブラジル）
◇第8位・スカラシップ賞 宮崎 圭介（Keisuke Miyazaki：日本）
◇第9位・スカラシップ賞 エミリー・スプラウト（Emily Sprout：オーストラリア）
◇第10位・プロ研修賞 ジュゼッペ・ヴェントゥーラ（Giuseppe Ventura：イタリア）
◇第11位・プロ研修賞 キム スミン（Soo Min Kim：韓国）
◇ベスト・ヤング・タレント賞
　　　　　　　　ジュリー・ジョイナー（Julie Joyner：アメリカ）
◇コンテンポラリー・ダンス賞
　　　　　　　　アレクサンダー・モックリッシュ（Alexander Mockrish：スウェーデン）
　　　　　　　　アナ・ルイサ・ネグラン（Ana Luisa Negrão：ブラジル）
◇ベスト・スイス賞 ファブリツィオ・ウヨラ・コルネホ（Fabrizzio Ulloa Cornejo：メキシコ）
◇Web観客賞　　ミヤン・デ・ベニート（Millán De Benito：スペイン）
◇観客賞　　　　キム ソヒョン（Seehyun Kim：韓国）
◇ヤング・クリエーション・アワード
　　　　　　　　エレナ・ドンブロウスキ（Elena Dombrowski）「Tout va」〈模範演技：トム・ベレック〉
　　　　　　　　アレイシャ・ウォーカー（Aleisha Walker）「Do you care？」〈模範演技：マディソン・ブラウン〉

第52回（2024年）
◇第1位・スカラシップ賞 ジョアン・ペドロ・ドス・サントス・シウヴァ（João Pedro Dos Santos Silva：ブラジル）
◇第2位・プロ研修賞 マルティーニョ・リマ・サントス（Martinho Lima Santos：ポルトガル）
◇第3位・プロ研修賞 パロマ・リベジャーラ・ビダールト（Paloma Livellara Vidart：アルゼンチン）
◇第4位・スカラシップ賞 クリスタル・フアン（Crystal Huang：アメリカ）
◇第5位・プロ研修賞 小林 愛里（Airi Kobayashi：日本）
◇第6位・プロ研修賞 ジェンソン・ブライト（Jenson Blight：オーストラリア）
◇第7位・プロ研修賞 ジュリアン・フェデル＝マラール（Juliann Fedele-Malard：フランス）
◇第8位・プロ研修賞 ナタリー・スティール（Natalie Steele：アメリカ）
◇第9位・スカラシップ賞 利田 太一（Taichi Toshida：日本）
◇ベスト・ヤング・タレント賞
　　　　　　　　ルビー・デイ（Ruby Day：オーストラリア）
◇コンテンポラリー賞 マルティーニョ・リマ・サントス（Martinho Lima Santos：ポルトガル）
◇ベスト・スイス賞 ジュゼッペ・スキラーチ（Giuseppe Schillaci）
◇観客賞　　　　パロマ・リベジャーラ・ビダールト（Paloma Livellara Vidart：アルゼンチン）
◇Web観客賞　　ジョアン・ペドロ・ドス・サントス・シウヴァ（João Pedro Dos Santos Silva：ブラジル）
◇ボーリュ賞　　パロマ・リベジャーラ・ビダールト（Paloma Livellara Vidart：アルゼンチン）
◇ヤング・クリエーション・アワード
　　　　　　　　クィン・ベイツ（Quinn Bates：アメリカ）「Groovin'」〈模範演技：ミゲル・アルトゥール・アルヴェス・オリヴェイラ〉
　　　　　　　　クセニア・コサヴァ（Kseniya Kosava：ベラルーシ）「Under glass」〈模範演技：名取川さくら〉

43　ローレンス・オリヴィエ賞　the Laurence Olivier Awards

1976年、ウェストエンド演劇協会により設立されたイギリスで最も有名な演劇賞。84年、

ローレンス・オリヴィエ (Laurence Olivier) の名が冠された。毎年ロンドン演劇協会により授与される。青いウェッジウッドの壺を授与されたことから「Urnies」と呼ばれていたが、ローレンス・オリヴィエの名が付けられたことに伴い、今では「Larries」と呼ばれる。
　＊日本人では、森下洋子 (1985年)、山海塾「ひびき」(2002年)、11代目市川海老蔵、2代目市川亀治郎「藤娘」など (07年)、川名康浩「キンキーブーツ」(16年) が受賞
【主催者】ロンドン演劇協会 (the Society Of London Theatre)
【選考委員】演劇・オペラ・ダンス・関係団体功労賞の審査委員会および一般審査員
【選考方法】オペラ・ダンス・功労賞は審査委員団の投票による。演劇賞は協会員と審査員団およびロンドン演劇協会によって候補者が選出され、一般審査員等の投票によって受賞者が決定される
【選考基準】〔2024年〕2023年2月15日〜2024年2月27日の間にロンドン演劇協会の会員である劇場で開幕した新作が対象となる
【締切・発表】〔2025年〕2025年4月6日、イギリス・ロンドン市ロイヤル・アルバート・ホールで授賞式
【賞・賞金】ヘンリー5世に扮したオリヴィエを象ったブロンズ像 (重量1.6kg)
【URL】https://officiallondontheatre.com/olivier-awards/

2016年
◇新作作品賞　　　マーティン・マクドナー (Martin McDonagh)「ハングマン (英題：Hangman)」〈Jerwood Downstairs, Royal Court/Wyndham's〉
◇再演作品賞　　　「マ・レイニーのブラックボトム (英題：Ma Rainey's Black Bottom)」〈National Theatre Lyttelton〉
◇主演男優賞　　　ケネス・クラナム (Kenneth Cranham：イギリス)「The Father」〈Wyndham's〉
◇主演女優賞　　　リア・ウィリアムズ (Lia Williams：イギリス)「オレステイア (英題：Oresteia)」〈Almeida〉
◇助演男優賞　　　マーク・ゲイティス (Mark Gatiss：イギリス)「Three Days in the Country」〈National Theatre Lyttelton〉
◇助演女優賞　　　ジュディ・デンチ (Judi Dench：イギリス)「冬物語 (英題：The Winter's Tale)」〈Garrick〉
◇新作コメディ賞　ジェシカ・スウェイル (Jessica Swale：イギリス)「Nell Gwynn」〈Apollo〉
◇エンタテインメント＆ファミリー作品賞
　　　　　　　　　「Showstopper ! The Improvised Musical」〈Apollo〉
◇新作ミュージカル賞　「キンキーブーツ (英題：Kinky Boots)」〈Adelphi〉
◇再演ミュージカル賞　「ジプシー (英題：Gypsy)」〈Savoy〉
◇ミュージカル男優賞　マット・ヘンリー (Matt Henry：イギリス)「キンキーブーツ (英題：Kinky Boots)」〈Adelphi〉
◇ミュージカル女優賞　イメルダ・スタウントン (Imelda Staunton)「ジプシー (英題：Gypsy)」〈Savoy〉
◇ミュージカル助演男優賞　デヴィッド・ベデラ (David Bedella：アメリカ)「イン・ザ・ハイツ (英題：In The Heights)」〈King's Cross〉
◇ミュージカル助演女優賞　ララ・パルヴァー (Lara Pulver：イギリス)「ジプシー (英題：Gypsy)」〈Savoy〉
◇監督賞　　　　　ロバート・アイク (Robert Icke：イギリス)「オレステイア (英題：Oresteia)」〈Almeida〉
◇演劇振付師　　　ドリュー・マコニー (Drew McOnie：イギリス)「イン・ザ・ハイツ (英題：In the Heights)」〈King's Cross〉
◇装置デザイン賞　アンナ・フレイシュル (Anna Fleischle：ドイツ)「ハングマン (英題：

Hangmen)」〈Jerwood Downstairs, Royal Court/Wyndham's〉
- ◇衣装デザイン賞　グレッグ・バーンズ(Gregg Barnes)「キンキーブーツ(英題：Kinky Boots)」〈Adelphi〉
- ◇照明デザイン賞　マーク・ヘンダーソン(Mark Henderson)「ジプシー(英題：Gypsy)」〈Savoy〉
- ◇音楽デザイン賞　トム・ギボンズ(Tom Gibbons：イギリス)「People, Places and Things」〈National Theatre Dorfman〉
- ◇音楽功績賞　アレックス・ラカモイレ(Alex Lacamoire)，ビル・シャーマン(Bill Sherman：アレンジ・オーケストレーション：アメリカ)，リン＝マニュエル・ミランダ(Lin-Manuel Miranda：作詞・作曲：アメリカ)「In the Heights」〈King's Cross Theatre〉
- ◇新作ダンス作品賞　ウェイン・マクレガー(Wayne McGregor：イギリス)「ウルフ・ワークス(英題：Woolf Works)」〈Royal Opera House〉
- ◇ダンス功績賞　アレッサンドラ・フェリ(Alessandra Ferri：イタリア)「シェリ(原題：Chéri)」「ウルフ・ワークス(原題：Woolf Works)」〈Royal Opera House〉
- ◇新作オペラ作品賞　「カヴァレリア・ルスティカーナ/パリアッチ(英題：Cavalleria rusticana/Pagliacci)」〈Royal Opera House〉
- ◇オペラ功績賞　イングリッシュ・ナショナル・オペラ合唱団(English National Opera Chorus)，ロンドン・コロシアム(Orchestra at London Coliseum)「運命の力(英題：the Force Of Destiny)」「ムツェンスク郡のマクベス夫人(英題：Lady Macbeth of Mtsensk)」「スペードの女王(英題：The Queen of Spades)」〈London Coliseum〉
- ◇提携劇場における功績賞　パット・キネバネ(Pat Kinevane)，Fishamble「Silent」〈Soho〉
- ◇観客賞　「オペラ座の怪人(英題：The Phantom of the Opera)」〈Her Majesty's〉

2017年
- ◇新作作品賞　ジャック・ソーン(Jack Thorne：脚本・ストーリー：イギリス)，J. K.ローリング(J. K. Rowling)，ジョン・ティファニー(John Tiffany：ストーリー：イギリス)「ハリー・ポッターと呪いの子(英題：Harry Potter and the Cursed Child)」〈Palace〉
- ◇再演作品賞　「イェルマ(英題：Yerma)」〈Young Vic〉
- ◇主演男優賞　ジェイミー・パーカー(Jamie Parker：イギリス)「ハリー・ポッターと呪いの子(英題：Harry Potter and the Cursed Child)」〈Palace〉
- ◇主演女優賞　アンディ・カール(Andy Karl：アメリカ)「恋はデジャ・ブ(英題：Groundhog Day)」〈The Old Vic〉
- ◇助演男優賞　アンソニー・ボイル(Anthony Boyle：イギリス)「ハリー・ポッターと呪いの子(英題：Harry Potter and the Cursed Child)」〈Palace〉
- ◇助演女優賞　ノーマ・ドゥメズウェニ(Noma Dumezweni)「ハリー・ポッターと呪いの子(英題：Harry Potter and the Cursed Child)」〈Palace〉
- ◇新作コメディ賞　リー・ホール(Lee Hall)「Our Ladies of Perpetual Succour」〈National Theatre Dorfman〉
- ◇エンタテインメント＆ファミリー作品賞　「The Red Shoes」〈Sadler's Wells〉
- ◇新作ミュージカル賞　「恋はデジャ・ブ(英題：Groundhog Day)」〈The Old Vic〉
- ◇再演ミュージカル賞　「ジーザス・クライスト＝スーパースター(英題：Jesus Christ Superstar)」〈Regent's Park Open Air〉
- ◇ミュージカル男優賞　アンディ・カール(Andy Karl：アメリカ)「恋はデジャ・ブ(英題：Groundhog Day)」〈The Old Vic〉
- ◇ミュージカル女優賞　アンバー・ライリー(Amber Riley：アメリカ)「ドリームガールズ(英題：Dreamgirls)」〈Savoy〉
- ◇ミュージカル助演男優賞　アダム・J・バーナード(Adam J. Bernard：イギリス)「ドリームガールズ(英題：Dreamgirls)」〈Savoy〉

- ◇ミュージカル助演女優賞　レベッカ・トレアーン（Rebecca Trehearn：イギリス）「ショウボート（英題：Show Boat）」〈New London〉
- ◇監督賞　ジョン・ティファニー（John Tiffany）「ハリー・ポッターと呪いの子（英題：Harry Potter and the Cursed Child）」〈Palace〉
- ◇演劇振付師　マシュー・ボーン（Matthew Bourne）「The Red Shoes」〈Sadler's Wells〉
- ◇装置デザイン賞　クリスティーン・ジョーンズ（Christine Jones）「ハリー・ポッターと呪いの子（英題：Harry Potter and the Cursed Child）」〈Palace〉
- ◇衣装デザイン賞　カトリーナ・リンゼイ（Katrina Lindsay）「ハリー・ポッターと呪いの子（英題：Harry Potter and the Cursed Child）」〈Palace〉
- ◇照明デザイン賞　ニール・オースティン（Neil Austin）「ハリー・ポッターと呪いの子（英題：Harry Potter and the Cursed Child）」〈Palace〉
- ◇音楽デザイン賞　ガレス・フライ（Gareth Fry）「ハリー・ポッターと呪いの子（英題：Harry Potter and the Cursed Child）」〈Palace〉
- ◇音楽功績賞　3人の子供バンド（The three children's bands for playing instruments live every night）「スクールオブロック（英題：School of Rock）」〈New London〉
- ◇新作ダンス作品賞　クリスタル・パイト（Crystal Pite）、ジョナサン・ヤング（Jonathon Young：カナダ）「Betroffenheit」〈Sadler's Wells〉
- ◇ダンス功績賞　イングリッシュ・ナショナル・バレエ団（English National Ballet）"アクラム・カーンの「ジゼル」と「She Said」〈Sadler's Wells〉でレパートリーの多様性を拡大した"
- ◇新作オペラ作品賞　「アクナーテン（英題：Akhnaten）」〈London Coliseum〉
- ◇オペラ功績賞　マーク・ウィッグルスワース（Mark Wigglesworth：イギリス）"「ドン・ジョヴァンニ」「ルル」〈London Coliseum〉を指揮した"
- ◇提携劇場における功績賞　「ロッテルダム（英題：Rotterdam）」〈Trafalgar Studios 2〉
- ◇協会特別賞　ケネス・ブラナー（Kenneth Branagh）

2018年
- ◇新作作品賞　ジェズ・バターワース（Jez Butterworth：イギリス）「The Ferryman」〈Gielgud Theatre and Royal Court Theatre〉
- ◇再演作品賞　「エンジェルス・イン・アメリカ（英題：Angels in America）」〈National Theatre Lyttleton〉
- ◇主演男優賞　ブライアン・クランストン（Bryan Cranston）「Network」〈National Theatre Lyttelton〉
- ◇主演女優賞　ローラ・ドネリー（Laura Donnelly：イギリス）「The Ferryman」〈Gielgud Theatre and Royal Court Theatre〉
- ◇助演男優賞　バーティー・カーヴェル（Bertie Carvel）「Ink」〈Almeida Theatre and Duke of York's Theatre〉
- ◇助演女優賞　デニス・ゴフ（Denise Gough：イギリス）「エンジェルス・イン・アメリカ（英題：Angels in America）」〈National Theatre Lyttleton〉
- ◇新作コメディ賞　ジェームズ・グレアム（James Graham：イギリス）「Labour of Love」〈Noël Coward Theatre〉
- ◇エンタテインメント＆ファミリー作品賞　「Dick Whittington」〈London Palladium〉
- ◇新作ミュージカル賞　「ハミルトン（英題：Hamilton）」〈Victoria Palace Theatre〉
- ◇再演ミュージカル賞　「フォリーズ（英題：Follies）」〈National Theatre Olivier〉
- ◇ミュージカル男優賞　ジャイルズ・テレラ（Giles Terera：イギリス）「ハミルトン（英題：Hamilton）」〈Victoria Palace Theatre〉
- ◇ミュージカル女優賞　シャーリー・ヘンダーソン（Shirley Henderson：イギリス）「北国の少女（英題：Girl from the North Country）」〈The Old Vic and Noël Coward Theatre〉
- ◇ミュージカル助演男優賞　マイケル・ジブソン（Michael Jibson：イギリス）「ハミルトン（英題：

		Hamilton)」〈Victoria Palace Theatre〉
◇ミュージカル助演女優賞		シーラ・アティム（Sheila Atim：イギリス）「北国の少女（英題：Girl from the North Country)」〈The Old Vic and Noël Coward Theatre〉
◇監督賞		サム・メンデス（Sam Mendes：イギリス）「The Ferryman」〈Gielgud Theatre and Royal Court Theatre〉
◇演劇振付師		アンディ・ブランケンビューラー（Andy Blankenbuehler）「ハミルトン（英題：Hamilton)」〈Victoria Palace Theatre〉
◇装置デザイン賞		ボブ・クローレイ（Bob Crowley），59 Productions「パリのアメリカ人（英題：An American in Paris)」〈Dominion Theatre〉
◇衣装デザイン賞		ヴィッキー・モーティマー（Vicki Mortimer）「フォリーズ（英題：Follies)」〈National Theatre Olivier〉
◇照明デザイン賞		ハウエル・ビンクリー（Howell Binkley）「ハミルトン（英題：Hamilton)」〈Victoria Palace Theatre〉
◇音楽デザイン賞		ネヴィン・スタインバーグ（Nevin Steinberg）「ハミルトン（英題：Hamilton)」〈Victoria Palace Theatre〉
◇音楽功績賞		リン＝マニュエル・ミランダ（Lin-Manuel Miranda），アレックス・ラカモイレ（Alex Lacamoire）"Hamilton"〈Victoria Palace Theatre〉の曲とオーケストレーションを担当した"
◇新作ダンス作品賞		クリスタル・パイト（Crystal Pite：カナダ）「Flight Pattern」〈Royal Opera House〉
◇ダンス功績賞		フランチェスカ・ヴェリク（Francesca Velicu：ルーマニア）「ピナ・バウシュ版 春の祭典（英題：The Rite of Spring)」〈Sadler's Wells〉
◇新作オペラ作品賞		「セミラーミデ（英題：Semiramide)」〈Royal Opera House〉
◇オペラ功績賞		ジョイス・ディドナート（Joyce DiDonato：アメリカ），ダニエラ・バルチェッローナ（Daniela Barcellona：イタリア）「セミラーミデ（英題：Semiramide)」〈Royal Opera House〉
◇提携劇場における功績賞		「Killology」〈Royal Court Theatre〉
◇協会特別賞		デイヴィッド・ラン（David Lan：イギリス）

2019年
◇新作作品賞		マシュー・ロペス（Matthew Lopez：脚本：アメリカ），E.M・フォースター（E. M. Forster：原作：イギリス）「インヘリタンス－継承－（英題：The Inheritance)」〈Young Vic and Noël Coward Theatre〉
◇再演作品賞		「Summer and Smoke」〈Almeida Theatre and Duke of York's Theatre〉
◇主演男優賞		カイル・ソーラー（Kyle Soller：アメリカ）「インヘリタンス－継承－（英題：The Inheritance)」〈Young Vic and Noël Coward Theatre〉
◇主演女優賞		パッツィ・フェラン（Patsy Ferran：イギリス）「Summer and Smoke」〈Almeida Theatre and Duke of York's Theatre〉
◇助演男優賞		クリス・ウォーリー（Chris Walley：イギリス）「ウィー・トーマス（英題：The Lieutenant of Inishmore)」〈Noël Coward Theatre〉
◇助演女優賞		モニカ・ドラン（Monica Dolan：イギリス）「イヴの総て（英題：All about Eve)」〈Noël Coward Theatre〉
◇新作コメディ賞		ローラ・ウェイド（Laura Wade：イギリス）「Home, I'm Darling」〈National Theatre Dorfman and Duke of York's Theatre〉
◇エンタテインメント＆ファミリー作品賞		「モンスター・コールズ（英題：A Monster Calls)」〈Old Vic〉
◇新作ミュージカル賞		「カム・フロム・アウェイ（英題：Come from Away)」〈Phoenix Theatre〉
◇再演ミュージカル賞		「カンパニー（英題：Company)」〈Gielgud Theatre〉
◇ミュージカル男優賞		コブナ・ホルドブルック＝スミス（Kobna Holdbrook-Smith：イギリス）「ティナ（英題：Tina)」〈Aldwych Theatre〉
◇ミュージカル女優賞		シャロン・D・クラーク（Sharon D. Clarke：イギリス）「キャロライン・オ

　　　　　　　　　　ア・チェンジ（英題：Caroline, or Change）」〈Playhouse Theatre〉
　◇ミュージカル助演男優賞　ジョナサン・ベイリー（Jonathan Bailey：イギリス）「カンパニー（英題：Company）」〈Gielgud Theatre〉
　◇ミュージカル助演女優賞　パティ・ルポーン（Patti LuPone）「カンパニー（英題：Company）」〈Gielgud Theatre〉
　◇監督賞　　　　　　　スティーヴン・ダルドリー（Stephen Daldry）「インヘリタンス－継承－（英題：The Inheritance）」〈Young Vic and Noël Coward Theatre〉
　◇演劇振付師　　　　　ケリー・ディヴァイン（Kelly Devine）「カム・フロム・アウェイ（英題：Come from Away）」〈Phoenix Theatre〉
　◇装置デザイン賞　　　バニー・クリスティ（Bunny Christie）「カンパニー（英題：Company）」〈Gielgud Theatre〉
　◇衣装デザイン賞　　　キャサリン・ズーバー（Catherine Zuber）「王様と私（英題：The King and I）」〈London Palladium〉
　◇照明デザイン賞　　　ジョン・クラーク（Jon Clark：イギリス）「インヘリタンス－継承－（英題：The Inheritance）」〈Young Vic and Noël Coward Theatre〉
　◇音楽デザイン賞　　　ギャレス・オーウェン（Gareth Owen）「カム・フロム・アウェイ（英題：Come from Away）」〈Phoenix Theatre〉
　◇音楽功績賞　　　　　デイビット・ハイン（David Hein），アイリーン・サンコフ（Irene Sankoff：作詞・作曲：カナダ），イアン・アイゼンドレイス（Ian Eisendrath：編曲・音楽監修），オーガスト・エリクスモーン（August Eriksmoen：オーケストレーション），アラン・ベリー（Alan Berry：音楽監督）「カム フロム アウェイ（原題：Come from Away）」〈Phoenix Theatre〉
　◇新作ダンス作品賞　　ボティス・セヴァ（Botis Seva：イギリス）「Blkdog」〈Sadler's Wells〉
　◇ダンス功績賞　　　　アクラム・カーン（Akram Khan：パフォーマンス：イギリス）「ゼノス（原題：Xenos）」〈Sadler's Wells〉
　◇新作オペラ作品賞　　「カーチャ・カバノヴァ（英題：Katya Kabanova）」〈Royal Opera House〉
　◇オペラ功績賞　　　　"「ポーギーとベス（原題：Porgy and Bess）」〈London Coliseum〉のアンサンブル"
　◇提携劇場における功績賞　「フレッシュ・アンド・ボーン（英題：Flesh and Bone）」〈Soho Theatre〉
　◇協会特別賞　　　　　マシュー・ボーン（Matthew Bourne）
2020年
　◇新作作品賞　　　　　トム・ストッパード（Tom Stoppard：チェコスロバキア）「Leopoldstadt」〈Wyndham's Theatre〉
　◇再演作品賞　　　　　「シラノ・ド・ベルジュラック（英題：Cyrano de Bergerac）」〈Playhouse Theatre〉
　◇主演男優賞　　　　　アンドリュー・スコット（Andrew Scott）「プレゼント・ラフター（英題：Present Laughter）」〈Old Vic〉
　◇主演女優賞　　　　　シャロン・D・クラーク（Sharon D. Clarke：イギリス）「セールスマンの死（英題：Death of a Salesman）」〈Young Vic and Piccadilly Theatre〉
　◇助演男優賞　　　　　エンドリアン・スカーボロー（Adrian Scarborough：イギリス）「レオポルトシュタット（英題：Leopoldstadt）」〈Wyndham's Theatre〉
　◇助演女優賞　　　　　インディラ・ヴァルマ（Indira Varma：イギリス）「プレゼント・ラフター（英題：Present Laughter）」〈Old Vic〉
　◇エンターテインメント・コメディ作品賞
　　　　　　　　　　モーガン・ロイド・マルコム（Morgan Lloyd Malcolm：イギリス）「Emilia」〈Vaudeville Theatre〉
　◇ファミリー作品賞　　「ワーストウィッチ（英題：The Worst Witch）」〈Vaudeville Theatre〉
　◇新作ミュージカル賞　「ディア・エヴァン・ハンセン（英題：Dear Evan Hansen）」〈Noël Coward Theatre〉

◇再演ミュージカル賞　「屋根の上のヴァイオリン弾き（英題：Fiddler on the Roof）」〈Playhouse Theatre〉
◇ミュージカル男優賞　サム・タッティ（Sam Tutty：イギリス）「ディア・エヴァン・ハンセン（英題：Dear Evan Hansen）」〈Noël Coward Theatre〉
◇ミュージカル女優賞　Miriam-Teak Lee（イギリス）「＆Juliet」〈Shaftesbury Theatre〉
◇ミュージカル助演男優賞　デヴィッド・ベデラ（David Bedella：アメリカ）「＆Juliet」〈Shaftesbury Theatre〉
◇ミュージカル助演女優賞　キャシディ・ジャンソン（Cassidy Janson：イギリス）「＆Juliet」〈Shaftesbury Theatre〉Anne Hathaway役
◇監督賞　ミランダ・クロムウェル（Miranda Cromwell），マリアンヌ・エリオット（Marianne Elliott：イギリス）「セールスマンの死（英題：Death of a Salesman）」〈Young Vic and Piccadilly Theatre〉
◇演劇振付師　マシュー・ボーン（Matthew Bourne），スティーヴン・ミーア（Stephen Mear：イギリス）「メリー・ポピンズ（英題：Mary Poppins）」〈Prince Edward Theatre〉
◇装置デザイン賞　ボブ・クローレイ（Bob Crowley：イギリス）「メリー・ポピンズ（英題：Mary Poppins）」〈Prince Edward Theatre〉
◇衣装デザイン賞　Joanna Scotcher「エミリア（英題：Emilia）」〈Vaudeville Theatre〉
◇照明デザイン賞　ポール・コンスタブル（Paule Constable）「The Ocean at the End of the Lane」〈National Theatre Dorfman〉
◇音楽デザイン賞　エマ・ラクストン（Emma Laxton）「エミリア（英題：Emilia）」〈Vaudeville Theatre〉
◇オリジナルスコア・新オーケストレーション
　　　　　アレックス・ラカモイレ（Alex Lacamoire：オーケストレーション：アメリカ），ベンジ・パセク（Benj Pasek），ジャスティン・ポール（Justin Paul：作曲・作詞：アメリカ）「ディア・エヴァン・ハンセン（英題：Dear Evan Hansen）」〈Noël Coward Theatre〉
◇新作ダンス作品賞　ムトゥトゥゼリ・ノヴェンバー（Mthuthuzeli November：南アフリカ），Ballet Black「Ingoma」〈Linbury Theatre, Royal Opera House〉
◇ダンス功績賞　サラ・バラス（Sara Baras：スペイン）"Ballet Flamenco Sombras"〈Sadler's Wells〉の振り付けと出演
◇新作オペラ作品賞　「ビリー・バッド（英題：Billy Budd）」〈Royal Opera House〉
◇オペラ功績賞　子供たちのアンサンブル（The Children's Ensemble）「Noye's Fludde」〈Theatre Royal Stratford East〉
◇提携劇場における功績賞　「私のトナカイちゃん（英題：Baby Reindeer）」〈Bush Theatre〉
◇特別賞　Don Black
　　　　　イアン・マッケラン（Ian McKellen：イギリス）
◇特別承認賞　Jo Hawes
　　　　　セルマ・ホルト（Thelma Holt：イギリス）
　　　　　スティーヴン・ジェイムソン（Stephen Jameson），Sarah Preece
　　　　　Peter Roberts

2021年　新型コロナウイルス感染症の影響で中止

2022年
　◇新作作品賞　ロリータ・チャクラバーティ（Lolita Chakrabarti：脚本：イギリス），ヤン・マーテル（Yann Martel：原作：カナダ）「ライフ・オブ・パイ（英題：Life of Pi）」〈Wyndham's Theatre〉
　◇再演作品賞　「星ノ数ホド（英題：Constellations）」〈Donmar Warehouse at Vaudeville Theatre〉
　◇主演男優賞　ハイラム・アベセカラ（Hiran Abeysekera：スリランカ）「ライフ・オブ・パイ（英題：Life of Pi）」〈Wyndham's Theatre〉

- ◇主演女優賞　シーラ・アティム (Sheila Atim：イギリス)「星ノ数ホド (英題：Constellations)」〈Donmar Warehouse at Vaudeville Theatre〉
- ◇助演男優賞　Fred Davis, Daisy Franks, Romina Hytten, Tom Larkin, Habib Nasib Nader, Tom Stacy, Scarlet Wilderink「ライフ・オブ・パイ (英題：Life of Pi)」〈Wyndham's Theatre〉
- ◇助演女優賞　リズ・カー (Liz Carr：イギリス)「ノーマル・ハート (英題：The Normal Heart)」〈National Theatre Olivier〉
- ◇エンターテインメント・コメディ作品賞　Isobel McArthur「Pride and Prejudice* (*sort of)」〈Criterion Theatre〉
- ◇ファミリー作品賞　「Wolf Witch Giant Fairy」〈Royal Opera House, Linbury Theatre〉
- ◇新作ミュージカル賞　「バック・トゥ・ザ・フューチャー (英題：Back to the Future)」〈Adelphi Theatre〉
- ◇再演ミュージカル賞　「キャバレー (英題：Cabaret)」〈Playhouse Theatre〉
- ◇ミュージカル男優賞　エディ・レッドメイン (Eddie Redmayne：イギリス)「キャバレー (英題：Cabaret)」〈Playhouse Theatre〉
- ◇ミュージカル女優賞　ジェシー・バックリー (Jessie Buckley：イギリス)「キャバレー (英題：Cabaret)」〈Playhouse Theatre〉
- ◇ミュージカル助演男優賞　エリオット・レヴィ (Elliot Levey：イギリス)「キャバレー (英題：Cabaret)」〈Playhouse Theatre〉
- ◇ミュージカル助演女優賞　ライザ・サドヴィ (Liza Sadovy：イギリス)「キャバレー (英題：Cabaret)」〈Playhouse Theatre〉
- ◇監督賞　レベッカ・フレックナル (Rebecca Frecknall：イギリス)「キャバレー (英題：Cabaret)」〈Playhouse Theatre〉
- ◇演劇振付師　キャスリーン・マーシャル (Kathleen Marshall)「エニシング・ゴーズ (英題：Anything Goes)」〈Barbican Theatre〉
- ◇装置デザイン賞　ティム・ハットリー (Tim Hatley：舞台デザイン), ニック・バーンズ (Nick Barnes), フィン・コールドウェル (Finn Caldwell：人形劇のデザイン)「ライフ・オブ・パイ (英題：Life of Pi)」〈Wyndham's Theatre〉
- ◇衣装デザイン賞　キャサリン・ズーバー (Catherine Zuber)「ムーラン・ルージュ (英題：Moulin Rouge)」〈Piccadilly Theatre〉
- ◇照明デザイン賞　アンジェイ・グールディング (Andrzej Goulding), ティム・ラトキン (Tim Lutkin)「ライフ・オブ・パイ (英題：Life of Pi)」〈Wyndham's Theatres〉
- ◇音楽デザイン賞　ニック・リドスター (Nick Lidster)「キャバレー (英題：Cabaret)」〈Playhouse Theatre〉
- ◇オリジナルスコア・新オーケストレーション　サイモン・ヘイル (Simon Hale：オーケストレーション：イギリス)「Get Up, Stand Up」〈Lyric Theatr〉
- ◇新作ダンス作品賞　クリスタル・パイト (Crystal Pite), ジョナサン・ヤング (Jonathon Young：カナダ), Kidd Pivot「リヴァイザー/検察官 (英題：Revisor)」〈Sadler's Wells〉
- ◇ダンス功績賞　アリエル・スミス (Arielle Smith：振付け：キューバ)「Jolly Folly」〈Sadler's Wells〉
- ◇新作オペラ作品賞　「イェヌーファ (原題：Jenůfa)」〈Royal Opera House〉
- ◇オペラ功績賞　ピーター・ウィーラン (Peter Whelan：イギリス), the Irish Baroque Orchestra「バヤゼット (原題：Bajazet)」〈Linbury Theatre, Royal Opera House〉
- ◇提携劇場における功績賞　「Old Bridge」〈Bush Theatre〉
- ◇特別承認賞　Lisa Burger
  Bob King
  Gloria Louis

Susie Sainsbury
シルヴィア・ヤング（Sylvia Young：イギリス）

2023年

◇新作作品賞	スージー・ミラー（Suzie Miller：オーストラリア）「Prima Facie」〈Harold Pinter Theatre〉	
◇再演作品賞	「欲望という名の電車（英題：A Streetcar Named Desire）」〈Almeida Theatre〉	
◇主演男優賞	ポール・メスカル（Paul Mescal：イギリス）「欲望という名の電車（英題：A Streetcar Named Desire）」〈Almeida Theatre〉	
◇主演女優賞	ジョディ・カマー（Jodie Comer：イギリス）「プライマ・フェイシィ（英題：Prima Facie）」〈Harold Pinter Theatre〉	
◇助演男優賞	ウィル・キーン（Will Keen：イギリス）「Patriots」〈Almeida Theatre〉	
◇助演女優賞	アンジャナ・ワサン（Anjana Vasan：インド）「欲望という名の電車（英題：A Streetcar Named Desire）」〈Almeida Theatre〉	
◇エンターテインメント・コメディ作品賞		
	トム・モートン＝スミス（Tom Morton-Smith：脚本：イギリス），宮崎 駿（Hayao Miyazaki：原作：日本）「となりのトトロ（英題：My Neighbour Totoro）」	
◇ファミリー作品賞	「Hey Duggee」〈Royal Festival Hall at Southbank Centre〉	
◇新作ミュージカル賞	「Standing at the Sky's Edge」〈National Theatre Olivier〉	
◇再演ミュージカル賞	「オクラホマ！（英題：Oklahoma）」〈Young Vic〉	
◇ミュージカル男優賞	アーサー・ダーヴィル（Arthur Darvill：イギリス）「オクラホマ！（英題：Oklahoma）」〈Young Vic〉	
◇ミュージカル女優賞	ケイティ・ブレイベン（Katie Brayben）「タミー・フェイ（英題：Tammy Faye）」〈Almeida Theatre〉	
◇ミュージカル助演男優賞	ズビン・ヴァルラ（Zubin Varla：イギリス）「タミー・フェイ（英題：Tammy Faye）」〈Almeida Theatre〉	
◇ミュージカル助演女優賞	ビヴァリー・ナイト（Beverley Knight：イギリス）「シルビア（英題：Sylvia）」〈Old Vic〉	
◇監督賞	フェリム・マクダーモット（Phelim McDermott：イギリス）「となりのトトロ（英題：My Neighbour Totoro）」〈Barbican Theatre〉	
◇演劇振付師	Matt Cole「ニュージーズ（英題：Newsies）」〈Troubadour Wembley Park Theatre〉	
◇装置デザイン賞	トム・パイ（Tom Pye）「となりのトトロ（英題：My Neighbour Totoro）」〈Barbican Theatre〉	
◇衣装デザイン賞	中野 希美江（Kimie Nakano：日本）「となりのトトロ（英題：My Neighbour Totoro）」〈Barbican Theatre〉	
◇照明デザイン賞	ジェシカ・ハン・ハンユン（Jessica Hung Han Yun：イギリス）「となりのトトロ（英題：My Neighbour Totoro）」〈Barbican Theatre〉	
◇音楽デザイン賞	トニー・ゲイル（Tony Gayle：イギリス）「となりのトトロ（英題：My Neighbour Totoro）」〈Barbican Theatre〉	
◇オリジナルスコア・新オーケストレーション		
	Tom Deering（オーケストレーション），リチャード・ホーリー（Richard Hawley：作曲・作詞：イギリス）「Standing at the Sky's Edge」〈National Theatre Olivier〉	
◇新作ダンス作品賞	Ivan Michael Blackstock（イギリス）「Traplord」〈180 Studios (The Strand)〉	
◇ダンス功績賞	ディクソン・ムビ（Dickson Mbi：振付）「Enowate」〈Sadler's Wells〉	
◇新作オペラ作品賞	「アルチーナ（英題：Alcina）」〈Royal Opera House〉	
◇オペラ功績賞	ウィリアム・ケントリッジ（William Kentridge：南アフリカ）"「Sibyl」〈Barbican Theatre〉の構想と演出に貢献"	

◇提携劇場における功績賞　「The P Word」〈Bush Theatre〉
◇特別承認賞　　　　　　デレク・ジャコビ (Derek Jacobi)
　　　　　　　　　　　　アーリーン・フィリップス (Arlene Phillips：イギリス)

2024年
◇新作作品賞　　　　ジェームズ・グラハム (James Graham：イギリス)「ディア・イングランド
　　　　　　　　　　　（英題：Dear England)」〈National Theatre Olivier and Prince Edward
　　　　　　　　　　　Theatre〉
◇再演作品賞　　　　「ワーニャ (英題：Vanya)」〈Duke of York's Theatre〉
◇主演男優賞　　　　マーク・ゲイティス (Mark Gatiss：イギリス)「ザ・モーティヴ&ザ・キュー
　　　　　　　　　　　（英題：The Motive and the Cue)」〈National Theatre Lyttleton and Noël
　　　　　　　　　　　Coward Theatre〉
◇主演女優賞　　　　サラ・スヌーク (Sarah Snook：オーストラリア)「ドリアン・グレイの肖像
　　　　　　　　　　　（英題：The Picture of Dorian Gray)」〈Theatre Royal Haymarket〉
◇助演男優賞　　　　ウィル・クローズ (Will Close)「ディア・イングランド (英題：Dear
　　　　　　　　　　　England)」〈National Theatre Olivier and Prince Edward Theatre〉
◇助演女優賞　　　　ヘイドン・グウィン (Haydn Gwynne：イギリス)「When Winston Went to
　　　　　　　　　　　War with the Wireless」〈Donmar Warehouse〉
◇エンターテインメント・コメディ作品賞
　　　　　　　　　　　ケイト・トレフライ (Kate Trefry：脚本・原作), マット・ダファー (Matt
　　　　　　　　　　　Duffer), ロス・ダファー (Ross Duffer), ジャック・ソーン (Jack Thorne：
　　　　　　　　　　　原作)「ストレンジャー・シングス：ザ・ファースト・シャドウ (英題：
　　　　　　　　　　　Stranger Things：The First Shadow)」〈Phoenix Theatre〉
◇ファミリー作品賞　「Dinosaur World Live」〈Regent's Park Open Air Theatre〉
◇新作ミュージカル賞　「Operation Mincemeat」〈Fortune Theatre〉
◇再演ミュージカル賞　「サンセット大通り (英題：Sunset Boulevard)」〈Savoy Theatre〉
◇ミュージカル男優賞　トム・フランシス (Tom Francis：イギリス)「サンセット大通り (英題：
　　　　　　　　　　　Sunset Boulevard)」〈Savoy Theatre〉
◇ミュージカル女優賞　ニコール・シャージンガー (Nicole Scherzinger：アメリカ)「サンセット大
　　　　　　　　　　　通り (英題：Sunset Boulevard)」〈Savoy Theatre〉
◇ミュージカル助演男優賞　Jak Malone「Operation Mincemeat」〈Fortune Theatre〉
◇ミュージカル助演女優賞　Amy Trigg「The Little Big Things」〈@sohoplace〉
◇監督賞　　　　　　ジェイミー・ロイド (Jamie Lloyd：イギリス)「サンセット大通り (英題：
　　　　　　　　　　　Sunset Boulevard)」〈Savoy Theatre〉
◇演劇振付師　　　　ジェームズ・カザンズ (James Cousins), アーリーン・フィリップス (Arlene
　　　　　　　　　　　Phillips：イギリス)「ガイズ&ドールズ (英題：Guys and Dolls)」〈Bridge
　　　　　　　　　　　Theatre〉
◇装置デザイン賞　　59 Productions (ビデオデザイン), ミリアム・ブーター (Miriam Buether：舞
　　　　　　　　　　　台デザイン：ドイツ)「ストレンジャー・シングス：ザ・ファースト・シャ
　　　　　　　　　　　ドウ (英題：Stranger Things：The First Shadow)」〈Phoenix Theatre〉
◇衣装デザイン賞　　Marg Horwell「ドリアン・グレイの肖像 (英題：The Picture of Dorian
　　　　　　　　　　　Gray)」〈Theatre Royal Haymarket〉
◇照明デザイン賞　　Jack Knowles (イギリス)「サンセット大通り (英題：Sunset Boulevard)」
　　　　　　　　　　　〈Savoy Theatre〉
◇音楽デザイン賞　　アダム・フィッシャー (Adam Fisher)「サンセット大通り (英題：Sunset
　　　　　　　　　　　Boulevard)」〈Savoy Theatre〉
◇音楽功績賞　　　　アラン・ウィリアムズ (Alan Williams：音楽監督・監修)「サンセット大通り
　　　　　　　　　　　（英題：Sunset Boulevard)」〈Savoy Theatre〉
◇新作ダンス作品賞　ガブリエラ・カリーソ (Gabriela Carrizo：アルゼンチン), ネザーランド・ダ
　　　　　　　　　　　ンス・シアター (Nederlands Dans Theater)「La Ruta」〈Sadler's Wells〉
◇ダンス功績賞　　　イザベラ・コラシー (Isabela Coracy：パフォーマンス：ブラジル)「Nina

　　　　　　　　　　By Whatever Means」〈Barbican Theatre〉
◇新作オペラ作品賞　「Innocence」〈Royal Opera House〉
◇オペラ功績賞　　アントニオ・パッパーノ（Antonio Pappano：イギリス）"ロイヤル・オペラ・
　　　　　　　　　ハウスの音楽監督を担当した"
◇提携劇場における功績賞　「Sleepova」〈Bush Theatre〉
◇業界表彰賞　　　Sylvia Addison
　　　　　　　　　Vereen Irving
　　　　　　　　　ロバート・イスラエル（Robert Israel：アメリカ）
　　　　　　　　　Richard Walton
　　　　　　　　　Susan Whiddington

漫画・アニメ

44 アイズナー賞(ウィル・アイズナー漫画業界賞)
Eisner Awards/Will Eisner Comic Industry Awards

ファンタグラフィック社でカービー賞を担当していたデイブ・オルブリッチが,1987年に終了したカービー賞の後を継ぐ賞として,同社を退社後の88年に創設。漫画家のウィル・アイズナー(Will Eisner)の名を冠しており,アイズナー自身も亡くなるまでは授賞式に参加していた。開始当初からサンディエゴのコミック・コンベンションにて式典が行われている。
　＊日本人では,手塚治虫(2002年),小池一夫,小島剛夕(04年),大友克洋(12年),宮崎駿(14年),高橋留美子(18年),萩尾望都(22年),中沢啓治(24年)が殿堂入りした
【選考委員】〔2024年〕Ryan Claytor, N.C.Christopher Couch, Andréa Gilroy, Joseph Illidge, Mathias Lewis, Jillian Rudes
【選考方法】毎年初めに出版社と漫画家によるエントリーが始まり,その作品の中から委員が受賞候補作品を選定。候補作品から漫画関係者による最終投票で決定される
【選考基準】〔2024年〕2023年1月1日から12月31日に発表された作品
【締切・発表】毎年7月,カリフォルニア州サン・ディエゴ開催のコミコン・インターナショナルで発表される
【URL】https://www.comic-con.org/awards/eisner-awards/

1988年
　◇最優秀シングルイシュー　ボブ・バーデン(Bob Burden), Art Adams「Gumby Summer Fun Special #1」〈Comico〉
　◇最優秀継続中シリーズ　ポール・チャドウィック(Paul Chadwick)「Concrete」〈Dark Horse〉
　◇最優秀モノクロシリーズ　ポール・チャドウィック(Paul Chadwick)「Concrete」〈Dark Horse〉
　◇最優秀Finiteシリーズ
　　　　　　アラン・ムーア(Alan Moore:イギリス), デイヴ・ギボンズ(Dave Gibbons:イギリス)「Watchmen」〈DC〉
　◇最優秀ニューシリーズ　ポール・チャドウィック(Paul Chadwick)「Concrete」〈Dark Horse〉
　◇最優秀グラフィック・アルバム
　　　　　　アラン・ムーア(Alan Moore:イギリス), デイヴ・ギボンズ(Dave Gibbons:イギリス)「Watchmen」〈DC〉
　◇最優秀ライター　アラン・ムーア(Alan Moore:イギリス)「Watchmen」〈DC〉
　◇最優秀ライター/アーティスト
　　　　　　アラン・ムーア(Alan Moore:イギリス), デイヴ・ギボンズ(Dave Gibbons:イギリス)「Watchmen」〈DC〉
　◇最優秀アーティスト　スティーブ・ルード(Steve Rude)「Nexus」〈First〉
　◇最優秀アート・チーム　スティーブ・ルード(Steve Rude), Willie Blyberg, Ken Steacy「Space Ghost Special」〈Comico〉
　◇殿堂　　ミルトン・カニフ(Milton Caniff)

1989年
  ◇最優秀シングルイシュー James Vance, ダン・バー (Dan Burr)「Kings In Disguise #1」〈Kitchen Sink〉
  ◇最優秀継続中シリーズ ポール・チャドウィック (Paul Chadwick)「Concrete」〈Dark Horse〉
  ◇最優秀モノクロシリーズ ポール・チャドウィック (Paul Chadwick)「Concrete」〈Dark Horse〉
  ◇最優秀Finiteシリーズ
            Stan Lee, メビウス (ジャン・ジロー) (Moebius (Jean Giraud))「Silver Surfer」〈Marvel〉
  ◇最優秀ニューシリーズ James Vance, ダン・バー (Dan Burr)「Kings In Disguise」〈Kitchen Sink〉
  ◇最優秀グラフィック・アルバム
            アラン・ムーア (Alan Moore：イギリス), ブライアン・ボーランド (Brian Bolland：イギリス)「Batman：The Killing Joke」〈DC〉
  ◇最優秀ライター アラン・ムーア (Alan Moore：イギリス)
  ◇最優秀ライター/アーティスト
            ポール・チャドウィック (Paul Chadwick)「Concrete」〈Dark Horse〉
  ◇最優秀アーティスト ブライアン・ボーランド (Brian Bolland：イギリス)「Batman：The Killing Joke」〈DC〉
  ◇最優秀アート・チーム Alan Davis, Paul Neary「Excalibur」〈Marvel〉
  ◇殿堂   ハーヴェイ・カーツマン (Harvey Kurtzman：アメリカ)
1990年   賞運営引き継ぎための移行年のため授賞なし
1991年
  ◇最優秀ストーリー・シングルイシュー
            ポール・チャドウィック (Paul Chadwick), チャールズ・ベス (Charles Vess), メビウス (ジャン・ジロー) (Moebius (Jean Giraud))「Concrete Celebrates Earth Day」〈Dark Horse〉
  ◇最優秀継続中シリーズ ニール・ゲイマン (Neil Gaiman：イギリス)「サンドマン (英題：The Sandman)」〈DC〉
  ◇最優秀モノクロシリーズ マーク・シュルツ (Mark Schultz)「Xenozoic Tales」〈Kitchen Sink〉
  ◇最優秀Finiteシリーズ
            フランク・ミラー (Frank Miller：アメリカ), デイヴ・ギボンズ (Dave Gibbons：イギリス)「Give Me Liberty」〈Dark Horse〉
  ◇最優秀ニュー・グラフィック・アルバム
            フランク・ミラー (Frank Miller), リン・ヴァーリイ (Lynn Varley：アメリカ)「Elektra Lives Again」〈Marvel〉
  ◇最優秀リプリント・グラフィック・アルバム
            ニール・ゲイマン (Neil Gaiman：イギリス)「サンドマン3 ドールズハウス 上・下 (英題：The Sandman：The Doll's House)」〈DC〉
  ◇最優秀ライター ニール・ゲイマン (Neil Gaiman：イギリス)「サンドマン (英題：The Sandman)」〈DC〉
  ◇最優秀ライター/アーティスト (個人・チーム)
            フランク・ミラー (Frank Miller：アメリカ), Geof Darrow「Hard Boiled」
  ◇最優秀アーティスト スティーブ・ルード (Steve Rude)「Nexus」
  ◇最優秀インカー アル・ウィリアムソン (Al Williamson)
  ◇殿堂   ロバート・クラム (Robert Crumb)
            Alex Toth
1992年
  ◇最優秀シングルイシュー ニール・ゲイマン (Neil Gaiman：イギリス)「The Sandman #22-28：

　　　　　　　　Season of Mists」〈DC〉
◇最優秀継続中シリーズ　ニール・ゲイマン（Neil Gaiman：イギリス）「サンドマン（英題：The Sandman）」〈DC〉
◇最優秀Finiteシリーズ
　　　　　　　　ポール・チャドウィック（Paul Chadwick）「Concrete：Fragile Creature」〈Dark Horse〉
◇最優秀アンソロジー　ランディ・ストラドリー（Randy Stradley：編集）「Dark Horse Presents」〈Dark Horse〉
◇最優秀ニュー・グラフィック・アルバム
　　　　　　　　ウィル・アイズナー（Will Eisner）「To the Heart of the Storm」〈Kitchen Sink〉
◇最優秀リプリント・グラフィック・アルバム
　　　　　　　　アート・スピーゲルマン（Art Spiegelman）「マウス－アウシュヴィッツを生きのびた父親の物語 2（英題：Maus Ⅱ）」〈Pantheon Books〉
◇最優秀ユーモア作品　マーク・エヴァニアー（Mark Evanier），セルジオ・アラゴネス（Sergio Aragonés）「Groo the Wanderer」〈Marvel/Epic〉
◇最優秀コミック・ストリップ・コレクション
　　　　　　　　ビル・ワターソン（Bill Watterson：アメリカ）「Calvin and Hobbes：The Revenge of the Baby-Sat」〈Andrews and McMeel〉
◇最優秀ライター　ニール・ゲイマン（Neil Gaiman：イギリス）「The Sandman Books of Magic」〈DC〉〔ほか〕
◇最優秀ライター／アーティスト（個人・チーム）
　　　　　　　　Peter David, Dale Keown「The Incredible Hulk」〈Marvel〉
◇最優秀アーティスト　Simon Bisley「Batman：Judgment on Gotham」〈DC〉
◇最優秀インカー　Adam Kubert「Batman versus Predator」〈DC and Dark Horse〉
◇最優秀カラリスト　スティーブ・オリフ（Steve Oliff）「Legends of the Dark Knight」〈DC〉〔ほか〕
◇最優秀カバー・アーティスト
　　　　　　　　ブライアン・ボーランド（Brian Bolland：イギリス）「Animal Man」〈DC〉
◇最優秀編集者　カレン・バーガー（Karen Berger：アメリカ）「The Sandman」「Shade：the Changing Man」「Kid Eternity」「Books of Magic」〈DC〉
◇最優秀コミック関連定期刊行物
　　　　　　　　Don and Maggie Thompson（編集）「Comics Buyer's Guide」〈Krause〉
◇最優秀コミック関連本　ハーヴェイ・カーツマン（Harvey Kurtzman：アメリカ），Howard Zimmerman（編集）「From Aargh！to Zap！：Harvey Kurtzman's Visual History of the Comics」〈Prentice Hall Press〉
◇最優秀コミック関連商品　ランディ・ボウエン（Randy Bowen）"The Sandman"スタチュー〈DC〉
◇殿堂　　　　　Joe Shuster
　　　　　　　　Jerry Siegel
　　　　　　　　Wally Wood

1993年
◇最優秀シングルイシュー　Mike Baron, スティーブ・ルード（Steve Rude）「Nexus：The Origin」
◇最優秀短編作品　マーク・シュルツ（Mark Schultz）「Two Cities」in "Xenozoic Tales #12"
◇最優秀シリーズ化ストーリー
　　　　　　　　アラン・ムーア（Alan Moore：イギリス），エディ・キャンベル（Eddie Campbell）「フロム・ヘル（原題：From Hell）」in "Taboo"〈SpiderBaby Graphix/Tundra〉
◇最優秀継続中シリーズ　ニール・ゲイマン（Neil Gaiman：イギリス）「サンドマン（英題：The Sandman）」〈DC〉

◇最優秀Finiteシリーズ
　　　　　Matt Wagner, Patrick McEown「Grendel：War Child」〈Dark Horse〉
◇最優秀アンソロジー　スティーヴ・ビセット（Steve Bissette：編）「Taboo」〈SpiderBaby
　　　　　Graphix/Tundra〉
◇最優秀ニュー・グラフィック・アルバム
　　　　　ニール・ゲイマン（Neil Gaiman：イギリス）, デイヴ・マッキーン（Dave
　　　　　McKean）「Signal to Noise」〈VG Graphics/Dark Horse〉
◇最優秀リプリント・グラフィック・アルバム
　　　　　フランク・ミラー（Frank Miller：アメリカ）「Sin City」〈Dark Horse〉
◇最優秀アーカイブ・コレクション
　　　　　「Carl Barks Library」album series〈Gladstone〉
◇最優秀ユーモア作品　ジェフ・スミス（Jeff Smith）「Bone」〈Cartoon Books〉
◇最優秀コミック・ストリップ・コレクション
　　　　　ビル・ワターソン（Bill Watterson：アメリカ）「Calvin and Hobbes：Attack
　　　　　of the Deranged Mutant Killer Monster Snow Goons」〈Andrews and
　　　　　McMeel〉
◇最優秀ライター　ニール・ゲイマン（Neil Gaiman：イギリス）「Miracleman」〈Eclipse〉〔ほか〕
◇最優秀ペインター　Dave Dorman「Aliens：Tribes」〈Dark Horse〉
◇最優秀ペンシラー　スティーブ・ルード（Steve Rude）「Nexus：The Origin」〈Dark Horse〉
◇最優秀ペンシラー/インカー, モノクロ出版物
　　　　　フランク・ミラー（Frank Miller：アメリカ）「Sin City」"Dark Horse
　　　　　Presents"〈Dark Horse〉
◇最優秀ペンシラー/インカー, カラー出版物
　　　　　P.クレイグ・ラッセル（P. Craig Russell：アメリカ）「Fairy Tales of Oscar
　　　　　Wilde」〈NBM〉〔ほか〕
◇最優秀インカー　ケビン・ノーラン（Kevin Nowlan）「Batman：Sword of Azrael」〈DC〉
◇最優秀カラリスト　スティーブ・オリフ（Steve Oliff：Olyoptics）「Legends of the Dark Knight
　　　　　#28-30」「Martian Manhunter American Secrets」〈DC〉〔ほか〕
◇最優秀レタラー　トッド・クライン（Todd Klein：アメリカ）「The Sandman」「The Demon」
　　　　　〈DC〉
◇最優秀ライター/アーティスト
　　　　　フランク・ミラー（Frank Miller：アメリカ）「Sin City」"Dark Horse
　　　　　Presents"〈Dark Horse〉
◇最優秀ライター/アーティストチーム
　　　　　Mike Baron, スティーブ・ルード（Steve Rude）「Nexus：The Origin」〈Dark
　　　　　Horse〉
◇最優秀カバー・アーティスト
　　　　　ブライアン・ボーランド（Brian Bolland：イギリス）「Animal Man」
　　　　　「Wonder Woman」〈DC〉
◇最優秀編集者　アーチー・グッドウィン（Archie Goodwin）「Legends of the Dark Knight」
　　　　　「Batman：Sword of Azrael」「Deadman：Exorcism」〈DC〉
◇最優秀コミック関連定期刊行物
　　　　　Don and Maggie Thompson（編）　「Comics Buyer's Guide」〈Krause
　　　　　Publications〉
◇最優秀出版デザイン　デイヴ・マッキーン（Dave McKean：デザイン）「The Sandman：Season
　　　　　of Mists」〈DC〉
◇殿堂　　C.C. Beck
　　　　　William Gaines
◇ウィル・アイズナー　コミック小売業スピリット賞
　　　　　Moondog's（所在地：イリノイ州シカゴ）

The Beguiling(所在地：カナダ・オンタリオ州トロント)
Comic Relief(所在地：カリフォルニア州バークレー＆サンフランシスコ)

1994年
◇最優秀シングルイシュー　ポール・ディニ(Paul Dini), ブルース・W. ティム(Bruce W. Timm)「Batman Adventures：Mad Love」〈DC〉
◇最優秀短編作品　Steve Vance, Cindy Vance, Bill Morrison「The Amazing Colossal Homer」in "Simpsons Comics #1"〈Bongo〉
◇最優秀シリーズ化ストーリー
　　　　　ジェフ・スミス(Jeff Smith)「Bone #8-10：The Great Cow Race」〈Cartoon Books〉
◇最優秀継続中シリーズ　ジェフ・スミス(Jeff Smith)「Bone」〈Cartoon Books〉
◇最優秀Finite/限定シリーズ
　　　　　カート・ビュシーク(Kurt Busiek), アレックス・ロス(Alex Ross)「Marvels」〈Marvel〉
◇最優秀アンソロジー　ランディ・ストラドリー(Randy Stradley：編集)「Dark Horse Presents」〈Dark Horse〉
◇最優秀ニュー・グラフィック・アルバム
　　　　　アラン・ムーア(Alan Moore：イギリス), Oscar Zarate「A Small Killing」〈VG Graphics/Dark Horse〉
◇最優秀リプリント・グラフィック・アルバム
　　　　　デイヴ・シム(Dave Sim), ジェラルド(Gerhard)「Cerebus：Flight」(Mothers and Daughters Book 1)〈Aardvark-Vanaheim〉
◇最優秀アーカイブ・コレクション
　　　　　ウィンザー・マッケイ(Winsor McCay)「The Complete Little Nemo in Slumberland」〈Fantagraphics〉
◇最優秀ユーモア作品　ジェフ・スミス(Jeff Smith)「Bone」〈Cartoon Books〉
◇最優秀ライター　ニール・ゲイマン(Neil Gaiman：イギリス)「The Sandman」〈DC/Vertigo〉〔ほか〕
◇最優秀ライター/アーティスト
　　　　　ジェフ・スミス(Jeff Smith)「Bone」〈Cartoon Books〉
◇最優秀ペインター　アレックス・ロス(Alex Ross)「Marvels」〈Marvel〉
◇最優秀ペンシラー/インカー(個人・チーム)
　　　　　P.クレイグ・ラッセル(P. Craig Russell：アメリカ)「The Sandman #50」〈DC/Vertigo〉
◇最優秀カラリスト　スティーブ・オリフ(Steve Oliff), Reuben Rude(Olyoptics)「Spawn」〈Image〉
◇最優秀レタラー　トッド・クライン(Todd Klein：アメリカ)「The Shadow」〈Dark Horse〉〔ほか〕
◇最優秀カバー・アーティスト
　　　　　ブライアン・ボーランド(Brian Bolland：イギリス)「Animal Man」〈DC/Vertigo〉〔ほか〕
◇最優秀編集者　カレン・バーガー(Karen Berger：アメリカ)「The Sandman」「Death：The High Cost of Living」〈DC/Vertigo〉
　　　　　マイク・カーリン(Mike Carlin)"Superman titles"〈DC〉
◇最優秀コミック関連本　スコット・マクラウド(Scott McCloud：アメリカ)「Understanding Comics」〈Kitchen Sink〉
◇最優秀コミック関連商品　ランディ・ボウエン(Randy Bowen) "Death" スタチュー〈DC〉
◇最優秀出版デザイン　Comicraft(デザイン)「Marvels」〈Marvel〉
◇殿堂　　　　Steve Ditko

Stan Lee
◇ウィル・アイズナー コミック小売業スピリット賞
　　　　　　Golden Apple（所在地：カリフォルニア州ロサンゼルス）
　　　　　　Dr. Comics&Mr. Games（所在地：カリフォルニア州 オークランド）

1995年
　◇最優秀短編作品　フランク・ミラー（Frank Miller：アメリカ）「The Babe Wore Red」in "Sin City：The Babe Wore Red and Other Stories"〈Dark Horse/Legend〉
　◇最優秀シングルイシュー　ポール・ディニ（Paul Dini），ブルース・W. ティム（Bruce W. Timm），Ronnie Del Carmen「Batman Adventures Holiday Special」〈DC〉
　◇最優秀シリーズ化ストーリー
　　　　　　ドン・ローザ（Don Rosa：アメリカ）「The Life and Times of Scrooge McDuck」in "Uncle Scrooge #285-296"〈Gladstone〉
　◇最優秀継続中シリーズ　ジェフ・スミス（Jeff Smith）「Bone」〈Cartoon Books〉
　◇最優秀限定シリーズ　フランク・ミラー（Frank Miller：アメリカ）「Sin City：A Dame to Kill For」〈Dark Horse/Legend〉
　◇最優秀ニューシリーズ　Shannon Wheeler「Too Much Coffee Man」〈Adhesive〉
　◇最優秀アンソロジー　Andy Helfer（編集）「Big Book of Urban Legends」〈Paradox Press〉
　◇最優秀ニュー・グラフィック・アルバム
　　　　　　P.クレイグ・ラッセル（P. Craig Russell：アメリカ）「Fairy Tales of Oscar Wilde vol.2」〈NBM〉
　◇最優秀リプリント・グラフィック・アルバム
　　　　　　マイク・ミニョーラ（Mike Mignola：アメリカ）「ヘルボーイ：破滅の種子（英題：Hellboy：Seeds of Destruction）」〈Dark Horse〉
　◇最優秀アーカイブ・コレクション
　　　　　　ウィル・アイズナー（Will Eisner）「The Christmas Spirit」〈Kitchen Sink〉
　◇最優秀ユーモア作品　ジェフ・スミス（Jeff Smith）「Bone」〈Cartoon Books〉
　◇最優秀ライター　アラン・ムーア（Alan Moore：イギリス）「From Hell」〈Kitchen Sink〉
　◇最優秀ライター/アーティスト
　　　　　　マイク・ミニョーラ（Mike Mignola：アメリカ）「ヘルボーイ：破滅の種子（英題：Hellboy：Seeds of Destruction）」〈Dark Horse/Legend〉
　◇最優秀ライター/アーティスト（ユーモア）
　　　　　　ジェフ・スミス（Jeff Smith）「Bone」〈Cartoon Books〉
　◇最優秀ペインター　Jon J. Muth「Mystery Play」〈DC/Vertigo〉
　◇最優秀ペンシラー/インカー（個人・チーム）
　　　　　　デイヴ・ギボンズ（Dave Gibbons：イギリス）「Martha Washington Goes to War」〈Dark Horse〉
　◇最優秀カラーリング　Angus McKie「Martha Washington Goes to War」〈Dark Horse〉
　◇最優秀レタリング　トッド・クライン（Todd Klein：アメリカ）「Batman versus Predator II」〈DC/Dark Horse〉〔ほか〕
　◇最優秀カバー・アーティスト
　　　　　　Glenn Fabry「Hellblazer」〈DC/Vertigo〉
　◇広く認知されるに値する才能
　　　　　　エヴァン・ドーキン（Evan Dorkin：アメリカ）「Milk&Cheese」「Hectic Planet」「Dork」「Instant Piano」
　◇最優秀編集者　カレン・バーガー（Karen Berger：アメリカ）「The Sandman」「The Sandman Mystery Theatre」〈DC/Vertigo〉
　◇最優秀コミックに関する出版物
　　　　　　「Hero Illustrated」〈Warrior Publications〉

◇最優秀コミック関連アイテム
　　　　　　　　P.クレイグ・ラッセル (P. Craig Russell：デザイン), ランディ・ボウエン
　　　　　　　　(Randy Bowen：造形) "The Sandman Arabian Nights" スタチュー〈DC/
　　　　　　　　Graphitti Designs〉
◇最優秀出版デザイン　クリス・ウェア (Chris Ware：アメリカ)「Acme Novelty Library」
　　　　　　　　〈Fantagraphics〉
◇殿堂　　　　　Frank Frazetta
　　　　　　　　ウォルト・ケリー (Walt Kelly：アメリカ)
◇ウィル・アイズナー コミック小売業スピリット賞
　　　　　　　　Flying Colors (所在地：カリフォルニア州コンコード)
　　　　　　　　Lambiek (所在地：オランダ・アムステルダム)

1996年
◇最優秀シングルイシュー　カート・ビュシーク (Kurt Busiek), ブレント・アンダーソン (Brent
　　　　　　　　Anderson)「Kurt Busiek's Astro City #4：Safeguards」〈Jukebox
　　　　　　　　Productions/Image〉
◇最優秀短編作品　エヴァン・ドーキン (Evan Dorkin：アメリカ)「The Eltingville Comic-Book
　　　　　　　　Science-Fiction, Fantasy, Horror, and Role-Playing Club」in "Bring Me
　　　　　　　　the Head of Boba Fett" (in "Instant Piano #3")〈Dark Horse〉
◇最優秀シリーズ化ストーリー
　　　　　　　　Terry Moore「Strangers in Paradise #1-8」〈Abstract Studios〉
◇最優秀継続中シリーズ　クリス・ウェア (Chris Ware：アメリカ)「Acme Novelty Library」
　　　　　　　　〈Fantagraphics〉
◇最優秀若年読者向け作品 ポール・ディニ (Paul Dini), Ty Templeton, Rick Burchett
　　　　　　　　「Batman&Robin Adventures」〈DC〉
◇最優秀限定シリーズ　フランク・ミラー (Frank Miller：アメリカ)「Sin City：The Big Fat Kill」
　　　　　　　　〈Dark Horse/Legend〉
◇最優秀ニューシリーズ　カート・ビュシーク (Kurt Busiek), ブレント・アンダーソン (Brent
　　　　　　　　Anderson)「Kurt Busiek's Astro City」〈Jukebox Productions/Image〉
◇最優秀アンソロジー　Bronwyn Carlton Taggart (編集)「The Big Book of Conspiracies」
　　　　　　　　〈Paradox Press〉
◇最優秀ニュー・グラフィック・アルバム
　　　　　　　　ハワード・クルーズ (Howard Cruse)「Stuck Rubber Baby」〈Paradox Press〉
◇最優秀リプリント・グラフィック・アルバム
　　　　　　　　ブライアン・タルボット (Bryan Talbot：イギリス)「The Tale of One Bad
　　　　　　　　Rat」〈Dark Horse〉
◇最優秀アーカイブ・コレクション
　　　　　　　　ロバート・クラム (Robert Crumb)「The Complete Crumb Comics vol.11」
　　　　　　　　〈Fantagraphics〉
◇最優秀ユーモア作品　エヴァン・ドーキン (Evan Dorkin：アメリカ)「Milk&Cheese #666」
　　　　　　　　〈Slave Labor〉
◇最優秀ライター　アラン・ムーア (Alan Moore：イギリス)「From Hell」〈Kitchen Sink〉
◇最優秀ライター/アーティスト (ドラマ)
　　　　　　　　David Lapham「Stray Bullets」〈El Capitán〉
◇最優秀ライター/アーティスト (ユーモア)
　　　　　　　　セルジオ・アラゴネス (Sergio Aragonés)「Groo」〈Image〉
◇最優秀ペインター　John Bolton「Batman：Manbat」〈DC〉
◇最優秀ペンシラー/インカー
　　　　　　　　Geof Darrow「The Big Guy and Rusty the Boy Robot」〈Dark Horse/
　　　　　　　　Legend〉

◇最優秀カバー・アーティスト
　　　　　アレックス・ロス（Alex Ross）「Kurt Busiek's Astro City」〈Jukebox Productions/Image〉
◇最優秀カラーリング　クリス・ウェア（Chris Ware：アメリカ）「Acme Novelty Library」〈Fantagraphics〉
◇最優秀レタリング　スタン坂井（Stan Sakai：アメリカ）「Groo」〈Image〉〔ほか〕
◇広く認知されるに値する才能
　　　　　スタン坂井（Stan Sakai：アメリカ）「兎用心棒（英題：Usagi Yojimbo）」
◇最優秀編集者　Stuart Moore「Swamp Thing」「The Invisibles」「Preacher」〈DC/Vertigo〉
　　　　　Bronwyn Carlton Taggart「The Big Book of Weirdos」「The Big Book of Conspiracies」〈Paradox Press〉〔ほか〕
◇最優秀コミックに関する定期出版物
　　　　　「The Comics Journal」〈Fantagraphics〉
◇最優秀コミックに関する出版物
　　　　　Manuel Auad（編集）　「Book：Alex Toth」〈Kitchen Sink〉
◇最優秀コミック関連アイテム
　　　　　"Comic strip stamps"（切手）〈U.S. Postal Service〉
◇最優秀出版デザイン　クリス・ウェア（Chris Ware：アメリカ）「Acme Novelty Library」〈Fantagraphics〉
◇殿堂　Hal Foster
　　　　　Bob Kane
　　　　　ウィンザー・マッケイ（Winsor McCay）
　　　　　Alex Raymond
◇ウィル・アイズナー　コミック小売業スピリット賞
　　　　　Kings Comics（所在地：オーストラリア・シドニー）
　　　　　Atlantis Fantasyworld（所在地：カリフォルニア州サンタクルーズ）

1997年
◇最優秀短編作品　アーチー・グッドウィン（Archie Goodwin）, Gary Gianni「Heroes」in "Batman：Black&White #4"〈DC〉
◇最優秀シングルイシュー　カート・ビュシーク（Kurt Busiek）, ブレント・アンダーソン（Brent Anderson）, ウィル・ブライバーグ（Will Blyberg）「Kurt Busiek's Astro City vol.2, #1：Welcome to Astro City」〈Jukebox Productions/Homage〉
◇最優秀シリーズ化ストーリー
　　　　　ジェームズ・ロビンソン（James Robinson）, Tony Harris, ガイ・デイヴィス（Guy Davis）, Wade von Grawbadger「Starman #20-23：Sand and Stars」〈DC〉
◇最優秀継続中シリーズ　カート・ビュシーク（Kurt Busiek）, ブレント・アンダーソン（Brent Anderson）, ウィル・ブライバーグ（Will Blyberg）「Kurt Busiek's Astro City」〈Jukebox Productions/Homage〉
◇最優秀限定シリーズ　マーク・ウェイド（Mark Waid）, アレックス・ロス（Alex Ross）「Kingdom Come」〈DC〉
◇最優秀ニューシリーズ　ジェームズ・ロビンソン（James Robinson）, Paul Smith「Leave it to Chance」〈Homage〉
◇最優秀若年読者向け作品　ジェームズ・ロビンソン（James Robinson）, Paul Smith「Leave it to Chance」〈Homage〉
◇最優秀ユーモア作品　マーク・エヴァニアー（Mark Evanier）, セルジオ・アラゴネス（Sergio Aragonés）「Sergio Aragonés Destroys DC」〈DC〉〔ほか〕
◇最優秀アンソロジー　マーク・チャレロ（Mark Chiarello）, Scott Peterson（編集）「Batman：Black and White」〈DC〉

◇最優秀ニュー・グラフィック・アルバム
　　　　　　　ジョー・キューバート（Joe Kubert）「Fax from Sarajevo」〈Dark Horse Books〉
◇最優秀リプリント・グラフィック・アルバム
　　　　　　　David Lapham「Stray Bullets：Innocence of Nihilism」〈El Capitán〉
◇最優秀アーカイブ・コレクション
　　　　　　　Russ Manning「Tarzan：The Land That Time Forgot and The Pool of Time」〈Dark Horse〉
◇最優秀ライター　アラン・ムーア（Alan Moore：イギリス）「From Hell」〈Kitchen Sink〉〔ほか〕
◇最優秀ライター/アーティスト（ユーモア）
　　　　　　　ドン・ローザ（Don Rosa：アメリカ）「Walt Disney's Comics&Stories」「Uncle Scrooge」〈Gladstone〉
◇最優秀ライター/アーティスト（ドラマ）
　　　　　　　マイク・ミニョーラ（Mike Mignola：アメリカ）「ヘルボーイ：魔神覚醒（英題：Hellboy：Wake the Devil）」〈Dark Horse/Legend〉
◇最優秀ペンシラー　スティーブ・ルード（Steve Rude）「Nexus：Executioner's Song」〈Dark Horse〉
◇最優秀インカー　アル・ウィリアムソン（Al Williamson）「Spider-Man」「Untold Tales of Spider-Man #17-18」〈Marvel〉
◇最優秀ペンシラー/インカー（個人・チーム）
　　　　　　　チャールズ・ベス（Charles Vess）「Book of Ballads and Sagas」〈Green Man Press〉〔ほか〕
◇最優秀ペインター　アレックス・ロス（Alex Ross）「Kingdom Come」〈DC〉
◇最優秀カラーリング　Matt Hollingsworth「Preacher」「Death：The Time of Your Life」〈DC/Vertigo〉〔ほか〕
◇最優秀レタリング　トッド・クライン（Todd Klein：アメリカ）「The Sandman」「Death：The Time of Your Life」〈DC/Vertigo〉〔ほか〕
◇最優秀カバー・アーティスト
　　　　　　　アレックス・ロス（Alex Ross）「Kingdom Come」〈DC〉〔ほか〕
◇広く認知されるに値する才能
　　　　　　　Ricardo Delgado「Age of Reptiles」
◇最優秀編集者　Dan Raspler「Kingdom Come」「Hitman」「The Spectre」「Sergio Aragonés Destroys the DC Universe」〈DC〉
◇最優秀コミック関連定期刊行物
　　　　　　　「The Comics Journal」〈Fantagraphics〉
◇最優秀コミック関連本　ウィル・アイズナー（Will Eisner）「Graphic Storytelling」〈Poorhouse Press〉
◇最優秀コミック関連商品　ランディ・ボウエン（Randy Bowen）"Hellboy"バスト（胸像）〈Bowen Designs〉
◇最優秀出版デザイン　クリス・ウェア（Chris Ware：アメリカ）「Acme Novelty Library #7」〈Fantagraphics〉
◇殿堂　　　　Gil Kane
　　　　　　　チャールズ・シュルツ（Charles Schulz）
　　　　　　　Julius Schwartz
　　　　　　　Curt Swan
◇ウィル・アイズナー　コミック小売業スピリット賞
　　　　　　　Chicago Comics（所在地：イリノイ州シカゴ）
　　　　　　　Central City Comics（所在地：オハイオ州コロンバス）
　　　　　　　That's Entertainment（所在地：マサチューセッツ州フィッチバーグ）

1998年
◇最優秀短編作品　エヴァン・ドーキン（Evan Dorkin：アメリカ）「The Eltingville Comic Book Science-Fiction, Fantasy, Horror and Role-Playing Club」in "The Marathon Men"〈Slave Labor〉
◇最優秀シングルイシュー　カート・ビュシーク（Kurt Busiek），ブレント・アンダーソン（Brent Anderson），ウィル・ブライバーグ（Will Blyberg）「Kurt Busiek's Astro City vol.2 #10：Show Em All」〈Jukebox Productions/Homage〉
◇最優秀シリーズ化ストーリー
　　　　　カート・ビュシーク（Kurt Busiek），ブレント・アンダーソン（Brent Anderson），ウィル・ブライバーグ（Will Blyberg）「Kurt Busiek's Astro City vol.2 #4-9：Confession」〈Jukebox Productions/Homage〉
◇最優秀継続中シリーズ　カート・ビュシーク（Kurt Busiek），ブレント・アンダーソン（Brent Anderson），ウィル・ブライバーグ（Will Blyberg）「Kurt Busiek's Astro City」〈Jukebox Productions/Homage〉
◇最優秀限定シリーズ　ジェフ・ローブ（Jeph Loeb），ティム・セール（Tim Sale：アメリカ）「Batman：The Long Halloween」〈DC〉
◇最優秀ニューシリーズ　Linda Medley「Castle Waiting」〈Olio〉
◇最優秀若年読者向け作品　Ty Templeton, Brandon Kruse, Rick Burchett「Batman&Robin Adventures」〈DC〉
◇最優秀ユーモア作品　田中 政志（Masashi Tanaka：日本）「ゴン（英題：Gon Swimmin'）」〈Paradox Press〉
◇最優秀アンソロジー　Scott Allie（編集）「Hellboy Christmas Special」〈Dark Horse〉
◇最優秀ニュー・グラフィック・アルバム
　　　　　ポール・ディニ（Paul Dini），Joe Staton, Terry Beatty「Batman&Superman Adventures：World's Finest」〈DC〉
◇最優秀リプリント・グラフィック・アルバム
　　　　　フランク・ミラー（Frank Miller：アメリカ）「Sin City：That Yellow Bastard」〈Dark Horse〉
◇最優秀アーカイブ・コレクション
　　　　　ジャック・カービー（Jack Kirby）「Jack Kirby's New Gods」〈DC〉
◇最優秀国際作品　田中 政志（Masashi Tanaka：日本）「ゴン（英題：Gon Swimmin'）」〈Paradox Press〉
◇最優秀ライター　Garth Ennis「Hitman」〈DC〉〔ほか〕
◇最優秀ライター/アーティスト
　　　　　マイク・ミニョーラ（Mike Mignola：アメリカ）「Hellboy：Almost Colossus」「Hellboy Christmas Special」「Hellboy Jr. Halloween Special」〈Dark Horse〉
◇最優秀ライター/アーティスト（ユーモア）
　　　　　ジェフ・スミス（Jeff Smith）「Bone」〈Cartoon Books〉
◇最優秀ペンシラー/インカー（個人・チーム）
　　　　　P.クレイグ・ラッセル（P. Craig Russell：アメリカ）「Elric：Stormbringer」〈Dark Horse/Topps〉〔ほか〕
◇最優秀ペインター　アレックス・ロス（Alex Ross）「Uncle Sam」〈DC/Vertigo〉
◇最優秀カラーリング　クリス・ウェア（Chris Ware：アメリカ）「Acme Novelty Library」〈Fantagraphics〉
◇最優秀レタリング　トッド・クライン（Todd Klein：アメリカ）「Batman」「Batman：Poison Ivy」〈DC〉〔ほか〕
◇最優秀カバー・アーティスト
　　　　　アレックス・ロス（Alex Ross）「Kurt Busiek's Astro City」〈Jukebox Productions/Homage〉〔ほか〕

◇広く認知されるに値する才能
　　　　　　　　Linda Medley「Castle Waiting」「Olio」
◇最優秀コミック関連定期刊行物
　　　　　　　　「The Comics Journal」〈Fantagraphics〉
◇最優秀コミック関連本　Pete Poplaski（編集）「The R. Crumb Coffee Table Art Book」〈Kitchen Sink〉
◇最優秀コミック関連商品　クリス・ウェア（Chris Ware：アメリカ）"Acme Novelty Library display stand"〈Fantagraphics〉
◇最優秀出版デザイン　Bob Chapman（アート・ディレクター）, Georg Brewer（DCデザイン・ディレクター）「Kingdom Come（deluxe slipcover edition）」〈DC/Graphitti Designs〉
◇殿堂　　　　　　Neal Adams
　　　　　　　　アーチー・グッドウィン（Archie Goodwin）
　　　　　　　　ジョー・キューバート（Joe Kubert）
　　　　　　　　メビウス（ジャン・ジロー）（Moebius（Jean Giraud））
◇ウィル・アイズナー　コミック小売業スピリット賞
　　　　　　　　Hi De Ho Comics（所在地：カリフォルニア州サンタモニカ）
　　　　　　　　Meltdown Comics&Collectibles（所在地：カリフォルニア州ロサンゼルス）

1999年
◇最優秀短編作品　Matt Wagner, ティム・セール（Tim Sale：アメリカ）「Devil's Advocate」in "Grendel：Black, White, and Red #1"〈Dark Horse〉
◇最優秀シングルイシュー　Garth Ennis, John McCrea, Garry Leach「Hitman #34：Of Thee I Sing」〈DC〉
◇最優秀シリーズ化ストーリー
　　　　　　　　スタン坂井（Stan Sakai：アメリカ）「兎用心棒（英題：Usagi Yojimbo #13-22：Grasscutter）」〈Dark Horse〉
◇最優秀継続中シリーズ　Garth Ennis, Steve Dillon「Preacher」〈DC/Vertigo〉
◇最優秀限定シリーズ　フランク・ミラー（Frank Miller：アメリカ）, リン・ヴァーリイ（Lynn Varley：アメリカ）「300」〈Dark Horse〉
◇最優秀ニューシリーズ　Paul Jenkins, Jae Lee「Inhumans」〈Marvel〉
◇最優秀若年読者向け作品　Ty Templeton, Rick Burchett, Terry Beatty「Batman：The Gotham Adventures」〈DC〉
◇最優秀ユーモア作品　セルジオ・アラゴネス（Sergio Aragonés）, マーク・エヴァニアー（Mark Evanier）「Groo」〈Dark Horse〉
◇最優秀アンソロジー　Matt Wagner, ダイアナ・シュッツ（Diana Schutz：編集）「Grendel：Black, White, and Red」〈Dark Horse〉
◇最優秀ニュー・グラフィック・アルバム
　　　　　　　　ポール・ディニ（Paul Dini）, アレックス・ロス（Alex Ross）「Superman：Peace on Earth」〈DC〉
◇最優秀リプリント・グラフィック・アルバム
　　　　　　　　ジェフ・ローブ（Jeph Loeb）, ティム・セール（Tim Sale：アメリカ）「Batman：The Long Halloween」〈DC〉
◇最優秀アーカイブ・コレクション
　　　　　　　　ジャック・コール（Jack Cole）「Plastic Man Archives vol.1」〈DC〉
◇最優秀国際作品　田巻久雄（Hisao Tamaki：日本）「スター・ウォーズ　新たなる希望（英題：Star Wars：A New Hope-Manga）」〈Dark Horse〉
◇最優秀ライター　カート・ビュシーク（Kurt Busiek）「Kurt Busiek's Astro City〈Homage/WildStorm/Image〉〔ほか〕
◇最優秀ライター/アーティスト

　　　　　　　　　　フランク・ミラー（Frank Miller：アメリカ）「300」〈Dark Horse〉
◇最優秀ライター/アーティスト（ユーモア）
　　　　　　　　　　カイル・ベイカー（Kyle Baker）「You Are Here」〈DC/Vertigo〉
◇最優秀ペンシラー/インカー（個人・チーム）
　　　　　　　　　　ティム・セール（Tim Sale：アメリカ）「Superman for All Seasons」〈DC〉
　　　　　　　　　　〔ほか〕
◇最優秀ペインター　アレックス・ロス（Alex Ross）「Superman：Peace on Earth」〈DC〉
◇最優秀カラーリング　リン・ヴァーリイ（Lynn Varley：アメリカ）「300」〈Dark Horse〉
◇最優秀レタリング　トッド・クライン（Todd Klein：アメリカ）「Castle Waiting」〈Olio〉〔ほか〕
◇最優秀カバー・アーティスト
　　　　　　　　　　ブライアン・ボーランド（Brian Bolland：イギリス）「The Invisibles」〈DC/
　　　　　　　　　　Vertigo〉
◇広く認知されるに値する才能
　　　　　　　　　　ブライアン・マイケル・ベンディス（Brian Michael Bendis：ライター・アー
　　　　　　　　　　ティスト）「Jinx」「Goldfish」「Torso」
◇最優秀コミック関連定期刊行物
　　　　　　　　　　「The Comics Journal」〈Fantagraphics〉
◇最優秀コミック関連本　ポール・ディニ（Paul Dini），チップ・キッド（Chip Kidd）「Batman
　　　　　　　　　　Animated」〈HarperCollins〉
◇最優秀コミック関連商品（アイテム）
　　　　　　　　　　Kris Ruotolo（デザイン）"The Sandman"Pocketwatch（懐中時計）〈DC/
　　　　　　　　　　Vertigo〉
◇最優秀コミック関連商品（フィギュア）
　　　　　　　　　　ランディ・ボウエン（Randy Bowen：造形），Bowen Designs（プロデュー
　　　　　　　　　　ス）"Hellboy"スタチュー
◇最優秀出版デザイン　チップ・キッド（Chip Kidd：デザイン）「Batman Animated」
　　　　　　　　　　〈HarperCollins〉
◇殿堂
　●審査員による選抜　ジャック・コール（Jack Cole）
　　　　　　　　　　L. B. Cole
　　　　　　　　　　Bill Finger
　　　　　　　　　　Gardner Fox
　　　　　　　　　　Mac Raboy
　　　　　　　　　　Alex Schomburg
　●投票による選抜　Murphy Anderson
　　　　　　　　　　Joe Simon
　　　　　　　　　　アート・スピーゲルマン（Art Spiegelman）
　　　　　　　　　　Dick Sprang
◇ウィル・アイズナー　コミック小売業スピリット賞
　　　　　　　　　　Star Clipper Comics&Games（所在地：ミズーリ州セントルイス）
　　　　　　　　　　DreamHaven（所在地：ミネソタ州ミネアポリス）
2000年
◇最優秀短編作品　カイル・ベイカー（Kyle Baker）「Letitia Lerner Superman's Baby Sitter」in
　　　　　　　　　　"Elseworlds 80-Page Giant"〈DC〉
◇最優秀シングルイシュー　アラン・ムーア（Alan Moore：イギリス），Chris Sprouse, Al Gordon
　　　　　　　　　　「Tom Strong #1：How Tom Strong Got Started」〈ABC〉
◇最優秀シリーズ化ストーリー
　　　　　　　　　　アラン・ムーア（Alan Moore：イギリス），Chris Sprouse, Al Gordon, guest
　　　　　　　　　　artists「Tom Strong #4-7」（Saveen/Ingrid Weiss time travel arc）〈ABC〉

- ◇最優秀継続中シリーズ クリス・ウェア (Chris Ware：アメリカ)「Acme Novelty Library」〈Fantagraphics〉
- ◇最優秀限定シリーズ グレッグ・ルッカ (Greg Rucka), スティーヴ・リーバー (Steve Lieber：アメリカ)「Whiteout：Melt」〈Oni〉
- ◇最優秀ニューシリーズ アラン・ムーア (Alan Moore：イギリス), ジーン・ハ (Gene Ha：アメリカ), Zander Cannon「Top Ten」〈ABC〉
- ◇最優秀若年読者向け作品 「Simpsons Comics」〈Bongo〉
- ◇最優秀ユーモア作品 ジル・トンプソン (Jill Thompson：アメリカ), Oscar González Loyo, Steve Steere Jr., Scott Shaw！, セルジオ・アラゴネス (Sergio Aragonés), Doug TenNapel「Bart Simpson's Treehouse of Horror」〈Bongo〉
- ◇最優秀アンソロジー アラン・ムーア (Alan Moore：イギリス), Rick Veitch, ケビン・ノーラン (Kevin Nowlan), Melinda Gebbie, Jim Baikie「Tomorrow Stories」〈ABC〉
- ◇最優秀ニュー・グラフィック・アルバム クリス・ウェア (Chris Ware：アメリカ)「Acme Novelty Library #13」〈Fantagraphics〉
- ◇最優秀リプリント・グラフィック・アルバム アラン・ムーア (Alan Moore：イギリス), エディ・キャンベル (Eddie Campbell)「フロム・ヘル (英題：From Hell)」〈Eddie Campbell Comics〉
- ◇最優秀アーカイブ・コレクション/プロジェクト 「Peanuts：A Golden Celebration」〈HarperCollins〉
- ◇最優秀国際作品 沙村 広明 (Hiroaki Samura：日本)「無限の住人 (英題：Blade of the Immortal)」〈Dark Horse〉
- ◇最優秀ライター アラン・ムーア (Alan Moore：イギリス)「League of Extraordinary Gentlemen」「Promethea」「Tom Strong」「Tomorrow Stories」「Top Ten」〈ABC〉
- ◇最優秀ライター/アーティスト ダニエル・クロウズ (Daniel Clowes)「Eightball」〈Fantagraphics〉
- ◇最優秀ライター/アーティスト (ユーモア) カイル・ベイカー (Kyle Baker)「I Die at Midnight」〈DC/Vertigo〉〔ほか〕
- ◇最優秀ペンシラー/インカー (個人・チーム) ケビン・ノーラン (Kevin Nowlan)「Jack B. Quick」in "Tomorrow Stories"〈ABC〉
- ◇最優秀ペインター/マルチメディア・アーティスト アレックス・ロス (Alex Ross)「Batman：War on Crime」〈DC〉
- ◇最優秀カラーリング Laura DuPuy「The Authority」「Planetary」〈DC/WildStorm〉
- ◇最優秀レタリング トッド・クライン (Todd Klein：アメリカ)「Promethea」「Tom Strong」「Tomorrow Stories」「Top Ten」〈ABC〉〔ほか〕
- ◇最優秀カバー・アーティスト アレックス・ロス (Alex Ross)「Batman：No Man's Land」「Batman：Harley Quinn」「Batman：War on Crime」「Kurt Busiek's Astro City」〈Homage/DC/Wildstorm〉〔ほか〕
- ◇広く認知されるに値する才能 トニー・ミリオネア (Tony Millionaire)「Sock Monkey」
- ◇最優秀コミック関連定期刊行物/出版物 「Comic Book Artist」〈Two Morrows〉
- ◇最優秀コミック関連本 ニール・ゲイマン (Neil Gaiman：イギリス), 天野 喜孝 (Yoshitaka Amano：日本)「The Sandman：The Dream Hunters」〈DC/Vertigo〉
- ◇最優秀コミック関連商品 "ランチボックス：Milk&Cheese", "Sin City"〔ほか〕〈Dark Horse〉

◇最優秀出版デザイン Mark Cox（デザイン）「300」〈Dark Horse〉
◇殿堂
- 審査員による選抜 ビル・エヴェレット（Bill Everett）
Sheldon Mayer
- 投票による選抜 ジョージ・ヘリマン（George Herriman：アメリカ）
Carmine Infantino
アル・ウィリアムソン（Al Williamson）
Basil Wolverton
◇ウィル・アイズナー コミック小売業スピリット賞
Golden Age Collectables（所在地：カナダ・バンクーバー）

2001年
◇最優秀短編作品 セルジオ・アラゴネス（Sergio Aragonés）「The Gorilla Suit」in "Streetwise"〈TwoMorrows〉
◇最優秀シングルイシュー アラン・ムーア（Alan Moore：イギリス）、ジェームズ・H.ウィリアムズ3世（J.H. Williams Ⅲ）, Mick Gray「Promethea #10：Sex Stars, and Serpents」〈ABC〉
◇最優秀シリーズ化ストーリー
ブライアン・アザレロ（Brian Azzarello）, エドゥアルド・リッソ（Eduardo Risso）「100 Bullets #15-18：Hang Up on the Hang Low」〈Vertigo/DC〉
◇最優秀継続中シリーズ アラン・ムーア（Alan Moore：イギリス）、ジーン・ハ（Gene Ha：アメリカ）, Zander Cannon「Top 10」〈ABC〉
◇最優秀限定シリーズ P.クレイグ・ラッセル（P. Craig Russell：アメリカ）, Patrick Mason「The Ring of the Nibelung」〈Dark Horse Maverick〉
◇最優秀ニューシリーズ ブライアン・マイケル・ベンディス（Brian Michael Bendis）, Michael Avon Oeming「Powers」〈Image〉
◇最優秀若年読者向け作品 ジル・トンプソン（Jill Thompson：アメリカ）「Scary Godmother：The Boo Flu」〈Sirius〉
◇最優秀ユーモア作品 トニー・ミリオネア（Tony Millionaire）「Sock Monkey vol.3」〈Dark Horse Maverick〉
◇最優秀アンソロジー クリス・オリヴェロス（Chris Oliveros：編集）「Drawn&Quarterly vol.3」〈Drawn&Quarterly〉
◇最優秀ニュー・グラフィック・アルバム
Joe Sacco「Safe Area Gorazde」
◇最優秀リプリント・グラフィック・アルバム
クリス・ウェア（Chris Ware：アメリカ）「ジミーコリガン（英題：Jimmy Corrigan）」〈Pantheon〉
◇最優秀アーカイブ・コレクション/プロジェクト
ウィル・アイズナー（Will Eisner）「The Spirit Archives vols.1and2」〈DC〉
◇最優秀国際作品 小池 一夫（Kazuo Koike：日本）、小島 剛夕（Goseki Kojima：日本）「子連れ狼（英題：Lone Wolf&Cub）」〈Dark Horse〉
◇最優秀ライター アラン・ムーア（Alan Moore：イギリス）「The League of Extraordinary Gentlemen」「Promethea」「Tom Strong」「Top Ten」「Tomorrow Stories」〈ABC〉
◇最優秀ライター/アーティスト
Eric Shanower「Age of Bronze」〈Image〉
◇最優秀ライター/アーティスト（ユーモア）
トニー・ミリオネア（Tony Millionaire）「Maakies」〈Fantagraphics〉〔ほか〕
◇最優秀ペンシラー/インカー（個人・チーム）
P.クレイグ・ラッセル（P. Craig Russell：アメリカ）「Ring of the Nibelung」

　　　　　　　　　　　〈Dark Horse Maverick〉
◇最優秀ペインター/マルチメディア・アーティスト（インテリアアート）
　　　　　　　　　ジル・トンプソン（Jill Thompson：アメリカ）「Scary Godmother」〈Sirius〉
◇最優秀カラーリング　クリス・ウェア（Chris Ware：アメリカ）「Acme Novelty Library #14」
　　　　　　　　　〈Fantagraphics〉
◇最優秀レタリング　トッド・クライン（Todd Klein：アメリカ）「Promethea」「Tom Strong」
　　　　　　　　　「Tomorrow Stories」「Top 10」〈ABC〉〔ほか〕
◇最優秀カバー・アーティスト
　　　　　　　　　ブライアン・ボーランド（Brian Bolland：イギリス）「Batman：Gotham
　　　　　　　　　Knights」「The Flash」〈DC〉〔ほか〕
◇広く認知されるに値する才能
　　　　　　　　　Alex Robinson「Box Office Poison」
◇最優秀コミック関連本　Les Daniels「Wonder Woman：The Complete History」〈Chronicle
　　　　　　　　　Books〉
◇最優秀出版デザイン　クリス・ウェア（Chris Ware：アメリカ）「ジミーコリガン（英題：Jimmy
　　　　　　　　　Corrigan）」〈Pantheon〉
◇殿堂
　● 審査員による選抜　Roy Crane
　　　　　　　　　Dale Messick
　● 投票による選抜　Chester Gould
　　　　　　　　　Frank King
　　　　　　　　　E. C. Segar
　　　　　　　　　Marie Severin
◇ウィル・アイズナー　コミック小売業スピリット賞
　　　　　　　　　Strange Adventures（所在地：カナダ・ノバスコシア州）

2002年
◇最優秀短編作品　エヴァン・ドーキン（Evan Dorkin：アメリカ）「The Eltingville Club in 'The
　　　　　　　　　Intervention'」in "Dork！#9"〈Slave Labor〉
◇最優秀シングルイシュー　ダニエル・クロウズ（Daniel Clowes）「Eightball #22」
　　　　　　　　　〈Fantagraphics〉
◇最優秀シリーズ化ストーリー
　　　　　　　　　J. Michael Straczynski, John Romita Jr., Scott Hanna「Amazing Spider-
　　　　　　　　　Man #30-35：Coming Home」〈Marvel〉
◇最優秀継続中シリーズ　ブライアン・アザレロ（Brian Azzarello），エドゥアルド・リッソ
　　　　　　　　　（Eduardo Risso）「100 Bullets」〈Vertigo/DC〉
◇最優秀限定シリーズ　マイク・ミニョーラ（Mike Mignola：アメリカ）「ヘルボーイ：妖蛆召喚
　　　　　　　　　（英題：Hellboy：Conqueror Worm）」〈Dark Horse Maverick〉
◇最優秀ニューシリーズ　グレッグ・ルッカ（Greg Rucka），Steve Rolston「Queen&Country」
　　　　　　　　　〈Oni〉
◇最優秀若年読者向け作品　Mike Kunkel「Herobear and the Kid」〈Astonish〉
◇最優秀ユーモア作品　Batton Lash, Abel Laxamana, Dan De Carlo, Mike DeCarlo, Bob Smith
　　　　　　　　　「Radioactive Man」〈Bongo〉
◇最優秀アンソロジー　Joey Cavalieri（編集）「Bizarro Comics」〈DC〉
◇最優秀ニュー・グラフィック・アルバム
　　　　　　　　　ウィル・アイズナー（Will Eisner）「The Name of the Game」〈DC〉
◇最優秀リプリント・グラフィック・アルバム
　　　　　　　　　ジェフ・ローブ（Jeph Loeb），ティム・セール（Tim Sale：アメリカ）
　　　　　　　　　「Batman：Dark Victory」〈DC〉
◇最優秀アーカイブ・コレクション/プロジェクト

　　　　　　　　　　　大友 克洋（Katsuhiro Otomo：日本）「AKIRA（英題：Akira）」〈Dark Horse〉
◇最優秀国際作品　大友 克洋（Katsuhiro Otomo：日本）「AKIRA（英題：Akira）」〈Dark Horse〉
◇最優秀ライター　ブライアン・マイケル・ベンディス（Brian Michael Bendis）「Powers」
　　　　　　　　　〈Image〉〔ほか〕
◇最優秀ライター/アーティスト
　　　　　　　　　ダニエル・クロウズ（Daniel Clowes）「Eightball」〈Fantagraphics〉
◇最優秀ライター/アーティスト（ユーモア）
　　　　　　　　　エヴァン・ドーキン（Evan Dorkin：アメリカ）「Dork」〈Slave Labor〉
◇最優秀ペンシラー/インカー（個人・チーム）
　　　　　　　　　エドゥアルド・リッソ（Eduardo Risso）「100 Bullets」〈Vertigo/DC〉
◇最優秀ペインター/マルチメディア・アーティスト（インテリアアート）
　　　　　　　　　チャールズ・ベス（Charles Vess）「Rose」〈Cartoon Books〉
◇最優秀カラーリング　Laura DePuy「Ruse」〈CrossGen〉〔ほか〕
◇最優秀レタリング　トッド・クライン（Todd Klein：アメリカ）「Promethea」「Tom Strong's
　　　　　　　　　Terrific Tales」〈ABC〉〔ほか〕
◇最優秀カバー・アーティスト
　　　　　　　　　Dave Johnson「Detective Comics」〈DC〉〔ほか〕
◇広く認知されるに値する才能
　　　　　　　　　Dylan Horrocks「Hicksville」「Atlas」
◇最優秀コミック関連定期刊行物
　　　　　　　　　Jon B. Cooke（編集）「Comic Book Artist」〈TwoMorrows〉
◇最優秀コミック関連本　チップ・キッド（Chip Kidd：編集）「Peanuts：The Art of Charles M.
　　　　　　　　　Schulz」〈Pantheon〉
◇最優秀コミック関連アイテム
　　　　　　　　　Yoe Studio（造形）"Dark Horse classic comic characters statuettes"〈Dark
　　　　　　　　　Horse〉
◇最優秀出版デザイン　クリス・ウェア（Chris Ware：アメリカ）「Acme Novelty Library #15」
　　　　　　　　　〈Fantagraphics〉
◇殿堂
　● 審査員による選抜　Charles Biro
　　　　　　　　　手塚 治虫（Osamu Tezuka：日本）
　● 投票による選抜　セルジオ・アラゴネス（Sergio Aragonés）
　　　　　　　　　John Buscema
　　　　　　　　　Dan De Carlo
　　　　　　　　　John Romita, Sr.
◇ウィル・アイズナー　コミック小売業スピリット賞
　　　　　　　　　Source Comics&Games（所在地：ミネソタ州ファルコンハイツ）

2003年
　◇最優秀短編作品　Katie Mignola, マイク・ミニョーラ（Mike Mignola：アメリカ）「The
　　　　　　　　　Magician and the Snake」in "Dark Horse Maverick：Happy Endings"
　　　　　　　　　〈Dark Horse〉
　◇最優秀シングルイシュー・ワンショット
　　　　　　　　　キム・ディッチ（Kim Deitch：アメリカ）「The Stuff of Dreams」
　　　　　　　　　〈Fantagraphics〉
　◇最優秀シリーズ化ストーリー
　　　　　　　　　ビル・ウィリンガム（Bill Willingham）, Lan Medina, スティーブ・レイアロ
　　　　　　　　　ハ（Steve Leialoha）「Fables #1-5：Legends in Exile」〈Vertigo/DC〉
　◇最優秀継続中シリーズ　ブライアン・マイケル・ベンディス（Brian Michael Bendis）, Alex
　　　　　　　　　Maleev「Daredevil」〈Marvel〉

◇最優秀限定シリーズ　アラン・ムーア (Alan Moore：イギリス), ケビン・オニール (Kevin O'Neill)「League of Extraordinary Gentlemen vol.2」〈ABC〉
◇最優秀ニューシリーズ　ビル・ウィリンガム (Bill Willingham), Lan Medina, マーク・バッキンガム (Mark Buckingham), スティーブ・レイアロハ (Steve Leialoha)「Fables」〈Vertigo/DC〉
◇最優秀若年読者向け作品　Mike Kunkel「Herobear and the Kid」〈Astonish Comics〉
◇最優秀ユーモア作品　マイク・ミニョーラ (Mike Mignola：アメリカ)「The Amazing Screw-On Head」〈Dark Horse〉
◇最優秀アンソロジー　「SPX 2002」〈CBLDF〉
◇最優秀ニュー・グラフィック・アルバム
　　　　　リンダ・バリー (Lynda Barry：アメリカ)「One！Hundred！Demons！」〈Sasquatch Books〉
◇最優秀リプリント・グラフィック・アルバム
　　　　　マーク・チャレロ (Mark Chiarello), Nick J. Napolitano (編集)「Batman：Black and White vol.2」〈DC〉
◇最優秀アーカイブ・コレクション/プロジェクト
　　　　　ジョージ・ヘリマン (George Herriman：アメリカ)「Krazy&Ignatz」〈Fantagraphics〉
◇最優秀国際作品　Jerry Kramsky, Lorenzo Mattotti (翻案)「Dr. Jekyll&Mr. Hyde」(原作・Robert Louis Stevenson)〈NBM〉
◇最優秀ライター　ブライアン・マイケル・ベンディス (Brian Michael Bendis)「Powers」〈Image〉〔ほか〕
◇最優秀ライター/アーティスト
　　　　　Eric Shanower「Age of Bronze」〈Image〉
◇最優秀ライター/アーティスト (ユーモア)
　　　　　トニー・ミリオネア (Tony Millionaire)「House at Maakies Corner」〈Fantagraphics〉
◇最優秀ペンシラー/インカー (個人・チーム)
　　　　　ケビン・オニール (Kevin O'Neill)「League of Extraordinary Gentlemen」〈ABC〉
◇最優秀ペインター/マルチメディア・アーティスト
　　　　　George Pratt「Wolverine：Netsuke」〈Marvel〉
◇最優秀カラーリング　デイヴ・スチュワート (Dave Stewart)「Hellboy：Third Wish」「The Amazing Screw-On Head」「Star Wars：Empire」〈Dark Horse〉〔ほか〕
◇最優秀レタリング　トッド・クライン (Todd Klein：アメリカ)「The Dark Knight Strikes Again」「Detective Comics」〈DC〉〔ほか〕
◇最優秀カバー・アーティスト
　　　　　アダム・ヒューズ (Adam Hughes)「Wonder Woman」〈DC〉
◇広く認知されるに値する才能
　　　　　Jason Shiga「Fleep」〈Sparkplug〉
◇最優秀コミックに関する出版物 (定期刊行物または本)
　　　　　Greg Sadowski「B. Krigstein vol.1」〈Fantagraphics〉
◇最優秀出版デザイン　Amie Brockway-Metcalf (デザイン)「Batman：Nine Lives」〈DC〉
◇殿堂　　　Jack Davis
　　　　　Will Elder
　　　　　Al Feldstein
　　　　　エルジェ (Hergé)
　　　　　Bernard Krigstein
　　　　　John Severin

◇ウィル・アイズナー コミック小売業スピリット賞
　　　　All About Books and Comics（所在地：アリゾナ州フェニックス）
2004年
　◇最優秀短編作品　ニール・ゲイマン（Neil Gaiman：イギリス）
　　　　　　　P.クレイグ・ラッセル（P. Craig Russell：アメリカ）「Death」 in "The Sandman：Endless Nights"〈Vertigo/DC〉
　◇最優秀シングルイシュー・ワンショット
　　　　　　　カート・ビュージック（Kurt Busiek），Cary Nord「Conan：The Legend #0」〈Dark Horse〉
　　　　　　　エリック・パウエル（Eric Powell）「The Goon #1」〈Dark Horse〉
　◇最優秀シリーズ化ストーリー
　　　　　　　グレッグ・ルッカ（Greg Rucka），Michael Lark「Gotham Central #6-10：Half a Life」〈DC〉
　◇最優秀継続中シリーズ　ブライアン・アザレロ（Brian Azzarello），エドゥアルド・リッソ（Eduardo Risso）「100 Bullets」〈Vertigo/DC〉
　◇最優秀限定シリーズ　James Sturm，ガイ・デイヴィス（Guy Davis）「Unstable Molecules」〈Marvel〉
　◇最優秀ニューシリーズ　カイル・ベイカー（Kyle Baker）「Plastic Man」〈DC〉
　◇最優秀若年読者向け作品　「Walt Disney's Uncle Scrooge」〈Gemstone〉
　◇最優秀ユーモア作品　Keith Giffen, J. M. DeMatteis, Kevin Maguire, Joe Rubinstein「Formerly Known as the Justice League」〈DC〉
　◇最優秀アンソロジー　ニール・ゲイマン（Neil Gaiman：イギリス），カレン・バーガー（Karen Berger），Shelly Bond（編集）「The Sandman：Endless Nights」〈Vertigo/DC〉
　◇最優秀ニュー・グラフィック・アルバム
　　　　　　　クレイグ・トンプソン（Craig Thompson）「Blankets」〈Top Shelf〉
　◇最優秀リプリント・グラフィック・アルバム
　　　　　　　ポール・ディニ（Paul Dini），ブルース・W.ティム（Bruce W. Timm）「Batman Adventures：Dangerous Dames and Demons」〈DC〉
　◇最優秀アーカイブ・コレクション/プロジェクト
　　　　　　　ジョージ・ヘリマン（George Herriman：アメリカ），ビル・ブラックビアード（Bill Blackbeard：編集）「Krazy and Ignatz 1929-1930」〈Fantagraphics〉
　◇最優秀国際作品　手塚治虫（Osamu Tezuka：日本）「ブッダ 第1・2巻（英題：Buddha vols.1-2)」〈Vertical〉
　◇最優秀ライター　アラン・ムーア（Alan Moore：イギリス）「The League of Extraordinary Gentlemen」「Promethea」〈ABC〉〔ほか〕
　◇最優秀ライター/アーティスト
　　　　　　　クレイグ・トンプソン（Craig Thompson）「Blankets」〈Top Shelf〉
　◇最優秀ライター/アーティスト（ユーモア）
　　　　　　　カイル・ベイカー（Kyle Baker）「Plastic Man」〈DC〉〔ほか〕
　◇最優秀ペンシラー/インカー（個人・チーム）
　　　　　　　ジョン・キャサデイ（John Cassaday）「Planetary」「Planetary/Batman：Night on Earth」〈WildStorm/DC〉〔ほか〕
　◇最優秀ペインター/マルチメディア・アーティスト
　　　　　　　ジル・トンプソン（Jill Thompson：アメリカ）「Stray」 in "The Dark Horse Book of Hauntings"〈Dark Horse〉
　◇最優秀カラーリング　Patricia Mulvihill「Batman」「Wonder Woman」〈DC〉〔ほか〕
　◇最優秀レタリング　トッド・クライン（Todd Klein：アメリカ）「Detective Comics」〈DC〉〔ほか〕
　◇最優秀カバー・アーティスト

　　　　　　　　　　ジェームズ・ジーン（James Jean）「Batgirl」〈DC〉〔ほか〕
◇広く認知されるに値する才能
　　　　　　　　　　Derek Kirk Kim「Same Difference and Other Stories」
◇最優秀コミック関連定期刊行物
　　　　　　　　　　ジョン・B.クーク（Jon B. Cooke：編集）「Comic Book Artist」〈Top Shelf〉
◇最優秀コミック関連本　マイク・ミニョーラ（Mike Mignola：アメリカ）「The Art of Hellboy」
　　　　　　　　　　〈Dark Horse〉
◇最優秀出版デザイン　チップ・キッド（Chip Kidd：デザイン）「Mythology：The DC Comics
　　　　　　　　　　Art of Alex Ross」〈Pantheon〉
◇殿堂　　　　　　　　Otto Binder
　　　　　　　　　　Al Capp
　　　　　　　　　　Jules Feiffer
◇ウィル・アイズナー　コミック小売業スピリット賞
　　　　　　　　　　ACME Comics&Collectibles（所在地：アイオワ州スーシティ）

2005年
　◇最優秀短編作品　エヴァン・ドーキン（Evan Dorkin），ジル・トンプソン（Jill Thompson：アメ
　　　　　　　　　　リカ）「Unfamiliar」in "The Dark Horse Book of Witchcraft"〈Dark
　　　　　　　　　　Horse Books〉
　◇最優秀シングルイシュー・ワンショット
　　　　　　　　　　ダニエル・クロウズ（Daniel Clowes）「Eightball #23：The Death Ray」
　　　　　　　　　　〈Fantagraphics〉
　◇最優秀シリーズ化ストーリー
　　　　　　　　　　ビル・ウィリンガム（Bill Willingham），マーク・バッキンガム（Mark
　　　　　　　　　　Buckingham），スティーブ・レイアロハ（Steve Leialoha）「Fables #19-27：
　　　　　　　　　　March of the Wooden Soldiers」〈Vertigo/DC〉
　◇最優秀継続中シリーズ　エリック・パウエル（Eric Powell）「The Goon」〈Dark Horse〉
　◇最優秀限定シリーズ　ダーウィン・クーク（Darwyn Cooke：カナダ）「DC：The New Frontier」
　　　　　　　　　　〈DC〉
　◇最優秀ニューシリーズ　ブライアン・K.ヴォーン（Brian K. Vaughan：アメリカ），Tony Harris,
　　　　　　　　　　Tom Fesiter「Ex Machina」〈WildStorm/DC〉
　◇最優秀若年読者向け出版物
　　　　　　　　　　カイル・ベイカー（Kyle Baker），Scott Morse「Plastic Man」〈DC〉
　◇最優秀ユーモア作品　エリック・パウエル（Eric Powell）「The Goon」〈Dark Horse〉
　◇最優秀アンソロジー　ダイアナ・シュッツ（Diana Schutz），David Land（編集）「Michael Chabon
　　　　　　　　　　Presents：The Amazing Adventures of the Escapist」〈Dark Horse〉
　◇最優秀デジタルコミック　Brian Fies「Mom's Cancer」
　◇最優秀ニュー・グラフィック・アルバム
　　　　　　　　　　デイヴ・ギボンズ（Dave Gibbons：イギリス）「The Originals」〈Vertigo/DC〉
　◇最優秀リプリント・グラフィック・アルバム
　　　　　　　　　　ジェフ・スミス（Jeff Smith）「Bone：One Volume Edition」〈Cartoon Books〉
　◇最優秀アーカイブ・コレクション/プロジェクト
　　　　　　　　　　ゲイリー・グロス（Gary Groth：編集）「The Complete Peanuts」
　　　　　　　　　　〈Fantagraphics〉
　◇最優秀国際作品　手塚 治虫（Osamu Tezuka：日本）「ブッダ 第3・4巻（英題：Buddha vols.3-
　　　　　　　　　　4）」〈Vertical〉
　◇最優秀ライター　ブライアン・K.ヴォーン（Brian K. Vaughan：アメリカ）「Y：The Last
　　　　　　　　　　Man」〈Vertigo/DC〉〔ほか〕
　◇最優秀ライター/アーティスト
　　　　　　　　　　ポール・チャドウィック（Paul Chadwick）「Concrete：The Human

Dilemma」〈Dark Horse〉
◇最優秀ライター/アーティスト（ユーモア）
　　　　　カイル・ベイカー（Kyle Baker）「Plastic Man」〈DC〉〔ほか〕
◇最優秀ペンシラー/インカー
　　　　　ジョン・キャサデイ（John Cassaday）「Astonishing X-Men」〈Marvel〉〔ほか〕
　　　　　フランク・クイトリー（Frank Quitely）「WE3」〈Vertigo/DC〉
◇最優秀ペインター/マルチメディア・アーティスト（インテリアアート）
　　　　　Teddy Kristiansen「It's a Bird...」〈Vertigo/DC〉
◇最優秀カラーリング　デイヴ・スチュワート（Dave Stewart）「Daredevil」「Ultimate X-Men」
　　　　　「Ultimate Six」「Captain America」〈Marvel〉〔ほか〕
◇最優秀レタリング　トッド・クライン（Todd Klein：アメリカ）「Promethea」「Tom Strong」
　　　　　「Tom Strong's Terrific Tales」〈ABC〉〔ほか〕
◇最優秀カバー・アーティスト
　　　　　ジェームズ・ジーン（James Jean）「Fables」〈Vertigo/DC〉〔ほか〕
◇広く認知されるに値する才能
　　　　　Sean McKeever「The Waiting Place」「Mary Jane」「Inhumans」「Sentinels」
◇最優秀コミックに関する定期刊行物
　　　　　ジョン・B.クーク（Jon B. Cooke：編集）「Comic Book Artist」〈Top Shelf〉
◇最優秀コミック関連本　Gerard Jones「Men of Tomorrow：Geeks Gangsters, and the Birth of the Comic Book」〈Basic Books〉
◇最優秀出版デザイン　Seth（デザイン）「The Complete Peanuts」〈Fantagraphics〉
◇殿堂
　● 審査員による選抜　Lou Fine
　　　　　René Goscinny
　　　　　Albert Uderzo
　● 投票による選抜　Nick Cardy
　　　　　Gene Colan
　　　　　Johnny Craig
　　　　　Hugo Pratt
◇ウィル・アイズナー　コミック小売業スピリット賞
　　　　　Night Flight Comics（所在地：ユタ州ソルトレイクシティ）

2006年
◇最優秀短編作品　ポール・ポープ（Paul Pope：アメリカ）「Teenage Sidekick」in "Solo #3"〈DC〉
◇最優秀シングルイシュー・ワンショット
　　　　　ダーウィン・クーク（Darwyn Cooke：カナダ）「Solo #5」〈DC〉
◇最優秀シリーズ化ストーリー
　　　　　ビル・ウィリンガム（Bill Willingham），マーク・バッキンガム（Mark Buckingham），スティーブ・レイアロハ（Steve Leialoha）「Fables #36-38 40-41：Return to the Homelands」〈Vertigo/DC〉
◇最優秀継続中シリーズ　ジョス・ウェドン（Joss Whedon），ジョン・キャサデイ（John Cassaday）「Astonishing X-Men」〈Marvel〉
◇最優秀限定シリーズ　グラント・モリソン（Grant Morrison：イギリス）「Seven Soldiers」〈DC〉
◇最優秀ニューシリーズ　グラント・モリソン（Grant Morrison：イギリス），フランク・クイトリー（Frank Quitely）「All-Star Superman」〈DC〉
◇最優秀若年読者向け出版物
　　　　　Andy Runton「Owly：Flying Lessons」〈Top Shelf〉
◇最優秀アンソロジー　マーク・チャレロ（Mark Chiarello：編集）「Solo」〈DC〉

- ◇最優秀デジタルコミック Scott Kurtz「PVP」
- ◇最優秀ノンフィクション カイル・ベイカー（Kyle Baker）「Nat Turner」〈Kyle Baker Publishing〉
- ◇最優秀ニュー・グラフィック・アルバム
  アラン・ムーア（Alan Moore：イギリス），ジーン・ハ（Gene Ha：アメリカ）「Top Ten：The Forty-Niners」〈ABC〉
- ◇最優秀リプリント・グラフィック・アルバム
  チャールズ・バーンズ（Charles Burns）「Black Hole」〈Pantheon〉
- ◇最優秀アーカイブ・コレクション/プロジェクト（コミック・ストリップ）
  ビル・ワターソン（Bill Watterson：アメリカ）「The Complete Calvin&Hobbes」〈Andrews McMeel〉
- ◇最優秀アーカイブ・コレクション/プロジェクト（コミックブック）
  アラン・ムーア（Alan Moore），デイヴ・ギボンズ（Dave Gibbons：イギリス）「Absolute Watchmen」〈DC〉
- ◇最優秀国際作品 ジョアン・スファール（Joann Sfar）「The Rabbi's Cat」〈Pantheon〉
- ◇最優秀ライター アラン・ムーア（Alan Moore：イギリス）「Promethea」「Top Ten：The Forty-Niners」〈ABC〉
- ◇最優秀ライター/アーティスト
  Geof Darrow「Shaolin Cowboy」〈Burlyman〉
- ◇最優秀ライター/アーティスト（ユーモア）
  カイル・ベイカー（Kyle Baker）「Plastic Man」〈DC〉〔ほか〕
- ◇最優秀ペンシラー/インカー
  ジョン・キャサデイ（John Cassaday）「Astonishing X-Men」〈Marvel〉〔ほか〕
- ◇最優秀ペインター/マルチメディア・アーティスト
  Ladronn「Hip Flask：Mystery City」〈Active Images〉
- ◇最優秀カバー・アーティスト
  ジェームズ・ジーン（James Jean）「Fables」〈Vertigo/DC〉〔ほか〕
- ◇最優秀カラーリング クリス・ウェア（Chris Ware：アメリカ）「Acme Novelty Library #16」〈ACME Novelty〉
- ◇最優秀レタリング トッド・クライン（Todd Klein：アメリカ）「Wonder Woman」「Justice」「Seven Soldiers #0」〈DC〉〔ほか〕
- ◇広く認知されるに値する才能
  Aaron Renier「Spiral-Bound」
- ◇最優秀コミック関連定期刊行物
  ジョン・B.クーク（Jon B. Cooke：編集）「Comic Book Artist」〈Top Shelf〉
- ◇最優秀コミック関連本 Charles Brownstein，ダイアナ・シュッツ（Diana Schutz：編集）「Eisner/Miller」〈Dark Horse Books〉
- ◇最優秀出版デザイン クリス・ウェア（Chris Ware：アメリカ）「Acme Novelty Library Annual Report to Shareholders」〈Pantheon〉
  Philippe Ghielmetti（デザイン）「Little Nemo in Slumberland, So Many Splendid Sundays」〈Sunday Press Books〉
- ◇殿堂
  - 審査員による選抜 Floyd Gottfredson
    William Moulton Marston
  - 投票による選抜 Vaughn Bodē
    Ramona Fradon
    Russ Manning
    Jim Steranko
- ◇ウィル・アイズナー コミック小売業スピリット賞

Zeus Comics（所在地：テキサス州ダラス）

2007年
◇最優秀短編作品　ビル・ウィリンガム（Bill Willingham），ジェームズ・ジーン（James Jean）「A Frog's Eye View」in "Fables：1001 Nights of Snowfall"〈Vertigo/DC〉
◇最優秀シングルイシュー・ワンショット　ジェフ・ローブ（Jeph Loeb），ダーウィン・クーク（Darwyn Cooke：カナダ）「Batman/The Spirit #1：Crime Convention」〈DC〉
◇最優秀継続中シリーズ　グラント・モリソン（Grant Morrison：イギリス），フランク・クイトリー（Frank Quitely）「All-Star Superman」〈DC〉
◇最優秀限定シリーズ　ポール・ポープ（Paul Pope：アメリカ）「Batman：Year 100」〈DC〉
◇最優秀ニューシリーズ　エド・ブルベイカー（Ed Brubaker：アメリカ），ショーン・フィリップス（Sean Phillips：イギリス）「Criminal」〈Marvel Icon〉
◇最優秀若年読者向け作品　ボブ・バーデン（Bob Burden），Rick Geary「Gumby」〈Wildcard〉
◇最優秀ユーモア作品　ボブ・バーデン（Bob Burden）「Flaming Carrot Comics」〈Desperado/Image〉
◇最優秀アンソロジー　ビル・ウィリンガム（Bill Willingham）「Fables：1001 Nights of Snowfall」〈Vertigo/DC〉
◇最優秀デジタルコミック　Steve Purcell「Sam and Max」
◇最優秀ノンフィクション　アリソン・ベクダル（Alison Bechdel：アメリカ）「Fun Home」〈Houghton Mifflin〉
◇最優秀ニュー・グラフィック・アルバム　ジーン・ルエン・ヤン（Gene Luen Yang）「American Born Chinese」〈First Second〉
◇最優秀リプリント・グラフィック・アルバム　ダーウィン・クーク（Darwyn Cooke：カナダ）「Absolute DC：The New Frontier」〈DC〉
◇最優秀アーカイブ・コレクション/プロジェクト（コミック・ストリップ）　チャールズ・シュルツ（Charles Schulz）「The Complete Peanuts 1959-1960」「The Complete Peanuts 1961-1962」〈Fantagraphics〉
◇最優秀アーカイブ・コレクション/プロジェクト（コミックブック）　ニール・ゲイマン（Neil Gaiman：イギリス）「Absolute Sandman vol.1」〈Vertigo/DC〉
◇最優秀国際賞　ジェイソン（Jason）「The Left Bank Gang」〈Fantagraphics〉
◇最優秀国際賞（日本作品）　土屋 ガロン（Garon Tsuchiya），嶺岸 信明（Nobuaki Minegishi：日本）「オールドボーイ ルーズ戦記（英題：Old Boy）」〈Dark Horse Manga〉
◇最優秀ライター　エド・ブルベイカー（Ed Brubaker：アメリカ）「Captain America」「Daredevil」〈Marvel〉〔ほか〕
◇最優秀ライター/アーティスト　ポール・ポープ（Paul Pope：アメリカ）「Batman：Year 100」〈DC〉
◇最優秀ライター/アーティスト（ユーモア）　トニー・ミリオネア（Tony Millionaire）「Billy Hazelnuts」〈Fantagraphics〉〔ほか〕
◇最優秀ペンシラー/インカー（個人・チーム）　マーク・バッキンガム（Mark Buckingham），スティーブ・レイアロハ（Steve Leialoha）「Fables」〈Vertigo/DC〉
◇最優秀ペインター/マルチメディア・アーティスト　ジル・トンプソン（Jill Thompson：アメリカ）「A Dog and His Boy」in "The Dark Horse Book of Monsters"，「Love Triangle」in "Sexy Chix"〈Dark

　　　　Horse〉〔ほか〕
◇最優秀カバー・アーティスト
　　　　ジェームズ・ジーン（James Jean）「Fables」「Jack of Fables」「Fables : 1001 Nights of Snowfall」〈Vertigo/DC〉
◇最優秀カラーリング　デイヴ・スチュワート（Dave Stewart）「BPRD」「Conan」「The Escapists」「Hellboy」〈Dark Horse〉〔ほか〕
◇最優秀レタリング　トッド・クライン（Todd Klein : アメリカ）「Fables」「Jack of Fables」「Fables : 1001 Nights of Snowfall」〈Vertigo/DC〉〔ほか〕
◇特別表彰　　　　　Gray Horses「Hope Larson」〈Oni〉
◇最優秀コミック関連定期刊行物／ジャーナリズム
　　　　Roy Thomas（編集）　「Alter Ego」〈TwoMorrows〉
◇最優秀コミック関連本　Joe Pruett（編集）「The Art of Brian Bolland」〈Desperado/Image〉
◇最優秀出版デザイン　ダーウィン・クーク（Darwyn Cooke : デザイン）「Absolute DC : The New Frontier」〈DC〉
◇殿堂
　● 審査員による選抜　Robert Kanigher
　　　　Ogden Whitney
　● 投票による選抜　Ross Andru
　　　　Mike Esposito
　　　　Dick Ayers
　　　　Wayne Boring
　　　　Joe Orlando
◇ウィル・アイズナー　コミック小売業スピリット賞
　　　　Earth-2 Comics（所在地 : カリフォルニア州シャーマンオークス）

2008年
◇最優秀短編作品　ダニエル・クロウズ（Daniel Clowes）「Mr. Wonderful」〈New York Times Sunday Magazine〉
◇最優秀シングルイシュー・ワンショット
　　　　Brad Meltzer, ジーン・ハ（Gene Ha : アメリカ）　「Justice League of America #1 : Walls」〈DC〉
◇最優秀継続中シリーズ　ブライアン・K.ヴォーン（Brian K. Vaughan : アメリカ）, Pia Guerra, Jose Marzan Jr.「Y : The Last Man」〈Vertigo/DC〉
◇最優秀限定シリーズ　Gerard Way, ガブリエル・バー（Gabriel Bá : ブラジル）「The Umbrella Academy」〈Dark Horse〉
◇最優秀ニューシリーズ　ジョス・ウェドン（Joss Whedon）, ブライアン・K.ヴォーン（Brian K. Vaughan : アメリカ）, Georges Jeanty, Andy Owens「Buffy the Vampire Slayer Season 8」〈Dark Horse〉
◇最優秀子ども向け出版物　デイヴィッド・ピーターソン（David Petersen）「Mouse Guard : Fall 1152」「Mouse Guard : Winter 1152」〈Archaia〉
◇最優秀ティーン向け出版物
　　　　Nick Abadzis「Laika」〈First Second〉
◇最優秀ユーモア作品　Nicholas Gurewitch「Perry Bible Fellowship : The Trial of Colonel Sweeto and Other Stories」〈Dark Horse〉
◇最優秀アンソロジー　ガブリエル・バー（Gabriel Bá : ブラジル）, ベッキー・クローナン（Becky Cloonan : アメリカ）, ファビオ・ムーン（Fábio Moon : ブラジル）, Vasilis Lolos, Rafael Grampa「5」〈自費出版〉
◇最優秀デジタルコミック　ジョス・ウェドン（Joss Whedon）, ファビオ・ムーン（Fábio Moon : ブラジル）「Sugarshock !」
◇最優秀ノンフィクション　James Sturm, Rich Tommaso「Satchel Paige : Striking Out Jim

Crow」〈Center for Cartoon Studies/Hyperion〉
◇最優秀ニュー・グラフィック・アルバム
　　　　　　　Rutu Modan「Exit Wounds」〈Drawn&Quarterly〉
◇最優秀リプリント・グラフィック・アルバム
　　　　　　　デイヴィッド・ピーターソン（David Petersen）「Mouse Guard：Fall 1152」
　　　　　　　〈Archaia〉
◇最優秀アーカイブ・コレクション/プロジェクト（コミック・ストリップ）
　　　　　　　ミルトン・カニフ（Milton Caniff）「Complete Terry and the Pirates vol.1」
　　　　　　　〈IDW〉
◇最優秀アーカイブ・コレクション/プロジェクト（コミックブック）
　　　　　　　Fletcher Hanks「I Shall Destroy All the Civilized Planets！」
　　　　　　　〈Fantagraphics〉
◇最優秀国際賞　　ジェイソン（Jason）「I Killed Adolf Hitler」〈Fantagraphics〉
◇最優秀国際賞（日本作品）
　　　　　　　松本 大洋（Taiyo Matsumoto：日本）「鉄コン筋クリート（英題：
　　　　　　　Tekkonkinkreet：Black&White）」〈Viz〉
◇最優秀ライター　エド・ブルベイカー（Ed Brubaker：アメリカ）「Captain America」
　　　　　　　「Criminal」「Daredevil」「Immortal Iron Fist」〈Marvel〉
◇最優秀ライター/アーティスト
　　　　　　　クリス・ウェア（Chris Ware：アメリカ）「Acme Novelty Library #18」
　　　　　　　〈Acme Novelty〉
◇最優秀ライター/アーティスト（ユーモア）
　　　　　　　エリック・パウエル（Eric Powell）「The Goon」〈Dark Horse〉
◇最優秀ペンシラー/インカー（個人・チーム）
　　　　　　　Pia Guerra, Jose Marzan Jr.「Y：The Last Man」〈Vertical/DC〉
◇最優秀ペインター/マルチメディア・アーティスト（インテリアアート）
　　　　　　　エリック・パウエル（Eric Powell）「The Goon：Chinatown」〈Dark Horse〉
◇最優秀カバー・アーティスト
　　　　　　　ジェームズ・ジーン（James Jean）「Fables」〈Vertigo/DC〉〔ほか〕
◇最優秀カラーリング　デイヴ・スチュワート（Dave Stewart）「BPRD」「Buffy the Vampire
　　　　　　　Slayer」「Cut」「Hellboy」〈Dark Horse〉〔ほか〕
◇最優秀レタリング　トッド・クライン（Todd Klein：アメリカ）「Justice」「Simon Dark」〈DC〉
　　　　　　　〔ほか〕
◇特別表彰　　　Chuck BB（アーティスト）「Black Metal」〈Oni〉
◇最優秀コミック関連定期刊行物/ジャーナリズム
　　　　　　　Matt Brady, Michael Doran（プロデュース）　「Newsarama」
◇最優秀コミック関連本　Douglas Wolk「Reading Comics：How Graphic Novels Work and What
　　　　　　　They Mean」〈Da Capo Press〉
◇最優秀出版デザイン　ジェームズ・ジーン（James Jean）, Chris Pitzer（デザイン）「Process
　　　　　　　Recess 2」〈AdHouse〉
◇殿堂
　●審査員による選抜　R. F. Outcault
　　　　　　　Major Malcolm Wheeler-Nicholson
　●投票による選抜　John Broome
　　　　　　　Arnold Drake
　　　　　　　Len Wein
　　　　　　　バリー・ウインザー＝スミス（Barry Windsor-Smith：イギリス）
◇ウィル・アイズナー コミック小売業スピリット賞
　　　　　　　Brave New World（所在地：カリフォルニア州ニューホール）

2009年
- ◇最優秀短編作品　Ian Boothby, Nina Matsumoto, Andrew Pepoy「Murder He Wrote」in "The Simpsons' Treehouse of Horror #14"〈Bongo〉
- ◇最優秀継続中シリーズ　グラント・モリソン（Grant Morrison：イギリス）, フランク・クイトリー（Frank Quitely）「All-Star Superman」〈DC〉
- ◇最優秀限定シリーズ　マイク・ミニョーラ（Mike Mignola：アメリカ）, リチャード・コーベン（Richard Corben）「Hellboy：The Crooked Man」〈Dark Horse〉
- ◇最優秀ニューシリーズ　マット・フラクション（Matt Fraction：アメリカ）, Salvador Larocca「Invincible Iron Man」〈Marvel〉
- ◇最優秀子ども向け出版物　アート・バルタザール（Art Baltazar：アメリカ）, Franco Aureliani「Tiny Titans」〈DC〉
- ◇最優秀ティーン向け出版物
P.クレイグ・ラッセル（P. Craig Russell：作画）「Coraline」〈HarperCollins Children's Books〉
- ◇最優秀ユーモア作品　Shane O'Shea, Ogden Whitney「Herbie Archives」〈Dark Horse〉
- ◇最優秀アンソロジー　Rantz Hoseley（編集）「Comic Book Tattoo：Narrative Art Inspired by the Lyrics and Music of Tori Amos」〈Image〉
- ◇最優秀ウェブコミック　Carla Speed McNeil「Finder」
- ◇最優秀ノンフィクション　リンダ・バリー（Lynda Barry：アメリカ）「What It Is」〈Drawn&Quarterly〉
- ◇最優秀ニュー・グラフィック・アルバム
Nate Powell「Swallow Me Whole」〈Top Shelf〉
- ◇最優秀リプリント・グラフィック・アルバム
マイク・ミニョーラ（Mike Mignola：アメリカ）「Hellboy Library Edition vols. 1 and 2」〈Dark Horse〉
- ◇最優秀アーカイブ・コレクション/プロジェクト（コミック・ストリップ）
ウィンザー・マッケイ（Winsor McCay）「Little Nemo in Slumberland：Many More Splendid Sundays」〈Sunday Press Books〉
- ◇最優秀アーカイブ・コレクション/プロジェクト（コミックブック）
「Creepy Archives」〈Dark Horse〉
- ◇最優秀国際賞　ジェイソン（Jason）「The Last Musketeer」〈Fantagraphics〉
- ◇最優秀国際賞　手塚治虫（Osamu Tezuka：日本）「どろろ（英題：Dororo）」〈Vertical〉
- ◇最優秀ライター　ビル・ウィリンガム（Bill Willingham）「Fables」「House of Mystery」〈Vertigo/DC〉
- ◇最優秀ライター/アーティスト
クリス・ウェア（Chris Ware：アメリカ）「Acme Novelty Library」〈Acme〉
- ◇最優秀ペンシラー/インカー（個人・チーム）
ガイ・デイヴィス（Guy Davis）「BPRD」〈Dark Horse〉
- ◇最優秀ペインター/マルチメディア・アーティスト
ジル・トンプソン（Jill Thompson：アメリカ）「Magic Trixie」「Magic Trixie Sleeps Over」〈HarperCollins Children's Books〉
- ◇最優秀カバー・アーティスト
ジェームズ・ジーン（James Jean）「Fables」〈Vertigo/DC〉〔ほか〕
- ◇最優秀カラーリング　デイヴ・スチュワート（Dave Stewart）「Abe Sapien：The Drowning」「BPRD」「The Goon」〈Dark Horse〉〔ほか〕
- ◇最優秀レタリング　クリス・ウェア（Chris Ware：アメリカ）「Acme Novelty Library #19」〈Acme〉
- ◇最優秀コミック関連定期刊行物/ジャーナリズム
Jonah Weiland（プロデュース）"Comic Book Resources（WEBサイト）"

◇最優秀コミック関連本 マーク・エヴァニアー（Mark Evanier）「Kirby：King of Comics」〈Abrams〉
◇最優秀出版デザイン Cary Grazzini, マイク・ミニョーラ（Mike Mignola：デザイン）「Hellboy Library Edition」〈Dark Horse〉
◇殿堂
- 審査員による選抜 Harold Gray
Graham Ingels
- 投票による選抜 Matt Baker
Reed Crandall
Russ Heath
Jerry Iger
◇ウィル・アイズナー コミック小売業スピリット賞
Tate's Comics（所在地：フロリダ州フォートローダーデール）

2010年
◇最優秀短編作品 ジーン・ルエン・ヤン（Gene Luen Yang）, Derek Kirk Kim「Urgent Request」in "The Eternal Smile"〈First Second〉
◇最優秀シングルイシュー・ワンショット
エド・ブルベイカー（Ed Brubaker：アメリカ）, Gene Colan「Captain America #601：Red, White, and Blue-Blood」〈Marvel〉
◇最優秀継続中シリーズ Robert Kirkman, Charles Adlard「The Walking Dead」〈Image〉
◇最優秀限定シリーズ Eric Shanower, スコッティ・ヤング（Skottie Young）「The Wonderful Wizard of Oz」〈Marvel〉
◇最優秀ニューシリーズ John Layman, Rob Guillory「Chew」〈Image〉
◇最優秀子ども向け出版物 L. Frank Baum, Eric Shanower, スコッティ・ヤング（Skottie Young）「The Wonderful Wizard of Oz HC」〈Marvel〉
◇最優秀ティーン向け出版物
エヴァン・ドーキン（Evan Dorkin）, ジル・トンプソン（Jill Thompson：アメリカ）「Beasts of Burden」〈Dark Horse〉
◇最優秀ユーモア作品 ブライアン・リー・オマリー（Bryan Lee O'Malley）「スコット・ピルグリムVSジ・ユニバース（英題：Scott Pilgrim vol.5：Scott Pilgrim vs. the Universe）」〈Oni〉
◇最優秀アンソロジー Mark Andrew Smith, D.J. Kirkbride, Joe Keatinge（編集）「Popgun vol. 3」〈Image〉
◇最優秀デジタルコミック Cameron Stewart「Sin Titulo」
◇最優秀ノンフィクション 辰巳 ヨシヒロ（Yoshihiro Tatsumi：日本）「劇画漂流（英題：A Drifting Life）」〈Drawn&Quarterly〉
◇最優秀翻案作品 ダーウィン・クーク（Darwyn Cooke：翻案・作画）「Richard Stark's Parker：The Hunter」〈IDW〉
◇最優秀ニュー・グラフィック・アルバム
デビッド・マッズケリ（David Mazzucchelli：アメリカ）「Asterios Polyp」〈Pantheon〉
◇最優秀リプリント・グラフィック・アルバム
アレックス・ロス（Alex Ross）, Jim Krueger, Doug Braithewaite「Absolute Justice」〈DC〉
◇最優秀アーカイブ・コレクション/プロジェクト（コミック・ストリップ）
Berkeley Breathed, スコット・ダンビア（Scott Dunbier：編集）「Bloom County：The Complete Library, vol.1」〈IDW〉
◇最優秀アーカイブ・コレクション/プロジェクト（コミックブック）
デーヴ・スティーブンス（Dave Stevens：アメリカ）, スコット・ダンビア（Scott Dunbier：編集）「The Rocketeer：The Complete Adventures

◇最優秀国際賞　Emmanuel Guibert, Didier Lefèvre, Frédéric Lemercier「The Photographer」〈First Second〉
◇最優秀国際賞―アジア作品
　　　　辰巳 ヨシヒロ（Yoshihiro Tatsumi：日本）「劇画漂流（英題：A Drifting Life）」〈Drawn&Quarterly〉
◇最優秀ライター　エド・ブルベイカー（Ed Brubaker：アメリカ）「Captain America」「Daredevil」「Marvels Project」〈Marvel〉〔ほか〕
◇最優秀ライター/アーティスト
　　　　デビッド・マッズケリ（David Mazzucchelli：アメリカ）「Asterios Polyp」〈Pantheon〉
◇最優秀ライター/アーティスト
　　　　Joe Sacco「Footnotes in Gaza」〈Metropolitan/Holt〉
◇最優秀ペンシラー/インカー（個人・チーム）
　　　　ジェームズ・H.ウィリアムズ3世（J.H. Williams Ⅲ）「Detective Comics」〈DC〉
◇最優秀ペインター/マルチメディア・アーティスト（インテリアアート）
　　　　ジル・トンプソン（Jill Thompson：アメリカ）「Beasts of Burden」〈Dark Horse〉〔ほか〕
◇最優秀カバー・アーティスト
　　　　ジェームズ・H.ウィリアムズ3世（J.H. Williams Ⅲ）「Detective Comics」〈DC〉
◇最優秀カラーリング　デイヴ・スチュワート（Dave Stewart）「Abe Sapien」「BPRD」「The Goon」「Hellboy」〈Dark Horse〉〔ほか〕
◇最優秀レタリング　デビッド・マッズケリ（David Mazzucchelli：アメリカ）「Asterios Polyp」〈Pantheon〉
◇最優秀コミック関連定期刊行物/ジャーナリズム
　　　　トム・スパージョン（Tom Spurgeon：プロデュース）"The Comics Reporter（ブログ）"
◇最優秀コミック関連本　Denis Kitchen（アメリカ）, Paul Buhle「The Art of Harvey Kurtzman：The Mad Genius of Comics」〈Abrams ComicArts〉
◇最優秀出版デザイン　Curtis King, Josh Beatman（デザイン）「Absolute Justice」〈DC〉
◇ラス・マニング 有望新人賞
　　　　Marian Churchland「Beast」〈Image〉
◇ボブ・クランペット 人道主義賞
　　　　Jeannie Schulz
◇ビル・フィンガー 優秀コミックブック・ライティング賞
　　　　Otto Binder
　　　　Gary Friedrich
◇コミック小売業スピリット賞
　　　　Vault of Midnight（所在地：ミシガン州アナーバー）
◇殿堂
　●審査員による選抜　Burne Hogarth
　　　　Bob Montana
　●投票による選抜　Steve Gerber
　　　　Dick Giordano
　　　　Michael Kaluta
　　　　モート・ワイジンガー（Mort Weisinger）

2011年
◇最優秀短編作品　グレッグ・ルッカ（Greg Rucka）, Michael Lark「Post Mortem」in "I Am an

Avenger #2"
◇最優秀シングルイシュー・ワンショット
　　マイク・ミニョーラ（Mike Mignola：アメリカ）, リチャード・コーベン（Richard Corben）「Hellboy：Double Feature of Evil」〈Dark Horse〉
◇最優秀継続中シリーズ　John Layman, Rob Guillory「Chew」〈Image〉
◇最優秀限定シリーズ　ファビオ・ムーン（Fábio Moon：ブラジル）, ガブリエル・バー（Gabriel Bá：ブラジル）「Daytripper」〈Vertigo/DC〉
◇最優秀ニューシリーズ　スコット・スナイダー（Scott Snyder：アメリカ）, Stephen King, Rafael Albuquerque「American Vampire」〈Vertigo/DC〉
◇最優秀子ども向け出版物　アート・バルタザール（Art Baltazar：アメリカ）, Franco Aureliani「Tiny Titans」〈DC〉
◇最優秀ティーン向け出版物
　　ライナ・テルゲマイアー（Raina Telgemeier：アメリカ）「Smile」〈Scholastic Graphix〉
◇最優秀ユーモア作品　Shannon Wheeler「I Thought You Would Be Funnier」〈BOOM！〉
◇最優秀アンソロジー　Paul Morrissey, デイヴィッド・ピーターソン（David Petersen：編集）「Mouse Guard：Legends of the Guard」〈Archaia〉
◇最優秀デジタルコミック　Karl Kerschl「Abominable Charles Christopher」
◇最優秀ノンフィクション　ジャック・タルディ（Jacques Tardi：フランス）「It Was the War of the Trenches」〈Fantagraphics〉
◇最優秀ニュー・グラフィック・アルバム
　　Jim McCann, Janet Lee「Return of the Dapper Men」〈Archaia〉
　　ダニエル・クロウズ（Daniel Clowes）「Wilson」〈Drawn&Quarterly〉
◇最優秀リプリント・グラフィック・アルバム
　　マーク・チャレロ（Mark Chiarello：編集）「Wednesday Comics」〈DC〉
◇最優秀翻案作品　Eric Shanower（翻案）, スコッティ・ヤング（Skottie Young：作画）「The Marvelous Land of Oz」〈Marvel〉
◇最優秀アーカイブ・コレクション/プロジェクト（コミック・ストリップ）
　　Bob Montana, Greg Goldstein（編集）「Archie：The Complete Daily Newspaper Strips, 1946-1948」〈IDW〉
◇最優秀アーカイブ・コレクション/プロジェクト（コミックブック）
　　スコット・ダンビア（Scott Dunbier：編集）「Dave Stevens' The Rocketeer Artist's Edition」〈IDW〉
◇最優秀国際賞　ジャック・タルディ（Jacques Tardi：フランス）「It Was the War of the Trenches」〈Fantagraphics〉
◇最優秀国際賞—アジア作品
　　浦沢　直樹（Naoki Urasawa：日本）「20世紀少年（英題：Naoki Urasawa's 20th Century Boys）」〈VIZ Media〉
◇最優秀ライター　Joe Hill「Lock&Key」〈IDW〉
◇最優秀ライター/アーティスト
　　ダーウィン・クーク（Darwyn Cooke：カナダ）「Richard Stark's Parker：The Outfit」〈IDW〉
◇最優秀ペンシラー/インカー（個人・チーム）
　　スコッティ・ヤング（Skottie Young）「The Marvelous Land of Oz」〈Marvel〉
◇最優秀ペインター/マルチメディア・アーティスト（インテリアアート）
　　フアーノ・ガルニド（Juanjo Guarnido：スペイン）「Blacksad」〈Dark Horse〉
◇最優秀カバー・アーティスト
　　マイク・ミニョーラ（Mike Mignola：アメリカ）「Hellboy」「Baltimore：The Plague Ships」〈Dark Horse〉

◇最優秀カラーリング　デイヴ・スチュワート（Dave Stewart）「Hellboy」「BPRD」「Baltimore」「Let Me In」〈Dark Horse〉〔ほか〕
◇最優秀レタリング　トッド・クライン（Todd Klein：アメリカ）「Fables」「The Unwritten」「Joe the Barbarian」「iZombie」〈Vertigo/DC〉〔ほか〕
◇最優秀コミック関連定期刊行物/ジャーナリズム
　　　　Jonah Weiland（プロデュース）"Comic Book Resources（WEBサイト）"
◇最優秀コミック関連本　ポール・レヴィッツ（Paul Levitz：アメリカ）「75 Years of DC Comics：The Art of Modern Mythmaking」〈TASCHEN〉
◇最優秀出版デザイン　Randall Dahlk（デザイン）「Dave Stevens' The Rocketeer Artist's Edition」〈IDW〉
◇殿堂
　●審査員による選抜　Ernie Bushmiller
　　　　　　　　　　Jack Jackson
　　　　　　　　　　Martin Nodell
　　　　　　　　　　Lynd Ward
　●投票による選抜　Mort Drucker
　　　　　　　　　Harvey Pekar
　　　　　　　　　Roy Thomas
　　　　　　　　　マーヴ・ウルフマン（Marv Wolfman）
◇ラス・マニング 有望新人賞
　　　　　　　Nate Simpson
◇ボブ・クランペット 人道主義賞
　　　　　　　パトリック・マクドネル（Patrick McDonnell）
◇ビル・フィンガー 優秀コミックブック・ライティング賞
　　　　　　　Del Connell
　　　　　　　Bob Haney
◇コミック小売業スピリット賞
　　　　　　　Comics&Vegetables（所在地：イスラエル・テルアヴィヴ）

2012年
　◇最優秀短編作品　ダーウィン・クーク（Darwyn Cooke：カナダ）「The Seventh」in "Richard Stark's Parker：The Martini Edition"〈IDW〉
　◇最優秀シングルイシュー・ワンショット
　　　　　　　マーク・ウェイド（Mark Waid）, Paolo Rivera, Joe Rivera「Daredevil #7」〈Marvel〉
　◇最優秀継続中シリーズ　マーク・ウェイド（Mark Waid）, Marcos Martin, Paolo Rivera, Joe Rivera「Daredevil」〈Marvel〉
　◇最優秀限定シリーズ　エド・ブルベイカー（Ed Brubaker：アメリカ）, ショーン・フィリップス（Sean Phillips：イギリス）「Criminal：The Last of the Innocent」〈Marvel Icon〉
　◇最優秀子ども向け出版物（7才以上）
　　　　　　　James Kochalka「Dragon Puncher Island」〈Top Shelf〉
　◇最優秀子ども向け出版物（8～12才）
　　　　　　　ロジャー・ラングリッジ（Roger Langridge）「Snarked」〈kaboom！〉
　◇最優秀ヤングアダルト向け出版物（12～17才）
　　　　　　　Vera Brosgol「Anya's Ghost」〈First Second〉
　◇最優秀アンソロジー　Mike Richardson（編集）「Dark Horse Presents」〈Dark Horse〉
　◇最優秀ユーモア作品　エヴァン・ドーキン（Evan Dorkin：アメリカ）「Milk&Cheese：Dairy Products Gone Bad」〈Dark Horse Books〉
　◇最優秀デジタルコミック　Mike Norton「Battlepug」

◇最優秀ノンフィクション　Jeff Jensen, Jonathan Case「Green River Killer：A True Detective Story」〈Dark Horse Books〉
◇最優秀ニュー・グラフィック・アルバム
　　　　　　　　Ramón K. Pérez（作画）「Jim Henson's Tale of Sand」〈Archaia〉
◇最優秀リプリント・グラフィック・アルバム
　　　　　　　　ダーウィン・クーク（Darwyn Cooke：カナダ）「Richard Stark's Parker：The Martini Edition」〈IDW〉
◇最優秀アーカイブ・コレクション/プロジェクト（コミック・ストリップ）
　　　　　　　　Floyd Gottfredson, David Gerstein, ゲイリー・グロス（Gary Groth：編集）「Walt Disney's Mickey Mouse vols.1-2」〈Fantagraphics〉
◇最優秀アーカイブ・コレクション/プロジェクト（コミックブック）
　　　　　　　　「Walt Simonson's The Mighty Thor Artist's Edition」〈IDW〉
◇最優秀国際賞　ミロ・マナラ（Milo Manara）, Hugo Pratt「The Manara Library, vol.1：Indian Summer and Other Stories」〈Dark Horse Books〉
◇最優秀国際賞―アジア作品
　　　　　　　　水木 しげる（Shigeru Mizuki：日本）「総員玉砕せよ！（英題：Onward Towards Our Noble Deaths）」〈Drawn&Quarterly〉
◇最優秀ライター　マーク・ウェイド（Mark Waid）「Irredeemable」「Incorruptible」〈BOOM！〉〔ほか〕
◇最優秀ライター/アーティスト
　　　　　　　　クレイグ・トンプソン（Craig Thompson）「Habibi」〈Pantheon〉
◇最優秀ペンシラー/インカー（個人・チーム）
　　　　　　　　Ramón K. Pérez「Jim Henson's Tale of Sand」〈Archaia〉
◇最優秀カバー・アーティスト
　　　　　　　　Francesco Francavilla「Black Panther」〈Marvel〉〔ほか〕
◇最優秀カラーリング　Laura Allred「iZombie」〈Vertigo/DC〉〔ほか〕
◇最優秀レタリング　スタン坂井（Stan Sakai：アメリカ）「兎用心棒（英題：Usagi Yojimbo）」〈Dark Horse〉
◇最優秀コミックス関連ジャーナリズム
　　　　　　　　トム・スパージョン（Tom Spurgeon：プロデュース）"The Comics Reporter（WEBサイト）"
◇最優秀教育/学術作品　Ivan Brunetti「Cartooning：Philosophy&Practice」〈Yale University Press〉
　　　　　　　　Charles Hatfield「Hand of Fire：The Comics Art of Jack Kirby」〈University Press of Mississippi〉
◇最優秀コミック関連本　アート・スピーゲルマン（Art Spiegelman）「MetaMaus」〈Pantheon〉
◇最優秀出版デザイン　Eric Skillman（デザイン）「Jim Henson's Tale of Sand」〈Archaia〉
◇殿堂
　●審査員による選抜　Rudolf Dirks
　　　　　　　　Harry Lucey
　●投票による選抜　ビル・ブラックビアード（Bill Blackbeard）
　　　　　　　　リチャード・コーベン（Richard Corben）
　　　　　　　　大友 克洋（Katsuhiro Otomo：日本）
　　　　　　　　Gilbert Shelton
◇ラス・マニング 有望新人賞
　　　　　　　　Tyler Crook
◇ボブ・クランペット 人道主義賞
　　　　　　　　モリー・ターナー（Morrie Turner：アメリカ）
◇ビル・フィンガー 優秀コミックブック・ライティング賞

　　　　　　　　　Frank Doyle
　　　　　　　　　Steve Skeates
◇ウィル・アイズナー コミック小売業スピリット賞
　　　　　　　　　Akira Comics（所在地：スペイン・マドリード）
　　　　　　　　　The Dragon（所在地：カナダ・オンタリオ州ゲルフ）
2013年
　◇最優秀短編作品　マイケル・クッパーマン（Michael Kupperman：アメリカ）「Moon 1969：The True Story of the 1969 Moon Launch」in "Tales Designed to Thrizzle #8"〈Fantagraphics〉
　◇最優秀シングルイシュー・ワンショット
　　　　　　　　　ベッキー・クローナン（Becky Cloonan：アメリカ）「The Mire」〈self-published〉
　◇最優秀継続中シリーズ　ブライアン・K.ヴォーン（Brian K. Vaughan：アメリカ），フィオナ・ステイプルズ（Fiona Staples：カナダ）「Saga」〈Image〉
　◇最優秀新シリーズ　ブライアン・K.ヴォーン（Brian K. Vaughan：アメリカ），フィオナ・ステイプルズ（Fiona Staples：カナダ）「Saga」〈Image〉
　◇最優秀限定シリーズ　受賞者なし
　◇最優秀子ども向け出版物（7才以上）
　　　　　　　　　ジェニファー・L・ホルム（Jennifer L. Holm），マシュー・ホルム（Matthew Holm：アメリカ）「Babymouse for President」〈Random House〉
　◇最優秀子ども向け出版物（8～12才）
　　　　　　　　　ライアン・ノース（Ryan North：カナダ），シェリ・パロリーネ（Shelli Paroline），ブレイデン・ラム（Braden Lamb：アメリカ）「Adventure Time」〈kaboom！〉
　◇最優秀ヤングアダルト向け出版物（13～17才）
　　　　　　　　　マデレイン・レングル（Madeleine L'Engle），ホープ・ラーソン（Hope Larson：アメリカ）「A Wrinkle in Time」〈FSG〉
　◇最優秀ユーモア作品　ジェフリー・ブラウン（Jeffrey Brown：アメリカ）「Darth Vader and Son」〈Chronicle〉
　◇最優秀デジタルコミック　ポール・トービン（Paul Tobin），コリーン・クーヴァー（Colleen Coover：アメリカ）「Bandette」〈Monkeybrain〉
　◇最優秀アンソロジー　Mike Richardson「Dark Horse Presents」〈Dark Horse〉
　◇最優秀ノンフィクション　Joseph Lambert「Annie Sullivan and the Trials of Helen Keller」〈Center for Cartoon Studies/Disney Hyperion〉
　　　　　　　　　フランク・M・ヤング（Frank M. Young），デイビット・ラスキー（David Lasky：アメリカ）「The Carter Family：Don't Forget This Song」〈Abrams ComicArts〉
　◇最優秀ニュー・グラフィック・アルバム
　　　　　　　　　クリス・ウェア（Chris Ware：アメリカ）「Building Stories」〈Pantheon〉
　◇最優秀リプリント・グラフィック・アルバム
　　　　　　　　　ダーウィン・クーク（Darwyn Cooke：カナダ）「Richard Stark's Parker：The Score」〈IDW〉
　◇最優秀アーカイブ・コレクション/プロジェクト（ストリップ）
　　　　　　　　　ウォルト・ケリー（Walt Kelly：アメリカ），Carolyn Kelly, Kim Thompson「Pogo」〈Fantagraphics〉
　◇最優秀アーカイブ・コレクション/プロジェクト（コミックブック）
　　　　　　　　　スコット・ダンビエ（Scott Dunbier：アメリカ）「David Mazzucchelli's Daredevil Born Again：Artist's Edition」〈IDW〉
　◇最優秀国際賞　フアン・ディアス・カナレス（Juan Diaz Canales），フアーノ・ガルニド（Juanjo Guarnido：スペイン）「Blacksad：Silent Hell」〈Dark Horse〉

◇最優秀国際賞—アジア作品
　　　　　浦沢 直樹（Naoki Urasawa：日本）「20世紀少年（英題：Naoki Urasawa's 20th Century Boys）」〈VIZ Media〉
◇最優秀ライター　ブライアン・K.ヴォーン（Brian K. Vaughan：アメリカ）「Saga」〈Image〉
◇最優秀ライター/アーティスト
　　　　　クリス・ウェア（Chris Ware：アメリカ）「Building Stories」〈Pantheon〉
◇最優秀ペンシラー/インカー（個人・チーム）
　　　　　デイビッド・アジャ（David Aja：スペイン）「Hawkeye」〈Marvel〉
　　　　　クリス・サムニー（Chris Samnee：アメリカ）「Daredevil」〈Marvel〉，「Rocketeer：Cargo of Doom」〈IDW〉
◇最優秀ペインター/マルチメディア アーティスト（インテリア アート）
　　　　　フアーノ・ガルニド（Juanjo Guarnido：スペイン）「Blacksad」〈Dark Horse〉
◇最優秀カバー・アーティスト
　　　　　デイビッド・アジャ（David Aja：スペイン）「Hawkeye」〈Marvel〉
◇最優秀カラーリング　デイヴ・スチュワート（Dave Stewart）「Batwoman」〈DC〉〔ほか〕
◇最優秀レタリング　クリス・ウェア（Chris Ware：アメリカ）「Building Stories」〈Pantheon〉
◇最優秀コミックス関連ジャーナリズム
　　　　　トム・スパージョン（Tom Spurgeon）"The Comics Reporter（WEBサイト）"
◇最優秀コミック関連本　Sean Howe「Marvel Comics：The Untold Story」〈HarperCollins〉
◇最優秀教育/学術作品　Susan E. Kirtley「Lynda Barry：Girlhood Through the Looking Glass」〈University Press of Mississippi〉
◇最優秀出版デザイン　クリス・ウェア（Chris Ware：アメリカ）「Building Stories」〈Pantheon〉
◇殿堂　　　　　リー・フォーク（Lee Falk：アメリカ）
　　　　　アル・ジャフィー（Al Jaffee）
　　　　　Mort Meskin
　　　　　トリナ・ロビンス（Trina Robbins：アメリカ）
　　　　　Spain Rodriguez
　　　　　Joe Sinnott
◇ラス・マニング 有望新人賞
　　　　　Russel Roehling
◇ボブ・クランペット 人道主義賞
　　　　　Chris Sparks, Team Cul deSac
◇ビル・フィンガー 優秀コミックブック・ライティング賞
　　　　　Steve Gerber
　　　　　ドン・ローザ（Don Rosa：アメリカ）
◇ウィル・アイズナー コミック小売業スピリット賞
　　　　　Challengers Comics ＋ Conversation（所在地：シカゴ）

2014年
　◇最優秀短編作品　Gilbert Hernez「Untitled」in "Love and Rockets：New Stories #6"〈Fantagraphics〉
　◇最優秀シングルイシュー　マット・フラクション（Matt Fraction：アメリカ），デイビッド・アジャ（David Aja：スペイン）「Hawkeye #11：Pizza Is My Business」〈Marvel〉
　◇最優秀継続中シリーズ　ブライアン・K.ヴォーン（Brian K. Vaughan：アメリカ），フィオナ・ステイプルズ（Fiona Staples：カナダ）「Saga」〈Image〉
　◇最優秀限定シリーズ　スコット・スナイダー（Scott Snyder：アメリカ），Sean Murphy「The Wake」〈Vertigo/DC〉
　◇最優秀新シリーズ　マット・フラクション（Matt Fraction：アメリカ），チップ・ズダースキー（Chip Zdarsky：カナダ）「Sex Criminals」〈Image〉

◇最優秀子ども向け出版物（7才以上）
　　　　　　　　アート・バルタザール（Art Baltazar：アメリカ），Franco「Itty Bitty Hellboy」〈Dark Horse〉
◇最優秀子ども向け出版物（8〜12才）
　　　　　　　　Faith Erin Hicks「The Adventures of Superhero Girl」〈Dark Horse〉
◇最優秀ヤングアダルト向け出版物（13〜17才）
　　　　　　　　ポール・ポープ（Paul Pope：アメリカ）「Battling Boy」〈First Second〉
◇最優秀ユーモア作品　ジェフリー・ブラウン（Jeffrey Brown：アメリカ）「Vader's Little Princess」〈Chronicle〉
◇最優秀アンソロジー　Mike Richardson「Dark Horse Presents」〈Dark Horse〉
◇最優秀デジタル・ウェブコミック
　　　　　　　　マシュー・インマン（Matthew Inman：アメリカ）「The Oatmeal」
◇最優秀ノンフィクション　ヴィヴェック・J・ティワリー（Vivek J. Tiwary：アメリカ），Andrew C. Robinson, Kyle Baker「The Fifth Beatle：The Brian Epstein Story」〈M Press/Dark Horse〉
◇最優秀ニュー・グラフィック・アルバム
　　　　　　　　Rutu Modan「The Property」〈Drawn&Quarterly〉
◇最優秀アダプテーション　ドナルド・ウェストレイク（Donald Westlake：アメリカ），ダーウィン・クーク（Darwyn Cooke：カナダ）「Richard Stark's Parker：Slayground」〈IDW〉
◇最優秀リプリント・グラフィック・アルバム
　　　　　　　　ヴィヴェック・J・ティワリー（Vivek J. Tiwary：アメリカ），Andrew C. Robinson, Kyle Baker「The Fifth Beatle：The Brian Epstein Story」〈M Press/Dark Horse〉
◇最優秀アーカイブ・コレクション/プロジェクト（ストリップ）
　　　　　　　　Dean Mullaney「Tarzan：The Complete Russ Manning Newspaper Strips」〈LOAC/IDW〉
◇最優秀アーカイブ・コレクション/プロジェクト（コミックブック）
　　　　　　　　スコット・ダンビエ（Scott Dunbier：アメリカ）「Will Eisner's The Spirit Artist's Edition」〈IDW〉
◇最優秀国際賞　ジャック・タルディ（Jacques Tardi：フランス），ジャン＝ピエール・ヴェルネ（Jean-Pierre Verney：フランス）「Goddam This War！」〈Fantagraphics〉
◇最優秀国際賞—アジア作品
　　　　　　　　手塚 治虫（Osamu Tezuka：日本）「地底国の怪人（英題：The Mysterious Underground Men）」〈PictureBox〉
◇最優秀ライター　ブライアン・K.ヴォーン（Brian K. Vaughan：アメリカ）「Saga」〈Image〉
◇最優秀ライター/アーティスト
　　　　　　　　ジェイミー・ヘルナンデス（Jaime Hernandez：アメリカ）「Love and Rockets New Stories #6」〈Fantagraphics〉
◇最優秀ペンシラー/インカー（個人・チーム）
　　　　　　　　Sean Murphy「The Wake」〈DC/Vertigo〉
◇最優秀ペインター/マルチメディア アーティスト
　　　　　　　　フィオナ・ステイプルズ（Fiona Staples：カナダ）「Saga」〈Image〉
◇最優秀カバー・アーティスト
　　　　　　　　デイビッド・アジャ（David Aja：スペイン）「Hawkeye」〈Marvel〉
◇最優秀カラーリング　ジョーディ・ベレア（Jordie Bellaire：アメリカ）「The Manhattan Projects」「Nowhere Men」「Pretty Deadly」〈Image〉〔ほか〕
◇最優秀レタリング　ダーウィン・クーク（Darwyn Cooke：カナダ）「Richard Stark's Parker：Slayground」〈IDW〉

◇最優秀コミックス関連ジャーナリズム
　　　　　　　Jonah Weiland "Comic Book Resources(WEBサイト)"
◇最優秀コミック関連本　Dean Mullaney, Bruce Canwell「Genius」〈LOAC/IDW〉
◇最優秀教育/学術作品　Sheena C. Howard, Ronald L. Jackson Ⅱ「Black Comics：Politics of Race and Representation」〈Bloomsbury〉
◇最優秀出版デザイン　Dean Mullaney「Genius」〈LOAC/IDW〉
◇殿堂　　　　　オリン・エバンス(Orrin C. Evans：アメリカ)
　　　　　　　アーウィン・ハセン(Irwin Hasen：アメリカ)
　　　　　　　宮崎　駿(Hayao Miyazaki：日本)
　　　　　　　シェルドン・モルドフ(Sheldon Moldoff：アメリカ)
　　　　　　　アラン・ムーア(Alan Moore：イギリス)
　　　　　　　デニス・オニール(Dennis O'Neil：アメリカ)
　　　　　　　バーニー・ライトソン(Bernie Wrightson：アメリカ)
◇ラス・マニング 有望新人賞
　　　　　　　Aaron Conley
◇ボブ・クランペット 人道主義賞
　　　　　　　Joe Field
◇ビル・フィンガー 優秀コミックブック・ライティング賞
　　　　　　　Robert Kanigher
　　　　　　　ビル・モントロ(Bill Mantlo：アメリカ)
　　　　　　　Jack Mendelsohn
◇ウィル・アイズナー コミック小売業スピリット賞
　　　　　　　All Star Comics(所在地：オーストラリア・メルボルン), Troy Varker, Mitchell Davies
　　　　　　　Legend Comics&Coffee(所在地：ネブラスカ・オハマ), David DeMarco, Jason Dasenbrock, Wendy Pivonka, Mitchell Davies

2015年
　◇最優秀短編作品　Emily Carroll「When the Darkness Presses」
　◇最優秀シングルイシュー・ワンショット
　　　　　　　エヴァン・ドーキン(Evan Dorkin), ジル・トンプソン(Jill Thompson：アメリカ)「Beasts of Burden：Hunters and Gatherers」〈Dark Horse〉
　◇最優秀継続中シリーズ　ブライアン・K.ヴォーン(Brian K. Vaughan：アメリカ), フィオナ・ステイプルズ(Fiona Staples：カナダ)「Saga」〈Image〉
　◇最優秀限定シリーズ　Eric Shanower, Gabriel Rodriguez「Little Nemo：Return to Slumberland」〈IDW〉
　◇最優秀新シリーズ　Shannon Watters, Grace Ellis, Noelle Stevenson, Brooke A. Allen「Lumberjanes」〈BOOM！Box〉
　◇最優秀子ども向け出版物(7才以上)
　　　　　　　アリエル・コーン(Ariel Cohn), アーロン・ネルス・スタインク(Aron Nels Steinke：アメリカ)「The Zoo Box」〈First Second〉
　◇最優秀子ども向け出版物(8～12才)
　　　　　　　Cece Bell「El Deafo」〈Amulet/Abrams〉
　◇最優秀ヤングアダルト向け出版物(13～17才)
　　　　　　　Shannon Watters, Grace Ellis, Noelle Stevenson, Brooke A. Allen「Lumberjanes」〈BOOM！Box〉
　◇最優秀ユーモア作品　Richard Thompson「The Complete Cul de Sac」〈Andrews McMeel〉
　◇最優秀デジタル・ウェブコミック
　　　　　　　ブライアン・K.ヴォーン(Brian K. Vaughan：アメリカ), Marcos Martin「The Private Eye」

◇最優秀アンソロジー Josh O'Neill, Andrew Carl, Chris Stevens「Little Nemo：Dream Another Dream」〈Locust Moon〉
◇最優秀ノンフィクション エド・ピスコー (Ed Piskor：アメリカ)「Hip Hop Family Tree」〈Fantagraphics〉
◇最優秀ニュー・グラフィック・アルバム
　　マリコ・タマキ (Mariko Tamaki：カナダ), ジリアン・タマキ (Jillian Tamaki：アメリカ)「This One Summer」〈First Second〉
◇最優秀リプリント・グラフィック・アルバム
　　Emily Carroll「the Woods」〈McElderry Books〉
◇最優秀アーカイブ・コレクション/プロジェクト (ストリップ)
　　アレクサンダー・ブラウン (Alexander Braun)「Winsor McCay's Complete Little Nemo」〈TASCHEN〉
◇最優秀アーカイブ・コレクション/プロジェクト (コミックブック)
　　スコット・ダンビエ (Scott Dunbier：アメリカ)「Steranko Nick Fury Agent of S.H.I.E.L.D. Artist's Edition」〈IDW〉
◇最優秀国際賞 フアン・ディアス・カナレス (Juan Diaz Canales), フアーノ・ガルニド (Juanjo Guarnido：スペイン)「Blacksad：Amarillo」〈Dark Horse〉
◇最優秀国際賞―アジア作品
　　水木しげる (Shigeru Mizuki：日本)「コミック昭和史 (英題：Showa 1939-1944 and Showa 1944-1953：A History of Japan)」〈Drawn&Quarterly〉
◇最優秀ライター ジーン・ルエン・ヤン (Gene Luen Yang)「Avatar：The Last Airbender」〈Dark Horse〉,「The Shadow Hero」〈First Second〉
◇最優秀ライター/アーティスト
　　ライナ・テルゲマイアー (Raina Telgemeier：アメリカ)「Sisters」〈Graphix/Scholastic〉
◇最優秀ペンシラー/インカー (個人・チーム)
　　フィオナ・ステイプルズ (Fiona Staples：カナダ)「Saga」〈Image〉
◇最優秀ペインター/マルチメディア アーティスト
　　ジェームズ・H.ウィリアムズ3世 (J. H. WilliamsⅢ：アメリカ)「The Sandman：Overture」〈Vertigo/DC〉
◇最優秀カバー・アーティスト
　　ダーウィン・クーク (Darwyn Cooke：カナダ)「DC Comics Darwyn Cooke Month Variant Covers」〈DC〉
◇最優秀カラーリング デイヴ・スチュワート (Dave Stewart)「Hellboy」〈Dark Horse〉〔ほか〕
◇最優秀レタリング スタン坂井 (Stan Sakai：アメリカ)「兎用心棒 (原題：Usagi Yojimbo：Senso, Usagi Yojimbo Color Special：The Artist」〈Dark Horse〉
◇最優秀コミックス関連ジャーナリズム
　　Andy Khouri, Caleb Goellner, アンドリュー・ウィーラー (Andrew Wheeler), Joe Hughes "Comics Alliance (WEBサイト)"
◇最優秀コミック関連本 Dean Mullaney, Bruce Canwell「The Cartoon Art of Alex Toth」〈IDW/LOAC〉
◇最優秀教育/学術作品 Sarah Lightman「Graphic Details：Jewish Women's Confessional Comics in Essays and Interviews」〈McFarland〉
◇最優秀出版デザイン Jim Rugg「Little Nemo：Dream Another Dream」〈Locust Moon〉
◇殿堂
　● 審査員による選抜 マージョリー・ヘンダーソン (Marjorie Henderson (Marge)：アメリカ)
　　　Bill Woggon (アメリカ)
　● 投票による選抜 ジョン・バーン (John Byrne：イギリス)
　　　クリス・クレアモント (Chris Claremont：アメリカ)

　　　　　　　　デニス・キッチン（Denis Kitchen：アメリカ）
　　　　　　　　フランク・ミラー（Frank Miller：アメリカ）
◇ボブ・クランペット 人道主義賞
　　　　　　　　Bill Morrison, Kayre Morrison
◇ラス・マニング 有望新人賞
　　　　　　　　Jorge Corona
　　　　　　　　Greg Smallwood
◇ビル・フィンガー 優秀コミックブック・ライティング賞
　　　　　　　　Don McGregor
　　　　　　　　ジョン・スタンリー（John Stanley）
◇ウィル・アイズナー コミック小売業スピリット賞
　　　　　　　　Packrat Comics（所在地：オハイオ州ヒリアード）, Jamie Colegrove, Teresa Colegrove

2016年
◇最優秀短編作品　エイドリアン・トミネ（Adrian Tomine：アメリカ）「Killing and Dying, 」in "Optic Nerve #14"〈Drawn Quarterly〉
◇最優秀シングルイシュー・ワンショット
　　　　　　　　ダン・スロット（Dan Slott：アメリカ）, Michael Allred「Silver Surfer #11：Never After」〈Marvel〉
◇最優秀継続中シリーズ　ジェイソン・アーロン（Jason Aaron）, ジェイソン・ラトゥーア（Jason Latour：アメリカ）「Southern Bastards」〈Image〉
◇最優秀限定シリーズ　エド・ブルベイカー（Ed Brubaker：アメリカ）, ショーン・フィリップス（Sean Phillips：イギリス）「The Fade Out」〈Image〉
◇最優秀新シリーズ　ブライアン・K.ヴォーン（Brian K. Vaughan：アメリカ）, Cliff Chiang「Paper Girls」〈Image〉
◇最優秀子ども向け出版物（8才以上）
　　　　　　　　ベン・ハトケ（Ben Hatke：アメリカ）「Little Robot」〈First Second〉
◇最優秀子ども向け出版物（9～12才）
　　　　　　　　Pat McHale, Amalia Levari（アメリカ）, Jim Campbell 「Over the Garden Wall」〈BOOM! Studios/KaBOOM!〉
◇最優秀ヤングアダルト向け出版物（13～17才）
　　　　　　　　ジリアン・タマキ（Jillian Tamaki：アメリカ）「SuperMutant Magic Academy」〈Drawn&Quarterly〉
◇最優秀ユーモア作品　Kate Beaton「Step Aside」〈Drawn&Quarterly〉
◇最優秀デジタル・ウェブコミック
　　　　　　　　ポール・トービン（Paul Tobin）, コリーン・クーヴァー（Colleen Coover：アメリカ）「Bandette」〈Monkeybrain/comiXology〉
◇最優秀アンソロジー　Tom Devlin「Drawn&Quarterly」〈Drawn&Quarterly〉
◇最優秀ノンフィクション　ジョン・ルイス（John Lewis）, アンドリュー・アイディン（Andrew Aydin：アメリカ）, Nate Powell「March：Book Two」〈Top Shelf/IDW〉
◇最優秀ニュー・グラフィック・アルバム
　　　　　　　　Peter Kuper「Ruins」〈SelfMadeHero〉
◇最優秀リプリント・グラフィック・アルバム
　　　　　　　　Noelle Stevenson「Nimona」〈Harper Teen〉
◇最優秀アダプテーション　ファビオ・ムーン（Fábio Moon）, ガブリエル・バー（Gabriel Bá：ブラジル）「Two Brothers」〈Dark Horse〉
◇最優秀国際賞　アサフ・ハヌカ（Asaf Hanuka：イスラエル）「The Realist」〈BOOM! Studios/Archaia〉
◇最優秀国際賞―アジア作品

　　　　　　　水木 しげる (Shigeru Mizuki：日本)「コミック昭和史 (英題：Showa)」
　　　　　　　〈Drawn&Quarterly〉
◇最優秀アーカイブ・コレクション/プロジェクト(ストリップ)
　　　　　　　Héctor Germán Oesterheld, Francisco Solano Lòpez, ゲイリー・グロス (Gary
　　　　　　　Groth：アメリカ), Kristy Valenti「The Eternaut」〈Fantagraphics〉
◇最優秀アーカイブ・コレクション/プロジェクト(コミックブック)
　　　　　　　クレイグ・ヨエ (Craig Yoe：アメリカ)「Walt Kelly's Fairy Tales」〈IDW〉
◇最優秀ライター　ジェイソン・アーロン (Jason Aaron：アメリカ)「Southern Bastards」
　　　　　　　〈Image〉〔ほか〕
◇最優秀ライター/アーティスト
　　　　　　　ビル・グリフィス (Bill Griffith：アメリカ)「Invisible Ink：My Mother's
　　　　　　　Secret Love Affair with a Famous Cartoonist」〈Fantagraphics〉
◇最優秀ペンシラー/インカー(個人・チーム)
　　　　　　　Cliff Chiang「Paper Girls」〈Image〉
◇最優秀ペインター/マルチメディア アーティスト
　　　　　　　ダスティン・グエン (Dustin Nguyen)「Descender」〈Image〉
◇最優秀カバー・アーティスト
　　　　　　　デイビッド・アジャ (David Aja：スペイン)「Hawkeye, Karnak, Scarlet
　　　　　　　Witch」〈Marvel〉
◇最優秀カラーリング　ジョーディ・ベレア (Jordie Bellaire：アメリカ)「The Autumnlands」
　　　　　　　〈Image〉〔ほか〕
◇最優秀レタリング　Derf Backderf「Trashed」〈Abrams〉
◇最優秀コミックス関連ジャーナリズム
　　　　　　　Tom Heintjes "ホーガンズアレイ (Hogan's Alley)"
◇最優秀コミック関連本　ビル・シェリー (Bill Schelly：アメリカ)「Harvey Kurtzman：The Man
　　　　　　　Who Created Mad and Revolutionized Humor in America」
　　　　　　　〈Fantagraphics〉
◇最優秀教育/学術作品　Frances Gateward, John Jennings「The Blacker the Ink：Constructions
　　　　　　　of Black Identity in Comics and Sequential Art」〈Rutgers〉
◇最優秀出版デザイン　Josh Beatman, Brainchild Studios「Sandman Gallery Edition」〈Graphitti
　　　　　　　Designs/DC〉
◇殿堂
　●審査員による選抜　カール・バーゴス (Carl Burgos：アメリカ)
　　　　　　　トーベ・ヤンソン (Tove Jansson：フィンランド)
　●投票による選抜　リンダ・バリー (Lynda Barry：アメリカ)
　　　　　　　ルーブ・ゴールドバーグ (Rube Goldberg：アメリカ)
　　　　　　　マット・グレイニング (Matt Groening：アメリカ)
　　　　　　　ジャック・タルディ (Jacques Tardi：フランス)

2017年
◇最優秀短編作品　トム・キング (Tom King：アメリカ), デビッド・フィンチ (David Finch：カ
　　　　　　　ナダ)「Good Boy」in "Batman Annual #1"〈DC〉
◇最優秀シングルイシュー・ワンショット
　　　　　　　エヴァン・ドーキン (Evan Dorkin), サラ・ダイアー (Sarah Dyer), ジル・ト
　　　　　　　ンプソン (Jill Thompson：アメリカ)「Beasts of Burden：What the Cat
　　　　　　　Dragged In」〈Dark Horse〉
◇最優秀継続中シリーズ　ブライアン・K.ヴォーン (Brian K. Vaughan：アメリカ), フィオナ・ス
　　　　　　　テイプルズ (Fiona Staples：カナダ)「Saga」〈Image〉
◇最優秀限定シリーズ　トム・キング (Tom King：アメリカ), Gabriel Walta「The Vision」

〈Marvel〉
◇最優秀新シリーズ　ジェフ・レミア（Jeff Lemire：カナダ），ディーン・オルムストン（Dean Ormston：イギリス）「Black Hammer」〈Dark Horse〉
◇最優秀子ども向け出版物（8才以上）
　　　　　　　　ベン・クラントン（Ben Clanton）「Narwhal：Unicorn of the Sea」〈Tundra〉
◇最優秀子ども向け出版物（9～12才）
　　　　　　　　ライナ・テルゲマイアー（Raina Telgemeier：アメリカ）「Ghosts」〈Scholastic〉
◇最優秀ヤングアダルト向け出版物（13～17才）
　　　　　　　　ライアン・ノース（Ryan North：カナダ），Erica Henderson「The Unbeatable Squirrel Girl」〈Marvel〉
◇最優秀ユーモア作品　チップ・ズダースキー（Chip Zdarsky），ライアン・ノース（Ryan North：カナダ），Erica Henderson，デレク・チャーム（Derek Charm）「Jughead」〈Archie〉
◇最優秀アンソロジー　Sarah Gaydos, Jamie S. Rich「Love Is Love」〈IDW/DC〉
◇最優秀ノンフィクション　ジョン・ルイス（John Lewis），アンドリュー・アイディン（Andrew Aydin：アメリカ），Nate Powell「March（Book Three）」〈Top Shelf〉
◇最優秀ニュー・グラフィック・アルバム
　　　　　　　　ジル・トンプソン（Jill Thompson：アメリカ）「Wonder Woman：The True Amazon」〈DC Comics〉
◇最優秀リプリント・グラフィック・アルバム
　　　　　　　　ジェイソン・シガ（Jason Shiga：アメリカ）「Demon」〈First Second〉
◇最優秀国際賞　メビウス（ジャン・ジロー）（Moebius（Jean Giraud）：フランス）「Moebius Library：The World of Edena」〈Dark Horse〉
◇最優秀国際賞―アジア作品
　　　　　　　　Sonny Liew「The Art of Charlie Chan Hock Chye」〈Pantheon〉
◇最優秀アーカイブ・コレクション/プロジェクト（ストリップ）
　　　　　　　　ピーター・マレスカ（Peter Maresca）「Chester Gould's Dick Tracy」〈Sunday Press〉
◇最優秀アーカイブ・コレクション/プロジェクト（コミックブック）
　　　　　　　　トリナ・ロビンス（Trina Robbins），ゲイリー・グロス（Gary Groth：アメリカ），J. Michael Catron「The Complete Wimmen's Comix」〈Fantagraphics〉
◇最優秀ライター　ブライアン・K.ヴォーン（Brian K. Vaughan：アメリカ）「Paper Girls, Saga」〈Image〉
◇最優秀ライター/アーティスト
　　　　　　　　Sonny Liew「The Art of Charlie Chan Hock Chye」〈Pantheon〉
◇最優秀ペンシラー/インカー（個人・チーム）
　　　　　　　　フィオナ・ステイプルズ（Fiona Staples：カナダ）「Saga」〈Image〉
◇最優秀ペインター/マルチメディア アーティスト
　　　　　　　　ジル・トンプソン（Jill Thompson：アメリカ）「Wonder Woman：The True Amazon」〈DC〉〔ほか〕
◇最優秀カバー・アーティスト
　　　　　　　　フィオナ・ステイプルズ（Fiona Staples：カナダ）「Saga」〈Image〉
◇最優秀カラーリング　マット・ウィルソン（Matt Wilson），Cry Havoc「Paper Girls」「The Wicked + The Divine」〈Image〉〔ほか〕
◇最優秀レタリング　トッド・クライン（Todd Klein：アメリカ）「Clean Room」「Dark Night, Lucifer」〈Vertigo/DC〉〔ほか〕
◇最優秀コミックス関連ジャーナリズム
　　　　　　　　Oliver Sava〔ほか〕"The A.V. Club comics coverage（WEBサイト）"

◇最優秀コミック関連本 Michael Tisserand「Krazy：George Herriman」〈Harper〉
◇最優秀教育/学術作品 Carolyn Cocca「Superwomen：Gender」〈Bloomsbury〉
◇最優秀出版デザイン Sonny Liew「The Art of Charlie Chan Hock Chye」〈Pantheon〉
◇最優秀ウェブコミック アン・サブラ（Anne Szabla：アメリカ）「Bird Boy」
◇最優秀デジタルコミック Paul Tobin, Colleen Coover「Bandette」〈Monkeybrain/comiXology〉
◇殿堂
- 審査員による選抜 ミルト・グロス（Milt Gross：アメリカ）
  H.G・ピーター（H. G. Peter：アメリカ）
  アントニオ・プロヒアス（Antonio Prohias：アメリカ）
  Dori Seda
- 投票による選抜 ギルバート・ヘルナンデス（Gilbert Hernandez：アメリカ）
  ジェイミー・ヘルナンデス（Jaime Hernandez：アメリカ）
  ジョージ・ペレス（George Pérez：アメリカ）
  ウォルト・サイモンソン（Walt Simonson：アメリカ）
  ジム・スターリン（Jim Starlin：アメリカ）

2018年
◇最優秀短編作品 ニック・ソウサニス（Nick Sousanis：アメリカ）「A Life in Comics：The Graphic Adventures of Karen Green」in "Columbia Magazine"〈Summer 2017〉
◇最優秀シングルイシュー・ワンショット
　　　　マイク・ミニョーラ（Mike Mignola：アメリカ）, アダム・ヒューズ（Adam Hughes）「Hellboy：Krampusnacht」〈Dark Horse〉
◇最優秀継続中シリーズ マージョリー・リュー（Marjorie Liu：アメリカ）, タケダ サナ（Sana Takeda：日本）「モンストレス（原題：Monstress）」〈Image〉
◇最優秀限定シリーズ Roxane Gay, Ta-Nehisi Coates, Alitha E. Martinez（アメリカ）「Black Panther：World of Wakanda」〈Marvel〉
◇最優秀新シリーズ サラディン・アフメド（Saladin Ahmed：アメリカ）, Christian Ward「Black Bolt」〈Marvel〉
◇最優秀子ども向け出版物（8才以上）
　　　　Liniers「Good Night」〈Toon Books〉
◇最優秀子ども向け出版物（9〜12才）
　　　　Katie O'Neill「The Tea Dragon Society」〈Oni〉
◇最優秀ヤングアダルト向け出版物（13〜17才）
　　　　マージョリー・リュー（Marjorie Liu：アメリカ）, タケダ サナ（Sana Takeda：日本）「モンストレス（原題：Monstress）」〈Image〉
◇最優秀ユーモア作品 Tom Gauld「Baking with Kafka」〈Drawn&Quarterly〉
◇最優秀アンソロジー Creators of Color！, Taneka Stotts「Elements：Fire」〈Beyond Press〉
◇最優秀ノンフィクション Tillie Walden「Spinning」〈First Second〉
◇最優秀ニュー・グラフィック・アルバム
　　　　Emil Ferris「My Favorite Thing Is Monsters」〈Fantagraphics〉
◇最優秀リプリント・グラフィック・アルバム
　　　　ジリアン・タマキ（Jillian Tamaki：アメリカ）「Boundless」〈Drawn&Quarterly〉
◇最優秀アダプテーション オクティヴィア・エステル・バトラー（Octavia Butler：アメリカ）, ダミアン・ダフィー（Damian Duffy）, John Jennings「Kindred」〈Abrams ComicArts〉
◇最優秀国際賞 Marcelo D'Salete, Andrea Rosenberg「Run for It：Stories of Slaves Who Fought for the Freedom」〈Fantagraphics〉

◇最優秀国際賞―アジア作品
　　　　　　田亀 源五郎(Gengoroh Tagame：日本)，アン・イシイ(Anne Ishii：アメリカ)「弟の夫(英題：My Brother's Husband)」〈Pantheon〉
◇最優秀アーカイブ・コレクション/プロジェクト(ストリップ)
　　　　　　チャールズ・M・シュルツ(Charles M. Schulz：アメリカ), Alexis E. Fajardo, Dorothy O'Brien「Celebrating Snoopy」〈Andrews McMeel〉
◇最優秀アーカイブ・コレクション/プロジェクト(コミックブック)
　　　　　　大友 克洋(Katsuhiro Otomo：日本), Haruko Hashimoto, アジャニ・オロイエ(Ajani Oloye), Lauren Scanlan「Akira 35th Anniversary Edition」〈Kodansha〉
◇最優秀ライター　トム・キング(Tom King：アメリカ)「Batman」〈DC〉〔ほか〕
　　　　　　マージョリー・リュー(Marjorie Liu：アメリカ)「モンストレス(原題：Monstress)」〈Image〉
◇最優秀ライター/アーティスト
　　　　　　Emil Ferris「My Favorite Thing Is Monsters」〈Fantagraphics〉
◇最優秀ペンシラー/インカー(個人・チーム)
　　　　　　ミッチ・ゲラッズ(Mitch Gerads：アメリカ)「Mister Miracle」〈DC〉
◇最優秀ペインター/マルチメディア アーティスト
　　　　　　タケダ サナ(Sana Takeda：日本)「モンストレス(原題：Monstress)」〈Image〉
◇最優秀カバー・アーティスト
　　　　　　タケダ サナ(Sana Takeda：日本)「モンストレス(原題：Monstress)」〈Image〉
◇最優秀カラーリング　Emil Ferris「My Favorite Thing Is Monsters」〈Fantagraphics〉
◇最優秀レタリング　スタン坂井(Stan Sakai：アメリカ)「兎用心棒(原題：Usagi Yojimbo, Groo：Slay of the Gods)」〈Dark Horse〉
◇最優秀コミックス関連ジャーナリズム
　　　　　　ダン・ネーデル(Dan Nadel), Timothy Hodler, Tucker Stone "The Comics Journal(WEBサイト)"
◇最優秀教育/学術作品　Frederick Luis Aldama「Latinx Superheroes in Mainstream Comics」〈University of Arizona Press〉
◇最優秀コミック関連本　Paul Karasik, Mark Newgarden「How to Read Nancy：The Elements of Comics in Three Easy Panels」〈Fantagraphics〉
◇最優秀出版デザイン　Phil Balsman, サイトウ アキラ(Akira Saito：アメリカ), NORMA Editorial, MASH・ROOM/KODANSHA「Akira 35th Anniversary Edition」
◇最優秀デジタルコミック　ハーヴェイ・カーツマン(Harvey Kurtzman：アメリカ), Josh O'Neill, Shannon Wheeler, ギデオン・ケンドール(Gideon Kendall：アメリカ)「Harvey Kurtzman's Marley's Ghost」〈comiXology Originals/Kitchen, Lind&Associates〉
◇最優秀ウェブコミック　Katie O'Neill「The Tea Dragon Society」〈Oni Press〉
◇殿堂
　●審査員による選抜　Carol Kalish
　　　　　　ジャッキー・オームズ(Jackie Ormes：アメリカ)
　●投票による選抜　チャールズ・アダムス(Charles Addams：アメリカ)
　　　　　　カレン・バーガー(Karen Berger：アメリカ)
　　　　　　デイヴ・ギボンズ(Dave Gibbons：イギリス)
　　　　　　高橋 留美子(Rumiko Takahashi：日本)

2019年
- ◇最優秀短編作品　トム・キング（Tom King：アメリカ），ジェイソン・ファボック（Jason Fabok：カナダ）「The Talk of the Saints」in "Swamp Thing Winter Special"〈DC〉
- ◇最優秀シングルイシュー・ワンショット　チップ・ズダースキー（Chip Zdarsky：カナダ）「The Spectacular Spider-Man #310」〈Marvel〉
- ◇最優秀継続中シリーズ　ジョン・アリソン（John Allison），Max Sarin, Julia Madrigal「Giant Days」〈BOOM！Box〉
- ◇最優秀限定シリーズ　トム・キング（Tom King：アメリカ），ミッチ・ゲラッズ（Mitch Gerads：アメリカ）「Mister Miracle」〈DC〉
- ◇最優秀新シリーズ　ジェフ・レミア（Jeff Lemire：カナダ），アンドレア・ソレンティーノ（Andrea Sorrentino：イタリア）「Gideon Falls」〈Image〉
- ◇最優秀子ども向け出版物（8才以上）　James Kochalka「Johnny Boo and the Ice Cream Computer」〈Top Shelf/IDW〉
- ◇最優秀子ども向け出版物（9〜12才）　Faith Erin Hicks「The Divided Earth」〈First Second〉
- ◇最優秀ヤングアダルト向け出版物（13〜17才）　Jen Wang「The Prince and the Dressmaker」〈First Second〉
- ◇最優秀ユーモア作品　ジョン・アリソン（John Allison），Max Sarin, Julia Madrigal「Giant Days」〈BOOM！Box〉
- ◇最優秀アンソロジー　Marco Lopez, Desiree Rodriguez, Hazel Newlevant, Derek Ruiz, Neil Schwartz「Puerto Rico Strong」〈Lion Forge〉
- ◇最優秀ノンフィクション　Box Brown「Is This Guy For Real？ The Unbelievable Andy Kaufman」〈First Second〉
- ◇最優秀ニュー・グラフィック・アルバム　エド・ブルベイカー（Ed Brubaker：アメリカ），ショーン・フィリップス（Sean Phillips：イギリス）「My Heroes Have Always Been Junkies」〈Image〉
- ◇最優秀リプリント・グラフィック・アルバム　トム・キング（Tom King：アメリカ），Gabriel Hernandez Walta, マイケル・ウォルシュ（Michael Walsh）「The Vision hardcover」〈Marvel〉
- ◇最優秀国際賞　ペネロープ・バジュー（Pénélope Bagieu），Montana Kane「Brazen：Rebel Ladies Who Rocked the World」〈First Second〉
- ◇最優秀国際賞—アジア作品　東村 アキコ（Akiko Higashimura：日本）「東京タラレバ娘（英題：Tokyo Tarareba Girls）」〈Kodansha〉
- ◇最優秀アーカイブ・コレクション/プロジェクト（ストリップ）　アーチー・グッドウィン（Archie Goodwin），アル・ウィリアムソン（Al Williamson），Dean Mullaney「Star Wars：Classic Newspaper Strips」〈Library of American Comics/IDW〉
- ◇最優秀アーカイブ・コレクション/プロジェクト（コミックブック）　スコット・ダンビエ（Scott Dunbier：アメリカ）「Bill Sienkiewicz's Mutants and Moon Knights… And Assassins… Artifact Edition」〈IDW〉
- ◇最優秀ライター　トム・キング（Tom King：アメリカ）「Batman」〈DC〉〔ほか〕
- ◇最優秀ライター/アーティスト　Jen Wang「The Prince and the Dressmaker」〈First Second〉
- ◇最優秀ペンシラー/インカー（個人・チーム）　ミッチ・ゲラッズ（Mitch Gerads：アメリカ）「Mister Miracle」〈DC〉
- ◇最優秀ペインター/マルチメディア アーティスト

ダスティン・グエン（Dustin Nguyen）「Descender」〈Image〉
◇最優秀カバー・アーティスト
　　　　　Jen Bartel「Blackbird」〈Image〉,「Submerged」〈Vault〉
◇最優秀カラーリング　マット・ウィルソン（Matt Wilson）「Black Cloud」〈Image〉〔ほか〕
◇最優秀レタリング　トッド・クライン（Todd Klein：アメリカ）「Black Hammer：Age of Doom」〈Dark Horse〉〔ほか〕
◇最優秀コミックス関連ジャーナリズム
　　　　　Michael Eury　"Back Issue"〈TwoMorrows〉
　　　　　Hassan Otsmane-Elhaou　"PanelxPanel magazine（WEBサイト）"
◇最優秀コミック関連本　Martha H. Kennedy「Drawn to Purpose：American Women Illustrators and Cartoonists」〈University Press of Mississippi〉
◇最優秀教育/学術作品　アン・エリザベス・ムーア（Anne Elizabeth Moore：アメリカ）「Sweet Little C*nt：The Graphic Work of Julie Doucet」〈Uncivilized Books〉
◇最優秀出版デザイン　ジョン・リンド（John Lind）「Will Eisner's A Contract with God：Curator's Collection」〈Kitchen Sink/Dark Horse〉
◇最優秀デジタルコミック　ケン・ニイムラ（Ken Niimura：スペイン）「Umami」〈Panel Syndicate〉
◇最優秀ウェブコミック　Sophie Yanow「The Contradictions」
◇殿堂
　●審査員による選抜　ジム・アパロ（Jim Aparo：アメリカ）
　　　　　　　　　ジューン・タルペ・ミルズ（June Tarpé Mills：アメリカ）
　　　　　　　　　デーヴ・スティーブンス（Dave Stevens：アメリカ）
　　　　　　　　　モリー・ターナー（Morrie Turner：アメリカ）
　●投票による選抜　ホセ・ルイス・ガルシア＝ロペス（Jose Luis Garcia-Lopez：アルゼンチン）
　　　　　　　　　ジェネット・カーン（Jenette Kahn：アメリカ）
　　　　　　　　　ポール・レヴィッツ（Paul Levitz：アメリカ）
　　　　　　　　　ウェンディ・ピニ（Wendy Pini），リチャード・ピニ（Richard Pini：アメリカ）
　　　　　　　　　ビル・シンケビッチ（Bill Sienkiewicz：アメリカ）

2020年
　◇最優秀短編作品　Ebony Flowers「Hot Comb」in "Hot Comb"〈Drawn&Quarterly〉
　◇最優秀シングルイシュー・ワンショット
　　　　　　　Emil Ferris「Our Favorite Thing Is My Favorite Thing Is Monsters」〈Fantagraphics〉
　◇最優秀継続中シリーズ　David Walker, チャック・ブラウン（Chuck Brown）, Sanford Greene「Bitter Root」〈Image〉
　◇最優秀限定シリーズ　Darcy Van Poelgeest, イアン・バートラム（Ian Bertram）「Little Bird」〈Image〉
　◇最優秀新シリーズ　グウェンドリン・ウィロー・ウィルソン（G. Willow Wilson：アメリカ）, Christian Ward「Invisible Kingdom」〈Berger Books/Dark Horse〉
　◇最優秀幼児向け出版物　Ivan Brunetti「Comics：Easy as ABC」〈TOON〉
　◇最優秀子ども向け出版物　ライナ・テルゲマイアー（Raina Telgemeier：アメリカ）「Guts」〈Scholastic Graphix〉
　◇最優秀ティーン向け出版物
　　　　　　　マリコ・タマキ（Mariko Tamaki：カナダ）, Rosemary Valero-O'Connell「Laura Dean Keeps Breaking Up with Me」〈First Second/Macmillan〉
　◇最優秀ユーモア作品　おおのこうすけ（Kousuke Oono：日本）, Sheldon Drzka「極主夫道（英題：The Way of the Househusband）」〈VIZ Media〉
　◇最優秀アンソロジー　ダイアン・ヌーミン（Diane Noomin：アメリカ）「Drawing Power：

　　　　　　　　　Women's Stories of Sexual Violence」〈Abrams〉
◇最優秀ノンフィクション　ジョージ・タケイ（George Takei：アメリカ），Justin Eisinger, スティーブン・スコット（Steven Scott），ハーモニー・ベッカー（Harmony Becker）「They Called Us Enemy」〈Top Shelf〉
◇最優秀ニュー・グラフィック・アルバム
　　　　　　　　　Tillie Walden「Are You Listening？」〈First Second/Macmillan〉
◇最優秀リプリント・グラフィック・アルバム
　　　　　　　　　ナディ・オコアラフォー（Nnedi Okorafor：アメリカ），Tana Ford「LaGuardia」〈Berger Books/Dark Horse〉
◇最優秀アダプテーション　ニール・ゲイマン（Neil Gaiman：イギリス），Colleen Doran「Snow」〈Dark Horse Books〉
◇最優秀国際賞　パコ・ロカ（Paco Roca：スペイン），Andrea Rosenberg「The House」〈Fantagraphics〉
◇最優秀国際賞―アジア作品
　　　　　　　　　松本 大洋（Taiyo Matsumoto：日本），マイケル・アリアス（Michael Arias）「ルーヴルの猫（英題：Cats of the Louvre）」〈VIZ Media〉
　　　　　　　　　白浜 鴎（Kamome Shirahama：日本），Stephen Kohler「とんがり帽子のアトリエ（英題：Witch Hat Atelier）」〈Kodansha〉
◇最優秀アーカイブ・コレクション/プロジェクト（コミック・ストリップ）
　　　　　　　　　ジョージ・ヘリマン（George Herriman：アメリカ），アレクサンダー・ブラウン（Alexander Braun）「Krazy Kat：The Complete Color Sundays」〈TASCHEN〉
◇最優秀アーカイブ・コレクション/プロジェクト（コミックブック）
　　　　　　　　　スタン坂井（Stan Sakai），スコット・ダンビエ（Scott Dunbier：アメリカ）「Stan Sakai's Usagi Yojimbo：The Complete Grasscutter Artist Select」〈IDW〉
◇最優秀ライター　マリコ・タマキ（Mariko Tamaki：カナダ）「Harley Quinn：Breaking Glass」〈DC〉〔ほか〕
◇最優秀ライター/アーティスト
　　　　　　　　　ライナ・テルゲマイアー（Raina Telgemeier：アメリカ）「Guts」〈Scholastic Graphix〉
◇最優秀ペンシラー/インカー（個人・チーム）
　　　　　　　　　Rosemary Valero-O'Connell「Laura Dean Keeps Breaking Up with Me」〈First Second/Macmillan〉
◇最優秀ペインター/デジタルアーティスト
　　　　　　　　　グウェンドリン・ウィロー・ウィルソン（G. Willow Wilson：アメリカ），Christian Ward「Invisible Kingdom」〈Berger Books/Dark Horse〉
◇最優秀カバー・アーティスト
　　　　　　　　　エマ・リオス（Emma Rios：スペイン）「Pretty Deadly」〈Image〉
◇最優秀カラーリング　デイヴ・スチュワート（Dave Stewart）「Black Hammer」〈Dark Horse〉〔ほか〕
◇最優秀レタリング　スタン坂井（Stan Sakai：アメリカ）「兎用心棒（原題：Usagi Yojimbo）」〈IDW〉
◇最優秀コミックス関連ジャーナリズム
　　　　　　　　　Nola Pfau, Wendy Browne "Women Write About Comics（WEBサイト）"
◇最優秀コミック関連本　リンダ・バリー（Lynda Barry：アメリカ）「Making Comics」〈Drawn&Quarterly〉
◇最優秀教育/学術作品　Qiana Whitted「EC Comics：Race」〈Rutgers University Press〉
◇最優秀出版デザイン　リンダ・バリー（Lynda Barry：アメリカ）「Making Comics」〈Drawn&Quarterly〉

◇最優秀デジタルコミック　チップ・ズダースキー（Chip Zdarsky：カナダ），ジェイソン・ルー（Jason Loo）「Afterlift」〈comiXology Originals〉
◇最優秀ウェブコミック　Erica EngFried Rice Comic
◇殿堂
- 審査員による選抜　ネル・ブリンクリー（Nell Brinkley：アメリカ）
  E・シムズ・キャンベル（E. Simms Campbell：アメリカ）
- 投票による選抜　アリソン・ベクダル（Alison Bechdel：アメリカ）
  ハワード・クルーズ（Howard Cruse）
  スタン坂井（Stan Sakai：アメリカ）
  Louise Simonson
  Don Thompson, Maggie Thompson
  ビル・ワターソン（Bill Watterson：アメリカ）

2021年
◇最優秀短編作品　Mimi Pond「When the Menopausal Carnival Comes to Town」in "Menopause：A Comic Treatment"〈Graphic Medicine/Pennsylvania State University Press〉
◇最優秀シングルイシュー・ワンショット
　　ベン・パスモア（Ben Passmore：アメリカ）「Sports Is Hell」〈Koyama Press〉
◇最優秀継続中シリーズ　スタン坂井（Stan Sakai：アメリカ）「兎用心棒（原題：Usagi Yojimbo）」〈IDW〉
◇最優秀限定シリーズ　マット・フラクション（Matt Fraction），スティーヴ・リーバー（Steve Lieber：アメリカ）「Superman's Pal Jimmy Olsen」〈DC〉
◇最優秀新シリーズ　ケリー・トンプソン（Kelly Thompson：アメリカ），Elena Casagrande「Black Widow」〈Marvel〉
◇最優秀幼児向け出版物（〜8才）
　　ジリアン・タマキ（Jillian Tamaki：アメリカ）「Our Little Kitchen」〈Abrams Books for Young Readers〉
◇最優秀子ども向け出版物（9〜12才）
　　ジーン・ルエン・ヤン（Gene Luen Yang），グリヒル（Gurihiru：日本）「Superman Smashes the Klan」〈DC〉
◇最優秀ティーン向け出版物（13〜17才）
　　ジーン・ルエン・ヤン（Gene Luen Yang）「Dragon Hoops」〈First Second/Macmillan〉
◇最優秀ユーモア作品　マット・フラクション（Matt Fraction），スティーヴ・リーバー（Steve Lieber：アメリカ）「Superman's Pal Jimmy Olsen」〈DC〉
◇最優秀アンソロジー　MK Czerwiec「Menopause：A Comic Treatment」〈Graphic Medicine/Pennsylvania State University Press〉
◇最優秀ノンフィクション　Derf Backderf「Kent State：Four Dead in Ohio」〈Abrams〉
◇最優秀グラフィック回想録
　　エイドリアン・トミネ（Adrian Tomine：アメリカ）「The Loneliness of the Long-Distance Cartoonist」〈Drawn&Quarterly〉
◇最優秀ニュー・グラフィック・アルバム
　　エド・ブルベイカー（Ed Brubaker：アメリカ），ショーン・フィリップス（Sean Phillips：イギリス）「Pulp」〈Image〉
◇最優秀リプリント・グラフィック・アルバム
　　Simon Hanselmann「Seeds and Stems」〈Fantagraphics〉
◇最優秀アダプテーション　ジーン・ルエン・ヤン（Gene Luen Yang），グリヒル（Gurihiru：日本）「Superman Smashes the Klan」〈DC〉
◇最優秀国際賞　モア・ロマノヴァ（Moa Romanova：スウェーデン），Melissa Bowers「Goblin

Girl」〈Fantagraphics〉
◇最優秀国際賞―アジア作品
　　　　　伊藤 潤二（Junji Ito：日本）, Jocelyne Allen「地獄星レミナ（英題：Remina）」〈VIZ Media〉
◇最優秀アーカイブ・コレクション/プロジェクト（ストリップ）
　　　　　トリナ・ロビンス（Trina Robbins：アメリカ）「The Flapper Queens: Women Cartoonists of the Jazz Age」〈Fantagraphics〉
◇最優秀アーカイブ・コレクション/プロジェクト（コミックブック）
　　　　　Peter Bagge, Eric Reynolds「The Complete Hate」〈Fantagraphics〉
◇最優秀ライター　ジェームズ・タイノンIV（James Tynion IV：アメリカ）「Something Is Killing the Children, Wynd」〈BOOM! Studios〉,「Batman」〈DC〉〔ほか〕
◇最優秀ライター/アーティスト
　　　　　伊藤 潤二（Junji Ito：日本）「地獄星レミナ（英題：Remina）」〈VIZ Media〉〔ほか〕
◇最優秀ペンシラー/インカー（個人・チーム）
　　　　　Michael Allred「Bowie: Stardust, Rayguns&Moonage Daydreams」〈Insight Editions〉
◇最優秀ペインター/マルチメディア アーティスト（インテリアアート）
　　　　　Anand RK, John Pearson「Blue in Green」〈Image〉
◇最優秀カバー・アーティスト
　　　　　桃桃子（Peach Momoko：日本）「Buffy the Vampire Slayer #19」〈BOOM! Studios〉〔ほか〕
◇最優秀カラーリング　Laura Allred「X-Ray Robot」〈Dark Horse〉〔ほか〕
◇最優秀レタリング　スタン坂井（Stan Sakai：アメリカ）「兎用心棒（原題：Usagi Yojimbo）」〈IDW〉
◇最優秀コミックス関連ジャーナリズム
　　　　　Nola Pfau, Wendy Browne "Women Write About Comics（WEBサイト）"
◇最優秀コミック関連本　Ken Quattro「Invisible Men: The Trailblazing Black Artists of Comic Books」〈Yoe Books/IDW〉
◇最優秀教育/学術作品　Rebecca Wanzo「The Content of Our Caricature: African American Comic Art and Political Belonging」〈New York University Press〉
◇最優秀出版デザイン　エイドリアン・トミネ（Adrian Tomine：アメリカ）, Tracy Hurren「The Loneliness of the Long-Distance Cartoonist」〈Drawn&Quarterly〉
◇最優秀デジタルコミック　エド・ブルベイカー（Ed Brubaker：アメリカ）, Marcos Martin「Friday」〈Panel Syndicate〉
◇最優秀ウェブコミック　Simon Hanselmann「Crisis Zone」
◇殿堂
　● 審査員による選抜　アルベルト・ブレシア（Alberto Breccia：アルゼンチン）
　　　　　Stan Goldberg
　　　　　フランソワーズ・ムーリー（Françoise Mouly：アメリカ）
　　　　　Lily Renée Phillips
　● 投票による選抜　Ruth Atkinson
　　　　　デイヴ・コックラム（Dave Cockrum：アメリカ）
　　　　　ニール・ゲイマン（Neil Gaiman：イギリス）
　　　　　スコット・マクラウド（Scott McCloud：アメリカ）

2022年
　◇最優秀短編作品　Casey Gilly, ライナ・テルゲマイアー（Raina Telgemeier：アメリカ）「Funeral in Foam」in "You Died: An Anthology of the Afterlife"〈Iron Circus〉
　◇最優秀シングルイシュー・ワンショット

Kelly Sue DeConnick, Phil Jimenez「Wonder Woman Historia：The Amazons」〈DC〉

◇最優秀継続中シリーズ　David F. Walker, チャック・ブラウン（Chuck Brown）, Sanford Greene「Bitter Root」〈Image〉

ジェームズ・タイノンⅣ（James TynionⅣ：アメリカ）, Werther Dell'Edera「Something Is Killing the Children」〈BOOM！Studios〉

◇最優秀限定シリーズ　Pornsak Pichetshote, Alexandre Tefenkgi「The Good Asian」〈Image〉

◇最優秀新シリーズ　ジェームズ・タイノンⅣ（James TynionⅣ：アメリカ）, Álvaro Martínez Bueno「The Nice House on the Lake」〈DC Black Label〉

◇最優秀幼児向け出版物（～8才）

ジュリー（Julie）, スタン坂井（Stan Sakai：アメリカ）「Chibi Usagi：Attack of the Heebie Chibis」〈IDW〉

◇最優秀子ども向け出版物（9～12才）

ホープ・ラーソン（Hope Larson：アメリカ）, Rebecca Mock「Salt Magic」〈Margaret Ferguson Books/Holiday House〉

◇最優秀ティーン向け出版物（13～17才）

Shing Yin Khor「The Legend of Auntie Po」〈Kokila/Penguin Random House〉

◇最優秀ユーモア作品　マーク・ラッセル（Mark Russell）, マイク・デオダート（Mike Deodato Jr.：ブラジル）「Not All Robots」〈AWA Upshot〉

◇最優秀アンソロジー　ケリー・マクドナルド（Kel McDonald）, Andrea Purcell「You Died：An Anthology of the Afterlife」〈Iron Circus〉

◇最優秀ノンフィクション　David F. Walker, マーカス・クワメ・アンダーソン（Marcus Kwame Anderson）「A Graphic History」〈Ten Speed Press〉

◇最優秀グラフィック回想録

ジョン・ルイス（John Lewis）, アンドリュー・アイディン（Andrew Aydin：アメリカ）, L. Fury, Nate Powell「Run：Book One」〈Abrams ComicArts〉

◇最優秀ニュー・グラフィック・アルバム

バリー・ウインザー＝スミス（Barry Windsor-Smith：イギリス）「Monsters」〈Fantagraphics〉

◇最優秀リプリント・グラフィック・アルバム

ニール・ゲイマン（Neil Gaiman：イギリス）, P.クレイグ・ラッセル（P. Craig Russell：アメリカ）, Scott Hampton「The Complete American Gods」〈Dark Horse〉

◇最優秀アダプテーション　フィド・ネスティ（Fido Nesti：ブラジル）「George Orwell's 1984：The Graphic Novel」〈Mariner Books〉

◇最優秀国際賞　ブノワ・ペータース（Benoît Peeters：フランス）, フランソワ・スクイテン（François Schuiten：ベルギー）, Stephen D. Smith「The Shadow of a Man」〈IDW〉

◇最優秀国際賞―アジア作品

伊藤 潤二（Junji Ito：日本）, Jocelyne Allen「Junji Ito Story Collection」〈VIZ Media〉

◇最優秀アーカイブ・コレクション/プロジェクト（ストリップ）

E.C. Segar, ゲイリー・グロス（Gary Groth：アメリカ）, Conrad Groth「Popeye：The E.C. Segar Sundays」〈Fantagraphics〉

◇最優秀アーカイブ・コレクション/プロジェクト（コミックブック）

スコット・ダンビエ（Scott Dunbier：アメリカ）「EC Covers Artist's Edition」〈IDW〉

◇最優秀ライター　ジェームズ・タイノンⅣ（James TynionⅣ：アメリカ）「House of Slaughter」〈BOOM！Studios〉〔ほか〕

◇最優秀ライター/アーティスト
　　　　　　バリー・ウインザー＝スミス（Barry Windsor-Smith：イギリス）「Monsters」
　　　　　　〈Fantagraphics〉
◇最優秀ペンシラー/インカー（個人・チーム）
　　　　　　Phil Jimenez「Wonder Woman Historia：The Amazons」〈DC〉
◇最優秀ペインター/マルチメディア アーティスト
　　　　　　タケダ サナ（Sana Takeda：日本）「モンストレス（原題：Monstress）」
　　　　　　〈Image〉
◇最優秀カバー・アーティスト
　　　　　　Jen Bartel「Future State Immortal Wonder Woman #1&2」〈DC〉〔ほか〕
◇最優秀カラーリング　マット・ウィルソン（Matt Wilson）「Undiscovered Country」〈Image〉，
　　　　　　「Fire Power」〈Image Skybound〉〔ほか〕
◇最優秀レタリング　バリー・ウインザー＝スミス（Barry Windsor-Smith：イギリス）
　　　　　　「Monsters」〈Fantagraphics〉
◇最優秀コミックス関連ジャーナリズム
　　　　　　Wendy Browne, Nola Pfau "WomenWriteAboutComics.com"〈WWAC〉
◇最優秀コミック関連本　Douglas Wolk「All of the Marvels」〈Penguin Press〉
◇最優秀教育/学術作品　アイケ・エクスナ（Eike Exner）「Comics and the Origins of Manga：A Revisionist History」〈Rutgers University Press〉
◇最優秀出版デザイン　TASCHEN「Marvel Comics Library：Spider-Man vol. 1：1962-1964」
◇最優秀ウェブコミック　Rachel Smythe「Lore Olympus」〈WEBTOON〉
◇最優秀デジタルコミック　ジェフ・レミア（Jeff Lemire：カナダ），ジョック（Jock）「Snow Angels」〈Comixology Originals〉
◇殿堂
　● 審査員による選抜　Marie Duval
　　　　　　ローズ・オニール（Rose O'Neill：アメリカ）
　　　　　　マックス・ゲインズ（Max Gaines：アメリカ）
　　　　　　マーク・グルーエンワルド（Mark Gruenwald：アメリカ）
　　　　　　アレックス・ニーニョ（Alex Niño：フィリピン）
　　　　　　P.クレイグ・ラッセル（P. Craig Russell：アメリカ）
　● 投票による選抜　ハワード・チェイキン（Howard Chaykin：アメリカ）
　　　　　　ケビン・イーストマン（Kevin Eastman：アメリカ）
　　　　　　萩尾 望都（Moto Hagio：日本）
　　　　　　ラリー・ハマ（Larry Hama：アメリカ）
　　　　　　デビッド・マッズケリ（David Mazzucchelli：アメリカ）
　　　　　　グラント・モリソン（Grant Morrison：イギリス）

2023年
◇最優秀短編作品　ケヴィン・コンロイ（Kevin Conroy：アメリカ），J. Bone「Finding Batman」in "DC Pride 2022"〈DC〉
◇最優秀シングルイシュー・ワンショット
　　　　　　トム・キング（Tom King），ミッチ・ゲラッズ（Mitch Gerads：アメリカ）
　　　　　　「Batman：One Bad Day：The Riddler」〈DC〉
◇最優秀継続中シリーズ　トム・テイラー（Tom Taylor），ブルーノ・レドンド（Bruno Redondo）「Nightwing」〈DC〉
◇最優秀限定シリーズ　トム・キング（Tom King：アメリカ），Greg Smallwood「The Human Target」〈DC〉
◇最優秀新シリーズ　チップ・ズダースキー（Chip Zdarsky：カナダ）「Public Domain」〈Image〉
◇最優秀幼児向け出版物（〜8才）

モー・ウィレムズ（Mo Willems：アメリカ）「The Pigeon Will Ride the Roller Coaster！」〈Union Square Kids〉
◇最優秀子ども向け出版物（9〜12才）
Claribel A. Ortega, Rose Bousamra「Frizzy」〈First Second/Macmillan〉
◇最優秀ティーン向け出版物（13〜17才）
ダニエル・ウォーレン・ジョンソン（Daniel Warren Johnson）「Do a Powerbomb！」〈Image〉
◇最優秀ユーモア作品　Tom Gauld「Revenge of the Librarians」〈Drawn&Quarterly〉
◇最優秀アンソロジー　Matt Bors「The Nib Magazine」〈Nib〉
◇最優秀ノンフィクション　Grace Ellis, Hannah Templer「Flung Out of Space」〈Abrams ComicArts〉
◇最優秀グラフィック回想録
Kate Beaton「Ducks：Two Years in the Oil Sands」〈Drawn&Quarterly〉
◇最優秀ニュー・グラフィック・アルバム
マージョリー・リュー（Marjorie Liu：アメリカ），タケダ サナ（Sana Takeda：日本）「The Night Eaters」〈Abrams ComicArts〉
◇最優秀リプリント・グラフィック・アルバム
リチャード・スターク（Richard Stark），ダーウィン・クーク（Darwyn Cooke：カナダ），エド・ブルベイカー（Ed Brubaker：アメリカ），ショーン・フィリップス（Sean Phillips：イギリス）「Parker：The Martini Edition-Last Call」〈IDW〉
◇最優秀アダプテーション　ニール・ゲイマン（Neil Gaiman：イギリス），Colleen Doran「Chivalry」〈Dark Horse〉
◇最優秀国際賞　フアン・ディアス・カナレス（Juan Diaz Canales），フアーノ・ガルニド（Juanjo Guarnido：スペイン），Diana Schutz, Brandon Kander「Blacksad：They All Fall Down Part 1」〈Dark Horse〉
◇最優秀国際賞—アジア作品
宮崎 駿（Hayao Miyazaki：日本），アレックス・デュドク・ドゥ・ヴィット（Alex Dudok de Witcher：イギリス）「シュナの旅（英題：Shuna's Journey）」〈First Second/Macmillan〉
◇最優秀アーカイブ・コレクション/プロジェクト（ストリップ）
リンダ・バリー（Lynda Barry：アメリカ），Peggy Burns「Come Over Come Over」〈Drawn&Quarterly〉
◇最優秀アーカイブ・コレクション/プロジェクト（コミックブック）
Dian Hansen「The Fantastic Worlds of Frank Frazetta」〈TASCHEN〉
◇最優秀ライター　ジェームズ・タイノンⅣ（James TynionⅣ：アメリカ）「House of Slaughter」〈BOOM！Studios〉〔ほか〕
◇最優秀ライター/アーティスト
Kate Beaton「Ducks：Two Years in the Oil Sands」〈Drawn&Quarterly〉
◇最優秀ペンシラー/インカー（個人・チーム）
Greg Smallwood「The Human Target」〈DC〉
◇最優秀ペインター/マルチメディア アーティスト（インテリアアート）
タケダ サナ（Sana Takeda：日本）「モンストレス（原題：Monstress）」〈Image〉〔ほか〕
◇最優秀カバー・アーティスト
ブルーノ・レドンド（Bruno Redondo）「Nightwing」〈DC〉
◇最優秀カラーリング　ジョーディ・ベレア（Jordie Bellaire：アメリカ）「The Nice House on the Lake」〈DC〉〔ほか〕
◇最優秀レタリング　スタン坂井（Stan Sakai：アメリカ）「兎用心棒（原題：Usagi Yojimbo）」

〈IDW〉
◇最優秀コミックス関連ジャーナリズム
　　　　　　Hassan Otsmane-Elhaou, Tiffany Babb "PanelXPanel magazine（WEBサイト）"
◇最優秀コミック関連本 ベンジャミン・L・クラーク（Benjamin L. Clark）, Nat Gertler「Charles M. Schulz：The Art and Life of the Peanuts Creator in 100 Objects」〈Schulz Museum〉
◇最優秀教育/学術作品 アリソン・ハルソール（Alison Halsall）, Jonathan Warren「The LGBTQ+ Comics Studies Reader：Critical Openings」〈University Press of Mississippi〉
◇最優秀出版デザイン ショーン・フィリップス（Sean Phillips：イギリス）「Parker：The Martini Edition-Last Call」〈IDW〉
◇最優秀ウェブコミック Rachel Smythe「Lore Olympus」〈WEBTOON〉
◇最優秀デジタルコミック スコット・スナイダー（Scott Snyder：アメリカ）, Tula Lotay「Barnstormers」〈Comixology Originals〉
◇殿堂
　●審査員による選抜 ジェリー・ベイルズ（Jerry Bails：アメリカ）
　　　　　　トニー・デズニーガ（Tony DeZuniga：フィリピン）
　　　　　　Justin Green
　　　　　　ビル・グリフィス（Bill Griffith：アメリカ）
　　　　　　ジェイ・ジャクソン（Jay Jackson）
　　　　　　ジェフリー・キャサリン・ジョーンズ（Jeffrey Catherine Jones）
　　　　　　Jack Katz
　　　　　　アリーン・コミンスキー＝クラム（Aline Kominsky-Crumb：アメリカ）
　　　　　　Win Mortimer
　　　　　　ダイアン・ヌーミン（Diane Noomin：アメリカ）
　　　　　　ギャスパー・サラディノ（Gaspar Saladino：アメリカ）
　　　　　　Kim Thompson
　　　　　　ギャリー・トゥルードー（Garry Trudeau：アメリカ）
　　　　　　モート・ウォーカー（Mort Walker：アメリカ）
　　　　　　Tatjana Wood
　●投票による選抜 ブライアン・ボーランド（Brian Bolland：イギリス）
　　　　　　アン・ノセンティ（Anne Nocenti：アメリカ）
　　　　　　ティム・セール（Tim Sale：アメリカ）
　　　　　　Diana Schutz
◇ボブ・クランペット人道主義賞
　　　　　　Beth Accomando（アメリカ）
　　　　　　スコット・ダンビエ（Scott Dunbier：アメリカ）
◇ラス・マニング有望新人賞
　　　　　　Zoe Thorogood
◇ビル・フィンガー優秀コミックブック・ライティング賞
　　　　　　Barbara Friedlander
　　　　　　Sam Glanzman

2024年
　◇最優秀短編作品 ベッキー・クローナン（Becky Cloonan：アメリカ）「The Kelpie,」in "Four Gathered on Christmas Eve"〈Dark Horse〉
　◇最優秀シングルイシュー・ワンショット
　　　　　　トム・テイラー（Tom Taylor）, ブルーノ・レドンド（Bruno Redondo）「Nightwing #105」〈DC〉
　◇最優秀継続中シリーズ ダニエル・ウォーレン・ジョンソン（Daniel Warren Johnson）

「Transformers」〈Image Skybound〉
◇最優秀限定シリーズ　Caroline Cash「PeePee PooPoo」〈Silver Sprocket〉
◇最優秀新シリーズ　ベッキー・クローナン（Becky Cloonan：アメリカ）, Tula Lotay「Somna：A Bedtime Story」〈DSTLRY〉
◇最優秀幼児向け出版物　Chelsea M. Campbell, Laura Knetzger「Bigfoot and Nessie：The Art of Getting Noticed」〈Penguin Workshop/Penguin Random House〉
◇最優秀子ども向け出版物　Pedro Martín「Mexikid：A Graphic Memoir」〈Dial Books for Young Readers/Penguin Young Readers〉
◇最優秀ティーン向け出版物　ライアン・ノース（Ryan North：カナダ）, Erica Henderson「Danger and Other Unknown Risks」〈Penguin Workshop/Penguin Random House〉
◇最優秀ユーモア作品　ケリー・トンプソン（Kelly Thompson：アメリカ）, グリヒル（Gurihiru：日本）「It's Jeff：The Jeff-Verse #1」〈Marvel〉
◇最優秀アンソロジー　スコット・ダンビエ（Scott Dunbier：アメリカ）「Comics for Ukraine」〈Zoop〉
◇最優秀ノンフィクション　ビル・グリフィス（Bill Griffith：アメリカ）「Three Rocks：The Story of Ernie Bushmiller：The Man Who Created Nancy」〈Abrams ComicArts〉
◇最優秀グラフィック回想録　Thien Pham「Family Style：Memories of an American from Vietnam」〈First Second/Macmillan〉
◇最優秀ニュー・グラフィック・アルバム　マリコ・タマキ（Mariko Tamaki：カナダ）, ジリアン・タマキ（Jillian Tamaki：アメリカ）「Roaming」〈Drawn&Quarterly〉
◇最優秀リプリント・グラフィック・アルバム　エド・ピスコー（Ed Piskor：アメリカ）「Hip Hop Family Tree：The Omnibus」〈Fantagraphics〉
Kelly Sue DeConnick, Phil Jimenez, ジーン・ハ（Gene Ha：アメリカ）, Nicola Scott（オーストラリア）「Wonder Woman Historia：The Amazons」〈DC〉
◇最優秀アダプテーション　リチャード・アダムス（Richard Adams：イギリス）, James Sturm, Joe Sutphin「Watership Down」〈Ten Speed Graphic〉
◇最優秀アーカイブ・コレクション/プロジェクト（コミックブック）　フアン・ディアス・カナレス（Juan Diaz Canales）, フアーノ・ガルニド（Juanjo Guarnido：スペイン）, Diana Schutz, Brandon Kander「Blacksad」〈Europe Comics〉
◇最優秀国際賞　藤原マキ（Fujiwara Maki：日本）, ライアン・ホームバーグ（Ryan Holmberg）「私の絵日記（英題：My Picture Diary）」〈Drawn&Quarterly〉
◇最優秀アーカイブ・コレクション/プロジェクト（ストリップ）　ピーター・マレスカ（Peter Maresca）, トリナ・ロビンス（Trina Robbins：アメリカ）「Dauntless Dames：High-Heeled Heroes of the Comic Strips」〈Fantagraphics〉
◇最優秀国際賞—アジア作品　Chris Robinson「All-Negro Comics 75th Anniversary Edition」〈Very GOOD Books〉
◇最優秀ライター　マリコ・タマキ（Mariko Tamaki：カナダ）「Roaming」〈Drawn&Quarterly〉
◇最優秀ライター/アーティスト　ダニエル・ウォーレン・ジョンソン（Daniel Warren Johnson）「Transformers」〈Image Skybound〉
◇最優秀ペンシラー/インカー（個人・チーム）

ジリアン・タマキ（Jillian Tamaki：アメリカ）「Roaming」
〈Drawn&Quarterly〉
◇最優秀ペインター/マルチメディア アーティスト
タケダ サナ（Sana Takeda：日本）「モンストレス（原題：Monstress）」
〈Image〉〔ほか〕
◇最優秀カバー・アーティスト
桃桃子（Peach Momoko：日本）「Demon Wars：Scarlet Sin, various alternate covers」〈Marvel〉
◇最優秀カラーリング ジョーディ・ベレア（Jordie Bellaire：アメリカ）「Batman, Birds of Prey」〈DC〉〔ほか〕
◇最優秀レタリング Hassan Otsmane-Elhaou「The Unlikely Story of Felix and Macabber」〈Dark Horse〉〔ほか〕
◇最優秀コミックス関連ジャーナリズム
ゲイリー・グロス（Gary Groth：アメリカ）, Kristy Valenti, オースティン・イングリッシュ（Austin English：アメリカ）"The Comics Journal #309"〈Fantagraphics〉
◇最優秀コミック関連本 Michael Molcher「I Am the Law：How Judge Dredd Predicted Our Future」〈Rebellion〉
◇最優秀教育/学術作品 J. Andrew Deman「The Claremont Run：Subverting Gender in the X-Men」〈University of Texas Press〉
◇最優秀出版デザイン マイク・ケネディ（Mike Kennedy）「Bram Stoker's Dracula and Mary Shelley's Frankenstein boxed set」〈Magnetic Press〉
◇最優秀ウェブコミック Rachel Smythe「Lore Olympus」〈WEBTOON〉
◇最優秀デジタルコミック エド・ブルベイカー（Ed Brubaker：アメリカ）, Marcos Martin「Friday」〈Panel Syndicate〉
◇殿堂
• 審査員による選抜 キム・ディッチ（Kim Deitch：アメリカ）
Creig Flessel
A.B・フロスト（A. B. Frost：アメリカ）
ビリー・グラハム（Billy Graham）
ゲイリー・グロス（Gary Groth：アメリカ）
アルバート・カンター（Albert Kanter：アメリカ）
ウォーレン・クレマー（Warren Kremer：アメリカ）
Oscar Lebeck
フランス・マシリール（Frans Masereel：フランス）
Don McGregor
中沢 啓治（Keiji Nakazawa：日本）
ノエル・シックルズ（Noel Sickles：アメリカ）
クリフ・ステレット（Cliff Sterrett：アメリカ）
Elmer C. Stoner
ブライアン・タルボット（Bryan Talbot：イギリス）
Ron Turner
ジョージ・タスカ（George Tuska：アメリカ）
リン・ヴァーリイ（Lynn Varley：アメリカ）
ジェームズ・ウォーレン（James Warren）
• 投票による選抜 クラウス・ジャンソン（Klaus Janson：アメリカ）
ジム・リー（Jim Lee：アメリカ）
マイク・ミニョーラ（Mike Mignola：アメリカ）
ジル・トンプソン（Jill Thompson：アメリカ）

◇ボブ・クランペット 人道主義賞
　　　　　　　　Women in Comics Collective International
◇ラス・マニング 有望新人賞
　　　　　　　　Oliver Bly
◇ビル・フィンガー 優秀コミックブック・ライティング賞
　　　　　　　　Jo Duffy
　　　　　　　　Ralph Newman
◇ウィル・アイズナー コミック小売業スピリット賞
　　　　　　　　Blackbird Comics and Coffeehouse（所在地：フロリダ・メイランド）

45　アヌシー国際アニメーション映画祭　Festival International du Film d'Animation d'Annecy

1960年、フランスのカンヌ国際映画祭からアニメーション部門が独立し、世界初の大規模なアニメーション専門映画祭としてアヌシーで開催が始まった。例年6月に開催される。第2回は62年、第3回は63年、以降は隔年で開催されたが、69年は中止。97年から毎年開催となる。国際アニメーション映画協会（ASIFA）公認の国際映画祭で、世界最大規模を誇る。

＊日本人では久里洋二（1963年）、川本喜八郎（73,77年）、宮崎駿（93年）、高畑勲（95年）、黒坂圭太（98年）、若林彈、岩崎誠、三宅淳（2001年）、山村浩二（03年）、細田守（07年）、加藤久仁生（08年）、川村真司、ナカムラマギコ、中村将良（10年）、原恵一（11,15年）、水江未来（12,14年）、西久保瑞穂、新井風愉（14年）、原恵一（15年）、湯浅政明（17,21年）、片渕須直（17年）、山村浩二（22年）、田口智久（23年）、八鍬新之介（24年）が受賞

【選考委員】〔2024年〕Marcel Jean, Laurent Million, Yves Nougarède, Sébastien Sperer, Cécile Giraud, Marie-Pauline Mollaret, Maud Ahmadnia, Gala Frecon, Isabelle Vanini

【締切・発表】〔2025年〕短編映画、卒業映画、テレビ映画、委託映画は2025年2月15日、長編映画は3月15日締切。6月8日〜14日フランス・アヌシーで開催

【E-mail】info@citia.org
【URL】https://www.annecyfestival.com/

2016年
◇長編映画
　●クリスタル賞（最優秀長編作品）
　　　　　　　　クロード・バラス（Claude Barras：スイス）「My Life As a Courgette（原題：Ma vie de Courgette）」
　●審査員特別賞　セバスチャン・ローデンバック（Sébastien Laudenbach：フランス）「La Jeune Fille sans mains」
　●観客賞　　　　クロード・バラス（Claude Barras：スイス）「My Life As a Courgette（原題：Ma vie de Courgette）」
◇短編映画
　●クリスタル賞（最優秀短編作品）
　　　　　　　　フランク・ディオン（Franck Dion：フランス）「The Head Vanishes（原題：Une tête disparaît）」
　●審査員賞　　　セオドア・ウシェフ（Theodore Ushev：ブルガリア）「Blind Vaysha（原題：Vaysha, l'aveugle）」
　●Jean-Luc Xiberrasデビュー作品賞
　　　　　　　　Naomi Classien van Niekerk（南アフリカ）「An Ordinary Blue Monday（原題：'n Gewone blou Maandagoggend）」

- 審査員特別賞　Joanna Rytel（スウェーデン）「Moms on Fire」
  ミハイル・グレク（Mihai Grecu：フランス）「The Reflection of Power」
- 観客賞　　　　David Coquard-Dassault（フランス）「Peripheria」
- Off-Limits賞　Moïa Jobin-Paré（カナダ）「4min15 in the Developer（原題：4min15 au révélateur）」

◇TV・コミッション
- クリスタル賞（最優秀テレビ作品）
  ジェロエン・ジャスパール（Jeroen Jaspaert：ベルギー）, ダニエル・スナッドン（Daniel Snaddon：南アフリカ）「Stick Man」
- TVスペシャル審査員賞　ステファン・オビエ（Stéphane Aubier）, ヴァンサン・パタール（Vincent Patar：ベルギー）「La Rentrée des classes」
- TVシリーズ審査員賞　Siri Melchior（イギリス）「Lili"Lili Loves Food"」
- クリスタル賞（最優秀コミッション）
  MOTH STUDIO（イギリス）「The New York Times"Modern Love-A Kiss, Deferred"」
- 審査員賞　　　Indra Sproge（ラトビア）「Awesome Beetle's Colors」

◇卒業制作
- クリスタル賞（最優秀卒業制作）
  ウィープ・テーウウィッセ（Wiep Teeuwisse：オランダ）「Depart at 22」
- 審査員賞　　　David Dell'Edera（ハンガリー）「Balcony（原題：Balkon）」
- 審査員特別賞　Evgenia Gostrer（ドイツ）「Frankfurter Str. 99a」

◇特別賞
- アンドレ・マーティン賞（フランス長編映画）
  シモン・ルービー（Simon Rouby：フランス）「Adama」
- FIPRESCI賞　ミッシェル・クラノット（Michelle Kranot）, ウリ・クラノット（Uri Kranot：イスラエル）「How Long, Not Long」
- 子ども審査員賞（短編作品）
  セオドア・ウシェフ（Theodore Ushev：ブルガリア）「Blind Vaysha（原題：Vaysha, l'aveugle）」
- フェスティバル・コネクション審査員賞
  Joanna Rytel（スウェーデン）「Moms on Fire」
- アンドレ・マーティン賞（フランス短編映画）
  David Coquard-Dassault（フランス）「Peripheria」
- 子ども審査員賞（卒業制作）
  Jac Clinch（イギリス）「The Alan Dimension」
- CANAL+creative aid賞（短編映画）
  ピエール・グリエール（Pierre Grillère）, Romain Peyronnet「3/4 oz」
- 最優秀オリジナル音楽（短編映画）
  Pieter Coudyzer（ベルギー）「Beast！」
- フェスティバル・コネクション賞
  アルベルト・バスケス（Alberto Vázquez：スペイン）「Scenery（原題：Decorado）」
- Gan Foundation賞
  アレクサンドル・エスピガレス（Alexandre Espigares：スペイン）「White Fang」

2017年
◇長編映画
- クリスタル賞（最優秀長編作品）

湯浅 政明（Masaaki Yuasa：日本）「夜明け告げるルーのうた（英題：Lu Over the Wall）」
- 審査員賞　　　片渕 須直（Sunao Katabuchi：日本）「この世界の片隅に（原題：In This Corner of the World）」
- 観客賞　　　ドロタ・コビエラ（Dorota Kobiela：ポーランド），ヒュー・ウェルチマン（Hugh Welchman：イギリス）「Loving Vincent」

◇短編映画
- クリスタル賞（最優秀短編作品）
　　ニキ・リンドロス・フォン・バール（Niki Lindroth von Bahr：スウェーデン）「The Burden（原題：Min Börda）」
- 審査員賞　　　アイス・カルタル（Ayce Kartal：トルコ）「Wicked Girl（原題：Kötü Kiz）」
- Jean-Luc Xiberrasデビュー作品賞
　　セルジウ・ネグリチ（Sergiu Negulici：ルーマニア）「The Blissful Accidental Death（原題：Splendida Moarte Accident）」
- 審査員特別賞　ロレン・ブライバン（Laurène Braibant：フランス）「The Ogre（原題：L'Ogre）」
- 観客賞　　　Lucrèce Andreae（フランス）「Grandpa Walrus（原題：Pépé le morse）」
- Off-Limits賞　F. Francis（フランス）「Dix puissance moins quarante-trois seconde」

◇TV・コミッション
- クリスタル賞（最優秀テレビ作品）
　　ヤコブ・シュー（Jakob Schuh），ヤン・ラシャウア（Jan Lachauer），Bin-Han To（ドイツ）「Revolting Rhymes Part One」
- TVシリーズ特別賞　マイク・ホリングスワース（Mike Hollingsworth：アメリカ）「BoJack Horseman "Fish Out Of Water"」
- TVシリーズ審査員賞　Anaïs Caura（フランス）「The Man-Woman Case "Wanted"」
- クリスタル賞（最優秀コミッション）
　　Anna Ginsburg（イギリス）「Material World」
- 審査員賞　　　スティーブ・カッツ（Steve Cutts：イギリス）「Moby "Are You Lost in the World Like Me？"」

◇卒業制作
- クリスタル賞（最優秀卒業制作）
　　ヨナタン・シュヴェンク（Jonatan Schwenk：ドイツ）「Sog」
- 審査員賞　　　冠木 佐和子（Sawako Kabuki：日本）「夏のゲロは冬の肴（英題：Summer's Puke is Winter's Delight）」
- 審査員特別賞　Charline Arnoux, Mylène Gapp, Léa Rubinstayn, Florian Heilig, Mélissa Roux（フランス）「Pas à pas」

◇特別賞
- アヌシー市賞　Abhishek Verma（インド）「The Fish Curry（原題：Maacher Jhol）」
- アンドレ・マーティン賞（フランス長編映画）
　　セバスチャン・ローデンバック（Sébastien Laudenbach：フランス）「La Jeune Fille sans mains」
- アンドレ・マーティン特別賞（フランス短編映画）
　　マックス・ポーター（Max Porter：アメリカ），桑畑 かほる（Ru Kuwahata：日本）「Negative Space」
- アンドレ・マーティン賞（フランス短編映画）
　　ウリ・クラノット（Uri Kranot），ミッシェル・クラノット（Michelle Kranot：イスラエル）「Nothing Happens」
- CANAL+creative aid賞（短編映画）
　　ロレン・ブライバン（Laurène Braibant：フランス）「The Ogre（原題：

L'Ogre）」
- Gan Foundation賞
  - ジョアン・スファール（Joann Sfar：フランス）「Little Vampire（原題：Petit Vampire）」
- 最優秀オリジナル音楽（短編映画）
  - カタリーナ・リルクヴィスト（Katariina Lillqvist：フィンランド）「Radio Dolores」
- FIPRESCI賞　マックス・ポーター（Max Porter：アメリカ），桑畑 かほる（Ru Kuwahata：日本）「Negative Space」
- 若い観客賞　エヴァ・ツヴィタニヴィッチ（Eva Cvijanovic：カナダ）「Hedgehog's Home」
- 子ども審査員賞（短編作品）
  - Cloud Yang（中国）　「Valley of White Birds」
- 子ども審査員賞（卒業制作）
  - Kai-Hsun Chan（台湾）　「What a Peaceful Day」
- フェスティバル・コネクション賞
  - ウリ・クラノット（Uri Kranot），ミッシェル・クラノット（Michelle Kranot：イスラエル）「Nothing Happens」

2018年
◇長編映画
- クリスタル賞（最優秀長編作品）
  - デニス・ドゥ（Denis Do：フランス）「Funan」
- 審査員賞　ノラ・トゥオメイ（Nora Twomey）「The Breadwinner」
- 審査員特別賞　クリストバル・レオン（Cristóbal León），ホアキン・コシーニャ（Joaquín Cociña：チリ）「The Wolf House（原題：La casa lobo）」
- 観客賞　ノラ・トゥオメイ（Nora Twomey）「The Breadwinner」

◇短編映画
- クリスタル賞（最優秀短編作品）
  - ニンケ・ドゥーツ（Nienke Deutz：オランダ）「Bloeistraat 11」
- 審査員賞　トレバー・ヒメネス（Trevor Jimenez：カナダ）「Weekends」
- Jean-Luc Xiberrasデビュー作品賞
  - Martina Scarpelli（イタリア）　「Egg」
- 審査員特別賞　ヴェリコ・ポポヴィッチ（Veljko Popovic：クロアチア）「Cyclists（原題：Biciklisti）」
- Off-Limits賞　ホドリーゴ・ファウスチーニ（Rodrigo Faustini：ブラジル）「Boy Transcoded from Phosphene（原題：Garoto transcodificado a partir de fosfeno）」
  - Shirley Bruno（アメリカ）「An Excavation of Us」
- 観客賞　トレバー・ヒメネス（Trevor Jimenez：カナダ）「Weekends」

◇TV・コミッション
- クリスタル賞（最優秀テレビ作品）
  - エリック・オー（Erick Oh：韓国）「PIG：The Dam Keeper Poems "Yellow Flower", "Hello Nice to Meet You"」
- TVスペシャル審査員賞　トム・シェパード（Tom Sheppard）「The Robot Chicken Walking Dead Special：Look Who's Walking」
- TVシリーズ審査員賞　ダニエル・チョン（Daniel Chong：アメリカ）「We Bare Bears "Panda's Art"」
- クリスタル賞（最優秀コミッション）
  - Mateus De Paula Santos「Leica "Everything in Black and White"」
- 審査員賞　Alice Saey（フランス）「Mark Lotterman "Happy"」

◇卒業制作
- クリスタル賞（最優秀卒業制作）
  ジェニー・ヨケラ（Jenny Jokela：イギリス）「Barbeque」
- 審査員賞　ルチア・ブルゲローニ（Lucia Bulgheroni）「Inanimate」
- 審査員特別賞　Florian Brauch, Matthieu Pujol, Kim Tailhades, Yohan Thireau, Romain Thirion（フランス）「Hybrids」

◇特別賞
- アヌシー市賞　Andrés Gomez Isaza（アメリカ），マウリシオ・レイバ＝コック（Mauricio Leiva Cock：コロンビア）「Butterflies（原題：Mariposas）」
- アンドレ・マーティン特別賞（フランス短編映画）
  ボリス・ラベ（Boris Labbé：フランス）「La Chute」
- アンドレ・マーティン賞（フランス短編映画）
  マーク・ジェイムス・ロエルズ（Marc James Roels），エマ・ドゥ・スワーフ（Emma De Swaef：ベルギー）「This Magnificent Cake！（原題：Ce magnifique gâteau！）」
- アンドレ・マーティン賞（フランス長編映画）
  ベンジャミン・レネール（Benjamin Renner），パトリック・インバート（Patrick Imbert：フランス）「The Big Bad Fox and Other Tales（原題：Le Grand Méchant Renard et autres contes）」
- CANAL+creative aid賞（短編映画）
  スティーブ・カッツ（Steve Cutts：イギリス）「Happiness」
- Gan Foundation賞
  Éléa Gobbé-Mevellec, ザブー・ブライトマン（Zabou Breitman：フランス）「The Swallows of Kabul（原題：Les Hirondelles de Kaboul）」
- 最優秀オリジナル音楽（長編映画）
  ノラ・トゥオメイ（Nora Twomey）「The Breadwinner」
- 最優秀オリジナル音楽（短編映画）
  Stéphanie Lansaque, François Leroy（フランス）「Cadavre exquis」
- FIPRESCI賞　ボリス・ラベ（Boris Labbé：フランス）「La Chute」
- 若い観客賞　アントン・ディアコフ（Anton Dyakov：ロシア）「Vivat musketeers！」
- 子ども審査員賞（短編作品）
  デニス・ワルゲンヴィッツ（Denis Walgenwitz），ヴァンサン・パロノー（Vincent Paronnaud：フランス）「The Death, Dad&Son（原題：La Mort, père&fils）」
- 子ども審査員賞（卒業制作）
  ルチア・ブルゲローニ（Lucia Bulgheroni）「Inanimate」
- フェスティバル・コネクション賞
  ニンケ・ドゥーツ（Nienke Deutz：オランダ）「Bloeistraat 11」

2019年
◇長編映画
- クリスタル賞（最優秀長編作品）
  ジェレミー・クラパン（Jérémy Clapin：フランス）「I Lost My Body（原題：J'ai perdu mon corps）」
- 審査員特別賞　サルバドール・シモ（Salvador Simó：スペイン）「Buñuel in the Labyrinth of Turtles（原題：Buñuel en el laberinto de las tortugas）」
- 観客賞　ジェレミー・クラパン（Jérémy Clapin：フランス）「I Lost My Body（原題：J'ai perdu mon corps）」
- コントルシャン賞　ギンツ・ジルバロディス（Gints Zilbalodis：ラトビア）「Away」

◇短編映画
- クリスタル賞（最優秀短編作品）
  - Bruno Collet（フランス）「Mémorable」
- 審査員賞　レジーナ・ペソア（Regina Pessoa）「Uncle Thomas：Accounting for the Days（原題：Tio Tomás-A contabilidade dos dias）」
- 審査員特別賞（社会的意義）
  - ルドヴィク・ウープラン（Ludovic Houplain：フランス）「My Generation」
  - ペドロ・カサヴェッキア（Pedro Casavecchia：アルゼンチン）「Drive（原題：Pulsión）」
- Jean-Luc Xiberrasデビュー作品賞
  - Piotr Milczarek（ポーランド）　「Rain（原題：Deszcz）」
- 観客賞　Bruno Collet（フランス）「Mémorable」
- Off-Limits賞　トマス・レノルドナー（Thomas Renoldner：オーストラリア）「Dont Know What」

◇TV・コミッション
- クリスタル賞（最優秀テレビ作品）
  - ヴァンサン・パタール（Vincent Patar），ステファン・オビエ（Stéphane Aubier：ベルギー）「Panic in the Village"The County Fair"（原題：Panique au village"La Foire agricole"）」
- TVシリーズ審査員賞　レナード・コーエン（Léonard Cohen：フランス）「Flavours of Iraq（原題：Le Parfum d'Irak"Le Cowboy de Fallujah"）」
- TVスペシャル審査員賞　Clémence Madeleine-Perdrillat, Nathaniel H'limi（フランス）「My Life in Versailles（原題：La Vie de château）」
- クリスタル賞（最優秀コミッション）
  - Robertino Zambrano（オーストラリア）　「Ted-Ed"Accents"」
- 審査員賞　Smith&Foulkes（イギリス）「#TakeOnHistory"Wimbledon"」

◇卒業制作
- クリスタル賞（最優秀卒業制作）
  - ダリア・カシュチーヴァ（Daria Kashcheeva：チェコ）「Daughter（原題：Dcera）」
- 審査員賞　Merlin Flügel（ドイツ）「Rules of Play」
- 審査員特別賞　Luke Bourne「These Things in My Head-Side A」

◇VR部門　Jorge Tereso（アルゼンチン），Fernando Maldonado「Gloomy Eyes」

◇特別賞
- アヌシー市賞　アッボース・ジャラリ・ヤキタ（Abbas Jalali Yekta：イラン）「Son of the Sea」
- アンドレ・マーティン特別賞（フランス短編映画）
  - アドリアーン・ロクマン（Adriaan Lokman：オランダ）「Flow」
- アンドレ・マーティン賞（フランス短編映画）
  - Florentine Grelier（フランス）　「My Juke-Box（原題：Mon juke-box）」
- アンドレ・マーティン賞（フランス長編映画）
  - Nicolas Champeaux，ジル・ポルト（Gilles Porte：フランス）　「Le Procès contre Mandela et les autres」
- Vimeoスタッフ選賞　Felix Dierich（ドイツ）「A Year Along the Geostationary Orbit」
- Gan Foundation賞
  - オレリアン・フロマン（Aurélien Froment：フランス）「Josep」
- 最優秀オリジナル音楽（短編映画）
  - レジーナ・ペソア（Regina Pessoa）「Uncle Thomas：Accounting for the Days（原題：Tio Tomás-A contabilidade dos dias）」
- 最優秀オリジナル音楽（長編映画）

サルバドール・シモ（Salvador Simó：スペイン）「Buñuel in the Labyrinth of Turtles（原題：Buñuel en el laberinto de las tortugas）」
- FIPRESCI賞　ジャン・クロード・ロゼック（Jean-Claude Rozec：フランス）「Têtard」
- CANAL+ 若い観客賞
Rémi Durin（ベルギー）　「Big Wolf&Little Wolf（原題：Grand Loup&Petit Loup）」
- 若い観客賞　マルティン・スマタナ（Martin Smatana：スロバキア）「The Kite（原題：Sarkan）」
- 子ども審査員賞（卒業制作）
ダリア・カシュチーヴァ（Daria Kashcheeva：チェコ）「Daughter（原題：Dcera）」
- 子ども審査員賞（短編作品）
Bruno Collet（フランス）　「Mémorable」
- フェスティバル・コネクション賞
ヴァレリー・バーンハート（Valerie Barnhart：カナダ）「Girl in the Hallway」

2020年
◇長編映画
- クリスタル賞（最優秀長編作品）
レミ・シャイエ（Rémi Chayé：フランス）「Calamity, a Childhood of Martha Jane Cannary（原題：Calamity, une enfance de Martha Jane Cannary）」
Andrey Khrzhanovsky（ロシア）　「The Nose or the Conspiracy of Mavericks」
- 審査員特別賞　マリウス・ヴィルチンスキ（Mariusz Wilczynski：ポーランド）「Kill It and Leave this Town」
- コントルシャン賞　Ilze Burkovska Jacobsen（ラトビア）「My Favorite War」
- コントルシャン審査員特別賞
アン ジェフン（Ahn Jae Huun：韓国）「The Shaman Sorceress」
◇短編映画
- クリスタル賞（最優秀短編作品）
セオドア・ウシェフ（Theodore Ushev：ブルガリア）「The Physics of Sorrow（原題：Physique de la tristesse）」
- 審査員賞　アルベルト・バスケス（Alberto Vázquez：スペイン）「Homeless Home」
- 審査員特別賞　Soetkin Verstegen（ベルギー）「Freeze Frame」
エイドリアン・ミリガウ（Adrien Merigeau：フランス）「Genius Loci」
- Jean-Luc Xiberrasデビュー作品賞
Yifan Bao（中国）　「The Town」
- Off-Limits賞　マックス・ハトラー（Max Hattler：ドイツ）「Serial Parallels」
◇TV・コミッション
- クリスタル賞（最優秀テレビ作品）
ジュリアン・ビザロ（Julien Bisaro）「Shooom's Odyssey（原題：L'Odyssée de Choum）」
- TVシリーズ審査員賞　Hisko Hulsing（オランダ）「Undone"The Hospital"」
- TVスペシャル審査員賞　ロビン・ショー（Robin Shaw：イギリス）「The Tiger Who Came to Tea」
- クリスタル賞（最優秀コミッション）
Daniel Almagor, Raman Djafari（ドイツ）　「Lucky Chops"Traveler"」
- 審査員賞　ギャビン・ストレンジ（Gavin Strange：イギリス）「Greenpeace"Turtle Journey"」

◇卒業制作
- クリスタル賞（最優秀卒業制作）
  キリル・ハイチャイチロフ（Kirill Khachaturov：ロシア）「Naked」
- 審査員賞　　トビー・アウバーグ（Toby Auberg：イギリス）「Pile」
- 審査員特別賞　Haeji Jeong（韓国）「Sura」

◇VR部門
- クリスタル賞（VR作品）
  Raqi Syed（アメリカ）, Areito Echevarria 「Minimum Mass」
- 審査員特別賞　Martin Allais, Nicolas Casavechia（アルゼンチン）「Battlescar-Punk Was Invented by Girls」

◇特別賞
- アヌシー市賞　ウパマニュ・バッタチャリヤ（Upamanyu Bhattacharyya）, カルプ・サンヴィ（Kalp Sanghvi：インド）「Wade」
- 若い観客賞　アーレ・アウストネス（Are Austnes：カナダ）, ヤプラク・モラーリ（Yaprak Morali：トルコ）「The Tomten and the Fox（原題：Reven og Nissen）」
- CANAL+ ユース賞　Eliran Peled, Mayan Engelman（イスラエル）「Cinema Rex」
- Vimeoスタッフ選賞　Vier Nev（ポルトガル）「A Mind Sang（原題：A mãe de sangue）」
- YouTube賞　Michelle Chua（カナダ）「The Fox&The Pigeon」
- 最優秀オリジナル音楽（長編映画）
  岩井澤 健治（Kenji Iwaisawa：日本）「音楽（英題：On-Gaku：Our Sound）」
- 最優秀オリジナル音楽（短編映画）
  Anita Bruvere（イギリス） 「Home」
- アンドレ・マーティン賞（フランス短編映画）
  ソフィ・ラシーヌ（Sophie Racine：フランス）「The Shoreline（原題：Rivages）」
- アンドレ・マーティン賞（フランス長編映画）
  ジェレミー・クラパン（Jérémy Clapin：フランス）「I Lost My Body（原題：J'ai perdu mon corps）」
- FIPRESCI賞　セオドア・ウシェフ（Theodore Ushev：ブルガリア）「The Physics of Sorrow（原題：Physique de la tristesse）」
- 子ども審査員賞（短編作品）
  Taylor Meacham（アメリカ） 「To：Gerard」
- 子ども審査員賞（卒業制作）
  Tsz Wing Ho（香港） 「Catgot」
- フェスティバル・コネクション審査員賞
  Geoffroy De Crécy（フランス） 「Empty Places」

2021年
◇長編映画
- クリスタル賞（最優秀長編作品）
  ヨナス・ポヘール・ラスムセン（Jonas Poher Rasmussen：デンマーク）「Flee」
- 審査員賞　　ミカエラ・パヴラトヴァ（Michaela Pavlátová：チェコ）「My Sunny Maad（原題：Ma famille afghane）」
- 審査員特別賞　フローランス・ミアイユ（Florence Miailhe：フランス）「The Crossing（原題：La Traversée）」
- Gan Foundation賞
  ヨナス・ポヘール・ラスムセン（Jonas Poher Rasmussen：デンマーク）「Flee」
- コントルシャン賞　セザール・カブラル（Cesar Cabral：ブラジル）「Bob Spit-We Do Not Like People（原題：Bob Cuspe-Nós Não Gostamos de Gente）」

- コントルシャン審査員特別賞
  - フェリックス・デュフール＝ラペリエール（Félix Dufour-Laperrière：カナダ）「Archipelago（原題：Archipel）」

◇短編映画
- クリスタル賞（最優秀短編作品）
  - サミュエル・パシー（Samuel Patthey：ドイツ），シルヴァン・モニー（Silvain Monney：スイス）「Peel（原題：Écorce）」
- 審査員賞　ニコラス・ケッペン（Nicolas Keppens：ベルギー）「Easter Eggs」
- 審査員特別賞（演出特別賞）
  - ジョアンナ・クイン（Joanna Quinn：イギリス）「Affairs of the Art」
- Jean-Luc Xiberrasデビュー作品賞
  - Mélanie Robert-Tourneur（ベルギー）「Hold Me Tight」
- Off-Limits賞　ウラジミール・トドロヴィッチ（Vladimir Todorovic）「Tunable Mimoid」

◇TV・コミッション
- クリスタル賞（最優秀テレビ作品）
  - Guillaume Lorin（フランス）「Vanille」
- TVシリーズ審査員賞　湯浅 政明（Masaaki Yuasa：日本）「日本沈没2020（英題：Japan Sinks：2020 "The Beginning of the End"）」
- TVスペシャル審査員賞　Hugo De Faucompret（フランス）「Mum Is Pouring Rain（原題：Maman pleut des cordes）」
- クリスタル賞（最優秀コミッション）
  - Martina Scarpelli（イタリア）「Kai "A Little Too Much"」
- 審査員賞（コミッション）
  - Robin Jensen（ノルウェー）「Help！We Have a Blind Patient（原題：Hjelp, vi har en blind pasient）」

◇卒業制作
- クリスタル賞（最優秀卒業制作）
  - Zehao Li（中国）「Hippocampus」
- 審査員賞　Marcell Mostoha（ハンガリー）「Avant」
- 審査員特別賞（アートディレクション）
  - Shih-Yen Huang（台湾）「La Confiture de papillons」

◇VR部門
- クリスタル賞（VR作品）
  - ジョナサン・ハガード（Jonathan Hagard：フランス）「Replacements（Penggantian）」

◇特別賞
- アヌシー市賞　Ilir Blakcori（コソボ）「Clara with a Mustache」
- YouTube賞　Henriette Rietz（ドイツ）「Postpartum（原題：Wochenbett）」
- アンドレ・マーティン賞（フランス短編映画）
  - スマエル・ジョフロイ・シャンドゥティ（Ismael Joffroy Chandoutis：フランス）「Maalbeek」
- アンドレ・マーティン賞（フランス長編映画）
  - アンダ・ダミアン（Anca Damian：ルーマニア）「Marona's Fantastic Tale（原題：L'Extraordinaire Voyage de Marona）」
- 最優秀オリジナル音楽（短編映画）
  - Stéphanie Lansaque, François Leroy（フランス）「The Awakening of the Insects（原題：Le Réveil des insectes）」
- 最優秀オリジナル音楽（長編映画）

漫画・アニメ　　　　　　　　　　　305　　　45 アヌシー国際アニメーション映画祭

　　　　　　　ヨナス・ポヘール・ラスムセン（Jonas Poher Rasmussen：デンマーク）「Flee」
・FIPRESCI賞　ザカリアス・クヌク（Zacharias Kunuk：カナダ）「The Shaman's Apprentice
　　　　　　　（原題：Angakuksajaujuq）」
・CANAL+ ジュニア審査員賞
　　　　　　　エリック・モンショー（Éric Montchaud：フランス）「A Stone in the Shoe
　　　　　　　（原題：Un caillou dans la chaussure）」
・若い観客賞　ヤウェン・ゼン（Yawen Zheng：中国）「Kiko and the Animals（原題：Kiko
　　　　　　　et les Animaux）」
・子ども審査員賞（卒業制作）
　　　　　　　グレゴワール・ド・ベルノイ（Grégoire De Bernouis）、ジョード・ブーダオウ
　　　　　　　（Jawed Boudaoud）、サイモン・カディヤック（Simon Cadilhac）、エレー
　　　　　　　ヌ・レドヴァン（Hélène Ledevin：フランス）「My Friend Who Shines in
　　　　　　　the Night（原題：Mon ami qui brille dans la nuit）」
・子ども審査員賞（短編作品）
　　　　　　　クリストフ・ロイエンシュタイン（Christoph Lauenstein）、ウォルフガング・
　　　　　　　ローエンスタイン（Wolfgang Lauensteins：ドイツ）「People in Motion」
・フェスティバル・コネクション賞
　　　　　　　ヒューゴ・コバルビアス（Hugo Covarrubias：チリ）「Beast（原題：Bestia）」

2022年
　◇長編映画
　　・クリスタル賞（最優秀長編作品）
　　　　　　　アマンディーヌ・フルドン（Amandine Fredon：フランス）、バンジャマン・マ
　　　　　　　スブル（Benjamin Massoubre）「Little Nicholas-Happy as Can Be（原題：
　　　　　　　Le Petit Nicolas-Qu'est-ce qu'on attend pour être heureux？）」
　　・審査員賞　アラン・ウゲット（Alain Ughetto：フランス）「No Dogs or Italians Allowed
　　　　　　　（原題：Interdit aux chiens et aux Italiens）」
　　・審査員特別賞　シグネ・バウマネ（Signe Baumane：ラトビア）「My Love Affair with
　　　　　　　Marriage」
　　　　　　　ピエール・フォルデス（Pierre Foldes：アメリカ）「Blind Willow, Sleeping
　　　　　　　Woman（原題：Saules aveugles, femme endormie）」
　　・Gan Foundation賞
　　　　　　　アラン・ウゲット（Alain Ughetto：フランス）「No Dogs or Italians Allowed
　　　　　　　（原題：Interdit aux chiens et aux Italiens）」
　　・コントルシャン賞　山村 浩二（Koji Yamamura：日本）「幾多の北（英題：Dozens of Norths）」
　　・コントルシャン審査員特別賞
　　　　　　　Jun-Pyo Hong（韓国）　「Chun Tae-il：A Flame That Lives On」
　◇短編映画
　　・クリスタル賞（最優秀短編作品）
　　　　　　　Balázs Turai（ハンガリー）　「Amok」
　　・審査員賞　シュペラ・カデシュ（Spela Cadez：スロベニア）「Steakhouse」
　　・審査員特別賞（美しく作られたアニメーションと素晴らしい身体体験）
　　　　　　　水尻 自子（Yoriko Mizushiri：日本）「不安な体（英題：Anxious Body）」
　　・Jean-Luc Xiberrasデビュー作品賞
　　　　　　　ジョナサン・ラスカー（Jonathan Laskar：スイス）「The Record」
　　・Off-Limits賞　ダーク・コイ（Dirk Koy：スイス）「Intersect」
　◇TV・コミッション
　　・クリスタル賞（最優秀テレビ作品）
　　　　　　　Sara Gunnarsdottir（アイスランド）「My Year of Dicks」
　　・TVシリーズ審査員賞　Alejo Schettini, アルフレド・ソデルギット（Alfredo Soderguit：ウルグ

アイ）「Two Little Birds "Too Much Feathers"（原題：Dos pajaritos）」
- TVスペシャル審査員賞　エマ・ドゥ・スワーフ（Emma De Swaef：ベルギー），マーク・ジェイムス・ロエルズ（Marc James Roels：ベルギー），ニキ・リンドロス・フォン・バール（Niki Lindroth von Bahr：スウェーデン），パロマ・バエザ（Paloma Baeza：イギリス）「The House」
- クリスタル賞（最優秀コミッション）
スペンサー・サッサー（Spencer Susser：アメリカ）「Save Ralph」
- 審査員賞（コミッション）
ウェス・アンダーソン（Wes Anderson：アメリカ）「Aline」

◇卒業制作
- クリスタル賞（最優秀卒業制作）
ムン スジン（Sujin Moon：韓国）「Persona」
- 審査員賞　　Rehoo Tang（中国）「A Dog Under a Bridge」
- 審査員特別賞　Lola Lefevre（フランス）「Mom, What's up with the Dog？（原題：Maman, il a quoi le chien？）」

◇VR部門
- クリスタル賞（VR作品）
ベンジャミン・クリアリー（Benjamin Cleary：アイルランド），マイケル・オコナー（Michael O'Connor）「Glimpse」
- 審査員特別賞　Barry Gene Murphy（イギリス），May Abdalla「Goliath：Playing With Reality」

◇特別賞
- アヌシー市賞　Wilson Borja（アメリカ）「Reparations」
- YouTube賞　Noah Erni（スイス）「The Invention of Less」
- フェスティバル・コネクション賞
Pernille M. A. Kjaer, Adrian Dexter「Terra incognita」
- アンドレ・マーティン賞（フランス短編映画）
アマンディーヌ・メイエール（Amandine Meyer：フランス）「Histoire pour 2 trompettes」
- アンドレ・マーティン賞（フランス長編映画）
Geoff Marslett（アメリカ）「Quantum Cowboys」
- 最優秀オリジナル音楽（短編映画）
マリナ・ロセ（Marina Rosset：スイス）「The Queen of the Foxes（原題：La Reine des renards）」
- 若い観客賞　マリナ・ロセ（Marina Rosset：スイス）「The Queen of the Foxes（原題：La Reine des renards）」
- CANAL＋ジュニア審査員賞
Augusto Schillaci（アルゼンチン）「La calesita」
- フランステレビ賞短編映画賞
Balázs Turai（ハンガリー）「Amok」

2023年
◇長編映画
- クリスタル賞（最優秀長編作品）
キアラ・マルタ（Chiara Malta：イタリア），セバスチャン・ローデンバック（Sébastien Laudenbach：フランス）「Chicken for Linda！（原題：Linda veut du poulet！）」
- 審査員賞　　アーロン・ガウダー（Áron Gauder：ハンガリー）「Four Souls of Coyote」
- ポール・グリモー賞　田口 智久（Tomohisa Taguchi：日本）「夏へのトンネル、さよならの出

　　　　　　　　口（英題：The Tunnel to Summer, the Exit of Goodbyes）」
- 観客賞　　　ブノワ・シュー（Benoît Chieux：フランス）「Sirocco and the Kingdom of Air Streams（原題：Sirocco et le Royaume des courants d'air）」
- Gan Foundation賞
　　　　　　　　キアラ・マルタ（Chiara Malta：イタリア），セバスチャン・ローデンバック（Sébastien Laudenbach：フランス）「Chicken for Linda！（原題：Linda veut du poulet！）」
- コントルシャン・グランプリ
　　　　　　　　パブロ・ベルヘル（Pablo Berger：スペイン）「Robot Dreams」
- コントルシャン審査員賞　Filip Pošivač「Tony, Shelly and the Magic Light」

◇短編映画
- クリスタル賞（最優秀短編作品）
　　　　　　　　フローラ・アンナ・ブダ（Flóra Anna Buda：ハンガリー）「27」
- 審査員賞　　Levi Stoops（ベルギー）「Drijf」
- アレクセイエフ−パーカー賞
　　　　　　　　Morten Tšinakov（エストニア），Lucija Mrzljak（クロアチア）「Eeva」
- Jean-Luc Xiberrasデビュー作品賞
　　　　　　　　イェガネ・モガダム（Yegane Moghaddam：イラン）「Our Uniform」
- 観客賞　　　ヘタ・ヤアリノヤ（Heta Jäälinoja：フィンランド）「Nun or Never」
- Off-Limits賞　メノ・デノイヤー（Menno de Nooijer：オランダ），ポール・デ・ノイエール（Paul de Nooijer）「Is Heaven Blue？ #2」

◇TV・コミッション
- クリスタル賞（最優秀コミッション）
　　　　　　　　タメルラン・ベクムルザエフ（Tamerlan Bekmurzayev：フランス）「November Ultra "Come Into My Arms"」
- 審査員賞（コミッション）
　　　　　　　　エム・クーパー（Em Cooper：イギリス）「The Beatles "I'm Only Sleeping"」
- クリスタル賞（最優秀テレビ作品）
　　　　　　　　マルジョレーヌ・ペレタン（Marjolaine Perreten：スイス）「Pebble Hill（原題：La Colline aux cailloux）」
- TVシリーズ審査員賞1st
　　　　　　　　ドリュー・ホッジズ（Drew Hodges：アメリカ）「Shape Island "Square's Big Prank"」
- TVシリーズ審査員賞2nd
　　　　　　　　ヴィンセント・ツァイ（Vincent Tsui：フランス）「Scavengers Reign "The Wall"」

◇卒業制作
- クリスタル賞（最優秀卒業制作）
　　　　　　　　Martina Generali, Simone Pratola, Francesca Sofia Rosso（イタリア）「La notte」
- 審査員賞　　ミア・L・ヘンリクセン（Mia L. Henriksen），コンラッド・ヒェムリ（Konrad Hjemli：ノルウェー）「The Harbourmaster（原題：Havnesjefen）」
- ロッテ・ライニガー賞　Toke Ringmann Madsen（デンマーク）「Mano」

◇VR部門
- クリスタル賞（VR作品）
　　　　　　　　フィッシュ・ワン（Fish Wang：台湾）「Red Tail」

◇特別賞
- アヌシー市賞　マイケル・ファウスト（Michael Faust：イギリス）「Island」
- フェスティバル・コネクションVR賞

- - Pedro Harres（ブラジル）「From the Main Square」
- フェスティバル・コネクション賞
  - Tom Prezman（イスラエル）, Tzor Edery（フィンランド）「Maurice's Bar」
- アンドレ・マーティン賞（フランス短編映画）
  - Clémence Bouchereau（フランス）「The Purple Season（原題：La saison pourpre）」
- 最優秀オリジナル音楽（長編映画）
  - Sepideh Farsi（イラン）「La Sirène」
- 最優秀オリジナル音楽（短編映画）
  - フローラ・アンナ・ブダ（Flóra Anna Buda：ハンガリー）「27」
- 若い観客賞　アンヌ＝ソフィー・グーセ（Anne-Sophie Gousset：フランス）「ふたりは姉妹（原題：Entre Deux Soeurs）」
- CANAL＋ジュニア審査員賞
  - ブレット・パーカー（Bret Parker：アメリカ）「Pete」
- アンドレ・マーティン賞（フランス長編映画）
  - ヘタ・ヤアリノヤ（Heta Jäälinoja：フィンランド）「Nun or Never」

2024年
◇長編映画
- クリスタル賞（最優秀長編作品）
  - アダム・エリオット（Adam Elliot：オーストラリア）「Memoir of a Snail」
- 審査員賞　ギンツ・ジルバロディス（Gints Zilbalodis：ラトビア）「Flow」
- ポール・グリモー賞　八鍬 新之介（Shinnosuke Yakuwa：日本）「窓ぎわのトットちゃん（英題：Totto-Chan：The Little Girl at the Window）」
- 観客賞　ギンツ・ジルバロディス（Gints Zilbalodis：ラトビア）「Flow」
- コントルシャン・グランプリ
  - イサベル・エルゲラ（Isabel Herguera：スペイン）「Sultana's Dream（原題：El sueño de la sultana）」
- 審査員特別賞　Kristina Dufková（チェコ）「Living Large」
- Gan Foundation賞
  - ギンツ・ジルバロディス（Gints Zilbalodis：ラトビア）「Flow」

◇短編映画
- クリスタル賞（最優秀短編作品）
  - Alexandra Ramires, Laura Gonçalves（ポルトガル）「Percebes」
- 審査員賞　ヤドヴィガ・コバルスカ（Jadwiga Kowalska：スイス）「The Car That Came Back from the Sea」
- アレクセイエフ−パーカー賞
  - ニコラス・ケッペン（Nicolas Keppens：ベルギー）「Beautiful Men」
- Jean-Luc Xiberrasデビュー作品賞
  - Mario Radev（イギリス）「[S]」
- 観客賞　ヤン・サスカ（Jan Saska：チェコ）「Hurikán」
- Off-Limits賞　ボリス・ラベ（Boris Labbé：フランス）「Glass House」

◇TV・コミッション
- クリスタル賞（最優秀コミッション）
  - ウィル・アンダーソン（Will Anderson：イギリス）「Pictoplasma "Opener 2023"」
- 審査員賞　Aya Marzouk（エジプト）「TED-Ed "How Did South African Apartheid Happen, and How Did It Finally End？"」
- クリスタル賞（最優秀テレビ作品）

                          Sophie Roze（フランス）「The Drifting Guitar（原題：Une guitare à la
                              mer）」
   ● TVスペシャル審査員賞　アウグスト・ザノヴェロ（Augusto Zanovello：ブラジル）「Lola et le
                              Piano à bruits」
   ● TVシリーズ審査員賞　Clémence Madeleine-Perdrillat, Nathaniel H'limi（フランス）「My Life
                              in Versailles "Versailles Ghost"（原題：La Vie de château "Le Fantôme de
                              Versailles"）」
   ● 観客賞　　　　　　Sophie Roze（フランス）「The Drifting Guitar（原題：Une guitare à la mer）」
◇卒業制作
   ● ロッテ・ライニガー賞　Govinda Sao（インド）「Maatitel」
   ● クリスタル賞（最優秀卒業制作）
                          ダニエル・スターリング＝アルトマ（Daniel Sterlin-Altman：カナダ）
                              「Carrotica」
   ● 審査員賞　　　　　Quirijn Dees「Pubert Jimbob」
◇VR部門
   ● クリスタル賞（VR作品）
                          イーサン・シャフテル（Ethan Shaftel）「Gargoyle Doyle」
◇特別賞
   ● アヌシー市賞　マルゲリータ・ジュスティ（Margherita Giusti：イタリア）「The Meatseller」
   ● フェスティバル・コネクションVR賞
                          マリオン・ブルゲル（Marion Burger：フランス），イラン・コーエン（Ilan
                              Cohen）「Emperor」
   ● フェスティバル・コネクション賞
                          ニコラス・ケッペン（Nicolas Keppens：ベルギー）「Beautiful Men」
   ● アンドレ・マーティン賞（フランス短編映画）
                          フローランス・ミアイユ（Florence Miailhe：フランス）「Butterfly（原題：
                              Papillon）」
   ● 若い観客賞　　　マルティン・スマタナ（Martin Smatana：スロバキア），Veronika Zacharová
                              （チェコ）「Hello Summer」
   ● CANAL＋ ジュニア審査員賞
                          Matteo Salanave Piazza（フランス）　「Noodles au Naturel（原題：Frite sans
                              maillot）」
   ● 最優秀オリジナル音楽（長編映画）
                          ギンツ・ジルバロディス（Gints Zilbalodis：ラトビア）「Flow」
   ● 最優秀オリジナル音楽（短編映画）
                          イザベラ・プリュシンスカ（Izabela Plucinska：ポーランド）「Joko」
   ● フランステレビ賞短編映画賞
                          ヤドヴィガ・コバルスカ（Jadwiga Kowalska：スイス）「The Car That Came
                              Back from the Sea」

46 アングレーム国際漫画祭　Festival International de la Bande Dessinée d'Angoulême

1974年より毎年1月末にフランスのアングレーム市で開催されるヨーロッパ最大級の漫画祭。会期中には部門ごとの賞が授与され，最も優れた作品に贈られる最優秀作品賞，漫画の発展に寄与した作家に贈られるグランプリなどが選ばれる。

＊日本人では手塚治虫（1999年），谷口ジロー（2001,03,05年），浦沢直樹（04,11年），中沢啓治（04年），夢枕獏（05年），辰巳ヨシヒロ（05,12年），水木しげる（07,09年），森薫（12年），

鳥山明（13年），大友克洋（15年），望月ミネタロウ，上村一夫（17年），真島ヒロ，楳図かずお（18年），高橋留美子（19年），つげ義春（20年），諫山創，池上遼一，伊藤潤二，坂口尚（23年），萩尾望都（24年）が受賞

【主催者】9emeArt＋
【締切・発表】例年1月末にフランス・アングレーム市で開催
【E-mail】info@bdangouleme.com
【URL】https://www.bdangouleme.com/

第43回（2016年）
- ◇グランプリ　　Hermann Huppen（ベルギー）
- ◇最優秀作品賞　リチャード・マグワイア（Richard McGuire：アメリカ）「Ici」
- ◇審査員特別賞　Pozla（フランス）「Carnet de santé foireuse」
- ◇シリーズ賞　　エイドリアン・アルフォナ（Adrian Alphona：カナダ），G・ウィロー・ウィルソン（G. Willow Wilson：アメリカ）「Miss Marvel」
- ◇新人賞　　　　Pietro Scarnera（イタリア）「Une étoile tranquille：Portrait sentimental de Primo Levi」
- ◇遺産賞　　　　E.O・プラウエン（E.O.Plauen：ドイツ）「Vater und Sohn」
- ◇子ども向け作品賞　バンジャマン・レネール（Benjamin Renner：フランス）「Le Grand Méchant Renard」
- ◇オルタナティブBD賞　Mauvaise Foi éditions「Laurence 666」
- ◇SNCFミステリー賞　Marcello Quintanilha（ブラジル）「Tungstène」
- ◇フランステレビ読者賞　エティエンヌ・ダヴォドー（Étienne Davodeau），Benoît Collombat（フランス）「Cher pays de notre enfance」

第44回（2017年）
- ◇グランプリ　　コゼ（Cosey：スイス）
- ◇最優秀作品賞　Éric Lambé, Philippe de Pierpont（フランス）「Paysage après la bataille」
- ◇審査員特別賞　マルタン・ヴェイロン（Martin Veyron：フランス）「Ce qu'il faut de terre à l'homme」
- ◇シリーズ賞　　望月 峯太郎（Minetaro Mochizuki：日本）「ちいさこべえ（英題：Chiisakobee）」
- ◇新人賞　　　　Ancco（韓国）「Mauvaises filles」
- ◇遺産賞　　　　上村 一夫（Kazuo Kamimura：日本）「離婚倶楽部（仏題：Le Club des divorcés）」
- ◇子ども向け作品賞　Tébo（フランス）「La Jeunesse de Mickey」
- ◇オルタナティブBD賞　Julie Staebler, Catherine Staebler「Biscoto」
- ◇SNCFミステリー賞　ティエリー・スモルダレン（Thierry Smolderen：ベルギー），Alexandre Clérisse（フランス）「L'été Diabolik」
- ◇フランステレビ読者賞　マチュー・ボンノム（Matthieu Bonhomme：フランス）「L'Homme qui tua Lucky Luke」

第45回（2018年）
- ◇グランプリ　　リチャード・コーベン（Richard Corben：アメリカ）
- ◇最優秀作品賞　ジェレミー・モロー（Jérémie Moreau：フランス）「La Saga de Grimr」
- ◇審査員特別賞　マリオン・ファヨール（Marion Fayolle：フランス）「Les Amours suspendues」
- ◇シリーズ賞　　サイモン・ハンセルマン（Simon Hanselmann：オーストラリア）「Megg, Mogg&Owl」
- ◇新人賞　　　　ニック・ドルナソ（Nick Drnaso：アメリカ）「Beverly」
- ◇遺産賞　　　　楳図 かずお（Kazuo Umezu：日本）「わたしは真悟（仏題：Je suis Shingo）」

- ◇子ども向け作品賞　Claire Fauvel, ジュリア・ビエ（Julia Billet：フランス）「La Guerre de Catherine」
- ◇オルタナティブBD賞　Elsa Abderhamani（フランス）, Juliette Mancini（スイス）「Bien, Monsieur」
- ◇SNCFミステリー賞　Philippe Valette（フランス）「Jean Doux et le mystère de la disquette molle」
- ◇フランステレビ読者賞　マリオン・モンテーニュ（Marion Montaigne：フランス）「Dans la combi de Thomas Pesquet」

第46回（2019年）
- ◇グランプリ　　　　　高橋 留美子（Rumiko Takahashi：日本）
- ◇最優秀作品賞　　　　Emil Ferris（アメリカ）「My Favorite Thing Is Monsters」
- ◇審査員特別賞　　　　ブレヒト・エヴァンス（Brecht Evens：ベルギー）「Les Rigoles」
- ◇シリーズ賞　　　　　Halfdan Pisket（デンマーク）「Dansker」
- ◇遺産賞　　　　　　　ギュスターヴ・ドレ（Gustave Doré：フランス）「Les Travaux d'Hercule」
- ◇新人賞　　　　　　　Émilie Gleason（メキシコ）「Ted drôle de coco」
- ◇子ども向け作品賞　Jen Wang（アメリカ）「Le Prince et la Couturière」
- ◇オルタナティブBD賞　アレックス・バラディ（Alex Baladi：スイス）「Samandal」
- ◇SNCFミステリー賞　Julien Lambert（ベルギー）「VilleVermine」
- ◇フランステレビ読者賞　受賞者なし

第47回（2020年）
- ◇グランプリ　　　　　エマニュエル・ギベール（Emmanuel Guibert：フランス）
- ◇最優秀作品賞　　　　Florent Grouazel, Younn Locard（フランス）「Revolution 1. Freedom」
- ◇審査員特別賞　　　　Seth（カナダ）「Clyde Fans」
- ◇シリーズ賞　　　　　田邊 剛（Gou Tanabe：日本）「In the abyss of time」
- ◇果敢賞　　　　　　　ジャコモ・ナンニ（Giacomo Nanni：イタリア）「Act of God」
- ◇新人賞　　　　　　　Joe Kessler（イギリス）「Skylight」
- ◇遺産賞　　　　　　　ニコル・クラヴルー（Nicole Claveloux）, Édith Zha（フランス）「The green thumb and other stories」
- ◇子ども向け作品賞　カミーユ・ジュルディ（Camille Jourdy：フランス）「Les Vermeilles」
- ◇青少年向け作品賞　東村 アキコ（Akiko Higashimura：日本）「雪花の虎 4巻（仏題：Le tigre des neiges volume 4）」
- ◇オルタナティブBD賞　Ivana Armanini〔ほか〕「komikaze」
- ◇SNCFミステリー賞　Emmanuel Moynot（フランス）「No Direction」
- ◇フランステレビ読者賞　Chloé Wary（フランス）「Rose season」

第48回（2021年）
- ◇グランプリ　　　　　クリス・ウェア（Chris Ware：アメリカ）
- ◇最優秀作品賞　　　　ランディス・ブレア（Landis Blair：アメリカ）「The Hunting Accident」
- ◇審査員特別賞　　　　Steven Appleby（イギリス）「Dragman」
- ◇シリーズ賞　　　　　Michel Rabagliati（カナダ）「Paul at home」
- ◇果敢賞　　　　　　　Gabrielle Piquet（フランス）「La Mécanique du sage」
- ◇新人賞　　　　　　　Maurane Mazars（フランス）「Tanz！」
- ◇遺産賞　　　　　　　リンド・ウォード（Lynd Ward：アメリカ）「L'éclaireur-engraved stories by Lynd Ward」
- ◇子ども向け（8-12歳）最優秀賞
　　　　　　　　　　　Sophie Guerrive（フランス）「Le Club des amis tome 1」
- ◇YA向け（12-16歳）最優秀賞
　　　　　　　　　　　Jorge Corona（ベネズエラ）, スコッティ・ヤング（Skottie Young：アメリカ）

	「Middlewest, tome 1, Anger」
◇オルタナティブBD賞	Terhi Adler, Sami Aho〔ほか多数〕（フィンランド）「Kutikuti, The Thick Book of Kuti」
◇SNCFミステリー賞	Marion Mousse, Mark Eacersall（イギリス）, Henri Scala（フランス）「GoSt 111」
◇フランステレビ読者賞	レオニー・ビショフ（Léonie Bischoff：スイス）「Anaïs Nin：On the sea of lies」
◇高校生の賞	Zanzim, Hubert（フランス）「Men's skin」

第49回（2022年）

◇グランプリ	ジュリー・デュウシェー（Julie Doucet：カナダ）
◇最優秀作品賞	マルセロ・キンタニーリャ（Marcelo Quintanilha：ブラジル）「Listen, pretty Márcia」
◇審査員特別賞	サイモン・ルッサン（Simon Roussin）, ラファエル・メルツ（Raphaël Meltz）, ルイーズ・モーティ（Louise Moaty：フランス）「Des Vivants」
◇シリーズ賞	エミール・ブラヴォー（Émile Bravo：フランス）「Spirou-hope in spite of everything-Part Three」
◇果敢賞	ミシェル・デフォージ（Michael DeForge：カナダ）「A familiar face」
◇新人賞	カミーユ・ラヴォー・ベニート（Camille Lavaud Benito：フランス）「Life underground」
◇遺産賞	ハワード・クルーズ（Howard Cruse：アメリカ）「Stuck Rubber Baby」
◇子ども向け（8-12歳）最優秀賞	アメリ・フレッチェ（Amélie Fléchais）, ジョナサン・ガルニエ（Jonathan Garnier：フランス）「Shepherdesses Warriors T.4」
◇YA向け（12-16歳）最優秀賞	キャット・レイ（Kat Leyh：アメリカ）「Snapdragon」
◇オルタナティブBD賞	BANZAI, BENTO RADIO〔ほか多数〕（フランス）「BENTO」
◇SNCFミステリー賞	アントワーヌ・メイラード（Antoine Maillard：フランス）「L'Entaille」
◇フランステレビ読者賞	レア・ムラウィエック（Léa Murawiec：フランス）「The great emptiness」
◇高校生の賞	シルヴァン・ルポ（Sylvain Repos：フランス）「Yojimbot T.1」
◇環境賞	クリスチャン・ケスネル（Christian Quesnel）, アン＝マリー・サン・セルニー（Anne-Marie Saint-Cerny：カナダ）「Megantic-a train in the night」

第50回（2023年）

◇グランプリ	リアド・サトゥフ（Riad Sattouf：フランス）
◇最優秀作品賞	マルタン・パンショー（Martin Panchaud：スイス）「The color of things」
◇審査員特別賞	アヌーク・リカード（Anouk Ricard：フランス）「Animan」
◇子ども向け審査員特別賞	クエンティン・ズッティオン（Quentin Zuttion：フランス）「All princesses die after midnight」
◇シリーズ賞	押見 修造（Shuzo Oshimi：日本）「血の轍 11巻（英題：Blood Bonds T.11）」
◇新人賞	リネア・スターテ（Linnea Sterte：スウェーデン）「A tree frog in autumn」
◇遺産賞	坂口 尚（Hisashi Sakaguchi：日本）「石の花（英題：Stone flowers）」
◇子ども向け作品賞	レオニー・ビショフ（Léonie Bischoff：スイス）, キャスリーン・カール（Kathleen Karr：アメリカ）「The long march of the turkeys」
◇オルタナティブBD賞	64 PAGE, BANZAI〔ほか多数〕（フランス）「Forn de Calç」
◇SNCFミステリー賞	ニコラス・ペゴン（Nicolas Pegon：フランス）「Hound Dog」
◇フランステレビ読者賞	ソル・オテロ（Sole Otero：アルゼンチン）「Naphthalene」
◇高校生の賞	シモ・アバディア（Ximo Abadía：スペイン）「Khat：Diary of a refugee」
◇環境賞	アナ・ペニャス（Ana Penyas：スペイン）「Under the sun」

47 ACBDアジア賞

第51回（2024年）

- ◇グランプリ　　　　　ポージー・シモンズ（Posy Simmonds：イギリス）
- ◇最優秀作品賞　　　　ダニエル・クロウズ（Daniel Clowes：アメリカ）「モニカ（原題：Monica）」
- ◇審査員特別賞　　　　ソフィー・ダルク（Sophie Darcq：フランス）「Hanbok」
- ◇子ども向け審査員特別賞　マガリ・ル・ウーシュ（Magali Le Huche）「Les Petites Reines」
   コマツ シンヤ（Shin'ya Komatsu：日本）「午后のあくび 1巻（英題：Afternoon yawns T.1）」
- ◇シリーズ賞　　　　　ジェームズ・タイニオン4世（James Tynion Ⅳ：アメリカ），アルヴァロ・マルティネス・ブエノ（Alvaro Martinez Bueno：スペイン）「The Nice house on the lake T.2」
- ◇遺産賞　　　　　　　木山 義喬（Henry Yoshitaka Kiyama：日本）「漫画四人書生（英題：Four Japanese in San Francisco 1904-1924）」
- ◇新人賞　　　　　　　マチュー・シアラ（Mathieu Chiara：フランス）「The Embarrassed Man」
- ◇子ども向け作品賞　　パク ユンソン（Yoon-Sun Park：韓国）「The Incredible Mademoiselle Bang」
- ◇オルタナティブBD賞　Typex, Wasco〔ほか多数〕（オランダ）「Aline」
- ◇SNCFミステリー賞　ケコ（Keko），カルロス・ポルトゥラ（Carlos Portela：スペイン）「Contrition」
- ◇フランステレビ読者賞　ベアトリス・レマ（Beatriz Lema：スペイン）「Evils to tell」
- ◇高校生の賞　　　　　ジェレミー・ペロドー（Jeremy Perrodeau：フランス）「The Face of Pavil」
- ◇環境賞　　　　　　　ギヨーム・サンジュラン（Guillaume Singelin：フランス）「Frontier」

47　ACBDアジア賞　Prix Asie ACBD

　フランスの批評家とジャーナリストで構成される団体・ACBDの批評グランプリの一部門として，2007年に創設された。フランス国内で出版されたアジアの漫画を選出し表彰する。例年，日本のポップカルチャーの総合博覧会である「JAPAN EXPO（ジャパンエキスポ）」で受賞作品が発表される。

　＊日本人では，中沢啓治（2007年），豊田哲也（09年），浦沢直樹（10年），辰巳ヨシヒロ（12年），今敏（13年），カネコアツシ（14年），筒井哲也（15年），望月ミネタロウ（16年），安倍夜郎（17年），藤ний慶（18年），田辺剛（19年），山田参助（20年），丸尾末広（21年），駕籠真太郎（22年），うめざわしゅん（23年），たなか亜希夫（24年）が受賞

【主催者】ACBD（Association des Critiques et journalistes de Bande Dessinée）
【選考方法】協会員による選考
【選考基準】前年の7月～当年の6月までにフランス語で出版されたアジア作品
【締切・発表】毎年7月にJAPAN EXPOで発表
【URL】https://www.acbd.fr/category/prix-asie-de-la-critique-acbd/

2007年	中沢 啓治（Keiji Nakazawa：日本）「はだしのゲン（仏題：Gen d'Hiroshima）」	
2008年	オ ヨンジン（Oh Yeong Jin：韓国）「Le Visiteur du Sud」	
2009年	豊田 哲也（Tetsuya Toyoda：日本）「アンダーカレント（仏題：Undercurrent）」	
2010年	浦沢 直樹（Naoki Urasawa：日本）「PLUTO 鉄腕アトム—"地上最大のロボット"より（仏題：Pluto）」	
2011年	ジェリー・アランギラン（Gerry Alanguilan：フィリピン）「Elmer」	
2012年	辰巳 ヨシヒロ（Yoshihiro Tatsumi：日本）「劇画漂流（仏題：Une vie dans les	

	marges）」
2013年	今 敏（Satoshi Kon：日本）「OPUS」
2014年	カネコ アツシ（Atsushi Kaneko：日本）「Wet Moon」
2015年	筒井 哲也（Tetsuya Tsutsui：日本）「有害都市（仏題：Poison City）」
2016年	望月 ミネタロウ（Minetarô Mochizuki：日本）「ちいさこべえ（仏題：Chiisakobé）」
2017年	安倍 夜郎（Yarô Abe：日本）「深夜食堂（仏題：La Cantine de minuit）」
2018年	藤井 慶（Kei Fujii），平井 志（Cocoro Hirai：日本）「新しい空の下で（仏題：Sous un ciel nouveau）」
2019年	田辺 剛（Gou Tanabe）「狂気の山脈にて（仏題：Les Montagnes hallucinées）」
2020年	山田 参助（Sansuke Yamada：日本）「あれよ星屑（仏題：Sengo）」
2021年	丸尾 末広（Suehiro Maruo：日本）「トミノの地獄（仏題：Tomino la maudite）」
2022年	駕籠 真太郎（Shintarô Kago：日本）「La princesse du château sans fin」
2023年	うめざわ しゅん（Shun Umezawa：日本）「ダーウィン事変（仏題：Darwin's incident）」
2024年	たなか 亜希夫（Akio Tanaka：日本）「リバーエンド・カフェ（仏題：River End Café）」

48 オタワ国際アニメーション映画祭　Ottawa International Animation Festival

カナダのオタワで開催されるアニメーション映画祭として1976年に開始。毎年9月に行われ，76～2004年は隔年開催だったが，以降毎年開催されている。国際アニメーション映画協会（ASIFA）公認の国際映画祭で，アヌシー（フランス），ザグレブ（クロアチア），広島（2020年終了）と並ぶ世界4大アニメーション映画祭の一つとして知られる。

＊日本人では森本晃司（1994年），黒坂圭太（98年），山村浩二（2000年，07年），ナガタタケシ，モンノカヅエ（06年），後藤章治（07年），石田祐康（10年），尾角典子（11年），ひめだまなぶ（13年），小野ハナ（14年），湯浅政明（17年），岩井澤健治（19年），矢野ほなみ（21年），和田淳（22年），折笠良（23年）が受賞

【選考委員】〔2024年〕長編部門審査員：Neil Hunter, Dahee Jeong, Thomas Johnson Volda, 短編部門審査員：Jonathan Djob Nkondo, Anastasiya Verlinska, Ivana Bošnjak Volda
【選考基準】〔2024年〕2023年5月31日以降に完成した作品
【締切・発表】〔2024年〕2024年4月30日締切，7月31日以降発表，9月25日～29日にカナダ・オンタリオ州オタワで開催
【URL】https://www.animationfestival.ca/

2015年
◇グランプリ
　●最優秀長編アニメーション
　　　パトリック・マクヘイル（Patrick McHale：アメリカ）「オーバー・ザ・ガーデンウォール（英題：Over the Garden Wall）」

- ●最優秀自主制作短編アニメーション
  - 二瓶 紗吏奈（Sarina Nihei：イギリス）「帽子をかぶった小さな人々（英題：Small People With Hats）」
- ◇最優秀短編ナラティブアニメーション
  - リホ・ウント（Riho Unt：エストニア）「The Master（原題：Isand）」
- ◇最優秀実験・抽象アニメーション
  - ポール・ブッシュ（Paul Bush：イギリス）「The Five Minute Museum」
- ◇最優秀学部アニメーション賞
  - Ryan Ines「Violet」
- ◇最優秀コミッションアニメーション賞
  - Irina Rubina「Jazz Orgie」
- ◇最優秀子供向け短編映画賞
  - フリッツ・スタンダート（Frits Standaert：ベルギー）「Counting Sheep（原題：Compte les moutons）」
- ◇最優秀子供向けアニメシリーズ賞
  - Dan and Jason「Bird and Bear」
- ◇最優秀脚本賞
  - ドン・ハーツフェルト（Don Hertzfeldt：アメリカ）「明日の世界（原題：World of Tomorrow）」
- ◇最優秀デザイン賞　Nicolas Ménard（カナダ）「Loop Ring Chop Drink」
- ◇最優秀アニメーション技術賞
  - プリート・テンダー（Priit Tender：エストニア）「House of Unconsciousness（原題：Alateadvuse maja）」
- ◇最優秀音響賞
  - 二瓶 紗吏奈（Sarina Nihei：イギリス）「帽子をかぶった小さな人々（英題：Small People With Hats）」
- ◇観客賞
  - ドン・ハーツフェルト（Don Hertzfeldt：アメリカ）「明日の世界（原題：World of Tomorrow）」
- ◇最優秀カナダアニメーション賞
  - マシュー・ランキン（Matthew Rankin：カナダ）「Mynarski Death Plummet（原題：Mynarski chute mortelle）」
- ◇最優秀実験・抽象アニメーション
  - セオドア・ウシェフ（Theodore Ushev：ブルガリア）「Sonámbulo」
  - Alex Boya「Focus」
- ●最優秀学生映画賞　ナタ・メトルク（Nata Metlukh：ウクライナ）「Fears」

2016年
- ◇グランプリ
  - ●最優秀自主制作短編アニメーション
    - ダイアン・オボムサウィン（Diane Obomsawin：カナダ）「J'aime les filles」
  - ●最優秀長編アニメーション
    - ジャン＝フランソワ・ラギオニ（Jean-François Laguionie：フランス）「Louise en Hiver」
- ◇最優秀短編ナラティブアニメーション
  - セオドア・ウシェフ（Theodore Ushev：ブルガリア）「Blind Vaysha」
- ◇最優秀実験・抽象アニメーション
  - 折笠 良（Ryo Orikasa：日本）「水準原点（Suijun genten）」
- ◇最優秀脚本賞　Nate Sherman, Nick Vokey「Fired on Mars」
- ◇最優秀デザイン賞　ルネ・スパーンズ（Rune Spaans：ノルウェー）「The Absence of Eddy Table」
- ◇最優秀アニメーション技術賞
  - サンダー・ヨン（Sander Joon：エストニア）「Velodrool」

◇最優秀音響賞　　Nicolas Brault（カナダ）「Squame」
◇観客賞　　　　　Nate Sherman, Nick Vokey「Fired on Mars」
◇最優秀カナダアニメーション賞
　　　　　　　　　セオドア・ウシェフ（Theodore Ushev：ブルガリア）「Blind Vaysha」

2017年
◇グランプリ
- 自主制作短編アニメ　ニキータ・ディアクール（Nikita Diakur：ドイツ）「Ugly」
- 最優秀長編アニメーション
　　　　　　　　　湯浅 政明（Masaaki Yuasa：日本）「夜は短し歩けよ乙女（英題：The Night Is Short, Walk on Girl）」

◇最優秀短編ナラティブアニメーション
　　　　　　　　　アイス・カルタル（Ayce Kartal：トルコ）「Wicked Girl（原題：Kötü Kiz）」
◇最優秀ノンナラティブアニメーション
　　　　　　　　　ボリス・ラベ（Boris Labbé：フランス）「Any Road」
◇最優秀学生賞　　Lukas Conway（カナダ）, Stefan Jaroszonek, Olivier Sommele「End of Recording」
◇最優秀コミッションアニメーション賞
　　　　　　　　　Alice Saey（フランス）　「Mark Lotterman 'Happy'」
◇最優秀青少年・子ども向けアニメーション
　　　　　　　　　レナ・フォン・ドェーレン（Lena von Döhren：ドイツ）「The Little Bird and the Caterpillar（原題：Der kleine Vogel und die Raupe）」
◇最優秀脚本賞　　チンティス・ルンドゥグラン（Chintis Lundgren：クロアチア）「Manivald」
◇最優秀デザイン賞　Buck（design company）, Orion Tait, トマス・シュミット（Thomas Schmid）, Daniel Oeffinger（アメリカ）「Spectacle of the Real」
◇最優秀音響賞　　Michaela Müller（クロアチア）「Airport」
◇最優秀アニメーション技術賞
　　　　　　　　　マシュー・ランキン（Matthew Rankin：カナダ）「The Tesla World Light（原題：Tesla 'Lumiére Mondiale'）」
◇観客賞　　　　　アルベルト・バスケス（Alberto Vazquez：スペイン）「Decorado」
◇青少年（6-12歳）向けアニメーション
　　　　　　　　　Christopher Auchter（カナダ）　「Mountain of Sgaana」
◇最優秀カナダアニメーション賞
　　　　　　　　　Amanda Strong（カナダ）　「Four Faces of the Moon」
◇カナダ学生アニメーション賞
　　　　　　　　　Lukas Conway（カナダ）, Stefan Jaroszonek, Olivier Sommele　「End of Recording」
◇メディア賞　　　マシュー・ランキン（Matthew Rankin：カナダ）「The Tesla World Light（原題：Tesla　：Lumière mondiale）」

2018年
◇グランプリ
- 最優秀自主制作短編アニメーション
　　　　　　　　　レカ・ブッチ（Réka Bucsi：ハンガリー）「Solar Walk」
- 最優秀長編アニメーション
　　　　　　　　　エマ・ドゥ・スワーフ（Emma de Swaef）, マーク・ジェイムス・ロエルズ（Marc James Roels：ベルギー）「This Magnificent Cake！（原題：Ce magnifique gâteau ！）」

◇最優秀短編ナラティブアニメーション

　　　　　　　　　　Nara Normandie（ブラジル）「Guaxuma」
　◇最優秀ノンナラティブアニメーション
　　　　　　　　　　ボリス・ラベ（Boris Labbé：フランス）「The Fall（原題：LA CHUTE）」
　◇最優秀学生賞　　Amanda Bonaiuto（アメリカ）「Hedge」
　◇最優秀コミッションアニメーション賞
　　　　　　　　　　Bruce Alcock（カナダ）「Kensington Market」
　◇最優秀青少年・子ども向けアニメーション
　　　　　　　　　　宮澤 真理（Mari Miyazawa：日本）「こにぎりくん オルゴール（英題：Konigiri-Kun Music Box）」
　◇青少年（6-12歳）向けアニメーション
　　　　　　　　　　Maximilien Bourgeoi, Quentin Dubois, Irina Nguyen-Duc, Marine Goalard, Pierre Perveyrie「The Green Bird」
　◇カナダ学生アニメーション賞
　　　　　　　　　　Christopher Strickler（カナダ：Emily Carr University）「Bird Milk」
　◇最優秀カナダアニメーション賞
　　　　　　　　　　チャーリー・ティレル（Charlie Tyrell：カナダ）「My Dead Dad's Porno Tapes」
　◇最優秀VRアニメ賞　ミッシェル・クラノット（Michelle Kranot）, ウリ・クラノット（Uri Kranot：イスラエル）, Amanda Strong（カナダ）「Nothing Happens」
　◇最優秀脚本賞　　Amanda Strong（カナダ）「The Dawn Comes（原題：Biidaaban）」
　◇最優秀デザイン賞　マルタ・パイェク（Marta Pajek：ポーランド）「III」
　◇最優秀音響賞　　ポール・ブッシュ（Paul Bush：イギリス）「Ride」
　◇最優秀アニメーション技術賞
　　　　　　　　　　ニキータ・ディアクール（Nikita Diakur：ドイツ）「Fest」
　◇Vimeo賞　　　　チャーリー・ティレル（Charlie Tyrell：カナダ）「My Dead Dad's Porno Tapes」
　◇観客賞　　　　　Sam Gainsborough（イギリス）「Facing It」
2019年
　◇グランプリ
　　●最優秀長編アニメーション
　　　　　　　　　　岩井澤 健治（Kenji Iwaisawa：日本）「音楽（英題：On-Gaku：Our Sound）」
　　●最優秀自主制作短編アニメーション
　　　　　　　　　　トマス・レノルドナー（Thomas Renoldner：オーストリア）「Don't Know What」
　◇最優秀カナダアニメーション賞
　　　　　　　　　　セオドア・ウシェフ（Theodore Ushev：ブルガリア）「The Physics of Sorrow（原題：Physique De La Tristesse）」
　◇青少年・子ども向けアニメーション
　　　　　　　　　　Raul "Robin" Morales Reyes「A Tiger with no Stripes（原題：Le Tigre Sans Rayures）」
　◇青少年（6-12歳）向けアニメーション
　　　　　　　　　　Pete Browngardt（アメリカ）「Looney Tunes Cartoons 'Curse of the Monkey Bird'」
　◇アニメシリーズ　Natasha Allegri（アメリカ）, 志村 錠児（Joji Shimura）, 大庭 秀昭（Hideaki Oba：日本）, Hans Tseng（台湾）, Efrain Farias「Bee and PuppyCat：Lazy in Space 'Little Fingers'」
　◇最優秀脚本賞　　トメック・ポパクル（Tomek Popakul：ポーランド）「Acid Rain」
　◇最優秀デザイン賞　チェン シー（Xi Chen：中国）, Xu An「The Six」

◇最優秀アニメーション技術賞
　　　　　　　　ウィンストン・ハッキング（Winston Hacking：カナダ）「Erodium Thunk」
◇最優秀音響賞　　ソフィー・ゲート（Sophie Gate：イギリス）「Slug Life」
◇最優秀VRアニメ賞　クリス・ラヴィス（Chris Lavis：カナダ），マチェック・シェバウスキ
　　　　　　　　（Maciek Szczerbowski：カナダ）「Gymnasia」
◇コミッションアニメーション賞
　　　　　　　　マルタ・パイェク（Marta Pajek：ポーランド）「Tricky Women 2019 Trailer」
◇ノンナラティブアニメーション
　　　　　　　　ウィンストン・ハッキング（Winston Hacking：カナダ）「Erodium Thunk」
◇アニメーションギルド学生賞
　　　　　　　　マチュー・ジョージス（Mathieu Georis：ベルギー）「Alfred Fauchet, Here
　　　　　　　　and There（原題：Alfred Fauchet, à droite, à gauche）」
◇カートゥーン ネットワーク賞最優秀アニメーション作品賞
　　　　　　　　ソフィー・ゲート（Sophie Gate：イギリス）「Slug Life」
◇カナダ学生アニメーション賞
　　　　　　　　Ivan Li（カナダ：Emily Carr University of Art and Design）「Finding
　　　　　　　　Uranus」
◇スタッフ選賞　　ヴァレリー・バーンハート（Valerie Barnhart：カナダ）「Girl in the Hallway」
◇観客賞　　　　　Matisse Gonzalez（ボリビア）「Gravedad」

2020年
　◇グランプリ
　　●最優秀短編アニメーション
　　　　　　　　キム カンミン（Kang-min Kim：韓国）「KKUM」
　　●最優秀長編アニメーション
　　　　　　　　マリウシュ・ヴィルチンスキ（Mariusz Wilczynski：ポーランド）「Kill It and
　　　　　　　　Leave This Town」
　◇最優秀カナダアニメーション賞
　　　　　　　　Anne Koizumi（カナダ）「In The Shadow of the Pines」
　◇最優秀技術賞　ジャン・フランソワ・レヴェック（Jean-François Lévesque：カナダ）「I,
　　　　　　　　Barnabé」
　◇最優秀音響デザイン賞　アニータ・キリ（Anita Killi：ノルウェー）「Mother Didn't Know」
　◇最優秀VRアニメ賞　ミリヴォイ・ポポヴィッチ（Milivoj Popović），ヴェリコ・ポポヴィッチ
　　　　　　　　（Veljko Popović：クロアチア）「Dislocation」
　◇コミッションアニメーション賞
　　　　　　　　Alice Saey（フランス）「Jo Goes Hunting 'Careful'」
　◇青少年・子ども向けアニメーション
　　　　　　　　ジュリアン・ビザロ（Julien Bisaro）「Shooom's Odyssey」
　◇青少年（6-12歳）向けアニメーション
　　　　　　　　Ignas Meilūnas（リトアニア）「Matilda and the Spare Head」
　◇最優秀学生賞　キリル・ハイチャイチロフ（Kirill Khachaturov：ロシア）「Naked」
　◇ノンナラティブアニメーション
　　　　　　　　Charlotte Arene（フランス）「The Sea Is Too Much to Drink」
　◇ナラティブアニメーション
　　　　　　　　Anne Koizumi（カナダ）「In the Shadow of the Pines」
　◇アニメシリーズ　Cecile Rousset, Romain Blanc-Tailleur「Fail in Love-Berlin」
　◇最優秀脚本賞　アンドレアス・ヒュカーデ（Andreas Hykade：ドイツ）「Altötting」
　◇カナダ学生アニメーション賞
　　　　　　　　Kunsang Kyirong（カナダ）「Yarlung」

◇最優秀デザイン賞　Éva Darabos（ハンガリー）「Bye Little Block！」
◇スタッフ選賞　　冠木 佐和子（Sawako Kabuki：日本）「Kuricorder Quartet 'Southpaw'」
◇観客賞　　　　　Kang-min Kim（韓国）「KKUM」

2021年
◇グランプリ
- 最優秀短編アニメーション
矢野 ほなみ（Honami Yano：日本）「骨嚙み（英題：A Bite of Bone）」
- 最優秀長編アニメーション
セザール・カブラル（Cesar Cabral：ブラジル）「ボブ・スピット－人間なんてクソくらえ－（原題：Bob Spit：We Do Not Like People）」

◇観客賞　　　　　ジョー・シェー（Joe Hsieh：台湾）「Night Bus」
◇最優秀カナダアニメーション賞
ザカリアス・クヌク（Zacharias Kunuk：カナダ）「The Shaman's Apprentice」
◇スタッフ選賞　　マチュー・ジョージス（Mathieu Georis：ベルギー）「Ten, Twenty, Thirty, Forty, Fifty Miles a Day（原題：Un kilomètre à pied）」
◇最優秀ノンナラティブ　水尻 自子（Yoriko Mizushiri：日本）「不安な体（英題：Anxious Body）」
◇最優秀ナラティブ　ザカリアス・クヌク（Zacharias Kunuk：カナダ）「The Shaman's Apprentice」
◇最優秀学生賞　　ゾン・シエン（Zhong Xian：台湾）「Space」
◇最優秀コミッションアニメーション賞
リン・トムリンソン（Lynn Tomlinson：アメリカ）「Johnny Flynn and Robert Macfarlane 'Ten Degrees of Strange'」
◇青少年・子ども向けアニメーション
ラクロワ・オアナ（Oana Lacroix：スイス）「Bémol」
◇青少年（6-12歳）向けアニメーション
マルゴー・カザール（Margaux Cazal），ジャンヌ・ハンメル（Jeanne Hammel：フランス），ルイ・ホームズ（Louis Holmes），サンディ・ラシュカル（Sandy Lachkar），アギャット・ルルー（Agathe Leroux：フランス），レア・レイ・モゼーズ（Léa Rey-Mauzaize：フランス）「You Sold My Rollerskates？（原題：T'as vendu mes rollers）」
◇アニメシリーズ　M.R. Horhager（カナダ），フィル・ルイス（Phill Lewis）「One Day At A Time 'The Politics Episode'」
◇最優秀VRアニメ賞　Adrian Meyer「Strands of Mind」
◇最優秀カナダ学生アニメーション賞
Liza Desya（カナダ）「Don't Think About Her」
◇最優秀脚本賞　　Marko Djeska（クロアチア）「All Those Sensations in My Belly」
◇最優秀デザイン賞　Mariam Kapanadze「Abandoned Village」
◇最優秀アニメーション技術賞
シュペラ・カデシュ（Špela Čadež：スロベニア）「Steakhouse」
◇最優秀音響デザイン賞　John C. Kelley（アメリカ）「A Family That Steals Dogs」

2022年
◇グランプリ
- 最優秀長編アニメーション
山村 浩二（Koji Yamamura：日本）「幾多の北（英題：Dozens of Norths）」
- 最優秀自主制作短編アニメーション
和田 淳（Atsushi Wada：日本）「半島の鳥（英題：Bird in the Peninsula）」

◇ワコムパブリック賞　サンダー・ヨン（Sander Joon：エストニア）「Sierra」
◇カナダ映画協会（CFI）最優秀カナダアニメーション賞

　　　　　　　　　ウェンディ・ティルビー（Wendy Tilby），アマンダ・フォービス（Amanda
　　　　　　　　　Forbis：カナダ）「The Flying Sailor」
◇最優秀ノンナラティブ　榊原　澄人（Sumito Sakakibara：日本）「飯縄縁日（英題：Iizuna Fair）」
◇最優秀ナラティブ　タル・カントル（Tal Kantor：イスラエル）「Letters to a Pig」
◇最優秀コミッション賞　スペンサー・サッサー（Spencer Susser：アメリカ）「The Humane
　　　　　　　　　Society International-Save Ralph」
◇弁当賞（最優秀学生賞）　Alice Letailleur, Eliott Benard, Etienne Moulin, Hadrien Pinot, Lisa
　　　　　　　　　Vicente, Nicolas Mayeur, Philippine Singer, ヤニス・ベレイド（Yanis
　　　　　　　　　Belaid：フランス）「The Seine's Tears」
◇子ども向け（3歳以上）アニメコンペティション
　　　　　　　　　Eliza Plocieniak-Alvarez「My Name is Fear」
◇子ども向け（7歳以上）アニメコンペティション
　　　　　　　　　ブリット・ラース（Britt Raes：ベルギー）「Luce and the Rock」
◇アニメシリーズコンペティション
　　　　　　　　　Sara Gunnarsdottir（アイスランド）「My Year of Dicks 'The Sex Talk'」
◇VRコンペティション　Abel Kohen（フランス）「Biolun」
◇カナダ学生コンペティション
　　　　　　　　　Charlie Galea McClure（カナダ）「I Had a Dream of A House at Night」
◇最優秀脚本賞　ショーン・バッケリュー（Sean Buckelew：アメリカ）「Drone」
◇最優秀デザイン賞　ニキータ・ディアクール（Nikita Diakur：ドイツ）「Backflip」
◇最優秀技術賞　ソフィー・ゲート（Sophie Gate：イギリス）「Hotel Kalura」
◇最優秀音響デザイン賞　ヨナタン・シュヴェンク（Jonatan Schwenk：ドイツ）「Zoon」

2023年
　◇グランプリ
　　●最優秀短編アニメーション
　　　　　　　　　折笠　良（Ryo Orikasa：日本）「みじめな奇蹟（英題：Miserable Miracle）」
　　●最優秀長編アニメーション
　　　　　　　　　Joël Vaudreuil（カナダ）「Adam change lentement（原題：When Adam
　　　　　　　　　Changes）」
　◇ワコムパブリック賞　ダリア・カシュチーヴァ（Daria Kashcheeva：チェコ）「Electra」
　◇DGC賞カナダ最優秀アニメーション賞
　　　　　　　　　アレクサンドラ・ミヨット（Alexandra Myotte），ジャン＝セバスティン・ア
　　　　　　　　　メル（Jean-Sébastien Hamel：カナダ）「A Crab in the Pool（原題：Un
　　　　　　　　　trou dans la poitrine）」
　◇エレーヌ・タンゲーユーモア賞
　　　　　　　　　Kilian Feusi, Jessica Meier, Sujanth Ravichandran（スイス）「Pipes」
　◇最優秀ノンナラティブ　Moïa Jobin-Paré（カナダ）「Families' Albums（原題：Albums de
　　　　　　　　　familles）」
　◇最優秀ナラティブ　カスミ・オゼキ（Kasumi Ozeki），トメック・ポパクル（Tomek Popakul：
　　　　　　　　　ポーランド）「Zima」
　◇最優秀コミッション賞　サンダー・ヨン（Sander Joon：エストニア）「14th Anibar Animation
　　　　　　　　　Festival Trailer 'Love'」
　◇弁当賞（最優秀学生賞）　Anton Cla（ベルギー）「Cyclepaths」
　◇NBCユニバーサル賞カナダ最優秀学生賞
　　　　　　　　　Cameron Kletke（カナダ：Emily Carr University of Art ＋ Design）
　　　　　　　　　「Between You and Me」
　◇青少年向け（13歳以上）アニメコンペティション
　　　　　　　　　Max Winston「Daffy in Wackyland」

◇子ども向け(7歳以上)アニメコンペティション
　　　　　　　ヤン・ミーカ(Jan Mika：チェコ)「The Goose」
◇アニメシリーズコンペティション
　　　　　　　Joe Cappa「Haha, You Clowns 'Episode 1：Movie Night'」
◇VRコンペティション　山村 浩二(Koji Yamamura：日本)「耳に棲むもの(英題：My Inner Ear Quartet)」
◇最優秀脚本賞　　Naomi van Niekerk「Box Cutters」
◇最優秀デザイン賞 ルーシー・グラネック(Lucie Grannec：フランス)「Furrie」
◇XPPen賞最優秀アニメーション技術賞
　　　　　　　ニンケ・ドゥーツ(Nienke Deutz：オランダ)「The Miracle」
◇最優秀音響デザイン賞 Morten Tšinakov(エストニア), Lucija Mrzljak(クロアチア)「Eeva」

2024年
◇グランプリ
　●最優秀短編アニメーション
　　　　　　　ジャンルイジ・トッカフォンド(Gianluigi Toccafondo：イタリア)「La Voix des Sirènes」
　●最優秀長編アニメーション
　　　　　　　ギンツ・ジルバロディス(Gints Zilbalodis：ラトビア)「Flow (原題：Straume)」
◇ワコムパブリック賞 ダニエル・スターリング＝アルトマ(Daniel Sterlin-Altman：カナダ)「Carrotica」
◇カナダ映画協会(CFI)最優秀カナダアニメーション賞
　　　　　　　Arash Akhgari「In the Shallows」
◇エレーヌ・タンゲーユーモア賞
　　　　　　　ヤドヴィガ・コバルスカ(Jadwiga Kowalska：スイス)「The Car That Came Back from the Sea (原題：Samochód, który wrócił z morza)」
◇最優秀ノンナラティブ　ピーター・ミラード(Peter Millard：イギリス)「you've got a friend in me」
◇最優秀ナラティブ　ニコラス・ケッペン(Nicolas Keppens：ベルギー)「Beautiful Men」
◇最優秀コミッション賞 ウィンストン・ハッキング(Winston Hacking：カナダ)「Corridor 'Jump Cut'」
◇弁当賞(最優秀学生賞)　Maks Rzontkowski「Martyr's Guidebook」
◇カナダ学生コンペティション
　　　　　　　Samuel Wasserman(カナダ：Ontario College of Art and Design)「91 Thousand Unrelenting Stitches」
◇青少年向け(13歳以上)アニメコンペティション
　　　　　　　Ofre Sparrow Vaknin(アメリカ)　「Girls In Real Life Situations」
◇子ども向け(7歳以上)アニメコンペティション
　　　　　　　Alexandra Lermer(ドイツ)　「Freak of Nature」
◇アニメシリーズコンペティション
　　　　　　　ジョー・ベネット(Joe Bennett：ブラジル), Charles Huettner(アメリカ)「Scavengers Reign 'The Signal'」
◇最優秀脚本賞　　アナスタシア・ファリレイエヴァ(Anastasiia Falileieva：ウクライナ)「I Died in Irpin」
◇最優秀デザイン賞 Alexandra Ramires, Laura Gonçalves(ポルトガル)「Percebes」
◇XPPen賞最優秀アニメーション技術賞
　　　　　　　ボリス・ラベ(Boris Labbé：フランス)「Glass House」
◇最優秀音響デザイン賞 フィル・ムロイ(Phil Mulloy：イギリス)「Once Upon A Time On

Earth」

49 ザグレブ国際アニメーション映画祭 Animafest Zagreb

クロアチアのザグレブで開催されるアニメーション映画祭として1972年に開始。2004年までは隔年開催だったが,以降毎年開催されており,例年アヌシー国際アニメーション映画祭の開催に先駆けて開催される。隔年で長編と短編部門に分かれており,奇数年は長編コンペティション,偶数年は短編コンペティションが行われていたが,2015年から1つに統合された。国際アニメーション映画協会(ASIFA)公認の国際映画祭で,アヌシー(フランス),オタワ(カナダ),広島(2020年に終了)と並ぶ世界4大アニメーション映画祭の一つとして知られる。

＊日本人では久里洋二(1972年, 2012年), Kazue Sasaki(72年), 手塚治虫(84年), 宮崎駿, 山村浩二(2004年), 川本喜八郎(05年), 田中美妃(10年), 和田淳, 橋本新, 奥田昌輝, 助川勇太(12年), 水尻自子, 冠木佐和子(14年), 折笠良(16年, 24年), 原翔子(独在住, 16年, 20年), 和田淳(23年)が受賞

【選考委員】Daniel Šuljić, Ana Hušman, Draško Ivezić, Nikica Gilić, Martina Meštrović, Martina Peštaj, Vesna Meštrić

【選考基準】〔2025年〕2024年1月1日以降に完成したすべての短編および長編アニメーション映画

【締切・発表】〔2025年〕短編部門,学生部門,児童部門は2025年1月1日,長編部門は2月15日締切,5月1日以降発表,6月2日~7日クロアチア・ザグレブで開催

【賞・賞金】グランプリ(短編/長編映画):賞金2,500ユーロ,ゴールデン・ザグレブ:賞金2,000ユーロ,ズラトコ・グルギッチ:賞金1,500ユーロ,ドゥシャン・ヴコティッチ:賞金1,000ユーロ

【E-mail】info@animafest.hr
【URL】https://www.animafest.hr/

2016年
◇グランプリ
- 最優秀短編映画 フィル・ムロイ(Philip Mulloy:イギリス)「Endgame」
- 最優秀長編映画 アンダ・ダミアン(Anca Damian:ルーマニア)「The Magic Mountain(原題:La montagne magique)」

◇ゴールデン・ザグレブ賞 折笠 良(Ryo Orikasa:日本)「Datum Point(原題:Suijungenten)」
◇ズラトコ・グルギッチ賞(最優秀初監督映画)
　　　　　　　Jack O'Shea(アイルランド) 「A Coat Made Dark」
◇ドゥシャン・ヴコティッチ賞(最優秀学生映画)
　　　　　　　原 翔子(Shoko Hara:日本)「What They Believe」
◇最優秀クロアチア映画 イヴァン・ボグダノフ(Ivan Bogdanov:クロアチア), Vessela Dantcheva(ブルガリア)「Travelling Country(原題:Putujuća zemlja)」
◇最優秀子ども向け映画 エリザベス・イトウ(Elizabeth Ito:アメリカ)「Welcome to My Life」
◇ミスターM賞(観客賞)
- 短編映画 Céline Devaux(フランス)「Sunday Lunch(原題:Le Repas dominical)」
- 長編映画 クリスチャン・デスマール(Christian Desmares), フランク・エキンジ(Franck Ekinci:フランス)「アヴリルと奇妙な世界(英題:April and the Extraordinary World, 原題:Avril et le monde truqué)」

◇審査員特別賞
- 短編映画 キム カンミン(Kangmin Kim:韓国)「Deer Flower」

イゴール・コヴァリョフ（Igor Kovalyov：ウクライナ）「Before Love」
David Coquard Dassault（フランス）「Peripheria」
Alexander Lahl, フォルカー・シュレヒト（Volker Schlecht：ドイツ）「Broken-The Women's Prison at Hoheneck（原題：Kaputt）」
Martina Meštrović（クロアチア）「Peter's Forest（原題：Petrova šuma）」
- 長編映画　チャーリー・カウフマン（Charlie Kaufman）, デューク・ジョンソン（Duke Johnson：アメリカ）「アノマリサ（原題：Anomalisa）」
- 学生コンテスト　Dina Velikovskaya（ロシア）「About a Mother（原題：Pro mamu）」
  ナディア・アンドラセフ（Nadja Andrasev：ハンガリー）「The Noise of Licking（原題：Nyalintás nesze）」
- クロアチア映画　Marko Dješka（クロアチア）「Ghost Town（原題：Grad duhova）」
- 子ども向け映画　Rob O'Neill（アメリカ）「Follow Your Heart（原題：Follow Your Heart）」

2017年
◇グランプリ
- 最優秀短編映画　シュペラ・チャデジュ（Špela Čadež：クロアチア）「Nighthawk（原題：Nočna ptica）」
- 最優秀長編映画　マイケル・デュドク・ドゥ・ヴィット（Michael Dudok de Wit：オランダ）「レッドタートル ある島の物語（英題：The Red Turtle, 原題：La Tortue rouge）」

◇ゴールデン・ザグレブ賞　ジョナタン・ヴィネル（Jonathan Vinel：フランス）「Martin Cries（原題：Martin Pleure）」
◇ズラトコ・グルギッチ賞（最優秀初監督映画）
　　Juan Pablo Libossart（アルゼンチン）「Amalimbo」
◇ドゥシャン・ヴコティチ賞（最優秀学生映画）
　　レナータ・ガジロウスカ（Renata Gąsiorowska：ポーランド）「Pussy（原題：Cipka）」
◇最優秀クロアチア映画　チンティス・ルンドゥグラン（Chintis Lundgren：クロアチア）「Manivald」
◇最優秀子ども向け映画　Christina Susanna Nerland（チリ）「Leave a Print」
◇ミスターM賞（観客賞）
- 短編映画　Eva Cvijanović（カナダ）「Hedgehog's Home（原題：Ježeva kuća）」
- 長編映画　クロード・バラス（Claude Barras：スイス）「ぼくの名前はズッキーニ（英題：My Life as a Courgette, 原題：Ma vie de Courgette）」

◇審査員特別賞
- 短編映画　Elli Vuorinen（フィンランド）「Sore Eyes for Infinity」
  ボリス・ラベ（Boris Labbé：フランス）「Orogenesis」
  Jonathan Ostrem（カナダ）「Change」
  ニキータ・ディアクール（Nikita Diakur：ドイツ）「Ugly」
- 長編映画　ジャン＝フランソワ・ラギオニ（Jean-François Laguionie：フランス）「浜辺のルイーズ（英題：Louise by the Shore, 原題：Louise en hiver）」
  セバスチャン・ローデンバック（Sébastien Laudenbach：フランス）「手をなくした少女（英題：The Girl Without Hands, 原題：La Jeune fille sans mains）」
- 学生コンテスト　冠木 佐和子（Sawako Kabuki：日本）「夏のゲロは冬の肴（英題：Summer's Puke is Winter's Delight）」
  チャン ナリ（Nari Jang：韓国）「父の部屋（英題：My Father's Room）」
- クロアチア映画　Božidar Trkulja（クロアチア）「The Last Quest（原題：Posljednji izazov）」
  Michaela Müller（クロアチア）「Airport」

- 子ども向け映画 Kristin Ulseth（ノルウェー）「Odd is an Egg（原題：Odd er et egg）」

2018年
◇グランプリ
- 最優秀短編映画 ボリス・ラベ（Boris Labbé：フランス）「La Chute」
- 最優秀長編映画 エマ・ドゥ・スワーフ（Emma De Swaef），マーク・ジェイムス・ロエルズ（Marc James Roels：ベルギー）「This Magnificent Cake！（原題：Ce Magnifique Gâteau！）」

◇ゴールデン・ザグレブ賞 ニキータ・ディアクール（Nikita Diakur：ドイツ）「Fest」
◇ズラトコ・グルギッチ賞（最優秀初監督映画）
　　　　ビクトル・オロスコ・ラミレス（Victor Orozco Ramirez：メキシコ）「32-Rbit」
◇ドゥシャン・ヴコティチ賞（最優秀学生映画）
　　　　Sam Gainsborough（イギリス）「Facing It」
◇最優秀クロアチア映画 ヴェリコ・ポポヴィッチ（Veljko Popović：クロアチア）「Cyclists（原題：Biciklisti）」
◇最優秀子ども向け映画 エヴァン・デルーシェ（Evan DeRushie：カナダ）「Birdlime」
◇ミスターM賞（観客賞）
- 短編映画 アリス・ギマランイス（Alice Guimarães），モニカ・サントス（Mónica Santos：ポルトガル）「影と影の間で（英題：Between the Shadows，原題：Entre Sombras）」
- 長編映画 パトリック・インバート（Patrick Imbert），ベンジャミン・レネール（Benjamin Renner：フランス）「とてもいじわるなキツネと仲間たち（英題：The Big Bad Fox and Other Tales，原題：Le Grand Méchant Renard et autres contes）」

◇Vimeo スタッフピック賞
　　　　Rachel Gutgarts（イスラエル）「A Love Letter to the One I Made Up（原題：A Love Letter to the One I Made Up）」
◇審査員特別賞
- 短編映画 Igor Grubić（クロアチア）「How Steel Was Tempered（原題：Kako se kalio čelik）」
　　　　マルタ・パイェク（Marta Pajek：ポーランド）「III」
　　　　Mojtaba Mousavi（イラン）「Mr.Deer（原題：Aghaye Gavazn）」
　　　　Jasper Kuipers（オランダ）「Finity Calling」
　　　　桑畑 かほる（Ru Kuwahata：日本），マックス・ポーター（Max Porter：アメリカ）「Negative Space」
- 長編映画 Anaïs Caura（フランス）「The Man-Woman Case」
- 学生コンテスト Olivér Hegyi（ハンガリー）「Take me please」
　　　　パウリナ・ジュウコフスカ（Paulina Ziolkowska：ポーランド）「Bless you！（原題：Na Zdrowie！）」
- クロアチア映画 Jelena Oroz（クロアチア）「Two for Two（原題：Dva na dva）」
- 子ども向け映画 マーク・C・スミス（Mark Smith：アメリカ）「Two Balloons」

2019年
◇グランプリ
- 最優秀短編映画 トメック・ポパクル（Tomek Popakul：ポーランド）「Acid Rain」
- 最優秀長編映画 Milorad Krstić（スロベニア）「Ruben Brandt, Collector（原題：Ruben Brandt, a gyűjtő）」

◇ゴールデン・ザグレブ賞 ミヒャエル・フライ（Michael Frei：スイス）「Kids」
◇ズラトコ・グルギッチ賞（最優秀初監督映画）
　　　　Malte Stein（ドイツ）「Flood（原題：Flut）」

◇ドゥシャン・ヴコティチ賞（最優秀学生映画）
　　　　　　　　　　Matouš Valchář（チェコ）「After（原題：O tom co potom）」
◇最優秀クロアチア映画 Lucija Mrzljak, Morten Tšinakov（エストニア）「A Demonstration of Brilliance in Four Acts（原題：Briljantsuse demonstratsioon neljas vaatuses）」
◇最優秀子ども向け映画 Rémi Durin（ベルギー）「Big Wolf&Little Wolf（原題：Grand Loup&Petit Loup）」
◇最優秀VRプロジェクト Nicolas Champeaux, ジル・ポルト（Gilles Porte：フランス）「Accused #2 Walter Sisulu」
◇ミスターM賞（観客賞）
- 短編映画　　　トメック・ポパクル（Tomek Popakul：ポーランド）「Acid Rain」
- 長編映画　　　デニス・ドゥ（Denis Do：フランス）「Funan」
◇審査員特別賞
- 短編映画　　　Moïa Jobin-Paré（カナダ）「No Objects（原題：Sans objets）」
　　　　　　　　ナタリア・ミルゾヤン（Natalia Mirzoyan：アルメニア）「Five Minutes to Sea（原題：Piat minut do moria）」
　　　　　　　　ジョナサン・ホジソン（Jonathan Hodgson：イギリス）「Roughhouse」
　　　　　　　　ジャン・シュウ・ジャン（Zhang Xu Zhan：台湾）「Si So Mi」
　　　　　　　　Ivana Bošnjak Volda（クロアチア）, Thomas Johnson Volda（イギリス）「Imbued Life（原題：Udahnut život）」
- 長編映画　　　デニス・ドゥ（Denis Do：フランス）「Funan」
- 学生コンテスト　EunJu Ara Choi（韓国）「Happy Ending」
　　　　　　　　Hee-seung Choi（韓国）「Love at the Crossroads」
- クロアチア映画 Ivana Bošnjak Volda（クロアチア）, Thomas Johnson Volda（イギリス）「Imbued Life（原題：Udahnut život）」
- 子ども向け映画 リア・ベルテルス（Lia Bertels：ベルギー）「Sweet Night（原題：Nuit chérie）」
◇最優秀クロアチア少数民族共同製作映画賞
　　　　　　　　Balázs Turai（ハンガリー）　「The Fall of Rome（原題：Róma Bukása）」

2020年
　◇グランプリ
- 最優秀短編映画　原 翔子（Shoko Hara：日本）「Just a Guy」
- 最優秀長編映画　受賞者なし
　◇ゴールデン・ザグレブ賞 Soetkin Verstegen（ベルギー）「Freeze frame」
　◇ズラトコ・グルギッチ賞（最優秀初監督映画）
　　　　　　　　ナディア・アンドラセブ（Nadja Andrasev：ハンガリー）「Symbiosis」
　◇ドゥシャン・ヴコティチ賞（最優秀学生映画）
　　　　　　　　キリル・ハイチャイチロフ（Kirill Khachaturov：ロシア）「Naked」
　◇最優秀クロアチア映画 Natko Stipaničev（クロアチア）「Arka」
　◇最優秀子ども向け映画 ダリア・カシュチーヴァ（Daria Kashcheeva：チェコ）「娘（英題：Daughter, 原題：Dcera）」
　◇ミスターM賞（観客賞）
- 短編映画　　　セオドア・ウシェフ（Theodore Ushev：ブルガリア）「The Physics of Sorrow」
- 長編映画　　　受賞者なし
　◇審査員特別賞
- 短編映画　　　セオドア・ウシェフ（Theodore Ushev：ブルガリア）「The Physics of Sorrow」
　　　　　　　　ペドロ・カサヴェッキア（Pedro Casavecchia：アルゼンチン）「Pulsión」
　　　　　　　　ウィル・アンダーソン（Will Anderson：イギリス）「Betty」

和田 淳（Atsushi Wada：日本）「マイ エクササイズ（英題：My Exercise）」
トータル・リフューザル（Total Refusal）「How to Disappear」
- 長編映画　　　受賞者なし
- 学生コンテスト　マルグレーテ・ダニエルセン（Margrethe Danielsen：ノルウェー）「Pearl Diver」
Gaspar Chabaud（ベルギー）「Airhead！（原題：Tête de linotte！）」
ルイス・パウ（Louise Pau：香港）「Survival HK（原題：香城幸存者）」
- クロアチア映画　Marko Dješka（クロアチア）「All Those Sensations in My Belly（原題：Sve te senzacije u mom trbuhu）」
- 子ども向け映画　Àngel Estois, Lucia Hernandez, Mercè Sendino（スペイン）「Mare Monstrum」

2021年
◇グランプリ
- 最優秀短編映画　ジョー・シェー（Joe Hsieh：台湾）「夜行バス（英題：Night Bus，原題：夜車）」
- 最優秀長編映画　Andrey Khrzhanovsky（ロシア）「The Nose or the Conspiracy of Mavericks（原題：Nos ili zagovor netakikh）」

◇ゴールデン・ザグレブ賞　Ismaël Joffroy Chandoutis（フランス）「Maalbeek」
◇ズラトコ・グルギッチ賞（最優秀初監督映画）
マフブーベフ・カライ（Mahboobeh Kalaee：イラン）「The Fourth Wall（原題：Divare Chaharom）」
◇ドゥシャン・ヴコティチ賞（最優秀学生映画）
Julia Orlik（ポーランド）「I'm Here（原題：Jestem tutaj）」
◇最優秀クロアチア映画　Bruno Razum（クロアチア）「Can You See Them？（原題：Vidiš li ih ti？）」
◇最優秀子ども向け映画　Juan Carlos Mostaza（スペイン）「Reflection（原題：Reflejo）」
◇最優秀VRプロジェクト　水尻 自子（Yoriko Mizushiri：日本）「オタワムレ（英題：Otawamure）」
◇ミスターM賞（観客賞）
- 短編映画　　　Lucija Mrzljak（クロアチア），Morten Tšinakov（エストニア）「The Stork（原題：Toonekurg）」
- 長編映画　　　トム・ムーア（Tomm Moore），ロス・スチュワート（Ross Stewart：アイルランド）「ウルフウォーカー（英題：Wolfwalkers）」

◇審査員特別賞
- 短編映画　　　ニコラス・ケッペン（Nicolas Keppens：ベルギー）「Easter Eggs」
Liesbet van Loon（ベルギー）「Monachopsis」
ダニエル・グレイ（Daniel Gray：イギリス）「Daniel Gray」
Pablo Ballarín（スペイン）「In My Chest of Fire There Is Still Place to Temple Your Dagger（原題：En mi pecho de fuego aún queda hueco para templar tu puñal）」
ポール・ブッシュ（Paul Bush：イギリス）「Orgiastic Hyper-Plastic」
- 長編映画　　　Mariusz Wilczyński（ポーランド）「Kill It and Leave This Town（原題：Zabij to i wyjedz z tego miasta）」
- 学生コンテスト　Marek Náprstek（チェコ）「Ant Hill」
レオニード・シュメルコフ（Leonid Shmelkov：ロシア）「Room with a Sea View」
- クロアチア映画　Lucija Mrzljak（クロアチア），Morten Tšinakov（エストニア）「The Stork（原題：Toonekurg）」
- 子ども向け映画　Elena Felici（イタリア）「BusLine35A」
- VRアニメ　　ジョナサン・ハガード（Jonathan Hagard：フランス）「Replacements」

2022年
- ◇グランプリ
  - 最優秀短編映画　Laura Gonçalves（ポルトガル）「The Garbage Man（原題：O homem do lixo）」
  - 最優秀長編映画　ミカエラ・パヴラトヴァ（Michaela Pavlátová：チェコ）「マード私の太陽（英題：My Sunny Maad, 原題：Moje slunce Maad）」
- ◇ゴールデン・ザグレブ賞　ヒューゴ・コバルビアス（Hugo Covarrubias：チリ）「Bestia」
- ◇ズラトコ・グルギッチ賞（最優秀初監督映画）
  - タル・カントル（Tal Kantor：イスラエル）「Letter to a Pig」
- ◇ドゥシャン・ヴコティチ賞（最優秀学生映画）
  - Shih-Yen Huang（台湾）「Butterfly Jam（原題：La Confiture de papillons）」
- ◇最優秀クロアチア映画　Vuk Jevremović（ドイツ）「11」
- ◇最優秀子ども向け映画　Miyoung Baek（韓国）「Piropiro」
- ◇最優秀VRプロジェクト　ホアン シンチェン（Hsin-Chien Huang：台湾）「Samsara（原題：輪廻）」
- ◇ミスターM賞（観客賞）
  - 短編映画　Laura Gonçalves（ポルトガル）「The Garbage Man（原題：O homem do lixo）」
  - 長編映画　フローランス・ミアイユ（Florence Miailhe：フランス）「Crossing（原題：La traversée）」
- ◇審査員特別賞
  - 短編映画　マルタ・パイェク（Marta Pajek：ポーランド）「Impossible Figures and Other Stories I」
    - Malte Stein（ドイツ）「Thing（原題：Ding）」
    - Nieto（フランス）「Swallow the Universe」
    - シュペラ・カデシュ（Špela Čadež：スロベニア）「Steakhouse」
    - ヨアヒム・エリセ（Joachim Hérissé：フランス）「Skinned（原題：Écorchée）」
  - 長編映画　フローランス・ミアイユ（Florence Miailhe：フランス）「Crossing（原題：La traversée）」
    - 山村 浩二（Koji Yamamura：日本）「幾多の北（英題：Dozens of Norths）」
  - 学生コンテスト　Lola Lefevre（フランス）「Mom, What's Up With the Dog?（原題：Maman, il a quoi le chien？）」
    - Ekin Koca（トルコ）「The Immoral（原題：L'immoral）」
  - クロアチア映画　Jelena Oroz（クロアチア）「Letters From the Edge of the Forest（原題：Pisma na kraju šume）」
  - VRアニメ　Benjamin Steiger Levine「Marco&Polo Go Round」
  - 子ども向け映画　アナ・チュビニーゼ（Ana Chubinidze：ジョージア）「Franzy's Soup-Kitchen（原題：La Soupe de Franzy）」
- ◇最優秀クロアチア少数民族共同製作映画賞
  - トマシュ・シフィンスキ（Tomasz Siwiński：ポーランド）「Love in Times of Coal-based Economy（原題：Miłość w czasach gospodarki opartej na węglu）」

2023年
- ◇グランプリ
  - 最優秀短編映画　ヴァーリャ・ヤコヴェレワ（Varya Yakovleva：ロシア）「Oneluv（原題：Ванлав）」
  - 最優秀長編映画　シグネ・バウマネ（Signe Baumane：ラトビア）「私の結婚と恋話し（原題：My Love Affair With Marriage）」
- ◇ゴールデン・ザグレブ賞　Joseph Pierce（イギリス）「Scale」

◇ズラトコ・グルギッチ賞（最優秀初監督映画）
　　　　　　　ステファン・ヴィユマン（Stephen Vuillemin：フランス）「A Kind of Testament」
◇ドゥシャン・ヴコティチ賞（最優秀学生映画）
　　　　　　　ヴィヴィアン・ハルシェジー（Vivien Hárshegyi：ハンガリー）「Above the Clouds（原題：Felhők felett）」
◇最優秀クロアチア映画　Lucija Mrzljak（クロアチア），Morten Tšinakov（エストニア）「Eeva」
◇最優秀子ども向け映画　ティトヴァ・オルガ（Olga Titova：ベラルーシ）「Socks for the Star（原題：Носки для Звезды）」
◇最優秀VRプロジェクト　Mélanie Courtinat（フランス）「All Unsaved Progress Will Be Lost」
◇ミスターM賞（観客賞）
- 短編映画　　ジョアン・ゴンザレス（João Gonzalez：ポルトガル）「Ice Merchants」
- 長編映画　　アルベルト・バスケス（Alberto Vázquez：スペイン）「Unicorn Wars」

◇審査員特別賞
- 短編映画　　ジャン・シュウ・ジャン（Zhang Xu Zhan：台湾）「Compound Eyes of Tropical（原題：熱帯複眼）」
　　　　　　　Sofiia Melnyk（ウクライナ）「Mariupol. A Hundred Nights」
　　　　　　　Florentina Gonzalez（アルゼンチン）「The World's After（原題：El After del Mundo）」
　　　　　　　Olivér Hegyi（ハンガリー）「The Garden of Heart（原題：A szív kertje）」
　　　　　　　林　俊作（Shunsaku Hayashi：日本）「Our Pain」
- 長編映画　　バーノーツキ・ティボル（Tibor Bánóczki），サボー・シャロルタ（Sarolta Szabó：ハンガリー）「プラスチックの白い空（英題：White Plastic Sky，原題：Műanyag égbolt）」
- 学生コンテスト　許　願（Xu Yuan：中国）「Sewing Love」
　　　　　　　Zhen Li（中国）「fur」
- クロアチア映画　Martina Meštrović（クロアチア）「Her Dress for the Final（原題：Haljina za finale）」
- 子ども向け映画　Camille Flinois, Philip Gonçalves, Yann Laurent, Louis Lukasik, Chloé Musa, Annabelle Tamic, Alexandre Terrier（フランス）「Let's Roll（原題：Ça décale）」
- VRアニメ　　Pedro Harres（ブラジル）「From the Main Square」

2024年
◇グランプリ
- 最優秀短編映画　ニンケ・ドゥーツ（Nienke Deutz：オランダ）「The Miracle」
- 最優秀長編映画　イサベル・エルゲラ（Isabel Herguera：スペイン）「スルタナの夢（英題：Sultana's Dream，原題：El sueño de la Sultana）」
◇ゴールデン・ザグレブ賞　Nicolas Brault（カナダ）「Entropic Memory（原題：Mémoire entropique）」
◇ズラトコ・グルギッチ賞（最優秀初監督映画）
　　　　　　　Inju Park（韓国）　「Reborn with You」
◇ドゥシャン・ヴコティチ賞（最優秀学生映画）
　　　　　　　ダニエル・スターリング＝アルトマ（Daniel Sterlin-Altman：カナダ）「Carrotica」
◇最優秀子ども・青少年向け映画
　　　　　　　Christian Arredondo Narvaez（フランス），Diego Alonso Sánchez de la Barquera Estrada（メキシコ）「くも（原題：Nube）」
◇最優秀クロアチア映画　ミリヴォイ・ポポヴィッチ（Milivoj Popović），ヴェリコ・ポポヴィッチ（Veljko Popović：クロアチア）「Žarko, You Will Spoil the Child！（原題：

　　　　　　　　　　　Žarko, razmazit ćeš dite！）」
◇ミスターM賞（観客賞）
　●短編映画　　　ミリヴォイ・ポポヴィッチ（Milivoj Popović），ヴェリコ・ポポヴィッチ
　　　　　　　　　（Veljko Popović：クロアチア）「Žarko, You Will Spoil the Child！（原題：
　　　　　　　　　Žarko, razmazit ćeš dite！）」
　●長編映画　　　ブノワ・シュー（Benoît Chieux：フランス）「Sirocco and the Kingdom of
　　　　　　　　　the Winds（原題：Sirocco et le Royaume des courants d'air）」
◇審査員特別賞
　●短編映画　　　オスマン・セルフォン（Osman Cerfon：フランス）「Aaaah！」
　　　　　　　　　Zarja Menart（スロベニア）「Three Birds（原題：Tri tičice）」
　　　　　　　　　Carla Melo Gampert（コロンビア）「The Bitch（原題：La Perra）」
　　　　　　　　　カスミ・オゼキ（Kasumi Ozeki），トメック・ポパクル（Tomek Popakul：ポー
　　　　　　　　　ランド）「Zima」
　　　　　　　　　チョン ユミ（Yumi Joung：韓国）「Circle」
　●長編映画　　　László Csáki（ハンガリー）「Pelikan Blue（原題：Kék Pelikan）」
　●学生コンテスト　バルバラ・ルピク（Barbara Rupik：ポーランド）「Such miracles do happen
　　　　　　　　　（原題：Takie cuda sie zdarzaja）」
　　　　　　　　　キム ユニャ（Junha Kim：韓国）「The Posthuman Hospital」
　●クロアチア映画　Eugen Bilankov（クロアチア）「Windows from the South（原題：Prozori s
　　　　　　　　　južne strane）」
　●子ども向け映画　Julia Hazuka（ポーランド）「The Grand Mother」
　●青少年向け映画　フラヴィ・カリン（Flavie Carin），エリーゼ・デブライネ（Elise Debruyne），
　　　　　　　　　テオ・デュアトア（Théo Duhautois），アリシア・マスィズ（Alicia Massez），
　　　　　　　　　アガーテ・セネシャル（Agathe Sénéchal：フランス）「8日目に（英題：On
　　　　　　　　　the 8th Day, 原題：Au 8ème Jour）」

スポーツ

50　NBA最優秀選手賞　NBA Most Valuable Player Award

ウォルター・ブラウンが設立した全米バスケットボール協会が、全米バスケットボールリーグと合併、1949年に全米バスケットボール協会（National Basketball Association：NBA）が設立され、1955-56シーズンより最優秀選手が選出されるようになった。レギュラーシーズンを通し、最も活躍し評価された選手に与えられる。

【主催者】 全米バスケットボール協会（NBA：National Basketball Association）
【選考委員】 全米のスポーツ記者、ジャーナリスト等による投票
【選考方法】 MVPは1～5位までの選手に対して各投票者が順位を付けて投票する。1位に10ポイント、2位に7ポイント、3位に5ポイント、4位に3ポイント、5位に1ポイントが与えられ、合計得点が一番多い選手が受賞者となる
【締切・発表】 〔2023-24年〕2024年5月発表
【URL】 https://www.nba.com/

1955-56年	ボブ・ペティット（Bob Pettit：アメリカ：セントルイス・ホークス）
1956-57年	ボブ・クージー（Bob Cousy：アメリカ：ボストン・セルティックス）
1957-58年	ビル・ラッセル（Bill Russell：アメリカ：ボストン・セルティックス）
1958-59年	ボブ・ペティット（Bob Pettit：アメリカ：セントルイス・ホークス）
1959-60年	ウィルト・チェンバレン（Wilt Chamberlain：アメリカ：フィラデルフィア・ウォリアーズ）
1960-61年	ビル・ラッセル（Bill Russell：アメリカ：ボストン・セルティックス）
1961-62年	ビル・ラッセル（Bill Russell：アメリカ：ボストン・セルティックス）
1962-63年	ビル・ラッセル（Bill Russell：アメリカ：ボストン・セルティックス）
1963-64年	オスカー・ロバートソン（Oscar Robertson：アメリカ：シンシナティ・ロイヤルズ）
1964-65年	ビル・ラッセル（Bill Russell：アメリカ：ボストン・セルティックス）
1965-66年	ウィルト・チェンバレン（Wilt Chamberlain：アメリカ：フィラデルフィア・76ers）
1966-67年	ウィルト・チェンバレン（Wilt Chamberlain：アメリカ：フィラデルフィア・76ers）
1967-68年	ウィルト・チェンバレン（Wilt Chamberlain：アメリカ：フィラデルフィア・76ers）
1968-69年	ウェス・アンセルド（Wes Unseld：アメリカ：ボルティモア・ブレッツ）
1969-70年	ウィリス・リード（Willis Reed：アメリカ：ニューヨーク・ニックス）

1970-71年	カリーム・アブドゥル=ジャバー（Kareem Abdul-Jabbar：アメリカ：ミルウォーキー・バックス）
1971-72年	カリーム・アブドゥル=ジャバー（Kareem Abdul-Jabbar：アメリカ：ミルウォーキー・バックス）
1972-73年	デイブ・コーウェンス（Dave Cowens：アメリカ：ボストン・セルティックス）
1973-74年	カリーム・アブドゥル=ジャバー（Kareem Abdul-Jabbar：アメリカ：ミルウォーキー・バックス）
1974-75年	ボブ・マカドゥー（Bob McAdoo：アメリカ：バッファロー・ブレーブス）
1975-76年	カリーム・アブドゥル=ジャバー（Kareem Abdul-Jabbar：アメリカ：ロサンゼルス・レイカーズ）
1976-77年	カリーム・アブドゥル=ジャバー（Kareem Abdul-Jabbar：アメリカ：ロサンゼルス・レイカーズ）
1977-78年	ビル・ウォルトン（Bill Walton：アメリカ：ポートランド・トレイルブレイザーズ）
1978-79年	モーゼス・マローン（Moses Malone：アメリカ：ヒューストン・ロケッツ）
1979-80年	カリーム・アブドゥル=ジャバー（Kareem Abdul-Jabbar：アメリカ：ロサンゼルス・レイカーズ）
1980-81年	ジュリアス・アービング（Julius Erving：アメリカ：フィラデルフィア・76ers）
1981-82年	モーゼス・マローン（Moses Malone：アメリカ：ヒューストン・ロケッツ）
1982-83年	モーゼス・マローン（Moses Malone：アメリカ：フィラデルフィア・76ers）
1983-84年	ラリー・バード（Larry Bird：アメリカ：ボストン・セルティックス）
1984-85年	ラリー・バード（Larry Bird：アメリカ：ボストン・セルティックス）
1985-86年	ラリー・バード（Larry Bird：アメリカ：ボストン・セルティックス）
1986-87年	マジック・ジョンソン（Magic Johnson：アメリカ：ロサンゼルス・レイカーズ）
1987-88年	マイケル・ジョーダン（Michael Jordan：アメリカ：シカゴ・ブルズ）
1988-89年	マジック・ジョンソン（Magic Johnson：アメリカ：ロサンゼルス・レイカーズ）
1989-90年	マジック・ジョンソン（Magic Johnson：アメリカ：ロサンゼルス・レイカーズ）
1990-91年	マイケル・ジョーダン（Michael Jordan：アメリカ：シカゴ・ブルズ）
1991-92年	マイケル・ジョーダン（Michael Jordan：アメリカ：シカゴ・ブルズ）
1992-93年	チャールズ・バークレー（Charles Barkley：アメリカ：フェニックス・サンズ）
1993-94年	アキーム・オラジュワン（Hakeem Olajuwon：ナイジェリア：ヒューストン・ロケッツ）
1994-95年	デビッド・ロビンソン（David Robinson：アメリカ：サンアントニオ・スパーズ）
1995-96年	マイケル・ジョーダン（Michael Jordan：アメリカ：シカゴ・ブルズ）
1996-97年	カール・マローン（Karl Malone：アメリカ：ユタ・ジャズ）

1997-98年	マイケル・ジョーダン（Michael Jordan：アメリカ：シカゴ・ブルズ）
1998-99年	カール・マローン（Karl Malone：アメリカ：ユタ・ジャズ）
1999-00年	シャキール・オニール（Shaquille O'Neal：アメリカ：ロサンゼルス・レイカーズ）
2000-01年	アレン・アイバーソン（Allen Iverson：アメリカ：フィラデルフィア・76ers）
2001-02年	ティム・ダンカン（Tim Duncan：アメリカ領ヴァージン諸島セントクロイ島：サンアントニオ・スパーズ）
2002-03年	ティム・ダンカン（Tim Duncan：アメリカ：サンアントニオ・スパーズ）
2003-04年	ケビン・ガーネット（Kevin Garnett：アメリカ：ミネソタ・ティンバーウルブズ）
2004-05年	スティーブ・ナッシュ（Steve Nash：カナダ：フェニックス・サンズ）
2005-06年	スティーブ・ナッシュ（Steve Nash：カナダ：フェニックス・サンズ）
2006-07年	ダーク・ノヴィツキー（Dirk Nowitzki：ドイツ：ダラス・マーベリックス）
2007-08年	コービー・ブライアント（Kobe Bryant：アメリカ：ロサンゼルス・レイカーズ）
2008-09年	レブロン・ジェームズ（LeBron James：アメリカ：クリーブランド・キャバリアーズ）
2009-10年	レブロン・ジェームズ（LeBron James：アメリカ：クリーブランド・キャバリアーズ）
2010-11年	デリック・ローズ（Derrick Rose：アメリカ：シカゴ・ブルズ）
2011-12年	レブロン・ジェームズ（LeBron James：アメリカ：マイアミ・ヒート）
2012-13年	レブロン・ジェームズ（LeBron James：アメリカ：マイアミ・ヒート）
2013-14年	ケビン・デュラント（Kevin Durant：アメリカ：オクラホマシティ・サンダー）
2014-15年	ステフィン・カリー（Stephen Curry：アメリカ：ゴールデンステート・ウォリアーズ）
2015-16年	ステフィン・カリー（Stephen Curry：アメリカ：ゴールデンステート・ウォリアーズ）
2016-17年	ラッセル・ウェストブルック（Russell Westbrook：アメリカ：オクラホマシティ・サンダー）
2017-18年	ジェームズ・ハーデン（James Harden：アメリカ：ヒューストン・ロケッツ）
2018-19年	ヤニス・アデトクンボ（Giannis Antetokounmpo：ギリシャ：ミルウォーキー・バックス）
2019-20年	ヤニス・アデトクンボ（Giannis Antetokounmpo：ギリシャ：ミルウォーキー・バックス）
2020-21年	ニコラ・ヨキッチ（Nikola Jokic：セルビア：デンバー・ナゲッツ）
2021-22年	ニコラ・ヨキッチ（Nikola Jokic：セルビア：デンバー・ナゲッツ）
2022-23年	ジョエル・エンビード（Joel Embiid：カメルーン：フィラデルフィア・76ers）
2023-24年	ニコラ・ヨキッチ（Nikola Jokic：セルビア：デンバー・ナゲッツ）

51 最優秀選手賞(MLB)　Most Valuable Player Award (MLB)

アメリカ大リーグ(MLB)の各リーグ(アメリカンリーグ, ナショナルリーグ)で, シリーズ中に毎年1人の選手に贈られる。現在のMVP賞は1931年に制定された。全米野球記者協会(BBWAA)が, ポストシーズンが始まる前の各シーズンの終了時にMVP賞に投票し, 点数によって決定する。

＊日本人では、2001年アメリカンリーグでイチロー, 21,23年にアメリカンリーグ, 24年にナショナルリーグで大谷翔平が受賞

【主催者】メジャーリーグベースボール(MLB：Major League Baseball)
【選考委員】各リーグ都市の2人の記者によって票が投じられる
【選考方法】MVPは1～5位までの選手に対して各投票者が順位を付けて投票する。投票結果は, 1位に14ポイント, 2位に9ポイント, 3位に8ポイント, 10位に1ポイントが付与されるシステムで集計される
【締切・発表】〔2024年〕2024年11月21日発表
【URL】https://www.mlb.com/

1931年
◇ナショナルリーグ　フランキー・フリッシュ (Francis "Frankie" Frisch：アメリカ：二塁手, セントルイス・カージナルス)
◇アメリカンリーグ　レフティ・グローブ (Robert Moses "Lefty" Grove：アメリカ：投手, フィラデルフィア・アスレチックス)

1932年
◇ナショナルリーグ　チャック・クライン (Chuck Klein：アメリカ：外野手, フィラデルフィア・フィリーズ)
◇アメリカンリーグ　ジミー・フォックス (Jimmie Foxx：アメリカ：一塁手, フィラデルフィア・アスレチックス)

1933年
◇ナショナルリーグ　カール・ハッベル (Carl Hubbell：アメリカ：投手, ニューヨーク・ジャイアンツ)
◇アメリカンリーグ　ジミー・フォックス (Jimmie Foxx：アメリカ：一塁手, フィラデルフィア・アスレチックス)

1934年
◇ナショナルリーグ　ディジー・ディーン (Dizzy Dean：アメリカ：投手, セントルイス・カージナルス)
◇アメリカンリーグ　ミッキー・カクレーン (Mickey Cochrane：アメリカ：捕手, デトロイト・タイガース)

1935年
◇ナショナルリーグ　ギャビー・ハートネット (Gabby Hartnett：アメリカ：捕手, シカゴ・カブス)
◇アメリカンリーグ　ハンク・グリーンバーグ (Hank Greenberg：アメリカ：一塁手, デトロイト・タイガース)

1936年
◇ナショナルリーグ　カール・ハッベル (Carl Hubbell：アメリカ：投手, ニューヨーク・ジャイアンツ)
◇アメリカンリーグ　ルー・ゲーリッグ (Lou Gehrig：アメリカ：一塁手, ニューヨーク・ヤンキース)

51 最優秀選手賞（MLB）

1937年
　◇ナショナルリーグ　ジョー・メドウィック（Joe Medwick：アメリカ：外野手, セントルイス・カージナルス）
　◇アメリカンリーグ　チャーリー・ゲーリンジャー（Charlie Gehringer：アメリカ：二塁手, デトロイト・タイガース）

1938年
　◇ナショナルリーグ　アーニー・ロンバルディ（Ernie Lombardi：アメリカ：捕手, シンシナティ・レッズ）
　◇アメリカンリーグ　ジミー・フォックス（Jimmie Foxx：アメリカ：一塁手, ボストン・レッドソックス）

1939年
　◇ナショナルリーグ　バッキー・ウォルターズ（Bucky Walters：アメリカ：投手, シンシナティ・レッズ）
　◇アメリカンリーグ　ジョー・ディマジオ（Joe DiMaggio：アメリカ：外野手, ニューヨーク・ヤンキース）

1940年
　◇ナショナルリーグ　フランク・マコーミック（Frank McCormick：アメリカ：一塁手, シンシナティ・レッズ）
　◇アメリカンリーグ　ハンク・グリーンバーグ（Hank Greenberg：アメリカ：外野手, デトロイト・タイガース）

1941年
　◇ナショナルリーグ　ドルフ・カミリ（Dolph Camilli：アメリカ：一塁手, ブルックリン・ドジャース）
　◇アメリカンリーグ　ジョー・ディマジオ（Joe DiMaggio：アメリカ：外野手, ニューヨーク・ヤンキース）

1942年
　◇ナショナルリーグ　モート・クーパー（Mort Cooper：アメリカ：投手, セントルイス・カージナルス）
　◇アメリカンリーグ　ジョー・ゴードン（Joe Gordon：アメリカ：二塁手, ニューヨーク・ヤンキース）

1943年
　◇ナショナルリーグ　スタン・ミュージアル（Stan Musial：アメリカ：外野手, セントルイス・カージナルス）
　◇アメリカンリーグ　スパッド・チャンドラー（Spud Chandler：アメリカ：投手, ニューヨーク・ヤンキース）

1944年
　◇ナショナルリーグ　マーティー・マリオン（Marty Marion：アメリカ：遊撃手, セントルイス・カージナルス）
　◇アメリカンリーグ　ハル・ニューハウザー（Hal Newhouser：アメリカ：投手, デトロイト・タイガース）

1945年
　◇ナショナルリーグ　フィル・キャバレッタ（Phil Cavarretta：アメリカ：一塁手, シカゴ・カブス）
　◇アメリカンリーグ　ハル・ニューハウザー（Hal Newhouser：アメリカ：投手, デトロイト・タイガース）

1946年
　◇ナショナルリーグ　スタン・ミュージアル（Stan Musial：アメリカ：一塁手, セントルイス・カージナルス）

◇アメリカンリーグ テッド・ウィリアムズ（Ted Williams：アメリカ：外野手, ボストン・レッドソックス）

1947年
◇ナショナルリーグ ボブ・エリオット（Bob Elliott：アメリカ：三塁手, ボストン・ブレーブス）
◇アメリカンリーグ ジョー・ディマジオ（Joe DiMaggio：アメリカ：外野手, ニューヨーク・ヤンキース）

1948年
◇ナショナルリーグ スタン・ミュージアル（Stan Musial：アメリカ：外野手, セントルイス・カージナルス）
◇アメリカンリーグ ルー・ブードロー（Lou Boudreau：アメリカ：遊撃手, クリーブランド・インディアンス）

1949年
◇ナショナルリーグ ジャッキー・ロビンソン（Jackie Robinson：アメリカ：二塁手, ブルックリン・ドジャース）
◇アメリカンリーグ テッド・ウィリアムズ（Ted Williams：アメリカ：外野手, ボストン・レッドソックス）

1950年
◇ナショナルリーグ ジム・コンスタンティー（Jim Konstanty：アメリカ：投手, フィラデルフィア・フィリーズ）
◇アメリカンリーグ フィル・リズート（Phil Rizzuto：アメリカ：遊撃手, ニューヨーク・ヤンキース）

1951年
◇ナショナルリーグ ロイ・キャンパネラ（Roy Campanella：アメリカ：捕手, ブルックリン・ドジャース）
◇アメリカンリーグ ヨギ・ベラ（Yogi Berra：アメリカ：捕手, ニューヨーク・ヤンキース）

1952年
◇ナショナルリーグ ハンク・サウアー（Hank Sauer：アメリカ：外野手, シカゴ・カブス）
◇アメリカンリーグ ボビー・シャンツ（Bobby Shantz：アメリカ：投手, フィラデルフィア・アスレチックス）

1953年
◇ナショナルリーグ ロイ・キャンパネラ（Roy Campanella：アメリカ：捕手, ブルックリン・ドジャース）
◇アメリカンリーグ アル・ローゼン（Al Rosen：アメリカ：三塁手, クリーブランド・インディアンス）

1954年
◇ナショナルリーグ ウィリー・メイズ（Willie Mays：アメリカ：外野手, ニューヨーク・ジャイアンツ）
◇アメリカンリーグ ヨギ・ベラ（Yogi Berra：アメリカ：捕手, ニューヨーク・ヤンキース）

1955年
◇ナショナルリーグ ロイ・キャンパネラ（Roy Campanella：アメリカ：捕手, ブルックリン・ドジャース）
◇アメリカンリーグ ヨギ・ベラ（Yogi Berra：アメリカ：捕手, ニューヨーク・ヤンキース）

1956年
◇ナショナルリーグ ドン・ニューカム（Don Newcomb：アメリカ：投手, ブルックリン・ドジャース）
◇アメリカンリーグ ミッキー・マントル（Mickey Mantle：アメリカ：外野手, ニューヨーク・ヤ

ンキース)

1957年
　◇ナショナルリーグ　ハンク・アーロン(Hank Aaron：アメリカ：外野手, ミルウォーキー・ブレーブス)
　◇アメリカンリーグ　ミッキー・マントル(Mickey Mantle：アメリカ：外野手, ニューヨーク・ヤンキース)

1958年
　◇ナショナルリーグ　アーニー・バンクス(Ernie Banks：アメリカ：遊撃手, シカゴ・カブス)
　◇アメリカンリーグ　ジャッキー・ジェンセン(Jackie Jensen：アメリカ：外野手, ボストン・レッドソックス)

1959年
　◇ナショナルリーグ　アーニー・バンクス(Ernie Banks：アメリカ：遊撃手, シカゴ・カブス)
　◇アメリカンリーグ　ネリー・フォックス(Nellie Fox：アメリカ：二塁手, シカゴ・ホワイトソックス)

1960年
　◇ナショナルリーグ　ディック・グロート(Dick Groat：アメリカ：遊撃手, ピッツバーグ・パイレーツ)
　◇アメリカンリーグ　ロジャー・マリス(Roger Maris：アメリカ：外野手, ニューヨーク・ヤンキース)

1961年
　◇ナショナルリーグ　フランク・ロビンソン(Frank Robinson：アメリカ：外野手, シンシナティ・レッズ)
　◇アメリカンリーグ　ロジャー・マリス(Roger Maris：アメリカ：外野手, ニューヨーク・ヤンキース)

1962年
　◇ナショナルリーグ　モーリー・ウィルス(Maury Wills：アメリカ：遊撃手, ロサンゼルス・ドジャース)
　◇アメリカンリーグ　ミッキー・マントル(Mickey Mantle：アメリカ：外野手, ニューヨーク・ヤンキース)

1963年
　◇ナショナルリーグ　サンディー・コーファックス(Sandy Koufax：アメリカ：投手, ロサンゼルス・ドジャース)
　◇アメリカンリーグ　エルストン・ハワード(Elston Howard：アメリカ：捕手, ニューヨーク・ヤンキース)

1964年
　◇ナショナルリーグ　ケン・ボイヤー(Ken Boyer：アメリカ：三塁手, セントルイス・カージナルス)
　◇アメリカンリーグ　ブルックス・ロビンソン(Brooks Robinson：アメリカ：三塁手, ボルチモア・オリオールズ)

1965年
　◇ナショナルリーグ　ウィリー・メイズ(Willie Mays：アメリカ：外野手, サンフランシスコ・ジャイアンツ)
　◇アメリカンリーグ　ソイロ・ベルサイエス(Zoilo Versailles：キューバ：遊撃手, ミネソタ・ツインズ)

1966年
　◇ナショナルリーグ　ロベルト・クレメンテ(Roberto Clemente：プエルトリコ：外野手, ピッツバーグ・パイレーツ)

◇アメリカンリーグ　フランク・ロビンソン（Frank Robinson：アメリカ：外野手, ボルチモア・オリオールズ）

1967年
◇ナショナルリーグ　オーランド・セペダ（Orlando Cepeda：プエルトリコ：一塁手, セントルイス・カージナルス）
◇アメリカンリーグ　カール・ヤストレムスキー（Carl Yastrzemski：アメリカ：外野手, ボストン・レッドソックス）

1968年
◇ナショナルリーグ　ボブ・ギブソン（Bob Gibson：アメリカ：投手, セントルイス・カージナルス）
◇アメリカンリーグ　デニー・マクレイン（Denny McLain：アメリカ：投手, デトロイト・タイガース）

1969年
◇ナショナルリーグ　ウィリー・マッコビー（Willie McCovey：アメリカ：一塁手, サンフランシスコ・ジャイアンツ）
◇アメリカンリーグ　ハーモン・キルブルー（Harmon Killebrew：アメリカ：三塁手, ミネソタ・ツインズ）

1970年
◇ナショナルリーグ　ジョニー・ベンチ（Johnny Bench：アメリカ：捕手, シンシナティ・レッズ）
◇アメリカンリーグ　ブーグ・パウエル（Boog Powell：アメリカ：一塁手, ボルチモア・オリオールズ）

1971年
◇ナショナルリーグ　ジョー・トーリ（Joe Torre：アメリカ：三塁手, セントルイス・カージナルス）
◇アメリカンリーグ　ヴァイダ・ブルー（Vida Blue：アメリカ：投手, オークランド・アスレチックス）

1972年
◇ナショナルリーグ　ジョニー・ベンチ（Johnny Bench：アメリカ：捕手, シンシナティ・レッズ）
◇アメリカンリーグ　ディック・アレン（Dick Allen：アメリカ：一塁手, シカゴ・ホワイトソックス）

1973年
◇ナショナルリーグ　ピート・ローズ（Pete Rose：アメリカ：外野手, シンシナティ・レッズ）
◇アメリカンリーグ　レジー・ジャクソン（Reggie Jackson：アメリカ：外野手, オークランド・アスレチックス）

1974年
◇ナショナルリーグ　スティーブ・ガービー（Steve Garvey：アメリカ：一塁手, ロサンゼルス・ドジャース）
◇アメリカンリーグ　ジェフ・バローズ（Jeff Burroughs：アメリカ：外野手, テキサス・レンジャーズ）

1975年
◇ナショナルリーグ　ジョー・モーガン（Joe Morgan：アメリカ：二塁手, シンシナティ・レッズ）
◇アメリカンリーグ　フレッド・リン（Fred Lynn：アメリカ：外野手, ボストン・レッドソックス）

1976年
◇ナショナルリーグ　ジョー・モーガン（Joe Morgan：アメリカ：二塁手, シンシナティ・レッズ）
◇アメリカンリーグ　サーマン・マンソン（Thurman Munson：アメリカ：捕手, ニューヨーク・ヤンキース）

1977年
◇ナショナルリーグ　ジョージ・フォスター（George Foster：アメリカ：外野手, シンシナティ・

　　　　　　　　　　　　　レッズ)
　◇アメリカンリーグ　ロッド・カルー(Rod Carew：パナマ/アメリカ：一塁手, ミネソタ・ツインズ)

1978年
　◇ナショナルリーグ　デーブ・パーカー(Dave Parker：アメリカ：外野手, ピッツバーグ・パイレーツ)
　◇アメリカンリーグ　ジム・ライス(Jim Rice：アメリカ：外野手, ボストン・レッドソックス)

1979年
　◇ナショナルリーグ　キース・ヘルナンデス(Hernandez：アメリカ：一塁手, セントルイス・カージナルス)
　　　　　　　　　　ウィリー・スタージェル(Stargell：アメリカ：一塁手, ピッツバーグ・パイレーツ)
　◇アメリカンリーグ　ドン・ベイラー(Don Baylor：アメリカ：外野手/指名打者, カリフォルニア・エンゼルス)

1980年
　◇ナショナルリーグ　マイク・シュミット(Mike Schmidt：アメリカ：三塁手, フィラデルフィア・フィリーズ)
　◇アメリカンリーグ　ジョージ・ブレット(George Brett：アメリカ：三塁手, カンザスシティ・ロイヤルズ)

1981年
　◇ナショナルリーグ　マイク・シュミット(Mike Schmidt：アメリカ：三塁手, フィラデルフィア・フィリーズ)
　◇アメリカンリーグ　ローリー・フィンガース(Rollie Fingers：アメリカ：投手, ミルウォーキー・ブルワーズ)

1982年
　◇ナショナルリーグ　デール・マーフィー(Dale Murphy：アメリカ：外野手, アトランタ・ブレーブス)
　◇アメリカンリーグ　ロビン・ヨーント(Robin Yount：アメリカ：遊撃手, ミルウォーキー・ブルワーズ)

1983年
　◇ナショナルリーグ　デール・マーフィー(Dale Murphy：アメリカ：外野手, アトランタ・ブレーブス)
　◇アメリカンリーグ　カル・リプケン・ジュニア(Cal Ripken Jr.：アメリカ：遊撃手, ボルチモア・オリオールズ)

1984年
　◇ナショナルリーグ　ライン・サンドバーグ(Ryne Sandberg：アメリカ：二塁手, シカゴ・カブス)
　◇アメリカンリーグ　ウィリー・ヘルナンデス(Willie Hernandez：プエルトリコ：投手, デトロイト・タイガース)

1985年
　◇ナショナルリーグ　ウィリー・マギー(Willie McGee：アメリカ：外野手, セントルイス・カージナルス)
　◇アメリカンリーグ　ドン・マッティングリー(Don Mattingly：アメリカ：一塁手, ニューヨーク・ヤンキース)

1986年
　◇ナショナルリーグ　マイク・シュミット(Mike Schmidt：アメリカ：三塁手, フィラデルフィア・フィリーズ)
　◇アメリカンリーグ　ロジャー・クレメンス(Roger Clemens：アメリカ：投手, ボストン・レッドソックス)

1987年
  ◇ナショナルリーグ アンドレ・ドーソン (Andre Dawson：アメリカ：外野手, シカゴ・カブス)
  ◇アメリカンリーグ ジョージ・ベル (George Bell：ドミニカ：外野手, トロント・ブルージェイズ)
1988年
  ◇ナショナルリーグ カーク・ギブソン (Kirk Gibson：アメリカ：外野手, ロサンゼルス・ドジャース)
  ◇アメリカンリーグ ホセ・カンセコ (Jose Canseco：キューバ：外野手, オークランド・アスレチックス)
1989年
  ◇ナショナルリーグ ケビン・ミッチェル (Kevin Mitchell：アメリカ：外野手, サンフランシスコ・ジャイアンツ)
  ◇アメリカンリーグ ロビン・ヨーント (Robin Yount：アメリカ：外野手, ミルウォーキー・ブルワーズ)
1990年
  ◇ナショナルリーグ バリー・ボンズ (Barry Bonds：アメリカ：外野手, ピッツバーグ・パイレーツ)
  ◇アメリカンリーグ リッキー・ヘンダーソン (Rickey Henderson：アメリカ：外野手, オークランド・アスレチックス)
1991年
  ◇ナショナルリーグ テリー・ペンドルトン (Terry Pendleton：アメリカ：三塁手, アトランタ・ブレーブス)
  ◇アメリカンリーグ カル・リプケン・ジュニア (Cal Ripken Jr.：アメリカ：遊撃手, ボルチモア・オリオールズ)
1992年
  ◇ナショナルリーグ バリー・ボンズ (Barry Bonds：アメリカ：外野手, ピッツバーグ・パイレーツ)
  ◇アメリカンリーグ デニス・エカーズリー (Dennis Eckersley：アメリカ：投手, オークランド・アスレチックス)
1993年
  ◇ナショナルリーグ バリー・ボンズ (Barry Bonds：アメリカ：外野手, サンフランシスコ・ジャイアンツ)
  ◇アメリカンリーグ フランク・トーマス (Frank Thomas：アメリカ：一塁手, シカゴ・ホワイトソックス)
1994年
  ◇ナショナルリーグ ジェフ・バグウェル (Jeff Bagwell：アメリカ：一塁手, ヒューストン・アストロズ)
  ◇アメリカンリーグ フランク・トーマス (Frank Thomas：アメリカ：一塁手, シカゴ・ホワイトソックス)
1995年
  ◇ナショナルリーグ バリー・ラーキン (Barry Larkin：アメリカ：遊撃手, シンシナティ・レッズ)
  ◇アメリカンリーグ モー・ボーン (Mo Vaughn：アメリカ：一塁手, ボストン・レッドソックス)
1996年
  ◇ナショナルリーグ ケン・カミニティ (Ken Caminiti：アメリカ：三塁手, サンディエゴ・パドレス)
  ◇アメリカンリーグ フアン・ゴンザレス (Juan Gonzalez：プエルトリコ：外野手, テキサス・レンジャーズ)
1997年
  ◇ナショナルリーグ ラリー・ウォーカー (Larry Walker：カナダ：外野手, コロラド・ロッキーズ)

◇アメリカンリーグ　ケン・グリフィー・ジュニア (Ken Griffey Jr.：アメリカ：外野手, シアトル・マリナーズ)

1998年
  ◇ナショナルリーグ　サミー・ソーサ (Sammy Sosa：ドミニカ：外野手, シカゴ・カブス)
  ◇アメリカンリーグ　フアン・ゴンザレス (Juan Gonzalez：アメリカ：外野手, テキサス・レンジャーズ)

1999年
  ◇ナショナルリーグ　チッパー・ジョーンズ (Chipper Jones：アメリカ：三塁手, アトランタ・ブレーブス)
  ◇アメリカンリーグ　イバン・ロドリゲス (Ivan Rodriguez：プエルトリコ：捕手, テキサス・レンジャーズ)

2000年
  ◇ナショナルリーグ　ジェフ・ケント (Jeff Kent：アメリカ：二塁手, サンフランシスコ・ジャイアンツ)
  ◇アメリカンリーグ　ジェイソン・ジアンビ (Jason Giambi：アメリカ：一塁手, オークランド・アスレチックス)

2001年
  ◇ナショナルリーグ　バリー・ボンズ (Barry Bonds：アメリカ：外野手, サンフランシスコ・ジャイアンツ)
  ◇アメリカンリーグ　イチロー (Ichiro Suzuki：日本：外野手, シアトル・マリナーズ)

2002年
  ◇ナショナルリーグ　バリー・ボンズ (Barry Bonds：アメリカ：外野手, サンフランシスコ・ジャイアンツ)
  ◇アメリカンリーグ　ミゲル・テハダ (Miguel Tejada：ドミニカ：遊撃手, オークランド・アスレチックス)

2003年
  ◇ナショナルリーグ　バリー・ボンズ (Barry Bonds：アメリカ：外野手, サンフランシスコ・ジャイアンツ)
  ◇アメリカンリーグ　アレックス・ロドリゲス (Alex Rodriguez：アメリカ：遊撃手, テキサス・レンジャーズ)

2004年
  ◇ナショナルリーグ　バリー・ボンズ (Barry Bonds：アメリカ：外野手, サンフランシスコ・ジャイアンツ)
  ◇アメリカンリーグ　ブラディミール・ゲレーロ (Vladimir Guerrero：アメリカ：外野手, アナハイム・エンゼルス)

2005年
  ◇ナショナルリーグ　アルバート・プホルス (Albert Pujols：ドミニカ：一塁手, セントルイス・カージナルス)
  ◇アメリカンリーグ　アレックス・ロドリゲス (Alex Rodriguez：アメリカ：三塁手, ニューヨーク・ヤンキース)

2006年
  ◇ナショナルリーグ　ライアン・ハワード (Ryan Howard：アメリカ：一塁手, フィラデルフィア・フィリーズ)
  ◇アメリカンリーグ　ジャスティン・モルノー (Justin Morneau：アメリカ：一塁手, ミネソタ・ツインズ)

2007年
　　◇ナショナルリーグ　ジミー・ロリンズ（Jimmy Rollins：アメリカ：遊撃手, フィラデルフィア・フィリーズ）
　　◇アメリカンリーグ　アレックス・ロドリゲス（Alex Rodriguez：アメリカ：三塁手, ニューヨーク・ヤンキース）
2008年
　　◇ナショナルリーグ　アルバート・プホルス（Albert Pujols：ドミニカ：一塁手, セントルイス・カージナルス）
　　◇アメリカンリーグ　ダスティン・ペドロイア（Dustin Pedroia：アメリカ：二塁手, ボストン・レッドソックス）
2009年
　　◇ナショナルリーグ　アルバート・プホルス（Albert Pujols：ドミニカ：一塁手, セントルイス・カージナルス）
　　◇アメリカンリーグ　ジョー・マウアー（Joe Mauer：アメリカ：捕手, ミネソタ・ツインズ）
2010年
　　◇ナショナルリーグ　ジョーイ・ボット（Joey Votto：カナダ：一塁手, シンシナティ・レッズ）
　　◇アメリカンリーグ　ジョシュ・ハミルトン（Josh Hamilton：アメリカ：外野手, テキサス・レンジャーズ）
2011年
　　◇ナショナルリーグ　ライアン・ブラウン（Ryan Braun：アメリカ：外野手, ミルウォーキー・ブルワーズ）
　　◇アメリカンリーグ　ジャスティン・バーランダー（Justin Verlander：アメリカ：投手, デトロイト・タイガース）
2012年
　　◇ナショナルリーグ　バスター・ポージー（Buster Posey：アメリカ：捕手, サンフランシスコ・ジャイアンツ）
　　◇アメリカンリーグ　ミゲル・カブレラ（Miguel Cabrera：ベネズエラ：三塁手, デトロイト・タイガース）
2013年
　　◇ナショナルリーグ　アンドリュー・マカッチェン（Andrew McCutchen：アメリカ：外野手, ピッツバーグ・パイレーツ）
　　◇アメリカンリーグ　ミゲル・カブレラ（Miguel Cabrera：ベネズエラ：三塁手, デトロイト・タイガース）
2014年
　　◇ナショナルリーグ　クレイトン・カーショウ（Clayton Kershaw：アメリカ：投手, ロサンゼルス・ドジャース）
　　◇アメリカンリーグ　マイク・トラウト（Mike Trout：アメリカ：外野手, ロサンゼルス・エンゼルス・オブ・アナハイム）
2015年
　　◇ナショナルリーグ　ブライス・ハーパー（Bryce Harper：アメリカ：外野手, ワシントン・ナショナルズ）
　　◇アメリカンリーグ　ジョシュ・ドナルドソン（Josh Donaldson：アメリカ：三塁手, トロント・ブルージェイズ）
2016年
　　◇ナショナルリーグ　クリス・ブライアント（Kris Bryant：アメリカ：三塁手, シカゴ・カブス）
　　◇アメリカンリーグ　マイク・トラウト（Mike Trout：アメリカ：外野手, ロサンゼルス・エンゼルス）

2017年
- ◇ナショナルリーグ　ジャンカルロ・スタントン（Giancarlo Stanton：アメリカ：外野手, マイアミ・マーリンズ）
- ◇アメリカンリーグ　ホセ・アルトゥーベ（Jose Altuve：ベネズエラ：二塁手, ヒューストン・アストロズ）

2018年
- ◇ナショナルリーグ　クリスチャン・イエリッチ（Christian Yelich：アメリカ：外野手, ミルウォーキー・ブルワーズ）
- ◇アメリカンリーグ　ムーキー・ベッツ（Mookie Betts：アメリカ：外野手, ボストン・レッドソックス）

2019年
- ◇ナショナルリーグ　コディ・ベリンジャー（Cody Bellinger：アメリカ：外野手, ロサンゼルス・ドジャース）
- ◇アメリカンリーグ　マイク・トラウト（Mike Trout：アメリカ：外野手, ロサンゼルス・エンゼルス）

2020年
- ◇ナショナルリーグ　フレディ・フリーマン（Freddie Freeman：アメリカ：内野手, アトランタ・ブレーブス）
- ◇アメリカンリーグ　ホセ・アブレイユ（José Abreu：キューバ：内野手, シカゴ・ホワイトソックス）

2021年
- ◇ナショナルリーグ　ブライス・ハーパー（Bryce Harper：アメリカ：外野手, フィラデルフィア・フィリーズ）
- ◇アメリカンリーグ　大谷 翔平（Shohei Ohtani：日本：投手/指名打者, ロサンゼルス・エンゼルス）

2022年
- ◇ナショナルリーグ　ポール・ゴールドシュミット（Paul Goldschmidt：アメリカ：一塁手, セントルイス・カージナルス）
- ◇アメリカンリーグ　アーロン・ジャッジ（Aaron Judge：アメリカ：外野手, ニューヨーク・ヤンキース）

2023年
- ◇ナショナルリーグ　ロナルド・アクーニャ・ジュニア（Ronald Acuña Jr.：ベネズエラ：外野手, アトランタ・ブレーブス）
- ◇アメリカンリーグ　大谷 翔平（Shohei Ohtani：日本：投手/指名打者, ロサンゼルス・エンゼルス）

2024年
- ◇ナショナルリーグ　大谷 翔平（Shohei Ohtani：日本：指名打者, ロサンゼルス・ドジャース）
- ◇アメリカンリーグ　アーロン・ジャッジ（Aaron Judge：アメリカ：外野手, ニューヨーク・ヤンキース）

52　バロンドール　Ballon d'Or

　1956年に『フランス・フットボール誌』が創設した欧州最優秀選手に贈られる賞。「バロンドール」はフランス語で黄金の球（ゴールデンボール）を意味しており、サッカー界では最も権威ある賞とされている。1995年からヨーロッパ以外の国籍をもつ選手も選出対象となった。2010年から15年まで、FIFA（国際サッカー連盟）との共同主催となり「FIFAバロンドール」と変更。16年から再びフランス・フットボール単独主催となった。18年から、女子も対象となり「女子バロンドール」が創設されている。

52 バロンドール

【主催者】フランス・フットボール (France Football)
【選考委員】欧州をメインに選出されたジャーナリストや記者ら
【選考方法】各投票者による投票にて決定する
【締切・発表】〔2024年〕2024年10月28日発表
【賞・賞金】受賞者には金のサッカーボール型トロフィーが授与される
【URL】https://www.francefootball.fr/ballon-d-or/

1956年	スタンリー・マシューズ (Stanley Matthews：イングランド：ブラックプール)
1957年	アルフレッド・ディ・ステファノ (Alfredo Di Stefano：スペイン：レアル・マドリード)
1958年	レイモン・コパ (Raymond Kopa：フランス：レアル・マドリード)
1959年	アルフレッド・ディ・ステファノ (Alfredo Di Stefano：スペイン：レアル・マドリード)
1960年	ルイス・スアレス (Luis Suarez Miramontes：スペイン：バルセロナ)
1961年	オマール・シボリ (Omar Sivori：イタリア：ユヴェントス)
1962年	ヨゼフ・マソプスト (Josef Masopust：チェコスロバキア：ドゥクラ・プラハ)
1963年	レフ・ヤシン (Lev Yachine：ソビエト連邦：ディナモ・モスクワ)
1964年	デニス・ロー (Denis Law：スコットランド：マンチェスター・ユナイテッド)
1965年	エウゼビオ (Eusébio：ポルトガル：ベンフィカ)
1966年	ボビー・チャールトン (Bobby Charlton：イングランド：マンチェスター・ユナイテッド)
1967年	アルベルト・フローリアーン (Albert Flórián：ハンガリー：フェレンツヴァーロシュ)
1968年	ジョージ・ベスト (George Best：北アイルランド：マンチェスター・ユナイテッド)
1969年	ジャンニ・リベラ (Gianni Rivera：イタリア：ACミラン)
1970年	ゲルト・ミュラー (Gerd Müller：西ドイツ：バイエルン・ミュンヘン)
1971年	ヨハン・クライフ (Johan Cruyff：オランダ：アヤックス)
1972年	フランツ・ベッケンバウアー (Franz Beckenbauer：西ドイツ：バイエルン・ミュンヘン)
1973年	ヨハン・クライフ (Johan Cruyff：オランダ：アヤックス/バルセロナ)
1974年	ヨハン・クライフ (Johan Cruyff：オランダ：バルセロナ)
1975年	オレグ・ブロヒン (Oleg Blokhine：ソビエト連邦：ディナモ・キーウ)
1976年	フランツ・ベッケンバウアー (Franz Beckenbauer：西ドイツ：バイエルン・ミュンヘン)
1977年	アラン・シモンセン (Allan Simonsen：デンマーク：ボルシアMG)
1978年	ケビン・キーガン (Kevin Keegan：イングランド：ハンブルガーSV)
1979年	ケビン・キーガン (Kevin Keegan：イングランド：ハンブルガーSV)
1980年	カール＝ハインツ・ルンメニゲ (Karl-Heinz Rummenigge：西ドイツ：バイエ

	ルン・ミュンヘン)
1981年	カール＝ハインツ・ルンメニゲ (Karl-Heinz Rummenigge：西ドイツ：バイエルン・ミュンヘン)
1982年	パオロ・ロッシ (Paolo Rossi：イタリア：ユヴェントス)
1983年	ミシェル・プラティニ (Michel Platini：フランス：ユヴェントス)
1984年	ミシェル・プラティニ (Michel Platini：フランス：ユヴェントス)
1985年	ミシェル・プラティニ (Michel Platini：フランス：ユヴェントス)
1986年	イーゴリ・ベラノフ (Igor Belanov：ソビエト連邦：ディナモ・キーウ)
1987年	ルート・フリット (Ruud Gullit：オランダ：PSV/ACミラン)
1988年	マルコ・ファン・バステン (Marco Van Basten：オランダ：ACミラン)
1989年	マルコ・ファン・バステン (Marco Van Basten：オランダ：ACミラン)
1990年	ローター・マテウス (Lothar Matthäus：ドイツ：インテル)
1991年	ジャン＝ピエール・パパン (Jean-Pierre Papin：フランス：マルセイユ)
1992年	マルコ・ファン・バステン (Marco Van Basten：オランダ：ACミラン)
1993年	ロベルト・バッジョ (Roberto Baggio：イタリア：ユヴェントス)
1994年	フリスト・ストイチコフ (Hristo Stoichkov：ブルガリア：バルセロナ)
1995年	ジョージ・ウェア (George Weah：リベリア：パリ・SG/ACミラン)
1996年	マティアス・ザマー (Matthias Sammer：ドイツ：ドルトムント)
1997年	ロナウド (Ronaldo：ブラジル：バルセロナ/インテル)
1998年	ジネディーヌ・ジダン (Zinedine Zidane：フランス：ユヴェントス)
1999年	リバウド (Rivaldo：ブラジル：バルセロナ)
2000年	ルイス・フィーゴ (Luis Figo：ポルトガル：バルセロナ/レアル・マドリード)
2001年	マイケル・オーウェン (Michael Owen：イングランド：リヴァプール)
2002年	ロナウド (Ronaldo：ブラジル：インテル/レアル・マドリード)
2003年	パベル・ネドベド (Pavel Nedved：チェコ：ユヴェントス)
2004年	アンドリー・シェフチェンコ (Andreï Chevtchenko：ウクライナ：ACミラン)
2005年	ロナウジーニョ (Ronaldinho：ブラジル：バルセロナ)
2006年	ファビオ・カンナヴァーロ (Fabio Cannavaro：イタリア：ユヴェントス/レアル・マドリード)
2007年	カカ (Kaka：ブラジル：ACミラン)
2008年	クリスティアーノ・ロナウド (Cristiano Ronaldo：ポルトガル：マンチェスター・ユナイテッド)
2009年	リオネル・メッシ (Lionel Messi：アルゼンチン：バルセロナ)
2010年 (※この年より「FIFAバロンドール」)	リオネル・メッシ (Lionel Messi：アルゼンチン：バルセロナ)
2011年	リオネル・メッシ (Lionel Messi：アルゼンチン：バルセロナ)

2012年	リオネル・メッシ（Lionel Messi：アルゼンチン：バルセロナ）
2013年	クリスティアーノ・ロナウド（Cristiano Ronaldo：ポルトガル：レアル・マドリード）
2014年	クリスティアーノ・ロナウド（Cristiano Ronaldo：ポルトガル：レアル・マドリード）
2015年	リオネル・メッシ（Lionel Messi：アルゼンチン：バルセロナ）
2016年（※この年より「バロンドール」）	クリスティアーノ・ロナウド（Cristiano Ronaldo：ポルトガル：レアル・マドリード）
2017年	クリスティアーノ・ロナウド（Cristiano Ronaldo：ポルトガル：レアル・マドリード）
2018年	
◇男子	ルカ・モドリッチ（Luka Modric：クロアチア：レアル・マドリード）
◇女子	アーダ・ヘーゲルベルグ（Ada Hegerberg：ノルウェー：オリンピック・リヨン）
2019年	
◇男子	リオネル・メッシ（Lionel Messi：アルゼンチン：バルセロナ）
◇女子	ミーガン・ラピノー（Megan Rapinoe：アメリカ：レイン）
2020年	新型コロナウイルス感染症の世界的流行により中止
2021年	
◇男子	リオネル・メッシ（Lionel Messi：アルゼンチン：バルセロナ/パリSG）
◇女子	アレクシア・プテジャス（Alexia Putellas：スペイン：バルセロナ）
2022年	
◇男子	カリム・ベンゼマ（Karim Benzema：フランス：レアル・マドリード）
◇女子	アレクシア・プテジャス（Alexia Putellas：スペイン：バルセロナ）
2023年	
◇男子	リオネル・メッシ（Lionel Messi：アルゼンチン：パリ・SG/インテル・マイアミ）
◇女子	アイタナ・ボンマティ（Aitana Bonmati：スペイン：バルセロナ）
2024年	
◇男子	ロドリ（Rodri：スペイン：マンチェスター・シティ）
◇女子	アイタナ・ボンマティ（Aitana Bonmati：スペイン：バルセロナ）

53 FIFA最優秀選手賞/ザ・ベスト・FIFAフットボールアウォーズ　The Best FIFA Football Awards

　国際サッカー連盟（FIFA）が設立したサッカーの世界年間最優秀選手に与えられる賞。1991年に「FIFA最優秀選手賞」としてはじまり、2010年から16年まで、「フランス・フットボール」とのパートナーシップ協定により「FIFAバロンドール」となったが、契約満了により16年からFIFA独自の賞として復活した。受賞者は代表チームの監督、キャプテン、ジャーナリスト、ファンの投票によって決定し、ザ・ベストFIFAフットボールアウォーズによって表彰される。

　＊日本人では、2011年に澤穂希が受賞
【主催者】国際サッカー連盟（FIFA：International Association Football Federation）

【選考委員】FIFAに加盟している各国の代表チーム監督，キャプテン，ジャーナリスト，ファン
【選考方法】〔2024年〕2023年8月21日から2024年8月10日までの実績に基づき，FIFAの専門家委員会がFIFA男子最優秀選手賞候補として11人の選手たちが選出される。男女代表チームの現キャプテン，監督メディア代表者，およびファンは1位，2位，3位の選手を選択し投票，1位は5ポイント，2位は3ポイント，3位は1ポイントが付与される。ノミネートされた代表チームキャプテンは，自身には投票できない。最も多くポイントを獲得した選手が，ザ・ベストFIFA男子最優秀選手賞受賞者となる
【締切・発表】〔2024年〕2024年12月に発表
【URL】https://www.fifa.com/

1991年	ローター・マテウス（Lothar Matthaus：ドイツ：インテル）
1992年	マルコ・ファン・バステン（Marco van Basten：オランダ：ACミラン）
1993年	ロベルト・バッジョ（Roberto Baggio：イタリア：ユヴェントス）
1994年	ロマーリオ（Romario：ブラジル：バルセロナ）
1995年	ジョージ・ウェア（George Weah：リベリア：パリ・サンジェルマン/ACミラン）
1996年	ロナウド（Ronaldo：ブラジル：PSV/バルセロナ）
1997年	ロナウド（Ronaldo：ブラジル：バルセロナ/インテル）
1998年	ジネディーヌ・ジダン（Zinedine Zidane：フランス：ユヴェントス）
1999年	リバウド（Rivaldo：ブラジル：バルセロナ）
2000年	ジネディーヌ・ジダン（Zinedine Zidane：フランス：ユヴェントス）
2001年	
◇男子	ルイス・フィーゴ（Luis Figo：ポルトガル：レアル・マドリード）
◇女子	ミア・ハム（Mia Hamm：アメリカ：ワシントン・フリーダム）
2002年	
◇男子	ロナウド（Ronaldo：ブラジル：インテル/レアル・マドリード）
◇女子	ミア・ハム（Mia Hamm：アメリカ：ワシントン・フリーダム）
2003年	
◇男子	ジネディーヌ・ジダン（Zinedine Zidane：フランス：レアル・マドリード）
◇女子	ビルギット・プリンツ（Birgit Prinz：ドイツ：フランクフルト）
2004年	
◇男子	ロナウジーニョ（Ronaldinho：ブラジル：バルセロナ）
◇女子	ビルギット・プリンツ（Birgit Prinz：ドイツ：フランクフルト）
2005年	
◇男子	ロナウジーニョ（Ronaldinho：ブラジル：バルセロナ）
◇女子	ビルギット・プリンツ（Birgit Prinz：ドイツ：フランクフルト）
2006年	
◇男子	ファビオ・カンナヴァーロ（Fabio Cannavaro：イタリア：ユヴェントス/レアル・マドリード）
◇女子	マルタ（Marta：ブラジル：ウメオIK）

2007年
　◇男子　　　　　　　　カカ（Kaka：ブラジル：ACミラン）
　◇女子　　　　　　　　マルタ（Marta：ブラジル：ウメオIK）
2008年
　◇男子　　　　　　　　クリスティアーノ・ロナウド（Cristiano Ronaldo：ポルトガル：マンチェスター・ユナイテッド）
　◇女子　　　　　　　　マルタ（Marta：ブラジル：ウメオIK）
2009年
　◇男子　　　　　　　　リオネル・メッシ（Lionel Messi：アルゼンチン：バルセロナ）
　◇女子　　　　　　　　マルタ（Marta：ブラジル：ウメオIK）
2010年（※この年より男子は「FIFAバロンドール」）
　◇男子　　　　　　　　リオネル・メッシ（Lionel Messi：アルゼンチン：バルセロナ）
　◇女子　　　　　　　　マルタ（Marta：ブラジル：ウメオIK）
2011年
　◇男子　　　　　　　　リオネル・メッシ（Lionel Messi：アルゼンチン：バルセロナ）
　◇女子　　　　　　　　澤 穂希（Homare Sawa：日本：INAC神戸レオネッサ）
2012年
　◇男子　　　　　　　　リオネル・メッシ（Lionel Messi：アルゼンチン：バルセロナ）
　◇女子　　　　　　　　アビー・ワンバック（Abby Wambach：アメリカ：マジックジャック）
2013年
　◇男子　　　　　　　　クリスティアーノ・ロナウド（Cristiano Ronaldo：ポルトガル：レアル・マドリード）
　◇女子　　　　　　　　ナディネ・アンゲラー（Nadine Angerer：ドイツ：フランクフルト/ブリスベン・ロアー）
2014年
　◇男子　　　　　　　　クリスティアーノ・ロナウド（Cristiano Ronaldo：ポルトガル：レアル・マドリード）
　◇女子　　　　　　　　ナディネ・ケスラー（Nadine Kessler：ドイツ：ヴォルフスブルク）
2015年
　◇男子　　　　　　　　リオネル・メッシ（Lionel Messi：アルゼンチン：バルセロナ）
　◇女子　　　　　　　　カーリー・ロイド（Carli Lloyd：アメリカ：ヒューストン・ダッシュ）
2016年（※この年より男女とも「ザ・ベスト・FIFAフットボールアウォーズ」）
　◇男子　　　　　　　　クリスティアーノ・ロナウド（Cristiano Ronaldo：ポルトガル：レアル・マドリード）
　◇女子　　　　　　　　カーリー・ロイド（Carli Lloyd：アメリカ：ヒューストン・ダッシュ）
2017年
　◇男子　　　　　　　　クリスティアーノ・ロナウド（Cristiano Ronaldo：ポルトガル：レアル・マドリード）
　◇女子　　　　　　　　リーケ・マルテンス（Lieke Martens：オランダ：ローゼンゴード/バルセロナ）
2018年
　◇男子　　　　　　　　ルカ・モドリッチ（Luka Modric：クロアチア：レアル・マドリード）
　◇女子　　　　　　　　マルタ（Marta：ブラジル：オーランド・プライド）
2019年
　◇男子　　　　　　　　リオネル・メッシ（Lionel Messi：アルゼンチン：バルセロナ）

◇女子　　　　　　ミーガン・ラピノー（Megan Rapinoe：アメリカ：レイン）
2020年
　◇男子　　　　　　ロベルト・レヴァンドフスキ（Robert Lewandowski：ポーランド：バイエルン・ミュンヘン）
　◇女子　　　　　　ルーシー・ブロンズ（Lucy Bronze：イングランド：オリンピック・リヨン/マンチェスター・シティ）
2021年
　◇男子　　　　　　ロベルト・レヴァンドフスキ（Robert Lewandowski：ポーランド：バイエルン・ミュンヘン）
　◇女子　　　　　　アレクシア・プテジャス（Alexia Putellas：スペイン：バルセロナ）
2022年
　◇男子　　　　　　リオネル・メッシ（Lionel Messi：アルゼンチン：パリ・サンジェルマン）
　◇女子　　　　　　アレクシア・プテジャス（Alexia Putellas：スペイン：バルセロナ）
2023年
　◇男子　　　　　　リオネル・メッシ（Lionel Messi：アルゼンチン：パリ・サンジェルマン/インテル・マイアミ）
　◇女子　　　　　　アイタナ・ボンマティ（Aitana Bonmati：スペイン：バルセロナ）
2024年
　◇男子　　　　　　ヴィニシウス・ジュニオール（Vinicius Junior：ブラジル：レアル・マドリード）
　◇女子　　　　　　アイタナ・ボンマティ（Aitana Bonmati：スペイン：バルセロナ）

文学

アメリカ探偵作家クラブ賞
→ 55 エドガー賞を見よ

54 英国推理作家協会賞（CWA賞）　CWA Daggers

1953年に創設されたイギリスの優れたミステリー文学に贈られる賞。ミステリーの普及と推理作家の地位の向上などを目的とする英国推理作家協会（会員は作家）が年次大会期間に受賞者を決定する。現在は、長編小説およびノンフィクション作品にゴールド・ダガー（Gold Dagger）、短編小説にショート・ストーリー・ダガー（Short Story Dagger）、翻訳小説にインターナショナル・ダガー（2020年からCrime Fiction in Translation Daggerに改称）を授賞するほか、作家の業績を讃えて贈られるダイヤモンド・ダガー（Diamond Dagger）、CWAの設立者の一人であるジョン・クリーシー（John Creasey）の名を冠し、新人に贈られるジョン・クリーシー（ニュー・ブラッド）ダガー（旧・ジョン・クリーシー記念賞）、スリラー小説に贈られるイアン・フレミング・スティール・ダガー（Ian Fleming Steel Dagger）などが設けられている。なお、ゴールド・ダガーは、創設年から1959年までは「クロスド・レッド・ヘリング賞」の名で、2006〜08年は、その期間にスポンサーであった銀行のダンカン・ローリー（Duncan Lawrie）の名を冠し「ダンカン・ローリー・ダガー」として授賞された。20年については、新型コロナウイルス感染症影響にににより、授賞式はオンライン開催（ダガーズ・ライブ）となった。

【主催者】英国推理作家協会（CWA：Crime Writer's Association）
【締切・発表】〔2025年〕ロングリストの発表2025年4月16日、ショートリストの発表5月29日。ロンドンで行われる授賞式で受賞者が発表される
【賞・賞金】賞金と短剣
【E-mail】secretary@thecwa.co.uk
【URL】https://thecwa.co.uk/

2015年
◇ダイヤモンド・ダガー　キャサリン・エアード（Catherine Aird：イギリス）
◇ゴールド・ダガー　マイケル・ロボサム（Michael Robotham：オーストラリア）「生か、死か（英題：Life or Death）」〈Little, Brown Book Group/Sphere〉
◇イアン・フレミング・スティール・ダガー
　　　　　　カリン・スローター（Karin Slaughter：アメリカ）「警官の街（英題：Cop Town）」〈Random House/Century〉
◇ジョン・クリーシー・ダガー
　　　　　　スミス・ヘンダースン（Smith Henderson：アメリカ）「われらの独立を記念し（英題：Fourth of July Creek）」〈Random House〉
◇ヒストリカル・ダガー　S.G・マクリーン（S.G. MacLean）「The Seeker」〈Quercus〉
◇ALCSノンフィクション・ゴールド・ダガー
　　　　　　ダン・デイビス（Dan Davies）「In Plain Sight：The Life and Lies of Jimmy

　　　　　　　　Savile」〈Quercus〉
　◇インターナショナル・ダガー
　　　　　　　　ピエール・ルメートル（Pierre Lemaitre）「傷だらけのカミーユ（英題：
　　　　　　　　Camille）」〈Maclehose Press〉
　◇ショート・ストーリー・ダガー
　　　　　　　　リチャード・ラング（Richard Lange：アメリカ）「Apocrypha」〈Mullholland
　　　　　　　　Press〉
　◇マージェリー・アリンガム短編ミステリー・コンペティション
　　　　　　　　Lesley Mace「Game Over」
　◇デビュー・ダガー　グレッグ・キーン（Greg Keen）「Last of the Soho Legends」
　◇図書館賞　　　　クリストファー・ファウラー（Christopher Fowler：イギリス）

2016年
　◇ダイヤモンド・ダガー　ピーター・ジェームズ（Peter James：イギリス）
　◇ゴールド・ダガー　ビル・ビバリー（Bill Beverly：アメリカ）「東の果て、夜へ（英題：
　　　　　　　　Dodgers）」〈No Exit Press〉
　◇イアン・フレミング・スティール・ダガー
　　　　　　　　ドン・ウィンズロウ（Don Winslow：アメリカ）「ザ・カルテル（英題：The
　　　　　　　　Cartel）」〈William Heinemann〉
　◇ジョン・クリーシー・ダガー
　　　　　　　　ビル・ビバリー（Bill Beverly：アメリカ）「東の果て、夜へ（英題：Dodgers）」
　　　　　　　　〈No Exit Press〉
　◇ヒストリカル・ダガー　デビッド・ヤング（David Young）「影の子（英題：Stasi Child）」
　　　　　　　　〈Twenty7Books〉
　◇ALCSノンフィクション・ゴールド・ダガー
　　　　　　　　アンドリュー・ハンキンソン（Andrew Hankinson）「You Could Do
　　　　　　　　Something Amazing With Your Life［You Are Raoul Moat］」〈Scribe〉
　◇インターナショナル・ダガー
　　　　　　　　ピエール・ルメートル（Pierre Lemaître：フランス）「天国でまた会おう（英
　　　　　　　　題：The Great Swindle）」〈MacLehose Press〉
　◇マージェリー・アリンガム短編ミステリー・コンペティション
　　　　　　　　ピーター・ガターリッジ（Peter Guttridge：イギリス）「The Box-Shaped
　　　　　　　　Mystery」
　◇ショート・ストーリー・ダガー
　　　　　　　　ジョン・コナリー（John Connolly）「身元不明者の解剖（一六三七）フランス・
　　　　　　　　ミアー（英題：On the Anatomization of an Unknown Man（1637）By
　　　　　　　　Frans Mier）」〈Hodder&Stoughton〉
　◇デビュー・ダガー　Mark Brandi「Wimmera」
　◇図書館賞　　　　エリー・グリフィス（Elly Griffiths）

2017年
　◇ダイヤモンド・ダガー　アン・クリーヴス（Ann Cleeves）
　◇ゴールド・ダガー　ジェイン・ハーパー（Jane Harper：オーストラリア）「渇きと偽り（英題：
　　　　　　　　The Dry）」〈Little, Brown〉
　◇イアン・フレミング・スティール・ダガー
　　　　　　　　ミック・ヘロン（Mick Herron）「Spook Street」〈John Murray〉
　◇ジョン・クリーシー・ダガー
　　　　　　　　クリス・ウィタカー（Chris Whitaker：イギリス）「消えた子供　トールオーク
　　　　　　　　スの秘密（英題：Tall Oaks）」〈Twenty7〉
　◇ヒストリカル・ダガー　アビール・ムカジー（Abir Mukherjee：インド）「カルカッタの殺人（英

題：A Rising Man）」〈Harvill Secker〉
◇ALCSノンフィクション・ゴールド・ダガー
  Stephen Purvis「Close But No Cigar：A True Story of Prison Life in Castro's Cuba」〈Weidenfeld&Nicolson〉
◇インターナショナル・ダガー
  レイフ・G.W・ペーション（Leif G. W. Persson：スウェーデン）「許されざる者（英題：The Dying Detective）」〈Doubleday〉
◇マージェリー・アリンガム短編ミステリー・コンペティション
  Sam Hepburn（イギリス）「Box Clever」
◇ショート・ストーリー・ダガー
  L.C.タイラー（L.C.Tyler：イギリス）「The Trials of Margaret in Motives for Murder」〈Sphere〉
◇レッドヘリング賞　バリー・フォーショー（Barry Forshaw：イギリス）
◇デビュー・ダガー　Sherry Rankin（アメリカ）「Strange Fire」
◇図書館賞　Mari Hannah（イギリス）

2018年
◇ダイヤモンド・ダガー　マイクル・コナリー（Michael Connelly：アメリカ）
◇ゴールド・ダガー　スティーヴ・キャバナー（Steve Cavanagh：イギリス）「The Liar」〈Orion〉
◇イアン・フレミング・スティール・ダガー
  受賞者なし
◇ジョン・クリーシー・ダガー
  Melissa Scrivner-Love（アメリカ）「Lola」〈Point Blank〉
◇ヒストリカル・ダガー　ロリー・クレメンツ（Rory Clements）「Nucleus」〈Zaffre Publishing〉
◇ALCSノンフィクション・ゴールド・ダガー
  トーマス・ハーディング（Thomas Harding：イギリス）「Blood on the Page」
◇インターナショナル・ダガー
  ヘニング・マンケル（Henning Mankell：スウェーデン）「After the Fire」〈Harvill Secker〉
◇ショート・ストーリー・ダガー
  デニーズ・ミーナ（Denise Mina：イギリス）「Nemo Me Impune Lacessit」〈Historic Environment Scotland〉
◇マージェリー・アリンガム短編ミステリー・コンペティション
  Russell Day「The value of vermin control」
◇レッドヘリング賞　デイヴィッド・スチュアート・デイヴィーズ（David Stuart Davies：イギリス）アリ・カリム（Ali Karim）
◇デビュー・ダガー　Bill Crotty「The Eternal Life of Ezra Ben Simeon」
◇図書館賞　マーティン・エドワーズ（Martin Edwards）

2019年
◇ダイヤモンド・ダガー　ロバート・ゴダード（Robert Goddard）
◇ゴールド・ダガー　マイク・W・クレイヴン（M.W. Craven：イギリス）「The Puppet Show」〈Constable〉
◇イアン・フレミング・スティール・ダガー
  Holly Watt「To The Lions」〈Raven Books〉
◇ジョン・クリーシー・ダガー
  クリス・ハマー（Chris Hammer：オーストラリア）「渇きの地（英題：Scrublands）」〈Wildfire〉
◇ヒストリカル・ダガー　S.G. MacLean「Destroying Angel」〈Quercus Fictions〉

◇ALCSノンフィクション・ゴールド・ダガー
　　　　　　　　ベン・マッキンタイアー（Ben Macintyre：イギリス）「KGBの男：冷戦史上最大の二重スパイ（英題：The Spy and the Traitor）」〈Viking〉
◇インターナショナル・ダガー
　　　　　　　　Dov Alfon「A Long Night in Paris」〈Maclehose Press〉
◇マージェリー・アリンガム短編ミステリー・コンペティション
　　　　　　　　Ray Bazowski「A Perfect Murderer」
◇ショート・ストーリー・ダガー
　　　　　　　　ダヌータ・レイ（Danuta Reah）「The Dummies' Guide to Serial Killing」〈Fantastic Books〉
◇レッドヘリング賞　受賞者なし
◇クリミナル＆ミステリー出版社賞
　　　　　　　　No Exit Press
◇デビュー・ダガー　Shelley Burr（オーストラリア）「Wake」
◇図書館賞　　　ケイト・エリス（Kate Ellis：イギリス）

2020年
　◇ダイヤモンド・ダガー　マーティン・エドワーズ（Martin Edwards）
　◇ゴールド・ダガー　マイケル・ロボサム（Michael Robotham：オーストラリア）「Good Girl, Bad Girl」〈Sphere〉
　◇イアン・フレミング・スティール・ダガー
　　　　　　　　ルー・バーニー（Lou Berney：アメリカ）「11月に去りし者（英題：November Road）」〈Harper Fiction〉
　◇ジョン・クリーシー・ダガー
　　　　　　　　トレヴァー・ウッド（Trevor Wood）「The Man on the Street」〈Quercus〉
　◇ヒストリカル・ダガー　アビール・ムカジー（Abir Mukherjee：インド）「Death in the East」〈Harvill Secker〉
　◇ALCSノンフィクション・ゴールド・ダガー
　　　　　　　　Casey Cep（アメリカ）「Furious Hours：Murder, Fraud and the Last Trial of Harper Lee」〈William Heinemann〉
　◇インターナショナル・ダガー
　　　　　　　　アンヌロール・ケール（Hannelore Cayre：フランス）「The Godmother」〈Old Street Publishing〉
　◇マージェリー・アリンガム短編ミステリー・コンペティション
　　　　　　　　Della Millward「A Time to Confess」
　◇ショート・ストーリー・ダガー
　　　　　　　　ローレン・ヘンダーソン（Lauren Henderson：イギリス）「#Me Too」〈Titan Books〉
　◇レッドヘリング賞　ロバート・リチャードソン（Robert Richardson）
　◇クリミナル＆ミステリー出版社賞
　　　　　　　　Orenda Books
　◇デビュー・ダガー　Josephine Moulds「Revolution Never Lies」
　◇図書館賞　　　受賞者なし

2021年
　◇ダイヤモンド・ダガー　マーティナ・コール（Martina Cole：イギリス）
　◇ゴールド・ダガー　クリス・ウィタカー（Chris Whitaker：イギリス）「われら闇より天を見る（英題：We Begin at the End）」〈Zaffre, Bonnier〉
　◇イアン・フレミング・スティール・ダガー
　　　　　　　　マイケル・ロボサム（Michael Robotham：オーストラリア）「天使の傷（英

題：When She Was Good)」〈Sphere, Little, Brown Book Group〉
◇ジョン・クリーシー・ダガー
　　　　　　エヴァビョルク・アイイスドッティル（Eva Björg Ægisdóttir：アイスランド）
　　　　　　「軋み（英題：The Creak on the Stairs）」〈Orenda〉
◇ヒストリカル・ダガー　ヴァシーム・カーン（Vaseem Khan：イギリス）「帝国の亡霊、そして殺人（英題：Midnight at Malabar House）」〈Hodder&Stoughton〉
◇ALCSノンフィクション・ゴールド・ダガー
　　　　　　スー・ブラック（Sue Black：イギリス）「骨は知っている　声なき死者の物語（英題：Written in Bone）」〈Doubleday, Penguin〉
◇インターナショナル・ダガー
　　　　　　ユン　ゴウン（Yun Ko-eun：韓国）「夜の旅行者たち（英題：The Disaster Tourist）」〈Serpent's Tail〉
◇ショート・ストーリー・ダガー
　　　　　　クレア・マッキントッシュ（Clare Mackintosh：イギリス）「Monsters」〈The Dome Press〉
◇マージェリー・アリンガム短編ミステリー・コンペティション
　　　　　　Camilla Macpherson「Heartbridge Homicides」
◇クリミナル＆ミステリー出版社賞
　　　　　　Head of Zeus
◇デビュー・ダガー　Hannah Redding「Deception」
◇図書館賞　　　　ピーター・メイ（Peter May：イギリス）

2022年
◇ダイヤモンド・ダガー　C.J・サンソム（CJ Sansom：イギリス）
◇ゴールド・ダガー　レイ・セレスティン（Ray Celestin）「Sunset Swing」〈Pan Macmillan, Mantle〉
◇イアン・フレミング・スティール・ダガー
　　　　　　マイク・W・クレイヴン（M.W. Craven：イギリス）「Dead Ground」〈Little, Brown/Constable〉
◇ジョン・クリーシー・ダガー
　　　　　　ジャニス・ハレット（Janice Hallett：イギリス）「ポピーのためにできること（英題：The Appeal）」〈Profile/Viper Books〉
◇ヒストリカル・ダガー　レイ・セレスティン（Ray Celestin）「Sunset Swing」〈Pan Macmillan, Mantle〉
◇ALCSノンフィクション・ゴールド・ダガー
　　　　　　Julia Laite「The Disappearance of Lydia Harvey：A true story of sex, crime and the meaning of justice」〈Profile Books〉
◇インターナショナル・ダガー
　　　　　　シモーネ・ブッフホルツ（Simone Buchholz：ドイツ）「Hotel Cartagena」〈Orenda Books〉
◇マージェリー・アリンガム短編ミステリー・コンペティション
　　　　　　Scott Hunter「Locked In」
◇ショート・ストーリー・ダガー
　　　　　　ポール・マース（Paul Magrs：イギリス）「Flesh of a Fancy Woman」〈Telos Publishing〉
◇レッドヘリング賞　受賞者なし
◇クリミナル＆ミステリー出版社賞
　　　　　　Faber&Faber
◇デビュー・ダガー　Anna Maloney（イギリス）「The 10：12」
◇図書館賞　　　　マーク・ビリンガム（Mark Billingham：イギリス）

2023年
　◇ダイヤモンド・ダガー　ウォルター・モズリイ（Walter Mosley：アメリカ）
　◇ゴールド・ダガー　ジョージ・ドーズ・グリーン（George Dawes Green：アメリカ）「サヴァナの王国（英題：The Kingdoms of Savannah）」〈Headline Publishing Group〉
　◇イアン・フレミング・スティール・ダガー
　　　　　　　　　　ジョン・ブラウンロウ（John Brownlow：イギリス）「エージェント17（英題：Agent Seventeen）」〈Hodder&Stoughton〉
　◇ジョン・クリーシー・ダガー
　　　　　　　　　　ヘイリー・スクリブナー（Hayley Scrivenor）「Dirt Town」〈Pan Macmillan〉
　◇ヒストリカル・ダガー　デイビット・ビショップ（D.V.Bishop：ニュージーランド）「The Darkest Sin」〈Pan Macmillan〉
　◇ALCSノンフィクション・ゴールド・ダガー
　　　　　　　　　　Wendy Joseph「Unlawful Killings：Life, Love and Murder：Trials at the Old Bailey」〈Transworld〉
　◇インターナショナル・ダガー
　　　　　　　　　　受賞者なし
　◇マージェリー・アリンガム短編ミステリー・コンペティション
　　　　　　　　　　Judith O'Reilly「How to Catch a Bullet in a Plate and Other Tricks to Astound」
　◇ショート・ストーリー・ダガー
　　　　　　　　　　Hazell Ward「Cast A Long Shadow」
　◇レッドヘリング賞　Corinne Turner
　◇クリミナル＆ミステリー出版社賞
　　　　　　　　　　受賞者なし
　◇デビュー・ダガー　Jeff Marsick「Sideways」
　◇図書館賞　　　　　ソフィー・ハナ（Sophie Hannah：イギリス）
2024年
　◇ダイヤモンド・ダガー　リンダ・ラ・プラント（Lynda La Plante：イギリス），ジェイムズ・リー・バーク（James Lee Burke）
　◇ゴールド・ダガー　ウナ・マニオン（Una Mannion：アメリカ）「Tell Me What I Am」〈Faber&Faber〉
　◇イアン・フレミング・スティール・ダガー
　　　　　　　　　　ジョーダン・ハーパー（Jordan Harper：アメリカ）「Everybody Knows」〈Faber&Faber〉
　◇ジョン・クリーシー・ダガー
　　　　　　　　　　ジョー・キャラガン（Jo Callaghan）「In The Blink of An Eye」〈Simon&Schuster UK〉
　◇ヒストリカル・ダガー　ジェイク・ラマー（Jake Lamar：アメリカ）「ヴァイパーズ・ドリーム（英題：Viper's Dream）」〈No Exit Press〉
　◇ALCSノンフィクション・ゴールド・ダガー
　　　　　　　　　　ニコラス・シェイクスピア（Nicholas Shakespeare：イギリス）「Ian Fleming：The Complete Man」〈Vintage〉
　◇インターナショナル・ダガー
　　　　　　　　　　Maud Ventura（フランス）「My Husband」〈Hutchinson Heinemann〉
　◇マージェリー・アリンガム短編ミステリー・コンペティション
　　　　　　　　　　Susan Breen（アメリカ）「Olga Popova」
　◇ショート・ストーリー・ダガー
　　　　　　　　　　Sanjida Kay（イギリス）「The Divide」〈Comma Press〉

文学　　　　　　　　　　　　　355　　　　　　　　　　　　55 エドガー賞

◇クリミナル＆ミステリー出版社賞
　　　　　　　　　　Pushkin Vertigo
◇デビュー・ダガー　Richard Jerram「Makoto Murders」
◇図書館賞　　　　　アンソニー・ホロヴィッツ（Anthony Horowitz：イギリス）

55　エドガー賞（MWA賞）　Edgar Awards

ミステリ作品の普及と作家の利益保護・促進などを目的として、1946年に設立されたアメリカ探偵作家クラブ（MWA）が選考する賞。賞名は推理小説の父、エドガー・アラン・ポーにちなみ、アメリカの推理小説界でもっとも権威ある賞とされる。選考対象は前年にアメリカ国内で出版された作品であり、最優秀長編賞、最優秀ペーパーバック賞、最優秀処女長編賞、最優秀短編賞、最優秀ヤングアダルト（YA）賞、最優秀ジュブナイル賞、最優秀犯罪実話賞、最優秀批評・評伝賞、最優秀TVエピソード賞の部門賞に分かれている。その他にも、執筆作品以外のメディアを対象とする大鴉賞（Raven Award）、優れた業績のある作家に贈られる巨匠賞（Grand Master Award）、優れた短編作家に贈られるロバート・L.フィッシュ賞（Robert L.Fish Memorial Award）、出版功労者に贈られるエラリー・クイーン賞（Ellery Queen Award）、サスペンス小説の名手メアリー・ヒギンズ・クラークが示した指標に沿った作品を対象とするメアリー・ヒギンズ・クラーク賞（Mary Higgins Clark Award）などがある。

【主催者】アメリカ探偵作家クラブ（MWA：Mystery Writers of America）
【選考委員】各部門毎に会長に任命された委員長、および委員長に選出された委員が行う
【選考基準】アメリカ国内で前年1月から12月の間に発表されたミステリの分野の作品を対象とする。作家や制作者の国籍は問わない。翻訳作品も対象
【締切・発表】応募締切は1月～3月刊行の作品は4月末、4月～9月刊行の作品は各月の翌月末、10月～12月刊行の作品は12月初頭となる。毎年1月中旬にノミネーションの発表、4月末～5月初に受賞作発表・授賞式が行われる。〔2024年〕2024年5月1日授賞式
【賞・賞金】エドガー・アラン・ポーの像（セラミック製）が贈られる
【URL】https://edgarawards.com/

2016年
◇長編賞　　　　　ローリー・ロイ（Lori Roy）「Let Me Die in His Footsteps」〈Penguin Random House-Dutton〉
◇処女長編賞　　　ヴィエト・タン・グウェン（Viet Thanh Nguyen：アメリカ）「シンパサイザー（英題：The Sympathizer）」〈Grove Atlantic-Grove Press〉
◇ペーパーバック賞　ルー・バーニー（Lou Berney：アメリカ）「11月に去りし者（英題：The Long and Faraway Gone）」〈HarperCollins Publishers-William Morrow〉
◇短編賞　　　　　スティーヴン・キング（Stephen King）「Obits」〈Simon&Schuster-Scribner〉
◇犯罪実話賞　　　アレン・カーズワイル（Allen Kurzweil：アメリカ）「Whipping Boy：The Forty-Year Search for My Twelve-Year-Old Bully」〈HarperCollins Publishers-Harper〉
◇批評・評伝賞　　マーティン・エドワーズ（Martin Edwards）「探偵小説の黄金時代（英題：The Golden Age of Murder）」〈HarperCollins Publishers-HarperCollins〉
◇YA賞　　　　　 ミンディ・マクギニス（Mindy McGinnis：アメリカ）「A Madness So Discreet」〈HarperCollins Publishers-Katherine Tegen Books〉
◇ジュヴナイル賞　スーザン・ヴォート（Susan Vaught：アメリカ）「Footer Davis Probably is Crazy」〈Simon&Schuster- Paula Wiseman Books〉
◇TVエピソード賞　ピーター・フラナリー（Peter Flannery：イギリス）「孤高の警部 ジョージ・ジェントリー（英題：George Gently：Gently with the Women）」〈Acorn

　　　　　　　　　　　　　TV〉
　　◇メアリ・ヒギンズ・クラーク賞
　　　　　　　　ローリー・レーダー＝デイ（Lori Rader-Day：アメリカ）「Little Pretty Things」〈Prometheus Books-Seventh Street Books〉
　　◇ロバート・L.フィッシュ賞
　　　　　　　　ラッセル・W・ジョンソン（Russell W. Johnson）「Chung Ling Soo's Greatest Trick」〈Ellery Queen Mystery Magazine〉
　　◇巨匠賞　　ウォルター・モズリイ（Walter Mosley：アメリカ）
　　◇大鴉賞　　Margaret Kinsman
　　　　　　　　Sisters in Crime
　　◇エラリー・クイーン賞　ジャネット・A・ルドルフ（Janet A. Rudolph）
2017年
　　◇長編賞　　ノア・ホーリー（Noah Hawley：アメリカ）「晩夏の墜落（英題：Before the Fall）」〈Hachette Book Group-Grand Central Publishing〉
　　◇処女長編賞　フリン・ベリー（Flynn Berry：アメリカ）「Under the Harrow」〈Penguin Random House-Penguin Books〉
　　◇ペーパーバック賞　エイドリアン・マッキンティ（Adrian McKinty：イギリス）「レイン・ドッグズ（英題：Rain Dogs）」〈Prometheus Books-Seventh Street Books〉
　　◇短編賞　　ローレンス・ブロック（Lawrence Block：アメリカ）「オートマットの秋（英題：Autumn at the Automat）」〈Pegasus Books〉
　　◇犯罪実話賞　ケイト・サマースケイル（Kate Summerscale：イギリス）「The Wicked Boy：The Mystery of a Victorian Child Murderer」〈Penguin Random House-Penguin Press〉
　　◇批評・評伝賞　ルース・フランクリン（Ruth Franklin：アメリカ）「Shirley Jackson：A Rather Haunted Life」〈W.W. Norton-Liveright〉
　　◇YA賞　　Monica Hesse（アメリカ）「Girl in the Blue Coat」〈Hachette Book Group-Little, Brown BFYR〉
　　◇ジュヴナイル賞　ウェスリー・キング（Wesley King：カナダ）「ぼくはO・C・ダニエル（英題：OCDaniel）」〈Simon&Schuster-Paula Wiseman Books〉
　　◇TVエピソード賞　ジョン・ローガン（John Logan：アメリカ）「ペニー・ドレッドフル〜ナイトメア 血塗られた秘密〜：過去からの誘い（英題：Penny Dreadful：A Blade of Grass）」〈Showtime〉
　　◇メアリ・ヒギンズ・クラーク賞
　　　　　　　　チャールズ・トッド（Charles Todd：アメリカ）「The Shattered Tree」〈HarperCollins Publishers-William Morrow〉
　　◇ロバート・L.フィッシュ賞
　　　　　　　　E. Gabriel Flores「The Truth of the Moment」〈Ellery Queen Mystery Magazine〉
　　◇巨匠賞　　マックス・アラン・コリンズ（Max Allan Collins：アメリカ）
　　　　　　　　Ellen Hart（アメリカ）
　　◇大鴉賞　　Dru Ann Love
　　◇エラリー・クイーン賞　Neil Nyren
2018年
　　◇長編賞　　アッティカ・ロック（Attica Locke：アメリカ）「ブルーバード（英題：Bluebird, Bluebird）」〈Hachette Book Group-Little, Brown&Co./Mulholland Books〉
　　◇処女長編賞　ジョーダン・ハーパー（Jordan Harper：アメリカ）「She Rides Shotgun」〈HarperCollins-Ecco〉
　　◇ペーパーバック賞　Anna Mazzola「The Unseeing」〈Sourcebooks-Sourcebooks Landmark〉

◇短編賞		ジョン・クロウリー（John Crowley）「Spring Break」〈Akashic Books〉
◇犯罪実話賞		デイヴィッド・グラン（David Grann：アメリカ）「花殺し月の殺人-インディアン連続怪死事件とFBIの誕生（英題：Killers of the Flower Moon：The Osage Murders and the Birth of the FBI）」〈Penguin Random House-Doubleday〉
◇批評・評伝賞		Lawrence P. Jackson「Chester B. Himes：A Biography」〈W.W. Norton&Company〉
◇YA賞		ジェイソン・レノルズ（Jason Reynolds：アメリカ）「エレベーター（英題：Long Way Down）」〈Simon&Schuster-Atheneum Books for Young Readers〉
◇ジュヴナイル賞		ジェームズ・ポンティ（James Ponti：イタリア）「Vanished！」〈Simon&Schuster-Aladdin〉
◇TVエピソード賞		ノア・ホーリー（Noah Hawley：アメリカ）「ファーゴ：あなただけを（英題：Fargo：Somebody to Love）」〈FX Networks/MGM〉
◇メアリ・ヒギンズ・クラーク賞		
		キャロル・グッドマン（Carol Goodman：アメリカ）「The Widow's House」〈HarperCollins-William Morrow Paperbacks〉
◇ロバート・L.フィッシュ賞		
		Lisa D. Gray（アメリカ）「The Queen of Secrets」〈Akashic Books〉
◇巨匠賞		ジェーン・ラングトン（Jane Langton：アメリカ）
		ウィリアム・リンク（William Link：アメリカ）
		ピーター・ラヴゼイ（Peter Lovesey）
◇大鴉賞		The Raven Bookstore
		BOLO Books
◇エラリー・クイーン賞	Robert Pepin	

2019年
◇長編賞		ウォルター・モズリイ（Walter Mosley：アメリカ）「流れは、いつか海へと（英題：Down the River Unto the Sea）」〈Hachette Book Group-Mulholland〉
◇処女長編賞		ジェイムズ・A・マクラフリン（James A. McLaughlin）「熊の皮（英題：Bearskin）」〈HarperCollins Publishers-Ecco〉
◇ペーパーバック賞	アリソン・ゲイリン（Alison Gaylin：アメリカ）「もし今夜ぼくが死んだら、（英題：If I Die Tonight）」〈HarperCollins Publishers-William Morrow〉	
◇短編賞		アート・テイラー（Art Taylor：アメリカ）「English 398：Fiction Workshop」〈Ellery Queen Mystery Magazine〉
◇犯罪実話賞		ロバート・フィーゼラー（Robert W. Fieseler：アメリカ）「Tinderbox：The Untold Story of the Up Stairs Lounge Fire and the Rise of Gay Liberation」〈W.W. Norton&Company-Liveright〉
◇批評・評伝賞		レスリー・S・クリンガー（Leslie S. Klinger：アメリカ）「Classic American Crime Fiction of the 1920s」〈Pegasus Books〉
◇YA賞		コートニー・サマーズ（Courtney Summers：カナダ）「ローンガール・ハードボイルド（英題：Sadie）」〈Wednesday Books〉
◇ジュヴナイル賞		ピート・ハウトマン（Pete Hautman）「きみのいた森で（英題：Otherwood）」〈Candlewick Press〉
◇TVエピソード賞		マシュー・ワイナー（Matthew Weiner：アメリカ），ドナルド・ジョー（Donald Joh）「ロマノフ家の末裔～それぞれの人生～：8話（英題：The Romanoffs：The One That Holds Everything）」〈Amazon Prime Video〉
◇メアリ・ヒギンズ・クラーク賞		
		スジャータ・マッシー（Sujata Massey：アメリカ）「The Widows of Malabar」〈Soho Press-Soho Crime〉
◇ロバート・L.フィッシュ賞		

　　　　　　　　　　　Nancy Novick「How Does He Die This Time？」〈Ellery Queen Mystery Magazine〉
　◇スー・グラフトン記念賞　サラ・パレツキー（Sara Paretsky）「クロス・ボーダー（英題：Shell Game）」〈HarperCollins Publishers-William Morrow〉
　◇巨匠賞　　　　　マーティン・クルーズ・スミス（Martin Cruz Smith：アメリカ）
　◇大鴉賞　　　　　Marilyn Stasio（アメリカ）
　◇エラリー・クイーン賞　Linda Landrigan

2020年
　◇長編賞　　　　　エリー・グリフィス（Elly Griffiths）「見知らぬ人（英題：The Stranger Diaries）」〈Houghton Mifflin Harcourt〉
　◇処女長編賞　　　アンジー・キム（Angie Kim：韓国）「ミラクル・クリーク（英題：Miracle Creek）」〈Farrar Straus and Giroux-Sarah Crichton Books〉
　◇ペーパーバック賞　アダム・オファロン・プライス（Adam O'Fallon Price）「ホテル・ネヴァーシンク（英題：The Hotel Neversink）」〈Tin House Books〉
　◇短編賞　　　　　リヴィア・ルウェリン（Livia Llewellyn：アメリカ）「One of These Nights」〈Akashic Books〉
　◇犯罪実話賞　　　Axton Betz-Hamilton「The Less People Know About Us：A Mystery of Betrayal, Family Secrets, and Stolen Identity」〈Hachette Book Group-Grand Central Publishing〉
　◇批評・評伝賞　　ジョン・ビルハイマー（John Billheimer：アメリカ）「Hitchcock and the Censors」〈University Press of Kentucky〉
　◇YA賞　　　　　ナオミ・クリッツァー（Naomi Kritzer：アメリカ）「Catfishing on CatNet」〈Tom Doherty Associates-Tor Teen〉
　◇ジュヴナイル賞　スーザン・ヴォート（Susan Vaught：アメリカ）「Me and Sam-Sam Handle the Apocalypse」〈Simon&Schuster Children's Books-Paula Wiseman Books〉
　◇TVエピソード賞　ジェド・マーキュリオ（Jed Mercurio：イギリス）「ライン・オブ・デューティ：シーズン5, 第4話（英題：Line of Duty：Season 5, Episode 4）」〈Acorn TV〉
　◇メアリ・ヒギンズ・クラーク賞
　　　　　　　　　　キャロル・グッドマン（Carol Goodman：アメリカ）「The Night Visitors」〈HarperCollins-William Morrow〉
　◇ロバート・L.フィッシュ賞
　　　　　　　　　　Derrick Harriell（アメリカ）　「There's a Riot Goin' On」〈Akashic Books〉
　◇スー・グラフトン記念賞　トレーシー・クラーク（Tracy Clark：アメリカ）「Borrowed Time」〈Kensington Publishing〉
　◇巨匠賞　　　　　バーバラ・ニーリイ（Barbara Neely：アメリカ）
　◇大鴉賞　　　　　Left Coast Crime
　◇エラリー・クイーン賞　Kelley Ragland

2021年
　◇長編賞　　　　　ディーパ・アーナパーラ（Deepa Anappara：インド）「ブート・バザールの少年探偵（英題：Djinn Patrol on the Purple Line）」〈Penguin Random House-Random House〉
　◇処女長編賞　　　ケイトリン・マレン（Caitlin Mullen）「塩の湿地に消えゆく前に（英題：Please See Us）」〈Simon&Schuster-Gallery Books〉
　◇ペーパーバック賞　アリッサ・コール（Alyssa Cole：アメリカ）「ブルックリンの死（英題：When No One is Watching）」〈HarperCollins Publishers-William Morrow〉
　◇短編賞　　　　　マーザ・メンギステ（Maaza Mengiste：アメリカ）「Dust, Ash, Flight」〈Akashic Books〉
　◇犯罪実話賞　　　Eric Eyre（アメリカ）「Death in Mud Lick：A Coal Country Fight Against the Drug Companies that Delivered the Opioid Epidemic」

　　　　　　　　　　〈Simon&Schuster-Scribner〉
◇批評・評伝賞　　Christina Lane「Phantom Lady：Hollywood Producer Joan Harrison, the Forgotten Woman Behind Hitchcock」〈Chicago Review Press〉
◇YA賞　　　　　Katie Alender「The Companion」〈Penguin Young Readers-G.P. Putnam's Sons Books for Young Readers〉
◇ジュヴナイル賞　エリザベス・C・バンス（Elizabeth C. Bunce：アメリカ）「Premeditated Myrtle」〈Workman Publishing-Algonquin Young Readers〉
◇TVエピソード賞　ジョン・モートン（John Morton）「Dead Still：Episode 1-Photochemistry」〈Acorn TV〉
◇メアリ・ヒギンズ・クラーク賞
　　　　　　　　　　Elsa Hart（イタリア）「The Cabinets of Barnaby Mayne」〈Minotaur Books〉
◇ロバート・L.フィッシュ賞
　　　　　　　　　　Colette Bancroft（アメリカ）「The Bite」〈Akashic Books〉
◇スー・グラフトン記念賞 Rosalie Knecht「Vera Kelly is Not a Mystery」〈Tin House Books〉
◇巨匠賞　　　　　シャーレイン・ハリス（Charlaine Harris：アメリカ）
　　　　　　　　　　ジェフリー・ディーヴァー（Jeffery Deaver：アメリカ）
◇大鴉賞　　　　　Malice Domestic
◇エラリー・クイーン賞 Reagan Arthur

2022年
◇長編賞　　　　　ジェイムズ・ケストレル（James Kestrel）「真珠湾の冬（英題：Five Decembers）」〈Hard Case Crime〉
◇処女長編賞　　　エリン・フラナガン（Erin Flanagan：アメリカ）「鹿狩りの季節（英題：Deer Season）」〈University of Nebraska Press〉
◇ペーパーバック賞 アラン・パークス（Alan Parks：イギリス）「Bobby March Will Live Forever」〈Europa Editions-World Noir〉
◇短編賞　　　　　R.T.ロートン（R.T. Lawton）「The Road to Hana」〈Alfred Hitchcock Mystery Magazine〉
◇犯罪実話賞　　　イーロン・グリーン（Elon Green）「ラストコールの殺人鬼（英題：Last Call：A True Story of Love, Lust, and Murder in Queer New York）」〈Celadon Books〉
◇批評・評伝賞　　エドワード・ホワイト（Edward White）「The Twelve Lives of Alfred Hitchcock：An Anatomy of the Master of Suspense」〈W.W. Norton&Company〉
◇YA賞　　　　　アンジェリン・ボウリー（Angeline Boulley：アメリカ）「Firekeeper's Daughter」〈Macmillan Children's Publishing-Henry Holt and Company BFYR〉
◇ジュヴナイル賞　クリスティーナ・ディアス・ゴンザレス（Christina Diaz Gonzalez：アメリカ）「Concealed」〈Scholastic-Scholastic Press〉
◇TVエピソード賞　Iturri Sosa「ナルコス メキシコ編：共同戦線（英題：Narcos Mexico：Boots on the Ground）」〈Netflix〉
◇メアリ・ヒギンズ・クラーク賞
　　　　　　　　　　ナオミ・ヒラハラ（Naomi Hirahara：アメリカ）「クラーク・アンド・ディヴィジョン（英題：Clark and Division）」〈Soho Press-Soho Crime〉
◇ロバート・L.フィッシュ賞
　　　　　　　　　　Rob Osler（アメリカ）「Analogue」〈Ellery Queen Mystery Magazine〉
◇スー・グラフトン記念賞 トレーシー・クラーク（Tracy Clark：アメリカ）「Runner」〈Kensington Books〉
◇巨匠賞　　　　　ローリー・R・キング（Laurie R. King：アメリカ）
◇大鴉賞　　　　　Lesa Holstine（アメリカ）

◇エラリー・クイーン賞　Juliet Grames（アメリカ）

2023年
　◇長編賞　　　　ダニヤ・クカフカ（Danya Kukafka：アメリカ）「死刑執行のノート（英題：Notes on an Execution）」〈HarperCollins-William Morrow〉
　◇処女長編賞　　イーライ・クレイナー（Eli Cranor：アメリカ）「Don't Know Tough」〈Soho Press-Soho Crime〉
　◇ペーパーバック賞　ジョー・ハート（Joe Hart）「Or Else」〈Amazon Publishing-Thomas&Mercer〉
　◇短編賞　　　　グレゴリー・ファリス（Gregory Fallis）「Red Flag」〈Alfred Hitchcock Mystery Magazine〉
　◇犯罪実話賞　　エリカ・クラウス（Erika Krouse：アメリカ）「Tell Me Everything：The Story of a Private Investigation」〈Flatiron Books〉
　◇批評・評伝賞　マーティン・エドワーズ（Martin Edwards）「The Life of Crime：Detecting the History of Mysteries and Their Creators」〈HarperCollins-Collins Crime Club〉
　◇YA賞　　　　　June Hur（韓国）「The Red Palace」〈Macmillan Children's Books-Feiwel&Friends〉
　◇ジュヴナイル賞　マルト・ジョスリン（Marthe Jocelyn：カナダ）「Aggie Morton, Mystery Queen：The Seaside Corpse」〈Penguin Random House Canada-Tundra Books〉
　◇TVエピソード賞　アンソニー・ホロヴィッツ（Anthony Horowitz：イギリス）「カササギ殺人事件（英題：Magpie Murders：Episode 1）」〈Masterpiece/PBS〉
　◇メアリ・ヒギンズ・クラーク賞
　　　　　　　　　B.R. Myers「A Dreadful Splendor」〈HarperCollins-William Morrow〉
　◇ロバート・L.フィッシュ賞
　　　　　　　　　マーク・ハリソン（Mark Harrison）「Dogs in the Canyon」〈Ellery Queen Mystery Magazine Issue：September-October 2022〉
　◇スー・グラフトン記念賞　Louisa Luna（アメリカ）「Hideout」〈Knopf Doubleday Publishing Group-Doubleday〉
　◇リリアン・ジャクソン・ブラウン記念賞
　　　　　　　　　Tamara Berry「Buried in a Good Book」〈Sourcebooks-Poisoned Pen Press〉
　◇巨匠賞　　　　マイクル・コナリー（Michael Connelly：アメリカ）
　　　　　　　　　ジョアン・フルーク（Joanne Fluke：アメリカ）
　◇大鴉賞　　　　Crime Writers of Color
　　　　　　　　　エディー・ミューラー（Eddie Muller：アメリカ）
　◇エラリー・クイーン賞　The Strand Magazine

2024年
　◇長編賞　　　　ジェイムズ・リー・バーク（James Lee Burke）「破れざる旗の下に（英題：Flags on the Bayou）」〈Grove Atlantic-Atlantic Monthly Press〉
　◇処女長編賞　　I.S・ベリー（I.S. Berry：アメリカ）「The Peacock and the Sparrrow」〈Simon&Schuster-Atria Books〉
　◇ペーパーバック賞　ジェス・Q・スタント（Jesse Q. Sutanto：インドネシア）「Vera Wong's Unsolicited Advice for Murderers」〈Penguin Random House-Berkley〉
　◇短編賞　　　　リンダ・カスティーロ（Linda Castillo：アメリカ）「Hallowed Ground」〈Macmillan Publishers-Minotaur Books〉
　◇犯罪実話賞　　Nathan Masters（アメリカ）「Crooked：The Roaring '20s Tale of a Corrupt Attorney General, a Crusading Senator, and the Birth of the American Political Scandal」〈Hachette Book Group-Hachette Books〉
　◇批評・評伝賞　スティーブ・パウエル（Steven Powell）「Love Me Fierce In Danger-The Life

　　　　　　　　　　　　　　　　of James Ellroy」〈Bloomsbury Publishing-Bloomsbury Academic〉
◇YA賞　　　　　エイプリル・ヘンリー（April Henry：アメリカ）「Girl Forgotten」〈Hachette Book Group-Little, Brown BFYR-Christy Ottaviano Books〉
◇ジュヴナイル賞　アドリアナ・クエヴァス（Adrianna Cuevas：アメリカ）「The Ghosts of Rancho Espanto」〈Macmillan Publishing-Farrar, Straus and Giroux BFYR〉
◇TVエピソード賞　ノラ・ザッカーマン（Nora Zuckerman），リラ・ザッカーマン（Lilla Zuckerman：アメリカ）「ポーカー・フェイス（英題：Poker Face：Escape from Shit Mountain）」〈Peacock〉
◇メアリ・ヒギンズ・クラーク賞
　　　　　　　　Lina Chern「Play the Fool」〈Penguin Random House-Bantam〉
◇ロバート・L.フィッシュ賞
　　　　　　　　ケイト・ホール（Kate Hohl）「The Body in Cell Two」〈Ellery Queen Mystery Magazine〉
◇スー・グラフトン記念賞　リンダ・カスティーロ（Linda Castillo：アメリカ）「An Evil Heart」〈Macmillan Publishing-Minotaur Books〉
◇リリアン・ジャクソン・ブラウン記念賞
　　　　　　　　Danielle Arceneaux「Glory Be」〈Pegasus Books-Pegasus Crime〉
◇巨匠賞　　　　キャサリン・ホール・ペイジ（Katherine Hall Page：アメリカ）
　　　　　　　　R.L・スタイン（R.L. Stine：アメリカ）
◇大鴉賞　　　　受賞者なし
◇エラリー・クイーン賞　ミカエラ・ハミルトン（Michaela Hamilton）

56　カナダ総督文学賞　Governor Genelal's Literary Awards

　カナダで最も権威があるとされる文学賞。1936年に前年の出版物を対象に授賞を開始。57年より、カナダ・カウンシルが管理している。以前は、英語で書かれた書籍のみを対象としていた（フランス人著者は翻訳された場合のみ受賞対象）が、59年以降、英仏共に選考対象となった。また、児童部門と、翻訳部門は元来別の賞であったが、87年授賞から本賞内に組み込まれ、現在と同じ部門構成となった。2016年より「児童文学」が「青少年文学」へ名称変更。現在の部門は英仏それぞれ、小説（Fiction），詩（Poetry），戯曲（Drama），ノンフィクション（Non-fiction），青少年文学（物語）（Young People's Literature-Text），青少年文学（イラストレーション）（Young People's Literature-Illustrated Books），翻訳（Translation）の7部門（英仏合計14部門）で行われている。

【主催者】カナダ・カウンシル（Canada Council for the Arts）
【選考委員】カナダ・カウンシルにより各部門それぞれ2～3名任命される
【選考基準】前年9月1日から授与年9月30日の間に英語版が刊行され、カナダ国内で流通している書籍のうち、カナダ国籍もしくは永住権を持つ（カナダに居住していなくても可）著者・翻訳者・イラストレーターによるものを対象とする。翻訳の原著は、フランス語部門においてもカナダ人著者によるものでなければならない。絵本は、文・絵ともにカナダ国籍もしくは永住権を持つ著者でなければならない
【締切・発表】〔2025年〕2025年秋に発表
【賞・賞金】各部門の受賞者に賞金2万5000ドル。最終候補者（各部門4名）には1000ドルずつ贈られる。また、受賞作の出版社には販売促進のための交付金として3000ドルが授与される
【E-mail】info@canadacouncil.ca, ggbooks@canadacouncil.ca
【URL】https://ggbooks.ca/

2015年
- ◇英語
  - 小説　　　　　Guy Vanderhaeghe「Daddy Lenin and Other Stories」
  - 詩　　　　　　ロビン・サラ(Robyn Sarah)「My Shoes Are Killing Me」
  - 戯曲　　　　　デイヴィッド・イー(David Yee)「carried away on the crest of a wave」
  - ノンフィクション　マーク・L.ウィンストン(Mark L.Winston)「Bee Time：Lessons from the Hive」
  - 青少年文学(物語)　キャロライン・ピニャ(Caroline Pignat)「The Gospel Truth」
  - 青少年文学(イラストレーション)
    ジョナルノ・ローソン(JonArno Lawson：著者)，シドニー・スミス(Sydney Smith：イラスト)「おはなをあげる(Sidewalk Flowers)」
  - 翻訳(仏文英訳)　ロンダ・マリンズ(Rhonda Mullins：訳者)「Les Héritiers de la mine (Twenty-One Cardinals)」
- ◇フランス語
  - 小説　　　　　ニコラス・ディクナー(Nicolas Dickner)「Six degrés de liberté」
  - 詩　　　　　　Joël Pourbaix「Le mal du pays est un art oublié」
  - 戯曲　　　　　ファビアン・クルーティエ(Fabien Cloutier)「Pour réussir un poulet」
  - ノンフィクション　ジーン・フィリップ・ウォーレン(Jean-Philippe Warren)「Honoré Beaugrand：La plume et l'épée(1848-1906)」
  - 青少年文学(物語)　ルイス・フィリップ・エベール(Louis-Philippe Hébert)「Marie Réparatrice」
  - 青少年文学(イラストレーション)
    アンドレ・マロワ(André Marois：著者：フランス)，パトリック・ドヨン(Patrick Doyon：イラスト)「Le voleur de sandwichs」
  - 翻訳(英文仏訳)　Lori Saint-Martin, Paul Gagné(訳者)「Solomon Gursky Was Here (Solomon Gursky)」

2016年
- ◇英語
  - 小説　　　　　マドレーヌ・ティエン(Madeleine Thien)「Do Not Say We Have Nothing」
  - 詩　　　　　　スティーブン・ヘイトン(Steven Heighton)「The Waking Comes Late」
  - 戯曲　　　　　コリーン・マーフィー(Colleen Murphy)「Pig Girl」
  - ノンフィクション　ビル・ワイザー(Bill Waiser)「A World We Have Lost：Saskatchewan Before 1905」
  - 青少年文学(物語)　マルティーヌ・レビット(Martine Leavitt)「Calvin」
  - 青少年文学(イラストレーション)
    ジョン・エリック・ラッパーノ(Jon-Erik Lappano：著者)，ケレン・ハタナカ(Kellen Hatanaka：イラスト)「Tokyo Digs a Garden」
  - 翻訳(仏文英訳)　Lazer Lederhendler(訳者)「Le mur mitoyen(The Party Wall)」
- ◇フランス語
  - 小説　　　　　ドミニク・フォルティエ(Dominique Fortier)「Au péril de la mer」
  - 詩　　　　　　Normand de Bellefeuille「Le poème est une maison de bord de mer」
  - 戯曲　　　　　ワジディ・ムアワッド(Wajdi Mouawad：レバノン)「Inflammation du verbe vivre」
  - ノンフィクション　Roland Viau「Amerindia：essais d'ethnohistoire autochtone」
  - 青少年文学(物語)　François Gilbert「Hare Krishna」
  - 青少年文学(イラストレーション)
    ステファニー・ラポイント(Stéphanie Lapointe：著者)，Rogé(イラスト)「Grand-père et la lune」

- 翻訳（英文仏訳） キャサリン・エゴ（Catherine Ego：訳者）「Clearing the Plains（La destruction des Indiens des Plaines：maladies, famines organisées, disparition du mode de vie autochtone）」

2017年
　◇英語
　　- 小説　　　ジョエル・トーマス・ハインズ（Joel Thomas Hynes）「We'll All Be Burnt in Our Beds Some Night」
　　- 詩　　　　リチャード・ハリソン（Richard Harrison）「On Not Losing My Father's Ashes in the Flood」
　　- 戯曲　　　ヒロ・カナガワ（Hiro Kanagawa）「Indian Arm」
　　- ノンフィクション　グレアム・ウッド（Graeme Wood：アメリカ）「The Way of the Strangers：Encounters with the Islamic State」
　　- 青少年文学（物語）シェリー・ディマライン（Cherie Dimaline）「The Marrow Thieves」
　　- 青少年文学（イラストレーション）
　　　　　　　デイビット・ロバートソン（David Robertson：著者），ジュリー・フレット（Julie Flett：イラスト）「When We Were Alone」
　　- 翻訳（仏文英訳）Oana Avasilichioaei（訳者）「Lectodôme（Readopolis）」
　◇フランス語
　　- 小説　　　Christian Guay-Poliquin「Le Poids de la neige」
　　- 詩　　　　ルイーズ・デュプレ（Louise Dupré）「La Main hantée」
　　- 戯曲　　　Sébastien David「Dimanche napalm」
　　- ノンフィクション　セージ・ブシャール（Serge Bouchard）「Les Yeux tristes de mon camion」
　　- 青少年文学（物語）Véronique Drouin「L'importance de Mathilde Poisson」
　　- 青少年文学（イラストレーション）
　　　　　　　ジャック・ゴールドスティン（Jacques Goldstyn）「Azadah」
　　- 翻訳（英文仏訳）Daniel Poliquin（訳者）「Barbarian Lost：Travels in the New China（Un barbare en Chine nouvelle）」

2018年
　◇英語
　　- 小説　　　サラ・ヘンストラ（Sarah Henstra）「The Red Word」
　　- 詩　　　　セシリー・ニコルソン（Cecily Nicholson）「Wayside Sang」
　　- 戯曲　　　ジョーダン・タナヒル（Jordan Tannahill）「Botticelli in the Fire and Sunday in Sodom」
　　- ノンフィクション　ダレル・J.マクロード（Darrel J. McLeod）「Mamaskatch：A Cree Coming of Age」
　　- 青少年文学（物語）ジョナサン・オージエ（Jonathan Auxier）「Sweep：The Story of a Girl and Her Monster」
　　- 青少年文学（イラストレーション）
　　　　　　　ジリアン・タマキ（Jillian Tamaki）「They Say Blue」
　　- 翻訳（仏文英訳）フィリス・アロノフ（Phyllis Aronoff），ハワード・スコット（Howard Scott：訳者）「Explication de la nuit（Descent Into Night）」
　◇フランス語
　　- 小説　　　カロリーネ・ジョージズ（Karoline Georges）「De synthèse」
　　- 詩　　　　ミカエル・トラハン（Michaël Trahan）「La raison des fleurs」
　　- 戯曲　　　アン・マリー・オリヴィエ（Anne-Marie Olivier）「Venir au monde」
　　- ノンフィクション　Frédérick Lavoie「Avant l'après：voyages à Cuba avec George Orwell」
　　- 青少年文学（物語）マリオ・ブラッサルド（Mario Brassard）「Ferdinand F., 81 ans, chenille」
　　- 青少年文学（イラストレーション）

マリアンヌ・デュブク（Marianne Dubuc）「Le chemin de la montagne」
- ●翻訳（英文仏訳）Lori Saint-Martin, Paul Gagné（訳者）「Barney's Version（Le monde selon Barney）」

2019年
- ◇英語
  - ●小説　　　ジョーン・トーマス（Joan Thomas）「Five Wives」
  - ●詩　　　　グウェン・ベナウェイ（Gwen Benaway）「Holy Wild」
  - ●戯曲　　　アマンダ・パリス（Amanda Parris）「Other Side of the Game」
  - ●ノンフィクション　ドン・ギルモア（Don Gillmor）「To the River：Losing My Brother」
  - ●青少年文学（物語）　エリン・ボウ（Erin Bow）「Stand on the Sky」
  - ●青少年文学（イラストレーション）
    シドニー・スミス（Sydney Smith）「Small in the City」
  - ●翻訳（仏文英訳）Linda Gaboriau（訳者）「Tous des oiseaux（Birds of a Kind）」
- ◇フランス語
  - ●小説　　　Céline Huyghebaert「Le drap blanc」
  - ●詩　　　　Anne-Marie Desmeules「Le tendon et l'os」
  - ●戯曲　　　Mishka Lavigne「Havre」
  - ●ノンフィクション　Anne-Marie Voisard「Le droit du plus fort：nos dommages, leurs intérêts」
  - ●青少年文学（物語）　ドミニク・デマーズ（Dominique Demers）「L'albatros et la mésange」
  - ●青少年文学（イラストレーション）
    ステファニー・ラポイント（Stéphanie Lapointe），Delphie Côté-Lacroix「Jack et le temps perdu」
  - ●翻訳（英文仏訳）Catherine Leroux（訳者）「Do Not Say We Have Nothing（Nous qui n'étions rien）」

2020年
- ◇英語
  - ●小説　　　ミシェル・グッド（Michelle Good）「Five Little Indians」
  - ●詩　　　　アン・カーソン（Anne Carson）「Norma Jeane Baker of Troy」
  - ●戯曲　　　Kim Senklip Harvey「Kamloopa：An Indigenous Matriarch Story」
  - ●ノンフィクション　マドゥール・アナンド（Madhur Anand）「This Red Line Goes Straight to Your Heart」
  - ●青少年文学（物語）　Eric Walters「The King of Jam Sandwiches」
  - ●青少年文学（イラストレーション）
    The Fan Brothers「The Barnabus Project」
  - ●翻訳（仏文英訳）Lazer Lederhendler（訳者）「Si tu m'entends（If You Hear Me）」
- ◇フランス語
  - ●小説　　　Sophie Létourneau「Chasse à l'homme」
  - ●詩　　　　マルティーヌ・オデ（Martine Audet）「La Société des cendres」
  - ●戯曲　　　マーティン・ベルマール（Martin Bellemare）「Cœur minéral」
  - ●ノンフィクション　Frédérique Bernier「Hantises」
  - ●青少年文学（物語）　François Blais「Lac Adélard」
  - ●青少年文学（イラストレーション）
    カティア・カンチアーニ（Katia Canciani），Guillaume Perreault「Pet et Répète：la véritable histoire」
  - ●翻訳（英文仏訳）Georgette LeBlanc（訳者）「Ocean（Océan）」

2021年
　◇英語
　　● 小説　　　　ノルマ・ダンニング (Norma Dunning)「Tainna」
　　● 詩　　　　　トル・オロルントバ (Tolu Oloruntoba)「The Junta of Happenstance」
　　● 戯曲　　　　ハナ・モスコヴィッチ (Hannah Moscovitch)「Sexual Misconduct of the Middle Classes」
　　● ノンフィクション　Sadiqa de Meijer「alfabet/alphabet：a memoir of a first language」
　　● 青少年文学(物語)　フィリッパ・ドウディング (Philippa Dowding)「Firefly」
　　● 青少年文学(イラストレーション)
　　　　　　　　　デイビット・ロバートソン (David A.Robertson), ジュリー・フレット (Julie Flett)「On the Trapline」
　　● 翻訳(仏文英訳)　Erín Moure (訳者)「La vie radieuse (This Radiant Life)」
　◇フランス語
　　● 小説　　　　ファニー・ブリット (Fanny Britt)「Faire les sucres」
　　● 詩　　　　　タニア・ラングレー (Tania Langlais)「Pendant que Perceval tombait」
　　● 戯曲　　　　Mishka Lavigne「Copeaux」
　　● ノンフィクション　セージ・ブシャール (Serge Bouchard), Mark Fortier「Du diesel dans les veines」
　　● 青少年文学(物語)　Jean-François Sénéchal「Les Avenues」
　　● 青少年文学(イラストレーション)
　　　　　　　　　マリオ・ブラッサルド (Mario Brassard), ジェラール・デュボワ (Gérard DuBois)「À qui appartiennent les nuages？」
　　● 翻訳(英文仏訳)　Marie Frankland (訳者)「The Collected Poems (Poèmes 1938-1984)」

2022年
　◇英語
　　● 小説　　　　Sheila Heti「Pure Colour」
　　● 詩　　　　　アニック・マッカスキル (Annick MacAskill)「Shadow Blight」
　　● 戯曲　　　　ドロシー・ディットリッヒ (Dorothy Dittrich)「The Piano Teacher：A Healing Key」
　　● ノンフィクション　Eli Baxter「Aki-wayn-zih：A Person as Worthy as the Earth」
　　● 青少年文学(物語)　ジェン・ファーガソン (Jen Ferguson)「The Summer of Bitter and Sweet」
　　● 青少年文学(イラストレーション)
　　　　　　　　　Naseem Hrab, Nahid Kazemi「The Sour Cherry Tree」
　　● 翻訳(仏文英訳)　ジュディス・ウッズワース (Judith Weisz Woodsworth：訳者)「Histoire des juifs au Québec (History of the Jews in Quebec)」
　◇フランス語
　　● 小説　　　　アラン・ファラー (Alain Farah)「Mille secrets mille dangers」
　　● 詩　　　　　Maya Cousineau Mollen「Enfants du lichen」
　　● 戯曲　　　　デイヴィッド・パケ (David Paquet)「Le poids des fourmis」
　　● ノンフィクション　Sylveline Bourion「La Voie romaine」
　　● 青少年文学(物語)　Julie Champagne「Cancer ascendant Autruche」
　　● 青少年文学(イラストレーション)
　　　　　　　　　Nadine Robert, キン・レン (Qin Leng)「Trèfle」
　　● 翻訳(英文仏訳)　メリッサ・ヴェロー (Mélissa Verreault：訳者)「Small Game Hunting at the Local Coward Gun Club (Partie de chasse au petit gibier entre lâches au club de tir du coin)」

2023年
　◇英語
　　● 小説　　　　　Anuja Varghese「Chrysalis」
　　● 詩　　　　　　ハナー・グリーン(Hannah Green)「Xanax Cowboy」
　　● 戯曲　　　　　クリフ・カーディナル(Cliff Cardinal)「As You Like It, A Radical Retelling」
　　● ノンフィクション　キョウ・マクレア(Kyo Maclear)「Unearthing」
　　● 青少年文学(物語)　サラ・エヴェレット(Sarah Everett)「The Probability of Everything」
　　● 青少年文学(イラストレーション)
　　　　　　　　　　ジャック・ウォン(Jack Wong)「When You Can Swim」
　　● 翻訳(仏文英訳)　ピーター・マッケンブリッジ(Peter McCambridge：訳者)「La Logeuese
　　　　　　　　　　(Rosa's Very Own Personal Revolution)」
　◇フランス語
　　● 小説　　　　　Marie Hélène Poitras「Galumpf」
　　● 詩　　　　　　Rita Mestokosho「Atik u Utei Le cœur du caribou」
　　● 戯曲　　　　　Mathieu Gosselin「Gros gars」
　　● ノンフィクション　フィリップ・ベルニエ・アーカンド(Philippe Bernier Arcand)「Faux
　　　　　　　　　　rebelles：Les dérives du politiquement incorrect」
　　● 青少年文学(物語)　ルー・ボーシェーヌ(Lou Beauchesne)「Linoubliable」
　　● 青少年文学(イラストレーション)
　　　　　　　　　　Samuel Larochelle(著者), Ève Patenaude(イラスト)　「Le plus petit
　　　　　　　　　　sauveur du monde」
　　● 翻訳(英文仏訳)　キャサリン・エゴ(Catherine Ego：訳者)「Out of the Sun：On Race and
　　　　　　　　　　Storytelling(Dans l'ombre du soleil：Réflexions sur la race et les récits)」
2024年
　◇英語
　　● 小説　　　　　ジョーダン・アビル(Jordan Abel)「Empty Spaces」
　　● 詩　　　　　　Chimwemwe Undi「Scientific Marvel」
　　● 戯曲　　　　　カリー・クロー(Caleigh Crow)「There Is Violence and There Is Righteous
　　　　　　　　　　Violence and There Is Death, or the Born-Again Crow」
　　● ノンフィクション　Niigaan Sinclair「Wînipêk：Visions of Canada from an Indigenous
　　　　　　　　　　Centre」
　　● 青少年文学(物語)　チャーメイン・アン・リー(Charmaine Anne Li)「Crash Landing」
　　● 青少年文学(イラストレーション)
　　　　　　　　　　Jean E.Pendziwol, Todd Stewart「Skating Wild on an Inland Sea」
　　● 翻訳(仏文英訳)　Katia Grubisic(訳者)「Un cœur habité de mille voix(Nights Too Short to
　　　　　　　　　　Dance)」
　◇フランス語
　　● 小説　　　　　Steve Poutré「Lait cru」
　　● 詩　　　　　　Névé Dumas「poème dégénéré」
　　● 戯曲　　　　　サラ・ベルティオーム(Sarah Berthiaume)「Wollstonecraft」
　　● ノンフィクション　フローレンス・アガーテ・デュベ・モロー(Florence-Agathe Dubé-
　　　　　　　　　　Moreau)「Hors jeu：Chronique culturelle et féministe sur l'industrie du
　　　　　　　　　　sport professionnel」
　　● 青少年文学(物語)　Stéfani Meunier「Une bulle en dehors du temps」
　　● 青少年文学(イラストレーション)
　　　　　　　　　　Ovila Fontaine(著者), Charlotte Parent(イラスト)　「Le premier arbre de
　　　　　　　　　　Noël」
　　● 翻訳(英文仏訳)　Éric Fontaine(訳者)「Restigouche：The Long Run of the Wild River

(Ristigouche : Le long cours de la rivière sauvage)」

57　ゴンクール賞　Prix Goncourt

フランス五大文学賞の一つ。フランスの作家エドモン・ド・ゴンクール（Edmond de Goncourt 1822-96）の遺言に基づき，アカデミー・ゴンクールが1903年に授賞を開始した。主に若く独創性にあふれた作家を対象としており，散文作品に贈られる。アカデミー・ゴンクールは本賞の他に，短編小説，処女小説，詩人の全業績，伝記，青少年向け作品（2007年まで）を対象とした各ゴンクール賞も行っている。また，ゴンクール賞の名を冠した賞として，「高校生ゴンクール賞」が1988年から行われている。これは，アカデミー・ゴンクールが発表したゴンクール賞1次候補リストの中からフランスの高校生（2000人が参加）が受賞作を選出する賞である。

【主催者】アカデミー・ゴンクール（Académie Goncourt）
【選考委員】〔2024年〕アカデミーゴンクール会員：ディディエ・ドゥコワン（Didier Decoin），フランソワーズ・シャンデルナゴール（Françoise Chandernagor），タハール・ベン・ジェルーン（Tahar Ben-Jelloun），ポール・コンスタン（Paule Constant），フィリップ・クローデル（Philippe Claudel），ピエール・アスリーヌ（Pierre Assouline），エリック＝エマニュエル・シュミット（Eric-Emmanuel Schmitt），カミーユ・ロランス（Camille Laurens），パスカル・ブリュックネール（Pascal Bruckner），クリスティーヌ・アンゴ（Christine Angot）
【選考方法】アカデミー・ゴンクール会員（10名）による選考。原則1名に授賞
【選考基準】前年にフランスの出版社から刊行されたフランス語で書かれた散文作品を対象とする
【締切・発表】毎年9月初旬から10月末にかけて選考を行い，11月初旬，パリのレストラン「ドゥルーアン」（Drouant）で発表
【賞・賞金】賞金10ユーロ
【URL】https://www.academiegoncourt.com/home

2015年	マティアス・エナール（Mathias Énard：フランス）「Boussole」
2016年	レイラ・スリマニ（Leïla Slimani：モロッコ・フランス）「ヌヌ－完璧なベビーシッター（Chanson douce）」
2017年	エリック・ヴュイヤール（Éric Vuillard：フランス）「その日の予定－事実にもとづく物語（L'Ordre du jour）」
2018年	ニコラ・マチュー（Nicolas Mathieu：フランス）「Leurs enfants après eux」
2019年	ジャン＝ポール・デュボワ（Jean-Paul Dubois：フランス）「Tous les hommes n'habitent pas le monde de la même façon」
2020年	エルヴェ・ル・テリエ（Hervé Le Tellier：フランス）「異常［アノマリー］（L'Anomalie）」
2021年	モハメド・ムブガル・サール（Mohamed Mbougar Sarr：セネガル）「人類の深奥に秘められた記憶（La plus secrète mémoire des hommes）」
2022年	ブリジット・ジロー（Brigitte Giraud：フランス）「生き急ぐ（Vivre vite）」
2023年	ネージュ・シノ（Neige Sinno：フランス）「Triste tigre」

2024年　　　　　　カメル・ダウド（Kamel Daoud）「Houris」

58　世界幻想文学大賞　　World Fantasy Award

年に1回，専門家，愛好家，関係者（850人まで限定）が参加して開催される大会「ワールド・ファンタジー・コンベンション」で発表される幻想文学の賞。1975年，第1回世界幻想文学会議において開催が決定された。長編，中編，短編，アンソロジー，短編集，アーティスト，特別賞（プロ・ノンプロ）の各部門および生涯功労賞がある。対象はファンタジー，SF，ホラーで，ヒューゴー賞・ネビュラ賞に並ぶ，スペキュレイティブ・フィクション（SF），ファンタジー作品の三大賞のひとつ。

＊日本人では，2006年に村上春樹「海辺のカフカ」が長編部門，19年に宮崎駿が生涯功労賞，21年に松田青子「おばちゃんたちのいるところ」が短篇集部門で受賞

【主催者】ワールド・ファンタジー・コンベンション（World Fantasy Convention）
【選考委員】毎年変更される
【選考方法】コンベンション委員会メンバーが各部門2作をノミネート作品として選定。これに審査員が3作以上候補作を追加し，選定する
【選考基準】前年に出版された本を対象とし，著者が亡くなっている場合は選考外とする
【締切・発表】ワールド・ファンタジー・コンベンション期間中に発表・授賞式が行われる
【URL】https://worldfantasy.org/

2015年
　◇長編　　　　　　デイヴィッド・ミッチェル（David Mitchell：イギリス）「ボーン・クロックス（The Bone Clocks）」
　◇中編　　　　　　ダリル・グレゴリイ（Daryl Gregory：アメリカ）「We Are All Completely Fine」
　◇短編　　　　　　スコット・ニコレイ（Scott Nicolay）「Do You Like to Look at Monsters？」
　◇アンソロジー　　ケリー・リンク（Kelly Link），ギャビン・J.グラント（Gavin J.Grant：編者：アメリカ）「Monstrous Affections：An Anthology of Beastly Tales」
　◇短編集　　　　　アンジェラ・スラッター（Angela Slatter：オーストラリア）「The Bitterwood Bible and Other Recountings」
　　　　　　　　　　ヘレン・マーシャル（Helen Marshall）「Gifts for the One Who Comes After」
　◇アーティスト　　サミュエル・アラヤ（Samuel Araya）
　◇特別賞（プロ）　Sandra Kasturi, Brett Alexander Savory
　◇特別賞（ノンプロ）　レイ・B.ラッセル（Ray B. Russell），ロザリー・パーカー（Rosalie Parker：イギリス）
　◇生涯功労賞　　　ラムジー・キャンベル（Ramsey Campbell：イギリス）
　　　　　　　　　　シェリ・S.テッパー（Sheri S. Tepper：アメリカ）

2016年
　◇長編　　　　　　アンナ・スメイル（Anna Smaill：ニュージーランド）「鐘は歌う（The Chimes）」
　◇中編　　　　　　ケリー・バーンヒル（Kelly Barnhill：アメリカ）「The Unlicensed Magician」
　◇短編　　　　　　アリッサ・ウォン（Alyssa Wong：アメリカ）「Hungry Daughters of Starving Mothers」
　◇アンソロジー　　シルヴィア・モレーノ＝ガルシア（Silvia Moreno-Garcia），パウラ・R・スタイルズ（Paula R.Stiles：編者）「She Walks in Shadows」
　◇短編集　　　　　C.S.E.クーニー（C.S.E.Cooney：アメリカ）「Bone Swans」

◇アーティスト　　　Galen Dara
◇特別賞（プロ）　　Stephen Jones
◇特別賞（ノンプロ）ジョン・オニール（John O'Neill）
◇生涯功労賞　　　　デイヴィッド・G.ハートウェル（David G. Hartwell：アメリカ）
　　　　　　　　　　アンドレイ・サプコフスキ（Andrzej Sapkowski：ポーランド）

2017年
　◇長編　　　　　　クレア・ノース（Claire North：イギリス）「ホープは突然現れる（The Sudden Appearance of Hope）」
　◇中編　　　　　　キジ・ジョンスン（Kij Johnson：アメリカ）「猫の街から世界を夢見る（The Dream-Quest of Vellitt Boe）」
　◇短編　　　　　　G.V.アンダーソン（G.V.Anderson）「シュタインゲシェプフ（Das Steingeschöpf）」
　◇アンソロジー　　ジャック・ダン（Jack Dann：編者）「Dreaming in the Dark」
　◇短編集　　　　　ジェフリー・フォード（Jeffrey Ford：アメリカ）「A Natural History of Hell」
　◇アーティスト　　ジェフリー・アラン・ラブ（Jeffrey Alan Love）
　◇特別賞（プロ）　Michael Levy, Farah Mendlesohn
　◇特別賞（ノンプロ）ニール・グラハム（Neile Graham：アメリカ）
　◇生涯功労賞　　　テリー・ブルックス（Terry Brooks：アメリカ）
　　　　　　　　　　マリナ・ワーナー（Marina Warner：イギリス）

2018年
　◇長編　　　　　　ヴィクター・ラヴァル（Victor LaValle：アメリカ）「The Changeling」
　　　　　　　　　　フォンダ・リー（Fonda Lee：アメリカ）「翡翠城市（Jade City）」
　◇中編　　　　　　エレン・クレイジス（Ellen Klages：アメリカ）「Passing Strange」
　◇短編　　　　　　ナタリア・テオドリドゥ（Natalia Theodoridou：ギリシャ）「The Birding：A Fairy Tale」
　◇アンソロジー　　ピーター・S・ビーグル（Peter S.Beagle）、ジェイコブ・ワイズマン（Jacob Weisman：編者）「The New Voices of Fantasy」
　◇短編集　　　　　ジェイン・ヨーレン（Jane Yolen：アメリカ）「The Emerald Circus」
　◇アーティスト　　グレゴリー・マンチェス（Gregory Manchess：アメリカ）
　◇特別賞（プロ）　Harry Brockway, パトリック・マグラア（Patrick McGrath）, Danel Olson
　◇特別賞（ノンプロ）Justina Ireland, Troy L.Wiggins
　◇生涯功労賞　　　チャールズ・デ・リント（Charles de Lint：カナダ）
　　　　　　　　　　エリザベス・ウォルハイム（Elizabeth Wollheim：アメリカ）

2019年
　◇長編　　　　　　C.L.ポーク（C.L.Polk：カナダ）「Witchmark」
　◇中編　　　　　　キジ・ジョンスン（Kij Johnson：アメリカ）「The Privilege of the Happy Ending」
　◇短編　　　　　　エマ・トルジュ（Emma Törzs：アメリカ）「Like a River Loves the Sky」
　　　　　　　　　　Mel Kassel「Ten Deals with the Indigo Snake」
　◇アンソロジー　　アイリーン・ギャロ（Irene Gallo：アメリカ）「Worlds Seen in Passing」
　◇短編集　　　　　パオロ・バチガルピ（Paolo Bacigalupi）、トバイアス・S・バッケル（Tobias S. Buckell：編者）「The Tangled Lands」
　◇アーティスト　　ロヴィナ・カイ（Rovina Cai）
　◇特別賞（プロ）　ヒュー・ルイス＝ジョーンズ（Huw Lewis-Jones：イギリス）
　◇特別賞（ノンプロ）スコット・H.アンドリューズ（Scott H.Andrews）
　◇生涯功労賞　　　宮崎　駿（Hayao Miyazaki：日本）

ジャック・ザイプス（Jack Zipes：アメリカ）

2020年
　◇長編　　　　　カセン・カレンダー（Kacen Callender：アメリカ）「Queen of the Conquered」
　◇中編　　　　　エミリー・テッシュ（Emily Tesh：イギリス）「Silver in the Wood」
　◇短編　　　　　マリア・ダーバナ・ヘッドリー（Maria Dahvana Headley：アメリカ）「Read After Burning」
　◇アンソロジー　ニシ・ショール（Nisi Shawl：アメリカ）「New Suns：Original Speculative Fiction by People of Color」
　◇短編集　　　　ブライアン・エヴンソン（Brian Evenson：アメリカ）「Song for the Unraveling of the World」
　◇アーティスト　キャスリーン・ジェニングス（Kathleen Jennings：オーストラリア）
　◇特別賞（プロ）エボニー・エリザベス・トーマス（Ebony Elizabeth Thomas：アメリカ）
　◇特別賞（ノンプロ）Bodhisattva Chattopadhyay, Laura E.Goodin, Esko Suoranta
　◇生涯功労賞　　カレン・ジョイ・ファウラー（Karen Joy Fowler：アメリカ）
　　　　　　　　　ロウィーナ・モリル（Rowena Morrill：アメリカ）

2021年
　◇長編　　　　　アラヤ・ドーン・ジョンソン（Alaya Dawn Johnson：アメリカ）「Trouble the Saints」
　◇中編　　　　　トチ・オニェブチ（Tochi Onyebuchi：アメリカ）「Riot Baby」
　◇短編　　　　　セレステ・リタ・ベイカー（Celeste Rita Baker：アメリカ）「Glass Bottle Dancer」
　◇アンソロジー　アン・ヴァンダミア（Ann VanderMeer），ジェフ・ヴァンダミア（Jeff VanderMeer：アメリカ）「The Big Book of Modern Fantasy」
　◇短編集　　　　松田青子（Matsuda Aoko：日本）「おばちゃんたちのいるところ（Where the Wild Ladies）」
　◇アーティスト　ロヴィナ・カイ（Rovina Cai：オーストラリア）
　◇特別賞（プロ）C.C.フィンレイ（C.C.Finlay：アメリカ）
　◇特別賞（ノンプロ）ブライアン・アトベリー（Brian Attebery：アメリカ）
　◇生涯功労賞　　メガン・リンドーム（Megan Lindholm：アメリカ）
　　　　　　　　　ハワード・ウォルドロップ（Howard Waldrop：アメリカ）

2022年
　◇長編　　　　　ターシャ・スリ（Tasha Suri：イギリス）「The Jasmine Throne」
　◇中編　　　　　プレミー・モハメド（Premee Mohamed：カナダ）「And What Can We Offer You Tonight」
　◇短編　　　　　ローレン・リング（Lauren Ring）「（emet）」
　◇アンソロジー　Oghenechovwe Donald Ekpeki（ナイジェリア）「The Year's Best African Speculative Fiction（2021）」
　◇短編集　　　　ウスマン・T.マリク（Usman T.Malik：パキスタン）「Midnight Doorways：Fables from Pakistan」
　◇アーティスト　Tran Nguyen（ベトナム）
　◇特別賞（プロ）マージョリー・リュー（Marjorie Liu），サナ・タケダ（Sana Takeda）
　◇特別賞（ノンプロ）トニア・ランサム（Tonia Ransom）
　◇生涯功労賞　　サミュエル・R.ディレイニー（Samuel R.Delany：アメリカ）
　　　　　　　　　テリ・ウィンドリング（Terri Windling：アメリカ）

2023年
　◇長編　　　　　C.S.E.クーニー（C.S.E.Cooney：アメリカ）「Saint Death's Daughter」

◇中編	プリヤ・シャーマ（Priya Sharma：イギリス）「Pomegranates」
◇短編	タナナリヴ・ドゥー（Tananarive Due：アメリカ）「Incident at Bear Creek Lodge」
◇アンソロジー	Sheree Renée Thomas, Oghenechovwe Donald Ekpeki, Zelda Knight「Africa Risen：A New Era of Speculative Fiction」
◇短編集	ティム・レボン（Tim Lebbon：イギリス）「All Nightmare Long」
◇アーティスト	キヌコ・Y.クラフト（Kinuko Y.Craft：アメリカ）
◇特別賞（プロ）	マット・オトリー（Matt Ottley：オーストラリア）
◇特別賞（ノンプロ）	マイケル・ケリー（Michael Kelly）
◇生涯功労賞	ピーター・クラウザー（Peter Crowther：イギリス）
	ジョン・ダグラス（John Douglas）

2024年

◇長編	タナナリヴ・ドゥー（Tananarive Due：アメリカ）「The Reformatory」
◇中編	ジョシュ・マラーマン（Josh Malerman：アメリカ）「Half the House Is Haunted」
◇短編	ンギ・ヴォー（Nghi Vo：アメリカ）「Silk and Cotton and Linen and Blood」
◇アンソロジー	ジョナサン・ストレイハン（Jonathan Strahan：オーストラリア）「The Book of Witches」
◇短編集	プレミー・モハメド（Premee Mohamed：カナダ）No One Will Come Back for Us and Other Stories
◇アーティスト	Audrey Benjaminsen
◇特別賞（プロ）	リザ・グロウン・トロンビ（Liza Groen Trombi）
◇特別賞（ノンプロ）	Lynne M.Thomas, Michael Damian Thomas
◇生涯功労賞	ジンジャー・ブキャナン（Ginjer Buchanan：アメリカ）
	ジョー・フレッチャー（Jo Fletcher）

59 セルバンテス賞　Premios Miguel de Cervantes

スペイン文化省が1976年にスペイン語文化に著しい貢献をした作家を公的に称讃することを目的として創設。スペイン語圏で最高権威の文学賞とされる。賞名は、スペインの小説家で「ドン・キホーテ」の著者として知られるミゲル・デ・セルバンテス（Miguel de Cervantes Saavedra 1547-1616）の名からとられた。
【主催者】スペイン教育文化スポーツ省（Ministerio De Cultura）
【選考基準】スペイン語で執筆する作家の全業績を対象とする
【締切・発表】例年、セルバンテスの命日4月23日に国王夫妻の出席のもとアルカラ・デ・エナーレス大学の講堂で授賞式が行われる
【賞・賞金】賞金12万5000ユーロ
【URL】https://www.cultura.gob.es/portada.html

2015年	フェルナンド・デル・パソ・モランテ（Fernando del Paso Morante：メキシコ）
2016年	エドゥアルド・メンドサ（Eduardo Mendoza Garriga：スペイン）
2017年	セルヒオ・ラミレス（Sergio Ramírez：ニカラグア）
2018年	イダ・ビターレ（Ida Vitale：ウルグアイ）
2019年	ジョアン・マルガリット・イ・コンサルナウ（Joan Margarit i Consarnau：スペイン）

2020年	フランシスコ・ブリネス（Francisco Brines：スペイン）	
2021年	クリスティーナ・ペリ・ロッシ（Cristina Peri Rossi：ウルグアイ）	
2022年	ラファエル・カデナ（Rafael Cadenas：ベネズエラ）	
2023年	ルイス・マテオ・ディエス（Luis Mateo Díez：スペイン）	
2024年	アルバロ・ポンボ（Álvaro Pombo：スペイン）	

全米書評家協会賞
→ 61 全米批評家協会賞を見よ

60　全米図書賞　National Book Awards

アメリカ出版社協議会、アメリカ書籍組合、製本業者協会によりアメリカ人作家による優れた文学作品の普及と、読書の推進を目的として1950年に創設された。76年以降は全米図書委員会がスポンサーとなる。当初は小説、ノンフィクション、詩の3部門であったが、次第に増加し、美術、児童文学、時事問題、小説、歴史、伝記、詩の各分野の最優秀作品を選出するようになったが、79年に廃止。80年、代わりにアメリカ図書賞（American Book Awards）が設立されたが86年廃止。翌年全米図書財団を主催団体として全米図書賞が復活し、毎年開催。現在は小説（Fiction）、詩（Poetry）、ノンフィクション（Nonfiction）、児童書（Young People's Literature）、翻訳（Translation）の5部門に統合された。

【主催者】全米図書財団（National Book Foundation）
【選考委員】各部門5名ずつの審査員（審査委員長含む）が全米図書財団により任命される
【選考方法】審査員による選考。各部門1次候補（ロングリスト）10作を選定後、最終候補（ファイナリスト）5作に絞り、その中から1作を受賞作に決定する
【選考基準】翻訳部門を除きアメリカ国民に限られる。前年12月から授与年の11月までにアメリカ国内で刊行された作品を対象とする
【締切・発表】例年、3月中旬より応募開始、5月中旬に締切、1次候補を9月に発表、最終候補を10月に発表、11月に授賞式を行う。〔2024年〕2024年11月21日発表
【賞・賞金】受賞者には賞金1万ドルと、スザンヌ・ボール（Suzanne Ball）による書籍を象ったブロンズ像が授与される。また、受賞作のカバーにはメダルのシールが貼られる。最終候補者にはそれぞれ1000ドルとメダル・賞状が授与される
【E-mail】nationalbook@nationalbook.org
【URL】https://www.nationalbook.org/

2015年
◇小説部門　　　　アダム・ジョンソン（Adam Johnson）「Fortune Smiles」
◇詩部門　　　　　ロビン・コステ・ルイス（Robin Coste Lewis）「Voyage of the Sable Venus」
◇ノンフィクション部門　タナハシ・コーツ（Ta-Nehisi Coates）「世界と僕のあいだに（Between the World and Me）」
◇児童書部門　　　ニール・シャスタマン（Neal Shusterman）「僕には世界がふたつある（Challenger Deep）」

2016年
◇小説部門　　　　コルソン・ホワイトヘッド（Colson Whitehead）「地下鉄道（The Underground Railroad）」
◇詩部門　　　　　ダニエル・ボルズツキー（Daniel Borzutzky）「The Performance of Becoming

　　　　　　　　　　　　　　　　　 Human」
　◇ノンフィクション部門　イブラム・X.ケンディ（Ibram X. Kendi）「Stamped from the
　　　　　　　　　　　　　Beginning：The Definitive History of Racist Ideas in America」
　◇児童書部門　　　　　 ジョン・ルイス（John Lewis）, アンドリュー・アイディン（Andrew Aydin：
　　　　　　　　　　　　　著者）, ネイト・パウエル（Nate Powell：イラスト）「MARCH 3 セルマ 勝
　　　　　　　　　　　　　利をわれらに（March：Book Three）」
2017年
　◇小説部門　　　　　　 ジェスミン・ウォード（Jesmyn Ward）「歌え、葬られぬ者たちよ、歌え
　　　　　　　　　　　　　（Sing, Unburied, Sing）」
　◇詩部門　　　　　　　 フランク・ビダート（Frank Bidart）「Half-light：Collected Poems 1965-2016」
　◇ノンフィクション部門　マーシャ・ゲッセン（Masha Gessen：ロシア）「The Future Is History：
　　　　　　　　　　　　　How Totalitarianism Reclaimed Russia」
　◇児童書部門　　　　　 ロビン・ベンウェイ（Robin Benway）「Far From the Tree」
2018年
　◇小説部門　　　　　　 シーグリッド・ヌーネス（Sigrid Nunez）「友だち（The Friend）」
　◇詩部門　　　　　　　 ジャスティン・フィリップ・リード（Justin Phillip Reed）「Indecency」
　◇ノンフィクション部門　ジェフリー・C.スチュワート（Jeffrey C.Stewart）「The New Negro：
　　　　　　　　　　　　　The Life of Alain Locke」
　◇児童書部門　　　　　 エリザベス・アセヴェド（Elizabeth Acevedo）「詩人になりたいわたしX（The
　　　　　　　　　　　　　Poet X）」
2019年
　◇小説部門　　　　　　 スーザン・チョイ（Susan Choi）「Trust Exercise」
　◇詩部門　　　　　　　 アーサー・ジー（Arthur Sze）「Sight Lines」
　◇ノンフィクション部門　サラ・M.ブルーム（Sarah M.Broom）「The Yellow House」
　◇児童書部門　　　　　 マーティン・W.サンドラー（Martin W. Sandler）「1919：The Year That
　　　　　　　　　　　　　Changed America」
2020年
　◇小説部門　　　　　　 チャールズ・ユウ（Charles Yu）「Interior Chinatown」
　◇詩部門　　　　　　　 ドン・ミー・チェ（Don Mee Choi）「DMZ Colony」
　◇ノンフィクション部門　レス・ペイン（Les Payne）, タマラ・ペイン（Tamara Payne）「The
　　　　　　　　　　　　　Dead Are Arising：The Life of Malcolm X」
　◇児童書部門　　　　　 ケイスン・キャレンダー（Kacen Callender）「キングと兄ちゃんのトンボ
　　　　　　　　　　　　　（King and the Dragonflies）」
2021年
　◇小説部門　　　　　　 ジェイソン・モット（Jason Mott）「Hell of a Book」
　◇詩部門　　　　　　　 マーティン・エスパーダ（Martín Espada）「Floater」
　◇ノンフィクション部門　ティヤ・マイルズ（Tiya Miles）「All That She Carried：The Journey of
　　　　　　　　　　　　　Ashley's Sack, a Black Family Keepsake」
　◇児童書部門　　　　　 マリンダ・ロー（Malinda Lo）「Last Night at the Telegraph Club」
2022年
　◇小説部門　　　　　　 テス・ガンティ（Tess Gunty）「The Rabbit Hutch」
　◇詩部門　　　　　　　 ジョン・キーン（John Keene）「Punks：New&Selected Poems」
　◇ノンフィクション部門　イマニ・ペリー（Imani Perry）「South to America：A Journey Below
　　　　　　　　　　　　　the Mason-Dixon To Understand the Soul of a Nation」
　◇児童書部門　　　　　 サバア・タヒア（Sabaa Tahir）「All My Rage」

2023年
- ◇小説部門　　　ジャスティン・トレス（Justin Torres）「Blackouts」
- ◇詩部門　　　　クレイグ・サントス・ペレス（Craig Santos Perez）「From unincorporated territory [åmot]」
- ◇ノンフィクション部門　ネッド・ブラックホーク（Ned Blackhawk）「The Rediscovery of America：Native Peoples and the Unmaking of US History」
- ◇児童書部門　　ダン・サンタット（Dan Santat）「A First Time for Everything」

2024年
- ◇小説部門　　　パーシバル・エヴェレット（Percival Everett）「James」
- ◇詩部門　　　　レーナ・カラフ・トゥファハ（Lena Khalaf Tuffaha）「Something About Living」
- ◇ノンフィクション部門　ジェイソン・デ・レオン（Jason De León）「Soldiers and Kings：Survival and Hope in the World of Human Smuggling」
- ◇児童書部門　　シファ・サルタギ・サファディ（Shifa Saltagi Safadi）「Kareem Between」

61　全米批評家協会賞　National Book Critics Circle Award

1974年、優れた著作を推薦する目的で創設されたアメリカの賞。76年1月16日、前年の出版図書を対象とし、初の授賞が行われた。以降、毎年開催。現在、小説・ノンフィクション・伝記・自伝・詩・批評の6部門があり、ピュリッツァー賞、全米図書賞と並ぶ権威をもつ。そのほかに、優れた書評に与えられるノーナ・バラキアン賞、長期にわたって出版文化に顕著な功績のある人物や機関に与えられるイヴァン・サンドロフ賞がある。また、2014年授賞（13年出版図書）から、初著書に与えられるジョン・レナード賞が新たに設置された。

【主催者】全米書評家協会（NBCC：National Book Critics Circle）
【選考方法】審査員による選考。ジョン・レナード賞は、協会員による直接投票で決定
【選考基準】小説・ノンフィクション・伝記・自伝・詩・批評部門：アメリカ国内で該当年内に刊行された英語で書かれた図書を対象とする。翻訳・短編集・エッセイ集・自費出版本も選考範囲とされる。著者の国籍は不問。　ノーナ・バラキアン賞（Nona Balakian Citation for Excellence in Reviewing）：協会員が書いた優れた書評。　イヴァン・サンドロフ賞（Ivan Sandrof Lifetime Achievement Award）：出版文化に長期にわたって（生涯）功績のある人物や機関（特に、作家・出版社・批評家・編集者）。　ジョン・レナード賞（John Leonard Award）：6部門全てのジャンルを問わず、初著書である図書（first book）
【締切・発表】例年1月末に候補作を発表、3月に授賞式
【URL】https://www.bookcritics.org/

2015年
- ◇小説部門　　　ポール・ビーティー（Paul Beatty：アメリカ）「The Sellout」
- ◇ノンフィクション　サム・クイノーンズ（Sam Quinones：アメリカ）「Dreamland：The True Story of America's Opiate Epidemic」
- ◇伝記　　　　　シャーロット・ゴードン（Charlotte Gordon：アメリカ）「Romantic Outlaws：The Extraordinary Lives of Mary Wollstonecraft and Her Daughter Mary Shelley」
- ◇自伝　　　　　マーゴ・ジェファーソン（Margo Jefferson：アメリカ）「Negroland」
- ◇詩　　　　　　ロス・ゲイ（Ross Gay：アメリカ）「Catalogue of Unabashed Gratitude」
- ◇批評　　　　　マギー・ネルソン（Maggie Nelson：アメリカ）「You Play the Girl：On Playboy Bunnies, Stepford Wives, Train Wrecks, &Other Mixed

　　　　　　　　　　　　　　　　Messages」
　　◇ジョン・レナード賞　Kirstin Valdez Quade（アメリカ）「Night at the Fiestas」
　　◇ノーナ・バラキアン賞　カルロス・ロサダ（Carlos Lozada：アメリカ）
　　◇イヴァン・サンドロフ賞　ウェンデル・ベリー（Wendell Berry：アメリカ）
2016年
　　◇小説部門　　　　ルイーズ・アードリック（Louise Erdrich：アメリカ）「LaRose」
　　◇ノンフィクション　マシュー・デスモンド（Matthew Desmond：アメリカ）「Evicted：Poverty and Profit in the American City」
　　◇伝記　　　　　　ルース・フランクリン（Ruth Franklin：アメリカ）「Shirley Jackson：A Rather Haunted Life」
　　◇自伝　　　　　　ホープ・ヤーレン（Hope Jahren：アメリカ）「ラボ・ガール－植物と研究を愛した女性科学者の物語（Lab Girl）」
　　◇詩　　　　　　　イシオン・ハッチンソン（Ishion Hutchinson：ジャマイカ）「House of Lords and Commons」
　　◇批評　　　　　　キャロル・アンダーソン（Carol Anderson：アメリカ）「White Rage：The Unspoken Truth of Our Racial Divide」
　　◇ジョン・レナード賞　ヤア・ジャシ（Yaa Gyasi：アメリカ）「奇跡の大地（Homegoing）」
　　◇ノーナ・バラキアン賞　ミシェル・ディーン（Michelle Dean：カナダ）
　　◇イヴァン・サンドロフ賞　マーガレット・アトウッド（Margaret Atwood：カナダ）
2017年
　　◇小説部門　　　　Joan Silber（アメリカ）「Improvement」
　　◇ノンフィクション　フランシス・フィッツジェラルド（Frances FitzGerald：アメリカ）「The Evangelicals：The Struggle to Shape America」
　　◇伝記　　　　　　キャロライン・フレイザー（Caroline Fraser：アメリカ）「Prairie Fires：The American Dreams of Laura Ingalls Wilder」
　　◇自伝　　　　　　シャオルー・グオ（Xiaolu Guo：イギリス）「Nine Continents：A Memoir In and Out of China」
　　◇詩　　　　　　　Layli Long Soldier（アメリカ）「Whereas」
　　◇批評　　　　　　カリーナ・チョカーノ（Carina Chocano：アメリカ）「The Argonauts」
　　◇ジョン・レナード賞　カルメン・マリア・マチャド（Carmen Maria Machado：アメリカ）「彼女の体とその他の断片（Her Body and Other Parties）」
　　◇ノーナ・バラキアン賞　チャールズ・フィンチ（Charles Finch：アメリカ）
　　◇イヴァン・サンドロフ賞　ジョン・マクフィー（John McPhee：アメリカ）
2018年
　　◇小説部門　　　　アンナ・バーンズ（Anna Burns：アイルランド）「ミルクマン（Milkman）」
　　◇ノンフィクション　スティーブ・コル（Steve Coll：アメリカ）「Directorate S：The C.I.A. and America's Secret Wars in Afghanistan and Pakistan」
　　◇伝記　　　　　　クリストファー・ボナノス（Christopher Bonanos：アメリカ）「Flash：The Making of Weegee the Famous」
　　◇自伝　　　　　　Nora Krug（アメリカ）「Belonging：A German Reckons With History and Home」
　　◇詩　　　　　　　Ada Limón（アメリカ）「The Carrying」
　　◇批評　　　　　　ゼイディー・スミス（Zadie Smith：イギリス）「Feel Free：Essays」
　　◇ジョン・レナード賞　トミー・オレンジ（Tommy Orange：アメリカ）「ゼアゼア（There There）」
　　◇ノーナ・バラキアン賞　Maureen Corrigan
　　◇イヴァン・サンドロフ賞　Arte Público Press"ラテン系作家の出版活動に対する授与"

2019年
　　◇小説部門　　　　　エドウィージ・ダンティカ（Edwidge Danticat：アメリカ）「すべて内なるものは（Everything Inside）」
　　◇ノンフィクション　パトリック・ラーデン・キーフ（Patrick Radden Keefe：アメリカ）「Say Nothing：A True Story of Murder and Memory in Northern Ireland」
　　◇伝記　　　　　　　ジョシュ・レヴィン（Josh Levin：アメリカ）「The Queen：The Forgotten Life Behind an American Myth」
　　◇自伝　　　　　　　シャネル・ミラー（Chanel Miller：アメリカ）「Know My Name：A Memoir」
　　◇詩　　　　　　　　モーガン・パーカー（Morgan Parker：アメリカ）「Magical Negro」
　　◇批評　　　　　　　サイディヤ・ハートマン（Saidiya Hartman：アメリカ）「Wayward Lives, Beautiful Experiments：Intimate Stories of Social Upheaval」
　　◇ジョン・レナード賞 サラ・M.ブルーム（Sarah M.Broom：アメリカ）「The Yellow House」
　　◇ノーナ・バラキアン賞 Katy Waldman（アメリカ）
　　◇イヴァン・サンドロフ賞 ネオミ・シーハブ・ナイ（Naomi Shihab Nye：アメリカ）
2020年
　　◇小説部門　　　　　マギー・オファーレル（Maggie O'Farrell：アイルランド）「ハムネット（Hamnet）」
　　◇ノンフィクション　Tom Zoellner（アメリカ）「Island on Fire：The Revolt That Ended Slavery in the British Empire」
　　◇伝記　　　　　　　エイミー・スタンリー（Amy Stanley：アメリカ）「Stranger in the Shogun's City：A Japanese Woman and Her World」
　　◇自伝　　　　　　　キャシー・パーク・ホン（Cathy Park Hong：アメリカ）「マイナーな感情：アジア系アメリカ人のアイデンティティ（Minor Feelings：An Asian American Reckoning）」
　　◇詩　　　　　　　　Francine J.Harris（アメリカ）「Here Is The Sweet Hand」
　　◇批評　　　　　　　ニコール・R.フリートウッド（Nicole R.Fleetwood：アメリカ）「Marking Time：Art in the Age of Mass Incarceration」
　　◇ジョン・レナード賞 レイヴン・レイラニ（Raven Leilani：アメリカ）「Luster」
　　◇ノーナ・バラキアン賞 ジョー・リビングストン（Jo Livingstone：アメリカ）
　　◇イヴァン・サンドロフ賞 フェミニスト・プレス（The Feminist Press）
2021年
　　◇小説部門　　　　　Honorée Fanonne Jeffers（アメリカ）「The Love Songs of W.E.B. Du Bois」
　　◇ノンフィクション　クリント・スミス（Clint Smith：アメリカ）「場所からたどるアメリカと奴隷制の歴史：米国史の真実をめぐるダークツーリズム（How the Word Is Passed：A Reckoning with the History of Slavery Across America）」
　　◇伝記　　　　　　　レベッカ・ドナー（Rebecca Donner：アメリカ）「All the Frequent Troubles of Our Days：The True」
　　◇自伝　　　　　　　ジェレミー・アサートン・リン（Jeremy Atherton Lin：アメリカ）「Gay Bar：Why We Went Out」
　　◇詩　　　　　　　　ダイアン・スース（Diane Seuss：アメリカ）「Frank：Sonnets」
　　◇批評　　　　　　　メリッサ・フェボス（Melissa Febos：アメリカ）「Girlhood」
　　◇ジョン・レナード賞 アンソニー・ヴェアスナ・ソー（Anthony Veasna So：アメリカ）「Afterparties：Stories」
　　◇ノーナ・バラキアン賞 メルヴェ・エムレ（Merve Emre：アメリカ）
　　◇イヴァン・サンドロフ賞 パーシバル・エヴェレット（Percival Everett：アメリカ）
2022年
　　◇小説部門　　　　　リン・マー（Ling Ma：アメリカ）「Bliss Montage」
　　◇ノンフィクション　アイザック・バトラー（Isaac Butler：アメリカ）「The Method：How the

　　　　　　　　　　Twentieth Century Learned to Act」
◇伝記　　　　　ビバリー・ゲイジ(Beverly Gage：アメリカ)「G-Man：J.Edgar Hoover and
　　　　　　　　　　the Making of the American Century」
◇自伝　　　　　Hua Hsu(アメリカ)「Stay True：A Memoir」
◇詩　　　　　　シンシア・クルーズ(Cynthia Cruz：アメリカ)「Hotel Oblivion」
◇批評　　　　　ティモシー・ビューズ(Timothy Bewes)「Free Indirect：The Novel in a
　　　　　　　　　　Postfictional Age」
◇ジョン・レナード賞　モーガン・タルティ(Morgan Talty：アメリカ)「Night of the Living Rez」
◇ノーナ・バラキアン賞　ジェニファー・ウィルソン(Jennifer Wilson：アメリカ)
◇イヴァン・サンドロフ賞　ジョイ・ハージョ(Joy Harjo：アメリカ)

2023年
◇小説部門　　　ローリー・ムーア(Lorrie Moore：アメリカ)「I Am Homeless if This Is Not
　　　　　　　　　　My Home」
◇ノンフィクション　ロクサーナ・アスガリアン(Roxanna Asgarian：アメリカ)「We Were Once
　　　　　　　　　　a Family：A Story of Love, Death, and Child Removal in America」
◇伝記　　　　　ジョニー・スタインバーグ(Jonny Steinberg：南アフリカ)「Winnie and
　　　　　　　　　　Nelson：Portrait of a Marriage」
◇自伝　　　　　サフィヤ・シンクレア(Safiya Sinclair：ジャマイカ)「How to Say Babylon：
　　　　　　　　　　A Memoir」
◇詩　　　　　　金 惠順(Kim Hyesoon：韓国)「Phantom Pain Wings」
◇批評　　　　　ティナ・ポスト(Tina Post：アメリカ)「Deadpan：The Aesthetics of Black
　　　　　　　　　　Inexpression」
◇ジョン・レナード賞　タヒル・ハムット・イズギル(Tahir Hamut Izgil：新疆ウイグル自治区)
　　　　　　　　　　「Waiting to Be Arrested at Night」
◇ノーナ・バラキアン賞　ベッカ・ロスフェルド(Becca Rothfield：アメリカ)
◇イヴァン・サンドロフ賞　ジュディ・ブルーム(Judy Blume：アメリカ)

62　ネビュラ賞　Nebula Awards

　アメリカSFファンタジー作家協会(SFWA)がアメリカの優れたSF作品に授与する賞。ヒューゴー賞がファンにより選出されるのとは異なり、SFWAに所属の作家、編集者、批評家など、プロフェッショナルが選出する賞。毎年開催。ロイド・ビグル・ジュニア(Lloyd Biggle, Jr.)が1965年、毎年優秀作のアンソロジーを出版することを提案し、その年度の優秀作を選考することが始まった。短編受賞作と候補作数点を掲載したアンソロジーは毎年刊行されている。毎年春に開催される授賞式には、多くの作家と編集者が参加し、パネル・ディスカッションが行われる。現在の設置部門は、長編(Novel)、中長編(Novella)、中編(Novelette)、短編(Short Story)の4部門である。この他、ネビュラ賞ではないが、顕著な業績のあるSF作家に贈られるグランド・マスター賞(Damon Knight Memorial Grand Master Award, 2002年から同年に亡くなったデーモン・ナイトの名を冠す)、ヤングアダルト向けの作品に贈られるアンドレ・ノートン賞(Andre Norton Award for Young Adult Science Fiction and Fantasy)、映像作品に贈られるレイ・ブラッドベリ賞(Ray Bradbury Award for Outstanding Dramatic Presentation)などがあり、同時に授与が行われている。なお、同一作品がヒューゴー賞、ネビュラ賞の両賞を受賞した作品は「ダブル・クラウン」と呼ばれる。
　＊日本人では、2006年に宮崎駿「ハウルの動く城」が脚本部門、23年に宮崎英高「Elden Ring」がゲームライティング部門賞(ジョージ・R・R・マーティンと共同)を受賞
【主催者】アメリカSF作家協会(SFWA：Science Fiction and Fantasy Writers of America)

【選考委員】3～7人で構成
【選考方法】会員全員による2回の予備投票で候補作（最大5作）を選出し，最終投票で決定する
【選考基準】前年（1月～12月）にアメリカで刊行されたSF・ファンタジー分野の作品を対象とする。複数回受賞不可
【締切・発表】〔2024年〕2024年6月8日，カリフォルニアにて授賞式
【賞・賞金】星雲と水晶を埋め込んだ透明なブロック型のトロフィーが授与される。賞金はない
【URL】https://nebulas.sfwa.org/

2015年
　◇長編小説部門　　　ジェフ・ヴァンダミア（Jeff VanderMeer：アメリカ）「全滅領域（Annihilation）」
　◇中長編小説部門　　ナンシー・クレス（Nancy Kress：アメリカ）「Yesterday's Kin」
　◇中編小説部門　　　アラヤ・ドーン・ジョンソン（Alaya Dawn Johnson：アメリカ）「ハワイの果実ガイド（A Guide to the Fruits of Hawai'i）」
　◇短編小説部門　　　アーシュラ・ヴァーノン（Ursula Vernon：アメリカ）「Jackalope Wives」
　◇レイ・ブラッドベリ賞　ジェームズ・ガン（James Gunn），ニコール・パールマン（Nicole Perlman：脚本：アメリカ）「ガーディアンズ・オブ・ギャラクシー（Guardians of the Galaxy）」
　◇アンドレ・ノートン賞　アラヤ・ドーン・ジョンソン（Alaya Dawn Johnson：アメリカ）「Love Is the Drug」
　◇グランド・マスター　ラリー・ニーヴン（Larry Niven：アメリカ）

2016年
　◇長編小説部門　　　ナオミ・ノヴィク（Naomi Novik：アメリカ）「ドラゴンの塔（Uprooted）」
　◇中長編小説部門　　ンネディ・オコラフォー（Nnedi Okorafor：アメリカ）「ビンティ－調和師の旅立ち－（Binti）」
　◇中編小説部門　　　サラ・ピンスカー（Sarah Pinsker：アメリカ）「オープン・ロードの聖母様（Our Lady of the Open Road）」
　◇短編小説部門　　　アリッサ・ウォン（Alyssa Wong：アメリカ）「Hungry Daughters of Starving Mothers」
　◇レイ・ブラッドベリ賞　ジョージ・ミラー（George Miller），ブレンダン・マッカーシー（Brendan McCarthy：脚本：イギリス），ニコ・ラサウリス（Nico Lathouris：脚本：オーストラリア）「マッドマックス 怒りのデス・ロード（Mad Max：Fury Road）」
　◇アンドレ・ノートン賞　フラン・ワイルド（Fran Wilde：アメリカ）「Updraft」
　◇グランド・マスター　C.J.チェリイ（C.J.Cherryh：アメリカ）

2017年
　◇長編小説部門　　　チャーリー・ジェーン・アンダーズ（Charlie Jane Anders：アメリカ）「空のあらゆる鳥を（All the Birds in the Sky）」
　◇中長編小説部門　　ショーニン・マグワイア（Seanan McGuire：アメリカ）「不思議の国の少女たち（Every Heart a Doorway）」
　◇中編小説部門　　　ウィリアム・レッドベター（William Ledbetter：アメリカ）「The Long Fall Up」
　◇短編小説部門　　　アマル・エル＝モータル（Amal El-Mohtar：カナダ）「ガラスと鉄の季節（Seasons of Glass and Iron）」
　◇レイ・ブラッドベリ賞　ドゥニ・ヴィルヌーヴ（Denis Villeneuve：監督：カナダ），エリック・ハイセラー（Eric Heisserer：脚本：アメリカ）「メッセージ（Arrival）」
　◇アンドレ・ノートン賞　デイヴィッド・D.レヴァイン（David D. Levine：アメリカ）「Arabella of Mars」

◇グランド・マスター　ジェイン・ヨーレン（Jane Yolen：アメリカ）

2018年
　◇長編小説部門　　　N.K.ジェミシン（N. K. Jemisin：アメリカ）「輝石の空（The Stone Sky）」
　◇中長編小説部門　　マーサ・ウェルズ（Martha Wells）「システムの危殆（All Systems Red）」
　◇中編小説部門　　　ケリー・ロブソン（Kelly Robson：カナダ）「A Human Stain」
　◇短編小説部門　　　レベッカ・ローンホース（Rebecca Roanhorse：アメリカ）「本物のインディアン体験（TM）へようこそ（Welcome to Your Authentic Indian Experience (TM)）」
　◇レイ・ブラッドベリ賞　ジョーダン・ピール（Jordan Peele：監督・脚本：アメリカ）「ゲット・アウト（Get Out）」
　◇アンドレ・ノートン賞　サム・J.ミラー（Sam J.Miller：アメリカ）「The Art of Starving」
　◇グランド・マスター　ピーター・S.ビーグル（Peter S. Beagle：アメリカ）

2019年
　◇長編小説部門　　　メアリ・ロビネット・コワル（Mary Robinette Kowal：アメリカ）「宇宙（そら）へ（The Calculating Stars）」
　◇中長編小説部門　　アリエット・ド・ボダール（Aliette de Bodard：フランス）「茶匠と探偵（The Tea Master and the Detective）」
　◇中編小説部門　　　ブルック・ボーランダー（Brooke Bolander：アメリカ）「The Only Harmless Great Thing」
　◇短編小説部門　　　P.ジェリ・クラーク（Phenderson Djèlí Clark：アメリカ）「ジョージ・ワシントンの義歯となった、九本の黒人の歯の知られざる来歴（The Secret Lives of the Nine Negro Teeth of George Washington）」
　◇レイ・ブラッドベリ賞　フィル・ロード（Phil Lord），ロドニー・ロスマン（Rodney Rothman：脚本：アメリカ）「スパイダーマン：スパイダーバース（Spider-Man：Into the Spider-Verse）」
　◇アンドレ・ノートン賞　トミ・アデイェミ（Tomi Adeyemi：アメリカ）「オリシャ戦記 血と骨の子（Children of Blood and Bone）」
　◇グランド・マスター　ウィリアム・ギブスン（William Gibson：アメリカ）

2020年
　◇長編小説部門　　　サラ・ピンスカー（Sarah Pinsker：アメリカ）「新しい時代への歌（A Song for a New Day）」
　◇中長編小説部門　　アマル・エル＝モータル（Amal El-Mohtar：カナダ），マックス・グラッドストーン（Max Gladstone：アメリカ）「こうしてあなたたちは時間戦争に負ける（This Is How You Lose the Time War）」
　◇中編小説部門　　　キャット・ランボー（Cat Rambo：アメリカ）「Carpe Glitter」
　◇短編小説部門　　　A.T.グリーンブラット（A.T.Greenblatt：アメリカ）「Give the Family My Love」
　◇レイ・ブラッドベリ賞　ニール・ゲイマン（Neil Gaiman：脚本：イギリス）「グッド・オーメンズ（Good Omens：Hard Times）」
　◇アンドレ・ノートン賞　フラン・ワイルド（Fran Wilde：アメリカ）「Riverland」
　◇グランド・マスター　L.M.ビジョルド（Lois McMaster Bujold：アメリカ）

2021年
　◇長編小説部門　　　マーサ・ウェルズ（Martha Wells）「ネットワーク・エフェクト（Network Effect）」
　◇中長編小説部門　　P.ジェリ・クラーク（Phenderson Djèlí Clark：アメリカ）「Ring Shout」
　◇中編小説部門　　　サラ・ピンスカー（Sarah Pinsker）「Two Truths and a Lie」
　◇短編小説部門　　　ジョン・ウィズウェル（John Wiswell）「幽霊屋敷のオープンハウス（Open House on Haunted Hill）」

◇レイ・ブラッドベリ賞　マイケル・シュア（Michael Schur：脚本：アメリカ）「The Good Place：Whenever You're Ready」
　　◇アンドレ・ノートン賞　アーシュラ・ヴァーノン（Ursula Vernon (as T. Kingfisher)）「パン焼き魔法のモーナ、街を救う（A Wizard's Guide to Defensive Baking）」
　　◇グランド・マスター　ナロ・ホプキンスン（Nalo Hopkinson：ジャマイカ）

2022年
　　◇長編小説部門　　P.ジェリ・クラーク（Phenderson Djèlí Clark：アメリカ）「精霊を統べる者（A Master of Djinn）」
　　◇中長編小説部門　プレミー・モハメド（Premee Mohamed）「And What Can We Offer You Tonight」
　　◇中編小説部門　　オグヘネチョヴウェ・ドナルド・エクペキ（Oghenechovwe Donald Ekpeki：ナイジェリア）「O2 Arena」
　　◇短編小説部門　　サラ・ピンスカー（Sarah Pinsker：アメリカ）「オークの心臓集まるところ（Where Oaken Hearts Do Gather）」
　　◇レイ・ブラッドベリ賞　ジャック・シェイファー（Jac Schaeffer：脚本：アメリカ）「ワンダヴィジョン：シーズン1（WandaVision：season 1）」
　　◇アンドレ・ノートン賞　ダーシー・リトル・バジャー（Darcie Little Badger：アメリカ）「A Snake Falls to Earth」
　　◇グランド・マスター　マーセデス・ラッキー（Mercedes Lackey：アメリカ）

2023年
　　◇長編小説部門　　R.F.クァン（R. F. Kuang：アメリカ）「Babel：Or the Necessity of Violence：An Arcane History of the Oxford Translators' Revolution」
　　◇中長編小説部門　C.L.ポーク（C. L. Polk：アメリカ）「Even Though I Knew the End」
　　◇中編小説部門　　ジョン・チュー（John Chu：アメリカ）「筋肉の神に、敬語はいらない（If You Find Yourself Speaking to God, Address God with the Informal You）」
　　◇短編小説部門　　サマンサ・ミルズ（Samantha Mills：アメリカ）「ラビット・テスト（Rabbit Test）」
　　◇レイ・ブラッドベリ賞　ダニエル・クワン（Daniel Kwan）, ダニエル・シャイナート（Daniel Scheinert：脚本：アメリカ）「エブリシング・エブリウェア・オール・アット・ワンス（Everything Everywhere All at Once）」
　　◇アンドレ・ノートン賞　K.テンペスト・ブラッドフォード（K. Tempest Bradford：アメリカ）「Ruby Finley vs. the Interstellar Invasion」
　　◇グランド・マスター　ロビン・マッキンリイ（Robin McKinley：アメリカ）

2024年
　　◇長編小説部門　　ヴァジュラ・チャンドラセケラ（Vajra Chandrasekera：スリランカ）「The Saint of Bright Doors」
　　◇中長編小説部門　アイ・ジアン（Ai Jiang：カナダ）「Linghun」
　　◇中編小説部門　　ナオミ・クリッツァー（Naomi Kritzer：アメリカ）「The Year Without Sunshine」
　　◇短編小説部門　　R.S.A.ガルシア（R. S. A. Garcia：トリニダード・トバゴ）「Tantie Merle and the Farmhand 4200」
　　◇レイ・ブラッドベリ賞　グレタ・ガーウィグ（Greta Gerwig：監督・脚本：アメリカ）, ノア・バームバック（Noah Baumbach：脚本：アメリカ）「バービー（Barbie）」
　　◇アンドレ・ノートン賞　モニキル・ブラックグース（Moniquill Blackgoose：アメリカ）「To Shape a Dragon's Breath」
　　◇グランド・マスター　スーザン・クーパー（Susan Cooper：イギリス・アメリカ）

63 ヒューゴー賞　Hugo Award

　1953年に授賞を開始したSF・ファンタジー分野の賞で、前年に発表された作品・業績に対して贈られる。「サイエンス・フィクション」の名付け親であり、世界で初めてSF雑誌を創刊したアメリカのSF作家・編集者のヒューゴー・ガーンズバック(Hugo Gernsback 1884-1967)の名にちなむ。毎年8～9月に、世界SF協会主催で開催されるワールドコン(World Science Fiction Convention)において参加者の投票により決定される。元々、賞の正式名称はAnnual Science Fiction Achievement Award(年間SF功労賞)であったが、92年に通称として使われていた「ヒューゴー賞」が正式名称となった。開始以来、部門やその設置数は変遷しており、現在は、長編(Best Novel)、中長編(Best Novella)、中編(Best Novelette)、短編(Best Short Story)、関連作品(Best Related Work)、シリーズ(Best Series)、グラフィックストーリー(Best Graphic Story)、映像(長編/短編)(Best Dramatic Presentation)、編集者(長編/短編)(Best Editor)、プロアーティスト(Best Professional Artist)、セミプロジン(Best Semiprozine)、ファンジン(Best Fanzine)、ファンキャスト(Best Fancast)、ファンライター(Best Fan Writer)、ファンアーティスト(Best Fan Artist)の各部門がある。特別賞は、ワールドコン委員会により不定期に選出される。また、授賞が行われていない年(開催年の50年、75年、100年前に限る)の作品をノミネート・選出するレトロ・ヒューゴー賞も実施されている。なお、最優秀新人作家に贈られるアスタウンディング賞(旧:ジョン・W.キャンベル賞)は、ヒューゴー賞の一部門ではないが、運営が同一のため同時に選出・授賞している。
　＊日本人では、1993年に柴野拓美(ペンネーム：小隅黎)が特別賞を受賞

【主催者】世界SF協会(WSFS：World Science Fiction Society)
【選考方法】当年のワールドコン参加登録者および前年のワールドコン参加者によりノミネート作品の選出が行われる。部門ごとに得票数原則上位5位までが最終候補にノミネートされる。受賞作は、当年のワールドコン参加者による最終投票により決定する。ワールドコンに参加できない場合も支援会員の形でノミネートおよび最終投票権を得られる
【選考基準】前年に初めて発表されたSF・ファンタジー分野の作品を対象とする(国は問わず)
【締切・発表】ワールドコン期間中に行われる授賞式で発表・授賞を行う
【賞・賞金】ロケットをデザインしたトロフィー。台座のデザインを毎年違うアーティストが担当する。賞金はない
【E-mail】info@thehugoawards.org
【URL】https://www.thehugoawards.org/

2015年
◇長編小説部門　　劉 慈欣(Liu Cixin：中国)「三体(英題：The Three-Body Problem)」
◇中長編小説部門　受賞者なし
◇中編小説部門　　トマス・オルディ・フーヴェルト(Thomas Olde Heuvelt：オランダ)「天地がひっくり返った日(The Day the World Turned Upside Down)」
◇短編小説部門　　受賞者なし
◇関連作品部門　　受賞者なし
◇グラフィックストーリー部門
　　　　　　　　　G.ウィロー・ウィルソン(G.Willow Wilson：ライター：アメリカ)、エイドリアン・アルフォナ(Adrian Alphona)、ジェイク・ワイアット(Jake Wyatt：アーティスト)「Ms.マーベル：もうフツーじゃないの(Ms. Marvel Volume 1：No Normal)」
◇映像部門(長編)　「ガーディアンズ・オブ・ギャラクシー(Guardians of the Galaxy)」

◇映像部門（短編）	「カストール—"オーファン・ブラック 暴走遺伝子"より（By Means Which Have Never Yet Been Tried）」	
◇プロ編集者部門（長編）	受賞者なし	
◇プロ編集者部門（短編）	受賞者なし	
◇プロアーティスト部門	ジュリー・ディロン（Julie Dillon：アメリカ）	
◇セミプロジン部門	"Lightspeed"	
◇ファンジン部門	"Journey Planet"	
◇ファンキャスト部門	"Galactic Suburbia Podcast"	
◇ファンアーティスト部門	エリザベス・レゲット（Elizabeth Leggett）	
◇ファンライター部門	ローラ・J.ミクソン（Laura J.Mixon：アメリカ）	
◇新人賞	ウェスリー・チュー（Wesley Chu：台湾）「The Lives of Tao」	

2016年

◇長編小説部門　　N.K.ジェミシン（N.K.Jemisin：アメリカ）「第五の季節（The Fifth Season）」
◇中長編小説部門　ネディ・オコラフォー（Nnedi Okorafor：アメリカ）「ビンティ－調和師の旅立ち－（Binti）」
◇中編小説部門　　郝 景芳（Hao Jingfang：中国）「折りたたみ北京（原題：北京折叠, 英題：Folding Beijing）」
◇短編小説部門　　ナオミ・クリッツァー（Naomi Kritzer：アメリカ）「Cat Pictures Please」
◇関連作品部門　　受賞者なし
◇グラフィックストーリー部門
　　　　　　　　　ニール・ゲイマン（Neil Gaiman：ライター：イギリス），J.H.ウィリアムズ3世（J.H. WilliamsⅢ：アーティスト：アメリカ）「サンドマン 序曲（The Sandman：Overture）」
◇映像部門（長編）「オデッセイ（The Martian）」
◇映像部門（短編）「AKA 笑顔で—"ジェシカ・ジョーンズ"より（AKA Smile）」
◇プロ編集者部門（長編）シーラ・E.ギルバート（Sheila E.Gilbert：DAWブックス）
◇プロ編集者部門（短編）エレン・ダトロー（Ellen Datlow：アメリカ）
◇プロアーティスト部門　アビゲイル・ラーソン（Abigail Larson：アメリカ）
◇セミプロジン部門　"Uncanny Magazine"
◇ファンジン部門　　"File 770"
◇ファンキャスト部門　受賞者なし
◇ファンアーティスト部門　スティーブ・スタイルズ（Steve Stiles：アメリカ）
◇ファンライター部門　マイク・グライアー（Mike Glyer）
◇新人賞　　　　　アンディ・ウィアー（Andy Weir：アメリカ）「火星の人（The Martian）」

2017年

◇長編小説部門　　N.K.ジェミシン（N.K.Jemisin：アメリカ）「オベリスクの門（The Obelisk Gate）」
◇中長編小説部門　ショーニン・マグワイア（Seanan McGuire：アメリカ）「不思議の国の少女たち（Every Heart a Doorway）」
◇中編小説部門　　アーシュラ・ヴァーノン（Ursula Vernon：アメリカ）「The Tomato Thief」
◇短編小説部門　　アマル・エル＝モータル（Amal El-Mohtar：カナダ）「ガラスと鉄の季節（Seasons of Glass and Iron）」
◇関連作品部門　　アーシュラ・K.ル＝グウィン（Ursula K. Le Guin）「Words Are My Matter：Writings About Life and Books, 2000-2016」
◇シリーズ部門　　ロイス・マクマスター・ビジョルド（Lois McMaster Bujold：アメリカ）「ヴォルコシガン・サガ（The Vorkosigan Saga）」
◇グラフィックストーリー部門
　　　　　　　　　マージョリー・リュー（Marjorie M.Liu：ライター：アメリカ），タケダ サナ

（Takeda Sana：アーティスト：日本）「モンストレス vol.2：THE BLOOD（Monstress, Volume 2：The Blood）」
◇映像部門（長編）　「メッセージ（Arrival）」
◇映像部門（短編）　「巨獣目覚める—"エクスパンス−巨獣めざめる−"より（Leviathan Wakes）」
◇編集者部門（長編）　リズ・ゴリンスキー（Liz Gorinsky：Tor Books：アメリカ）
◇編集者部門（短編）　エレン・ダトロー（Ellen Datlow：アメリカ）
◇プロアーティスト部門　ジュリー・ディロン（Julie Dillon：アメリカ）
◇セミプロジン部門　"Uncanny Magazine"
◇ファンジン部門　"Lady Business"
◇ファンキャスト部門　"Tea and Jeopardy"
◇ファンアーティスト部門　エリザベス・レゲット（Elizabeth Leggett）
◇ファンライター部門　Abigail Nussbaum
◇新人賞　　　　　エイダ・パーマー（Ada Palmer：アメリカ）「Too Like the Lightning」

2018年
◇長編小説部門　　N.K.ジェミシン（N.K.Jemisin：アメリカ）「輝石の空（The Stone Sky）」
◇中長編小説部門　マーサ・ウェルズ（Martha Wells：アメリカ）「システムの危殆（All Systems Red）」
◇中編小説部門　　スザンヌ・パーマー（Suzanne Palmer：アメリカ）「知られざるボットの世界（The Secret Life of Bots）」
◇短編小説部門　　レベッカ・ローンホース（Rebecca Roanhorse：アメリカ）「本物のインディアン体験へようこそTM（Welcome to your Authentic Indian ExperienceTM）」
◇関連作品部門　　アーシュラ・K.ル・グウィン（Ursula K. Le Guin）「No Time to Spare：Thinking About What Matters」
◇シリーズ部門　　ロイス・マクマスター・ビジョルド（Lois McMaster Bujold：アメリカ）「五神教（World of the Five Gods）」
◇グラフィックストーリー部門
　　　　　　　　　マージョリー・リュー（Marjorie M.Liu：ライター：アメリカ），タケダ サナ（Takeda Sana：アーティスト：日本）「モンストレス vol.2：THE BLOOD（Monstress, Volume 2：The Blood）」
◇映像部門（長編）　「ワンダーウーマン（Wonder Woman）」
◇映像部門（短編）　「トロッコ問題—"グッド・プレイス"より（The Trolley Problem）」
◇編集者部門（長編）　シーラ・E.ギルバート（Sheila E.Gilbert：DAW Books：アメリカ）
◇編集者部門（短編）　リン・M.トーマス（Lynne M.Thomas：アメリカ），マイケル・ダミアン・トーマス（Michael Damian Thomas：アメリカ）
◇プロアーティスト部門　タケダ サナ（Takeda Sana：日本）
◇セミプロジン部門　"Uncanny Magazine"
◇ファンジン部門　"File 770"
◇ファンキャスト部門　"Ditch Diggers"
◇ファンアーティスト部門　Geneva Benton
◇ファンライター部門　サラ・ゲイリー（Sarah Gailey：アメリカ）
◇新人賞　　　　　レベッカ・ローンホース（Rebecca Roanhorse：アメリカ）「Welcome to Your Authentic Indian Experience」

2019年
◇長編小説部門　　メアリ・ロビネット・コワル（Mary Robinette Kowal：アメリカ）「宇宙へ（The Calculating Stars）」
◇中長編小説部門　マーサ・ウェルズ（Martha Wells：アメリカ）「人工的なあり方（Artificial Condition）」

◇中編小説部門　　　　　ゼン・チョー（Zen Cho：マレーシア）「初めはうまくいかなくても、何度でも挑戦すればいい（If at First You Don't Succeed, Try, Try Again）」
◇短編小説部門　　　　　アリクス・E.ハーロウ（Alix E.Harrow：アメリカ）「魔女の逃亡ガイド－実際に役立つ扉（ポータル）ファンタジー集（A Witch's Guide to Escape：A Practical Compendium of Portal Fantasies）」
◇関連作品部門　　　　　Organization for Transformative Works "Archive of Our Own"
◇シリーズ部門　　　　　ベッキー・チェンバーズ（Becky Chambers：アメリカ）「銀河核へ（Wayferers）」
◇グラフィックストーリー部門
　　　　　　　　　　　　マージョリー・リュー（Marjorie M.Liu：ライター：アメリカ）, タケダ サナ（Takeda Sana：アーティスト：日本）「モンストレス vol.3：HAVEN（Monstress, Volume 3：Haven）」
◇映像部門（長編）　　　「スパイダーマン：スパイダーバース（Spider-Man：Into the Spider-Verse）」
◇映像部門（短編）　　　「ジャネット（たち）（Janet(s)）─"グッド・プレイス"より」
◇編集者部門（長編）　　ナヴァ・ウルフ（Navah Wolfe：アメリカ）
◇編集者部門（短編）　　ガードナー・ドゾワ（Gardner Dozois：アメリカ）
◇プロアーティスト部門　チャールズ・ヴェス（Charles Vess：アメリカ）
◇セミプロジン部門　　　"Uncanny Magazine"
◇ファンジン部門　　　　"Lady Business"
◇ファンキャスト部門　　"Our Opinions Are Correct"
◇ファンアーティスト部門　ミア・セレノ（Mia Sereno (as Likhain)）
◇ファンライター部門　　フォズ・メドウズ（Foz Meadows）
◇新人賞　　　　　　　　ジャネット・ウン（Jeannette Ng：イギリス）「Under the Pendulum Sun」

2020年
　◇長編小説部門　　　　　アーカディ・マーティーン（Arkady Martine：アメリカ）「帝国という名の記憶（A Memory Called Empire）」
　◇中長編小説部門　　　　アマル・エル＝モータル（Amal El-Mohtar：カナダ）, マックス・グラッドストン（Max Gladstone：アメリカ）「こうしてあなたたちは時間戦争に負ける（This Is How You Lose the Time War）」
　◇中編小説部門　　　　　N.K.ジェミシン（N.K.Jemisin：アメリカ）「エマージェンシー・スキン（Emergency Skin）」
　◇短編小説部門　　　　　S.L.ホァン（S.L.Huang：アメリカ）「As the Last I May Know」
　◇関連作品部門　　　　　ジャネット・ウン（Jeannette Ng）"2019 John W. Campbell Award Acceptance Speech"
　◇シリーズ部門　　　　　ジェイムズ・S.A.コーリイ（James S.A.Corey：アメリカ）「巨獣めざめる（The Expanse）」
　◇グラフィックストーリー部門
　　　　　　　　　　　　ネディ・オコラフォ（Nnedi Okorafor：ライター：アメリカ）, タナ・フォード（Tana Ford：イラストレーター）, ジェイムズ・デヴリン（James Devlin：カラーリスト）「LaGuardia」
　◇映像部門（長編）　　　「グッド・オーメンズ（Good Omens）」
　◇映像部門（短編）　　　「答え（The Answer）─"グッド・プレイス"より」
　◇編集者部門（長編）　　ナヴァ・ウルフ（Navah Wolfe：アメリカ）
　◇編集者部門（短編）　　エレン・ダトロー（Ellen Datlow：アメリカ）
　◇プロアーティスト部門　ジョン・ピカシオ（John Picacio：アメリカ）
　◇セミプロジン部門　　　"Uncanny Magazine"
　◇ファンジン部門　　　　"The Book Smugglers"
　◇ファンキャスト部門　　"Our Opinions Are Correct"
　◇ファンアーティスト部門　エリーゼ・マテセン（Elise Matthesen：アメリカ）

◇ファンライター部門　Bogi Takács（ハンガリー）
◇新人賞　　　　　　R.F.クアン（R.F.Kuang：中国）「The Poppy War」

2021年
　◇長編小説部門　　　マーサ・ウェルズ（Martha Wells：アメリカ）「ネットワーク・エフェクト
　　　　　　　　　　　（Network Effect）」
　◇中長編小説部門　　ニー・ヴォ（Nghi Vo：アメリカ）「塩と運命の皇后（The Empress of Salt and
　　　　　　　　　　　Fortune）」
　◇中編小説部門　　　サラ・ピンスカー（Sarah Pinsker：アメリカ）「Two Truths and a Lie」
　◇短編小説部門　　　T.キングフィッシャー（T.Kingfisher：アメリカ）「金属は暗闇の血のごとく
　　　　　　　　　　　（Metal Like Blood in the Dark）」
　◇関連作品部門　　　Maria Dahvana Headley「Beowulf：A New Translation」
　◇シリーズ部門　　　マーサ・ウェルズ（Martha Wells：アメリカ）「マーダーボット・ダイアリー
　　　　　　　　　　　（The Murderbot Diaries）」
　◇グラフィックストーリー部門
　　　　　　　　　　　オクティヴィア・E.バトラー（Octavia Estelle Butler：原作：アメリカ），ダミ
　　　　　　　　　　　アン・ダフィ（Damian Duffy：ライター：アメリカ），ジョン・ジェニング
　　　　　　　　　　　ス（John Jennings：イラストレーター：アメリカ）「Parable of the Sower：
　　　　　　　　　　　A Graphic Novel Adaptation」
　◇映像部門（長編）　「オールド・ガード（The Old Guard）」
　◇映像部門（短編）　「いつでもどうぞ（Whenever You're Ready）— "グッド・プレイス"より」
　◇編集者部門（長編）　ダイアナ・フォー（Diana Pho）
　◇編集者部門（短編）　エレン・ダトロー（Ellen Datlow：アメリカ）
　◇プロアーティスト部門　ロヴィナ・カイ（Rovina Cai：オーストラリア）
　◇セミプロジン部門　"FIYAH Magazine of Black Speculative Fiction"
　◇ファンジン部門　　"Nerds of a feather, flock together"
　◇ファンキャスト部門　"The Coode Street Podcast"
　◇ファンアーティスト部門　サラ・フェリックス（Sara Felix）
　◇ファンライター部門　エルサ・スジュネソン（Elsa Sjunneson：アメリカ）
　◇新人賞　　　　　　エミリー・テッシュ（Emily Tesh）「Silver in the Wood」

2022年
　◇長編小説部門　　　アーカディ・マーティーン（Arkady Martine：アメリカ）「平和という名の廃
　　　　　　　　　　　墟（A Desolation Called Peace）」
　◇中長編小説部門　　ベッキー・チェンバーズ（Becky Chambers：アメリカ）「緑のロボットへの賛
　　　　　　　　　　　歌（A Psalm for the Wild-Built）」
　◇中編小説部門　　　スザンヌ・パーマー（Suzanne Palmer：アメリカ）「忘れられた聖櫃－ボット
　　　　　　　　　　　たちの叛乱－（Bots of the Lost Ark）」
　◇短編小説部門　　　サラ・ピンスカー（Sarah Pinsker：アメリカ）「オークの心臓集まるところ
　　　　　　　　　　　（Where Oaken Hearts Do Gather）」
　◇関連作品部門　　　チャーリー・ジェーン・アンダーズ（Charlie Jane Anders）「Never Say You
　　　　　　　　　　　Can't Survive」
　◇シリーズ部門　　　ショーニン・マグワイア（Seanan McGuire：アメリカ）「不思議の国の少女た
　　　　　　　　　　　ち（Wayward Children）」
　◇グラフィックストーリー部門
　　　　　　　　　　　N.K.ジェミシン（N.K.Jemisin：ライター：アメリカ），ジャマル・キャンベル
　　　　　　　　　　　（Jamal Campbell：アーティスト）「Far Sector」
　◇映像部門（長編）　「DUNE/デューン 砂の惑星（Dune）」
　◇映像部門（短編）　「復讐のとき（Nemesis Games）— "エクスパンス－巨獣めざめる－"より」
　◇編集者部門（長編）　Ruoxi Chen
　◇編集者部門（短編）　ニール・クラーク（Neil Clarke：アメリカ）

◇プロアーティスト部門　ロヴィナ・カイ（Rovina Cai：オーストラリア）
◇セミプロジン部門　"Uncanny Magazine"
◇ファンジン部門　"Small Gods"
◇ファンキャスト部門　"Our Opinions Are Correct"
◇ファンアーティスト部門　リー・モイヤー（Lee Moyer：アメリカ）
◇ファンライター部門　Cora Buhlert
◇新人賞　　シェリー・パーカー＝チャン（Shelley Parker-Chan）「She Who Became the Sun」

2023年
　◇長編小説部門　T.キングフィッシャー（T.Kingfisher：アメリカ）「Nettle&Bone」
　◇中長編小説部門　ショーニン・マグワイア（Seanan McGuire：アメリカ）「Where the Drowned Girls Go」
　◇中編小説部門　海漄（Hai Ya：中国）「The Space-Time Painter」
　◇短編小説部門　サマンサ・ミルズ（Samantha Mills：アメリカ）「ラビット・テスト（Rabbit Test）」
　◇関連作品部門　ロブ・ウィルキンズ（Rob Wilkins）「Terry Pratchett：A Life with Footnotes」
　◇シリーズ部門　エイドリアン・チャイコフスキー（Adrian Czajkowski：イギリス）"時の子供たち─Children of Time series"
　◇グラフィックストーリー部門
　　　　バルトシュ・シュティボル（Bartosz Sztybor：ライター），フィリペ・アンドラーデ（Filipe Andrade），Alessio Fioriniello（アーティスト），ローマン・ティトフ（Roman Titov），Krzysztof Ostrowski（カラーリスト）「サイバーパンク2077（Cyberpunk 2077：Big City Dreams）」
　◇映像部門（長編）「エブリシング・エブリウェア・オール・アット・ワンス（Everything Everywhere All at Once）」
　◇映像部門（短編）「Babylon's Ashes─エクスパンス-巨獣めざめる-"より」
　◇編集者部門（長編）　リンゼイ・ホール（Lindsey Hall）
　◇編集者部門（短編）　ニール・クラーク（Neil Clarke：アメリカ）
　◇プロアーティスト部門　Enzhe Zhao
　◇セミプロジン部門　"Uncanny Magazine"
　◇ファンジン部門　"Zero Gravity Newspaper"
　◇ファンキャスト部門　"Hugo, Girl！"
　◇ファンアーティスト部門　リチャード・マン（Richard Man）
　◇ファンライター部門　クリス・M.バークレー（Chris M.Barkley）
　◇新人賞　　トラヴィス・バルドリー（Travis Baldree：アメリカ）「Legends&Lattes」

2024年
　◇長編小説部門　エミリー・テッシュ（Emily Tesh：イギリス）「Some Desperate Glory」
　◇中長編小説部門　T.キングフィッシャー（T.Kingfisher：アメリカ）「Thornhedge」
　◇中編小説部門　ナオミ・クリッツァー（Naomi Kritzer：アメリカ）「The Year Without Sunshine」
　◇短編小説部門　ナオミ・クリッツァー（Naomi Kritzer：アメリカ）「Better Living Through Algorithms」
　◇関連作品部門　ケリー・ワイナースミス（Kelly Weinersmith），ザック・ワイナースミス（Zach Weinersmith）「A City on Mars」
　◇シリーズ部門　アン・レッキー（Ann Leckie：アメリカ）「叛逆航路（Imperial Radch）」
　◇グラフィックストーリー部門
　　　　ブライアン・K.ヴォーン（Brian K.Vaughan：ライター：アメリカ），フィオナ・ステイプルズ（Fiona Staples：アーティスト：カナダ）「Saga, Vol. 11」

◇映像部門（長編）「ダンジョンズ&ドラゴンズ/アウトローたちの誇り（Dungeons&Dragons：Honor Among Thieves）」
◇映像部門（短編）「長い間（Long Long Time）－"THE LAST OF US"より」
◇編集者部門（長編）Ruoxi Chen
◇編集者部門（短編）ニール・クラーク（Neil Clarke：アメリカ）
◇プロアーティスト部門 ロヴィナ・カイ（Rovina Cai：オーストラリア）
◇セミプロジン部門 "Strange Horizons"
◇ファンジン部門 "Nerds of a feather, flock together"
◇ファンキャスト部門 "Octothorpe"
◇ファンアーティスト部門 ラヤ・ローズ（Laya Rose）
◇ファンライター部門 ポール・ワイマー（Paul Weimer）
◇新人賞 シーラン・ジェイ・ジャオ（Xiran Jay Zhao：カナダ）「鋼鉄紅女（Iron Widow）」

64 ビューヒナー賞　Georg-Büchner-Preis

ドイツ語圏で最も権威のある文学賞。ヘッセン出身の劇作家ゲオルク・ビューヒナー（Karl Georg Büchner 1813-37）を記念し，1923年，ヘッセン出身もしくは在住の芸術家の奨励賞として制定された。当初は文学以外にも美術，音楽など分野を限定せずに授与された。33～44年は中断。45年，ヘッセン出身者への芸術賞として復活。49年，ゲーテ生誕200年を記念して設立されたドイツ言語・文学アカデミーの本部がヘッセンのダルムシュタットに置かれたことを契機に，51年以降，同アカデミーにより運営されるようになった。これに伴い，賞の対象が文学賞に限定された（出身地の限定は撤廃）。

【主催者】ドイツ言語・文学アカデミー（Deutsche Akademie für Sprache und Dichtung）
【選考基準】ドイツ語により作品を書く文学者で「ドイツの文化生活の形成に顕著な貢献をなした人物」に贈られる
【締切・発表】授賞式で受賞者は受賞記念講演を行う
【賞・賞金】賞金4万ユーロ
【E-mail】sekretariat@deutscheakademie.de
【URL】https://www.deutscheakademie.de/de;https://www.buechnerpreis.de/

2015年	ライナルト・ゲッツ（Rainald Goetz：ドイツ）
2016年	マルセル・バイアー（Marcel Beyer：ドイツ）
2017年	ヤン・ワグナー（Jan Wagner）
2018年	テレツィア・モーラ（Terézia Mora：ハンガリー）
2019年	ルーカス・バルフス（Lukas Bärfuss）
2020年	エルケ・エルプ（Elke Erb：ドイツ）
2021年	クレメンス・J・ゼッツ（Clemens J. Setz：オーストリア）
2022年	エミネ・セヴギ・エヅダマ（Emine Sevgi Özdamar：トルコ）
2023年	ルッツ・ザイラー（Lutz Seiler：ドイツ）
2024年	オズワルド・エッガー（Oswald Egger）

65 ブッカー賞　The Booker Prize

その年に出版された優れた著編小説を表彰するイギリスの文学賞。ブッカー・マコンネル社がブックトラストと共に1969年創設。ゴンクール賞（1903年創設，フランス五大文学賞）にならって，小説に対する社会的関心を喚起することを目的とする。前身はブッカー・マコンネル賞（Booker McConnel Prize）。2005年には「マン・ブッカー国際賞」が設立され，各年で受賞作家を選出していたが，16年からは対象を作品に変更し，原著者と英語翻訳者の共同受賞として毎年選出，19年「国際ブッカー賞」に改称。

【主催者】 ブッカー賞財団（Booker Prize Foundation）
【選考委員】 毎年，作家，批評家，学者，出版人等から選考委員が選ばれる。2度選ばれることは基本的にない。〔2024年本賞〕委員長：Edmund de Waal，委員：Yiyun Li, Nitin Sawhney, Sara Collins, Justine Jordan，〔2024年国際ブッカー賞〕委員長：Eleanor Wachtel，委員：Natalie Diaz, William Kentridge, Romesh Gunesekera, Aaron Robertson
【選考方法】 選考委員が，出版社が推薦した書籍リストの中から8点以上12点以内の作品を選び，全ての作品を読んで選考する。1次リストの選出を経て毎年9月に最終候補6点に絞られ，10月に受賞作1点が決定する
【選考基準】 前年10月から該当年9月末までにイギリスおよびアイルランドで発表された長編小説を対象とする。翻訳作品・自費出版作品は不可。 国際ブッカー賞：英語で書かれた，もしくは英語に翻訳されたフィクション作品を発表している存命の作家（国籍不問）に授与される。2016年以降は，イギリスで出版された英訳の翻訳作品を対象とし，単一の作品（長編小説・短編小説集）に授与する形に変更された
【締切・発表】〔2025年本賞〕2025年7月ロングリストの発表，9月ショートリストの発表，11月授賞式。〔2025年国際ブッカー賞〕2月25日ロングリストの発表，4月8日ショートリストの発表，5月20日授賞式
【賞・賞金】 賞金5万ポンド，最終候補者にはそれぞれ2500ポンド（国際ブッカー賞は著者と翻訳者に均等分配する）
【E-mail】 contactus@bookerprizefoundation.org
【URL】 https://thebookerprizes.com/

2015年
　◇ブッカー賞　　マーロン・ジェイムズ（Marlon James：ジャマイカ）「七つの殺人に関する簡潔な記録（A Brief History of Seven Killings）」
　◇国際ブッカー賞　クラスナホルカイ・ラースロー（Krasznahorkai László：ハンガリー）

2016年
　◇ブッカー賞　　ポール・ビーティー（Paul Beatty：アメリカ）「The Sellout」
　◇国際ブッカー賞　韓 江（Han Kang：原著者：韓国），デボラ・スミス（Deborah Smith：訳者：イギリス）「菜食主義者（英題：The Vegetarian）」

2017年
　◇ブッカー賞　　ジョージ・ソーンダーズ（George Saunders：アメリカ）「リンカーンとさまよえる霊魂たち（Lincoln in the Bardo）」
　◇国際ブッカー賞　デイヴィッド・グロスマン（David Grossman：原著者：イスラエル），ジェシカ・コーエン（Jessica Cohen：訳者）「A Horse Walks Into a Bar」

2018年
　◇ブッカー賞　　アンナ・バーンズ（Anna Burns：アイルランド）「ミルクマン（Milkman）」

◇国際ブッカー賞　オルガ・トカルチュク（Olga Tokarczuk：原著者：ポーランド），ジェニファー・クロフト（Jennifer Croft：訳：アメリカ）「Flights」

2019年
　◇ブッカー賞　マーガレット・アトウッド（Margaret Atwood：カナダ）「誓願（The Testaments）」
　　　　　　　バーナディン・エヴァリスト（Bernardine Evaristo：イギリス）「少女、女、ほか（Girl, Woman, Other）」
　◇国際ブッカー賞　Jokha al-Harthi（原著者：オマーン），マリリン・ブース（Marilyn Booth：訳）「Celestial Bodies」

2020年
　◇ブッカー賞　ダグラス・スチュアート（Douglas Stuart：イギリス）「シャギー・ベイン（Shuggie Bain）」
　◇国際ブッカー賞　マリーケ・ルカス・ライネフェルト（Marieke Lucas Rijneveld：原著者：オランダ），Michele Hutchison（訳者：イギリス）「不快な夕闇（The Discomfort of Evening）」

2021年
　◇ブッカー賞　デイモン・ガルガット（Damon Galgut：南アフリカ）「約束（The Promise）」
　◇国際ブッカー賞　ダヴィド・ディオップ（David Diop：原著者：フランス），Anna Moschovakis（訳者：アメリカ）「夜、すべての血は黒い（At Night All Blood is Black）」

2022年
　◇ブッカー賞　シェハン・カルナティラカ（Shehan Karunatilaka：スリランカ）「マーリ・アルメイダの七つの月（The Seven Moons of Maali Almeida）」
　◇国際ブッカー賞　Geetanjali Shree（原著者：インド），Daisy Rockwell（訳：アメリカ）「Tomb of Sand」

2023年
　◇ブッカー賞　ポール・リンチ（Paul Lynch：アイルランド）「Prophet Song」
　◇国際ブッカー賞　Georgi Gospodinov（原著者：ブルガリア），Angela Rodel（訳者：アメリカ，ブルガリア）「Time Shelter」

2024年
　◇ブッカー賞　サマンサ・ハーヴェイ（Samantha Harvey：イギリス）「Orbital」
　◇国際ブッカー賞　ジェニー・エルペンベック（Jenny Erpenbeck：原著者：ドイツ），ミヒャエル・ホフマン（Michael Hofmann：訳）「Kairos」

児童文学

66 ガーディアン賞　Guardian Award

1967年に創設されたイギリスの児童文学賞。イギリス国内で出版された, 8才以上の児童やヤングアダルト向けのフィクション作品に贈られる。かつてはイギリス国籍の作家のみを選考対象としていたが, 2012年より他国籍の作家も対象となった。またロングリストにノミネートされた作品は18歳以下の個人または学校単位で参加できるレビューコンテスト「Guardian young critics competition」のレビュー対象作品となる。2016年をもって終了。
【主催者】 日刊紙「ガーディアン」(The Guardian)
【選考基準】 一度受賞した作家は除く

2015年		デイヴィッド・アーモンド(David Almond：イギリス)「A Song for Ella Grey」
2016年		アレックス・ウィートル(Alex Wheatle：イギリス)「Crongton Knights」

67 カーネギー画家賞　The Carnegie Medal for Illustration

優れた子どもの本の絵に贈られるイギリスの賞。1955年にイギリス図書館協会ユース・サービス・グループにより創設された。絵本, 挿絵に与えられる賞としてはアメリカのコルデコット賞とならんで権威をもつ。当初, 賞名は, イギリスの著名な絵本作家・挿絵画家であるケイト・グリーナウェイ(Kate Greenaway 1846-1901)にちなみ「ケイト・グリーナウェイ賞」であったが, 2023年に名称変更し「カーネギー画家賞」となった。
【主催者】 英国図書館情報専門協会(CILIP：Chartered Institute of Library and Information Professionals), CILIP青少年図書館グループ(YLG：Youth Libraries Group)
【選考委員】 13地域の代表13名(YLGのメンバーである図書館員)からなる
【選考方法】 イギリス図書館協会の会員が前年度に刊行された作品から推薦し, 選考委員会が検討する。審査では芸術性から本の外形, 本文との調和・相互作用, 読者に与える視覚的効果などが重視される
【選考基準】 子ども向けに英語で書かれ, タイトルが前年の9月1日から8月31日の間にイギリス・アイルランドで最初に出版された図書が対象。なお他の国で最初に出版された書籍は, 最初の出版日から3か月以内にイギリス・アイルランドで共同出版されたものでなければならない。分野・形式・国籍不問, 複数回受賞可
【締切・発表】 例年2月にロングリスト, 3月にショートリストが発表され, その中から受賞者が決定される。6月に授賞式を開催
【賞・賞金】 金メダルと賞金500ポンド相当の書籍(希望するところへの寄贈が前提)
【E-mail】 carnegies@cilip.org.uk
【URL】 https://carnegies.co.uk/

2016年	クリス・リデル（Chris Riddell：イギリス）「The Sleeper and the Spindle」
2017年	レイン・スミス（Lane Smith：アメリカ）「こどものなかま（There Is a Tribe of Kids）」
2018年	シドニー・スミス（Sydney Smith：カナダ）「うみべのまちで（Town is by the Sea）」
2019年	ジャッキー・モリス（Jackie Morris：イギリス）「The Lost Words」
2020年	ショーン・タン（Shaun Tan：オーストラリア）「内なる町から来た話（Tales from the Inner City）」
2021年	シドニー・スミス（Sydney Smith：カナダ）「このまちのどこかに（Small in the City）」
2022年	Danica Novgorodoff（アメリカ）「Long Way Down」
2023年	ジート・ズーン（Jeet Zdung：ベトナム）「ソリアを森へ（Saving Sorya：Chang and the Sun Bear）」
2024年	アーロン・ベッカー（Aaron Becker：アメリカ）「The Tree and the River」

68 カーネギー作家賞　The Carnegie Medal for Writing

　毎年優れた子どもの本に贈られるイギリスの児童文学賞。児童書の価値の認識が高まる中、図書館の後援を積極的に行った慈善家アンドリュー・カーネギー（Andrew Carnegie 1835-1919）の名を冠して1936年にイギリス図書館協会が設立した。当初はイギリス国内で出版されたイギリス国籍の作家による作品のみが対象だったが、69年以降は国籍を問わず、英語で書かれ、イギリス国内で最初（もしくは他国と同時）に出版された作品全てに対象が広げられた。現在は2002年に創設された図書館情報専門家協会（CILIP）がケイト・グリーナウェイ賞と共に賞の授与を行っている。2023年にカーネギー賞からカーネギー作家賞へ名称が変更された。

【主催者】英国図書館情報専門協会（CILIP：Chartered Institute of Library and Information Professionals）、CILIP青少年図書館グループ（YLG：Youth Libraries Group）
【選考委員】13地域の代表13名（YLGのメンバーである図書館員）からなる
【選考方法】イギリス図書館協会の会員が前年度に刊行された作品から推薦し、選考委員会が検討する。審査では物語の枠組み、登場人物造形、文体などが重視される
【選考基準】子ども向けに英語で書かれ、タイトルが前年の9月1日から8月31日の間にイギリス・アイルランドで最初に出版された図書が対象。なお他の国で最初に出版された書籍は、最初の出版日から3か月以内にイギリス・アイルランドで共同出版されたものでなければならない。分野・形式・国籍不問、複数回受賞可
【締切・発表】例年2月にロングリスト、3月にショートリストが発表され、その中から受賞者が決定される。6月に授賞式を開催
【賞・賞金】金メダルと賞金500ポンド相当の書籍（希望するところへの寄贈が前提）
【E-mail】carnegies@cilip.org.uk
【URL】https://carnegies.co.uk/

| 2016年 | サラ・クロッサン（Sarah Crossan：イギリス）「わたしの全てのわたしたち（One）」 |
| 2017年 | ルータ・セペティス（Ruta Sepetys：アメリカ）「凍てつく海のむこうに（Salt to the Sea）」 |

2018年	ジェラルディン・マコックラン(Geraldine McCaughrean：イギリス)「世界のはての少年(Where the World Ends)」
2019年	エリザベス・アセヴェド(Elizabeth Acevedo：アメリカ)「詩人になりたいわたしX(The Poet X)」
2020年	アンソニー・マゴーワン(Anthony McGowan：イギリス)「荒野にヒバリをさがして(Lark)」
2021年	ジェイソン・レノルズ(Jason Reynolds：アメリカ)「Look Both Ways：A Tale Told in Ten Blocks」
2022年	Katya Balen(イギリス)「October, October」
2023年	Manon Steffan Ros(イギリス)「The Blue Book of Nebo」
2024年	ジョセフ・コエロー(Joseph Coelho：イギリス)「The Boy Lost in the Maze」

ケイト・グリーナウェイ賞

→ 67 カーネギー画家賞を見よ

69 国際アンデルセン賞 Hans Christian Andersen Awards

1956年、国際児童図書評議会(IBBY)により創設された国際児童文学賞。長期に渡り子どもの本に貢献してきたと認められる、存命の作家および画家の全業績を対象とする。その選考水準の高さから「小さなノーベル文学賞」ともいわれている。創設年から60年までの3回は個々の作品が対象だったが、62年から現在の作家賞という形式になった。また66年には作家賞と並んで画家賞も設けられた。デンマークの女王マルグリータⅡ世が後援している。
＊日本人では、赤羽末吉(1980年)、安野光雅(84年)、まど・みちお(94年)、上橋菜穂子(2014年)、角野栄子(18年)が受賞

【主催者】国際児童図書評議会(IBBY：International Board on Books for Young People)
【選考委員】国際選考委員会(委員長1名、委員9名)。メンバーの選出は、各国のIBBY支部事務局より推薦を受けた候補者から、子どもと児童図書に関する業績、文学における高度な学術的知識、多言語への精通、多様な芸術文化の経験、地理的状況を考慮の上、IBBY本部理事会が行う
【選考方法】発表年前年の夏に各国事務局が各賞につき最高1名をIBBY本部に推薦する(候補者を出さない加盟国もある)。その後審査資料として、各候補者の全作品リスト、経歴等を英訳した書類および代表作冊(原則として原語のままだが、英語の要約が添えられる場合もある)が本部に届けられ、審査員は翌年春の審査会議まで、約半年をかけて資料を検討する。審査会議では、各審査員による意見交換、数回に渡る投票等の手順を経て最終候補を絞り、その中から各賞の受賞者を決定する
【選考基準】原則各部門1名とされ、存命の作家および画家の全業績を対象とする
【締切・発表】2年に一度、西暦偶数年に開催されるIBBY世界大会において、メダルと賞状の授与が行われる
【賞・賞金】アンデルセンのプロフィールが刻まれた金メダル、賞状
【E-mail】ibby@ibby.org
【URL】https://www.ibby.org./

2016年
◇作家賞　　　曹 文軒(Cao Wenxuan：中国)

| | ◇画家賞 | ロートラウト・ズザンネ・ベルナー（Rotraut Susanne Berner：ドイツ） |

2018年
　◇作家賞　　角野 栄子（Kadono Eiko：日本）
　◇画家賞　　イーゴリ・オレイニコフ（Igor Oleynikov：ロシア）

2020年
　◇作家賞　　ジャクリーン・ウッドソン（Jacqueline Woodson：アメリカ）
　◇画家賞　　アルベルティーヌ（Albertine：スイス）

2022年
　◇作家賞　　マリー＝オード・ミュライユ（Marie-Aude Murail：フランス）
　◇画家賞　　スージー・リー（Suzy Lee：韓国）

2024年
　◇作家賞　　ハインツ・ヤーニッシュ（Heinz Janisch：オーストリア）
　◇画家賞　　シドニー・スミス（Sydney Smith：カナダ）

70　コルデコット賞　Caldecott Medal

　1938年以来毎年，子ども向けの優れた絵本を描いた画家に贈られるアメリカの賞。児童書における「絵」の役割に対する評価が高まる中，22年設立のニューベリー賞同様，フレデリック・G.メルチャーが37年発案，アメリカ図書館協会（ALA）が創設した。19世紀イギリスの絵本画家ランドルフ・コルデコット（Randolph Caldecott 1846-86）の名前を冠する。現在はALA児童部会（ALSC）が運営。画家への賞としては，イギリスのカーネギー画家賞（旧：ケイト・グリーナウェイ賞）と並んで権威がある。次点作は「オナー・ブック」（Honor books）と呼ばれ，銀色のラベルを貼ることから「コルデコット賞銀賞作」とも言われる。同じくALSCが運営するニューベリー賞設立当初は，共通の委員により審査され，一作品が両賞を同時受賞できないことになっていたが，77年以降両賞受賞が可能となり，80年からはそれぞれ独立した委員会により審査が行われるようになった。

【主催者】アメリカ図書館協会児童部会（ALSC：Association for Library Service to Children, a division of the American Library Association）
【選考委員】ALSC会員で，ニューベリー賞とは異なる14名以上からなる審査団
【選考基準】アメリカ国民または在住者によって前年にアメリカ国内で初めて出版・販売され，英語で書かれた14歳までの子ども向けの作品を対象とする。死後出版された作品など，対象年より前に製作され，対象年に初めて刊行された作品も対象。ジャンルはフィクション・ノンフィクション・詩のいずれでもよく，形式は問わない。複数著者作品，一度受賞した作家の作品も対象となる。絵としての完成度が審査の中心となるが，絵が文章と一体となって物語の世界を表現し，子どもの心に訴えかける絵本となっているかどうかが評価される
【締切・発表】締切は刊行年の12月31日。翌年1月に行われるALAの年次総会で受賞作と次点作を発表する
【賞・賞金】受賞者の名を刻したブロンズ・メダル。なお，受賞作品の表紙にはメダルを形どった金色のラベル，次点作品には銀色のラベルが貼られる
【E-mail】alsc@ala.org
【URL】https://www.ala.org/alsc/awardsgrants/bookmedia/caldecott

2016年　　　　ソフィー・ブラッコール（Sophie Blackall：オーストラリア）「プーさんとであった日　世界でいちばんゆうめいなクマのほんとうにあったお話（Finding

	Winnie：The True Story of the World's Most Famous Bear）」
2017年	Javaka Steptoe（アメリカ）「Radiant Child：The Story of Young Artist Jean-Michel Basquiat」
2018年	マシュー・コーデル（Matthew Cordell：アメリカ）「Wolf in the Snow」
2019年	ソフィー・ブラッコール（Sophie Blackall：オーストラリア）「おーい、こちら灯台（Hello Lighthouse）」
2020年	カディール・ネルソン（Kadir Nelson：アメリカ）「The Undefeated」
2021年	Michaela Goade（アメリカ）「We Are Water Protectors」
2022年	ジェイソン・チン（Jason Chin：アメリカ）「Watercress」
2023年	ダグ・サラティ（Doug Salati：アメリカ）「ホットドッグ（Hot Dog）」
2024年	ヴァシュティ・ハリソン（Vashti Harrison：アメリカ）「Big」

71 ドイツ児童文学賞　Deutsche Jugendliteraturpreis

旧西ドイツ内務省によって創設された児童文学賞。1956年に「ドイツ児童図書賞」（Deutscher Jugendbuchpreis）として創設され、「児童と青少年のための優れた図書」に授与される。絵本部門、児童書部門、ヤングアダルト部門、ノンフィクション部門の4部門に、2003年、青少年審査委員会（ドイツ各地から選抜された青少年がメンバー）が審査を行う青少年審査委員賞が新たに加えられた。この他、児童文学に貢献した人物（作家、画家、翻訳家など）に不定期に与えられる特別賞がある。特別賞は1959～61年の間は作品に対して与えられていたが、91年からは個人の全業績に対して与えられるようになった。ドイツで最も権威のある児童文学賞であり、ノミネート作品とその作家情報をまとめた冊子は図書館、書店、学校などに頒布される。

【主催者】主催：ドイツ家族省（Bundesministerium für Familie, Senioren, Frauen und Jugend）、運営委託：ドイツ児童図書評議会（AKJ：Arbeitskreis fuer Jugendliteratur e. V.）
【選考委員】10歳から18歳までの子ども読者4名と、専門家からなる計13名の選考委員会が審査を行う
【選考方法】各部門6作品がノミネートされ、その中から1部門につき1受賞作品が選ばれる
【選考基準】ドイツ語で書かれた作品、またはドイツ語に翻訳された前年に出版された児童・ヤングアダルト文学作品、絵本、児童書、青少年向けの本、ノンフィクションを対象とする
【締切・発表】フランクフルト・ブックフェアで10月に発表・授賞が行われる
【賞・賞金】各部門：8000ユーロと「モモ」のトロフィー像、特別賞：1万ユーロ
【E-mail】info@jugendliteratur.org
【URL】https://www.jugendliteratur.org/

2015年		
◇絵本		デイヴィッド・ウィーズナー（David Wiesner：アメリカ）「ミスターワッフル！（原題：Mr.Wuffels！、独題、Herr Schnuffels）」
◇児童書		パム・ムニョス・ライアン（Pam Munoz Ryan：著者：アメリカ）、ピーター・シス（Peter Sís：イラスト：アメリカ）「夢見る人（原題：The Dreamer、独題：Der Träumer）」
◇ヤングアダルト		Susan Kreller（ドイツ）「Schneeriese」

◇ノンフィクション　Christina Röckl（ドイツ）「Und dann platzt der Kopf」
　◇青少年審査委員賞　デイヴィッド・レヴィサン（David Levithan：アメリカ）「エヴリデイ（原題：Every day, 独題：Letztendlich sind wir dem Universum egal）」
　◇特別賞　Sabine Friedrichson（画家：ドイツ）
2016年
　◇絵本　Edward van de Vendel（著者：オランダ），Anton van Hertbruggen（イラスト：オランダ）「Den Hondje dat Nino niet had（独題：Der Hund, den Nino nicht hatte）」
　◇児童書　ハイファ・アル＝マンスール（Hayfa Al Mansour：サウジアラビア）「The Green Bicycle（独題：Das Mädchen Wadjda）」
　◇ヤングアダルト　Kirsten Fuchs「Mädchenmeute」
　◇ノンフィクション　Kristina Gehrmann（ドイツ）「Im Eisland」
　◇青少年審査委員賞　Peer Martin（ドイツ）「Sommer unter schwarzen Flügeln」
　◇特別賞　クラウス・コルドン（Klaus Kordon：作家：ドイツ）
2017年
　◇絵本　イザベル・マルチンス（Isabel Minhós Martins：著者：ポルトガル），ベルナルド・カルヴァーリョ（Bernardo P. Carvalho：イラスト：ポルトガル）「Hier kommt keiner durch！」
　◇児童書　ヤコブ・ヴェゲリウス（Jakob Wegelius：スウェーデン）「サリー・ジョーンズの伝説 あるゴリラの数奇な運命（原題：Mördarens Apa, 独題：Sally Jones. Mord ohne Leiche）」
　◇ヤングアダルト　ボニー＝スー・ヒッチコック（Bonnie-Sue Hitchcock：アメリカ）「The Smell Of Other People's Houses（独題：Der Geruch von Häusern anderer Leute）」
　◇ノンフィクション　Piotr Socha（ポーランド）「Bienen」
　◇青少年審査委員賞　ベッキー・アルバータリ（Becky Albertalli：アメリカ）「サイモンvs人類平等化計画（原題：Simon vs. the Homo Sapiens Agenda）」
　◇特別賞　グードルン・パウゼヴァング（Gudrun Pausewang：作家：ドイツ）
2018年
　◇絵本　オイヴィン・トールシェーテル（Øyvind Torseter：ノルウェー）「Der siebente Bruder：oder Das Herz im Marmeladenglas」
　◇児童書　岩佐 めぐみ（Iwasa Megumi：著者：日本），イヨルク・ミューレ（Jörg Mühle：イラスト：ドイツ）「ぼくはアフリカにすむキリンといいます（独題：Viele Grüße, Deine Giraffe）」
　◇ヤングアダルト　Manja Präkels（ドイツ）「When I Ate Schnapps Cherries with Hitler（原題：Als ich mit Hitler Schnapskirschen aß）」
　◇ノンフィクション　Gianumberto Accinelli（著者：イタリア），Serena Viola（イラスト：イタリア）「Der Dominoeffekt oder Die unsichtbaren Fäden der Natur」
　◇青少年審査員賞　アンジー・トーマス（Angie Thomas：アメリカ）「ザ・ヘイト・ユー・ギヴ：あなたがくれた憎しみ（原題：The Hate U Give）」
　◇特別賞　Uwe-Michael Gutzschhahn（翻訳家：ドイツ）
2019年
　◇絵本　イリス＝アネモネ・パウル（Iris Anemone Paul：ドイツ）「Polka für Igor」
　◇児童書　エリン・エントラーダ・ケリー（Erin Entrada Kelly：アメリカ）「ハロー、ここにいるよ（原題：Hello, Universe, 独題：Wünsche ans）」
　◇ヤングアダルト　スティーブン・ヘリック（Steven Herrick：オーストラリア）「By the River（独題：Ich weiß, heute Nacht werde ich träumen）」
　◇ノンフィクション　Anja Reumschüssel（ドイツ）「Extremismus」

◇青少年審査委員賞　ニール・シャスタマン（Neal Shusterman：アメリカ）「僕には世界がふたつある（原題：Challenger Deep）」
◇特別賞　　　　　Volker Pfüller（画家：ドイツ）

2020年
◇絵本　　　　　　マック・バーネット（Mac Barnett：著者：アメリカ），ジョン・クラッセン（Jon Klassen：イラスト：カナダ）「サンカクさん（原題：Triangle, 独題：Dreieck）」「シカクさん（原題：Square, 独題：Quadrat）」「マンマルさん（原題：Circle, 独題：Kreis）」
◇児童書　　　　　Will Gmehling（ドイツ）「Freibad：Ein ganzer Sommer unter dem Himmel」
◇ヤングアダルト　Dita Zipfel（著者：ドイツ），Rán Flygenring（イラスト：アイスランド）「Wie der Wahnsinn mir die Welt erklärte」
◇ノンフィクション　David Böhm「A wie Antarktis（独題：A wie Antarktis：Ansichten vom anderen Ende der Welt）」
◇青少年審査委員賞　サラ・クロッサン（Sarah Crossan：アイルランド）「Moonrise（独題：Wer ist Edward Moon？）」
◇特別賞　　　　　コルネーリア・フンケ（Cornelia Funke：作家：ドイツ）

2021年
◇絵本　　　　　　シドニー・スミス（Sydney Smith：カナダ）「このまちのどこかに（原題：Small in the City, 独題：Unsichtbar in der großen Stadt）」
◇児童書　　　　　Marianne Kaurin（ノルウェー）「Irgendwo ist immer Süden」
◇ヤングアダルト　ユルガ・ヴィレ（Jurga Vilė：著者：リトアニア），リナ 板垣（Lina Itagaki：イラスト：リトアニア）「シベリアの俳句（原題：Sibiro haiku）」
◇ノンフィクション　クリストフ・ドレッサー（Christoph Drösser：ドイツ）「100 Kinder」
◇青少年審査委員賞　ウィル・ヒル（Will Hill：イギリス）「After the Fire（独題：After the Fire：Roman）」
◇特別賞　　　　　Gudrun Penndorf（翻訳家：ドイツ）

2022年
◇絵本　　　　　　エッマ・アードボーゲ（Emma Adbåge：スウェーデン）「Gropen（独題：Unsere Grube）」
◇児童書　　　　　アリ・ベンジャミン（Ali Benjamin）「The Next Great Paulie Fink（独題：Die Suche nach Paulie Fink）」
◇ヤングアダルト　キルステン・ボイエ（Kirsten Boie）「Dunkelnacht」
◇ノンフィクション　Bianca Schaalburg「Der Duft der Kiefern. Meine Familie und ihre Geheimnisse」
◇青少年審査委員賞　ベネディクト・ウェルズ（Benedict Wells）「Hard Land」
◇特別賞　　　　　Hans Ticha（画家：ドイツ）

2023年
◇絵本　　　　　　Benjamin Gottwald「Spinne spielt Klavier.Geräusche zum Mitmachen」
◇児童書　　　　　Tanja Esch「Boris, Babette und lauter Skelette」
◇ヤングアダルト　Chantal-Fleur Sandjon（ドイツ）「Die Sonne, so strahlend und Schwarz」
◇ノンフィクション　Kathrin Köller, イルメラ・シャウツ（Irmela Schautz）「Queergestreift：Alles über LGBTIQA＋」
◇青少年審査委員賞　リズ・ケスラー（Liz Kessler：イギリス）「When the World Was Ours（独題：Als die Welt uns gehörte）」
◇特別賞　　　　　Alois Prinz（作家：ドイツ）

2024年
◇絵本　　　　　　Muon Thi Van, Victo Ngai（中国）「Wishes（独題：Wünsche）」
◇児童書　　　　　サーシャ・スタニシチ（Saša Stanišić：著者：ドイツ），レギーナ・ケーン

　　　　　　　（Regina Kehn：イラスト）「Wolf」
◇ヤングアダルト　エヴァ・ロットマン（Eva Rottmann：ドイツ）「Kurz vor dem Rand」
◇ノンフィクション　Patrick Oberholzer「Games-Auf den Spuren der Flüchtenden aus Afghanistan」
◇青少年審査委員賞　アリス・ウィン（Alice Winn：アイルランド）「In Memoriam（独語：Durch das große Feuer）」
◇特別賞　　　　　Rolf Erdorf（翻訳家：ドイツ）

72　ニューベリー賞　Newbery Medal

　前年に出版された本のうちアメリカの児童文学に最も貢献した優秀作品の著者に贈られる賞。1922年に創設された世界初の児童文学賞でもある。著名な児童文学出版人のフレデリック・G.メルチャー（Frederic G.Melcher 1879-1963）がアメリカ図書館協会（ALA）児童図書館員部会で設立を提唱、ALAが創設された。児童文学創作の促進、出版の奨励などを目的とする。賞名は、児童文学の発展に貢献した18世紀のイギリスの出版人ジョン・ニューベリー（John Newbery 1713-67）の名にちなむ。現在はALAの児童部会（ALSC：The Association for Library Service to Children）により運営されている。次点作（runners-up）は、71年から「オナー・ブック」（Honor books）と呼ばれている。銀色のラベルを貼ることから「ニューベリー賞銀賞作」とも言われる。同じくALSCが運営するコルデコット賞設立当初は、共通の委員により審査され、一作品が両賞を同時受賞できないことになっていたが、77年以降両賞受賞が可能となり、80年からはそれぞれ独立した委員会により審査が行われるようになった。

【主催者】アメリカ図書館協会児童サービス協会（ALSC：Association for Library Service to Children, American Library Association：ALSC）

【選考委員】ALSCが任命する、コルデコット賞とは異なる14名以上の選考委員からなる

【選考基準】対象はアメリカ国民または在住者によって前年にアメリカで初めて出版・販売された14歳までの子ども向けの作品。対象年より前に執筆され、対象年に初めて刊行された作品も対象となる。英語で書かれていることが必須だが、分野や形式は問わない。複数著者作品、一度受賞した作家の作品も対象になる。テーマや構成の秀逸さ・緻密さといった文学としての質と同時に、「子どもを惹きつける」ことが重要な基準となっており、単に教訓的なもの、人気が先行しているものが評価されるとは限らない。またシリーズの一部となっている作品は基本的に対象外となる

【締切・発表】締切は刊行年の12月31日。翌年の通常1月に行われるALAの年次総会で受賞作と次点作を発表する

【賞・賞金】受賞者の名を刻したブロンズ・メダル。受賞作品の表紙にはメダルを形どった金色のラベルを、次点作品には銀色のラベルを貼る

【E-mail】alsc@ala.org

【URL】https://www.ala.org/alsc

2016年	マット・デ・ラ・ペーニャ（Matt de la Peña）「おばあちゃんとバスにのって（Last Stop on Market Street）」
2017年	ケリー・バーンヒル（Kelly Barnhill）「月の光を飲んだ少女（The Girl Who Drank the Moon）」
2018年	エリン・エントラーダ・ケリー（Erin Entrada Kelly）「ハロー、ここにいるよ（Hello, Universe）」

2019年	メグ・メディナ（Meg Medina）「スアレス一家は、今日もにぎやか（Merci Suárez Changes Gears）」
2020年	ジェリー・クラフト（Jerry Craft）「New Kid」
2021年	テェ・ケラー（Tae Keller）「トラからぬすんだ物語（When You Trap a Tiger）」
2022年	ドナ・バーバ・ヒグエラ（Donna Barba Higuera）「最後の語り部（The Last Cuentista）」
2023年	アミナ・ラクマン＝ドーソン（Amina Luqman-Dawson）「Freewater」
2024年	デイヴ・エガーズ（Dave Eggers）「The Eyes and the Impossible」

73 フェニックス賞　Phoenix Award

高い文学的価値をもつが，刊行当時は権威ある児童文学賞を受賞しなかった作品を再評価する賞。1985年，アメリカの児童文学協会（ChLA）により創設された。「フェニックス」の名は，若く美しい姿となって灰の中から復活する架空の鳥にちなむ。選考は毎年行われる。89年に不定期の選出であるオナー・ブック（Honor book），2010年（授賞は13年から）にフェニックス絵本賞が創設された。

【主催者】児童文学協会（ChLA：Children's Literature Association）
【選考委員】ChLA会員の中から5名の専門委員が任命される
【選考方法】ChLA会員と児童文学の批評基準に関心をもつ人たちが候補作を挙げ，選考委員が審査する
【選考基準】原則1作品。20年前に英語で刊行され，当時主だった賞を受けなかった作品を対象とする。出版国や作家の国籍について制限はない
【賞・賞金】真鍮の彫像
【E-mail】info@childlitassn.org
【URL】http://www.childlitassn.org/

2016年	アンドリュー・クレメンツ（Andrew Clements：アメリカ）「合言葉はフリンドル！（Frindle）」
2017年	ジェイムズ・ヘネガン（James Heneghan：イギリス）「リヴァプールの空（Wish Me Luck）」
2018年	エリザベス・パートリッジ（Elizabeth Partridge：アメリカ）「Restless Spirit：The Life and Work of Dorothea Lange」
2019年	ルイーズ・アードリック（Louise Erdrich：アメリカ）「スピリット島の少女：オジブウェー一族の一家の物語（The Birchbark House）」
2020年	Carolyn Coman（アメリカ）「Many Stones」
2021年	アリッサ・ブラグマン（Alissa Brugman：オーストラリア）「Finding Grace」
2022年	ジュリー・オオツカ（Julie Otsuka：アメリカ）「天皇が神だったころ（別題：あのころ，天皇は神だった，英題：When the Emperor Was Divine）」
2023年	Tim Tingle（アメリカ）「Walking the Choctaw Road」
2024年	ウマ・クリシュナズワミー（Uma Krishnaswami：インド）「Naming Maya」

受賞者名索引

【ア】

アイ ウェイウェイ 59
会 静 197
アイイスドッティル, エヴァビョルク 353
アイヴィ, J. 112, 115
アイヴォリー, ジェームズ 132
アイグ, ジョナサン 27
アイク, ロバート 235
アイグスティ, テイラー 105
アイザック, オスカー 177
アイザックス, マーラ 98
アイス・スパイス 73
アイズナー, ウィル 247, 250, 253, 258, 259
アイゼンドレイス, イアン 239
アイゼンバーグ, ジェシー 188
アイーテ, ディディ 217
アイディン, アンドリュー 280, 282, 290, 373
アイバーソン, アレン 332
アイム・ウィズ・ハー 98
アイメリッチ, テレサ 40
アイラクシネン, テッポ 172
アイリッシュ, ビリー 69,
　　71, 72, 74, 96, 100, 103, 114, 118, 137, 140, 183
アイルランド警察 38
アヴァーリノス, ポール 79
アヴィス, マーク 41
アヴィーチー feat.リタ・オラ 68
アウストネス, アーレ 303
アウバーグ, トビー 303
アヴロン, ニール 103
アガエイ, アミル 207
アガジャニャン, ミグラン 121
アーカンド, フィリップ・ベルニエ 366
アキスカル, ハゴップ・S. 33
アークエット, パトリシア 166, 180, 181
アクーニャ, ロナルド, ジュニア 342
アグリオティ, サルバトーレ・マリア 42
アケソタ, スザンヌ 41
アコスタ, カルロス 222
アゴスティーニ, P. 13
アゴスティーノ, パトリシア・V. 37
アゴタ, トス 37
アゴル, イアン 51
アーサー・アンダーセン 34
アサイヤス, オリヴィエ 172
浅野 忠信 187
アザレロ, ブライアン 258, 259, 262
アジャ, デイビッド 276, 277, 281
アシュガリ, アミールフセイン 203

アシュキン, A. 12
アシュレイ, クリストファー 190, 210
アース, ミカエル 205, 206
アズガディ, メヘディ・アスガリ 208
アスガリアン, ロクサーナ 377
アスカリッド, アリアンヌ 159
アスペ, A. 13
アスレール, フロリアーヌ 77
アセヴェド, エリザベス 373, 392
アセヴェド=ホワイトハウス, カリーナ 38
アセモグル, ダロン 14
アゼラッド, ローレンス 90, 103
アタイデ, アルジョ 148
アタヴァレー, パンデュラン・シャーストリ 9
アタギュル, ネスリハン 202
足立 浩平 42
足立 紳 206
アタッカ四重奏団 100, 114
アダムコヴァ, ヤナ 40
アダムス, エリック 38
アダムス, チャールズ 284
アダムス, リチャード 294
アーチー, スーザン 81
アーツ, コニー 48
アックス, エマニュエル 109
アッシャー, モリー 136
アッシュダウン, ヘレン 41
アッシュバーナー, ジョン 35
アッセンブル 60
アッター, エイブラハム 157
アッツォーニ, シルヴィア 222
アップル, フィオナ 100
アデイェミ, トミ 379
アディツア, ジェイミー 145
アティム, シーラ 238, 241
アーディントン, マーク 130
アデス, トーマス 224
アデトクンボ, ヤニス 332
アデル 82, 83, 109
アデルバーガー, エリック 52
アデルフィア 34
アーデン, マイケル 216
アトウッド, コリーン 131
アトウッド, マーガレット 375, 389
アドゥーバ, ウゾ 162, 167
アドキンス, アデル →アデルを見よ
アトキンス, ジョン 38
アトベリー, ブライアン 370
アードボーゲ, エマ 396
アドボケートのスタッフ 19
アードリック, ルイーズ 22, 375, 398

アナツイ, エル	58
アーナパーラ, ディーパ	358
アナンド, マドゥール	364
アニエッロ, ルチア	167, 170
アニオルテ, ルイス・パジャレス	42
アニッタ	72〜74
アーネスト・ウィンザー・クリーナーズ	212
アーノルド, アンドレア	172
アーノルド, F.H.	12
アーバックル, アヴァ	232
アバディア, シモ	312
アバティガ, ミゲル	37
アバナシー, ドウェイン, Jr.	106
アハメド, アビィ	28
アパロ, ジム	286
アビル, ジョーダン	366
アービング, ジュリアス	331
アフタブ, アルージ	107
アブディカリコフ, ジャスラン	122
アブデル＝ヌール, ルカ	233
アブドゥッラー2世	10
アブドゥル＝ジャバー, カリーム	331
アブドゥル＝マティーン, ヤーヤ, II	167
アフマド, ヤスミン	199, 201
アフメド, サラディン	283
アフメドヴァ, アンゲリーナ	121
アプリモフ, セリック	198
アブレイユ, ホセ	342
アフレック, ケイシー	131, 177, 218
アフレック, ベン	188
安倍 夜郎	314
アベセカラ, ハイラム	240
アマトリアイン, アリシア	223
天野 篤	39
天野 喜孝	257
アーミテージ, セレナ	131
アミール＝エブラヒミ, ザール	174, 208
アミールポアー, アナ・リリー	158
アームストロング, ジェシー	166, 168, 169
アームストロング, P・W.	31
アムテ, ババ	9
アーメッド, リズ	138, 164
アメナーバル, アレハンドロ	197
アメリカ合衆国政府監査院	39
アメリカ空軍ライト研究所	37
アメリーヌ, モード	206
アメル, ジャン＝セバスティン	320
アメン, ジェフ	99
アメン, バリー	99
アモン, アンジェリカ	52
アーモンド, デイヴィッド	390
アヤラ, フランシスコ・J.	9
アラウージョ, アストルフォ・ゴメス・デ・メロ	37
アラゴネス, セルジオ 247, 251, 252, 255, 257, 258, 260	
アラバマ・シェイクス	78, 79, 89
アラベナ, アレハンドロ	61
アラマー, ビアトリス	43
アラヤ, サミュエル	368
アラリ, アルチュール	140, 185
アラルカオ, アドリニ	42
アランギラン, ジェリー	313
アランダ, ビセンテ	196
アランダ・マイダナ, ミゲル・アンヘル・ダビド	232
アーランド, ジョナサン	133
アリ, アビィ・アハメド	12
アリ, マハーシャラ	131, 133, 180
アリアス, マイケル	287
アリアナ・グランデ&ジャスティン・ビーバー	70
アリアナ・グランデ&ソーシャル・ハウス	70
アリエリー, ダン	37
アリス, チャールズ・デビッド	50
アリゾナ・リパブリックのスタッフ	18
アリソン, ジェームズ・P.	4, 12, 50
アリソン, ジョン	285
アル, ファティヒ	207
アル＝アシャブ, ミラン	121
アルカニ＝ハメド, ニマ	49
アルカラ, マヌエル	226
RCRアルキテクタス	61
アルシュポー, ブラントン	95, 99
アルシラ, ジョン	159
アルシンダー, ルー →アブドゥル＝ジャバー, カリームを見よ	
アルス, ヒルトン	17
アルトゥーベ, ホセ	342
アルトゥーロ・オファリル&アフロ・ラテン・ジャズ・オーケストラ	101
アルトゥーロ・オファリル&アフロ・ラテン・ジャズ・オーケストラ feat. The Conga Patria Son Jarocho Collective	111
アルバータリ, ベッキー	395
アルバレス＝ノボア, カルロス	197
アルビッソン, アマンディーヌ	224
アルファベット・ロッカーズ	112
アルフォナ, エイドリアン	310, 381
アル＝フーティー, ワスミア	36
アルベル, エミン	157
アルベルティーヌ	393
アルホナ, アドリア	190
アル＝マンスール, ハイファ	395
アル＝ムッサラーム, ファテン	36
アルメイダ, デニルソン	231

アルメリーニ, レオノーラ 126
アルモドバル, ペドロ 159, 160
アルロー, スワン 192
アレイ・コレクティヴ 60
アレクシエーヴィチ, S. 11
アレシンスキー, ピエール 58
アレン, ディック 337
アーレンベック, キャレン 29
アロウニ, アブデル・カデル 41
アロノフ, フィリス 363
アロノフ, マイケル 210
アーロン, ジェイソン 280, 281
アロン, ノガ 7
アーロン, ハンク 336
アロンソ, アリシア 221
アロンソ, フェルナンド 222
アロンソ, フランシスコ 43
アロンソン=ラス, ラニー 140
アーロン・ネヴィル with ダーティー・ダズン・
　ブラス・バンド 112
アン ジェフン 302
安 天旭 121
アンガー, ゲイリー 139
アンガー, ドナルド・L. 37
アンカレッジ・デイリー・ニュース 20
アングリスト, J.D. 13
アンクリッチ, リー 133
アンゲラー, ナディネ 347
アンサリ, アジズ 162, 163, 179
アンセルド, ウェス 330
アンソニー, マーク 98, 111
アンダーウッド, キャリー 106
アンダース, シルケ 41
アンダーズ, チャーリー・ジェーン 378, 385
アンダーソン, ウィル 308, 325
アンダーソン, ウェス 140, 226, 306
アンダーソン, エイミー 109
アンダーソン, キャロル 375
アンダーソン, ジェーン 162
アンダーソン, ジム 90
アンダーソン, ジリアン 167, 182
アンダーソン, ダーラ・K. 133
アンダーソン, デボラ・J. 37
アンダーソン, ブランドン 105
アンダーソン, ブレント 251, 252, 254
アンダーソン, マーカス・クワメ 290
アンダーソン, ルーイ 162
アンダーソン, ロイ 159
アンダーソン, ローリー 4, 55
アンダーソン, G.V. 369
アンダーソン・パーク feat.アンドレ・3000 96

アンダーソン=ロペス, クリステン 133
アンディニ, カミーラ 202
安藤 庄平 194
アントニエッティ, ミシェル 39
アントニオ・キロス, ホセ 200
アントノフ, ジャック 92, 108, 113, 114
アンドラセフ, ナディア 323, 325
アンドラーデ, フィリペ 386
アンドリュース, ジュリー 159
アンドリューズ, スコット・H. 369
アンドリュース, デニシア "ブルー・ジューン"
　.. 110
アンドレイチェーヴァ, エレナ 135
アンドレイド, チッタランジャン 34
庵野 秀明 198
アンピエール, シャーリー・A. 37
アンブロス, ヴィクター 14, 50
アン・ホイ 159, 201
アンホス, アンドレ・アレン 86
アンマン人権学センター 7

【イ】

イ ウンボク 150
イ グァンモ 197
イ ジェフン 150
イ ジュヒョン 203
イ ジュンス 232
イ ジョンジェ 168
イ ソンジン 169, 170
イ チャンホ 194
イ チャンリム 39
イー, デイヴィッド 362
イ ドヒョン 150
イ ドンヨル 122
イ ヒョク 127
イ ヨンウン 122
イアヌッチ, アーマンド 161, 162
イェ, ジュン 52
イェ スア 122
イェーキン, ボアズ 196
イェジェイチャク, ヴィエシュワフ 45
イェリッチ, クリスチャン 342
イェンニ, ピーター 49
イオネスク, ディアナ・ジョルジア 231
五十嵐 清治 43
イギリス海軍 34
イギリス・コカ・コーラ・カンパニー 35
イ・コンサルナウ, ジョアン・マルガリット ... 371
イシイ, アン 284
石黒 章夫 37

イシク　　　　　　　　　　　　　　　404　　　　　　　　　　　　受賞者名索引

イシグロ, カズオ ………………………… 11
石橋 静河 …………………………………… 205
イズギル, タヒル・ハムット …………… 377
イスタッド, ロバート …………………… 109
イーストマン, ケビン …………………… 291
イズベル, ジェイソン …………… 80, 89, 116
イスマイル, エドナ・アダン ……………… 10
イスラエル, ロバート …………………… 244
イスラエル&ニュー・ブリード …………… 80
イスリャモフ, ラヴィル ………………… 122
磯崎 新 ……………………………………… 61
イタガキ, リナ …………………………… 396
イタリア国立統計研究所 ………………… 40
市川 崑 ……………………………… 196, 200
市川 準 …………………………………… 201
イチロー …………………………………… 340
イップ, ジョナサン ……………………… 87
イトウ, エリザベス ……………………… 322
伊藤 賢太郎 ………………………………… 38
伊藤 沙莉 ………………………………… 206
伊藤 潤二 ………………………… 289, 290
イトウ, フェルナンダ …………………… 42
イニャリトゥ, アレハンドロ・ゴンサレス
　　　　……… 81, 130, 133, 176, 197, 198, 207
井上 大佑 ………………………………… 35
イバニェス, アグスティン ……………… 45
イバラ, グレディス ……………………… 196
イフテイハール, マリアム ……………… 40
イベントホライズンテレスコープ ……… 52
今井 香 …………………………………… 43
今井 真介 ………………………………… 40
今井 真 …………………………………… 38
今泉 力哉 ………………………………… 207
イマジン・ドラゴンズ …………………… 68
イマニ・ウィンズ ………………………… 119
イム ジヨン ……………………………… 153
イム ソヌ ………………………………… 231
イム チャンサン ………………………… 199
イム ユンチャン ………………………… 65
イムホフ, アン …………………………… 57
井村 五郎 ………………………………… 45
イムリー, Y. ………………………………… 3
イリアス, イリアーヌ …………………… 80
イリアーヌ・イリアス with チック・コリア&チュー
　　チョ・バルデース …………………… 106
イリアルテ＝ディアス, ホセ …………… 41
イレ ………………………………………… 84
イレール, ローラン ……………………… 222
岩井澤 健治 ……………………… 303, 317
岩佐 めぐみ ……………………………… 395
イワネンコ, ユーリ ……………………… 39
イン ヨウチャオ ………………………… 175

インカンデラ, ジョゼフ ………………… 49
イングラム, クリストーン・"キングフィッシュ"
　　　　………………………………………… 107
イングラム, ジェイソン ………………… 93
イングラム, ステファニー ……………… 137
イングリッシュ, オースティン ………… 295
イングリッシュ・ナショナル・オペラ合唱団 ‥ 236
イングリッシュ・ナショナル・バレエ団 … 237
インゲル, ヨハン ………………………… 223
インチェチク, アティラ ………………… 45
インバート, パトリック …………… 300, 324
インフォミックス ………………………… 34
インベンス, G.W. ………………………… 13
インマン, マシュー ……………………… 277

【ウ】

ウー, イェン・イェン …………………… 200
ウー, イリョン …………………………… 27
ウー ウェイ ……………………………… 95
ウー カンレン …………………………… 151
于 航 ……………………………………… 231
ウ, ジュンフィ …………………………… 45
ウー, ジョン ……………………………… 204
于 薇 ……………………………………… 108
ウー ミンジン …………………………… 202
ヴァイツゼッカー, カール・フリードリヒ・
　　フォン …………………………………… 8
ヴァサルヘリイ, エリザベス・チャイ … 134
ヴァージペーイー, アタル・ビハーリー … 33
ヴァシレフスキ, トマシュ ……………… 226
ヴァズ, ヴィトール・アウグスト ……… 232
ヴァッサル, ジャン・フィリップ ……… 61
ヴァッセルスーグ, リチャード ………… 33
ヴァッファ, カムラン …………………… 51
ヴァニエ, ニコラ ………………………… 201
ヴァヌース, ポール ……………………… 55
ヴァーノン, アーシュラ …… 378, 380, 382
ヴァビシャナ, ジョエニア ………………… 7
ヴァーメット, パトリス ………………… 137
ヴァーリイ, リン ………… 246, 255, 256, 295
ヴァリーン, エリカ ……………………… 42
ヴァルダ, アニエス ……………………… 133
ヴァルター, フランツ・エアハルド …… 57
ヴァルチャノフ, ペタル ………………… 203
ヴァルデス, アダム ……………………… 132
ヴァルトロメイ, アナマリア …………… 208
ヴァルマ, インディラ …………………… 239
ヴァルマ, ヴィジャイ …………………… 153
ヴァルラ, ズビン ………………………… 242

ヴァレ, ジャン＝マルク	164
ヴァレラ＝シド, セルジオ	63
ヴァレロンガ, ニック	133, 134, 180
ヴァレンティーン, クリス	198
ヴァレンティン, ユリ	121
ヴァン・インプ, ジャック	34
ヴァン・インプ, レクセラ	34
ヴァンサン, クリスチャン	157
ヴァン・シャイク, トゥール	223
ヴァンス, コートニー・B.	163
ヴァンストン, ヒュー	214
ヴァンダミア, アン	370
ヴァンダミア, ジェフ	370, 378
ヴァンデン＝ブロエック, ジャン＝マーク	33
ヴァンドワーフ, F	31
ヴァン・ニーウェンホイゼン, ピーター	51
ヴァンパイア・ウィークエンド	96
ヴァン・パットン, デイヴ	113
ヴァン・ヒュルーニンゲン, フェリックス	174
ヴァン・ホイテマ, ホイテ	140
ヴァン・ホーヴェ, イヴォ	209
ヴァン・ランゲ, ポール	45
ウィアー, アンディ	382
ヴィア, シェーン	132
ウィアー, ピーター	139, 161
ウィアット, ジョナサン	34
ヴィアルド, ウラディーミル	64
ウィーヴァー, ケヴィン	118
ヴィエンツキェヴィチ, ロベルト	203
ウィカナ, トゥク・リフヌ	153
ヴィキャンデル, アリシア	130
ウィグ, クリステン	188
ヴィグダーソン, アヴィ	29
ヴィケンハイザー, ヤミー	45
ヴィシニョーワ, ディアナ	220
ウィショー, ベン	166, 180
ウィズウェル, ジョン	379
ウィズキッド	72, 104
ヴィスコンティ, トニー	86
ウィズタム, ドロン	32
ウィーズナー, デイヴィッド	394
ウィタカー, クリス	350, 352
ヴィダル＝ヴェルドゥ, アンヘラ	44
ウィチュス, フィリップ	202
ヴィッカー, ヨルグ	44
ウィツガル, ペーター	42
ウィッグルスワース, マーク	237
ウィッティンガム, M.S.	12
ウィッテン, エドワード	49
ウィット, サミー	113
ウィットカム, キャサリン・K.	37
ウィットコーム, ブライアン	36
ウィットマン, スコット	116
ヴィデベック, ラスムス	227
ウィートル, アレックス	390
ヴィニシウス・ジュニオール	348
ヴィネル, ジョナタン	323
ウィーバー, シガニー	161
ヴィヤゾフスカ, マリナ	48
ヴィユマン, ステファン	328
ウィーラー, アンドリュー	279
ウィラーズ, ターン	140
ウィラスティ, アディニア	143
ウィーラセタクン, アピチャッポン	174
ヴィラブランカ, エンリケ・セルダ	36
ウィーラン, ピーター	241
ヴィランド, ソフィア	121, 122
ウィリー, ハンス＝クリスチャン	64
ウィリアムズ, アラン	243
ウィリアムズ, クレイグ	36
ウィリアムズ, ザック	88, 102
ウィリアムズ, シェイラ	38
ウィリアムズ, ジェフリー・ラマー	91
ウィリアムズ, ジェームズ・H., 3世	258, 271, 279, 382
ウィリアムズ, ジョナサン	44
ウィリアムズ, ジョン	85, 90, 99, 119
ウィリアムズ, タイラー	184
ウィリアムズ, チャールズ	173
ウィリアムズ, デヴィッド・L.	86
ウィリアムズ, テッド	335
ウィリアムズ, トッド	58
ウィリアムズ, ナターシャ・イヴェット	116
ウィリアムズ, ファレル	79, 95
ウィリアムズ, ブライアン	36
ウィリアムズ, ポール, ジュニア	31
ウィリアムズ, マイケル, II	88
ウィリアムズ, マイケル・ポール	22
ウィリアムズ, マーク	106
ウィリアムズ, ミシェル	166, 181
ウィリアムズ, メイソン	118
ウィリアムズ, リア	235
ウィリアムズ, ロビン	35
ウィリアムソン, アル	246, 253, 258, 285
ウィリンガム, ビル	260, 261, 263, 264, 266, 269
ウィルキン, マイルス	210
ウィルキンズ, ロブ	386
ウィルキンソン, アンナ	38
ウィルス, モーリー	336
ウィルソン, ガブリエラ →H.E.R.を見よ	
ウィルソン, ジェニファー	377
ウィルソン, ジャスティン	94

ウィルソン, ジャミカ	136	ウェヴァー, メリット	165
ウィルソン, スチュアート	135	ヴェガ, エドウィン	99
ウィルソン, ダン	116	ヴェグジン, スタニスラフ	231
ウィルソン, ディオン	115	ヴェゲリウス, ヤコブ	395
ウィルソン, ベン	35	ヴェス, チャールズ	246, 253, 260, 384
ウィルソン, マイケル	44	ヴェステルベリ, ハカン	35
ウィルソン, マット	282, 286, 291	ウェスト, カニエ	66, 68, 102, 106
ウィルソン, レイニー	116	ウェスト, ジム・キモ	101
ウィルソン, レベル	189	ウェストコット, マーク	64
ウィルソン, ロバート	59	ウェストブルック, ラッセル	332
ウィルソン, G・ウィロー	286, 287, 310, 381	ウェストレイク, ドナルド	277
ウィルソン, R.B.	13	ウェストン, ジョシュ	140
ウイルチェック, フランク	10	ウェスラー, チャールズ・B.	133
ヴィルチンスキ, マリウシュ	302, 318	ウェット・レッグ	110, 119
ヴィルディー, テイジンダー	49	ウェッブ, ジェイソン・マイケル	213
ヴィルデルムート, ハンスリューディ	41	ウエドラオゴ, イドリッサ	194
ウィールドン, クリストファー	215, 223	ウェドン, ジョス	264, 267
ヴィルヌーヴ, ドゥニ	378	上野 義雪	45
ウィルマ・シアター	217	上原 勝	45
ウィルモット, ケヴィン	134	ヴェリク, フランチェスカ	238
ヴィレ, ユルガ	396	ウェルズ, グレッグ	94
ウィレムス, マジョレーン	46	ウェルズ, ベネディクト	396
ウィレムズ, モー	291	ウェルズ, マーサ	379, 383, 385
ウィン, アリス	397	ウェルチマン, ヒュー	298
ウィンガー, デブラ	196	ウェルトミューラー, リナ	136
ウィング, ジョナサン	66	ヴェルネ, ジャン=ピエール	277
ウィンクラー, サミュエル	233	ヴェロー, メリッサ	365
ウィンクラー, ヘンリー	164	ヴェンカテシュ, アクシェイ	48
ウインザー=スミス, バリー	268, 290, 291	ヴェンダース, ヴィム	59
ウィンストン, マーク・L.	362	ヴェントゥーラ, ジュゼッペ	234
ウィンスレット, ケイト	168, 176, 183	ヴォ, ニー	371, 385
ウィンズロウ, ドン	350	ヴォイト, ジョン	191
ウィンター, エドガー	112	ウォーカー, アレイシャ	234
ウィンター, G.P.	12	ウォーカー, ジョー	137
ウィンドリング, テリ	370	ウォーカー, モート	293
ウィンフリー, オプラ	179	ウォーカー, ラリー	339
ウヴァーロフ, A	220	ヴォグラー, フレッド	86
ウェア, クリス	251〜255, 257〜260, 265, 268, 269, 275, 276, 311	ヴォスクレセンスキー, ミハイル	63
		ウォーターセン, サンデル	46
ウェア, ジョージ	344, 346	ヴォタペク, ラルフ	63
ウェイクリー, キット	114	ウォーターロー, キャロライン	132
ウェイス, リナ	163	ウォード, ヴィンセント	195
ウエイスト・マネージメント	34	ウォード, ジェスミン	373
ウェイスバンド, エミリー	84	ヴォート, スーザン	355, 358
ウェイド, マーク	252, 273, 274	ウォード, テイラー	69
ウェイド, ローラ	238	ウォード, リンド	273, 311
ヴェイトル, アーヴィッド	33	ウォード, レイチェル	194
ウェイナー, ローレンス	4	ヴォネガット, バーナード	33
ヴェイロン, マルタン	310	ウォーラー=ブリッジ, フィービー	165, 181
ウェインガーテン, マーク	132, 138	ウォーリー, クリス	238
ウェイン・ショーター・カルテット	93	ウォリック, ジョビー	16

ウォルシュ, ディアーヌ	64
ウォルシュ, マイケル	285
ウォールストリートジャーナルのスタッフ	19, 24
ウォルター, ピーター	51
ウォルターズ, バッキー	334
ウォルドマン, ランディー	94
ウォルドロップ, ハワード	370
ウォルトン, ビル	331
ウォルハイム, エリザベス	369
ウォルフォード, ジョージ	39
ウォレス, サンフォード	32
ウォレス, トビー	159
ウォーレン, エイドリアン	213
ウォーレン, ジェームズ	295
ウォーレン, ジーン・フィリップ	362
ウォーレン, ダイアン	139
ウォーレン, パトリック	39
ウォレント, エリック	39
ヴォロチコワ, アナスタシア	221
ウォン, アリ	169, 186, 187
ウォン, アリッサ	368, 378
ウォン, クリスティー	46
ウォン, ジャック	366
ヴォーン, ブライアン・K. 263, 267, 275〜278, 280〜282, 386	
ウォン, ミカエル	33
ウォン, ミッチ	106
ヴォン・アインシーデル, オーランド	132
ヴォンドラチェク, ルーカス	76
ウゲット, アラン	305
ウシェフ, セオドア 296, 297, 302, 303, 315〜317, 325	
ウーセ, セシル	63
内島 大地	40
内田 光子	58
内山 雅照	39
ウッズワース, ジュディス	365
ウッド, グレアム	363
ウッド, トレヴァー	352
ウッド, ネイト	71
ウッドソン, ジャクリーン	393
ウドヴァルディ, アンナ	132
ウドヴィチェンコ, ドミトロ	77
ウープラン, ルドヴィク	301
うめざわ しゅん	314
楳図 かずお	310
ヴュイヤール, エリック	367
ヴュリンク, ニエンケ	44
ウヨラ・コルネホ, ファブリツィオ	233, 234
浦沢 直樹	272, 276, 313
ヴラッセ, ダナエ・ザンテ	109
ウラノヴィッツ, ブランドン	216
ウラバー, メディ	39
ウリエル, ギャスパー	192
ウリベ, ブランカ	63
ウル, ダミアン	200
漆畑 直樹	38
ウルバネク, アレクサンドラ	43
ウルフ, ジョージ・C.	217
ウルフ, ナヴァ	384
ヴルフ, ヨッヘン	44
ウルフマン, マーヴ	273
ウルマン, リヴ	138
ウワシー, フェリシテ	200
ウン, ジャネット	384
ウント, リホ	315

【エ】

エア, クリス	197
エアード, キャサリン	349
エアリック, ピッパ	136
エイカーリンド, クリストファー	210
英国標準協会	33
AP通信	15
AP通信の写真スタッフ	22, 25, 26
エイフマン, ボリス	222
エイブラムス, テディ	119
エイブルズ, マイケル	25
エイマン, マチアス	223
エヴァニアー, マーク	247, 252, 255, 270
エヴァリスト, バーナディン	389
エヴァンス, ダレン	108
エヴァンス, デヴィッド	94
エヴァンス, ブレヒト	311
エヴェレット, サラ	366
エヴェレット, ショーン	81, 103
エヴェレット, パーシバル	374, 376
エヴェレット, ビル	258
エウゼビオ	343
エヴンソン, ブライアン	370
エガーズ, デイヴ	398
エカーズリー, デニス	339
エガートン, タロン	181
エキモフ, A.	13
エキンジ, フランク	322
エクスナ, アイケ	291
エクスポート, ヴァリー	55
エクペキ, オグヘネチョヴウェ・ドナルド 370, 371, 380	
エークルンド, ロバート	44

エクレルール・ド・フランス ･････････････････ 30
エゴ, キャサリン ･･･････････････････････ 363, 366
エコノム, ステファニー ････････････････････ 113
エスカラ, パト ････････････････････････････ 131
エスカランテ, アマト ･･････････････････････ 157
エスキン, アレックス ･･･････････････････････ 52
エヅダマ, エミネ・セヴギ ･････････････････ 387
エスティバル, シルヴァン ･････････････････ 202
エステバン, クリスティーナ ････････････････ 43
エステルヘルウェグ, ラース ････････････････ 37
エスパーダ, マーティン ･･･････････････････ 373
エスピガレス, アレクサンドル ･･････････････ 297
エスポジト, ミケーレ ････････････････････ 231
エスリャーモヴァ, サマル ･････････････････ 173
エッガー, オズワルド ････････････････････ 387
エッゲルト, マレン ･･･････････････････････ 227
エデビリ, アヨ ･････････････････････ 169, 186
エデルマン, アレックス ･･････････････････ 217
エデルマン, エズラ ････････････････････ 132
エトブアー, アヒム ･･････････････････････ 44
エドモンズ, ケニー・B. ･･････････････････ 115
エドワーズ, アシュリー ･････････････････ 43
エドワーズ, マーティン ･････････ 351, 352, 355, 360
エナール, マティアス ････････････････････ 367
エーネス, ジェイムズ ････････････････････ 95
エバンス, オリン ･･････････････････････ 278
エバンス, リン ･･････････････････････ 49
エフィラ, ヴィルジニー ･････････････････ 193
エプスタイン, ロブ ････････････････････ 104
エフテストル, シンドレ ･･････････････････ 40
エプワース, ポール ･････････････････････ 103
エベール, ルイス・フィリップ ･･････････････ 362
エマニュエル, トミー ････････････････････ 119
エミネム ･････････････････････････････ 74, 75
エミール, ダーンスト, Ⅱ ･･････････ 100, 105, 136
エムレ, メルヴェ ･･････････････････････ 376
エメリャノフ, コンスタンチン ･･････････････ 121
エリー, フォーダイス ･････････････････････ 46
エリアシュバーグ, ヤコフ ･･････････････ 5, 47
エリアソン, オラファー ･････････････････ 59
エリヴォ, シンシア ･･･････････････････ 85, 209
エリオット, アダム ･････････････････････ 308
エリオット, ボブ ･･･････････････････････ 335
エリオット, マリアンヌ ･････････････ 214, 240
エリオット, ミッシー ･････････････････････ 70
エリクスモーン, オーガスト ････････････････ 239
エリザリエフ, ヴァレンティン ･･････････････ 220
エリス, ケイト ･････････････････････････ 352
エリス, ジョージ ･････････････････････････ 9
エリセ, ヨアヒム ････････････････････ 327
エリゾンド, マイク ･･････････････････････ 112
エルヴィス・コステロ&ジ・インポスターズ ･･･ 96
エルヴィス・フランソワ&ウィリアム・ロビンソン ････････････････････････････････････ 71
エルゲラ, イサベル ･･･････････････ 308, 328
エルジェ ･･･････････････････････････ 261
LCDサウンドシステム ･････････････････････ 87
エルダース, ハウイジッヒ ････････････････ 124
エルドアン, レジェップ・タイイップ ･･･････ 44
エルナンデス, アイザック ････････････････ 224
エルノー, A. ･･････････････････････････ 13
エルプ, エルケ ･･････････････････････ 387
エルペンベック, ジェニー ････････････････ 389
エルムハースト, トム ･････････････････････ 86
エル=モータル, アマル ･････････ 378, 379, 382, 384
エールラント, アニタ ･･････････････････ 39
エルリングソン, ベネディクト ･･････････････ 203
エレ, テア ･･･････････････････････････ 228
エレヴェーション・ワーシップ&マーベリック・シティー・ミュージック ･･････････････ 106
エレッジ, スティーブン ･････････････････ 51
エレン, メーティン ････････････････････ 44
エロ, ヨルマ ･･････････････････････････ 223
エンエディ, イルディゴ ･････････････････ 226
エンクイス, マグナス ･･････････････････ 35
エンクボルド, アンクバヤール ･･････････ 121
エンティン, ピーター ･･････････････････ 213
エンビード, ジョエル ･････････････････ 332
エンフィールド, ニック・J. ････････････ 41
エンロン ･･････････････････････････ 34

【オ】

オー, エリック ･････････････････････ 299
オー, サンドラ ･･･････････････････････ 180
オ ヨンジン ･･･････････････････････ 313
オ ヨンス ･･･････････････････････ 183
オアナ, ラクロワ ･･････････････････ 319
王 貽芳 ････････････････････････････ 50
王 羽佳 ････････････････････････････ 119
翁 卿翯 ････････････････････････････ 124
王 語嫣 ･･･････････････････････････ 232
王 迪 ･･････････････････････････････ 222
オウ, トニー ････････････････････････ 196
オーウェン, ギャレス ･･････････････ 215, 239
オーウェン, マイケル ･･････････････････ 344
オーウェンズ, エリック ････････････ 104, 119
大内 一雄 ･････････････････････････ 45
大江 崇允 ････････････････････････ 174
大九 明子 ･･････････････････････ 205, 207
大隅 良典 ･･････････････････････ 11, 51
太田 忠男 ･････････････････････････ 30

大谷 翔平	342
オオツカ, ジュリー	398
大友 克洋	259, 260, 274, 284
大西 峰子	43
おおの こうすけ	286
大庭 秀昭	317
大林 宣彦	206
大村 智	11
オカ・アンタラ	145
岡部 亮	46
岡村 長之助	32
岡本 侑也	76
沖田 修一	202, 204
オーキン, ダニエル	217
オークワフィナ	181
オーケー・ゴー	66
オコアラフォー, ナディ	287, 378, 382, 384
オコナー, ジョシュ	167, 182
オコナー, マイケル	306
オコナーバンド with マーク・オコナー	84
オコネル, ケヴィン	131
オコネル, フィニアス	96, 99, 103, 114, 118, 137, 140, 183
オコプナヤ, エレナ	226
オコンネル, ディードル	215
オコンノル, アキラ	45
小澤 征爾	82
オージエ, ジョナサン	363
オジー・オズボーン feat.トニー・アイオミ	110
オシポワ, ナタリヤ	222
押見 修造	312
オズゲントルク, アリ	193
オースタベリー, ポール・D.	132
オースティン, ニール	212, 213, 237
オーストラリア特許庁	34
オストルンド, リューベン	172, 174, 202
オズボーン, オジー	110
オスモ, ベン	130
オズワルト, パットン	85
オゼキ, カスミ	320, 329
オソリオ, ガブリエル	131
オットマン, ジョン	134
オッペンハイマー, ダニエル	36
オッペンハイム, ノア	157
オーデ, デイヴ	81
オデー, マジェド	36
オデ, マルティーヌ	364
オーディアール, ジャック	158, 175, 192
オテロ, ソフィア	228
オテロ, ソル	312
オドノヴァン, イーファ	98
オドム, レスリー, Jr.	209

オドリ, バジル	36
オトリー, マット	371
オニェブチ, トチ	370
オニール, ケビン	261
オニール, シャキール	332
オニール, ジョン	369
オニール, デニス	278
オニール 八菜	223
オニール, リチャード	104
オニール, ローズ	291
オーバーザウハー, エリザベート	41
オーバートン, クリス	133
オバマ, ミシェル	98, 118
オハラ, キャサリン	166, 182
オピウム・ムーン	92
オビエ, ステファン	297, 301
オファリル, アルトゥーロ	81, 90
オファーレル, マギー	376
オブライエン, ジャック	217
オベイド=チノイ, シャルミーン	131
オボムサウィン, ダイアン	315
オマリー, ブライアン・リー	270
オミルバエフ, ダルジャン	207
オームズ, ジャッキー	284
オメルズ, オルモ	204
オーモンド, カラム	40
オライリー, クリストファー	64
オライリー, デヴィッド	54
オラジュワン, アキーム	331
オラドクン, ダレ	44
オリヴィエ, アン・マリー	363
オリヴェイラ, ミゲル	233
オリヴェロス, クリス	258
折笠 良	315, 320, 322
オリフ, スティーブ	247～249
オリーベン, アリエ	36
オルガ, ティトヴァ	328
オルセン, ティヴォリ	40
オルソン, P.J.	95
オルター, H.J.	12
オルティス, クリスティーナ	64
オールドマン, ゲイリー	132, 178
オルムストン, ディーン	282
オレイニコフ, イーゴリ	393
オレンジ, トミー	375
オロイエ, アジャニ	284
オロルントパ, トル	365
オロルンニパ, トルーズ	25

【カ】

カー, ジョシュ 97
何 川 6
カー, リズ 241
カー, ロイ 47
海 洋 386
カイ, ロヴィナ .... 369, 370, 385〜387
ガイエ, ジュリー 201
貝島 桃代 6
ガイム, アンドレ 33
カイル, トーマス 209
カヴァーニ, リリアーナ 160
カウィー, ジェファーソン 25
ガーウィグ, グレタ 380
カヴィル, ヘンリー 188
ガウヴォン, キャロリン 232
カーヴェル, バーティ 212, 237
ガウダー, アーロン 306
カウフマン, チャーリー 157, 323
カウリスマキ, アキ 175, 226
カウル, サンゲータ 109
カウル, ジャスリーン 60
カウント・ベイシー・オーケストラ Directed by
 スコッティ・バーンハート 116
ガオナ, イバン・D. 208
カカ 344, 347
香川 照之 198
郝 景芳 382
郭 文槿 232
核兵器廃絶国際キャンペーン 11
カクレーン, ミッキー 333
駕籠 真太郎 314
カサヴェッキア, ペドロ 301, 325
風間 志織 198
カサリーニョ, アントニオ 233
カザール, マルゴー 319
ガザレク, サラ 119
カザンズ, ジェームズ 243
カーシー, ジョン 118
ガジェヴ, アレクサンダー 125, 126
梶田 隆章 11, 50
カシャブ, アヌラーグ 144
カシュチーヴァ, ダリア 301, 302, 320, 325
カシュマン, ヤコブ 65
カーショウ, クレイトン 341
ガーション, グラント 109
ガジロウスカ, レナータ 323
ガスコン, カルラ・ソフィア 175
カスタノ, ビクター・M. 37
カスティーロ, リンダ 360, 361
カースティン, グレッグ 82, 86, 90
カストロ, ビエイト・フェルナンデス 46
カズ・ヒロ 135
ガズプロム 34
カスラー, エドワード 36
ガスリー, ジェイムズ 81
カーズワイル, アレン 355
カーソン, アン 364
カーター, ジミー 80, 94
カーター, ショーン（Jay-Z）....... 101, 106
カーター, ブライアン 116, 216
カーター, ルース 134, 139
カーター, ロン 106
片渕 須直 298
ガタリッジ, ピーター 350
カタリン, カリコー 14, 52
ガッサー, トーマス 53
カッサーノ, ジョヴァーニ・B. 33
カッセル, ヴァンサン 200
カッツ, スティーブ 298, 300
カッツ, ナターシャ 209, 215, 216
ガッド, リチャード 170
カッファレッリ, ルイス 30
カッペリーニ, ジェルマーナ 39
カーツマン, ハーヴェイ 246, 247, 284
カーディ, ジョン 53
ガーディアン, デイヴィッド 35
カディエルジュ, マリー=クリスティーヌ .. 37
カーティス, ジェイミー・リー 138, 160
カーディナル, クリフ 366
カディヤック, サイモン 305
カーディ・B 68, 69, 92
カーディ・B, バッド・バニー＆J.バルヴィン .. 69
カデシュ, シュペラ 305, 319, 323, 327
カデナ, ラファエル 372
ガテフ, クラシミール 64
カード, D. 13
カート・エリング feat.ダニーロ・ペレス .. 101
ガードナー, デデ 131
角野 栄子 393
香取 秀俊 52
ガーナー, ジュリア 166, 168, 184
カナガワ, ヒロ 363
金川 真弓 121, 127
金沢 知樹 154
カナルス, マウリシオ 41
カナレス, フアン・ディアス ... 275, 279, 292, 294
ガナンバル, バイカリ 158
カーニー, リーヴ 98
カニエ・ウェスト feat.ザ・ウィークエンド＆リ

ル・ベイビー	106	カラクーロフ, アミール	196
カニエ・ウェスト feat.ジェイ・Z	106	カラタユ, コンスタンツァ	43
ガニオ, マチュー	222	カラックス, レオス	174, 192
カニージョ, ジョアン	228	ガラバト, アルベルト・C・ナベイラ	46
カーニス, アーロン・ジェイ	95	カラベイ, フセイン	201
カニフ, ミルトン	245, 268	カラミー, ロール	192
カニョン=ヴァレンシア, サンティアゴ	76, 121	カラ=ムルザ, ウラジーミル	26
カニンガム, スコット	68, 70	ガラルドー, カルロス	222
カニンガム, ダグ	103	カリー, ステフィン	332
カニンガム, マディソン	112	カリー, ブライアン	133, 134, 180
ガニング, ジェシカ	170, 187	カリー, マーシャル	135
カネコ アツシ	314	カリア, アニール	138
カーネツキー, カール・J.	32	ガリアナ, マリア	197
ガーネット, ケビン	332	カリズナ, イヴァン	76
カノーサ, ハンス	199	カリーソ, ガブリエラ	243
カノネロ, ミレーナ	226	ガリッガ, マルガリータ	40
カーバー, スコット	43	カリード	67
カバソス, ルミ	195	カリフ, R	31
カパディア, アシフ	82, 131	カリム, アリ	351
カパディア, パヤル	175	カリム, ジャラー	41
カーパン, ソフィア	74	カリン, フラヴィ	329
カービー, ヴァネッサ	159	カーリン, マイク	249
カービー, ジャック	254	カーリン, リチャード	85
ガービー, スティーブ	337	カール, アンディ	236
ガーフィールド, アンドリュー	183, 211	カール, キャスリーン	312
冠木 佐和子	298, 319, 323	カル, ソフィ	59
カプタン, メルテム	228	ガル, ヨゼフ	36
カブラル, セザール	303, 319	カルー, ロッド	338
カブランオール, セミフ	205	カルヴァーリョ, ベルナルド	395
カブレラ, エリサ・カリージョ	224	カルヴィン・ハリス&ディサイプルズ	67
カブレラ, ミゲル	341	カルヴィン・ハリス feat.リアーナ	66
カベロ, カミラ	68	カルヴェーノ, ジョン	35
カーペンター, サブリナ	74	ガルガット, デイモン	389
カマー, ジョディ	166, 216, 242	カルキン, キーラン	169, 185, 186
カマラ, エステラ	45	ガルシア, アドルフォ	45
カミニティ, ケン	339	ガルシア, R.S.A.	380
上村 一夫	310	ガルシア=エルナンデス, ソリマリー	45
上村 佳孝	42	ガルシア・ガルシア, マルティン	125, 126
カミラ・カベロ feat.ヤング・サグ	68	ガルシア=ファウラ, アレクス	42
カミリ, ドルフ	334	ガルシア=ベルナル, ガエル	177
カムランドチーム	50	ガルシア=ロペス, ホセ・ルイス	286
亀井 聖矢	127, 128	ガルス, シルヴァーノ	43
カメンセック, カレン	109	カールソン, カロリン	221
カモック, ヘレン	60	カルタル, アイス	298, 316
カモドヨヴァ, ナターリア	41	カルデロン, ギジェルモ	160
カヤバイ, ヤズミン	233	カルナティラカ, シェハン	389
カーラ, アレッシア	68, 87	ガルニエ, ジョナサン	312
カラ, ムスタファ	204	ガルニド, フアーノ	272, 275, 276, 279, 292, 294
カライ, マフブーベフ	326	カルビ, グレッグ	108
カーライル, ブランディ	93, 97, 101, 110, 112	カルフーニ, ドミニク	220
カラカンゴ, ジョアキーナ	214	カルマティック	69, 100

カルモナ, ヘスース	224
カルーヤ, ダニエル	136, 182
カレフ, カメン	201
ガレル, フィリップ	228
カレンダー, カセン	370, 373
カロ, ジョアンナ	169
カロ, マルク	194
ガローネ, マッテオ	160
ガロファロ, チェーザレ	38
カロG	73, 117
河野 英司	43
カーン, アクラム	239
カン イグァン	202
カーン, イナムラ	8
カーン, ヴァシーム	353
カーン, ジェネット	286
カーン, ジェフリー	64
ガン, ジェームズ	378
カーン, ジョセフ	82
カン スジン	221
カン チェヨン	232
カン ミソン	224
カーン, ミラー	148
カーン, ロナルド	3
関西テレビ	147, 154
カンザス州教育委員会	33
カンセコ, ホセ	339
カンター, アダム	94
カンター, アルバート	295
カンター, ジョディ	17
カンダー, ジョン	216
神田 不二宏	30
カンチアーニ, カティア	364
ガンティ, テス	373
カントル, タル	320, 327
カントレー, ルイス	3, 49
カントロフ, アレクサンドル	120
カンナヴァーロ, ファビオ	344, 346
ガンバーグ, ピート	89, 103
カンバーバッチ, ベネディクト	219
カンピオン, ジェーン	137, 159, 183, 219
カンピヨ, ロバン	172

樹木 希林	204
キグマ, ヘルマン	39
キーザー, ジェフリー	113
岸 善幸	208
岸部 一徳	201
キジョー, アンジェリーク	80, 98, 107
キーズ, アリシア	119
キズキンガー, リラ	227
キスホルム, サリー	47
キセリョヴァ, ダリア	127
木田 真理子	223
キタエフ, アレクセイ	49
北野 武	204
キッチン, デニス	271, 280
キッツ, マルセル・ヨハネス	77
キッド, チップ	256, 260, 263
キット, トム	103
キッドマン, ニコール	161, 164, 172, 179, 183
橘和 美優	128
ギデンズ, リアノン	25
キートン, マイケル	168, 183, 218
キーナン＝ボルジャー, セリア	212
キネバネ, パット	236
キネルスキー, ロブ	99
キーフ, パトリック・ラーデン	376
ギブスン, ウィリアム	379
ギブソン, アレックス	132
ギブソン, エドワード	45
ギブソン, カーク	339
ギブソン, コリン	130
ギブソン, ボブ	337
ギブソン, メル	188
キブル, マーク	94
ギベール, エマニュエル	271, 311
ギボーニ, ジュゼッペ	124
ギボンズ, デイヴ	245, 246, 250, 263, 265, 284
ギボンズ, トム	236
木俣 肇	41
ギマランイス, アリス	324
キミン キム	224
キム, アヨン	56
キム, アンジー	358
キム イェソン	123
キム カンミン	318, 319, 322
キム ギフン	121
キム ゲヒ	122
キム ジュウォン	222
キム, スティーヴン	76, 124
キム スミン	234
キム ソヒョン	233, 234
キム ダンビ	231

【キ】

魏 書鈞	173
ギエム, シルヴィ	58, 220, 223
キーオ, ジョン	34
キーオ, ライリー	174
キーガン, ケビン	343

キム テハン	77
キム ドンホ	202
キム ドンユン	121
キム, ハナ・S.	217
キム ヘスン	377
キム ミニ	226
キム ユニャ	329
キム ユンス	207
キャサデイ, ジョン	262, 264, 265
キャサリ, ジョン	134
キャッシュ, ジョン・カーター	119
キャノム, グレッグ	134
キャバジン, ティム	134
キャバナー, スティーヴ	351
キャバレッタ, フィル	334
キャブラーラ, ジャン・ヴィットリオ	35
木山 義喬	313
ギャメル, ジーナ	174
キャメロン, ダヴ	72, 73
キャラガー, キャスリン	103
キャラガン, ジョー	354
キャリアー, デビッド	44
キャリミ, レザ・ミル	229
キャリントン, テリ・リン	111
ギャロ, アイリーン	369
ギャロ, フレッド	214
ギャンダー, フォレスト	20
キャンパネラ, ロイ	335
キャンピング, ハロルド	39
キャンベル, ウィリアム（フィリップモリス）	32
キャンベル, ウィリアム・セシル（生物学者）	11
キャンベル, ウォーリン	106
キャンベル, エディ	247, 257
キャンベル, ガイネス	31
キャンベル, ジェイムス	31
キャンベル, ジャマル	385
キャンベル, メアリー＝ミッチェル	116
キャンベル, メラニー・フー	151
キャンベル, ラムジー	368
キャンベル, E・シムズ	288
キュア, J.T.	106
キュアロン, アルフォンソ	133, 134, 158, 180, 219
牛 振華	196
邱 陽	172
キューバ, アレックス	106
キューバート, ジョー	253, 255
ギューミ, レベカ	7
ギュンスバーグ, オッシャー	151
許 願	328
姜 必寧	37
姜 文 →チアン ウェンを見よ	
キヨコ, ヘイリー	68
キーラヴァーニ, M.M.	139
キラー・マイク	115
キラー・マイク feat. アンドレ3000, フューチャー ＆エリン・アレン・ケイン	115
キリ, アニータ	318
キリアーン, イジー	220, 221, 224
ギリアン・ウェルチ＆デヴィッド・ローリングス	102
ギリェン, アルバ	44
キリグリュー, ジョン	82, 99
木竜 麻生	206
キリング, アリソン	22
ギル, ヴィンス	84, 101
キルシェ, ポール	161
ギルバート, ジョン	131
ギルバート, シーラ・E.	382, 383
キルブルー, ハーモン	337
ギルモア, ドン	364
ギルランダ, ステファノ	35
キレン, ケヴィン	86
ギレンホール, マギー	159
キーン, ウィル	242
キーン, グレッグ	350
キーン, グレン	133
キーン, ジョン	373
キング, ウェスリー	356
キング, スティーヴン	272, 355
キング, トム	281, 284, 285, 291
キング, ブラッドリー	210, 212
キング, リチャード	132
キング, レジーナ	133, 162, 163, 165, 167, 180
キング, ローリー・R.	359
キングストン, アンドリュー	38
キングソルヴァー, バーバラ	25
キングフィッシャー, T.	385, 386
キンタニーリャ, マルセロ	310, 312

【ク】

クー, エリック	199, 202
グー シャオガン	208
クァク シネ	135
グァドニーノ, ルカ	160
グァダルーペ, トゥーリオ	39
クァン, キー・ホイ	138, 184
クァン, R.F.	380, 385
クアンユー, リー	31
クイトリー, フランク	264, 266, 269

クイノーンズ, サム	374
クイン, ジョアンナ	304
クーヴァー, コリーン	275, 280, 283
グウィン, ダリル	39
グウィン, ヘイドン	243
クエヴァス, アイダ	89
クエヴァス, アドリアナ	361
クエスト・コミュニケーションズ	34
クエール, J・ダンフォース	30
グエン, ヴィエット・タン	16, 355
グエン, ダスティン	281, 285
グオ イーミン	128
グオ, シャオルー	375
クオコ＝スウィーティング, ケイリー	187
クオスマネン, ユホ	173
クォーリーカー, ソト	204
クォン, ヴィヴィアン	46
クォン, ジョエル	55
クォン ヒョクホ	33
クカフカ, ダニヤ	360
クック, ダーウィン	263, 264, 266, 267, 270, 272～275, 277, 279, 292
グージー, キャロル	62
クージー, ボブ	330
クシヤノビッチ, アントネータ・アラマット	174
クシュタ, トマシュ	40
クシュリク, ヤクブ	126
グース, アラン	49
グスタファソン, リチャード・A.	31
グスタフソン, マーク	139
クズメンコ, ニキータ	73
クズン, リオネル	197
グーセ, アンヌ＝ソフィー	308
クーダー, ライ	112
クック, サーシャ	95
グッディング, セリア・ローズ	103
グッド, カトリーナ	35
グッド, ミシェル	364
グッドイナフ, J.B.	12
グッドウィン, アーチー	248, 252, 255, 285
グッドマン, キャロル	357, 358
クッパーマン, マイケル	275
クーティン, ペーター	55
グドナドッティル, ヒドゥル	98, 103, 135, 181
クドラチェック, スティーブン	40
グドール, ジェーン	10
クートレンク, ミシェル	136
クーニー, C.S.E.	368, 370
クヌク, ザカリアス	305, 319
クノール, アンドリュー	47
クーパー, エム	118, 307
クーパー, スーザン	380
クーパー, モート	334
クバート, ティム	80
クバル, アシュリー	233
クビナ, ラウル	106
クーペンヘイム, アリン	207
熊谷 英彦	40
クマール, パンカジ	202
クメラ, ビリー	108
グライアー, マイク	382
グライサー, マルセロ	10
クライナー, エイドリアン	5, 52
クライナー, ジェレミー	131
クライナー, デイヴィッド・S.	34
クライフ, ヨハン	343
クライン, ケヴィン	210
クライン, チャック	333
クライン, トッド	248～250, 253, 254, 256, 257, 259～262, 264, 265, 267, 268, 273, 282, 286
クラヴァット, ベンジャミン	6
クラヴァーリョ, アウリィ	90
クラヴィッツ, レニー	74
クラヴェル, ミカエラ	170
クラウザー, ピーター	371
クラウザー, J.	13
クラウス, エリカ	360
クラウス, クリス	204
クラウス, フェレンツ	6, 13
クラウター, ニコラス	44
クラヴルー, ニコル	311
クラーク, アニー	92
クラーク, ヴィクトリア	215
クラーク, ゲイリー, Jr.	96, 98
クラーク, シャロン・D.	238, 239
クラーク, ジョン	215, 239
クラーク, ジリアン	35
クラーク, トレーシー	358, 359
クラーク, ニール	385～387
クラーク, ベンジャミン・L.	293
クラーク, P.ジェリ	379, 380
クラークソン, パトリシア	180
グラスゴー, ボブ	31
グラスナー, マティアス	228
クラスナホルカイ, ラースロー	388
クラスニチ, カルトリナ	207
グラスパー, ロバート	85, 101, 110
クラダップ, ビリー	166, 170
グラチョーワ, ナデジダ	220
クラッセン, ジョン	396
グラッドストーン, マックス	379, 384
グラッドストーン, リリー	185, 219

クラナム, ケネス	235	グリッシュマン, エミリー	215
グラネック, ルーシー	321	クリッツァー, ナオミ	358, 380, 382, 386
クラノット, ウリ	297〜299, 317	グリード, ロビン	44
クラノット, ミッシェル	297〜299, 317	グリーナム, ジョン	99
グラハム, オーブリー →ドレイクを見よ		栗原 一貴	39
グラハム, ジェームズ	237, 243	グリヒル	288, 294
グラハム, ニール	369	グリフィー, ケン, ジュニア	340
グラハム, ビリー	8, 295	グリフィス, エリー	350, 358
グラハム, ロバート・クラーク	30	グリフィス, ビル	281, 293, 294
クラパン, ジェレミー	300, 303	グリフィン, パティ	98
クラブ, ジェイソン	93	クリーブランド, ドン・W.	51
グラーフ, ハンス	91	クリーブランド, マイケル	98
クラフト, キヌコ・Y.	371	クリマラ, トマシュ	190
クラフト, ジェリー	398	クリュゼ, フランソワ	202
クラフト=ヤコブ, ブライアン	31	グリュック, L.	13
クラフトワーク	87	クリュプフェル, トーマス	44
グラマー, カール	41	クリール, ギャヴィン	210
クラマー, シュテファン	44	グリーン, イーロン	359
クラム, ロバート	246, 251	グリーン, グラハム	198
グラン, デイヴィッド	357	グリーン, ジョージ・ドーズ	354
クランストン, ブライアン	212, 237	グリーン, テオ	137
グランデ, アリアナ	68, 69, 75, 91	グリーン, ハナー	366
グランディン, グレッグ	21	グリーン, マイケル	50
グラント, ギャビン・J.	368	グリーン, ライアン・スピード	119
グラント, クリス	67	グリーン, ロバート	22
クランドール, ブライアン	40	グリーンウッド, ジェーン	210
クラントン, ベン	282	クリンガー, レスリー・S.	357
クーリー, ジョシュ	135	グリーンバウム, デヴィッド・"エレベーター"	95
グリーア, アンドリュー・ショーン	18	グリーンバーグ, スティーヴ	99
グリア, デヴィッド・アラン	214	グリーンバーグ, ハンク	333, 334
グリアー, ナンシー	42	グリーンブラット, A.T.	379
クリアリー, ジョン	80	クルー, マリアンヌ	76
クリアリー, ベンジャミン	131, 306	グルーエンワルド, マーク	291
クリーヴス, アン	350	クルーガー, ジャスティン	33
クーリエ, マーク	140	クルーガー, ダイアン	172
クーリエ・ジャーナルのスタッフ	20	クルショフ, ヴァレリー	65
グリエール, ピエール	297	クルーズ, シンシア	377
クリーガー, ドロレス	33	クルーズ, テレンス・ドーレス	45
クリガーマン, アラン	30	クルーズ, トム	188
クリサノワ, エカテリーナ	224	クルーズ, ハワード	251, 288, 312
クリシュカ, ジェルジ	41	クルス, ペネロペ	159
クリシュナズワミー, ウマ	398	クルス, ルイ・カサール	233
クリス, ダレン	165, 180	クルスツェルニキ, カール	34
グリズウォルド, イライザ	20	クルーティエ, ファビアン	362
クリスチャン・マクブライド・ビッグバンド	88, 106	グールディング, アンジェイ	216, 241
クリスティ, バニー	215, 239	グルナ, A.	13
クリスティ, マイケル	95	グルーポ・ニチェ	102
クリステンセン, イェスパー	206	クルムズギュル, マフスン	201
クリステンセン=ダルスゴーア, ヨルゲン	48	クルムベガスヴィリ, デア	161
クリーチャー・テクノロジー・カンパニー	213	グルリチ, ライコ	194
クーリッジ, ジェニファー	169, 185	クルールウィッチ, サラ	212

クレア, エリザベス 39
クレアモント, クリス 279
グレイ, アンバー 98
グレイ, ジョエル 216
グレイ, セオドア 34
グレイ, ダニエル 326
グレイヴズ, デニス 104
クレイヴン, マイク・W. 351, 353
グレイザー, ジョナサン 175
クレイジス, エレン 369
グレイス, ピーター 131
クレイスト, エレン 32
クレイナー, イーライ 360
グレイニング, マット 281
グレイブス, スペンサー 68, 74
クレヴァース, ハンス 49
グレク, ミハイル 297
グレゴリイ, ダリル 368
グレゴリーニ, ジョルジオ 131
クレス, ナンシー 378
クレセック, ケイティ 214
グレタ・ヴァン・フリート 92
クレチェトニコフ, ルスラン 39
クレックラー, サイモン 41
クレット, マリスカ 45
クレナーマン, デヴィッド 52
クレマー, ウォーレン 295
クレーマー, ヘンリー 76
クレーマー, M. 12
クレメル, ギドン 58
クレメンス, ロジャー 338
クレメンツ, アンドリュー 398
クレメンツ, ロリー 351
クレメンテ, ロベルト 336
クロー, カリー 366
クロウ, ラッセル 181
グローヴァー, ドナルド 91, 163, 178
クロウズ, ダニエル ......
　　　　　　 257, 259, 260, 263, 267, 272, 313
クロウリー, ジョン 357
グローサウス, ロジャー 44
黒沢 明 197
黒沢 清 159, 205
クローズ, ウィル 243
クローズ, グレン 179, 202
グロス, ゲイリー 263, 274, 281, 282, 290, 295
グロス, ミルト 283
グロスマン, デイヴィッド 388
グロゼザン, クリスティナ 203
クロッサン, アレックス 95
クロッサン, サラ 391, 396

グロッシ, ブルーノ 41
グロート, ディック 336
クローナン, ベッキー 267, 275, 293, 294
クローネンバーグ, デヴィッド 158
グローバー, ダニー 138
グローバル・クロッシング 34
グロフ, ジョナサン 217
グローブ, レフティ 333
クロフト, ジェニファー 389
クローマー, デヴィッド 211
クロムウェル, ミランダ 240
グロール, デイヴ 105
クロル＝ローゼンバウム, ノラ 82
クローレイ, ボブ 238, 240
クワトラ, ショーン・G. 43
桑畑 かほる 298, 299, 324
クワン, ダニエル 138, 380
クンチェ, サミーラン 40
グンドラック, ジェイムス 35
グンドラッハ, イェンス 52

【ケ】

笑 广安 43
ケイ, ジュディ 190
ケイ, トニー 202
ゲイ, ロス 374
ケイヴ, リサ・ドーン 216
ケイジ・ジ・エレファント 83, 96
ゲイツ, ダリル 31
ゲイツ, ドミニク 20
ゲイティス, マーク 163, 235, 243
ケイトラナダ 100
ケイトラナダ feat.カリ・ウチス 100
ゲイナー, グロリア 97
ケイマート 34
ゲイマン, ニール .... 246〜249,
　　　　 257, 262, 266, 287, 289, 290, 292, 379, 382
ゲイリー, サラ 383
ゲイ＝リース, ジェームズ 131
ゲイリン, アリソン 357
ゲイル, トニー 242
ケイロン 204
ゲインズ, マックス 291
ケカトス, ヴァシリス 173
劇作家組合財団 217
ケコ 313
ゲージ, ビバリー 25, 377
ケジ, リッキー 106, 113
ゲシュラハト, マルティン 228

ゲズ, A.	12	厳 浩	195, 196
ケストナー, ダニエル	47	ケーン, レギーナ	396
ケストレル, ジェイムズ	359	ゲンコ, ロバート・J.	32
ケスネル, クリスチャン	312	ゲンス, マグヌス	45
ケスラー, ナディネ	347	ゲンツェル, R.	12
ケスラー, リズ	396	ケンディ, イブラム・X.	373
ケーター, ピーター	88, 97	ケント, ジェニファー	158
ゲッケ, マルコ	225	ケント, ジェフ	340
ゲッセン, マーシャ	373	ケント, ジュリー	221
ゲッツ, ライナルト	387	ケンドリック, ジョナイエ	119
ゲッテルフィンガー, ブライアン	36	ケンドリック・ラマー&シザ	69
ケッペン, ニコラス	304, 308, 309, 321, 326	ケンドリック・ラマー feat.ビラル, アンナ・ワイズ&サンダーキャット	79
ゲディク, ハビブ	43	ケンドリック・ラマー feat.リアーナ	88
ゲート, ソフィー	318, 320	ケントリッジ, ウィリアム	58, 242
ゲニア, セルバン	90, 95	ケンドール, ギデオン	284
ゲニューシェネ, アンナ	65	ゲンドロン, ダイアン	38
ケネディ, キャスリーン	134	ケンネル, アマンダ	204
ケネディ, マイク	295		
ケノビッチ, アデミル	196, 197	【コ】	
ケブ・モ	89, 98		
ケミカル・ブラザーズ	96	ゴー, コリン	200
ケラー, ジョセフ	33, 39	コー, ジェニファー	109
ケラー, テェ	398	呉 率倫	232
ケーラー, デレク	42	呉 天明	193, 196
ゲラッズ, ミッチ	284, 285, 291	吳 珮芬	37
ケラーマン, ウーター	112	コー, ブランノン	76
ゲラン, イザベル	220	コー, マイケル	143
ケリー, ヴィクトリア	93	コイ, ダーク	305
ケリー, ウォルト	251, 275	小池 一夫	258
ケリー, エリン・エントラーダ	395, 397	小池 正樹	99
ケリー, エリン・I.	24	ゴイチェア, イオアーナ・クリスティナ	76
ケリー, ジェフリー	6, 52	コイン, トム	90
ケリー, デイヴィッド	33	黄 健中	194
ケリー, デイビッド・E.	164	侯 孝賢	199
ケリー, トリー	93	洪 題宇	38
ケリー, マイケル	371	洪 傳岳	37
ゲリクシュ, バラーシュ	41	コヴァリョフ, イゴール	323
ゲーリッグ, ルー	333	ゴヴィア, マイケル	137
ゲーリン, W.G., Jr.	12	コーウェンス, デイブ	331
ゲーリンジャー, チャーリー	334	高良 健吾	200
ケール, アンヌロール	352	コエロー, ジョセフ	392
ケルヴェン, ギュスタヴ	227	コーエン, イーサン	158
ケルヴラン, ルイ	31	コーエン, イータン	189
ゲルファー・ムンドゥル, アヴィヴァ	232	コーエン, イラン	309
ケルン, オルガ	65	コーエン, ジェシカ	388
ケレ, ディエベド・フランシス	59, 61	コーエン, ジョエル	158
ゲレーロ, ジャンカルロ	82, 86, 91	コーエン, ジョシュア	24
ゲレーロ, ジョシュア	86	コーエン, レナード	87, 301
ゲレーロ, ブラディミール	340	コカム, ポール	6
ケロー, ディディエ	4, 12		
ケーン, チャールズ・L.	51		

コカレリ, ジョゼ・カルロス	64	コパ, レイモン	343
コーガン, ダニエル	122, 127	コパチンスカヤ, パトリシア	91
コーガン, ダン	133	小林 愛実	125
国際商業信用銀行	34	小林 愛里	234
国際調査報道ジャーナリスト連合	16	小林 栄治	46
国民対話カルテット	11	小林 啓一	202
小暮 規夫	34	小林 正樹	199
国連世界食糧計画	13	小林 亮	37, 38
ゴゴベリーゼ, ラナ	194	コバルスカ, ヤドヴィガ	308, 309, 321
コサヴァ, クセニア	234	コバルビアス, ヒューゴ	305, 327
コーサン, ブロック	92	コピエテルス, ベルニス	223
コシッチ, ジェイク	110	コビエラ, ドロタ	298
コシッチ, ジョニー	110	ゴフ, ダグラス	48
コシーニャ, ホアキン	299	コブ, デイヴ	93, 106
小島 剛夕	258	ゴフ, デニス	237
コジョカル, アリーナ	222, 223	コーファックス, サンディー	336
コスタ, アントニオ	28	コプクツク, ウォシーチ	34
コスタンツォ, アンソニー・ロス	109	コープランド, スチュワート	106, 113
コステリッツ, J.M.	11	コプリン, アレクサンドル	65
ゴースト	79	ゴーブル, ジョージ	32
コスナー, ケヴィン	184	コベキナ, アナスタシア	121
ゴズリング, ライアン	177	コーベット, ブラディ	160, 186
コゼ	310	コーベン, リチャード	269, 272, 274, 310
ゴダード, ロバート	351	ゴボドマディキゼラ, プムラ	10
ゴダール, ジャン=リュック	173	ゴーマー, スティーブ	194
ゴタール, ペーテル	193	コマツ シンヤ	313
コーツ, アン・V.	132	コマラタル, クリット	40
コーツ, タナハシ	283, 372	コマロワ, アンナ	123
コックス, ジェーン	217	コミンスキー=クラム, アリーン	293
コックス, ブライアン	181	コメサニャ, アントニオ	46
コックラム, デイヴ	289	ゴメス, セレーナ	73, 175
コッターロ, トロイ	137	ゴメス, マルセロ	222
コッティング, ビルジット	44	ゴメス, ミゲル	175
コット, アレクサンドル	203	ゴメス, ラファエル	42
コッポラ, ソフィア	172	コモン&ジョン・レジェンド	81
ゴッツマン, ゲイリー	162	コラシー, イザベラ	243
コーディ, ディアブロ	213	ゴランソン, ルドウィグ	91, 94, 118, 140, 185
コーデル, マシュー	394	コリー, ジョアン	6, 51
コーデン, ジェームズ	189	コリー, ジョン	155
後藤 秀晃	38	コーリー, デイヴィッド	31
コート劇場（シカゴ）	215	コリアー, ジェイコブ	85, 99, 103, 119
ゴドシック, クリストファー	161	コリア, チック	101, 106
ゴードン, シャーロット	374	コーリイ, ジェイムズ・S.A.	384
ゴードン, ジョー	334	ゴリノ, ヴァレリア	157
ゴードン, ロバート	118	コリリン, エラン	200
コナー, ブライアン	137	コリン, エマ	182
コナリー, ジョン	350	ゴリン, スティーヴ	130
コナリー, マイクル	351, 360	コリンジ, アニー	118
コニー, ブリタニー・"チ"	110	コリンズ, フランシス	10
コーネル, クリス	92	コリンズ, マックス・アラン	356
ゴノ, ギデオン	38	ゴリンスキー, リズ	383

コール, アリッサ	358
コール, ジェームズ	43
コール, ジャック	255, 256
コール, ジャーメイン	97
コール, スティーヴ	35
コル, スティーブ	375
コール, マーティナ	352
コール, ミカエラ	168
コルカー, デボラ	224
ゴルカ, ミハウ	45
コルスキ, ヤン・ヤクブ	196
ゴールズベリー, レネー・エリス	81, 209
コルソン, チャールズ	9
コルチャギン, スタニスラフ	122
ゴールディン, C.	14
コルテス, カルロス	136
コルデロ, セバスチャン	201
コールドウェル, フィン	241
ゴールドシュミット, ポール	342
ゴールドスタイン, ブレット	167, 168
ゴールドスタイン, レイモンド	39
ゴールドスティン, ジャック	363
ゴールドバーグ, ループ	281
コールドプレイ	67, 70
ゴルトベック, クリスティアン・M.	138
ゴールドマン・サックス	38
コルドン, クラウス	395
コルネオ, ヘルマン	223
コルピン, アレクサンダー	220
コルベッタ, アレッサンドロ	44
コールマン, アンドリュー	103
コールマン, オリヴィア	133, 158, 167, 178, 179, 181
コールマン, ジョシュ	108
是枝 裕和	172
ゴレツカ, アニエシュカ	43
コレーラ, アンヘル	221
コーレン, ベネディクト	64
コロラド州教育委員会	33
コロレフ, エフゲニ	64
コロン=ザヤス, ライザ	170
ゴロンベク, ディエゴ・A.	37
コワル, メアリ・ロビネット	379, 383
コーン, アリエル	278
今 敏	314
コンウェイ, ケリーアン	189
ゴンサルヴェス, カルティキ	139
ゴンザレス, クリスティーナ・ディアス	359
ゴンザレス, サンティアゴ	72
ゴンザレス, ジョアン	328
ゴンザレス, フアン	339, 340
コンスタブル, ポール	240
コンスタンティー, ジム	335
コンダウロワ, エカテリーナ	222
コンチャロフスキー, アンドレイ	157, 159
コンツェビッチ, マキシム	49, 50
コンテスタビーレ, アレック	71
コンロイ, ケヴィン	291
コンロン, ジェームズ	86

【サ】

サー, チェン	65
蔡 明亮	195
三枝 哲	38
ザイチーク, エヴァ	76
ザイツェワ, マリア	122
サイード, マリク	67, 72
サイトウ アキラ	284
斎藤 岩男	194
斎藤 工	148
サイトロン, ロバート	32
サイバーグ, ネーサン	49
サイフ, ガーダ・A・ビン	43
ザイフェルト, グレゴール	221
ザイプス, ジャック	370
サイフリッド, アマンダ →セイフライド, アマンダを見よ	
サイフリッド, リサ	40
サイプル, ラーキン	66
サイモンソン, ウォルト	283
ザイラー, ルッツ	387
サイラス, マイリー	70, 71, 114
ザイリアン, スティーヴン	170, 195
ザ・インファマス・ストリングダスターズ	89
サウアー, ハンク	335
サヴィアーノ, ロベルト	227
ザ・ウィークエンド	70, 72, 79, 87
ザ・ウォー・オン・ドラッグス	87
サウチュク, ガブリエラ=アリーナ	42
サウレス, D.J.	11
酒井 利奈	40
榊原 澄人	320
坂口 志文	47
坂口 尚	312
阪田 知樹	77
ザ・カーターズ	68, 69, 92
坂本 あゆみ	203
坂本 淳子	32
阪本 順治	206
坂元 裕二	175
坂本 龍一	205
佐久間 由衣	206

サコルサタヤドーン, ピヤサコル	40
佐々木 須弥奈	232
サザーランド, ドナルド	133
サジオーロ, ルチアナ	233
サスカ, ヤン	308
サースガード, ピーター	160
ザ・スティールドライヴァーズ	80
ザ・ストロークス	100
サター, ミシェル	140
サダイキス, ジェイソン	167, 168, 182, 183
ザ・タイム・ジャンパーズ	84
貞永 方久	196
サタリ, レイラ	44
ザ・チェイン・スモーカーズ＆ビービー・レクサ	69
ザ・チェインスモーカーズ feat.デイヤ	83
ザッカーマン, ノラ	361
ザッカーマン, リラ	361
ザック・ウィリアムス＆ドリー・パートン	102
サックス, ジョナサン	9
ザック・ブライアン feat.ケイシー・マスグレイヴス	116
サッサー, スペンサー	306, 320
サディーク, ラファエル	110
佐藤 慶太	34
佐藤 浩市	199
サドヴィ, ライザ	241
サトゥフ, リアド	312
サード・コースト・パーカッション	86
サドベリー・ニュートリノ天文台チーム	50
サドレイン, ミシェル	53
サドワース, ジョン	147
ザ・ナショナル	87
真田 広之	170, 186
ザナック, リチャード・D.	162
ザナック, リリ・フィニー	162
ザヌーシ, クシシュトフ	196
ザノヴェロ, アウグスト	309
ザ・ハイウィメン	101
ザハーロワ, スヴェトラーナ	222, 223
ザ・ビートルズ	87, 118
サープ, トワイラ	223
サファディ, シファ・サルタギ	374
サファーン, ライアン	114
ザ・フェアフィールド・フォー	80
サプコフスキ, アンドレイ	369
サフディ, ジョシュア →ジョシュ・アンド・ベニー・サフディを見よ	
サフディ, ベニー →ジョシュ・アンド・ベニー・サフディを見よ	
サフディ, モシェ	5
サブラ, アン	283
サベリス, イダ	33
サヘル, ジョゼ＝アラン	7
サポチニク, ミゲル	163
ザマー, マティアス	344
サマーズ, コートニー	357
サマースケイル, ケイト	356
ザマニ, ルーホッラー	159
サマラ, ジョイ	109, 111, 116
サミュエルズ, マシュー	92
サミュエルズ, ロバート	25
サムソン, ジョン	98
サムニー, クリス	276
沙村 広明	257
サモドゥーロフ, ヴィアチェスラフ	224
ザモロドチコフ, アレクサンドル	53
サラ, ロビン	362
サライヤ, ソナル	40
ザラシェヴィチ, ヤン	45
サラティ, ダグ	394
サラディノ, ギャスパー	293
サラビア, ロランド	223
サラファーノフ, レオニード	222
サリヴァン, ジャズミン	105
サリヴァン, デニス	30
サリヴァン, パトリシア	82
サール, セイドゥ	160
サルヴァント, セシル・マクロリン	79, 88, 92
サルガド, セバスチャン	59
サルガド, ミゲル	230
サルグシャン, ゾーラ	127
サルセド, ドリス	59
サルダナ, ゾーイ	175, 186
サルダロ, ミケーレ	40
サルツ, ジェリー	18
サレー, タリク	174
ザ・ローリングストーンズ	89
澤 穂希	347
サワイ, アンナ	170, 186
澤田 博	40
サンヴィ, カルプ	303
瑚海 みどり	207
サンコフ, アイリーン	239
サンジャル, A.	11
サンジュラン, ギヨーム	313
サンス, アレハンドロ	97
サンズ, ジョン・P., ジュニア	31
サンソム, C・J.	353
サンダーキャット	101
サンダーソン, マーティン	194
サンタット, ダン	374
サンタナ, ジュアン・ヴィトール	232

サンチェス, アントニオ	81
サンチェス, ジュリオ・ペレイラ	7
サンチェス, レオ	138
サンテッリ, ロバート	99
ザンデファー, トーマス・E., ジュニア	32
サンドヴィク, ホグネ	32
サンドグレン, リヌス	131
サントス, モニカ	324
サントス, J.M.	11
サントス・コスタ, エンリケ	122
サンドバーグ, ライン	338
サンドラー, マーティン・W.	373
ザンピーニ, マッシミリアーノ	37
サンビーム	34
サンマルタン, ジェイム	43

【シ】

ジー, アーサー	373
シー, オマール	202
ジー, ジェイ・ハリソン	116, 215
ジ, チュンヤン	45
シー, ドミー	134
シー, ミンヤン	233
シーア	190
シアターワークス・シリコンバレー	213
ジアッキーノ, アンソニー	137
シアマ, セリーヌ	173
ジアマッティ, ポール	185
シアラ, マチュー	313
ジアン, アイ	380
ジアン, タオ	42
ジアンビ, ジェイソン	340
シウ, エリック	55
シヴィディーノ, アンドリュー	166
ジウォン, ハン	42
シェー, ジョー	319, 326
ジェイ, ジョナサン	111
シェイクスピア, ニコラス	354
ジェイコブ, エイブ	217
ジェイコブス, オリ	113
ジェイコブス, デイビッド	31
ジェイコブス, マーク	70
ジェイコブソン, セシル	31
ジェイコブソン, ニーナ	163, 165
ジェイソン	266, 268, 269
ジェイソン・イズベル&ザ・400ユニット	89, 116
J.バルヴィン feat.ウィリー・ウィリアム	68
シェイファー, ジャック	380
ジェイムズ, マーロン	388

ジェイムソン, スティーヴン	240
ジェイラン, ヌリ・ビルゲ	197
シェイン, ジェームズ・アラン	42
ジェシー&ジョイ	84
ジェジェック, ミロシュ	40
ジェッソ, トバイアス, Jr.	113
ジェトゥリアン, ジェフリー	202
ジェニファー・ロペス feat.DJキャレド&カーディ・B	68
ジェニングス, キャスリーン	370
ジェニングス, ジョン	281, 283, 385
ジェニングス=ローゲンサック, コリーン	217
ジェネレーション・ギャップ・ジャズ・オーケストラ	111
ジェノヴェーゼ, レオ	111
シェバウスキ, マチェック	318
シェパード, トム	299
シェビブ, ノア	92
シェーファー, マット	110
ジェファーソン, コード	140, 167
ジェファーソン, マーゴ	374
シェフチェンコ, アンドリー	344
ジェフリー, ポール	83
ジェフ・ローバー・フュージョン	87
シェーベリ, フレドリック	42
シェーマン, ローレンス・W.	34
ジェミシン, N.K.	379, 382〜385
ジェームズ, ザッカリー	109
ジェームズ, ジョエル	92
ジェームズ, ピーター	350
ジェームズ, ブライアン・ダーシー	112
ジェームズ, レブロン	190, 332
ジェラルド	249
シェリー, ビル	281
シェルカウイ, シディ・ラルビ	223
ジェルジュ, クルターグ	7
シェルバック	85
ジェルブラム, セス	210
ジェルマーノ, エリオ	227
ジェローム, ジャレル	166
シエン, ゾン	319
シェーン, リチャード	4
ジェンキンス, クリス	130
ジェンキンス, バリー	131, 218
ジェンキンス, リチャード	162
シェンク, リーベン	46
ジェンセン, ジャッキー	336
シェントン, レイチェル	133
シガ, ジェイソン	261, 282
シクセル, マーガレット	130
ジーグラー, マディ	189

C.K., ルイ	80, 107
重森 光太郎	127
ジコデ, ノムセボ	112
シザ	73, 74, 115
シザ feat.フィービー・ブリジャーズ	114
シシキン, ドミトリー	120, 125
シス, ピーター	394
ジダン, ジネディーヌ	344, 346
シッカフース, トッド	98, 213
實川 風	127
シックルズ, ノエル	295
シッフマン, ジェイ	31
シティフェル, フランク	133
ジート, ズーン	391
シード, リチャード	33
シドランスキー, エレン	53
シドリ, マラ	33
シニア, ジェニファー	23
シニア, ジョシュ	169
シノ, ネージュ	367
シノダ, マイク	108
シビック, ルーシー	133
シフィンスキ, トマシュ	327
ギブソン, マイケル	237
渋谷 紀世子	140
シフリン, ラロ	134
シフレット, クリス	105
シポシュ, ジュジャンナ	137
シボリ, オマール	343
ジマー, ハンス	137, 183
シミノスキー, ケリー	33
市民自由センター	13
シム, デイヴ	249
シムズ, デイヴィッド	37
志村 錠児	317
シモ, サルバドール	300, 301
シモクス, トレヴァー	45
シモン, カルラ	228
シモンズ, ダニエル	35
シモンズ, ピーター	36
シモンズ, ポージー	313
シモンセン, アラン	343
シャー, アビナッシュ・ビクラム	174
謝 國楨	37
シャー, シェファリ	145, 200
謝 茶唱	37
シャー, ニール	169
ジャ, ライビン	45
シャイエ, レミ	302
シャイナート, ダニエル	138, 380
シャイマン, マーク	116
ジャーヴェイス, リッキー	186
シャウダー, ティル	198
シャウツ, イルメラ	396
ジャオ, クロエ	136, 159, 182, 219
ジャオ, シーラン・ジェイ	387
シャオ ダン	198
シャオ リーロン	194
ジャキ, スタンレー	8
シャキーラ	73, 74, 88
シャク=シー, エリオ	45
ジャクソン, アンドリュー	136
ジャクソン, グレンダ	211
ジャクソン, サミュエル・L.	138
ジャクソン, ジェイ	293
ジャクソン, ダヴェオン	92
ジャクソン, マイケル・R.	21, 214
ジャクソン, レジー	337
シャクティ	117
ジャゴ, マーク	44
ジャコビ, デレク	243
シャゴフ, フョードル	121
ジャコボヴィッツ, イマヌエル	9
ジャコミン, ミランダ	43
シャコン, レイヴン	24
ジャシ, ヤア	375
シャージンガー, ニコール	243
シャスタマン, ニール	372, 396
ジャスティス	92
ジャスティン・ビーバー feat.ダニエル・シーザー, Giveon	71
ジャスパール, ジェロエン	297
ジャスムヒーン	33
ジャックマン, ヒュー	94
ジャッジ, アーロン	342
シャドリン, オレスキー	77
シャニ, タイ	60
ジャネイ, アリソン	132, 161, 178
シャーネレク, アンゲラ	227, 228
ジャノッティ, ファビオラ	49
シャバァズィ, パルヴィズ	197
ジャハンギール, アスマ	7
シャピロ, リサ・J.	37
ジャファ, アーサー	57
ジャフィー, アル	276
ジャフィー, ラミ	105
シャフィク, アフメド	41
シャフテル, イーサン	309
シャベル, デイヴ	89, 94, 98, 112, 118
シャーマ, ブリヤ	371
シャーマドー, シャボルチュ	45
ジャマリ, レザ	206

シャーマン, ジュディス ………… 82, 99, 108, 114	シューツ, スザンヌ ………………………… 44
シャーマン, シンディ ………………… 5, 58	ジューデ, ラドゥ ………………………… 227
シャーマン, ビル ………………… 81, 236	シュティボル, バルトシュ ……………… 386
シャーマン＝パラディーノ, エイミー ………… 164	シュテンナー, クリストフ ………………… 44
シャミア, アディ ………………………… 7	シュトラック, フリッツ …………………… 43
シャラメ, ティモシー ……………………… 218	シュナー, スティーヴ ……………………… 118
シャリーフ, ナワーズ ……………………… 33	シュナイダー, バリー・リー ……………… 63
シャリフィ, ジャムシード ………………… 212	シュナイダー, マリア …………… 81, 103
シャリポフ, ファルハット ………………… 229	シュニーマン, キャロリー ………………… 57
ジャリリ, アボルファズル ………………… 197	ジュネ, ジャン＝ピエール ……………… 194
シャルパンティエ, エマニュエル ……… 5, 12, 50	シュパチェンコ, ナディア ……………… 100
シャルーブ, トニー ………………… 165, 211	シュピオカ, ヴォイテク …………………… 45
シャルボネ, トロイ ………………………… 72	シュブ, アンドレ＝ミシェル ……………… 64
シャルマー, コーンコナー・セーン ……… 150	シュプレンガー, アンドレアス …………… 41
ジャレ, ダミアン …………………………… 223	シューベルト, アレクサンダー …………… 55
シャレノフ, ディーン ……………………… 94	シュミット, ジャスティン ………………… 41
ジャロシク, ノーマン ……………………… 51	シュミット, ジョアン ……………………… 65
シャローズ, サラ ………… 84, 85, 98, 102	シュミット, デイヴィッド ………………… 34
シャロルタ, サボー ……………………… 328	シュミット, トマス ……………………… 316
ジャン シャン …………………………… 114	シュミット, ブライアン・P. …………… 50
ジャン, シュウ・ジャン ………… 325, 328	シュミット, マイク ……………………… 338
ジャンヴィー, ダン ……………………… 136	シュメルコフ, レオニード ……………… 326
シャンカール ……………………………… 202	シュライバー, スチュアート ……………… 3
ジャンソン, キャシディ ………………… 240	シュラーダー, マリア …………………… 167
ジャンソン, クラウス …………………… 295	シュラッター, マリア・S. ……………… 167
シャンツ, ボビー ………………………… 335	ジュラフスキー, レフ …………………… 123
シャンドゥティ, スマエル・ジョフロイ ……… 304	ジュリー …………………………………… 290
シャンナホフ＝クァルサ, デイヴィッド・S. …… 32	ジュリアス, デヴィッド ……………… 13, 52
ジャンパー, ジョン・M. ……………… 14, 52	ジュリアーニ, ルディ ……………… 189, 190
ジャン＝バプティスト, マリアンヌ ………… 219	ジュリアン・マーリー＆アンテウス ……… 118
ジャンフェルミ, ファブリス ……………… 137	ジュリアン＝ラフェリエール, ヴィクトル …… 76
朱 旭 ……………………………………… 196	シュリーワースタウ, アランクリター …… 205
ジュ, ケビン ……………………… 77, 124	シュルーター, ドルフ …………………… 47
朱 妍 →Zhu, Yanを見よ	シュルツ, キャサリン ……………………… 15
朱 光建 …………………………………… 38	シュルツ, ジョン ………………………… 196
シュー, ダニエル ………………………… 65	シュルツ, チャールズ・M. ……… 253, 266, 284
シュー, ブノワ …………………… 307, 329	シュルツ, マーク ………………… 246, 247
シュー, ヤコブ ………………………… 298	ジュルディ, カミーユ …………………… 311
シュア, マイケル ………………………… 380	シュレイダー, ポール …………………… 160
周 善義 …………………………………… 38	シュレットアウネ, ポール ……………… 197
ジュヴァニ, ジェルジ …………………… 198	シュレップファー, マルティン ………… 222
ジュヴァニ, ルイザ ……………………… 198	シュレヒト, フォルカー ………………… 323
シュヴァーネヴィルムス, アンネ ………… 91	シュワブ, アイヴァン・R. ……………… 36
シュヴェケンディーク, ニルス …………… 119	シュワルツ, ジョン ……………………… 50
シュヴェルツラー, カール ………………… 35	シュワルム, J.D. ……………………… 134
シュヴェンク, ヨナタン …………… 298, 320	ジューン, カール ………………………… 53
ジュウコフスカ, パウリナ ………………… 324	ジョー, ドナルド ………………………… 357
シュガー, マイケル ……………………… 130	ショー, ロビン …………………………… 302
シュガート, ジュリア …………………… 232	ショア, ピーター ………………………… 52
ジュスティ, マルゲリータ ……………… 309	ジョアキン, アレクサンドル …………… 232
シュタルクマン, アレクサンダー ………… 64	ジョイナー, ジュリー ……………… 233, 234

ジョーイ＋ローリー	84
蔣 益良	124
ショウ, キャロライン	109
蕭 君恬	113
荘 小威	52
蕭 青陽	113
ジョヴァンネージ, クラウディオ	227
小路 紘史	204
ジョージ, ライネル	90
ジョージェト, D・M・R.	31
ジョージズ, カロリーネ	363
ジョージス, マチュー	318, 319
ジョシュ・アンド・ベニー・サフディ	203, 219
ジョスリン, マルト	360
ジョゼフ, バジル	152
ショーター, ウェイン	111
ジョーダン, ブレント	37
ジョーダン, マイケル	331, 332
ジョック	291
ジョナサン, ピーター・K.	40
ジョナサン・マクレイノルズ＆マリ・ミュージック	101
ジョナス・ブラザーズ	69
ジョフレ, アンナ	40
ショール, ニシ	370
ショルツ, クラーク	39
ショルツ, ピーター	48
ジョン, エルトン	135, 181
ジョングク feat.Latto	73
ジョーンズ, アナベル	164〜166
ジョーンズ, アンドリュー・R.	132
ジョーンズ, エイミー	40
ジョーンズ, ギャラス	38
ジョーンズ, クインシー	96
ジョーンズ, クリスティーン	212, 237
ジョーンズ, ケイレブ・ランドリー	174
ジョーンズ, ココ	115
ジョーンズ, ジェシカ・E.	95
ジョーンズ, ジェフリー・キャサリン	293
ジョーンズ, ジェームズ・アール	211
ジョーンズ, ジャクリーン	27
ジョーンズ, チッパー	340
ジョーンズ, ブライアン	115
ジョーンズ, ラシダ	96
ジョーンズ, レイチェル・ベイ	210
ジョーンズ, レスリー・アン	82, 99, 104, 108
ジョンストン, ジェイムズ	32
ジョンストン, ドナルド・S.	32
ジョンスルード, イングリッド	35
ジョンソン, キジ	369
ジョンソン, アダム	372
ジョンソン, アラヤ・ドーン	370, 378
ジョンソン, コーディー	110
ジョンソン, サイモン	14
ジョンソン, ダコタ	187
ジョンソン, ダニエル・ウォーレン	292〜294
ジョンソン, デューク	157, 323
ジョンソン, ボリス	44
ジョンソン, マジック	331
ジョンソン, ラッセル・W.	356
ジョン・デイバーサ・ビッグバンド feat.DACAアーティスト	93
ションブルン, マヤ	233
ショーン・メンデス＆カミラ・カベロ	69, 70
シラク, ジャック	32
白浜 鷗	287
ジラール, フランソワ	197
シーラン, エド	67, 78, 87
シリング, エリック	108, 113, 119
シルヴァーズ, ヴィッキー・L.	34
シルヴァーマン, ミリアム	216
シルヴェスター, ドナルド	135
シルク・シティ＆デュア・リパ feat.ディプロ＆マーク・ロンソン	91
シルク・ソニック	71, 72, 105
シルバー, シェリー	69
シルバーマン, ジェイク	108
ジルバーマン, デイビッド	4
ジルバロディス, ギンツ	300, 308, 309, 321
ジロー, ジャン →メビウスを見よ	
ジロー, ブリジット	367
ジロ, マリ＝アニエス	222
ジーン, ジェームズ	262, 264〜269
シン スウォン	202
ジン, デヴィッド	209, 211, 217
シン, ドミトリー	77
ジン ヤーチン	199
シン, ヨウ	206
シンガー, ジョシュ	130
シンガー, ブライアン	196
新海 誠	205
シングルトン, アンドルー	53
シンクレア, サフィヤ	377
シンケビッチ, ビル	286
新藤 兼人	201
ジンバルドー, フィリップ	35
シンプソン, スタージル	83
シンプソン, ロバート	99

【ス】

スー, ファー 25, 377
スー, フィリッパ 112
スー, ルーク 124
スアレス, ルイス 343
ズィエロ 34
スヴィエジェナ, バルバラ 41
スヴィエラーク, ズディニェク 196
スヴィエラーク, ヤン 196
スウィーティー feat.ドージャ・キャット 71
スウィーニー, W・ブライアン 31
スウィフト, テイラー
　............ 66, 69, 70, 72～74, 78, 100, 114, 115
スウィントン, ティルダ 159
スウェイツ, トーマス 42
スウェイル, ジェシカ 235
スヴェンソン, ニック 36
ズオカス, アルトゥーラス 39
菅 裕明 6
スカット, トム 217
スカーボロー, エンドリアン 239
スカルスガルド, アレクサンダー 164, 179
スカルスガルド, ステラン 181
スキナー, バラス 46
スキャンダリオス, ニック 212
スキラーチ, ジュゼッペ 234
スクアイア, ニック 95
スクイテン, フランソワ 290
スクヴィラフスカ, カミラ 45
スクーリー, ブルース 188
スクリブナー, ヘイリー 354
スクリレックス 115
スクリレックス・アンド・ディプロ 78
スクリレックス＆ディプロ feat.ジャスティン・ビーバー 66
スクリレックス・アンド・ディプロ with ジャスティン・ビーバー 78
スコセッシ, マーティン 58, 205, 228
スコッティ, フィリッポ 159
スコット, アラン 167
スコット, アンドリュー 239
スコット, スティーブン 287
スコット, ハワード 363
スコット, ヒラリー 84
スコフィールド, ジョン 79, 83, 84
スコリモフスキ, イェジー 158, 174, 200
スジュネソン, エルサ 385
スース, ダイアン 24, 376
鈴木 厚人 50

鈴木 敏夫 140
鈴木 松美 34
鈴木 洋一郎 50
鈴木 亮平 156
スタイツ, ジョーン・A. 5
スタイルズ, スティーブ 382
スタイルズ, パウラ・R. 368
スタイルズ, ハリー 72, 73, 100, 109
スタイルズ, T.J. 16
スタイン, マット 214
スタイン, R・L. 361
スタインク, アーロン・ネルス 278
スタインバーグ, ジョニー 377
スタインバーグ, ネヴィン 212, 216, 238
スタウト, クリスティ・ルー 144
スタヴラカキス, アレクサンドロス 121
スタウントン, イメルダ 235
スターク, ライアン 68
スターク, リチャード 292
スタージェル, ウィリー 338
スタジオジブリ 149, 175
ズダースキー, チップ 276, 282, 285, 288, 291
スタツィ, マリア・アントニエッタ 42
スタッキー, ジェン 167, 170
スタック, スティーブン 35
スタッチェル, アリエル 94, 211
スタップ, ジョン 35
スターテ, リネア 312
スター・トリビューンのスタッフ 21
スタニシチ, サーシャ 396
スタリコフ, ヴィタリー 77
スターリン, ジム 283
スターリング, ジェイムズ・R. 32
スターリング=アルトマ, ダニエル ... 309, 321, 328
スタルマスター, リン 132
スタローン, シルヴェスター 176, 188, 191
スタン, セバスチャン 186, 228
スタン坂井 .. 252, 255, 274, 279, 284, 287～290, 292
スタンダート, フリッツ 315
スタント, ジェス・Q. 360
スタントン, ジャンカルロ 342
スタンバーグ, ジークムント 9
スタンリー, エイミー 376
スタンリー, エリザベス 103
スタンリー, ジョン 280
スチュアート, ダグラス 389
スチュアート, デイヴィッド 35
スチュワート, ジェフリー・C. 20, 373
スチュワート, デイヴ 261,
　................ 264, 267～269, 271, 273, 276, 279, 287
スチュワート, ロス 326

ズッキーノ, デイビット	23
ズッティオン, クエンティン	312
スティーヴ・ガッド・バンド	92
スティーヴンス, マシュー	111
ステイシー, ナディア	140
スティード, エド	90
ステイナー, ペーター	122
スティフキナ, アレクサンドラ	127
ステイプルズ, フィオナ ‥ 275〜279, 281, 282,	386
ステイプルズ, ブレント	19
ステイプルズ, メイヴィス	80
ステイプルズ, ルイーザ	127
ステイプルトン, クリス ………… 79, 88, 106,	116
スティーブンス, デーヴ ………………… 270,	286
スティーブンス, リチャード	38
スティーブンス, リチャード・J.	41
スティール, ナタリー	234
スティルウェル, トーマス・J.	31
スティング&シャギー	93
ステニス, ベン	110
ステパネンコ, ガリーナ	220
ステファンズ, ジョン	81
ステープルトン, ハワード	36
ステューディ, ウェス	136
ステレット, クリフ	295
ステント, マーク・"スパイク"	113
ストイチコフ, フリスト	344
ストッダート, J.F.	11
ストッパード, トム	239
ストーラー, クリストファー ………… 169,	170
ストラウス, キャロリン	166
ストラドリー, ランディ ………………… 247,	249
ストリックランド, D.	12
ストリープ, メリル ……………………… 175,	178
ストリングス, ビリー	102
ストール, アニー	94
ストール, パブロ	199
ストルチコフ, ユーリィ	31
ストレイハン, ジョナサン	371
ストレンジ, ギャビン	302
ストローカー, アリ	212
ストローハン, ピーター	186
ストロミンジャー, アンドリュー	51
ストロング, ジェレミー …………… 166, 183,	217
ストーン, エマ ………… 131, 140, 157, 177,	185
ストーン, クリスチャン	70
スナイダー, スコット ………………… 272, 276,	293
スナイダー, ピーター	38
スナーキー・パピー ……………… 83, 100,	110
スナーキー・パピー&メトロポール・オルケスト	
‥‥‥‥‥‥‥‥‥‥‥‥‥‥‥‥‥‥‥	78
スナッダン, ダニエル	297
スナルスキ, エミリアン	45
スヌーク, サラ ………………… 169, 183, 185,	243
スヌープ・ドッグ	66
スーネンス, レオ・ジョセフ	8
ズーバー, キャサリン ………… 211, 213, 239,	241
スーパーカミオカンデチーム	50
スパーゲル, デイビット	51
スパーシュ, アムリター	150
スパージョン, トム ………………… 271, 274,	276
スパニッシュ・ハーレム・オーケストラ ……	93
スパーンズ, ルネ	315
スピアーズ, ピーター	136
スピアーズ, マーク・アンソニー	79
スピーゲルマン, アート ………… 247, 256,	274
スピックス, ジョー	99
スピーニー, ケイリー	160
ズビャギンツェフ, アンドレイ	172
スピルバーグ, スティーブン …… 184, 199,	228
スピールマン, ダニエル	53
スファール, ジョアン ………………… 265,	299
スプーク, クリスチャン	224
スブラ, バティスト	39
スプラウト, エミリー	234
スプリングスティーン, ブルース	212
スフルツ, ウィリブロルト・ウェイマール ……	33
スペジアリー, トム	167
スペス, マリア	228
スペルマン, A.B.	119
スペンサー, クラーク ………………… 132,	138
スペンサー, コディ	217
スペンス, チャールズ	37
スホツキ, クリスティナ	41
スポルディング, エスペランサ ………… 97,	106
スマタナ, マルティン ………………… 302,	309
スマート, ジーン ……… 167, 168, 170, 183,	187
スミス, アリエル	241
スミス, ウィル ………………… 137, 170, 183,	190
スミス, クリント	376
スミス, サム ………………… 109, 130,	177
スミス, ジェフ ………………… 248〜250, 254,	263
スミス, シドニー ………… 362, 364, 391, 393,	396
スミス, ジョシュア・N.	40
スミス, ジョナサン	102
スミス, ゼイディー	375
スミス, ダグラス	37
スミス, チェ	81
スミス, デボラ	388
スミス, ドナルド・J.	35
スミス, ニール	119
スミス, フランク・J.	35

スミス, ベンジャミン	………………	36
スミス, マイケル・L.	………………	41
スミス, マギー	………………	163
スミス, マーク・C.	………………	324
スミス, マーティン・クルーズ	………………	358
スミス, ミシェル	………………	118
スミス, リー	………………	133
スミス, レイン	………………	391
スミス, ロイス	………………	214
スミス, A.C.	………………	31
スミス, G.P.	………………	12
スミット=マクフィー, コディ	………………	183
住山 美桜	………………	232
スミルノフ, ドミトリー	………………	127
スミルノワ, オリガ	………………	223
スメア, パット	………………	105
スメイル, アンナ	………………	368
スモールウッド, マヤ	………………	233
スモルダレン, ティエリー	………………	310
スモールボーン, ジョエル	………………	97
スモールボーン, ルーク	………………	97
ズライティス, ニコール	………………	116
スラヴィツキー, ルカシュ	………………	221
スラッター, アンジェラ	………………	368
スリ, ターシャ	………………	370
スリークマル, K・P.	………………	34
スリマニ, レイラ	………………	367
スリヤ, モーリー	………………	208
スルタノフ, アレクセイ	………………	64
スルハリ, B・S.	………………	34
スレイター, サム	………	98, 103
スレイド, ガブリエラ	………………	215
スレイマン, エリア	………………	173
スレイマン, カリム	………………	95
スレーター, クリスチャン	………………	177
スレッギル, ヘンリー	………………	16
スレパズ, ヘルベルト	………………	43
スレムロッド, ジュール	………………	34
スローター, カリン	………………	349
スロット, ダン	………………	280
スロール, ネイサン	………………	27
スローン, マイケル	………………	18
スワーフ, エマ・ドゥ	………	300, 306, 324
スワン, ジェフリー	………………	64
ズワーン, ロルフ	………………	39
スーン, ウィニー	………………	56

【セ】

セイエディ, ホウマン	………………	207
ゼイケノフ, イマンベク	………………	103
セイフライド, アマンダ	………	168, 185
セイラー, R.H.	………………	11
セイルズ, ジョン	………………	194
ゼイン&テイラー・スウィフト	………………	67
セイント・ヴィンセント	………	92, 105
セイント・ジョン	………………	72
セインドン, エリック	………………	139
セヴァ, ボティス	………………	239
セグラ, エドゥアルド	………………	34
ゼグラー, レイチェル	………………	183
妹島和世+西沢立衛／SANAA	………………	59
セシリア・スパルロク, レーネ	………………	204
ゼタブチ, ライカ	………………	134
セッション, ボビー, Jr.	………………	101
ゼッツ, クレメンス・J.	………………	387
ゼッド&アレッシア・カーラ	………………	67
セデニョ, ルカス	………………	45
セドナ, ヴィクラム・フランチェスコ	………………	128
セドラーチコヴァ, タティアナ	………………	41
セネシャル, アガーテ	………………	329
ゼノポルス, ジェイソン	………………	198
ゼノン, ミゲル	………………	116
セバスチャン=ガジェス, ヌリア	………………	36
セバンズ, ナタリー	………………	38
セペダ, オーランド	………………	337
セペティス, ルータ	………………	391
セミオノワ, ポリーナ	………………	223
セミョーノワ, マリナ	………………	221
ゼム, ロシュディ	………………	192
セメンザ, G.L.	………………	12
セライユ, レオノール	………………	172
セール, ティム	………	254〜256, 259, 293
ゼルウィガー, レネー	………	135, 180
セルジュ, アンドレア	………………	43
セルニー, アン=マリー・サン	………………	312
セルフォン, オスマン	………………	329
ゼルフーニ, ウルマン	………………	39
セルマン, ダリアン	………………	233
セルミンス, ヴィヤ	………………	59
ゼルリン, ベス	………………	197
セレスティン, レイ	………………	353
セレノ, ミア	………………	384
セレブレニコフ, キリル	………………	224
ゼレール, フロリアン	………………	136
セン, アショク	………………	49
ゼン, ヤウェン	………………	305
センダース, ジョン	………………	39
センダント	………………	34
ゼンデイヤ	………	166, 168, 184
セントポール室内管弦楽団	………………	91

全米芸術基金 31, 210

【ソ】

ソー, アンソニー・ヴェアスナ 376
ソ ヨンジュ 202
ソアレス, ダニエル 175
曾 韵 121
曹 文軒 392
ソヴァージュ, J.-P. 11
ソウェト・ゴスペル・クワイア 94
ソウサニス, ニック 283
相米 慎二 193
ソーキン, アーロン 176, 182
ソコロフスキー, スコット 38
ソーサ, サミー 340
ソーシャル・テキスト誌の編集者 32
ソデルギット, アルフレド 305
ソヌ イエゴン 65
ゾービ, フーダ 51
ソーヤーズ, チャールズ 50
ソーラー, カイル 238
ソラグレン, エスティバリス・ウレソラ 208
ソランジュ 83
ソーリー, タイショーン 27
反田 恭平 125
ソリマル, ショーン 106
ソルジェニーツィン, アレクサンドル 8
ソルトレーク・トリビューンのスタッフ ... 16
ソレル, ジャネット 95
ソレール, ブノワ 72
ソレンソン, ギャレット 95
ソレンティーノ, アンドレア 285
ソレンティーノ, パオロ 159
ソロウェイ, ジル 162
ソロゴイェン, ロドリゴ 207
ソロモン, スーザン 47
ソン ガンホ 174
ソーン, キップ 11, 50
ソン グオフ 38
ソン ジフン 122
ソーン, ジャック 236, 243
ソン ソンドゥク 71
ソン ヨルム 65
ソンダース, シシリー 8
ソーンダーズ, ジョージ 388
ソンドハイマー, マーク 132
ソンドハイム, スティーヴン 112
ソーントン, ビリー・ボブ 178
ソーントン, ワーウィック 158

【タ】

ダイアー, サラ 281
大亜湾原子炉ニュートリノ実験チーム 50
タイエ, ソニア 214
タイ王国首都圏警察 41
タイコ 34
タイシュマン, レベッカ 210
ダイシンガー, キャロル 135
ダイセロス, カール 51
タイセン, マリエ 196
タイソン, シシリー 134
ダイソン, フリーマン 9
ダイナースタイン, デヴィッド 138
タイニオン, ジェームズ, 4世 .. 289, 290, 292, 313
ダイネギー 34
タイバー, ジョシュア 37
タイム・フォー・スリー 114
ダイヤモンド, D. 13
タイラ 74, 117
タイラー, マイケル 36
タイラー, L.C. 351
タイラー・ザ・クリエイター 97, 106
台湾立法院 32
ダヴィチェンコ, セルゲイ 122
ダヴィッドヴィッチ, ロリータ 195
ダヴィラ, ジャン・パブロ 31
ダーヴィル, アーサー 242
タヴェルニエ, ベルトラン 157, 194
ダヴォドー, エティエンヌ 310
ダウズ, リンダ 137
ダウド, アン 164
ダウド, カメル 368
ダウドナ, ジェニファー 5, 12, 50
ダウニー, ロバート, Jr. 140, 185
ダウニング, キャロリン 216
タウブ, シェイナ 217
タウンズ, チャールズ 9
タウンズ, ポール・W. 167, 170
タウンゼント, ジャスティン 214
タオ, テレンス 50
タオイー, ドミニク 135
高木 聖治 38
ダカス, ルーシー 115
高橋 正紀 140
高橋 留美子 284, 311
高畑 充希 205
田亀 源五郎 284
瀧本 智行 199
田口 智久 306

田口 文章 …………………………………… 38
宅見 将典 →マサ・タクミを見よ
ダグラス, キャサリン ……………………… 37
ダグラス, ジョン …………………………… 371
ダグラス, バリー …………………………… 64
ダグラス, マイケル ………………………… 180
武 正晴 …………………………………… 204, 206
タケイ, ジョージ ……………………………… 287
竹内 鴻史郎 ……………………………… 124, 128
タケダ サナ‥ 283, 284, 291, 292, 295, 370, 382〜384
武部 貴則 …………………………………… 46
ダ・コスタ・ドゥアルデ, マリナ・フェルナンデス ………………………………………… 231
ダ・シウヴァ, ジョアン・ヴィトール ……… 232
田島 幸信 …………………………………… 38
タジ・マハール ……………………………… 89, 112
タスカ, ジョージ …………………………… 295
タゼウェル, ポール ………………………… 209
タッカー, タニヤ …………………………… 97
ダックワーズ, ケンドリック →ラマー, ケンドリック を見よ
ダッケ, マリー ……………………………… 39
タッティ, サム ……………………………… 240
辰巳 ヨシヒロ ……………………… 270, 271, 313
伊達 洋至 …………………………………… 46
タデオ, ジョセフ …………………………… 32
ダート, リチャード・C. …………………… 31
ダトロー, エレン ………………………… 382〜385
ターナー, ベッキー ………………………… 188
ターナー, モリー ………………………… 274, 286
たなか 亜希夫 ……………………………… 314
田中 健誠 …………………………………… 40
田中 里奈 …………………………………… 46
田中 征爾 …………………………………… 206
田中 月乃 …………………………………… 233
田中 政志 …………………………………… 254
タナヒル, ジョーダン ……………………… 363
田辺 剛 …………………………………… 311, 314
ダニエル, グラシエラ ……………………… 214
ダニエルズ, ジェフ ………………………… 165
ダニエルセン, マルグレーテ ……………… 326
ダニング, デイヴィッド …………………… 33
種村 秀輝 …………………………………… 38
ダーハム, ジミー …………………………… 57
ダービー, デイヴィッド …………………… 38
タヒア, サバア ……………………………… 373
ダフ, ヒラリー ……………………………… 189
ダファー, マット …………………………… 243
ダファー, ロス ……………………………… 243
ダフィー, ダミアン ……………………… 283, 385
ダフニス・プリエト・ビッグバンド ……… 93
タブー feat.シェイリーン・ウッドリー …… 68

ターベイ, マイケル ………………………… 35
タマキ, ジリアン ……… 279, 280, 283, 288, 294, 363
田巻 久雄 …………………………………… 255
タマキ, マリコ ………………… 279, 286, 287, 294
ダミアン, アンダ ………………………… 304, 322
タミツィアン, エンマ ……………………… 64
ダミン, シュ ………………………………… 64
タム, カティ ………………………………… 46
タム, パトリック …………………………… 200
タームハネー, チャイタニヤ ……………… 159
ダライ・ラマ, 14世 ………………………… 9
タラグラン, ミシェル ……………………… 30
ダラス・シアター・センター ……………… 211
タランティーノ, クエンティン ………… 181
ターリー, マイケル ………………………… 37
ダーリング, ジェシー ……………………… 60
タル, ベーラ ………………………………… 208
ダルク, ソフィー …………………………… 313
タルディ, ジャック ……………… 272, 277, 281
タルティ, モーガン ………………………… 377
ダルデンヌ, ジャン＝ピエール ………… 173, 174
ダルデンヌ, リュック …………………… 173, 174
ダルドリー, スティーヴン ……… 165, 214, 239
ダルベルト, ミシェル ……………………… 64
タルボット, ジョビー ……………………… 223
タルボット, ブライアン ………………… 251, 295
タレル, ジェームズ ………………………… 59
ダン, ジャック ……………………………… 369
タン, ショーン ……………………………… 391
譚 敏 ………………………………………… 38
ダーン, ローラ ………………… 135, 164, 179, 181
ダンカン, ティム ………………………… 332
ダンティカ, エドウィージ ……………… 376
ダンニング, ノルマ ……………………… 365
タンバー, ジェフリー …………………… 161, 162
ダンビエ, スコット ………………………… 270, 272, 275, 277, 279, 285, 287, 290, 293, 294
ダン＋シェイ ……………………………… 92, 97
ダン＋シェイ＆ジャスティン・ビーバー …… 101

【チ】

チアン ウェン ……………………………… 201
チアン, ユン ………………………………… 64
チヴァース, C. J. …………………………… 16
チェ ジヒュン ……………………………… 232
チェ, ドン・ミー …………………………… 373
チェ ハヨン ………………………………… 77
チェイキン, ハワード ……………………… 291
チェセル, デビッド ………………………… 74

チェリー, マシュー・A.	135
チェリイ, C.J.	378
チェリッキ, レイス	203
チェルヴェニー, ヤロスラフ	40
チェルノフ, ミスティスラフ	24, 140
チェン カイコー	201
チェン シー	317
チェン ジエンイン	174
チェン, ジャッキー	132
チェン, ジョージ	148
チェン, シーン	65
チェン, ステラ	76
チェン, ブライアン	77
チェン, ミンル	45
チェンバーズ, ベッキー	384, 385
チェンバレン, ウィルト	330
チック・コリア&ザ・スパニッシュ・ハート・バンド	97
チッパーフィールド, デイヴィッド	61
チードル, ドン	85, 107
チャイコフスキー, エイドリアン	386
チャイルズ, ビリー	88, 116
チャイルディッシュ・ガンビーノ	68, 69, 87, 91, 92, 95
チャオ リャン	229
チャオニー, マイケル	213
チャクラバーティ, ロリータ	240
チャステイン, ジェシカ	137
チャゼル, デイミアン	131, 177
チャドウィック, ポール	245〜247, 263
チャフキン, レイチェル	212
チャプリス, クリストファー	35
チャベス, フリア	207
チャーム, デレク	282
チャーム・ラドンナ	70, 75
チャヤヴァタナ, トゥ	40
チャールトン, ボビー	343
チャレロ, マーク	252, 261, 264, 272
チャン イーモウ	194, 208
チャン ウェイリャン	175
チャン, クリスチャン	46
チャン, ジャスティン	26
チャン ソヌ	197
チャン ツォーチ	197
チャン ナリ	323
チャン ハオチェン	65
チャン, マイルズ	43
チャン ヤン	203
チャンス・ザ・ラッパー	82, 83
チャンス・ザ・ラッパー feat.リル・ウェイン&2チェインズ	83
チャンドラー, スパッド	334
チャンドラセケラ, ヴァジュラ	380
チャンドラボース	139
チュー, ウェスリー	382
チュー, ジェローム	41
チュー, シモン	124
チュー, ジョン	380
チュカ, エラ	45
チュージン, セミョーン	223
チューニック, ジョナサン	217
チュビニーゼ, アナ	327
チョー, ゼン	384
趙 成珍	125
チョー, リンダ	217
チョイ, エリー	77
チョイ, スーザン	373
チョイ, ティモシー	76
趙 欣悦	232
張 芸謀 →チャン イーモウを見よ	
張 光磊	38
張 書義	38
チョウ ズーヤン	205
張 琳	232
張 礼標	38
チョウ, レイモンド	203
超新星宇宙論計画のメンバー	50
チョカーノ, カリーナ	375
チョニ, ドミトロ	65
チョプラ, ディーパック	33
チョロデンコ, リサ	162
チョン インホ	77, 122
チョン ジョン	195
チョン, ダニエル	299
チョン ヌーリエ	124
チョン ヘイン	151
チョン ユミ	329
陈 亦柏	77, 121
チン, ジェイソン	394
陳 志堅	52
チン, ジミー	134
チン, ジュディー	139

【ツ】

ツァイ, ヴィンセント	307
ツァイリンガー, A.	13
ツァハリアス, クリスティアン	64
ツァレンコ, ジナイダ	122
ツァーン, アルフレッド	42
ツィスカリーゼ, ニコライ	221
ツィメルマン, クリスチャン	59

ツイン, ビリー ……………………………… 58
ツヴィタニヴィッチ, エヴァ ………………… 299
ツェテン, ペマ ……………………………… 207
ツェレツ, ペーター ………………………… 41
塚田 浩二 …………………………………… 39
塚本 由晴 …………………………………… 6
柘植 信昭 …………………………………… 40
辻 一弘 ……………………………………… 133
辻井 伸行 …………………………………… 65
津田 寛治 …………………………………… 199
蔦 哲一朗 …………………………………… 203
土屋 ガロン ………………………………… 266
土屋 豊 ……………………………………… 203
ツツ, デズモンド・ムピロ ………………… 9
筒井 哲也 …………………………………… 314
妻夫木 聡 …………………………………… 205

【テ】

デアーク, クリストフ ……………………… 132
デ・アンジェリス, エドアルド …………… 205
デイ, アンドラ ………………………… 107, 181
デイ, ラッキー ……………………………… 105
デイ, ルビー ………………………………… 234
ディアクール, ニキータ … 316, 317, 320, 323, 324
ディアコフ, アントン ……………………… 300
ディアス, エルナン ………………………… 25
ディアス, セザール ………………………… 173
ディアス, ラヴ ………………………… 157, 226
ティアニー, ジェイコブ …………………… 201
ティアニー, モーラ ………………………… 177
ディアンジェロ ……………………………… 79
ディアンジェロ＆ザ・ヴァンガード ……… 79
ディーヴァー, ジェフリー ………………… 359
ディヴァイン, ケリー ……………………… 239
ディヴァン, オードレイ …………………… 159
デイヴィス, アンソニー …………………… 21
デイヴィス, ヴィオラ … 112, 131, 162, 177, 186
デイヴィス, ガイ ……………………… 252, 262, 269
デイヴィス, クリス ………………………… 111
デイヴィス, ジーナ ………………………… 136
デイヴィーズ, デイヴィッド・スチュアート … 351
デイヴィス, ブランドン …………………… 118
デイヴィス, ポール ………………………… 9
ディエス, ルイス・マテオ ………………… 372
ティエン, マドレーヌ ……………………… 362
ティオキン, レオ …………………………… 45
ディオップ, アリス ………………………… 160
ディオップ, ダヴィド ……………………… 389
ディオップ, マティ …………… 173, 208, 228

ディオン, フランク ………………………… 296
ディカプリオ, レオナルド ………… 130, 176
ディーキンス, ロジャー …………… 132, 135
ディグス, ダヴィード ……………… 81, 209
ディクナー, ニコラス ……………………… 362
デイグル, ローレン ………………………… 93
テイゲン, カール・ハルバー ……………… 39
DJキャレド feat.ニプシー・ハッスル＆ジョン・
  レジェンド ………………………………… 97
ティシチェンコ, ディアナ ………………… 127
ティシュ, アンドリュー …………………… 32
ディジョネット, ジャック ………………… 106
ディス・アメリカン・ライフのスタッフ …… 21
ディズダル, メルヴェ ……………………… 175
ディ・ステファノ, アルフレッド ………… 343
ディーセラ・ラルスドッティル …………… 109
ディッチ, キム ……………………… 260, 295
ディットリッヒ, ドロシー ………………… 365
ディディ ……………………………………… 74
ディドナート, ジョイス ………… 82, 100, 238
ティトフ, ローマン ………………………… 386
ディートル, ヘルムート …………………… 195
デイトン, ジョナサン ……………… 199, 200
ディートン, A. …………………………… 11
ディニ, ポール ………… 249〜251, 254〜256, 262
デイバーサ, ジョン ………………… 92, 94
ディピエトロ, ジョー ……………………… 190
デイビス, ジャック ………………………… 18
デイビス, ダン ……………………………… 349
デイビッグ, P. …………………………… 13
デイビット, ホッド →マックスウェルを見よ
ティファニー, ジョン ……………… 211, 236, 237
ティフィス, アンソニー …………………… 88
ディフェンダーズ, フロントライン ………… 7
ディ・プリモ, ヴィンチェンツォ ………… 231
ティボル, バーノーツキ …………………… 328
ディマジオ, ジョー ………………… 334, 335
ディマライン, シェリー …………………… 363
ディーミング, D・チャールズ …………… 34
ティム, ブルース・W. ………… 249, 250, 262
テイモア, ダンヤ …………………………… 217
デイモン, マット …………………………… 176
テイラー, アート …………………………… 357
テイラー, アマンダ ………………………… 119
ディラー, エリザベス ……………………… 6
テイラー, クリストファー ………………… 65
テイラー, ジェームス ……………………… 100
テイラー, チャールズ ……………………… 9
テイラー, テヤナ …………………………… 68
テイラー, トム ……………………… 291, 293
テイラー, マーク …………………… 135, 138

テイラー, ラリー	38
テイラー, リチャード	50
テイラー＝ジョイ, アニャ	182
テイラー＝ジョンソン, アーロン	177
テイラー・スウィフト feat.ケンドリック・ラマー	66, 82
テイラー・スウィフト feat.ブレンドン・ユーリー	69
テイラー・スウィフト feat.ポスト・マローン	74, 75
ディラン, B.	11
ティリー, コリン	66
デイリー, ティモシー	90
ディル, シャノン	134
ディル, ローレンス	35
ディル, J.マイルズ	132
ティルソン・トーマス, マイケル	104
ティルダース, ソニー	213
ティルビー, ウェンディ	319
ディルホム, トリーヌ	226
ティルマン, ジョシュ	90
ディレイニー, サミュエル・R.	370
ティレル, チャーリー	317
ディロン, ジュリー	382, 383
ティワリー, ヴィヴェック・J.	277
ディーン, ヴァン	85
ディーン, キャロライン	5
ディーン, タシタ	224
ディーン, ディジー	333
ディーン, マイケル	106
ディーン, ミシェル	375
ディンクレイジ, ピーター	162, 165, 166
ディンゲマンズ, マーク	41
ディンノチェンツォ, ダミアーノ	227
ディンノチェンツォ, ファビオ	227
ティンバーズ, アレックス	213
ティンバーレイク, ジャスティン	85
デ・ヴァール, ジーナ	190
デヴィッドマン, マイケル	127, 128
デヴィンセンティス, D.V.	163
テーウウィッセ, ウィープ	297
デ・ヴリーズ, マリウス	89
デヴリン, エス	215
デヴリン, ジェイムズ	384
デオダート, マイク	290
テオドリドゥ, ナタリア	369
デ・オリヴェイラ, マノエル	195, 197
デグナー	204
デ・グリーフ, ヴィム	170
デシュパンデ, ラージシュリー	153
デ・シュライヴァー, マールテン	41
デ・シールズ, アンドレ	98, 212
手塚 治虫	260, 262, 263, 269, 277
デスクール, ローラ	121
デスーザ, ナイジェル	41
デスナー, ブライス	82
デズニーガ, トニー	293
デスパーニア, ベルナール	9
デスプラ, アレクサンドル	133, 179
デスマール, クリスチャン	322
デ・スメット, ペーター	45
デスモンド, マシュー	17, 375
テソリ, ジャニーン	216
テッシュ, エミリー	370, 385, 386
テッド・ナッシュ・ビッグバンド	84
テッパー, シェリ・S.	368
デ・トマソ, マリーナ	40
デニス, ダミアン	44
テヌッチ, ジャスミン	174
テネシー州立大学マーチングバンド	111
デ・ノイエール, ポール	307
デノイヤー, メノ	307
テハダ, ミゲル	340
デハニー, パトリシア	134
デビエ, ブノワ	69
デビッキ, エリザベス	170, 186
デフォー, ウィレム	158, 226
デフォージ, ミシェル	312
デブライネ, エリーゼ	329
デブレ, アントワーヌ	46
デブレシャン, アルノー	191
デ・プレーズ, ピエール	44
デ・プレーズ, ヤン・ヘンドリク	44
デベイ, エヴリーヌ	41
デ・ベニート, ミヤン	233, 234
テヘラニ, ホセイン	207
デボーズ, アリアナ	137, 183
デマーズ, ドミニク	364
デムツキー, イリヤ	224
デュアトア, テオ	329
デュウシェー, ジュリー	312
デューク・エナジー	34
デュクルノー, ジュリア	173
デュドク・ドゥ・ヴィット, アレックス	292
デュドク・ドゥ・ヴィット, マイケル	323
デュピュイ, ロイ	200
デュブク, マリアンヌ	363
デュフール＝ラベリエール, フェリックス	304
デュプレ, ルイーズ	363
デュフロ, E.	12
デュベ, シュレヤ・デヴ	152
デュペイロン, フランソワ	200
デュベ・モロー, フローレンス・アガーテ	366

デュボワ, ジェラール	365
デュボワ, ジャン＝ポール	367
デュポン, オーレリー	221
デュポンテル, アルベール	192
デュミニル＝コパン, ユーゴー	48
デュムケ, ライナー	43
デュモン, ブリュノ	228
デュラック, キャサリン	52
デュラン, ジャクリーン	135
デュラント, ケビン	332
デュルディアコヴァ, ヤロスラヴァ	41
デュレバ, リヴィア	121
デョーミン, マトヴェイ	121
デ・ヨング, ルード	36
テラー, エドワード	30
寺島 しのぶ	198
デラニー, MJ	168
デラ・ネグラ, マイケル	49
デ・ラ・ペーニャ, マット	397
デ・ランゲ, ティティア	49
デリア, ローレン	118
デ・リント, チャールズ	369
デルヴォー, フェリックス	121
デルガード, アレックス	73
テルゲマイアー, ライナ	272, 279, 282, 286, 287, 289
デルーシェ, エヴァン	324
デ・ルス, ホアキン	222
デルストロフ, ベッティナ	44
デル・トロ, ギレルモ	132, 139, 158, 179
デル・パソ・モランテ, フェルナンド	371
デルバート・マクリントン＆セルフ・メイド・メン＋デイナ	98
デルペロ, マウラ	160
デルミー, アデリーヌ	205
デレヴィヤンコ, ウラジミール	220
デ・レオン, ジェイソン	374
テレスツィエンキービッツ, ナディア	206
テレビせとうち	149
デレピーヌ, ブノワ	227
テレラ, ジャイルズ	237
手老 篤史	37, 38
デ・ロス・サントス・アリアス, ネルソン・カルロス	228
デロング, マーロン	50
田 壮壮	195
テンダー, プリート	315
デンチ, ジュディ	235

【ト】

屠 呦呦	11
ドアティ, マイケル	86
ドアン イーホン	205
トーイ, フレデリック・E.O.	170
ドイッチェ, デイヴィッド	52
ドイル, マット	214
唐 藝	174
ドゥ ジャーイー	202
ドゥー, タナナリヴ	371
ドゥ, デニス	299, 325
ドゥ ユン	17
ドゥアト, ナチョ	221
トゥーイ, ミーガン	17
トゥーイーディー, ジェフ	103, 113
ドヴィテルヌ, ドミニク	39
トーウィラ, ピムパカー	204
ドゥ・ヴァール, フランス	39
トヴェイト, アーロン	213
21サヴェージ	97
21サヴェージ feat. J.コール	97
トゥエンティ・ワン・パイロッツ	67, 82
ドゥオーキン, ジェームズ	40
トゥオメイ, ノラ	299, 300
ドヴォルツェヴォイ, セルゲイ	200
トゥーシ, サナズ	25
ドゥスーザ, ディネシュ	188
ドゥ・スワーフ, エマ	316
ドゥダメル, グスターボ	99, 104, 109, 119
ドゥーツ, ニンケ	299, 300, 321, 328
トゥーツ・アンド・ザ・メイタルズ	102
トゥック, ミリアム	38
ドゥディング, フィリッパ	365
トゥーテン, キール	74
トゥニョリ, ロレンツォ	19
トゥファハ, レーナ・カラフ	374
ドゥブレ, オリビエ	221
ドゥボシェ, J.	11
ドゥムースティエ, アナイス	192
ドゥメズウェニ, ノーマ	236
トゥール	96
トゥルコ, ビーナ	206
ドゥルセ, ジャン＝バティスト	127
トゥルードー, ギャリー	293
トゥルネン, メリタ	45
トゥレット, ウィリアム	34
ドガージン, セルゲイ	121
トカルチュク, オルガ	12, 389
ドーキン, エヴァン	250,

251, 254, 259, 260, 263, 270, 273, 278, 281
ドクター, ピート 131, 137
ド・グルート, スティーブン 64
ドーシ, バルクリシュナ 61
利田 太一 234
ドージャ・キャット 70, 73, 74
ドージャ・キャット feat.シザ 71, 105
トスキ, フェデリコ 44
ドス・サントス・シウヴァ, ジョアン・ペドロ .. 234
ドゾワ, ガードナー 384
ドーソン, アンドレ 339
ドーソン, デヴィッド 221
戸田 ひかる 205
トータル・リフューザル 326
トッカフォンド, ジャンルイジ 321
ドッズ, サラ 81
ドッズ, ショーナ 81
トッド, チャールズ 356
トドロヴィッチ, ウラジミール 304
ドドロフスキー, ピョートル 194, 195
ドナー, レベッカ 376
ドナヒュー, マーク 86, 90
ドナルドソン, サイモン 5, 50
ドナルドソン, ジョシュ 341
ドーナン, ジェイミー 187
ドニ, クレール 174, 228
トニー・ベネット&ビル・チャーラップ 78
トニー・ベネット&レディー・ガガ 105
ドヌーヴ, カトリーヌ 58, 160
トネッリ, グイド 49
ドネリー, デイヴ 95
ドネリー, ローラ 237
トビーマック 80
トビン, バーニー 135, 181
トビン, ポール 275, 280, 283
ドブシー, イングリッド 6
ドブソン, ロレンス 92
ド・ベルノイ, グレゴワール 305
ド・ボダール, アリエット 379
ド・ポルザンパルク, クリスチャン 58
トマシェフスカ, アニエシュカ 45
トーマス, アンジー 395
トーマス, エボニー・エリザベス 370
トーマス, エマ 139
トーマス, ジョーン 364
トーマス, セロン 114
トーマス, ティアラ 100, 136
トーマス, フランク 339
トーマス, マイケル・ダミアン 383
トーマス, リン・M. 383
トーマス, レオン 115

富田 靖子 196
ドミニク, アンドリュー 190
ドミニチ, ナディア 39
トミネ, エイドリアン 280, 288, 289
ドミンゴ, ユージン 203
トムソン, ヘレン 42
トムリンソン, リン 319
朝武 宗ература 40
豊田 哲也 313
ドヨン, パトリック 362
トラヴィス・スコット feat.ヤング・サグ&M.I.A. 71
トラウト, マイク 341, 342
トラジュ, アレクサンダー 64
ドラッカー, ダニエル・J. 6
トラハン, ミカエル 363
トラペロ, パブロ 157
トラボルタ, ジョン 189
ドラリー, ジャッキー・シブリーズ 20
トラン, アン・ユン 175
トラン, グザヴィエ 172, 192
トラン, モニカ 238
トランク, ジョシュ 188
トーランス, トーマス 8
トランプ, ドナルド 44, 189
トランペ, デブラ 38
トーリ, ジョー 337
トリヴァー, カレン・ルパート 135
トリエ, ジュスティーヌ 140, 174, 185, 193
トリー・ケリー feat.カーク・フランクリン 93
ドリーバー, ロナルド 50
トリフォノフ, ダニール 91
トリベット, タイ 117
ドリーム・シアター 105
ドリュッケール, レア 192
トリロ, ポール 56
トリンカウス, ジョン 35
ドリンフェルト, ウラジーミル 4
トルカンプ, バート 40
トルケ, ニコラ 42
トールシェーテル, オイヴィン 395
トルジュ, エマ 369
ドルナソ, ニック 310
ドルネリス, ジュリアーノ 173
トルヒーヨ, セルジオ 213
ドレ, ギュスターヴ 311
トレアーン, レベッカ 237
ドレイク 67, 83, 92
トレイナー, メーガン 78
ドレイファス, ローラ 89
トレイラ, フランシスコ 41

トレヴェリアン, ジュリアン	127
トレーケル, ローマン	91
ドレシャー, フラン	191
トレス, ジャスティン	374
トーレス, フェルナンダ	186
トーレス, ホドリゴ	42
トレス=プリオリス, マリア・ホセ	45
ドレセン, アンドレアス	228
トレダノ, エリック	202
ドレッサー, クリストフ	396
トレフライ, ケイト	243
トレンブレイ, カレル	206
トロ, ジュアン・マヌエル	36
ドロズニン, マイケル	32
トロバル, E	31
トロバロン, ジョゼップ・B.	36
トロフィモフ, アナトール	75
トロンビ, リザ・グロウン	371
ドン ズージェン	208
ドン ユエ	205
ドン, ルーカス	173, 174
トンデル, ハーフダン・ウルマン	175
トンプソン, アミール・"クエストラヴ"	109, 138
トンプソン, クレイグ	262, 274
トンプソン, ケリー	288, 294
トンプソン, ジル	257
～259, 262, 263, 266, 269～271, 278, 281, 282, 295	
トンプソン, ヘザー・アン	17
トンプソン, リサ	130
トンプソン, L. ウェンディ	46
ドンブロウスキ, エレナ	234
トーンホム, テッド	97
トンムカヤクル, アヌント	40

【ナ】

ナイ, ネオミ・シーハブ	376
ナイチンゲール, クリストファー	214
ナイト, ジャケル	67
ナイト, ビヴァリー	242
中江 裕司	198
中尾 太亮	231
中垣 俊之	37, 38
長崎 俊一	194
中沢 啓治	295, 313
中嶋 啓介	30
ナカシュ, オリヴィエ	202
中田 興亜	30
長田 敏行	40
仲代 達矢	206
長塚 京三	208
永留 佳明	40
中野 希美江	242
ナカマツ, ジョン	65
中松 義郎	36
中村 淳之介	231
中村 裕美	46
中谷 芙二子	6, 58
ナギー, デネス	227
ナズ	101
ナスミス, キム	51
ナタセガラ, ジョアンナ	132
ナッシュ, スティーブ	332
ナッシュ, テッド	85
ナッシュ, テリウス	101
ナッシュ=ベッツ, ニーシー	169
ナッター, デヴィッド	162
ナッティヴ, ガイ	134, 208
ナハリン, オハッド	222
ナリー, ドナルド	91, 95, 114
ナンダ, ガウリ	36
ナンニ, ジャコモ	311
南部バプテスト連盟アラバマ教会	31

【ニ】

新見 正則	39
ニイムラ, ケン	286
ニーヴン, ラリー	378
ニェムコヴァ, ヴェロニカ	40
ニクソン, シンシア	210
ニコラ, ジェームズ・C.	215
ニコラウ, キリアコス・コスタ	3
ニコルス, ジョージ	35
ニコルソン, ジュリアンヌ	168
ニコルソン, セシリー	363
ニコレイ, スコット	368
ニコロウ, ケイシー	216
西川 公一郎	50
西成 活裕	44
西村 剛	43
西山 雄大	44
ニスワンダー, クリス	34
ニッキ, テーム	205
ニッキー・ミナージュ feat.リル・ベイビー	72
日テレアックスオン	153
ニーニョ, アレックス	291
ニーパー, アニカ	45
ニプシー・ハッスル feat.ロディ・リッチ&ヒット・ボーイ	96
二瓶 紗吏奈	315

日本被団協	14
ニーマラン, G	34
ニーマン＝コブ, ベッキー	134
ニューウェル, アレックス	215
ニューウェル, ケネス・W.	31
ニューオーリンズ・ナイトクローラーズ	102
ニューカム, ドン	335
ニューサム, ラシャード	56
ニュートン, タンディ	165
ニューハウザー, ハル	334
ニュービュール, ビート	37
ニューマン, ジェイミー・レイ	134
ニューマン, ソール・ジャスティン	46
ニューマン, ランディ	90
ニューヨーク市消防局第54消火班, 第4はしご車班, 第9大隊	213
ニューヨークタイムズ	21
ニューヨークタイムズのスタッフ	16, 18, 20, 23, 25, 26
ニューヨーク・デーリー・ニューズ	16
ニーリー, マリリン	63
ニーリイ, バーバラ	358
ニール, イアン	139
ニール, ミア	136
ニールセン, マーク	135
ニールセン, ルス	32
ニルソン, ミッケル・E.G.	136
庭野 日敬	8

【ヌ】

ヌキル, ジェン	104
ヌグロホ, ガリン	196, 197
ヌスバウム, エミリー	15
ヌスパエフ, オルジャス	199
ヌッセ, ロエル	51
ヌーナン, ペギー	17
ヌーネス, シーグリッド	373
ヌーノ・ヒーコ	71
ヌビオラ, アイメー	98
ヌーミン, ダイアン	286, 293

【ネ】

寧瀛	195
ネイピア, ジェームス	177
ネイプス, ジミー	130
根岸 吉太郎	199
ネグラン, アナ・ルイサ	234
ネグリチ, セルジウ	298
ネグレスク, ポール	53
ネザーランド・ダンス・シアター	243
ネシャット, シリン	58
ネスティ, フィド	290
ネゼ＝セガン, ヤニック	109, 114, 119
ネーデル, ダン	284
ネドベド, パベル	344
ネフツァー, ゲルト	133, 137
ネールウェイ, スティーブン	44
ネルソン, アル	138
ネルソン, ウィリー	83, 91, 97, 110
ネルソン, カディール	394
ネルソン, クリストファー	131
ネルソン, ジョン	133
ネルソン, ティム・ブレイク	197
ネルソン, ベッシー	212
ネルソン, マギー	374
ネルソンス, アンドリス	82, 86, 95

【ノ】

ノ ヒギョン	152
ノ ヒソン	128
ノアー, マイケル	205
ノイヴィルト, オルガ	5
ノイキルヒ, セバスチャン	36
ノイマイヤー, ジョン	220, 223
ノヴァク, マイケル	9
ノヴァコヴァ, ペトラ	40
ノヴィク, ナオミ	378
ノヴィツキー, ダーク	332
ノヴェンバー, ムトゥトゥゼリ	240
ノウルズ＝カーター, ビヨンセ →ビヨンセを見よ	
野上 照代	207
ノゲイラ, エンリケ	46
野島 達司	140
野島 稔	64
野尻 克己	206
ノース, クレア	369
ノース, ライアン	275, 282, 294
ノセンティ, アン	293
ノッテージ, リン	17
ノト, ジェイソン	103
ノードハウス, W.D.	12
ノボア, ホセ	196
ノーマニ feat.6LACK	69
ノラー, ハリー・F.	51
ノーラン, クリストファー	139, 185, 219
ノーラン, ケビン	248, 257

ノーラン, ジェイムス・F.	31
ノリス, アンセル	122
ノリス, ジェームズ	44
ノリス, ポール	130
ノルズ, バルト	36
ノールトン, ジム	31

【ハ】

バー, ガブリエル	267, 272, 280
バー, サーシャ	90
ハ, ジーン	257, 258, 265, 267, 294
バー, ダン	246
バー, ナサニエル	42
パイ, トム	242
ハイ, ナンシー	135
バイアー, マルセル	387
パイェク, マルタ	317, 318, 324, 327
ハイ・オン・ファイア	92
パイク, ロザムンド	182
バイス, ガンダ	150
ハイゼット超新星探索チームのメンバー	50
ハイセラー, エリック	378
バイダロフ, ヒラル	207
ハイチャイチロフ, キリル	303, 318, 325
ハイツ, マルクス	42
パイツマン, トム	168
ハイデ, マルシア	224
ハイデン, ジェリ	118
ハイデン, ジョン	118
パイト, クリスタル	224, 237, 238, 241
ハイマン, アンソニー・A.	52
ハイマン, ヴァニア	67
ハイラー, マルティン	52
ハイン, デイビット	239
ハインズ, ジョエル・トーマス	363
パウ, ルイス	326
ハーウィッツ, ジャスティン	89, 131, 177, 178, 180, 184
ハウイット, ピーター	200
ハーヴェイ, サマンサ	389
ハーヴェイ, ジャック	35
パウエル, エリック	262, 263, 268
パウエル, スティーブ	360
ハウエル, ダリル・L.	101
パウエル, ネイト	269, 280, 282, 290, 373
パウエル, ブーグ	337
ハウエル, ロブ	213, 214
パヴェルスキー, シェリル	103, 113, 118
バウェンディ, M.	13

ハウザー, ポール	169, 185
ハウザー, ムリロ	161
ハウスト, ジャン	81
パウゼヴァング, グードルン	395
ハウディシェル, ジェイン	209
ハウトマン, ピート	357
バウマネ, シグネ	305, 327
パヴラトヴァ, ミカエラ	303, 327
パヴリコフスキ, パヴェウ	173
ハヴリーチェク, ヤン	40
パウル, イリス＝アネモネ	395
バウワー, ダグ	31
バウワーズ, フィル	34
バエザ, パロマ	306
バエス, フィト	102
パオリーニ, ジュリオ	59
パーカー, アラン	194
バーガー, カレン	247, 249, 250, 262, 284
パーカー, ジェイミー	236
パーカー, ディーニー	118
パーカー, デーブ	338
パーカー, ブレット	308
パーカー, メアリー＝ルイーズ	214
パーカー, モーガン	376
パーカー, ユージン・ニューマン	47
パーカー, ロザリー	368
パーカー, R	31
パーカー＝チャン, シェリー	386
ハガード, ジョナサン	304, 326
萩尾 望都	291
パーキン, リアン	38
パーク, アンダーソン	71, 72, 92, 96, 101
バーク, エド	66, 100
白 鼎愷	231
パク サンウォン	233
パク サンヒョク	122
パーク, ジェイムズ・リー	354, 360
バーク, ジム	133
バーグ, ジュリアン	95, 103
パク ジョヒョン	127
パク ジョンウォン	197
パク スンミン	45
パク セウン	224
パク チャヌク	174
莫 天祥	43
パク ハンナ	232
パク ユンソン	313
バグウェル, ジェフ	339
パクサド, ビジャン	32
バクシュト, ジェイミー	136
パークス, アラン	359

パークス, エドワード ……………… 95
パクストン, チャールズ・G・M. …………… 34
バーグマン, コーネリア ……………… 49
バーグマン, ロバート ……………… 4
バークリー, トム ……………… 139
バークレー, アレックス ……………… 139
バークレー, クリス・M. ……………… 386
バークレー, チャールズ ……………… 331
バークレイ, パット ……………… 45
バグワット, ヴィニート ……………… 41
パケ, デイヴィッド ……………… 365
パケ=ブレネール, ジル ……………… 201
バーコウィッツ, スティーヴ …… 81, 85
バーゴス, カール ……………… 281
ハコン, クリストファー ……………… 51
ハサウェイ, レイラ …………… 79, 83
バサク, グジェゴシュ ……………… 45
パサディナ・プレイハウス ……………… 216
ハザード, ブリタニー ……………… 101
ハザナヴィシウス, ミシェル ……………… 199
ハサビス, デミス …………… 14, 52
パシー, サミュエル ……………… 304
ハシェミ, キアナ ……………… 45
パシフィカ弦楽四重奏団 ……………… 104
バシャ, カメル・エル ……………… 158
バジャー, ダーシー・リトル ……………… 380
バジャジ, アーティ ……………… 144
バシャノビチ, バレンチン ……………… 206
バーシャフスキー, アレクサンダー ……………… 50
バジュー, ペネロープ ……………… 285
場集田 寿 ……………… 39
ハージョ, ジョイ ……………… 377
バジョン, アントニー ……………… 226
バス, アドリアーナ ……………… 175
バス, ジェイムズ・K. ……………… 104
バズ, ジェシカ ……………… 212
バスカー, ジェフ ……………… 81
パスカル, オーレリアン ……………… 76
パスカル, ジャン ……………… 136
バスキ, ローラ ……………… 228
パスクアル, ミレージャ ……………… 199
バスケス, アルベルト …… 297, 302, 316, 328
バスケス, ロドリゴ・A. ……………… 41
ハスケル, マリー ……………… 40
バースタイン, ダニー ……………… 213
パスモア, ベン ……………… 288
バスラー, ボニー ……………… 6
パセク, ベンジ …… 89, 94, 131, 178, 179, 211, 240
バセット, アンジェラ …………… 141, 184
ハセン, アーウィン ……………… 278
パーソンズ, アラン ……………… 95

パーソンズ, サリー・アン ……………… 210
ハタナカ, ケレン ……………… 362
バタプティアン, A. ……………… 13
バタール, ヴァンサン …………… 297, 301
バターワース, ジェズ ……………… 237
バーチ, チャールズ ……………… 9
バチガルピ, パオロ ……………… 369
バチカン ……………… 35
バッキンガム, マーク …… 261, 263, 264, 266
ハッキング, ウィンストン …… 318, 321
バックウィート・ザディコ Jr.&The Legendary Ils Sont Partis Band ……………… 117
ハックフォード, テイラー ……………… 195
バックランド, アンドリュー ……………… 135
バックリー, ジェシー ……………… 241
バックワルド, ステファン ……………… 4
バッケニヒ, マーサ・コルド ……………… 32
バッケリュー, ショーン ……………… 320
バッケル, トバイアス・S. ……………… 369
バッサ, イベッタ ……………… 31
バッサン, ハリー ……………… 36
バッジョ, ロベルト …………… 344, 346
ハッセルホルン, サミュエル ……………… 76
ハッセルマン, K. ……………… 13
バッタチャリヤ, ウパマニュ ……………… 303
ハッチャー, ジェレミー ……………… 113
ハッチンソン, イシオン ……………… 375
バッティ, ロバート ……………… 35
バッテン, ローレン …………… 103, 213
ハッテンドーフ, リンダ ……………… 200
パットナム, デヴィッド ……………… 200
バッド・バニー …… 72, 102, 107, 111
ハットリー, ティム …………… 216, 241
バットン, フィッツ ……………… 213
ハーツバイス, トロイ ……………… 33
パッパーノ, アントニオ ……………… 244
ハーツフェルト, ドン ……………… 315
ハッベル, カール ……………… 333
ハーディ, アリスター ……………… 8
ハーディー, ジョン ……………… 51
バディ・ガイ …………… 80, 93
バティステ, ジョン …… 105, 107, 109, 136, 182
バティステリ, フランチェスカ ……………… 80
ハディダ, サビーン ……………… 53
ハディッシュ, ティファニー ……………… 103
ハーディング, トーマス ……………… 351
ハーデリヒ, アウグスティン ……………… 82
パテル, ジョセフ ……………… 138
バーテルマン, フォルカー ……………… 139
パテレク, トマーシュ ……………… 43
ハーデン, ジェームズ ……………… 332

バーデン, ボブ	245, 266
ハート, ジェイ	134
ハート, ジョー	360
バート, ドナルド・グラハム	136
バード, ラリー	331
ハート, O.	11
ハートウイグ, ジョン	4
ハートウェル, デイヴィッド・G.	369
ハトゥム, モナ	58
ハトケ, ベン	280
ハートストーン, ニーナ	134
ハドソン, ケイト	189
ハドソン, ジェニファー	85
ハートネット, ギャビー	333
ハートマン, サイディヤ	376
バトラー, アイザック	376
バトラー, オクティヴィア・エステル	283, 385
バトラー, オースティン	184
バトラー, グレッグ	135
バトラー, マックス	302
バトラ, ラビ	31
バートラム, イアン	286
ハートリー, ハル	196
パートリッジ, エリザベス	398
ハートル, フランツ＝ウルリッヒ	52
バートレット, マーレイ	168
バートレット, ロン	137
バードン, クリス	138
バートン, スティーブン	118
バートン, ダション	104
バートン, ティム	204
バートン, ドリー	167
バートン, メリッサ	134
ハナ, ソフィー	354
ハナウアー, デイヴィッド	40
バナジー, A.	12
バーナップ, アンドリュー	214
バーナード, アダム・J.	236
バーナド, デヴィッド	168
パナヒ, ジャファル	160, 173, 196
バーナ・ボーイ	102
バーナム, ボー	108
バナリ, リリアナ	43
バーナンキ, B.S.	13
バーニー, リード	209
バーニー, ルー	352, 355
バニエ, ジャン	9
ハーニック, シェルドン	210
パニック！アット・ザ・ディスコ	69
ハニーボーン, ジェームス	201
ハヌカ, アサフ	280
ハヌショヴァ＝リンドヴァ, イトカ	40
バーネット, キャロル	85
バーネット, チャールズ	133
バーネット, マック	396
バネハム, リチャード	139
パーネル, ジョスリン・ベル	51
パーネル, トーマス	35
バーバー, イアン	9
ハーパー, ジェイン	350
ハーパー, ジョーダン	354, 356
ハーパー, ブライス	341, 342
バーハイム, アンダース	32
ハバード, L・ロン	31
ババハニアン, アルメン	65
バーバラネリ, クラウディオ	35
パハリ, アヴァ	124
パハリン, アリナ	45
パパン, ジャン＝ピエール	344
ハーブ, ゴーディ	118
パープル・ディスコ・マシーン	113
パブロ・シーグレル・トリオ	88
パーベイト, マヌエル	38
バベンコ, ヘクトール	193
パポヤン, イリヤ	122
パーボユ, アレクサンドル	43
パーマー, エイダ	383
ハマー, クリス	351
パーマー, スザンヌ	383, 385
ハマ, ラリー	291
濱口 竜介	160, 174
ハーマン, マーク	197
バーマン, ロブ	112
ハミルトン, ジョシュ	341
ハミルトン, ミカエラ	361
ハミルトン・ミックステープ	68
ハム, ジョン	162, 177
ハム, ミア	346
ハームス, バーニー	84
ハムダーン, ローレンス・アブ	60
バームバック, ノア	380
ハモンド, チャールズ	44
早川 千絵	174
早坂 洋司	36
林 俊作	328
林 正盛	196
パヤミ, ババク	198
原 翔子	322, 325
パラガミアン, アルト	195
バラカン, ピーター	16
バラコヴァ, マリア	121
バラス, クロード	296, 323

ハラス, サラ	240
ハラスブラマニアン, シャンカー	52
ハラスブラマニアン, ラメッシュ	35
ハラダ, カイ	211
バラディ, アレックス	311
バラディーノ, ダニエル	164
バラモア	115
バーランダー, ジャスティン	341
バリー, ジョン	43
バリー, リンダ	261, 269, 281, 287, 292
バリエロ, リュドミラ	224
ハリオノ, ジョージ	122
ハリーク, トマーシュ	9
バリージ, ジョルジョ	5, 13
バリシニコフ, ミハイル	58, 221
ハリス, アマンダ	364
ハリス, シャーレイン	359
ハリス, ローズマリー	213
ハリスン, オリヴィア	108
ハリスン, ダニー	108
ハリソン, ヴァシュティ	394
ハリソン, ジェイムズ・F.	32
ハリソン, マーク	360
ハリソン, リチャード	363
バリッシュ, B.C.	11
バリバール, ジャンヌ	192
ハリーヨ=エレーロ, パブロ	5
バリラーロ, アラン	132
ハリントン, ウェンダル・K.	218
ハリントン, デイヴィッド	99
バール, ジャン・ギヨーム	221
バルヴァー, ララ	235
バルシー, ユーザン	139
ハルシェジー, ヴィヴィアン	328
バルス, ピーター	34
ハルストン, ジュリー	214
ハルソール, アリソン	293
バルタザール, アート	269, 272, 277
バルチェッローナ, ダニエラ	238
バルツァー, カリーナ	41
バルデース, チューチョ	84
ハルト, ヴラスティミル	40
バルトシュ, フランチェク	46
バルドリー, トラヴィス	386
バルハウス, ミヒャエル	225
ハルパーン, ジェイク	18
ハルパーン, D・リン	36
バルフス, ルーカス	387
パールマッター, ソール	50
パールマン, ニコール	378
バレーク, アンドリー	166
バレステロス, パオロ	204
バレツキー, サラ	358
ハレット, ジャニス	353
バレット, ダニエル	139
バレマン, ルーカス	232
ハーレム四重奏団	119
バレリス, サラ	98, 112
バレンティン, フレデリック	104
バーロウ, アビゲイル	107
ハーロウ, アリクス・E.	384
ハーロウ, ジャック	72, 73
バロウ, ジョン・D.	9
バローズ, ジェフ	337
パロディ, スター	114
パロノー, ヴァンサン	300
パロリーネ, シェリ	275
バロン・コーエン, サシャ	182
パワーズ, クリス	140
パワーズ, リチャード	20
ハワード, アンドリュー	198
ハワード, エルストン	336
ハワード, バイロン	132, 138
ハワード, ブリタニー	100
ハワード, ライアン	340
ハワード, ロン	87
ハン ガン	14, 388
ハン ギョンジク	9
坂 茂	59
バーン, ジョニー	140
バーン, ジョン	279
ハン チホ	76
ハン チンウォン	135
バーン, マーカス	39
パン, リティ	228
バンヴェニスト, ジャック	30, 33
ハン・オー, リンダ・メイ	111
バンガナダ, カシアン	40
ハンキンソン, アンドリュー	350
バンクス, アーニー	336
ハンクス, トム	162, 181, 190
バン・グール, フレドリック	53
バーンサイド, セドリック	107
ハンザル, ヴラディミール	40
パンショー, マルタン	312
バーンズ, アンナ	375, 388
バンス, エリザベス・C.	359
バーンズ, グレッグ	216, 236
バーンズ, チャールズ	265
バーンズ, ニック	241
バーンズ, ピアース	36
ハンセルマン, サイモン	288, 289, 310

ハンセロート, ティム 93, 97, 110
ハンセロート, フィル 93, 97, 110
ハンセン, ウェイン 31
ハンセン=ラヴ, ミア 226
ハンター, イアン 134
ハンター, レイチェル 144
ハンター, ローレン 231
ハンダガマ, アソカ 198, 203
バンダーワルト, レスリー 130
パンチブラザーズ 93
バンデラス, アントニオ 173, 219
ハーンデン, アンソニー 41
坂東 玉三郎 58
バントウィニ, ザケス 112
ハントケ, P. 12
ハンナ=ジョーンズ, ニコール 20
ハンニガン, バーバラ 91
バーンハート, ヴァレリー 302, 318
バーンヒル, ケリー 368, 397
ハンプソン, エリカ 170
ハンプトン, クリストファー 136
ハンフリーズ, イアン 40
バーンブルック, ジョナサン 85
ハンメル, ジャンヌ 319
ハンユン, ジェシカ・ハン 242

【ヒ】

ビア, スサンネ 163
ピアース, カーリー 110
ビアナ, セザール 42
ヒーアマン, テス 46
ビアンコニ, フィリップ 64
ビーヴァン, ジェニー 130, 137
ビエ, ジュリア 311
ピエトラガラ, マリー=クロード 221
ヒェムリ, コンラッド 307
ビオンド, アレッシオ・エマヌエレ 45
ピカシオ, ジョン 384
東村 アキコ 285, 311
東山 篤規 42
ビガス, ロレンソ 157
ヒギンズ, エリオット 55
ヒグエラ, ドナ・バーバ 398
ヒグドン, ジェニファー 91, 100
ビクーニャ, セシリア 57
ビークラー, ハンナ 134
ビーグル, ピーター・S. 369, 379
ピーコック, アーサー 9
ビザロ, ジュリアン 302, 318

PJモートン feat.イエバ 92
PJモートン feat.ジョジョ 96
PJモートン feat.スーザン・キャロル 115
ビシュト, ウメシュ 150
ビショップ, デイビット 354
ビショフ, レオニー 312
ビジョルド, L.M. 379, 382, 383
ヒース, ショーナ 140
ピスコー, エド 279, 294
ビスコー, ケイト 134
ヒースコート, ジェームズ 42
ヒスマトゥーリナ, アイグリ 121
ビーズリー, ジョン 103, 113
ビセット, スティーヴ 248
ヒゾン, リコ 153
ピーター, H・G. 283
ピーターズ, エヴァン 168, 184
ピータース, キム 45
ピーターセン, ウィリアム・E. 46
ピーダセン, フラレ 206
ピーターソン, デイヴィッド 267, 268, 272
ビダート, フランク 18, 373
ビターレ, イダ 371
桃桃子 (ピーチ・モモコ) 289, 295
ビーチャム, エミリー 173
ビック・ショーン 68
ビッグ・ショーン feat.カニエ・ウェスト&ジョン・レジェンド 66
ヒックス, アラン 96
ヒックス, エイドリアナ 116
ビックマン, レオナルド 46
ヒッチコック, ボニー=スー 395
ピッツオ, ジュスティーノ 39
ピッツバーグ・ポスト・ガゼットのスタッフ ... 19
ピット, ブラッド 135, 181
ピットブル 80
ヒッパー, アーネスティン 138
ビーティー, ポール 374, 388
ビディーニ, ファビオ 65
ピート, ミーガン →ミーガン・ザ・スタリオンを見よ
ヒドルストン, トム 178
ピニ, ウェンディ 286
ピニ, リチャード 286
ピニャ, キャロライン 362
日野 晃博 204
ビーバー, ジャスティン 71
ビバリー, ビル 350
ビハーリー, ラール 35
非ヒト動物に対する生命工学に関するスイス連邦倫理委員会 37
ピープルス, J. 12

ヒミッド, ルバイナ ･････････････････････････ 60
ヒメネス, トレバー ･･････････････････････････ 299
ヒメネス, フアンホ ･････････････････････････ 172
ビャオヴァス, バルバラ ･････････････････････ 190
ビャスナ人権センター ････････････････････････ 7
ビャリャツキ, A. ･････････････････････････････ 13
ヒュアーデ, アンドレアス ･･･････････････････ 318
ビュシーク, カート ･･･ 249, 251, 252, 254, 255, 262
ヒューズ, アダム ････････････････････････ 261, 283
ヒューズ, アレン ･････････････････････････････ 91
ビューズ, ティモシー ･･････････････････････ 377
ヒューストン, ジョン ･････････････････････ 194
ビュッヘル, クリスチャン ･･･････････････････ 46
ビューモント, ロバート・H. ･････････････････ 32
ヒュラー, ザンドラ ･････････････････････････ 193
ビヨンセ ･･･ 66, 67, 72, 83, 86, 100, 101, 104, 110
平井 志 ････････････････････････････････････ 314
平井 敏仁 ･･････････････････････････････････ 39
ヒラハラ, ナオミ ････････････････････････････ 359
ピラミッド, カバカ ････････････････････････ 112
ヒラリー・スコット＆ザ・スコット・ファミリー
･･･ 84
ビリー・アイリッシュ＆ロザリア ･･･････････ 71
ビリンガム, マーク ････････････････････････ 353
ヒル, ウィル ････････････････････････････････ 396
ビール, サイモン・ラッセル ･･･････････････ 215
ヒル, ジョゼフ・A. ･････････････････････････ 37
ピール, ジョーダン ･･･････････････････ 132, 379
ヒル, ドワン ･･････････････････････････ 88, 106
ビルカー, コーチェル ･･････････････････････ 48
ヒルコト, ミゲル ･･･････････････････････････ 46
ヒルソング・ワーシップ ･･･････････････････ 88
ビルハイマー, ジョン ･････････････････････ 358
ヒルマン, ハロルド ････････････････････････ 33
ビレシュ, マリア・ジョアン ･･････････････ 59
ピレス, カタリナ ････････････････････････ 232
ピレス, グロリア ････････････････････････ 204
ヒレンスキー, ピーター ････････････････････ 214
ヒレンブラン, ジェームズ ･･････････････････ 36
広瀬 すず ･･････････････････････････････････ 204
廣瀬 幸雄 ･･････････････････････････････････ 35
弘中 孝 ････････････････････････････････････ 63
ヒロ・ムライ ･････････････････････････････ 69, 95
ビンクリー, ハウエル ･･････････････････ 209, 238
ヒンショウ, ゲイリー ･･････････････････････ 51
ピンスカー, サラ ･･･････････････････ 378〜380, 385
ピンティリエ, アディナ ･･･････････････････ 226
ヒントン, ジェフリー ････････････････････ 14

【フ】

フー, デイヴィッド ･･･････････････････････ 41, 43
フー ティエンユー ････････････････････････ 208
ファイヴ・セカンズ・オブ・サマー ･･･････ 66
ファイスト, マイク ･･････････････････････ 89
ファインズ, マーサ ････････････････････････ 197
ファインズ, レイフ ･･････････････････････ 206
ファヴィーノ, ピエルフランチェスコ ･････ 159
ファウスチーニ, ホドリーゴ ･･････････････ 299
ファウスト, プライ・パゴン ･･････････････ 130
ファウスト, マイケル ････････････････････ 307
ファウラー, カレン・ジョイ ･･････････････ 370
ファウラー, クリストファー ･･････････････ 350
ファーガソン, アラン ･･･････････････････ 109
ファーガソン, ジェシー・タイラー ･･･････ 215
ファーガソン, ジェン ･･･････････････････ 365
ファーガソン, シーラ ･･･････････････････ 41
ファーガソン, ブレア ･･･････････････････ 115
ブアジラ, サミ ･･････････････････････････ 192
ファステンバーグ, ヒレル ･･･････････････ 29
ファット, リエン・ビン ･････････････････ 206
フアネス ･････････････････････････････ 107, 117
ファボック, ジェイソン ･････････････････ 285
ファーマー, ピーター ･･････････････････ 222
ブアマン, ジョン ･･･････････････････････ 194
ファム, クリスティネ ･･･････････････････ 45
ファム, ジョナサン ･･････････････････････ 41
ファム, ティエン・アン ･････････････････ 175
ファヨール, マリオン ･･･････････････････ 310
ファラー, アラン ･･･････････････････････ 365
ファラフバフシュ, イーマーン ･･･････････ 43
ファリス, ヴァレリー ･･････････････････ 199, 200
ファリス, グレゴリー ･･･････････････････ 360
ファリレイエヴァ, アナスタシア ･････････ 321
ファルカシュ, ローベルト ･･･････････････ 41
ファルコーネ, エドアルド ･･･････････････ 204
ファルジャ, コラリー ････････････････････ 175
ファルダン, マルク＝アントワン ･･･････ 42
ファルバーグ, マグナス ･････････････････ 35
ファルハディ, アスガー ･･･････････････ 172, 173
ファレッタ, ジョアン ･･･････････････ 95, 104
ファレリー, ピーター ･･････････････ 133, 134, 180
ファレル, イヴォンヌ ･･･････････････････ 61
ファレル, コリン ･･････････ 160, 184, 187, 190, 219
ファロー, ローナン ･･････････････････････ 17
ファローン, スティーブ ･････････････････ 108
フアン, クリスタル ･･････････････････････ 234
ファン, ズラトミール ･･･････････････････ 121

ファン ドンヒョク ･････････････････････････････ 168
ファン ビンビン ･････････････････････････････ 201
ファン・アンデル、ペク ･･････････････････････ 33
ファンタスティック・ネグリート ･･････ 84, 93, 102
ファン・ダンツィヒ、ルディ ･･･････････････ 221
ファン・ティルブルフ、ヴェイナルト ･･･････････ 46
ファン・デ・ヴァイアー、ヨースト ･･･････････ 44
ファンデルメールシュ、シャルロッテ ･･････････ 174
ファン・バステン、マルコ ･･････････････ 344, 346
ファン・ブロンズウィック、ヨハンナ・E・M・H. ･･ 36
ファン・マネン、ハンス ･･････････････ 222, 223
フイ、ヴィクトリア ･････････････････････････ 46
ブイ、JJ ジュン・リ ･･･････････････････････ 126
フィヴォレント、ロバート ････････････････････ 138
フィガリ、アレッシオ ･･････････････････････････ 48
フィクセル、ミケル ･････････････････････････ 215
フィゲレド、ガブリエル ･･････････････････････ 232
フィゲロア、ジーナ ･････････････････････････ 79
フィーゴ、ルイス ･･･････････････････ 344, 346
フィスク・ジュビリー・シンガーズ ････････････ 102
フィーゼラー、ロバート ･････････････････････ 357
フィッシャー、アダム ･･･････････････････ 4, 243
フィッシャー、キャリー ･･････････････････････ 89
フィッシャー、スコット ･････････････････････ 136
フィッシャー、レン ･････････････････････････ 33
フィッシュ、フランク ･･･････････････････････ 45
フィッチ、テカムセ ･････････････････････････ 43
フィッツジェラルド、フランシス ････････････ 375
フィッティパルディ、ソル ････････････････････ 45
フィニアス ･････････････････････････････････ 99
フィネガン、ウィリアム ･･････････････････････ 16
フィノッキアーロ、ドナテッラ ････････････････ 198
フィフス・ハーモニー feat.グッチ・メイン ･･･ 67
フィフス・ハーモニー feat.タイ・ダラー・サイン ･･ 67
フィフス・ハーモニー feat.フェティ・ワップ ･･ 67
フィヤル、ジェイソン ･･･････････････････････ 66
フィリップ、エフティミス ･･････････････････ 172
フィリップス、アーリーン ･･･････････････････ 243
フィリップス、カール ･･･････････････････････ 25
フィリップス、ジェイン・アン ･･･････････････ 27
フィリップス、ショーン ･･････ 266, 273, 280, 285, 288, 292, 293
フィリップス、トッド ････････････････････････ 158
フィリピン・ペプシコーラ・カンパニー ････････ 31
フィリベール、ニコラ ･･･････････････････････ 228
フィリポフ、マキシム ･･･････････････････････ 65
フィーリン、セルゲイ ･･･････････････････････ 220
フィールズ、ジョエル ･･･････････････････････ 165
フィルスマイアー、ヨゼフ ･･･････････････････ 202

フィールディング、ベン ･･････････････････････ 88
ブイロー、ミシェル ･････････････････････････ 43
フィンガース、ローリー ････････････････････ 338
フィングシャイト、ノラ ････････････････････ 227
フィンチ、チャールズ ･･････････････････････ 375
フィンチ、デビッド ･････････････････････････ 281
フィンレイ、C.C. ･････････････････････････ 370
馮小剛 ･････････････････････････････････････ 150
ブーヴィエ、フランソワ ････････････････････ 193
フーヴェルト、トマス・オルディ ･･･････････ 381
フェイク、スティーヴン ･･･････････････････ 111
フェイド、ロバート ･･････････････････････････ 31
フェグアリ、ジョゼ ･････････････････････････ 64
フェザーストーン、ドン ･･････････････････････ 32
フェスミア、フランシス・M. ･････････････････ 36
フェダイ、ターミン ･････････････････････････ 46
フェッロ、アルベルト ･･･････････････････････ 76
フェティ・ワップ ･･･････････････････････････ 66
フェデル＝マラール、ジュリアン ･･･････････ 234
フェニックス、ホアキン ･･･････････ 135, 172, 180
フェニモア、アルトゥール・C. ･････････････････ 63
フェネル、エメラルド ･･････････････････････ 136
ブエノ、アルヴァロ・マルティネス ･･････････ 313
フェファーマン、チャールズ ･････････････････ 4
フェボス、メリッサ ･････････････････････････ 376
フェミニスト・プレス ･･････････････････････ 376
フェラーラ、セルジオ ･･･････････････････････ 51
フェラーラ、ナポレオーネ ･･･････････････････ 50
フェラン、パッツィ ･････････････････････････ 238
フェリ、アレッサンドラ ･･･････････････ 221, 236
フェリシャーニ、クラウディオ ･･･････････････ 44
フェリス、ウィリアム ･･･････････････････････ 94
フェリックス、サラ ･････････････････････････ 385
フェリッペ、ジュリア ･･･････････････････････ 44
フェリンハ、B.L. ･･･････････････････････････ 11
フェルスフエレ、ブルノ ･･････････････････････ 41
フェルドマン、ロバート ･･････････････････････ 38
フェルナンデス、アーロン ････････････････ 203
フェルナンデス、ビセンテ ･････････････ 84, 107
フェルナンデス、ローラ ････････････････････ 231
フェレイラ、ロドリゴ ･･･････････････････････ 42
フォ ジェンチー ･･･････････････････････････ 198
フォー、ダイアナ ･･･････････････････････････ 385
フォアマン、ジェイムス、ジュニア ･･･････････ 18
フォアマン、ミロス ･････････････････････････ 200
フォイ、クレア ･････････････････････ 165, 178
フォー・キング＆カントリー ･････････････････ 97
フォー・キング＆カントリー＆ドリー・パートン ･･･ 97
フォーク、リー ･････････････････････････････ 276
フォグリア、ダナ ･･･････････････････････････ 67

フォーゲル, ブライアン	133
フォーゲルシュタイン, バート	50
フォーサイス, ウィリアム	221
フォーサイス, ビル	194
フォーショー, バリー	351
フォス, アンドレアス	43
フォス, ティモシー・A.	43
フォスター, クレイグ	136
フォスター, ケンドラ	79
フォスター, ジョージ	337
フォスター, ジョディ	170, 182, 187
フォスター, チャールズ	42
フォスター, E・M.	238
フォックス, ジミー	333, 334
フォックス, ネリー	336
フォックス, マイケル・J.	139
フォックス, ミーガン	191
フォッセ, J.	14
フォード, ジェフリー	369
フォード, タナ	287, 384
フォード, トム	157
フォービス, アマンダ	319
フォーブス, サラ	41
フォーブス, ジョゼフ・ブレイクリー	213
フォーリー, メーガン	94
フォール・アウト・ボーイ	66
フォルカース, アルミン	200
フォルクスワーゲン	41
フォルティエ, ドミニク	362
フォルデス, ピエール	305
フォレンジック・アーキテクチャー	55
フォン, メイ	204
フォング, ピーター	33
フォン・シドー, マックス	195
フォンダ, ジェーン	158, 182
フォンタナ, サンティノ	212
フォンテ, マルチェロ	173
フォン・デニケン, エーリッヒ	30
フォン・デューレン, レナ	316
フォントルロイ, ジェイムス	87
フォン・バール, ニキ・リンドロス	298, 306
深田 晃司	202, 207
深見 まどか	127
ブキャナン, ジンジャー	371
福田 實	30
福田 廉之介	124
プグリエーゼ, ケイトリン	40
フーゲルサング, ジョナサン	42
藤井 慶	314
ブーシェ, エレーヌ	222
藤田 真央	120
藤田 誠	4
フジテレビ	155
藤沼 美智子	64
藤村 由紀子	151
藤元 明緒	205
ブシャール, セージ	363, 365
ブシュカレンコ, オレクサンドル	124
ブシュケル, ユーリア	76
ブシュコフ, マルク	121
ブシュバクマーラ, サンジーワ	207
藤原 マキ	294
ブース, エボニー	27
ブース, マリリン	389
ブーダ, アシュリー	224
ブダ, フローラ・アンナ	175, 307, 308
ブーター, ミリアム	243
ブーダオウ, ジョード	305
淵山 隼平	233
プーチン, ウラジーミル	44
ブッカー, ブラッド	140
フック, ナイジェル	210
フック, ハリー	194
ブッシュ, ジャレド	138
ブッシュ, デイヴィッド・B.	32
ブッシュ, ポール	315, 317, 326
ブッシュマン, ブラッド	39
ブッチ, レカ	316
ブッツ, ケヴィン	114
ブッフビンダー, ルドルフ	64
ブッフホルツ, シモーネ	353
プティ, ヴァランタン	73
プティ, ローラン	220
プテジャス, アレクシア	345, 348
フドイナザーロフ, バフティヤル	197, 198
ブードロー, ルー	335
ブネスク, ダナ	226
フーパー, トム	189
フーバー, リチャード・R.	133
フーバー, ルートヴィヒ	38
ブハン, ミロ・アラン	42
ブビアー, ノーマ・E.	34
フー・ファイターズ	72, 87, 105
ブファラーリ, イラリア	42
ブーブレ, マイケル	109
ブベニチェク, イリ	221
ブーベル, マルシア・E.	32
ブホルス, アルバート	340, 341
フューチャー	92
フューチャー feat.ドレイク&テムズ	110
フライ, ガレス	211, 212, 237
フライ, ミヒャエル	324

ブライアン, デヴィッド	190	ブラック・コーヒー	105
ブライアント, クリス	341	ブラックショー, クリスチャン	64
ブライアント, コービー	133, 332	ブラックビアード, ビル	262, 274
ブライアン・リンチ・ビッグ・バンド	97	ブラックホーク, ネッド	374
ブライス, アダム・オファロン	358	フラッコイアク, リチャード	35
ブライス, ジェームズ	140	ブラッコール, ソフィー	393, 394
ブライト, ジェンソン	234	ブラッサール, ジル	4, 52
ブライト, デイビット・W.	20	ブラッサルド, マリオ	363, 365
ブライト, ビル	9	ブラッツ＝ガリーノ, アルベルト	42
ブライトマン, ザブー	300	ブラット, ベン	210
ブライバーグ, ウィル	252, 254	ブラッドビア, ハリー	165
ブライバン, ロレン	298	ブラッドフォード, K.テンペスト	380
ブライヤー, カレン	43	ブラッドリー, アン・マリー	139
ブライン, ジョン	102	ブラディ, キャンディダ	203
フライング・ロータス feat.ケンドリック・ラマー	66	ブラティニ, ミシェル	344
ブラインド・ボーイズ・オブ・アラバマ	117	ブラデス, ルーベン	111
ブラヴァツキー, パウロ	44	ブラテル, エリザベット	221
ブラウエン, E・O.	310	ブラド, フィリップ	136
ブラヴォー, エミール	312	ブラナー, ケネス	137, 183, 237
ブラウッチ, マルリツィオ	227	フラナガン, エリン	359
ブラウドフット, ベン	138, 140	フラナリー, ピーター	355
ブラウン, アレクサンダー	279, 287	フラニガン, シドニー	219
ブラウン, アレックス	119, 170	ブラノ, サンティアゴ・A.	37
ブラウン, アンドリュー・クレイグ	99	ブラホー, ミクローシュ	41
ブラウン, ウィリアム	40	ブラマー, チャーリー	158
ブラウン, クリストファー・ブロディ	87, 105	フラン, ミシェル	37
ブラウン, グレンダ	37	ブランカ, ルカ	233
ブラウン, サイラス	104, 119	フランク, スコット	168
ブラウン, ジェフリー	275, 277	フランク, ブルース	43
ブラウン, ジェリコ	21	フランク, J.	11
ブラウン, ジョシュア	77	ブラングウィン, クリフォード・P.	52
ブラウン, スターリング・K.	163, 164, 179	フランクリン, カーク	80, 84, 93, 97, 111, 117
ブラウン, ダグラス	43	フランクリン, ルース	356, 375
ブラウン, チャック	286, 290	ブランケンビューラー, アンディ	210, 211, 238
ブラウン, トリシャ	222	フランコ, ジェームズ	178
ブラウン, ドリュー	103	フランコ, ジャーメイン	112
ブラウン, マッケンジー	232	フランコ, ジョイディ	121
ブラウン, ライアン	341	フランコ, ミシェル	159
ブラウンロウ, ジョン	354	ブランコ, モンタナ・リーヴァイ	215
ブラエンドリ, オットー	42	ブランシー, ジョン	99
フラクション, マット	269, 276, 288	ブランシェット, ケイト	160, 184, 219
ブラグマン, アリッサ	398	フランシス, トム	243
ブラクラー, シーア	42	ブランソン, キンタ	168, 169, 184
ブラザー, カワン	79	ブランチャード, テレンス	94, 114, 119
ブラザーズ・オズボーン	106	ブランディ・クラーク feat.ブランディ・カーライル	116
ブラス, ドリアン	233	ブランティンガ, アルバン	9
ブラック, スー	353	プラント, クラウディア	93
ブラックウェル, サイモン	162	プラント, ジョエル	81
ブラックウッド, ディーン	81	ブランド, マーロン	194
ブラックグース, モニキル	380	ブランドフォード, ロジャー	47

フランマルティーノ, ミケランジェロ ………	159
フリー, トレイヴォン ………………………	137
フーリエ, シャール …………………………	33
ブリジャーズ, フィービー …………………	115
フリス, クリストファー ……………………	35
プリースト, パトリシア ……………………	38
フリストフ, フリスト ………………………	201
フリーダ, ヨセフィン ………………………	206
フリッカー, マーク …………………………	38
振付稼業air : man …………………………	66
ブリッジス, ウィリアム ……………………	165
ブリッジス, ジェフ …………………………	180
ブリッジス, ジャネイ ………………………	109
ブリッジス, マーク …………………………	133
ブリッジズ, リオン …………………………	92
フリッシュ, フランキー ……………………	333
フリッチュ, カタリーナ ……………………	57
プリッチン, アイレン ………………………	121
ブリット, ファニー …………………………	365
フリット, ルート ……………………………	344
プリットマン, ヒラ …………………………	109
ブリトン, ジェフリー・W. …………………	31
ブリティッシュ・ペトロリアム ……………	38
フリード, ロバート …………………………	216
フリートウッド, ニコール・R. ……………	376
フリードマン, ジェフリー(映画監督) ………	104
フリードマン, ジェフリー(分子遺伝学者) …	5, 52
フリードマン, ダニエル・Z. ………………	51
フリードマン・ヘルス・センター …………	217
フリードリヒ, ゲオルク ……………………	226
ブリネス, フランシスコ ……………………	372
フリーマン, フレディ ………………………	342
ブリュシンスカ, イザベラ …………………	309
ブリル, ウィル ………………………………	217
ブリンクリー, ネル …………………………	288
プリンツ, ビルギット ………………………	346
ブルー, ヴァイダ ……………………………	337
ブルー, エンジェル …………………… 104,	114
プール, ジェイコブ …………………………	111
ブルー・アイビー ……………………… 72,	104
ブルガン, ジャン ……………………………	51
ブルキーノ, アレッサンドロ ………… 38,	45
フルーク, ジョアン …………………………	360
ブルゲル, マリオン …………………………	309
ブルゲローニ, ルチア ………………………	300
ブルース, L. …………………………………	13
フルスランダー, クリスティ・ジーン ……	198
ブルダ, ヒネク ………………………………	40
ブルッカー, チャーリー ……………… 164〜	166
ブルツキディス, エフストラティオス ……	44
ブルックス, ダニエル ………………………	85
ブルックス, テリー …………………………	369
ブルックス, メル ……………………………	141
ブルート, オルカイ・ジェム ………………	44
ブルドー, マイケル …………………………	8
ブルドゥ, オヌル ……………………………	207
フルドン, アマンディーヌ …………………	305
フルネル, ジョナタン ………………………	77
ブルフィー, チャールズ ……………………	82
ブルベイカー, エド ……………………… 266, 268, 270, 271, 273, 280, 285, 288, 289, 292,	295
ブルホエ, ラルフ・ウェンデル ……………	8
フルーム ………………………………………	83
ブルーム, ケン ………………………………	85
ブルーム, サラ・M. ……………………… 373,	376
ブルーム, ジェーン・アイラ ………………	90
ブルーム, ジュディ …………………………	377
ブルーム, レイチェル ………………………	177
ブルムバーグ, スチュアート ………………	198
ブルン, アナ …………………………………	226
ブレア, ランディス …………………………	311
ブレイ, スティーヴン ………………………	85
ブレイク, ジェイムス ………………… 92,	115
ブレイク, ランドルフ ………………………	36
フレイク゠ウォーターフィールド, リース …	191
フレイザー, キャロライン ……………… 18,	375
フレイザー, グレイグ ………………………	137
フレイザー, ブレンダン ……………………	138
フレイシュル, アンナ ………………………	235
プレイス, ジェフ ……………………………	99
ブレイド, ブライアン ………………………	101
ブレイベン, ケイティ ………………………	242
ブレイリー, サラ ……………………………	104
フレグル, ヤロスラフ ………………………	40
ブレシア, アルベルト ………………………	289
プレスデモクラットのスタッフ ……………	17
プレストン, ダニエル ………………………	45
ブレスリン, アビゲイル ……………………	199
ブレッカー, ランディ ………………………	97
フレック, ベラ ………………………………	107
フレックナル, レベッカ ……………………	241
フレッチェ, アメリ …………………………	312
フレッチャー, ジョー ………………………	371
フレット, ジュリー …………………… 363,	365
ブレット, ジョージ …………………………	338
フレッド・アゲイン …………………………	115
ブレナン, フランシス・X., ジュニア ……	32
フレミング, ルネ ……………………………	114
プレモンス, ジェシー ………………………	175
プレルジョカージュ, アンジュラン ………	220
フレンド, ジェームズ ………………………	138
ブレンドル, サイモン ………………………	53

フロ, カトリーヌ	192
フロイド, マシュー	139
フロウダン	115
ブロウリョン, エスペランサ	46
ブロジアック, アンナ	45
ブロジャー, シャーロット	60
フロスト, デーヴィッド	86, 90, 104, 119
フロスト, マイルズ	214
フロスト, A・B.	295
ブロズナハン, レイチェル	164, 179, 180
ブロッカート, マリー・クリスティーン	110
ブロック, ジュリア	119
ブロック, ステファニー・J.	212
ブロック, ローレンス	356
ブロディ, エイドリアン	186, 220
ブロードウェイ・インスピレーショナル・ヴォイシズ	213
ブロードウェイ支持連合	214
ブロッパー, ダーシー	90
ブロバーグ, ケネス	65, 121
ブロハシュコバ, エリスカ	45
ブロパブリカ	16
ブロヒアス, アントニオ	283
ブロヒン, オレグ	343
フロマン, オレリアン	301
フローリアーン, アルベルト	343
ブロンズ, ルーシー	348
ブロンスキー, シャルロッテ	33
ブロンスキー, ジョージ	33
ブーン, サイネア	46
ブーン, ベンソン	74
フンケ, コルネーリア	396

【 ヘ 】

ベアー, エミリー	107
ベア, カラニ	85, 93, 107
ベーア, パウラ	158, 227
ベア・スターンズ	38
ベアード, アビゲイル	39
ベアード, エミリー	39
ヘイエリ, キアナ	62
ベイカー, ヴィヴィアン	135
ベイカー, コルソン	190
ベイカー, ジュリアン	115
ベイカー, ショーン	175, 218
ベイカー, セレスト・リタ	370
ベイカー, デイヴィッド	14, 52
ベイカー, マイク	20
米国ヌーディスト研究図書館	35

ペイジ, キャサリン・ホール	361
ベイシンガー, キム	188
ヘイズ, エヴァン	134
ヘイズ, ショーン	216
ヘイダー, ビル	164, 165
ペイチッチ, ペタル	77
ベイツ, クィン	234
ベイテル, ピエト	44
ベイトマン, ジェイソン	166
ヘイトン, スティーブン	362
ベイトン, ニコラス	111
ベイビー・キーム feat.ケンドリック・ラマー	105
ベイヤー, アレクサンダー	76
ベイラー, ドン	338
ベイリー, ヴィクトリア	216
ベイリー, ジョナサン	239
ベイリー, ズイル	86
ベイリンソン, アレクサンダー	4
ヘイル, サイモン	215, 241
ヘイル, トニー	161
ベイルズ, ジェリー	293
ベイン, ジェラルド	33
ペイン, タマラ	23, 373
ペイン, レス	23, 373
ペインズ, ウォーレン	35
ヘインズ, ジョン	90
ヘインズ, チャンクラー	75
ヘインズ, トッド	218
ベヴェラリ, アレッサンドロ	121
ベーカー, サイモン	156, 214
ベガル, サビーネ	40
ベグ, ローラン	39
ベクダル, アリソン	266, 288
ベクムルザエフ, タメルラン	307
ヘゲデュシュ, ラモーン	41
ヘーゲリン, ジョン	31
ヘーゲルベルグ, アーダ	345
ベゴン, ニコラス	312
ベーザディ, ベーナム	203
ページ, ライマン	51
ベジャール, モーリス	221
ペーション, トマス	42
ペーション, レイフ・G.W.	351
ペスコヴィッツ, デヴィッド	90
ベスト, ジョージ	343
ベセリス, イーサン	44
ペソア, レジーナ	301
ベソ・ブルマ	117
ヘダー, シアン	137
ペータース, ブノワ	290
ヘダヤティ, ボバク	45

ペチャック, ロバート	38
ベッカー, アーロン	391
ベッカー, ダイアン	139
ベッカー, ニコラス	136
ベッカー, ハーモニー	287
ベック	92
ベック, ジャスティン	212, 217
ヘッケル, フレイン	52
ベッケンバウアー, フランツ	343
ベッター, リチャード	44
ベッツ, ムーキー	342
ベッテション, ヨハン	39
ヘッドリー, マリア・ダーバナ	370, 385
ベッヒャー, ポール	42
ベッリーノ, ルカ	205
ペティット, ボブ	330
ベデラ, デヴィッド	235, 240
ヘデンストローム, エリック	42
ペトラス, キム	109
ペドロイア, ダスティン	341
ペドロニ, シモーネ	65
ペトロフ, ニコライ	63
ベナウェイ, グウェン	364
ベナビッド, アリム・ルイ	50
ベニオフ, デヴィッド	162〜165
ペニークック, ゴードン	42
ベニート, カミーユ・ラヴォー	312
ベニーニ, ロベルト	160
ベニャ, マリアン	46
ペニャス, アナ	312
ベニャミナ, ウーダ	172
ヘネガン, ジェイムズ	398
ベネッセ	149
ベネット, クレイグ	39
ベネット, サラ	130
ベネット, ジョー	321
ベネット, ダエ	87, 108
ベネット, チャールズ・H.	4, 52
ベネット, チャールズ・L.	51
ベネット, C・フランク	51
ベネディクトヴァ, カテジナ	40
ベネディト, ホセ・ハヴィエル	36
ベネデッティ, ニコラ	100
ベバー, ダン	38
ベバー, ミシェル	44
ペーパー・ミル・プレイハウス	210
ペーボ, スバンテ	13, 51
ヘムフィル, ダグ	137
ヘラー, ミハウ	9
ベラ, ヨギ	335
ベラノフ, イーゴリ	344
ベラ・フレック, エドガー・メイヤー&ザキール・フセイン feat. ラケーシュ・チョウラシア	117
ベラ・フレック, ザキール・フセイン, エドガー・メイヤー feat. ラケーシュ・チョウラシア	116
ベラ・フレック&アビゲイル・ウォッシュバーン	80
ベラルーシ警察	40
ベリー, アラン	239
ベリー, イマニ	373
ベリー, ウェンデル	375
ベリー, ケイティ	74, 75
ベリー, ジョン	39
ベリー, スティーブン	44
ベリー, タイラー	137, 188
ベリー, フリン	356
ベリー, マイケル	33
ベリー, I.S	360
ヘリック, スティーブン	395
ベリネール, ホベルト	204
ヘリマン, ジョージ	258, 261, 262, 287
ベリャコフ, アルテミイ	225
ベリ・ロッシ, クリスティーナ	372
ベリン, フィリップ	39
ベリンジャー, コディ	342
ベル, ウィリアム	84
ベール, クリスチャン	179
ベル, ジョージ	339
ベル, ニコル	45
ベルグマン, ニル	198, 201
ベルコヴィチ, ローレンス	46
ベルサイエス, ソイロ	336
ベルシケッティ, ボブ	134
ベールスマ, ビアンカ	45
ベルタン, カリーナ	55
ヘルツォーク, ヴェルナー	202
ベルティエル, マルセロ	45
ベルティオーム, サラ	366
ベルディムハメドフ, グルバングル	44
ベルテルス, リア	325
ベルトー, ヴァレリー	202
ベルトッツィ, キャロライン	6, 13
ペルドモ, ルイス	116
ベルトラッツィ, アレッサンドロ	131
ベルナー, ロートラウト・ズザンネ	393
ベルナルジ, エンリコ	42
ヘルナンデス, ウィリー	338
ヘルナンデス, キース	338
ヘルナンデス, ギルバート	283
ヘルナンデス, ジェイミー	277, 283
ベルニール, ジェンナーロ	41
ヘルファント, ライアン	72

ベルヘル, パブロ	307
ベルマール, シルヴァン	131
ベルマール, マーティン	364
ヘルムート, ニコラス	45
ヘルムヒェン, クリストフ	41
ベルモンド, ジャン＝ポール	158
ベレア, ジョーディ	277, 281, 292, 295
ベレイド, ヤニス	320
ベレイラ, ミゲル	195
ペレグリン・システムズ	34
ペレス, エドワード	119
ペレス, クレイグ・サントス	374
ペレス, ジョージ	283
ペレス, ロシオ	76
ペレタン, マルジョレーヌ	307
ベレフラック, ダニエル	17
ベレンキー, ウォルター	40
ベーレンス, フリーデリケ	45
ペロー, シリル	39
ペロー, ドミニク	58
ペロドー, ジェレミー	313
ペローネ, アリッサ	44
ペロン, ウィロ	94
ヘロン, ミック	350
ベンウェイ, ロビン	373
ベングディファ, ボウーラ	43
ベングトソン, メアリー	42
ベンジャミン, アリ	396
ベンジャミン, アンドレ	115
ベン＝スーサン, エマニュエル	39
ヘンストラ, サラ	363
ベンゼマ, カリム	345
ベンソン, エタイ	94
ヘンソン, タラジ	177
ヘンダースン, スミス	349
ヘンダーソン, シャーリー	237
ヘンダーソン, マイク	88
ヘンダーソン, マーク	236
ヘンダーソン, マージョリー	279
ヘンダーソン, リチャード	11
ヘンダーソン, リッキー	339
ヘンダーソン, ローレン	352
ペンタトニックス feat.ドリー・パートン	83
ベンチ, ジョニー	337
ベンツィ, ロベルト	44
ベンディス, ブライアン・マイケル	256, 258, 260, 261
ペンデレツキ, クシシュトフ	86
ペンドルトン, テリー	339
ベントレイジ, エリン	119
ヘンビー, ナタリー	98, 101
ペンフォルド, スティーブ	33
ベン・ブラム＆ペンタトニックス	81
ヘンリー, エイプリル	361
ヘンリー, マット	235
ヘンリクセン, ミア・L.	307
ペンローズ, R.	12

【ホ】

ホジノ	198
ホ ジュニ	48
ホアン, アンドリュー	41
ホアン シンチェン	327
ホアン, ホアン	206
ホアン, S.L.	384
ボイエ, キルステン	396
ボイエガ, ジョン	182
ボーイジーニアス	115
ボイス, ソニア	57
ボイデン, エドワード	51
ポイトラス, ローラ	160
ボイヤー, アン	21
ボイヤー, ケン	336
ホイーラー, ハロルド	213
ボイル, アンソニー	236
ボイル, マイケル・R.	32
ボウ, エリン	364
ボウイ, デヴィッド	67, 83, 86, 118
ホーウィック, アーサー・L.	52
ボウエン, ランディ	247, 249, 251, 253, 256
ヒューストン, マイケル	64
ボウファルド, ダミエン	46
ボウリー, アンジェリン	359
ホーエンベルガー, ラルフ	44
ボカ・リヴレ	111
ホーガン, アシュトン	88
ホーキング, スティーヴン	49
ポーキングホーン, ジョン	9
ホーキンス, テイラー	105
ホーク, イーサン	219
ポーグ, ニール・H.	118
ホーク, レイチェル	212
ポーク, C.L.	369, 380
ボグダノフ, イヴァン	322
ボグナー, スティーヴン	135
ホーグランド, リチャード	32
ポコルニー, ジェニファー	39
ポージー, バスター	341
ボーシェーヌ, ルー	366
ホジソン, ジョナサン	325

ボースタイン, アレックス ・・・・・・・・・・・・・・・・・ 164, 165
ホステトラー, マーク ・・・・・・・・・・・・・・・・・・・・・・・・ 32
ポスト, チャーリー ・・・・・・・・・・・・・・ 104, 113, 119
ポスト, ティナ ・・・・・・・・・・・・・・・・・・・・・・・・・・・・・・・ 377
ポスト・マローン feat.21 サヴェージ ・・・・・・・・・ 68
ボストリッジ, イアン ・・・・・・・・・・・・・・・・・・・・・・・・ 86
ボーズマン, チャドウィック ・・・・・・・・・・・・・・・ 181
ボスロンド, ポール ・・・・・・・・・・・・・・・・・・・・・・・・・・ 33
ホセ, ジャクリン ・・・・・・・・・・・・・・・・・・・・・・・・・・・ 172
ホセイニ, シャハブ ・・・・・・・・・・・・・・・・・・・・・・・・ 172
ホセ・ルーゴ&グアサバーラ・コンボ ・・・・・ 84
細田 守 ・・・・・・・・・・・・・・・・・・・・・・・・・・・・・・・・・・・・・・ 204
ポーター, グレゴリー ・・・・・・・・・・・・・・・・・・・・・・・・ 84
ポーター, ビリー ・・・・・・・・・・・・・・・・・・・・ 165, 217
ポーター, ブリタニー ・・・・・・・・・・・・・・・・・・・・・・・ 75
ポーター, マックス ・・・・・・・・・・・・・ 298, 299, 324
ボッカ, J ・・・・・・・・・・・・・・・・・・・・・・・・・・・・・・・・・・・ 220
ボックリス, ジョン ・・・・・・・・・・・・・・・・・・・・・・・・・・ 32
ホッジズ, ドリュー ・・・・・・・・・・・・・・・・・・・・・・・・・ 307
ボッシュコウ, ララ ・・・・・・・・・・・・・・・・・・・・・・・・ 124
ポッソホフ, ユーリ ・・・・・・・・・・・・・・・・・・ 223, 224
ボット, ジョーイ ・・・・・・・・・・・・・・・・・・・・・・・・・・・ 341
ボットシュタイン, デイヴィッド ・・・・・・・・・・・ 49
ホップス, ジェシカ ・・・・・・・・・・・・・・・・・・・・・・・・ 167
ホップス, ヘレン ・・・・・・・・・・・・・・・・・・・・・・・・・・・ 51
ホップフィールド, ジョン ・・・・・・・・・・・・・・・・・・ 14
ボディ・カウント ・・・・・・・・・・・・・・・・・・・・・・・・・・ 100
ポトツキー, アンドリー ・・・・・・・・・・・・・・・・・・・・ 43
ボドナー, エレナ・N. ・・・・・・・・・・・・・・・・・・・・・・・・ 38
ボードリー, ジャン ・・・・・・・・・・・・・・・・・・・・・・・・ 193
ホートン, M. ・・・・・・・・・・・・・・・・・・・・・・・・・・・・・・・・・ 12
ボナノス, クリストファー ・・・・・・・・・・・・・・・・・ 375
ボナム=カーター, ヘレナ ・・・・・・・・・・・・・・・・・・ 199
ホーネック, マンフレッド ・・・・・・・・・・・・・・・・・・ 90
ポノマリョフ, セルゲイ ・・・・・・・・・・・・・・・ 15, 62
ホーバーグ, ウィリアム ・・・・・・・・・・・・・・・・・・・ 167
ポバクル, トメック ・・・・・・ 317, 320, 324, 325, 329
ポピール, ロン ・・・・・・・・・・・・・・・・・・・・・・・・・・・・・・ 31
ポープ, ポール ・・・・・・・・・・・・・・・・・・ 264, 266, 277
ホプキンス, アンソニー ・・・・・・・・・・・・・・・・・・・ 136
ホプキンスン, ナロ ・・・・・・・・・・・・・・・・・・・・・・・・ 380
ホブソン, イアン ・・・・・・・・・・・・・・・・・・・・・・・・・・・ 64
ホフマン, デイビット・E. ・・・・・・・・・・・・・・・・・・・ 26
ホフマン, ミヒャエル ・・・・・・・・・・・・・・・・・・・・・ 389
ホフマン, ルイス ・・・・・・・・・・・・・・・・・・・・・・・・・・ 204
ポポヴィッチ, ヴェスナ ・・・・・・・・・・・・・・・・・・・・ 42
ポポヴィッチ, ヴェリコ ・・・ 299, 318, 324, 328, 329
ポポヴィッチ, ミリヴォイ ・・・・・・・・ 318, 328, 329
ホームズ, ルイ ・・・・・・・・・・・・・・・・・・・・・・・・・・・・ 319
ホームバーグ, ライアン ・・・・・・・・・・・・・・・・・・・ 294
ボランスキー, ロマン ・・・・・・・・・・・・・・・ 158, 192

ボーランダー, ブルック ・・・・・・・・・・・・・・・・・・・ 379
ホランド, アグニェシュカ ・・・・・・・・・・・ 160, 226
ボーランド, ブライアン ・・ 246〜249, 256, 259, 293
ポーリー, サラ ・・・・・・・・・・・・・・・・・・・・・・・・・・・・ 138
ホーリー, ノア ・・・・・・・・・・・・・・・・・・・・・・・ 356, 357
ホーリー, リチャード ・・・・・・・・・・・・・・・・・・・・・ 242
堀内 朗 ・・・・・・・・・・・・・・・・・・・・・・・・・・・・・・・・・・・・・・ 42
ボーリガー, ステファン ・・・・・・・・・・・・・・・・・・・・ 37
ホリガン, エドワード・A. ・・・・・・・・・・・・・・・・・・ 32
ボリス, シェーン ・・・・・・・・・・・・・・・・・・・・・・・・・・ 139
ボリット, ベオウルフ ・・・・・・・・・・・・・・・・・・・・・ 216
ポリャコフ, アレクサンドル ・・・・・・・・・・・・・・・ 49
ホリングスワース, マイク ・・・・・・・・・・・・・・・・・ 298
ポール, クリスチャン ・・・・・・・・・・・・・・・・・・・・・ 116
ホール, ケイト ・・・・・・・・・・・・・・・・・・・・・・・・・・・・ 361
ホール, ジェフリー・C ・・・・・・・・・・・・・・・・・・・・・ 11
ポール, ジャスティン ・・・・・・・・・・・・・・・・・・・・・・・
　　　　　　　　　89, 94, 131, 178, 179, 211, 240
ホール, マイケル ・・・・・・・・・・・・・・・・・・・・・・・・・・ 50
ホール, リー ・・・・・・・・・・・・・・・・・・・・・・・・・ 189, 236
ホール, リンゼイ ・・・・・・・・・・・・・・・・・・・・・・・・・・ 386
ホール, レジーナ ・・・・・・・・・・・・・・・・・・・・・・・・・・ 219
ポール, ロビン ・・・・・・・・・・・・・・・・・・・・・・・・・・・・・ 39
ホルヴァート, ガボール ・・・・・・・・・・・・・・・・・・・・ 41
ポルカー, マヌエル ・・・・・・・・・・・・・・・・・・・・・・・・ 44
ボルクヴァゼ, エリッソ ・・・・・・・・・・・・・・・・・・・・ 64
ポールズ, スティーヴン ・・・・・・・・・・・・・・・・・・・・ 82
ポールスター, マリア・ルイサ ・・・・・・・・・・・・・・ 43
ボルズツキー, ダニエル ・・・・・・・・・・・・・・・・・・・ 372
ボルソナーロ, ジャイール ・・・・・・・・・・・・・・・・・ 44
ポールソン, サラ ・・・・・・・・・・・・・・・・ 163, 178, 217
ボルチモア・サンのスタッフ ・・・・・・・・・・・・・・ 20
ポルチンスキー, ジョセフ ・・・・・・・・・・・・・・・・・ 51
ボルディン, チアゴ ・・・・・・・・・・・・・・・・・・・・・・・・ 222
ホールデン, F.D.M. ・・・・・・・・・・・・・・・・・・・・・・・・・ 11
ポルト, ジル ・・・・・・・・・・・・・・・・・・・・・・・・・ 301, 325
ホルト, セルマ ・・・・・・・・・・・・・・・・・・・・・・・・・・・・ 240
ホルト, ピーター ・・・・・・・・・・・・・・・・・・・・・・・・・・・ 33
ボールドウィン, アレック ・・・・・・・・・・・・・・・・・ 163
ポルトゥラ, カルロス ・・・・・・・・・・・・・・・・・・・・・ 313
ポルトガル・ザ・マン ・・・・・・・・・・・・・・・・・・・・・・ 87
ホルドブルック=スミス, コブナ ・・・・・・・・・・・ 238
ホールバーグ, デイヴィッド ・・・・・・・・・・・・・・・ 222
ホルム, ジェニファー・L. ・・・・・・・・・・・・・・・・・・ 275
ホルム, マシュー ・・・・・・・・・・・・・・・・・・・・・・・・・・ 275
ホルムストローム, B. ・・・・・・・・・・・・・・・・・・・・・・・ 11
ホレウ, マテイ ・・・・・・・・・・・・・・・・・・・・・・・・・・・・ 232
ボレロ=エチェベリ, フィリップ ・・・・・・・・・・・・ 42
ホロヴィッツ, アンソニー ・・・・・・・・・・・・ 355, 360
ホロデンコ, ヴァディム ・・・・・・・・・・・・・・・・・・・・ 65
ホワイト, アンソニー ・・・・・・・・・・・・・・・・・ 97, 101

ホワイト, エドワード 359
ホワイト, ジェイコブ 46
ホワイト, ジェレミー・アレン
　　　　　　............ 169, 170, 184, 185, 187
ホワイト, ジャスミン 77
ホワイト, ジャック 81
ホワイト, デヴィッド 130
ホワイト, デニス 90
ホワイト, マイク 168, 169
ホワイト, ロス 139
ホワイト・サン 83, 111
ホワイトハースト, アンドリュー 130
ホワイトヘッド, コルソン 17, 21, 372
ポン, ガオ 208
ホン, キャシー・パーク 376
ホン サンス 198, 227
ポン ジュノ 135, 173, 199
ボン, ダニエル 46
ボン, ホセ 36
ボーン, マシュー 237, 239, 240
ボーン, モー 339
ホーン, ロバート 212
本庶 佑 12
ボンズ, バリー 339, 340
ポンティ, ジェームズ 357
ポンヌムクル, チュムポーン 40
ボンノム, マチュー 310
ボンバナ, D 221
ボンパ=バルディ, アントニオ 65
ボンビエリ, エンリコ 47
ボンボ, アルバロ 372
ボンマティ, アイタナ 345, 348

【マ】

マ, ヨーヨー 59, 109
マー, リン 376
マイアミ・ヘラルド 16
マイアミ・ヘラルドのスタッフ 23
マイエロヴィッツ, エリオット・マーチン 6
マイオリーノ, アンナ・マリア 57
マイコロウ, タイラー 211
マイズナー, ミッチェル 140
真板 亜紀 32
マイヤーズ, デイブ 68, 91
マイヤーソン, アラン 118
マイヨー, ジャン=クリストフ 222
マイヨール, ミシェル 4, 12
マイラ, サルバトーレ 200
マイルズ, ティヤ 373

マイルズ, トリスタン 134, 137
(マイルス・デイヴィス)&Various Artists 85
マイロッド, マーク 169
マウアー, ジョー 341
マーヴェリック・シティ・ミュージック 111
マーヴェリック・シティ・ミュージック&カーク・フランクリン 111
マウグ, ゴルディアン 195
前田 哲 200, 201
マオズ, サムエル 158
マカスカー, マイケル 135
マカッチェン, アンドリュー 341
マーカット, グレン 59
マカドゥー, ボブ 331
マカナリー, シェーン 92
マカロワ, ナタリア 224
マギー, ウィリー 338
牧野 武 33
マキューアン, スティーブ 107
マーキュリオ, ジェド 358
マグアイア, エレナー 35
マクアット, リン 5
マクギニス, ミンディ 355
マクシモフ, イヴァン 43
マークス, ジャスティン 170
マクスウェル・コミュニケーションズ 34
マクダニエル, W.ケイレブ 21
マクダーモット, フェリム 242
マクドゥーガル, トム 112
マクドナー, マーティン 158, 160, 179, 184, 235
マクドナルド, アーサー・B. 11, 50
マクドナルド, アラン・H 5
マクドナルド, ケリー 290
マクドネル, パトリック 273
マクドーマンド, フランシス ... 132, 136, 162, 178
マクナマラ, シェリー 61
マクナリー, テレンス 213
マクノートン, ゴードン 34
マクファディン, マシュー 168, 169, 186
マクファーレン, ジョン 223, 224
マクファーレン, ディジョン 92
マクフィー, ジョン 375
マクブライド, アシュリー 110
マクブライド, クリスチャン 79, 101
マクヘイル, パトリック 314
マクマナス, クリス 34
マクマホン, ケヴィン 201
マクミラン, D. 13
マグラア, パトリック 369
マクラウド, ジョージ 9
マクラウド, スコット 249, 289

マクラッチー	16
マクラフリン, ジェイムズ・A.	357
マクラフリン, ジョン	88
マクラフリン, パット	102
マクリーン, S・G.	349, 351
マクレア, キョウ	366
マクレイニー, タレル・アルヴィン	131
マクレイノルズ, ジョナサン・カレブ	101
マクレイン, デニー	337
マクレガー, ウェイン	222, 236
マクレガー, ユアン	168, 179
マクレーン, デレク	213
マグロウ, ティム	83
マクロード, ダレル・J.	363
マグローン, フランシス	43
マーク・ロンソン feat.ブルーノ・マーズ	66, 78
マグワイア, ショーニン	378, 382, 385, 386
マグワイア, リチャード	310
マケッソン	34
マコックラン, ジェラルディン	392
マコニー, ドリュー	235
マコーマック, ウィル	137
マコーミック, フランク	334
マゴーワン, アンソニー	392
マサ, ゴンサロ	226
マザー, ジェームズ・H.	138
マサ・タクミ	112
マザー・テレサ	8
マシアーノ, アンドレイ・ジェズス	233
真島 理一郎	199
マジメル, ブノワ	192
マシャーリ, マルコ	232
マーシャル, キャスリーン	241
マーシャル, フランク	114, 135
マーシャル, ヘレン	368
マーシャルプロジェクトのスタッフ	22
マシューズ, スタンリー	343
マシューズ, チャールズ	38
マシューズ, ロバート	32
マジョック, マルティナ	18
マシリール, フランス	295
マシン・ガン・ケリー	70
マシン・ガン・ケリー feat.ブラックベアー	71
マス, エロイーズ	76
マーズ, ブルーノ	71, 72, 87, 88, 105
マース, ポール	353
マスィズ, アリシア	329
マースクリ, ムーサ	198
マスグレイヴス, ケイシー	91, 92
マスタニ, スティーブン	38
マストゥラ, マジッド	226
マストドン	87
マスブル, バンジャマン	305
マズラニー, タチアナ	163
マスロヴァ, オルガ	122
マセキ芸能社	153
マーセル, ケリー	188
マソプスト, ヨゼフ	343
マタアホ・コレクティブ	57
マタール, ヒシャーム	17
マチエイェフスカ, マルティナ	45
マチェラル, クリスティアン	100
マチャド, カルメン・マリア	375
マチャド, グラウコ	45
マチュー, ニコラ	367
松居 大悟	207
松江 哲明	201, 202
松岡 茉優	205
マッカーシー, トム	130
マッカーシー, ブレンダン	21, 378
マッカーシー, メリッサ	189
マッカーシー, ローレン・リー	55
マツーカス, メリーナ	67, 86
マッカスキル, アニック	365
マッカートニー, ポール	4
マッカーナン, ジェームズ	51
マッカロー, レイ・チャールズ, II	87
マッキー, スザンヌ	167
マッキー, ボブ	212
マッキノン, ケイト	162, 163
マッキーン, デイヴ	248
マッキンタイアー, ベン	352
マッキンタイア, リーバ	88
マッキンティ, エイドリアン	356
マッキントッシュ, クレア	353
マッキンリイ, ロビン	380
マック, ジョン	31
マックスウェル	83
マックデヴィット, ブライアン	217
マッケイ, アダム	130, 166, 168, 169
マッケイ, ウィンザー	249, 252, 269
マッケオン, テレサ	43
マッケジー, チャーリー	139
マッケラン, イアン	240
マッケルロイ, マイケル	213
マッケンジー, ロバート	131
マッケンナ, ローリ	79, 83, 101
マッケンブリッジ, ピーター	366
マッコード, ジェームズ・I.	8
マッコビー, ウィリー	337
松崎 元	45
マッシー, スジャータ	357

マッズケリ, デビッド	270, 271, 291	マリオン, マーティー	334
マッセイ, ポール	134	マリク, ウスマン・T.	370
マッセンバーグ, ジョージ	108, 119	マリク, ペーテル	41
松田 青子	370	マリス, ロジャー	336
マッティングリー, ドン	338	マリナウスクス, ヴィリウマス	34
マッデン, リチャード	180	マリーニン, ヴァレンティン	122
松本 大洋	268, 287	マリネッリ, ルカ	159
マティス, ニキヤ	217	マリノフスキ, デヴィッド	133
マーティーン, アーカディ	384, 385	マリヤン, サンドラ	38
マーティン, アリン	43	マリンズ, デイブ	140
マーティン, カースティ	222	マリンズ, ロンダ	362
マーティン, ダミアン	130	丸尾 末広	314
マーティン, ティム	95	マルキン, ビート	211
マーティン, ドロシー	39	マルグリス, グレゴリー	29
マーティン, ヘレン	60	マルケンパー, エリッヒ・パスカル	40
マーティン, マックス	85	マルコム, モーガン・ロイド	239
マーティン, リッキー	80	マルサリス, ウィントン	59
マテウス, ローター	344, 346	マルシャン, ユーゴ	224
マテセン, エリーゼ	384	マルセリーノ, ジョゼ・カルロス	37
マーテル, ヤン	240	マルタ	346, 347
マドー, レイチェル	103	マルタ, キアラ	306, 307
マドセン, エレイニー	42	マルダセナ, フアン	49
マトレイェク, ミワ	55	マルチネス, ジョン	31
真鍋 淑郎	13, 47	マルチンス, イザベル	395
マナラ, ミロ	274	マルティニ, マッテオ	42
マニオン, ウナ	354	マルティネス, エリック	45
マニュエル, バッカー	44	マルティネス, オスカル	157
マネスキン	72, 73	マルティネス, ジョゼ	222
マーバー, パトリック	216	マルティネッシ, マルセロ	226
マハデバン, ラクシミナラヤナン	36	マルティン, ベレン	40
マハリナ, ユリア	221	マルティンスドッティア・シュルーター, グヌール	175
マーフィ, アニー	166	マルテンス, リーケ	347
マーフィ, エディ	184, 189	マルトーネ, エレーヌ	119
マーフィー, エドワード・A., ジュニア	35	マルフ, ポール	38
マーフィー, キリアン	140, 185	マルマ feat. J.バルヴィン	70
マーフィー, コリーン	362	マルレナン, ジョン, ジュニア	44
マーフィー, ショーン	95, 113	マーレイ, ダナ	137
マーフィー, デール	338	マーレイ, ビル	162
マーフィー, ライアン	163, 165	マレスカ, ピーター	282, 294
馬渕 清資	40	マレスコ, フランコ	159
マフマルバフ, モフセン	196	マレック, ラミ	133, 163, 179
マベリー, ポール	93	マレン, ケイトリン	358
ママガニ, ティアナ	45	マーロウ, トビー	215
マラッツィーニ, ドナテラ	33	マロワ, アンドレ	362
マラーホフ, ヴラジーミル	221	マローン, カール	331, 332
マラーマン, ジョシュ	371	マローン, モーゼス	331
マーリー, ジギー	85	マン, エイミー	89
マーリー, ダミアン・"ジュニア・ゴング"	89	マン, カイル	118
マリア, ジョアン・パウロ・ミランダ	172	マン, タメラ	84
マリア・シュナイダー・オーケストラ	79, 101	マン, リチャード	386
マリアチ・ロス・カンペロス	97		

マンケル, ヘニング	351
マンジーニ, マーク	130, 137
マンソン, サーマン	337
マンチェス, グレゴリー	369
マンデス, トマシュ	190
マンデル, デヴィッド	162, 163
マンドル, イザベラ	38
マントル, ミッキー	335, 336

【 ミ 】

ミーア, スティーヴン	240
ミアイユ, フローランス	303, 309, 327
三池 崇史	197
ミーウセン, ヤスパー	44
三浦 謙司	127
ミエルゴ, アルベルト	138
ミーカ, ヤン	321
ミーガン・ザ・スタリオン	70, 75, 100, 101
ミーガン・ザ・スタリオン feat.千葉雄喜	74
ミーガン・ザ・スタリオン feat.ニッキー・ミナージュ&タイ・ダラー・サイン	70
ミーガン・ザ・スタリオン feat.ビヨンセ	101
ミクソン, デレク	106
ミクソン, ローラ・J.	382
ミゲル, ルイス	93
ミシガン州議会	31
水木 しげる	274, 279, 280
水尻 自子	305, 319, 326
水野 格	153
溝口 浩一郎	38
ミッチェル, アナイス	98, 213
ミッチェル, ケビン	339
ミッチェル, ジェリー	216
ミッチェル, ジョニ	81, 108, 117
ミッチェル, デイヴィッド	368
ミッチェル, ブライアン・ストークス	210
ミッチェル, マルク	42
ミドラー, ベット	210
ミーナ, デニーズ	351
ミナージュ, ニッキー	66, 68, 73
ミナーリク, ガブリエル	41
ミニョー, エマニュエル	53
ミニョーラ, マイク	250, 253, 254, 259〜261, 263, 269, 270, 272, 283, 295
嶺岸 信明	266
ミネッティ, アルベルト	39
ミノーグ, カイリー	115
ミハイ, テオドラ・アナ	207
ミハルコフ, ニキータ	201
ミハレク, ズィッサ	140
三宅 唱	208
宮崎 圭介	234
宮崎 駿	140, 242, 278, 292, 369
宮澤 真理	317
宮沢 りえ	203
宮下 芳明	46
宮本 真希	197
ミュージアル, スタン	334, 335
ミューズ	79
ミューセ, ロジェ	43
ミューラー, エディー	360
ミュラー, ゲルト	343
ミュライユ, マリー=オード	393
ミューレ, イヨルク	395
ミュンテ, トーマス	41
ミヨット, アレクサンドラ	320
ミラー, クリストファー	134
ミラー, グレッグ・A.	35
ミラー, サム・J.	379
ミラー, ジェフリー	37
ミラー, シャネル	376
ミラー, ジョージ	378
ミラー, スージー	242
ミラー, デイヴィッド・アラン	104
ミラー, パティーナ	112
ミラー, フランク	246, 248, 250, 251, 254, 255, 280
ミラー, ブルース	164
ミラー, マイケル	39
ミラー, ミシェル	44
ミラー, メラニー	139
ミラード, ピーター	321
ミラノ, デリック	101
ミランダ, リン=マニュエル	16, 81, 90, 112, 113, 209, 236, 238
ミリオネア, トニー	257, 258, 261, 266
ミリガウ, エイドリアン	302
ミリガン, パトリック	108
ミリガン, ボニー	215
ミル, キャロライン	33
ミル・キャリミ, レザ	198
ミルグラム, スタンリー	46
ミルグロム, P.R.	13
ミルケン, マイケル	30
ミルザ, サイード・アクタル	194
ミルズ, サマンサ	380, 386
ミルズ, ジューン・タルペ	286
ミルゾヤン, ナタリア	325
ミルターマスブ, ヤスナ	208
ミレン, ヘレン	227
ミン ビョンクク	199

ミンシエリ, アン 108, 119
ミンディッチ, ステーシー 89

【ム】

ムーア, アーチー 57
ムーア, アラン .... 245～247,
　　249～251, 253, 256～258, 261, 262, 265, 278
ムーア, アン・エリザベス 286
ムーア, チャンドラー 111
ムーア, ティム 115
ムーア, デミ 186
ムーア, トム 326
ムーア, ラトーニア 104, 114, 119
ムーア, リッチ 132
ムーア, ローリー 377
ムーアズ, アレクサンドル 71
ムーアハウス, ジョスリン 195
ムアワッド, ワジディ 362
ムイノ, タヌ 71
ムウェリンド, クレドニア 39
ムカジー, アビール 350, 352
務川 慧悟 77, 127
ムクウェゲ, D. 12
ムース, エレン 196
ムズィチェンコ・グリーンハルジュ, ユリア 77
ムター, アンネ＝ゾフィー 58
ムーティ, リッカルド 58
ムーディソン, ルーカス 203
ムニエ, デビッド 42
ムニョス, ヘンリー・R., Ⅲ 169
ムハメドフ, イレク 220
ムビ, ディクソン 242
ムブガル・サール, モハメド 367
村井 邦啓→ヒロ・ムライを見よ
ムラウィエック, レア 312
村上 純一 38
村上 虹郎 206
村上 久 44
ムラード, N. 12
ムラトフ, D.A. 13
ムーリー, フランソワーズ 289
ムーリカ, C・W. 35
ムリーロ, オスカー 60
ムル, G. 12
ムルンベルガー, ヴォルフガング 195
ムレット, アントニオ 36
ムロイ, フィル 321, 322
ムン スジン 306
ムン ソンミョン 33

ムン テグク 121
ムーン, ファビオ 267, 272, 280
ムーン, マリア・ジョイ 217
ムンジウ, クリスティアン 172
ムンタギロフ, ワディム 223, 224
ムンドヤンツ, アレクサンダー 64

【メ】

メイ, エラ 92
メイ, エレイン 138, 212
メイ, ジュリエット 77
メイ, ピーター 353
メイ, フィリップ・R・A. 36
メイア＝ロコウ, ビクトル・ベンノ 36
メイエ, イヴ 29
メイエール, アマンディーヌ 306
メイジー, マリン 213
メイジン, クレイグ・メイジンクレイグ 166
メイズ, ウィリー 335, 336
メイズ, ライル 108
メイソン, マーシャル・W. 210
メイナード, ジェームズ 48
メイヤー, ジョン 71
メイヤー, ダン 36
メイヤー, パスカル 52
メイヤー, ハンス 39
メイラード, アントワーヌ 312
メインストーン, ジョン 35
メガデス 83
メグヴィネトゥツェシ, オタール 194
メサジェ, アネット 58
メシンコフスカ, ナターシャ 45
メスカル, ポール 242
メタリカ 115
メッサーシュミット, エリック 136
メッシ, リオネル 344, 345, 347, 348
メディナ, メグ 398
メデム, フリオ 195
メドウィック, ジョー 334
メドウズ, フォズ 384
メトカーフ, ティム 194
メトカーフ, ローリー 210, 211
メトルク, ナタ 315
メーナン, ディーパク・クマーラン 200
メノーシェ, ドゥニ 207
メビウス 246, 255, 282
メモリアル 13
メリノ, イヴェット 138
メリマン, マイケル 71

メリル, ジャスティン	82
メリル, ランディ	113
メリル・リンチ	34, 38
メール, ボブ	103, 113
メル, ユージーン・J.	51
メルヴィン, ジェフリー・A.	132
メルク	34
メルケル, アンゲラ	28
メルダル, M.	13
メルツ, ラファエル	312
メルドー, ブラッド	97
メルニコフ, アレクセイ	120
メンギステ, マーザ	358
メンジーズ, トビアス	167
メンデス, サム	181, 213, 215, 238
メンデス, リンゼイ	211
メンデス・ダ・ホッシャ, パウロ	58
メンデル, ネイト	105
メンデルソーン, ベン	163
メンドーザ, ヴィンス	108, 113
メンドサ, エドゥアルド	371
メンドンサ・フィーリョ, クレーベル	173

【モ】

モイ, ハラルド	32
モイヤー, リー	386
モウリニョ=カルバリド, ベアトリス	46
モガダム, イェガネ	307
モーガン, アン	135
モーガン, コリン	40
モーガン, ジョー	337
モーガン, ピーター	167
モーガン・ヘリテイジ	80
モクサーリ, カロリ	64
モクハトレ, リロイ	231
モーケル, エステレ	44
モーケル, ピーター	44
モーゲン, ブレット	118
モーザー, ベンジャミン	21
モーションピクチャー&テレビジョン基金	137
モス, エリザベス	164, 179
モス, ルーシー	215
モスコヴィッチ, ハナ	365
モス=バクラック, エボン	169, 170
モズリイ, ウォルター	354, 356, 357
モーゼス, イタマール	211
モゼーズ, レア・レイ	319
望月 拓郎	52
望月 峯太郎	310, 314

モックリッシュ, アレクサンダー	234
モット, ジェイソン	373
モッド・サン	190
モディ, ナレンドラ	44
モーティ, ルイーズ	312
モーティマー, ヴィッキー	238
本木 雅弘	195
モドリッチ, ルカ	345, 347
モドリッチ, P.	11
モトルィギナ, マリア	121
モートン, ジョン	359
モートン, PJ	96, 102
モートン=スミス, トム	242
モニー, シルヴァン	304
モニス, チャールズ	90
モネ, ヴィクトリア	114, 115, 118
モネオ, ラファエル	58
モハマドザデー, ナビド	206
モハメド, プレミー	370, 371, 380
モハンマディ, N.	14
モファット, スティーヴン	163
モーヤールト, エドゥアルト	33
モーラ, テレツィア	387
モラー, ローラン	204
モラーノ, リード	164
モラーリ, ヤブラク	303
モラレス, ハビエル	37
モーリー, アン=マリー	42
森 和俊	51
森 達也	206
森岡 利行	200
モリカ, フランシス	45
モリコーネ, エンニオ	130, 177
森崎 東	199
モリス, ウェスリー	22
モリス, ジャッキー	391
モリス, マレン	83
モリス, ラモーン	170
モリソン, グラント	264, 266, 269, 291
モリー・タトル&ゴールデン・ハイウェイ	112, 117
モリル, ロウィーナ	370
モーリン, クリス	45
モル, ドミニク	192, 206
モルドフ, シェルドン	278
モルトマン, クリストファー	86
モルノー, ジャスティン	340
モルロー, リュドヴィク	82, 95
モレノ, ギャビー	117
モレーノ=ガルシア, シルヴィア	368
モロー, アドリアン	139
モロー, エルヴェ	222

モロー, ジェレミー 310
モンガ, グニート 139
モンゴメリー, ジェシー 120
モンショー, エリック 305
モンテーニュ, マリオン 311
モントロ, ビル 278

【ヤ】

ヤアリノヤ, ヘタ 307, 308
八木 栄一郎 30
ヤギー, オマー 4
ヤキタ, アッボース・ジャラリ 301
柳生 隆視 32
役所 広司 175, 197
八鍬 新之介 308
ヤコヴェレワ, ヴァーリャ 327
ヤコブレワ, エレナ 194
ヤシン, レフ 343
ヤシンスキ, マルチン 45
ヤストレムスキー, カール 337
ヤズベック, デヴィッド 94, 212
安村 栄美 208
ヤーツコー, キャロライン 167
ヤップ, テ・ファイェ 45
柳沢 正史 53
柳町 光男 195, 199
ヤニッシュ, ジュディス 43
ヤーニッシュ, ハインツ 393
矢野 ほなみ 319
山崎 貴 140
ヤマシタ, フェリペ 46
山田 参助 314
山田 裕康 37
山田 洋次 199, 204
山中 伸弥 50
山村 浩二 305, 319, 321, 327
山元 耕陽 231
山本 麻由 36
山本 理顕 62
ヤム, マーカス 24, 62
ヤルテル, ニル 57
ヤーレン, ホープ 375
ヤン, アラン 162
ヤン, エドワード 194, 195
ヤン ジョイス 65
ヤン, ジーン・ルエン 266, 270, 279, 288
ヤン, トニー・イーケ 125
ヤン, パトリシア 41, 43
ヤン フイロン 203

ヤン ヤーチョウ 199
ヤン, リナ 74
ヤン リーナー 208
ヤン リーピン 208
ヤング, アレクサンダー 168
ヤング, カラ 217
ヤング, ジョナサン 237, 241
ヤング, シルヴィア 242
ヤング, スコッティ 270, 272, 311
ヤング, デビッド 350
ヤング, トレイシー 99
ヤング, フランク・M. 275
ヤング, マイケル・ウォーレン 11
ヤング, マディソン 231
ヤング・サグ 68
ヤンコビック, アル 94
ヤンソン, トーベ 281
ヤンソン, リセロッテ 35

【ユ】

ユー ハーウェイ 143
ユー ヘリ 122
湯浅 政明 297, 304, 316
ユアン, ジミン 45
ユアン, スティーヴン 169, 186
ユアン, トム 40
ユウ, チャールズ 373
ユエン, ギギ 46
ユシッチ, ハナ 204
ユセフ, ラミー 181
ユデニチ, スタニスラフ 65
ユード, マティアス 54
ユハス, マルギット 45
ユベール, イザベル 177, 192, 218, 228
ユベール, クリステル 37
弓 新 127
弓木 賢二 38
ユリニッチ, アリョーシャ 76
ユール, リチャード 52
ユルゲス, ユルゲン 227
ユルドゥズ, バルシュ 207
ユルドゥルム, エミネ 208
ユン ゴウン 353
ユング, カーステン 223
ユン, ヨジョン 136

【ヨ】

ヨー, ミシェル 138, 184
ヨウ, エドモンド 205
葉 軍 →イェ, ジュンを見よ
杨 广生 43
葉 建平 38
葉 鴻偉 194
杨 康生 43
楊 凡 159
ヨエ, クレイグ 281
ヨキッチ, ニコラ 332
ヨケラ, ジェニー 300
横井 昭裕 32
横尾 忠則 58
横田 与志 198
芳川 豊史 46
吉澤 明彦 46
吉澤 和徳 42
吉田 大八 203, 208
吉田 南 77
吉名 莉瑠 206
吉野 彰 12
吉藤 オリィ 55
ヨシポヴィッチ, ギル 43
米山 鷹介 46
ヨム ヘラン 156
ヨーヨー・マ＆シルクロード・アンサンブル ... 85
ヨーランソン, ルートヴィッヒ 134
ヨルガー, フォルカー 42
ヨーレン, ジェイン 369, 379
ヨン, エド 22
ヨン, サンダー 315, 319, 320
ヨン サンホ 148
ヨン ソジョン 233
ヨン メイ 227
ヨーント, ロビン 338, 339
ヨンファク, チャン 43

【ラ】

羅 超文 122
ライ, スタン 195
ライアン, ヴェロニカ 60
ライアン, パム・ムニョス 394
ライオンズ, ミナ 40
ライカート, ジェフ 135
ライカート, ジュリア 135
ライケ, アルント 34
ライス, ジム 338
ライス, C.M. 12
ライセロヴィッツ, レスリー 5
ライティエール, アーロン 98
ライト, アンディ 131
ライト, ジュディス 213
ライト・エイド 34
ライドストローム, ゲイリー 113
ライトソン, バーニー 278
ライトフット, ポール 221
ライネフェルト, マリーケ・ルカス 389
ライヒャルト, ジャッチャ 54
ライブ, ヴォルフガング 58
ライフ, クリスティアン 119
ライフェンシュテュール, ブリジット ... 216
ライマー, ドリアン 37
ライマース, エイギル 40
ライランス, マーク 130
ライリー, アンバー 236
ライリー, ジョン・C. 189
ラヴ, アルヴィン, Ⅲ 88
ラウ, P.ラガヴェンドラ 41
ラヴァル, ヴィクター 369
ラヴィアーズ, ニック 118
ラヴィス, クリス 318
ラヴカン, ゲイリー 14, 50
ラウズ, クリストファー 104
ラヴゼイ, ピーター 357
ラウデール, アンナ 224
ラカッラ, ルシア 221
ラカトン, アンヌ 61
ラカモア, アレックス
.... 81, 89, 94, 210, 211, 236, 238, 240
ラガル, ブルーノ 39
ラガンティ, メアリー・アン 44
ラギオニ, ジャン＝フランソワ ... 315, 323
ラーキン, バリー 339
ラーキン・ポー 117
ラクストン, エマ 240
ラグーナ, アナ 223
ラクマン＝ドーソン, アミナ 398
ラサリウス, ニコ 378
ラザレスク, アレクシア・マリア 233
ラシーヌ, ソフィ 303
ラシャウア, ヤン 298
ラジャッパン, アノープ 45
ラシャド, フィリシア 215
ラージャマウリ, S.S. 219
ラシュカル, サンディ 319
ラース, ブリット 320
ラス, ロバート 90

ラスカー, ジョナサン	305
ラスキー, デイビット	275
ラストン, コリン	40
ラスムセン, ヨナス・ポヘール	303, 304
ラスロフ, モハマド	175, 227
ラーソン, アビゲイル	382
ラーソン, ブリー	130, 176
ラーソン, ホープ	275, 290
ラダー, ジョーン	210
ラーダークリシュナン, サルヴパッリー	8
ラッキー, マーセデス	380
ラックァニティ, フランチェスコ	39
ラッシュ, ボビー	84, 102, 117
ラッセル, アリソン	116
ラッセル, ウォルター, Ⅲ	114
ラッセル, テイラー	160
ラッセル, ビル	330
ラッセル, マーク	290
ラッセル, レイ・B.	368
ラッセル, P.クレイグ	248〜251, 254, 258, 262, 269, 290, 291
ラッパーノ, ジョン・エリック	362
ラトゥーア, ジェイソン	280
ラドウィック, ボブ	81
ラドウィック, ロバート・C.	99
ラトキン, ティム	216, 241
ラドクリフ, ダニエル	217
ラドクリフ, ロビン	44
ラトクリフ, P.J.	12
ラトマンスキー, アレクセイ	222, 223
ラナ, ジュン・ロブレス	203, 204
ラナ, ベアトリーチェ	65
ラーナウト&ハウスピー	34
ラナ・デル・レイ feat.ジョン・バティステ	73
ラナン, ニーナ	211
ラバキー, ナディーン	173
ラハフ, メイヤー	5
ラピサーダ, アンドレア	38, 45
ラービッツシスターズ	55
ラビド, ナダヴ	174, 227
ラピノー, ミーガン	345, 348
ラビノウィッツ, デヴィッド	134
ラブ, ジェフリー・アラン	369
ラファロ, マーク	167, 182
ラフォルカデ, ナタリア	80, 102, 111, 117
ラフォルグ, ヴァンサン	52
ラ・プラント, リンダ	354
ラブロフスキー, ミハイル	224
ラベ, ボリス	54, 300, 308, 316, 317, 321, 323, 324
ラポイント, ステファニー	362, 364
ラポータ, ジョー	86

ラマー, ケンドリック	19, 66〜68, 79, 88, 91, 92, 110
ラマー, ジェイク	354
ラマクリシュナン, ナレン	40
ラ・ママ実験劇場	212
ラミレス, セルヒオ	371
ラミレス, ビクトル・オロスコ	324
ラム, ブレイデン	275
ラムジー, ピーター	134
ラムジー, リン	172
ラムスデル, フレッド	47
ラムディン, ジェイ	44
ラモス, クリント	209
ラライン, パブロ	160
ララウ, シエナ	74
ララック, オマル	41
ラリー, ジャスティン	137
ラルフ, シェリル・リー	168
ラン, デイヴィッド	238
ランガー, ロバート	50
ランキー・タンキー	98, 112
ランキン, マシュー	315, 316
ラング, ジェシカ	209
ラング, リチャード	350
ラングトン, ジェーン	357
ラングフォード, フリーザ	40
ラングランズ, ロバート	29
ラングリッジ, ロジャー	273
ラングレー, タニア	365
ランサム, トニア	370
ランジェラ, フランク	209
ランズベリー, アンジェラ	215
ランダー, エリック	50
ランデイカー, グレッグ	132
ランティモス, ヨルゴス	158, 160, 172
ラントラートフ, ウラディスラフ	224
ランドルフ, ダヴィン・ジョイ	140, 185
ランドルフ, チャールズ	130
ランドン, ヴァンサン	160, 191
ランバート, フィリス	3
ランバート, ポール	133, 134, 137
ランバート, ミランダ	101
ランプリング, シャーロット	158, 227
ランボー, キャット	379

【 リ 】

リー, アレクサンダー	43
リー, アン	59
リー, カイル	106

李 鰲	76	リスト, B.	13
リー, ジェニファー・ジェイソン	198	リストープ, モルテン	110
リー, ジム	295	リーセ, ヒルデグン	196
リー, シモーン	57	リゾ	72, 96, 109
リー, シャノン	76	リチェット, マリア	224
リー, ジュリアン	77	リチャーズ, ジョン	34
リー, スージー	393	リチャードソン, ロバート	352
リー, スパイク	131, 134, 173	リッカルディ, リッキー	108
李 政瀚	108	リッソ, エドゥアルド	258〜260, 262
リー チーシアン	200	リッチー, ガイ	197
リー, チャーメイン・アン	366	リッチ, フランク	162, 163
リー, チュンミン	44	リッツオ, ゲイリー・A.	132
リー, デヴィッド	136	リッパート, バーカード	44
リー, バイヨーク	211	リップス, エリアフ	32
リー, バージニア	52	リディック=タインズ, クリス	115
リー ピンビン	226	リデル, クリス	391
リー, フォンダ	369	リード, ウィリス	330
リー, マーク	152	リード, エレン	20
リー, ユー	201	リード, ジェームズ	136
リ, ラジ	173	リード, ジャスティン・フィリップ	373
リー, ラファエル・C.	38	リートヴェルト, サイモン	38
リー, リッチ	75	リドスター, ニック	241
リアーナ	67	リドマン, フレデリック・ベンケ	224
リアノン・ギデンズ with フランチェスコ・トゥリッシ	107	リトルトン, キャロル	141
リウ, ケイト	125	リトル・ビッグ・タウン	79, 88
リウ, チェン	45	リトルフィールド, ウォーレン	164
リウ, ブルース・シャオユー	125	リナルディ, ジェシカ	16
リヴァー, クリスタ	99	リーバー, スティーヴ	257, 288
リヴァーマン, ウィル	114	リパ, デュア	71, 75, 91, 100
リヴェラ, カルロス・ラファエル	108	リーバイン, ジャスティン	214
リヴェラ, ジョナス	131, 135	リバウド	344, 346
リヴェラ, チタ	212	リーバーマン, ダニエル・E.	37
リーヴス, ジェレミー	87	リヒテンシュタイン公国	35
リーヴス, ディック	81	リビングストン, ジョー	376
リヴレア, パオロ	40	リピンスカ, ブランカ	190
リエン, ミミ	210	リブケン, カル, ジュニア	338, 339
リエンハルド, チャールズ	42	リフトン, リチャード・P.	50
リオス, エマ	287	リベイ, アレクサンダー	86
リカード, アヌーク	312	リベイ, ドミトリー	86
リガートウッド, ブルック	88	リベジャーラ・ビダルート, パロマ	234
リギンズ, ロイド	222	リベラ, ジャンニ	343
陸 川 →ルー チューアンを見よ		リマー, ウルリッヒ	195
リシャール=アムラン, シャルル	125	リマ・サントス, マルティーニョ	234
リジョン	74	リーマン・ブラザーズ	38
リース, アダム	50	リャオ, ジェームズ	46
リーズ, ジョアニー	102	リャン, ヒュエン	43
リス, マシュー	165	リャン, リンディー・ヘーニュー	43
リース, マーティン	7, 9	リュー, マージョリー	283, 284, 292, 370, 382〜384
リスゴー, ジョン	164	リュイリエ, アンヌ	6
リズート, フィル	335	劉 慈欣	381
		劉 若英	197

リュゼンジュ, ジュリエンヌ	7	ルイスパラシオス, アロンソ	226
凌 显四	43	ルイリエ, A.	13
リライアント・リソース	34	ルヴァール, エレーヌ	228
リラス, パナイス	64	ルウェリン, リヴィア	358
リリー・フランキー	204	ル・ウーシュ, マガリ	313
リル・ウージー・ヴァート	68	ルーヴル美術館	68
リルクヴィスト, カタリーナ	299	ルカシェンコ, アレクサンドル	40, 44
リル・ダーク feat. J.コール	115	ルーカス, ジョージ	175
リル・ナズ・X	71～73	ルキーニ, ファブリス	157
リル・ナズ・X&ビリー・レイ・サイラス	100	ル・ギャル, ジャン=フランソワ	4
リル・ナズ・X feat.ビリー・レイ・サイラス	69, 96	ル・グウィン, アーシュラ・K.	382, 383
リン, ジェレミー・アサートン	376	ルグラン, グザヴィエ	158
リン, フレッド	337	ルグラン, ミシェル	223
リン, ロニー	81	ルグリ, マニュエル	221
リンク, ウィリアム	357	ルコント, ウニー	201
リンク, カロリーヌ	196, 197	ルーシー・カランタリ&ザ・ジャズ・キャッツ	94
リンク, ケリー	368	ルジマートフ, ファルフ	221
リング, バーバラ	135	ルース, マック	137
リング, ローレン	370	ルスタイ, サイード	206
リンジー, ヒラリー	79, 98	ルスティック, ジョージ	6
リンジュン, コン	43	ルスレ, フィリップ	137
リンゼイ, カトリーナ	212, 237	ルーツイ, シルヴィア	205
リンゼイ=アベアー, デヴィッド	216	ルッカ, グレッグ	257, 259, 262, 271
リンダール, T.	11	ルック, ミラ	233
リンチ, デヴィッド	136	ルックアウト・サンタクルーズのスタッフ	26
リンチ, ポール	389	ルッサン, サイモン	312
リンデ, アンドレイ	49	ルッツ, アレックス	192
リンデル, マイク	189	ルッツ, ボフダン	128
リンデロフ, デイモン	167	ルディン, フョードル	124
リンド, クレア	36	ルテステュ, アニエス	222
リンド, ジョン	286	ル・テリエ, エルヴェ	367
リンド, ダニエル	45	ルデンスキー, アレクサンダー	47
リンドー, デルロイ	219	ルード, スティーブ	245～248, 253
リンドバーグ, モーテン	99	ルトコスキ, アシュリー	44
リンドーム, メガン	370	ルドルフ, ジャネット・A.	356
		ルドロフ, グレッグ	130
【ル】		ルバルカバ, ゴンサロ	106
		ルービー, シモン	297
ルー, エリック	125	ルビオ, ラケル	40
ルー, ジェイソン	288	ルピク, バルバラ	329
ルー チューアン	199	ルビック, キアラ	8
ルー ユエ	199	ルービン, アリッサ・J.	15
ルイジアナ・フィルハーモニー管弦楽団	117	ルービン, ジュディス・O.	217
ルイス, キーシャ	217	ルブー, ラドゥ	63
ルイス, ジョン	280, 282, 290, 373	ルーファス・デュ・ソル	105
ルイス, フィル	319	ルフェーヴル, クレマン	127
ルイス, マシュー	38	ルフェーヴル, ブリジット	223
ルイス, ロビン・コステ	372	ルブルトン, セバスチャン	42
ルイス=ジョーンズ, ヒュー	369	ルベツキ, エマニュエル	130, 195
ルイス=ドレイファス, ジュリア	161～163	ルーベン・ブラデス&ロベルト・デルガード&オルケスタ	80, 89, 107, 117

ルポ, シルヴァン ……………………… 312
ルポ, ベネデット ……………………… 64
ルボヴィッチ, ラー …………………… 223
ルボーン, パティ ………………… 214, 239
ルムカイネン, エリーナ ……………… 121
ルームフル・オブ・ティース ………… 119
ルメートル, ピエール ………………… 350
ルメリー, ライアン …………………… 217
ルメルシェ, ヴァレリー ……………… 192
ルーリー, ジェイコブ ………………… 50
ル・リッシュ, ニコラ ………………… 220
ルルー, アギャット …………………… 319
ルール, ニコラス ……………………… 43
ルンキナ, スヴェトラーナ …………… 222
ルンドゥグラン, チンティス …… 316, 323
ルンメニゲ, カール＝ハインツ … 343, 344

【レ】

レアード, ルーク ……………………… 92
レイ, オデッサ ………………………… 139
レイ, キャット ………………………… 312
レイ, サタジット ……………………… 195
レイ, ダヌータ ………………………… 352
レイアロハ, スティーブ … 260, 261, 263, 264, 266
レイヴェイ ……………………………… 116
レイク, ブランドン …………………… 111
レイシー, スティーヴ ………………… 110
レイス, アルベルト …………………… 64
レイット, ボニー ………………… 109, 112
レイノルズ, ジョーダン ……………… 97
レイノルズ, デビー …………………… 131
レイノルズ・ワスコ, サンディ ……… 131
レイバ＝コック, マウリシオ ………… 300
レイハルト, エヴィラム ……………… 65
レイム, ジェニファー ………………… 140
レイモンド, ジュリアン ……………… 81
レイラニ, レイヴン …………………… 376
レイルズ, スティーヴン ……………… 140
レイン, ネイサン ……………………… 211
レインスヴェ, レナーテ ……………… 174
レヴァイン, デイヴィッド・D. ……… 378
レヴァンドフスキ, ロベルト ………… 348
レヴィ, エリオット …………………… 241
レヴィ, ダニエル ……………………… 166
レヴィー, マーヴィン ………………… 134
レヴィ, ユージン ……………………… 166
レヴィ, ロレーヌ ……………………… 202
レヴィサン, デイヴィッド …………… 395
レヴィッツ, ポール ……………… 273, 286

レヴィン, ジョシュ …………………… 376
レヴェック, ジャン・フランソワ …… 318
レウェリン, メイリオン ……………… 33
レヴェンソン, スティーヴン ………… 210
レオナルド, コリン …………………… 118
レオン, クリストバル ………………… 299
レオン, ソル …………………………… 221
レオン, タニア ………………………… 23
レオン, トニー ………………………… 160
レオンディス, アンソニー（トニー）… 188
レガート, ロバート …………………… 132
レグイザモ, ジョン …………………… 212
レクレー ………………………………… 117
レクレー＆ターシャ・コブス・レナード … 117
レゲット, エリザベス …………… 382, 383
レジェンド, ジョン ……………… 68, 101
レジデンテ ……………………………… 88
レズナー, トレント ……… 107, 136, 182, 186
レーダー＝デイ, ローリー …………… 356
レッキー, アン ………………………… 386
レッサ, M. ……………………………… 13
レッテリ, ジョー ……………………… 139
レッド, ミカイル ……………………… 205
レッドグレーヴ, ヴァネッサ ………… 158
レッドフォード, ロバート …………… 158
レッドベター, ウィリアム …………… 378
レッドベター, エイプリル …………… 94
レッドベター, スティーヴン・ランス … 94
レッド・ホット・チリ・ペッパーズ … 72, 73
レッドメイン, エディ …………… 187, 241
レッパー, マイケル …………………… 114
レディー・ガガ … 70, 71, 91, 94, 98, 134, 177, 219
レディー・ガガ＆ブラッドリー・クーパー … 91, 94, 98
レディー・ガガ with アリアナ・グランデ … 70, 71, 100
レーディキン, セルゲイ ……………… 77
レディスミス・ブラック・マンバーゾ … 89
レデシー ………………………………… 101
レト, ジャレッド ……………………… 190
レドヴァン, エレーヌ ………………… 305
レドンド, ブルーノ ……………… 291〜293
レナード, イザベル …………………… 82
レナード, ナイオール ………………… 189
レネール, バンジャマン ……… 300, 310, 324
レノルズ, ジェイソン …………… 357, 392
レノルドナー, トマス ………… 301, 317
レバー, ステファン …………………… 43
レピスカ, ガブリエラ ………………… 41
レビット, マルティーヌ ……………… 362
レビディフ, レオニード ……………… 167
レベージャ, フアン・パブロ ………… 199
レボン, ティム ………………………… 371

レマ ……………………………………… 73
レマ, ベアトリス ……………………… 313
レミア, ジェフ ………………… 282, 285, 291
レモン, ダン …………………………… 132
レリオ, セバスティアン ……………… 226
レン, キン ……………………………… 365
レンク, カトリーナ …………………… 94, 211
レンク, ヨハン ………………………… 166
レングル, マデレイン ………………… 275
レンダー, マイケル →キラー・マイクを見よ
レンツ, デイヴィッド ………………… 39
レントウェイ …………………………… 34
レンドルフ, アルバン ………………… 223
レンバート, ウィンフレド …………… 24
レンフロ, ブラッド …………………… 197

【ロ】

盧 煜明 ………………………………… 52
ロー, ダフネ …………………………… 205
ロー, デニス …………………………… 343
ロー, マーティン・デズモンド ……… 137
ロー, マリンダ ………………………… 373
呂 麗萍 ………………………………… 195
ロアー, ダニエル ……………………… 139
ロイ, ローリー ………………………… 355
ロ・イアコノ, セルジオ ……………… 45
ロイエンシュタイン, クリストフ …… 305
ロイズマン, オーウェン ……………… 133
ロイターの写真スタッフ ……… 16, 18, 19, 21, 26
ロイターのスタッフ …………………… 26
ロイド, カーリー ……………………… 347
ロイド, ジェイミー …………………… 243
ロイド・ウェバー, アンドリュー …… 212
ロウ, ソラーナ →シザを見よ
ロヴァース, ラースロー ……………… 29
ローヴェン, チャールズ ……………… 139
ロウリンソン, ピーター ……………… 37
ロエルズ, マーク・ジェイムス … 300, 306, 316, 324
ローエンスタイン, ウォルフガング … 305
ロカ, パコ ……………………………… 287
ロカスト, サント ……………………… 210
ロカッシオ, クリスチャン …………… 42
ローガン, ゴードン …………………… 41
ローガン, ジョン ……………………… 356
ロクマン, アドリアーン ……………… 301
ロゴフスキ, フランツ ………………… 219
ローザ, ドン …………………… 250, 253, 276
ロサダ, カルロス ……………………… 19, 375
ロザリア ………………………… 73, 97, 111
ロザリア＆J.バルヴィン feat.エル・グインチョ ……………………………… 69, 70
ロサンゼルス・タイムズのスタッフ … 15, 24
ロージ, ジャンフランコ ……………… 225
ロジェ, ブラザー ……………………… 8
ロシェロン, ギョーム ………………… 135
ロジック feat.ダミアン・レマー・ハドソン … 67
ロジャース, ナイル …………………… 110
ロジャーズ, ポール …………………… 139
ロジャース, マット …………………… 110
ロシュカ, ボトンド …………………… 7
ロス, アッティカス ………… 107, 136, 182, 186
ロス, アレックス ………… 249, 252〜257, 270
ロス, アン ……………………………… 136
ローズ, ギル …………………………… 99
ロス, ステフェン ……………………… 37
ローズ, デリック ……………………… 332
ロス, トレイシー ……………………… 178
ローズ, ピート ………………………… 337
ロス, ラメル …………………………… 219
ローズ, ラヤ …………………………… 387
ローズ, リズ …………………………… 79
ロス・ティグレス・デル・ノルテ …… 80
ロスト・バイユー・ランブラーズ … 89, 117
ロスバッシュ, M. ……………………… 11
ロスフェルド, ベッカ ………………… 377
ロスマン, ロドニー …………………… 134, 379
ロス・ロボス …………………………… 107
ロセ, マリナ …………………………… 306
ローゼ, ユルゲン ……………………… 221
ロゼック, ジャン・クロード ………… 302
ローゼン, アル ………………………… 335
ローゼン, ジェフ ……………………… 81, 85
ローゼン, チャーリー ……… 108, 116, 214, 216
ローゼンバーグ, ヨアフ ……………… 32
ローソン, ジョナルノ ………………… 362
ローチ, ケン …………………………… 172
ロチャ＝ゴスリン, アグネス ………… 38
ロック, アッティカ …………………… 356
ロック, エドゥアール ………………… 221
ロック, ジェイ ………………………… 92
ロックウェル, サム …………………… 132, 178
ロックウェル, デヴィッド …………… 209
ロックリー, アンドリュー …………… 136
ロックリン, ニコール ………………… 130
ロックロフ, マシュー ………………… 42
ロッシ, アレッサンドラ ……………… 33
ロッシ, パオロ ………………………… 344
ロッセーヨ, カルメン ………………… 36
ロッソマンド, アンソニー ………… 94, 134
ロッティングディーン・バザール …… 118

ロットマン, エヴァ 397
ローデンバック, セバスチャン
　　　　　　　........ 296, 298, 306, 307, 323
ロード, フィル 134, 379
ロドキン, デニス 224
ロドリ 345
ロドリゲス, アレックス 340, 341
ロドリゲス, イバン 340
ロドリゲス, サンチアゴ 64
ロドリゲス, ミカエラ・ジェ 183
ロドリゴ, オリヴィア 71, 74, 105
ロドリーゴ・イ・ガブリエーラ 96
ロートン, R・T. 359
ロナウジーニョ 344, 346
ロナウド 344, 346
ロナウド, クリスティアーノ ... 344, 345, 347
ロナーガン, ケネス 131
ロナルド, パメラ 5
ローナン, シアーシャ 178, 218
ロバーツ, デイヴィッド 40
ロバーツ, ポール 72
ロバートキナ, ウリヤーナ 221
ロバート・グラスパー feat. H.E.R.＆ミシェル・
ンデゲオチェロ 101
ロバートソン, オスカー 330
ロバートソン, デイビット (作家) 363, 365
ロバートソン, デイビット (指揮者) 104
ロバートソン, パット 39
ロバートソン, マーク 43
ロビコフ, アレクセイ 121
ロビン, ジャネット 119
ロビンス, ジェラルド 64
ロビンス, ティム 195
ロビンス, トリナ 276, 282, 289, 294
ロビンソン, ジェームズ (漫画家) 252
ロビンソン, ジェームズ・A. (経済学者) 14
ロビンソン, ジャッキー 335
ロビンソン, ジーン・E. 4
ロビンソン, デビッド 331
ロビンソン, トッド 118
ロビンソン, フランク 336, 337
ロビンソン, ブルックス 336
ローブ, ジェフ 254, 255, 259, 266
ローブ, リサ 89
ロブソン, ケリー 379
ロペス, ジェニファー 69
ロペス, ナタリア 228
ロペス, マシュー 238
ロペス, ロバート (作曲家) 133
ロペス, ロバート・A. (獣医) 31
ロペス＝ヴィト, マリア・ルイザ 63

ロペス・オブラドール, アンドレス・マヌエル .. 44
ロペス＝テイホン, マリサ 42
ロペス＝バロソ, ディアナ 45
ロペス＝リベラ, セルジオ 136
ローベル, ニック 113
ロホ, タマラ 222
ロボサム, マイケル 349, 352
ローマー, P.M. 12
ロマオ, ポーラ 42
ロマノヴァ, モア 288
ロマノウスキー, マイケル ... 104, 108, 113, 119
ロマーリオ 346
ロマンスキー, アデル 131
ロムルス, レイ 87
ロメル・ファーマー, ダミアン, Ⅲ ... 115
ロメロ, フェルナンド 223
ロ・モナコ, ジェラール 85
ローラ, カルロ 198
ローラー, グレゴリー 4
ローランズ, ジーナ 131
ローリー, ヒュー 178
ローリー・アンダーソン＆クロノス・クァルテッ
ト 95
ローリング, J. K. 236
ロリンズ, ジミー 341
ロルヴァケル, アリーチェ 173
ロルストン, ホームズ, 3世 9
ロレガ, ヘイター 161
ローレンス, ジェニファー 176
ローレンス, ビル 167, 168
ローレンス, フィリップ 87
ローレンス, マイケル 35
ロワイエ, ジャン＝ピエール 42
ローン, チャペル 74
ロング, マニー 110
ロング, リチャード 6
ロンコリ, クラウディオ 90
ロンシュタット, リンダ 104
ロンソン, マーク 94, 118, 134
ロンダ・ヴィンセント＆ザ・レイジ 89
ロンドン・コロシアム 236
ロンバルディ, アーニー 334
ロンフェルト, エイミー 233
ローンホース, レベッカ 379, 383

【ワ】

ワイアット, アンドリュー 94, 134
ワイアット, ジェイク 381
ワイザー, ビル 362

ワイジンガー, モート	271
ワイス, グレゴリー	40
ワイス, レイナー	11, 50
ワイス, D.B.	162〜465
ワイズバーグ, ジョー	165
ワイズマン, ジェイコブ	369
ワイズマン, ドリュー	14, 52
ワイズマン, フレデリック	132
ワイティティ, タイカ	103, 135
ワイナー, マシュー	357
ワイナースミス, ケリー	386
ワイナースミス, ザック	386
ワイナンズ, シーシー	88, 106
ワイマー, バック	34
ワイマー, ポール	387
ワイルズ, アンドリュー	29
ワイルド, フラン	378, 379
ワイルド, ヘンリー	40
ワインハウス, エイミー	82
ワインバーグ, スティーヴン	52
ワインバーグ, ロバート	50
ワガノフ, ニキータ	121
若松 孝二	200
脇塚 優	232
脇田 真清	32
ワグスタフ, ダニエル	43
ワクター, クリストフ	54
ワクテル, チャーリー	134
ワグナー, ヤン	387
ワグマン, シェール	232
ワーゲンメイカーズ, エリック－ジャン	46
ワサン, アンジャナ	242
ワシリーエフ, イワン	222
ワシントン, デンゼル	177
ワシントンポスト	23
ワシントンポストのスタッフ	15, 17, 18, 20, 26
ワスコ, デヴィッド	131
和田 淳	319, 326
ワターソン, ビル	247, 248, 265, 288
渡部 茂	32, 43
渡辺 紘文	205, 206
ワタンデュースト, モハマドレザ	207
ワックスバーガー, パトリック	137
ワッサー, アラン	211
ワッジ, エイミー	78
ワット, アンドリュー	103
ワーティンガー, デイヴィッド	42
ワディンガム, ハンナ	167
ワディントン, ホリー	140
ワトキンス, クリストファー	43
ワトキンス, サラ	98
ワトキンス, デレク	68
ワトソン, エドワード	223
ワトソン, エミリー	228
ワトソン, ジェームズ	35
ワトソン, ビジョン	111
ワーナー, マリナ	369
ワーハースト, ジョン	134
ワムスガンズ, ジェイソン	17
ワルゲンヴィッツ, デニス	300
ワルデガ, エルカ	130
ワルトアルテ, アリエ	193
ワールドコム	34
ワルロップ, リュック	38
ワン, エンジェル・スタニスラフ	122
ワン, ジョナサン	138
ワン ジンチュン	203, 227
ワン, スティーブ	196
ワン チエンユエン	201
ワン, フィッシュ	307
ワン, リナ	206
ワン ルイ	206
ワンケル, ロバート・E.	215
ワンシンク, ブライアン	37
ワンダー, スティーヴィー	5
ワンバック, アビー	347

【ン】

ンジャパ, チャールズ・M.	106
ンデゲオチェロ, ミシェル	101, 116
ンドゥール, ユッスー	58

【A】

Abadzis, Nick	267
ABC	147
ABC Kids	151
Abdalla, May	306
Abderhamani, Elsa	311
Abdykalykov, Zhasulan	123
Abidi, Adnan	24
ABS-CBN	145
Abu Elouf, Samar	62
Accinelli, Gianumberto	395
Accomando, Beth	293
ACME Comics&Collectibles	263
Adams, Art	245
Adams, Josh	23
Adams, Neal	255
Addison, Sylvia	244
Adlard, Charles	270

ADL

Adler, Terhi 312
Ahmed, Mohammaed Atta 72
Aho, Sami 312
AIG 38
Akhgari, Arash 321
Akira Comics 275
Albuquerque, Rafael 272
Alcock, Bruce 317
AL.comのスタッフ 22
Aldama, Frederick Luis 284
Alender, Katie 359
Alfon, Dov 352
al-Harthi, Jokha 389
All3 Media International 154, 155
All About Books and Comics 262
Allais, Martin 303
Allegri, Natasha 317
Allen, Brooke A. 278
Allen, Evan 21
Allen, Jocelyne 289, 290
Allie, Scott 254
Allred, Laura 274, 289
Allred, Michael 280, 289
All Star Comics 278
Almagor, Daniel 302
al-Zikry, Maad 19
Amazon Prime Video 150, 154
An, Xu 317
Anand, Channi 21
Ancco 310
Anderson, Murphy 256
Andreae, Lucrèce 298
Andru, Ross 267
Angerer, Drew 24
Anton, Leonora LaPeter 15
Appleby, Steven 311
Arceneaux, Danielle 361
Archibald, John 18, 24
Archibald, Ramsey 24
Arene, Charlotte 318
Armanini, Ivana 311
Armstrong, Ken 15
Arnoux, Charline 298
Arte Público Press 375
Arthur, Reagan 359
Asian American Performers Action Coalition
.... 215
Astro 145, 150
Astro AEC 146
Astro Shaw&HBO Asia 147
Asuad, Yibrán 227
Athasopa, Jatuporn 146
Atkinson, Ruth 289
Atlantis Fantasyworld 252
Atractor Estudio 56
Auad, Manuel 252
Auchter, Christopher 316
August Media 145

August Pictures 147
Avasilichioaei, Oana 363
Ayers, Dick 267
Azim, Fahmida 23

【 B 】

Babb, Tiffany 293
Bachevich, Stepan 123
Backderf, Derf 281, 288
Baek, Miyoung 327
Bagge, Peter 289
Bahar, Johan 153
Baikie, Jim 257
Baker, Kyle .... 256, 257, 262〜265, 277
Baker, Matt 270
Balaji Productions 150
Balázsi, Gergő Ármin 225
Baldwin, Clare 18
Balen, Katya 392
Ballarín, Pablo 326
Ballet Black 240
Balsman, Phil 284
Bancroft, Colette 359
BANZAI 312
Bao, Wei 61
Bao, Yifan 302
Baron, Mike 247, 248
Barstow, David 19
Bartel, Jen 286, 291
Baum, L. Frank 270
Baxter, Eli 365
Bazowski, Ray 352
BBC 151
BBC World News 149, 151
Beach House Pictures 146, 152
Beathard, Casey 102
Beatman, Josh 271, 281
Beaton, Kate 280, 292
Beatty, Terry 254, 255
Beauregard, Paul 115
Beck, C.C. 248
Bedi, Neil 22
Beer, Max-Jakob 55
beIN Sports Asia 153
Bell, Cece 278
Bell, Darrin 19
Bellefeuille, Normand de 362
Benard, Eliott 320
Benjaminsen, Audrey 371
Benton, Geneva 383
BENTO RADIO 312
Berg, Kirsten 26
Bernier, Frédérique 364
Berry, Tamara 360
Betz-Hamilton, Axton 358

Bilankov, Eugen	329
Binder, Otto	263, 271
Biro, Charles	260
Bisley, Simon	247
Bistritzer, Rafi	5
Black, Don	240
Blackbird Comics and Coffeehouse	296
BLACKPINK	71〜74
Black Poet Production on behalf of MEASAT Broadcast Network Systems Sdn Bhd	145
Blackstock, Ivan Michael	242
Blais, François	364
Blakcori, Ilir	304
Blanc-Tailleur, Romain	318
Blaze, Jae	68
Blink TV Production	152
Blitt, Barry	21
Bly, Oliver	296
Blyberg, Willie	245
Bodē, Vaughn	265
Bodingbauer, Jonas	54
Böhm, David	396
Bolgan, Samuela	43
BOLO Books	357
Bolton, John	251
Bonaiuto, Amanda	317
Bond, Shelly	262
Bone, J.	291
Boothby, Ian	269
Boring, Wayne	267
Borja, Wilson	306
Bors, Matt	292
Botts, Jackie	21
Bouchereau, Clémence	308
Bourgeoi, Maximilien	317
Bourion, Sylveline	365
Bourne, Luke	301
Bousamra, Rose	292
Bovet, Jeanne	43
Bowers, Melissa	288
Boya, Alex	315
Brady, Matt	268
Braga, Michael	15
Brainchild Studios	281
Braithewaite, Doug	270
Brandi, Mark	350
Brauch, Florian	300
Brault, Nicolas	316, 328
Brave New World	268
Breathed, Berkeley	270
Breen, Susan	354
Brewer	66
Brewer, Georg	255
Broadway For All	215
Brockway-Metcalf, Amie	261
Broome, John	268
Brosgol, Vera	273
Brown, Box	285
Browne, Wendy	287, 289, 291
Browngardt, Pete	317
Brownstein, Charles	265
Brunetti, Ivan	274, 286
Bruno, Shirley	299
Bruvere, Anita	303
BTS	69〜72
BTS feat.ホールジー	69
Buck	316
Bueno, Álvaro Martínez	290
Buettner, Russ	19
Buhle, Paul	271
Buhlert, Cora	386
Bullock, Roderick Pusharod	92
Burchett, Rick	251, 254, 255
Burger, Lisa	241
Burns, Peggy	292
Burr, Shelley	352
Buscema, John	260
Buschek, Christo	22
Bushmiller, Ernie	273
Buttinger, Lisa	54

【C】

Cablewrap Creative	154
Cameo FX	73
Campbell, Chelsea M.	294
Campbell, Jason "Tik Tok Doc"	71
Campbell, Jim	280
Canal+ Myanmar Production Limited	149
Cannon, Zander	257, 258
Can't Stop Media	148
Canwell, Bruce	278, 279
Can Xing Media for Youku Alibaba	145
Capp, Al	263
Cappa, Joe	321
Cardy, Nick	264
Carl, Andrew	279
Carla Patullo feat. Tonality and The Scorchio Quartet	118
Carrasco, Luis	23
Carroll, Emily	278, 279
Cartoon Network	143, 147
Casagrande, Elena	288
Casavechia, Nicolas	303
Case, Jonathan	274
Cash, Caroline	294
Casia, Fred	55
Catron, J. Michael	282
Caura, Anaïs	298, 324
Cavalieri, Joey	259
Central City Comics	253
Cep, Casey	352
Cescutti, Diane	56

Chabaud, Gaspar	326	Conley, Aaron	278
Chalabi, Mona	25	Connell, Del	273
Challengers Comics + Conversation	276	Contagious Online Media Network	154
Champagne, Julie	365	Conway, Lukas	316
Champeaux, Nicolas	301, 325	Conway, Sarah	26
Chan, Jeremy	144	Cooke, Jon B.	260, 263〜265
Chan, Kai-Hsun	299	Coquard-Dassault, David	297, 323
Chandoutis, Ismaël Joffroy	326	Cormier, Anthony	15
Channel 3 Thailand	155	Corona, Jorge	280, 311
Channel 5	144	Corrigan, Maureen	375
Channel NewsAsia	146	Corum, Samuel	24
Chapman, Bob	255	Côté-Lacroix, Delphie	364
Chatelain, Marcia	22	Coudyzer, Pieter	297
Chattopadhyay, Bodhisattva	370	Courtinat, Mélanie	328
Chen, Ruoxi	385, 387	Cox, Mark	258
Cheng, Taryn	74	Craig, Johnny	264
Chern, Lina	361	Craig, Susanne	19
Cherry, Jon	24	Crandall, Reed	270
Chery, Dieu Nalio	62	Crane, Roy	259
Chia, Steven	149	Creative Stew	150
Chiang, Cliff	280, 281	Creators of Color！	283
Chicago Comics	253	Crimaldi, Laura	21
Chiu, Shu	150	Crime Writers of Color	360
Choi, EunJu Ara	325	Crook, Tyler	274
Choi, Hee-seung	325	Crotty, Bill	351
Chu, Andrea Long	25	Csáki, László	329
Chua, Michelle	303	Cui, Shiming	155
Chuan Pictures	147	Cullen, Art	17
Chuck BB	268	Cvijanović, Eva	323
Chung, Andrew	21	Czerwiec, MK	288
Churchland, Marian	271		
Chyzhevskyy, Max	66		
Cinesurya for Hooq	145	**【D】**	
CJ ENM	143, 145, 146, 148, 152, 155		
Cla, Anton	320	Dahlk, Randall	273
Clérisse, Alexandre	310	Dan and Jason	315
Clinch, Jac	297	Daniels, Les	259
CMS Energy	34	Dantcheva, Vessela	322
CNA	148, 149, 153〜155	Dara, Galen	369
CNCO	70	Darabos, Éva	319
CNN	144〜146, 153	Darrow, Geof	246, 251, 265
CNN International	150	Dasenbrock, Jason	278
CNN Worldwide	154, 155	Dave, Amit	24
Cocca, Carolyn	283	David, Peter	247
Col, Anthony Del	23	David, Sébastien	363
Colan, Gene	264, 270	Davies, Mitchell	278
Cole, L. B.	256	Davis, Alan	246
Cole, Matt	242	Davis, Fred	241
Colegrove, Jamie	280	Davis, Jack	261
Colegrove, Teresa	280	Day, Russell	351
Coleman, Vernal	21	De Carlo, Dan	259, 260
Collet, Bruno	301, 302	DeCarlo, Mike	259
Collombat, Benoît	310	DeConnick, Kelly Sue	289, 294
Columbia Pictures	148, 150	De Crécy, Geoffroy	303
Coman, Carolyn	398	Deering, Tom	242
Comicraft	249	Dees, Quirijn	309
Comic Relief	249		
Comics&Vegetables	273		

De Faucompret, Hugo	304	Dru Ann Love	356
Degliomini, Eric	68	Drucker, Mort	273
de la Barquera Estrada, Diego Alonso Sánchez	328	Drzka, Sheldon	286
		D'Salete, Marcelo	283
de la Cruz, Medar	26	Du, Wei	154
de Lara, Sara Tunon	46	Dubois, Quentin	317
Del Carmen, Ronnie	250	Duffy, Jo	296
Delgado, Ricardo	253	Dufková, Kristina	308
Dell'Edera, David	297	DuGood Productions	146
Dell'Edera, Werther	290	Dumas, Névé	366
Deman, J. Andrew	295	Durin, Rémi	302, 325
DeMarco, David	278	Dussán, Carlos	90
DeMatteis, J. M.	262	Duval, Marie	291
de Meijer, Sadiqa	365		
Denton, Bryan	62		

【E】

De Paula Santos, Mateus	299		
de Pierpont, Philippe	310		
DePuy, Laura	257, 260	Eacersall, Mark	312
deSac, Team Cul	276	Earth-2 Comics	267
Designs, Bowen	256	East Bay Timesのスタッフ	16
Desmeules, Anne-Marie	364	Echevarria, Areito	303
Desya, Liza	319	Echeveste, Jon	73
Devaux, Céline	322	Edery, Tzor	308
Devlin, Tom	280	Eguaras, Carolyn Aquino	148
Dexter, Adrian	306	EIGHTY4	71
Diaz, Natalie	23	Eisinger, Justin	287
Dickerson, Caitlin	24	Elder, Will	261
Dierich, Felix	301	Elliott, Andrea	24
Dillon, Steve	255	Elliott, Justin	26
Dirks, Rudolf	274	Ellis, Grace	278, 292
Discovery	150	El-Mofty, Nariman	19
Discovery Channel India	147	Endemol Shine	155
Discovery Communications India	148, 151	Endemol Shine India	144
Discovery Communications India for TLC India	144	Eng, Erica	288
		Engelhart, Katie	26
Ditko, Steve	249	Engelman, Mayan	303
Djafari, Raman	302	Ennis, Garth	254, 255
Djeŝka, Marko	319, 323, 326	Ensemble Worldwide	147
DNCE	67	Erdorf, Rolf	397
Doclights Gmbh	151	Erni, Noah	306
Dollar, Alexandria	117	Esch, Tanja	396
Dollar, Jordan	117	Esposito, Mike	267
Dominick, Andie	18	Estois, Àngel	326
Don and Maggie Thompson	247, 248, 288	Etter, Daniel	15
Dongsheng, Ren	224	Eury, Michael	286
Doran, Colleen	287, 292	Eustace, Nicole	24
Doran, Michael	268	Eve	151
Dorman, Dave	248	Even Creative Studio	149
Dowdell, Jaimi	21	Excel Entertainment&Tiger Baby	146
Doyard, Alice	137	Eyre, Eric	16, 358
Doyle, Frank	274		
Drake, Arnold	268		
Dr. Comics&Mr. Games	250	## 【F】	
DreamHaven	256		
Dreier, Hannah	19, 26	Faber and Faber	353
Driscoll, Amy	25	Fabry, Glenn	250
Drost, Nadja	22	Fachbach, Anna	55
Drouin, Véronique	363		

Fahrenthold, David A. 16
Faille, Dimitri della 54
Fajardo, Alexis E. 284
Falkenberg, Lisa 23
Falu 107
Farias, Efrain 317
Farsi, Sepideh 308
Faturechi, Robert 20
Fauvel, Claire 311
Feiffer, Jules 263
Feinstein's/54 Below 215
Feldstein, Al 261
Felici, Elena 326
Feng, Lu 40
Fermont, Cedrik 54
Fernandez, Ana Maria 43
Ferrer, Ada 24
Ferris, D. Lance 43
Ferris, Emil 283, 284, 286, 311
Fesiter, Tom 263
Feusi, Kilian 320
Field, Joe 278
Fields, Bred 221
Fies, Brian 263
Fifth Season 155
Finding Pictures 149
Fine, Lou 264
Finger, Bill 256
Fioriniello, Alessio 386
Fishamble 236
Fitzpatrick, Cara 15
Flahaven, Sean Patrick 112
Flawless Post 75
Flessel, Creig 295
Fleury, Vincent 46
Flinois, Camille 328
Flores, E. Gabriel 356
Flowers, Ebony 286
Flügel, Merlin 301
Flygenring, Rán 396
Flying Colors 251
Fontaine, Éric 366
Fontaine, Ovila 366
Formosa Television 147
Fortier, Mark 365
Foster, Hal 252
Fox, Gardner 256
Fradon, Ramona 265
Francavilla, Francesco 274
Francis, F. 298
Franco 269, 272, 277
Frankland, Marie 365
Franks, Daisy 241
Frazetta, Frank 251
Freestate Productions 148
Friedlander, Barbara 293
Friedrich, Gary 271

Friedrichson, Sabine 395
Fuchs, Kirsten 395
Fullout Cortland 73
Fury, L. 290
Futuro Mediaのスタッフ 24

【G】

Gaboriau, Linda 364
Gagné, Paul 362, 364
Gaines, William 248
Gainsborough, Sam 317, 324
Gallé, Franziska 55
Gampert, Carla Melo 329
Gandy, Irene 214
Gapp, Mylène 298
Gardener, Antonio 117
Gartner, Lisa 15
Garza, Cristina Rivera 27
Gateward, Frances 281
Gauld, Tom 283, 292
Gay, Roxane 283
Gaydos, Sarah 282
Geary, Rick 266
Gebbie, Melinda 257
Geerlings, Paulien 56
Gehrmann, Kristina 395
Generali, Martina 307
Gerber, Steve 271, 276
Gerodias, Jeffrey 221
Gerritt, Jeffery 21
Gerstein, David 274
Gertler, Nat 293
Gesteelde-Diamant, Terius "The-Dream" 110
Ghansah, Rachel Kaadzi 18
Ghielmetti, Philippe 265
Gianni, Gary 252
Giffen, Keith 262
Gilbert, François 362
Gilly, Casey 289
Gimlet Mediaのスタッフ 25
Ginsburg, Anna 298
Giordano, Dick 271
Glanzman, Sam 293
Gleason, Brian 15
Gleason, Émilie 311
Glines, Lisa 113
GloriaFX 66, 67
GMA Network 149
Gmehling, Will 396
GMM Studios International 156
GMMTV 152
Goade, Michaela 394
Goalard, Marine 317
Gobbé-Mevellec, Éléa 300

Godmann, Henrik	46	Halabi, Jaffar el	221
Goellner, Caleb	279	Hall, Jonah	68
Goldberg, Stan	289	Hall, Katori	22
Golden Age Collectables	258	Hamilton, Matt	19
Golden Apple	250	Hampton, Scott	290
Golden Karavan Productions	146	Haney, Bob	273
Goldstein, Greg	272	Hanig, Samuel	43
Gonçalves, Laura	308, 321, 327	Hanks, Fletcher	268
Gonçalves, Philip	328	Hanna, Scott	259
Gonsa, Lorenz	55	Hannah, Mari	351
Gonzalez, Florentina	328	Hannel, Nicole	111
Gonzalez, Matisse	318	Hansen, Dian	292
González Loyo, Oscar	257	Harano, Mori	66
Goodin, Laura E.	370	Harres, Pedro	307, 328
GoodThing Productions	147, 153	Harriell, Derrick	358
Gordon, Al	256	Harris, Francine J.	376
Goscinny, René	264	Harris, Tony	252, 263
Gospodinov, Georgi	389	Harry Brockway	369
Gosselin, Mathieu	366	Hart, Ellen	356
Gostrer, Evgenia	297	Hart, Elsa	359
Gottfredson, Floyd	265, 274	Harvey, Kim Senklip	364
Gottwald, Benjamin	396	Hashimoto, Haruko	284
Gould, Chester	259	Hatfield, Charles	274
Grames, Juliet	360	Hatler, Martin	55
Grampa, Rafael	267	Havoc, Cry	282
Gray, Harold	270	Hawes, Jo	240
Gray, Lisa D.	357	Haxel, Chris	22
Gray, Mick	258	Hazuka, Julia	329
Grazzini, Cary	270	HBO Asia	144
Green, Emily	21	Head of Zeus	353
Green, Justin	293	Heath, Russ	270
Greene, Sanford	286, 290	Hegyi, Olivér	324, 328
Greenstone TV	145, 152	Heilig, Florian	298
Grelier, Florentine	301	Heintjes, Tom	281
Greymatter Entertainment for Amazon Prime Video	145	Helfer, Andy	250
Groth, Conrad	290	Henderson, Erica	282, 294
Grouazel, Florent	311	Henneberger, Melinda	23
Gruber, Jakob	56	Hennocq, Quentin	46
Grubić, Igor	324	Hepburn, Sam	351
Grubisic, Katia	366	H.E.R.	70, 92, 100, 101, 105, 136
Guapo	68	H.E.R. feat. ダニエル・シーザー	92
Guay-Poliquin, Christian	363	Hernandez, Lucia	326
Guerra, Pia	267, 268	Hernez, Gilbert	276
Guerrive, Sophie	311	Hesse, Monica	356
Guillory, Rob	270, 272	Heti, Sheila	365
Gunnarsdottir, Sara	305, 320	Hi-5	143
Gurewitch, Nicholas	267	Hickey, Walt	23
Gutgarts, Rachel	324	Hicks, Faith Erin	277, 285
Gutzschhahn, Uwe-Michael	395	Hicks, Tyler	15
		Hi De Ho Comics	255
		HIH Insurance	34
【H】		Hill, Joe	272
		Hinnant, Lori	24
		Hirota, T.	32
Hackworth, John	15	HJ Film	147
Hagen, Lisa	22	HK Television Entertainment Company Limited for ViuTV	145
Hakka TV	151, 155	HK Television Entertainment for Viu TV	144

H'limi, Nathaniel ························· 301, 309
Ho, Tsz Wing ······································ 303
Hodler, Timothy ·································· 284
Hogarth, Burne ··································· 271
Höglinger, Sonja ··································· 56
Holley, Joe ··· 23
Hollingsworth, Matt ····························· 253
Holstine, Lesa ···································· 359
Hong, Jun-Pyo ··································· 305
Hong, Zhenxiang ································· 122
HOOQ ··· 147
Hopkins, Madison ································· 23
Horhager, M.R. ··································· 319
Horipro ·· 156
Horrocks, Dylan ·································· 260
Horses, Gray ····································· 267
Horwell, Marg ···································· 243
Hoseley, Rantz ··································· 269
Houllevigue, Jan ······························ 67, 68
House, Christina ·································· 25
Howard, Sheena C. ······························ 278
Howe, Sean ······································· 276
Hrab, Naseem ···································· 365
Hsu, Jung ·· 55
Huang, Shih-Yen ····························· 304, 327
Huanyu Entertainment ·························· 147
Hubert ··· 312
Huettner, Charles ································ 321
Hughes, Joe ······································· 279
Hulsing, Hisko ···································· 302
Hulu Japan ······································· 144
Hunan TV ································· 146, 150, 155
Hunter, Scott ····································· 353
Huppen, Hermann ································ 310
Hur, June ··· 360
Hurley, Lawrence ································· 21
Hurren, Tracy ···································· 289
Husaini, Hael ····································· 155
Hutchison, Michele ······························ 389
Huțuleac, Andrei ································· 230
Huyghebaert, Céline ····························· 364
Hwa&Dam Pictures ························ 152, 153
Hytten, Romina ·································· 241

【 I 】

Iger, Jerry ·· 270
Ijames, James ····································· 24
Illko, Markus ····································· 119
IndyStarnのスタッフ ······························· 22
Ines, Ryan ·· 315
Infantino, Carmine ······························ 258
In Films ·· 147
Infocus Asia Pte Ltd for NGC Network Asia
 ·· 146
Ingels, Graham ·································· 270

Ingraham, Chad ·································· 150
Invisible Instituteのスタッフ ················ 22, 27
IQIYI ·· 143, 150
Ireland, Justina ·································· 369
Irish Baroque Orchestra ······················· 241
Irving, Vereen ···································· 244
Isaza, Andrés Gomez ··························· 300
Ivanhoe Pictures ································· 146
Ivanov, Aleksey ·································· 123

【 J 】

Jackson, Jack ···································· 273
Jackson, Lawrence P. ··························· 357
Jackson, Mitchell S. ······························ 22
Jackson, Ronald L., II ·························· 278
Jacobsen, Ilze Burkovska ······················· 302
Januta, Andrea ···································· 21
Jaramillo, Juliana ································· 90
Jaroszonek, Stefan ······························ 316
Jeanty, Georges ·································· 267
Jeffers, Honorée Fanonne ······················ 376
Jefferson University Hospital's Swab Squad
 ··· 71
Jenkins, Beverly ································· 214
Jenkins, Paul ····································· 255
Jensen, Jeff ······································ 274
Jensen, Robin ···································· 304
Jeong, Haeji ······································ 303
Jerram, Richard ································· 355
Jess, Tyehimba ···································· 17
Jetsen Huashi Wangju (Changzhou) Cultural
 Media ··· 148
Jevremović, Vuk ································· 327
Jiang, Yiying ····································· 122
Jimenez, Phil ····························· 289, 291, 294
Jin, Xiangyuan ····································· 39
Jin, Zhicheng ····································· 123
Jio Cinema ······································· 154
Jobin-Paré, Moïa ···················· 297, 320, 325
Johnson, Corey G. ································ 23
Johnson, Dave ··································· 260
Jones, Gerard ···································· 264
Jones, Stephen ··································· 369
Jongebloed, Jantine ······························ 56
Joseph, Wendy ··································· 354
Juvenile Co (JUVE9) ···························· 155

【 K 】

K2／T2Kチーム ··································· 50
KADOKAWA ····································· 155
Kalish, Carol ····································· 284
Kaluta, Michael ·································· 271

Kamb, Lewis	20	Knowles, Jack	243
Kander, Brandon	292, 294	Koca, Ekin	327
Kane, Bob	252	Kochalka, James	273, 285
Kane, Eryn Allen	115	Kochi, K.	32
Kane, Gil	253	Koffee	98
Kane, Montana	285	Kogane, Nicolas	46
Kanigher, Robert	267, 278	Kohen, Abel	320
Kannan, Gokul	46	Kohler, Stephen	287
Kapanadze, Mariam	319	Koizumi, Anne	318
Kaplan, Joshua	26	Köller, Kathrin	396
Karasik, Paul	284	Kondakor, I.	32
Kassel, Mel	369	König, Thomas	32
Kasturi, Sandra	368	Korbmacher, Max	43
Katz, Jack	293	Kouroupos, George	220
Kaurin, Marianne	396	Kramsky, Jerry	261
Kay, Sanjida	354	Kreller, Susan	394
Kazemi, Nahid	365	Krigstein, Bernard	261
Ke, Chin-Yuan	152	Kristiansen, Teddy	264
Keatinge, Joe	270	Krstić, Milorad	324
Keeping, Lisa	43	Krueger, Jim	270
Kelley, John C.	319	Krug, Nora	375
Kelly, Carolyn	275	Kruse, Brandon	254
Kelly, Ryan	18	Kubert, Adam	247
Kennedy, Martha H.	286	Kuipers, Jasper	324
Keown, Dale	247	Kulshreshtha, Sujata	147
Kerschl, Karl	272	Kunkel, Mike	259, 261
Kessler, Joe	311	Kuper, Peter	280
Key, Lori Marie	71	Kupriyanov, Vladislav	121
Khabieh, Bassam	62	Kurtz, Scott	265
Khan, Azmat	23	Kuzmytskyi, Tomash	66
Khan, Mukhtar	21	Kyirong, Kunsang	318
Khonsari, Roman Hossein	46		
Khor, Shing Yin	290	【 L 】	
Khouri, Andy	279		
Khrzhanovsky, Andrey	302, 326	Ladronn	265
Kidd Pivot	241	LaForgia, Michael	15
Kim, Derek Kirk	263, 270	Lahl, Alexander	323
Kim, Haram	124	Lai, Dalton	155
Kim Hee-won	156	Lai, David	98
King, Bob	241	Laite, Julia	353
King, Curtis	271	Lambé, Éric	310
King, Frank	259	Lambert, Joseph	275
King, Woodie, Jr.	214	Lambert, Julien	311
Kings Comics	252	Lambiek	251
Kinoshita, T.	32	Lan, Douglas	144
Kinsman, Margaret	356	Land, David	263
Kirkbride, D.J.	270	Landrigan, Linda	358
Kirkman, Robert	270	Lane, Christina	359
Kirtley, Susan E.	276	Lankester, Susan	150, 156
Kitchener, Caroline	25	Lansaque, Stéphanie	300, 304
Kjaer, Pernille M. A.	306	Lapham, David	251, 253
Kletke, Cameron	320	Lark, Michael	262, 271
Knecht, Rosalie	359	Larkin, Tom	241
Knetzger, Laura	294	Larocca, Salvador	269
Knibbe, Eva	56	Larochelle, Samuel	366
Knight, Christopher	21	Lash, Batton	259
Knight, Zelda	371		

LaTour, Ron ... 92
Laurent, Yann ... 328
Lavenne, Mathilde ... 55
Lavigne, Mishka ... 364, 365
Lavoie, Frédérick ... 363
Laxamana, Abel ... 259
Layman, John ... 270, 272
Lazarov, Alex ... 55
Leach, Garry ... 255
Lebeck, Oscar ... 295
LeBlanc, Georgette ... 364
Lederhendler, Lazer ... 362, 364
Lee, Chun Hong ... 146
Lee, Jae ... 255
Lee, Janet ... 272
Lee, Johnson ... 152
Lee, Kang ... 40
Lee, Louise ... 75
Lee, Miriam-Teak ... 240
Lee, Stan ... 246, 250
Leeyang Film ... 147
Lefèvre, Didier ... 271
Lefevre, Lola ... 306, 327
Left Coast Crime ... 358
Legend Comics&Coffee ... 278
Lehmann, Dietrich ... 32
Lemercier, Frédéric ... 271
Leonardo／ISAST ... 55
Leongómez, Juan David ... 43
Lermer, Alexandra ... 321
Leroux, Catherine ... 364
Leroy, François ... 300, 304
LE SSERAFIM ... 74
Letailleur, Alice ... 320
Létourneau, Sophie ... 364
Levari, Amalia ... 280
Levine, Benjamin Steiger ... 327
Levy, Michael ... 369
Li, Ivan ... 318
Li, Jun ... 40
Li, Ling ... 40
Li, Zehao ... 304
Li, Zhen ... 328
Libertine Pictures ... 149
Libossart, Juan Pablo ... 323
Liew, Sonny ... 282, 283
Lightman, Sarah ... 279
Lima, Mauricio ... 15
Limón, Ada ... 375
Lindenberger, Michael ... 23
Lingitz, Jona ... 55
Liniers ... 283
LISA ... 72, 74
Lisiin, Maksim ... 122
Little, Robert ... 22
Little Big Pictures ... 147
Liu, Guangli ... 55

Liu, Jiangang ... 40
Locard, Younn ... 311
Lodyga, Lee ... 103
Lolos, Vasilis ... 267
Lone, Wa ... 19
Lòpez, Francisco Solano ... 281
Lopez, Marco ... 285
Lorin, Guillaume ... 304
Lotay, Tula ... 293, 294
Louis, Gloria ... 241
Lu, Shih Yuan ... 146
Lucey, Harry ... 274
Ludo Production ... 151
Ludo Studio and ABC Kids ... 147
Luebke, Adam ... 104
Lukasik, Louis ... 328
Luna, Louisa ... 360
Luzon, Manila ... 153

【 M 】

Mace, Lesley ... 350
Mackay, Trudy ... 3
Macpherson, Camilla ... 353
Maddock Films ... 154
Madeleine-Perdrillat, Clémence ... 301, 309
Madrigal, Julia ... 285
Madsen, Toke Ringmann ... 307
Maguire, Kevin ... 262
Mak, Mayanne ... 155
Maldonado, Fernando ... 301
Maleev, Alex ... 260
Malice Domestic ... 359
Maloletka, Evgeniy ... 24
Malone, Jak ... 243
Maloney, Anna ... 353
Malvar-Ruiz, Fernando ... 109
Mancini, Juliette ... 311
Mang, Sarit ... 228
Mango TV ... 154, 155
Manning, Russ ... 253, 265
Mao, Xuanyi ... 122
Maria, Jodi Sta. Chrissie ... 151
Marshall, Andrew R.C. ... 18
Marsick, Jeff ... 354
Marslett, Geoff ... 306
Marston, William Moulton ... 265
Martin, Marcos ... 273, 278, 289, 295
Martín, Pedro ... 294
Martin, Peer ... 395
Martinez, Alitha E. ... 283
Martínez, Juan Felipe ... 90
Martin-Montalvo, Noelía ... 56
Marzan, Jose, Jr. ... 267, 268
Marzouk, Aya ... 308
MASH・ROOM／KODANSHA ... 284

Mason, Patrick	258	MEWATCH	154
Masters, Nathan	360	meWatch	147
Mathematic	71, 72	Meyer, Adrian	319
Matsumoto, Nina	269	Michael, Maggie	19
Mattoo, Sanna Irshad	24	Mierjeski, Alex	26
Mattotti, Lorenzo	261	Mignola, Katie	260
Mauvaise Foi éditions	310	Mikheeva, Yulia	225
Mayer, Sheldon	258	Milczarek, Piotr	301
Mayeur, Nicolas	320	Miletich, Steve	20
Mayorova, Oksana	121	Miller, T. Christian	15, 20
Mayrhofer, Mary	56	Millward, Della	352
Mazars, Maurane	311	Mint Pictures	149, 154
Mazzola, Anna	356	Misi Ke&Koffkoff	147
MBC	148, 149, 154	Mock, Rebecca	290
McArthur, Isobel	241	Modan, Rutu	268, 277
McCann, Jim	272	Mogato, Manuel	18
McClure, Charlie Galea	320	Molcher, Michael	295
McCrea, John	255	Mollen, Maya Cousineau	365
McEndarfer, Luke	109	Montana, Bob	271, 272
McEown, Patrick	248	Moondog's	248
McGregor, Don	280, 295	Moonji Production	147
McGrory, Kathleen	22	Moore, Stuart	252
McHale, Pat	280	Moore, Terry	251
McKeever, Sean	264	Morenatti, Emilio	22
McKegg Entertainment	155	Morin, Jim	17
McKie, Angus	250	Morozov, Igor	122
McNamee, Win	24	Morrison, Bill	249, 280
McNeil, Carla Speed	269	Morrison, Kayre	280
Meacham, Taylor	303	Morrissey, Paul	272
MEASAT Broadcast Network Systems	146	Morse, Scott	263
Mediacorp	144, 146~149, 151, 153~155	Mortimer, Win	293
Mediacorp Suria	145	Moschovakis, Anna	389
Medina, Lan	260, 261	Mostaza, Juan Carlos	326
Medley, Linda	254, 255	Mostoha, Marcell	304
Megabox Plus M	147	MOTH STUDIO	297
Megalis	152	Moulds, Josephine	352
Mehta, Richie	146	Moulin, Etienne	320
Meier, Jessica	320	Moure, Erín	365
Meilūnas, Ignas	318	Mousavi, Mojtaba	324
Melchior, Siri	297	Mousse, Marion	312
Melnyk, Sofiia	328	Moynot, Emmanuel	311
Meltdown Comics&Collectibles	255	MPC	154
Meltzer, Brad	267	MrBrown	153
Ménard, Nicolas	315	Mrzljak, Lucija	307, 321, 325, 326, 328
Menart, Zarja	329	Mullaney, Dean	277~279, 285
Mendelsohn, Jack	278	Müller, Michaela	316, 323
Mendlesohn, Farah	369	Mulvihill, Patricia	262
Merceruio, Dan	104	Muon, Thi Van	396
MerryCow	151	Murphy, Barry Gene	306
Meskin, Mort	276	Murphy, Brett	26
Messenger, Tony	19	Murphy, Sean	276, 277
Messick, Dale	259	Murray, Eli	23
Mestokosho, Rita	366	Musa, Chloé	328
Meštrović, Martina	323, 328	Musa, Jihan	145
Metaphysic	75	Musze	83
Method Studios	145, 147, 148, 150, 152	Muth, Jon J.	250
Meunier, Stéfani	366	MWarner Bros.	152
		MX Player	148, 149

【N】

Myers, B.R. ... 360
myVideo ... 147

Nader, Habib Nasib ... 241
Napolitano, Nick J. ... 261
Náprstek, Marek ... 326
Narvaez, Christian Arredondo ... 328
Natche, Dacoury ... 97
National Geographic ... 150
National Geographic India ... 148, 151
National Geographic Partners ... 143, 145
NBlue Ant International ... 149
NDR ... 151
Neary, Paul ... 246
N.E.R.D feat.リアーナ ... 69
Nerland, Christina Susanna ... 323
Netflix ... 145〜148, 150, 152〜156
Network 10 ... 151
Nev, Vier ... 303
New Classics Media ... 150
New Federal Theatre ... 214
Newgarden, Mark ... 284
Newlevant, Hazel ... 285
Newman, Ralph ... 296
Ng, Lina ... 148
Ngai, Victo ... 396
NGC Network for National Geographic ... 144
NGC Network India ... 153
Nguyen-Duc, Irina ... 317
NHK ... 147〜149, 151〜155
NHK Enterprises ... 154
Nicolini, Giuseppina Maria ... 28
Nieto ... 327
Night Flight Comics ... 264
Nikkatsu&Django Film ... 152
Ning, Yuening ... 123
No3 Pictures ... 150
Nodell, Martin ... 273
No Exit Press ... 352
Nord, Cary ... 262
NORMA Editorial ... 284
Normandie, Nara ... 316
Northern Pictures ... 146, 149
Norton, Mike ... 273
Novgorodoff, Danica ... 391
Novick, Nancy ... 357
Novikov, Eduard ... 229
NSBS ... 149
Nussbaum, Abigail ... 383
Nyren, Neil ... 356
NZ On Air ... 152

【O】

Oberholzer, Patrick ... 397
O'Brien, Dorothy ... 284
Ochre Pictures ... 154
Oeffinger, Daniel ... 316
Oeming, Michael Avon ... 258
Oesterheld, Héctor Germán ... 281
Office Shirous ... 156
Ohman, Jack ... 15
Olson, Danel ... 369
One Animation ... 143
ONE Championship for OKTO Sports ... 144
O'Neill, Josh ... 279, 284
O'Neill, Katie ... 283, 284
O'Neill, Rob ... 323
One Life Studios for Sony Entertainment ... 145
Oo, Kyaw Soe ... 19
Opaque Space ... 144
O'Reilly, Judith ... 354
Orenda Books ... 352
Organization for Transformative Works ... 384
Orlando, Joe ... 267
Orlik, Julia ... 326
Oroz, Jelena ... 324, 327
Ortega, Claribel A. ... 292
OSF ... 149
O'Shea, Jack ... 322
O'Shea, Shane ... 269
Osler, Rob ... 359
Ostrem, Jonathan ... 323
Ostrowski, Krzysztof ... 386
Osver, Fedor ... 123
O'Toole, Molly ... 21
Otsmane-Elhaou, Hassan ... 286, 293, 295
Outcault, R. F. ... 268
Owens, Andy ... 267

【P】

P2P Foundation ... 54
Packrat Comics ... 280
Page One Film ... 150
Paillier, Loris ... 69
Palumbo, Augusto Velio ... 123
Paparella, Francisco Joaquín ... 230
Paramount Global Content Distribution ... 155
Parent, Charlotte ... 366
Park, Inju ... 328
Parliament ... 73
Pasolang, Yunus ... 144
Passion Pictures ... 147
Pasterisa, Matthew ... 68
Patenaude, Ève ... 366
Paul, Esha ... 151

Pearson, John	289
Pekar, Harvey	273
Peled, Eliran	303
Pendziwol, Jean E.	366
Penndorf, Gudrun	396
Pepin, Robert	357
Pepoy, Andrew	269
Pérez, Ramón K.	274
Perreault, Guillaume	364
Perveyrie, Pierre	317
Peryazev, Gleb	122
Peterson, Scott	252
Peyronnet, Romain	297
Pfau, Nola	287, 289, 291
Pfüller, Volker	396
Pham, Thien	294
Phillips, Lily Renée	289
Phoenix Satellite Television	149
Piazza, Matteo Salanave	309
Pichetshote, Pornsak	290
Pierce, Joseph	327
Pigliapoco, Patrizio "Teezio"	118
P！NK	68
Pinot, Hadrien	320
Piquet, Gabrielle	311
Pisket, Halfdan	311
Pitzer, Chris	268
Pivonka, Wendy	278
Platt, Spencer	24
Plocieniak-Alvarez, Eliza	320
Poitras, Marie Hélène	366
Poliquin, Daniel	363
Pollard, Kortney Jamaal	101
Pond, Mimi	288
Poplaski, Pete	255
Pošivač, Filip	307
Pourbaix, Joël	362
Poutré, Steve	366
Pozla	310
Präkels, Manja	395
Pratola, Simone	307
Pratt, George	261
Pratt, Hugo	264, 274
Preece, Sarah	240
Preisser, Gabriel	99
Prezman, Tom	308
Prime Video	155
Pringle, Paul	19
Prinz, Alois	396
Pruett, Joe	267
PRXのスタッフ	24
Pujol, Matthieu	300
Purcell, Andrea	290
Purcell, Steve	266
Purvis, Stephen	351
Pushkin Vertigo	355
Pyae Pyae	145

【 Q 】

Quade, Kirstin Valdez	375
Quanta Magazineのスタッフ	23
Quattro, Ken	289

【 R 】

Rabagliati, Michel	311
Raboy, Mac	256
Radev, Mario	308
Ragland, Kelley	358
Raja, Yung	146
Rajagopalan, Megha	22
Ramires, Alexandra	308, 321
Ramzi, Muhammad Razin Bin Mohd	149
Rankin, Sherry	351
Raspler, Dan	253
Rass, Lisa	55
Ravichandran, Sujanth	320
Raymond, Alex	252
Razum, Bruno	326
Redding, Hannah	353
Refinery Media	149, 150
Refinery Media for STARworld	144
Remkus, Ashley	24
Renier, Aaron	265
Requena, Romy Rayssiguier Juan José Cortés Santander Roberto	46
Reumschüssel, Anja	395
Reydellet, Charles	123
Reyes, Cecilia	23
Reyes, Raul "Robin" Morales	317
Reynolds, Eric	289
Reynolds-Tyler, Trina	26
Rich, Jamie S.	282
Richardson, Mike	273, 275, 277
Richoux, John	69
Riesett, Scott M.	116
Rietz, Henriette	304
Rivera, Joe	273
Rivera, Natalia	55
Rivera, Paolo	273
RK, Anand	289
Robbie Bridgman	149
Robert, Nadine	365
Roberts, Peter	240
Robert-Tourneur, Mélanie	304
Robinson, Alex	259
Robinson, Andrew C.	277
Robinson, Chris	294
Robot	155
Robot Playground Media	149
Roche, Tony	162

Rocheleau, Matt ... 21
Röckl, Christina ... 395
Rockwell, Daisy ... 389
Rodel, Angela ... 389
Rodriguez, Desiree ... 285
Rodriguez, Gabriel ... 278
Rodriguez, Roberto Luis ... 119
Rodriguez, Sandra ... 55
Rodriguez, Spain ... 276
Roehling, Russel ... 276
Rogé ... 362
Rolston, Steve ... 259
Romita, John, Jr. ... 259
Romita, John, Sr. ... 260
Ros, Manon Steffan ... 392
Rose, Megan ... 20
Rosenberg, Andrea ... 283, 287
Rosenthal, Brian M. ... 20
Rosso, Francesca Sofia ... 307
Rousset, Cecile ... 318
Roux, Mélissa ... 298
Roy, Nicolas S. ... 55
Roze, Sophie ... 308, 309
Rubina, Irina ... 315
Rubinstayn, Léa ... 298
Rubinstein, Joe ... 262
Rude, Reuben ... 249
Rugg, Jim ... 279
Ruiz, Derek ... 285
Runton, Andy ... 264
Ruotolo, Kris ... 256
Ryan, Harriet ... 19
Rytel, Joanna ... 297
Rzontkowski, Maks ... 321

【S】

Sacco, Joe ... 258, 271
Sadowski, Greg ... 261
Saey, Alice ... 299, 316, 318
Sainsbury, Susie ... 242
Saint-Martin, Lori ... 362, 364
Salomatnikov, Semyon ... 123
Salton, Lucas ... 69
Samigullin, Vilnur ... 123
Sandjon, Chantal-Fleur ... 396
San Martín, Agustina ... 173
Sao, Govinda ... 309
Sarafoglou, Alexandra ... 46
Sarin, Max ... 285
Saslow, Eli ... 25
Sava, Oliver ... 282
Savory, Brett Alexander ... 368
SBS ... 149
SBS Australia ... 152〜154

Scala, Henri ... 312
Scanlan, Lauren ... 284
Scanline VFX ... 155
Scarnera, Pietro ... 310
Scarpelli, Martina ... 299, 304
Schaalburg, Bianca ... 396
Schettini, Alejo ... 305
Schillaci, Augusto ... 306
Schomburg, Alex ... 256
Schulz, Jeannie ... 271
Schutz, Diana ... 255, 263, 265, 292〜294
Schwartz, Julius ... 253
Schwartz, Neil ... 285
Scotcher, Joanna ... 240
Scott, Nicola ... 294
Scrivner-Love, Melissa ... 351
Secret Agent 23 Skidoo ... 85
Seda, Dori ... 283
Segar, E.C. ... 259, 290
Selis, Jeff ... 67
Selvaraj, Selvamani ... 155
Semantica Productions ... 56
Sendetckii, Ivan ... 122
Sendino, Mercè ... 326
Sénéchal, Jean-François ... 365
Senk, Felix ... 55
Seth ... 264, 311
SEVENTEEN ... 72, 74
Severin, John ... 261
Severin, Marie ... 259
Shabunina, Polina ... 122
Shackelford, Hannah ... 111
Shafinaz, Azira ... 153
Shah, Pratik ... 153
Shanower, Eric ... 258, 261, 270, 272, 278
Shark Island Productions ... 146
Sharma, Kunal ... 153
Shaw, Scott ... 257
Shelton, Gilbert ... 274
Sherman, Nate ... 315, 316
Shoeibi, Behrouz ... 230
Shree, Geetanjali ... 389
Shuster, Joe ... 247
Siddiqui, Danish ... 24
Siegel, Jerry ... 247
Sikhya Entertainment ... 150
Silber, Joan ... 375
Simon, Joe ... 256
Simonson, Louise ... 288
Simpson, Nate ... 273
Sinclair, Niigaan ... 366
Singer, Philippine ... 320
Sinnott, Joe ... 276
Sisters in Crime ... 356
Skeates, Steve ... 275
Skillman, Eric ... 274
Slijepčević, Nebojša ... 175

Slim Film + TV	149	Strange Adventures	259
Smallwood, Greg	280, 291, 292	Stray Kids	73
Smith, Bob	259	Strickler, Christopher	317
Smith, Graham	22	Strong, Amanda	316, 317
Smith, Mark Andrew	270	Studio76 Original Productions	147, 149
Smith, Paul	252	Studio Colorido	147
Smith, Stephen D.	290	Studio Dragon	143, 145, 151, 152, 155
Smith and Foulkes	301	Studio Dragon&CultureDepot	148
Smrekar, Maja	54	Studio N	151
Smythe, Rachel	291, 293, 295	Studio Ponoc	154
Sng, Elliot	148	Studio Ramsay	155
Socha, Piotr	395	Sturm, James	262, 267, 294
Soja	107	Suite Sound	151
Soldier, Layli Long	375	Sundaresan, Venkatesan	6
Som, Brandon	27	Suoranta, Esko	370
Sommele, Olivier	316	Sutphin, Joe	294
Songsound Production	153	Swan, Curt	253
Sosa, Iturri	359	Syed, Raqi	303
SOS Méditerranée	28	Synapse Virtual Production	75
Source Comics&Games	260		
South Florida Sun Sentinel	19		
South Pacific Pictures	154	【T】	
Sparks, Chris	276		
Sprang, Dick	256	Taggart, Bronwyn Carlton	251, 252
Sproge, Indra	297	Tailhades, Kim	300
Sprouse, Chris	256	Tait, Orion	316
Stacy, Tom	241	Taiwan Mobile myVideo	149
Staebler, Catherine	310	TaiwanPlus	154
Staebler, Julie	310	Taiwan Public Television Service Foundation	
Stallybrass, Samuel	55		145, 146
Star Clipper Comics&Games	256	Takács, Bogi	385
Star India	144	Take Me to the River All-Stars	112
Stasio, Marilyn	358	Tamic, Annabelle	328
Staton, Joe	254	Tang, Rehoo	306
Steacy, Ken	245	Tarosyan, Elena	122
Steere, Steve, Jr.	257	TASCHEN	291
Stein, Malte	324, 327	Tate's Comics	270
Steixner, Emil	55	Taub, Ben	20
Stepanenko, Vasilisa	24	Tavake&XYZ Films	155
Stepanov, Vasily	122	Tébo	310
Stephens, Challen	24	Tefenkgi, Alexandre	290
Steptoe, Javaka	394	Television Broadcasts Limited	153
Steranko, Jim	265	Templer, Hannah	292
Steve Chao	149	Templeton, Ty	251, 254, 255
Stevens, Chris	279	TenNapel, Doug	257
Stevenson, Noelle	278, 280	Tereso, Jorge	301
Stewart, Cameron	270	Terrier, Alexandre	328
Stewart, Todd	366	Tewari, Abhimanyu	147
Stillman, Sarah	26	Thai Broadcasting Company	148
Stipaničev, Natko	325	That's Entertainment	253
Stirnemann, Julien	46	The Beguiling	249
Stockman, Farah	15	The Cincinnati Enquirerのスタッフ	18
Stone, Tucker	284	The Dragon	275
Stoner, Elmer C.	295	The Fan Brothers	364
Stoops, Levi	307	The Global Coalition	7
Story Inc	150	The Lab	71
Stotts, Taneka	283	The Little Homies	66, 68, 91
Straczynski, J. Michael	259	The Project	151
		The Raven Bookstore	357

The Seven	155
The SKN Company	39
The Strand Magazine	360
The Travelin' McCourys	93
The Tuning Folk	155
The Viral Fever	154
The Walt Disney Company SEA	150, 151
Thierry, Vincent	55
Thireau, Yohan	300
Thirion, Romain	300
Thomas, Lynne M.	371
Thomas, Michael Damian	371
Thomas, Roy	267, 273
Thomas, Sheree Renée	371
Thompson, Don →Don and Maggie Thompsonを見よ	
Thompson, Kim	275, 293
Thompson, Maggie →Don and Maggie Thompsonを見よ	
Thompson, Richard	278
Thorogood, Zoe	293
Thorpe, Jordan Kyle Lanier	101
Threesixzero Productions	153
Tian, Jie	40
Ticha, Hans	396
Tillet, Salamishah	23
Tingle, Tim	398
Tisserand, Michael	283
To, Bin-Han	298
Tommaso, Rich	267
TOMORROW X TOGETHER	73
Toneelmakerij, De	56
Tonkikh, Albina	122
Tonko House	152
Toth, Alex	246
Tourism&Events Queensland	152
Trailerpark	154
Tran Nguyen	370
Trigg, Amy	243
Trkulja, Božidar	323
Trukhachev, Vsevolod	123
Tseng, Hans	317
Tšinakov, Morten	307, 321, 325, 326, 328
Turai, Balázs	305, 306, 325
Turner, Corinne	354
Turner, Ron	295
TVING	155
TVNZ	146, 152
Typex	313
Tyson, Doran	113

【 U 】

Uderzo, Albert	264
Ulseth, Kristin	324
Undi, Chimwemwe	366

United Scenic Artists, Local USA 829, IATSE	215
USA Today Networkのスタッフ	18
USG Audioのスタッフ	27

【 V 】

Vaibhav Studios	145, 155
Vaknin, Ofre Sparrow	321
Valchář, Matouš	325
Valenti, Kristy	281, 295
Valero-O'Connell, Rosemary	286, 287
Valette, Philippe	311
Vance, Cindy	249
Vance, James	246
Vance, Steve	249
Vanderhaeghe, Guy	362
van de Vendel, Edward	395
van Genuchten, Martinus Theodore	6
van Hertbruggen, Anton	395
Van Houten, Carolyn	62
van Loon, Liesbet	326
van Niekerk, Naomi	296, 321
Van Poelgeest, Darcy	286
Van Tongeren, Nina	56
Varella, Marco Antônio Corrêa	43
Varghese, Anuja	366
Varker, Troy	278
Vaudreuil, Joël	320
Vault of Midnight	271
Veitch, Rick	257
Velikovskaya, Dina	323
Ventura, Maud	354
Verma, Abhishek	298
Verma, Dipin	148
Verstegen, Soetkin	302, 325
Viacom18 Media	154
Viacom 18 Media PVT. LTD	144
VIACOM International Media Networks	144
Viau, Roland	362
Vice Media Asia Pacific	151
Vicente, Lisa	320
Viddsee	152
Vietnam Satellite Digital Television Company	146
Viola, Serena	395
Viu	145
Viu&Cinema Collectiva	148
Viu Thailand&VelCurve SoundStudio	154
Voisard, Anne-Marie	364
Vokey, Nick	315, 316
Volda, Ivana Bošnjak	325
Volda, Thomas Johnson	325
von Grawbadger, Wade	252
Vuorinen, Elli	323

【W】

Wackermann, J. 32
Wagner, Matt 248, 255
Walden, Tillie 283, 287
Waldman, Katy 376
Walker, Connie 25
Walker, David 286, 290
Walking Fish Productions 153
Walta, Gabriel 281, 285
Walters, Eric 364
Waltl, Herbert 113
Walton, Richard 244
Wang, Jen 285, 311
Wanzo, Rebecca 289
Ward, Christian 283, 286, 287
Ward, Hazell 354
Wareham, Mark 145
Warner Bros. Discovery 155
WarnerMedia APAC 147
Warren, Jonathan 293
Wary, Chloé 311
Wasco 313
Wasserman, Samuel 321
Watt, Holly 351
Watters, Shannon 278
Way, Gerard 267
Weiland, Jonah 269, 273, 278
Wein, Len 268
Weiyu Films 151
Wheeler, Shannon 250, 272, 284
Wheeler-Nicholson, Malcolm, Major 268
Whiddington, Susan 244
White Turtle Studios 154
Whitmire, Kyle 25
Whitney, Ogden 267, 269
Whitted, Qiana 287
Wiggins, Troy L. 369
Wilczyński, Mariusz 326
Wilderink, Scarlet 241
Wilson, Terrell Demetrius 101
Winston, Max 320
WIT Studio 150
WMAPチーム 51
Woggon, Bill 279
Wolchover, Natalie 23
Wolfe, Anna 24
Wolfe, Beatie 56
Wolk, Douglas 268, 291
Wolverton, Basil 258
Women in Comics Collective International
.... 296
Wood, Tatjana 293
Wood, Wally 247
Woolington, Rebecca 23
Workpoint Channel 148
Workpoint Group 147

【X】

Xie, Zonglin 123
Xueling, Lin 151

【Y】

Yang, Candy 143
Yang, Cathy 146
Yang, Cloud 299
Yann, Yeo Yann 148
Yanow, Sophie 286
Yasin, Dar 21
Yeo, Danny 147
Yiin-Shang, Liou 152
Yizeng, Liu 155
Yoe Studio 260
Yokoyama, Yuhei 46
Yoo, Dayoon 128
Youku 148
Young-woo, Jang 156
Yunting, Qiu 224
Yves, Malfliet 61

【Z】

Zacharová, Veronika 309
Zaïtsev, Andreï 230
Zambrano, Robertino 301
Zanzim 312
Zarate, Oscar 249
Zee5 152
Zee Entertainment 152
Zee Zindagi 152
Żelaźniewicz, Agnieszka 43
Zense Entertainment 148
Zeus Comics 265
Zha, Édith 311
Zhang, Jingzhi 124
Zhang, Qi 39
Zhao, Enzhe 386
Zhu, Yan 223
Zimmerman, Howard 247
Zipfel, Dita 396
Ziqing 151
Zoé 93
Zoellner, Tom 376
Zulkiflie, Hirzi 148

世界の賞事典 2015-2024

2025年3月25日　第1刷発行

発　行　者／山下浩
編集・発行／日外アソシエーツ株式会社
〒140-0013 東京都品川区南大井6-16-16 鈴中ビル大森アネックス
電話 (03)3763-5241（代表）　FAX(03)3764-0845
URL　https://www.nichigai.co.jp/

電算漢字処理／日外アソシエーツ株式会社
印刷・製本／株式会社平河工業社

©Nichigai Associates, Inc. 2025
不許複製・禁無断転載
＜落丁・乱丁本はお取り替えいたします＞　《中性紙北越淡クリームキンマリ使用》
ISBN978-4-8169-3040-9　　Printed in Japan, 2025

本書はデジタルデータを有償販売しております。
詳細はお問い合わせください。

世界の賞事典2005-2014

A5・450頁　定価12,100円（本体11,000円＋税10％）　2015.9刊

海外の主要60賞を調べることができる事典。ウルフ賞、ノーベル賞、ピュリッツアー賞、プリツカー賞、MTVアワード、アカデミー賞、エミー賞、アングレーム国際マンガ祭、ブッカー賞、カーネギー賞など様々な分野の賞を収録。賞の概要（由来、趣旨、主催者、賞金など）と2005年以降最新の受賞情報を掲載。『世界の賞事典』（2005.1刊）に収録していなかった10賞については、第1回からの記録を掲載。個人の受賞歴がわかる「受賞者名索引」付き。

最新美術・デザイン賞事典 2017-2023

A5・670頁　定価24,200円（本体22,000円＋税10％）　2024.8刊

国内の美術・デザイン分野の賞や公募展・コンペティションを収録した事典。洋画・日本画・版画・書、彫刻、陶芸、工芸、写真、デザイン、イラスト、広告、建築、漫画など、238賞を収録。今版から新しく収録した21賞を含め、最新データと受賞者情報を掲載。個人の受賞歴が一覧できる「受賞者名索引」のほか、「賞名索引」「主催者名索引」付き。

最新文学賞事典2019-2023

A5・610頁　定価15,950円（本体14,500円＋税10％）　2024.5刊

2019年～2023年に国内で実施された文学関係の賞439賞の情報がわかる事典。前版（2019年刊）以降に新設された34賞も収録。既刊と併せることで、明治から令和までの文学賞が把握できる。賞の由来・趣旨、主催者、選考委員、選考方法、選考基準、賞金、連絡先などの概要と、最近5年間の受賞者名・受賞作品名を、主催者への問い合わせにより掲載。「賞名索引」「主催者名索引」「受賞者名索引」付き。

ノーベル賞受賞者業績事典 新訂第4版

ノーベル賞人名事典編集委員会 編
A5・850頁　定価9,900円（本体9,000円＋税10％）　2024.1刊

1901年の創設から2023年までの、ノーベル賞各部門（平和賞・文学賞・物理学賞・化学賞・生理学医学賞・経済学賞）の全受賞者の業績を詳しく紹介した人名事典。10年ぶりの最新版。965人、26団体の経歴・受賞理由・著作・参考文献を掲載。「分野別受賞者一覧」「事項索引」付き。

データベースカンパニー
日外アソシエーツ

〒140-0013　東京都品川区南大井6-16-16
TEL.(03)3763-5241　FAX.(03)3764-0845　https://www.nichigai.co.jp/